TEJADOR

DEL

RITO FRANCES.

ISIS Ó LA NATURALEZA PERSONIFICADA.

MANUAL
DE LA MASONERÍA,
ó sea
EL TEJADOR DE LOS RITOS ANTIGUO
ESCOCES, FRANCES Y DE ADOPCION.

CONTIENE

LAS DECORACIONES, TRAJES, MAROJAS, BAT∴, APERTURAS, ORACIONES: LOS VERDADEROS CATECISMOS DEL RITO ESCOCES: CLAUSURAS, DISCURSOS Y LAMINAS PARA CADA GR∴: PLANTILLAS PARA CERTIFICATOS, DIMISIONES, DIPLOMAS, BREVES, PATENTES, &.; PETICIONES PARA FORMACIONES DE LOGIAS, GRANDES LOGIAS, &.; INSTALACIONES DE LAS MISMAS; EXEQUIAS FUNEBRES, CON SU DISCURSO: BANQUETES, CON UN DISCURSO ANALOGO AL OBJETO, Y OTRO, QUE EXPLICA LA SIGNIFICACION DE LA FORMA QUE LLEVA LA MESA EN LAS FIESTAS DEL ORDEN, ACOMPAÑADO DE UNA LAMINA: DISCURSOS ESCOGIDOS SOBRE EL ORIGEN Y PROGRESO DE LA MASONERIA: INMORTALIDAD DEL ALMA, BENEFICENCIA, IGUALDAD, TOLERANCIA, FRATERNIDAD, FUERZA Y UNION: TABLAS MISTICAS: UN DICCIONARIO RAZONADO DE TERMINOS Y EXPRESIONES MASONICAS: RITUAL DEL BAUTISMO MASONICO CON UN DISCURSO: MODO DE ENJUICIAR EN MASONERIA: ESTATUTOS GENERALES DEL ORDEN: DATOS CRONOLOJICOS SOBRE LOS SUCESOS MAS IMPORTANTES DE LA MASONERIA DESDE ANTES DE JESU-CRISTO: ESTATUTOS Y REGULACIONES DEL MISMO: GRANDES CONSTITUCIONES DE 1762 Y 1786: EXPLICACION DE LOS CABALISTICOS: GENERACION UNIVERSAL DE TODOS LOS SERES, &.; MISTERIOS ANTIGUOS: CADENA MISTICA, &., &., &.

POR

ANDRES CASSARD,

Ex-Venerable de la Log∴ La Fraternidad, N.° 387, fundador de la misma y de la Logia Tabernáculo, N.° 508, del Or∴ de Nueva York; Past-Tres Veces Muy Poderoso Gran Maestro de la Sublime Gran Logia de Perfeccion, "La Fraternidad;" Muy Equitativo Príncipe Sob∴ del Gran Consejo de Príncipes de Jerusalem, "La Fraternidad;" Muy Sabio y Poderoso Presidente del Sob∴ Cap∴ de Rosa ✠, "La Fraternidad;" Past-Illustre Comendador en Jefe del Sob∴ Gr∴ Consistorio del Estado de Nueva York; Representante General de los Grandes Orientes y Supremos Consejos de Cuba y las Indias Occidentales, Nueva Granada (Colombia,) Venezuela y Brasil; del Grande Oriente Nacional de la República Dominicana y de la Gran Logia de Chile, ante todos los altos cuerpos de los Estados Unidos y del Canadá: Miembro Honorario de los Supremos Consejos de Charleston, Boston, Neo-Granadino y del Brasil; de los Grandes Consistorios de Nueva Orleans, de Lima y de la República Dominicana, y Miembro Nato del Gran Senado Masónico Neo-Granadino; Miembro activo del Supremo Consejo de Cuba, Miembro honorario y representante de varios cuerpos Nacionales y Extrangeros; Representante General y Plenipotenciario del Grande Oriente y Sup∴ Consejo de Cuba, ante todos los altos cuerpos masónicos de "Ambos Hemisferios;" Soberano Grande Insp∴ General de 33, etc., etc.

SÉPTIMA EDICION CORREGIDA Y AUMENTADA.

TOMO SEGUNDO.

" Para que nuestras obras lleguen á ser perfectas debemos emplear en ellas constancia y laboriosidad."

NUEVA YORK:
D. APPLETON Y COMPAÑÍA,
549 y 551 BROADWAY.
1873.

Windham Press is committed to bringing the lost cultural heritage of ages past into the 21st century through high-quality reproductions of original, classic printed works at affordable prices.

This book has been carefully crafted to utilize the original images of antique books rather than error-prone OCR text. This also preserves the work of the original typesetters of these classics, unknown craftsmen who laid out the text, often by hand, of each and every page you will read. Their subtle art involving judgment and interaction with the text is in many ways superior and more human than the mechanical methods utilized today, and gave each book a unique, hand-crafted feel in its text that connected the reader organically to the art of bindery and book-making.

We think these benefits are worth the occasional imperfection resulting from the age of these books at the time of scanning, and their vintage feel provides a connection to the past that goes beyond the mere words of the text.

As bibliophiles, we are always seeking perfection in our work, and so please notify us of any errors in this book by emailing us at corrections@windhampress.com. Our team is motivated to correct errors quickly so future customers are better served. Our mission is to raise the bar of quality for reprinted works by a focus on detail and quality over mass production.

To peruse our catalog of carefully curated classic works, please visit our online store at www.windhampress.com.

INTRODUCCION.

L Rito Frances, como ya hemos dicho, es el que observa el Gran Oriente de Francia. Este Rito fué fundado por FELIPE DE ORLEANS, quien, segun la historia, *tomó la máscara de Mason y de republicano, con el objeto de conspirar y usurpar el trono de Francia;* pero que habiendo recibido el grado 33 del Rito Antiguo Escoces y temiendo que pudiese herirle la espada de Dámocles, que veia suspendida sobre su cabeza, hizo la reforma de la Masonería Escocesa. Anuló, pues, los quince últimos grados y los 18 restantes los redujo á 7. Los enemigos de los grados superiores y aquellos que jamas hubieran podido llegar mas que hasta el 18, ó sea de Sob∴ Príncipe Rosa Cruz, secundaron esta reforma, pues vieron en ella el medio de ascender prontamente sin mucho estudio, ni trabajo al grado mas elevado. Los militares particularmente abrazaron la reforma con avidez, pues no tenian que sufrir treinta y tres iniciaciones para llegar al *non plus ultra.* Por este medio, por la veleidad del carácter frances y por medio del poder del oro que se distribuyó con profusion con el objeto de llebar acabo Felipe su proyecto, se fué propagando el Rito Frances por doquier que penetraban las armas francesas, hasta que llegó á radicarse en Francia, siendo hoy el mas generalizado en aquel país.

Pasamos, pues, á dar á nuestros lectores dichos siete grados, segun los hemos encontrado en los Rituales del Gran Oriente de Francia.

PRIMER GRADO.—APRENDIZ

DECORACION DE LA LOGIA.

La disposicion de Logia es la misma que en el Rito Escoces, con las diferencias que vamos á indicar.

Colgadura azul. No hay altar para los juramentos. La columna B, está á la derecha entrando; y la columna J, á la izquierda. El primer Vigilante se coloca delante de la columna B, y el segundo delante de la columna J. Los aprendices reciben su salario cerca de la columna J.

TÍTULOS.

Los mismos que en el Rito Escoces.

Cuadro de los oficiales que componen una Logia en el rito moderno ó Frances.

1. Un Venerable Presidente. 2. Dos Vigilantes. 3. Un Orador. 4. Un Secretario. 5. Un Tesorero. 6. Un Guarda Sellos. 7. Un Hospitalario. 8. Un Maestro de Ceremonias. 9. Un Maestro de Banquete. 10. Un Arquitecto. 11. Dos Expertos. 12. Un Hermano Terrible. Aunque los dos Expertos están nombrados al fin del cuadro, no por esto dejan de tener el derecho de ser preferidos para reemplazar á los Vigilantes, y aun al Venerable despues de los Vigilantes, en caso de ausencia de estos, para presidir y celar los trabajos en la Logia.

SEÑALES.

Como en el Rito Escoces.

TOQUES.

Tomar la mano derecha del Retejador, dar tres golpes ligeros, segun la batería del grado, con el pulgar sobre la primera falange del índice. El Retejador responde con la misma señal; despues deja correr el pulgar entre las dos falanges de los dedos índices y del medio. Esto es preguntar la palabra de paso.

BATERIA.

Tres golpes por dos y uno.

En las aclamaciones se dan tres palmadas por el mismo órden. Despues se dice, haciendo un ligero ruido con los dos primeros dedos de la mano derecha, *Viva, vivat, et in æternum vivat!*

MARCHA.

Tres pasos hácia adelante, como en el Rito Escoces, partiendo del pié derecho. La edad, las horas de trabajo y el traje son los mismos que en el Rito Escoces.

TRAJE.

Delantal de piel blanca, con bavera y cordon blanco.

APERTURA.

Ven∴ dice:

P. H∴ Pri∴ Vig∴ ¿Sois Mason?

R. Mis hh∴ me reconocen por tal.

P. ¿Cuál es el primer deber de los Vig∴ en Logia?

R. Asegurarse si la Log∴ está á cubierto.

P. Aseguraos de ello, h∴ mio.

El Pri∴ Vig∴ dice al Seg∴:

"H∴ 2º. Vig∴ aseguraos si la Log∴ está á cubierto."

El H∴ Cubridor dice en voz baja al H∴ 2º. Vig∴ que los trab∴ están á cubierto y este lo repite del mismo modo al Pri∴ Vig∴ que dice en alta voz:

"Ven∴ Maes∴, los trab∴ están á cubierto."

P. ¿Cuál es el segundo deber de un Vig∴ en Logia?

R. Asegurarse si todos los hh∴ están al órden.

P. ¿Lo están?

El 2º. Vig∴ dice: "Todos los hh∴ están al órden en la columna del Norte."

El Pri∴ Vig∴ añade: Ven∴ Maes∴, todos los hh∴ están al órden en ambas columnas.

P. ¿A qué hora abren los Masones sus trabajos?

R. A mediodia.

P. ¿Qué hora es?

R. Mediodia en punto.

El Ven∴ "Siendo mediodia, hora en que los Masones acostumbran abrir sus trabajos, HH∴ Pri∴ y 2º. Vig∴ anunciad en vuestras columnas respectivas, que voy á abrir los de esta Resp∴ Log∴ en el gr∴ de Ap∴"

El Pri∴ Vig∴ dice: "H∴ 2º. Vig∴ HH∴ de la columna del Mediodia el Ven∴ Maes∴, nos invita á unirnos á él para abrir los trab∴ de esta Resp∴ Log∴ en el gr∴ de Ap∴"

El 2º. Vig∴ hace igual invitacion.

El Ven∴ da sobre el altar tres golpes misteriosos, ♩ ♩—♩ que repiten los Vig∴

PRIMER GRADO.   11

CATECISMO.

P. ¿De dónde venís, H.˙. mio?
R. De la L.˙. de San Juan, Ven.˙. Maest.˙.
P. ¿Qué se hace en la L.˙. de San Juan?
R. Allí se elevan templos á la virtud y se construyen calabozos para los vicios.
P. ¿Qué traeis?
R. Salud, fuerza y union.
P. ¿Qué venís á hacer aquí?
R. A vencer mis pasiones, someter mi voluntad y hacer nuevos progresos en la Masonería.
P. ¿Qué entendeis por Masonería?
R. El estudio de las ciencias y la práctica de las virtudes.
P. ¿Decídme lo que es un Mason?
R. Es un hombre libre, amante á su patria, fiel á las leyes y amigo de los hombres cuando son virtuosos.
P. ¿En qué conocerémos que sois Mason?
R. En mis signos, pal.˙., y tocamientos y en las circunstancias de mi recepcion.
P. ¿Cuáles son los instrumentos de un Mason?
R. La Escuadra, el Nivel y la Perpendicular.
P. ¿Cuáles son los tocamientos?
R. Los que sirven para reconocerse recíprocamente los HH.˙.
P. ¿Por qué os habeis hecho recibir Mason?
R. Porque estaba en las tinieblas y deseaba conocer la luz.
P. ¿Qué significa la luz?
R. Es el emblema de todas las virtudes y el símbolo del G.˙. A.˙. D.˙. U.˙.
P. ¿Dónde habéis sido recibido Mason?
R. En una L.˙. perfecta.
P. ¿Cuáles son los tres Maestros de una L.˙. simple?
R. Un Ven.˙. y dos Vig.˙.
P. ¿Cuáles son los de la justa?
R. Los tres primeros y dos Maestros.
P. ¿Cuáles son, por último, los siete HH.˙. que forman una L.˙. perfecta?
R. Un Ven.˙., dos Vig.˙., dos Maest.˙., un Comp.˙. y un Apr.˙.
P. ¿Quién os preparó para ser recibido Mason?
R. Un Experto, mi Ven.˙.
P. ¿En dónde fuísteis preparado?
R. En el cuarto de reflexiones.
P. ¿Por qué os introdujeron en el cuarto de reflexiones?
R. Para dejarme entregado á mis meditaciones y pensamientos; porque todo hombre que quiere adoptar un estado en la sociedad debe con-

sultar su corazon en el silencio y reflexionar con maderez sobre las obligaciones que va á contraer.

P. ¿Qué exigió de vos el Esp∴?
R. Que le instruyese de mi nombre, apellido, edad, del lugar de mi nacimiento, mis cualidades civiles, de mi estado y si me presentaba de mi propia voluntad á ser recibido Mas∴.

P. ¿Quién os procuró el favor de ser recibido Mas∴?
R. Un amigo virtuoso, que despues reconocí por H∴.

P. ¿En qué estado habéis sido presentado en L∴?
R. Ni desnudo ni vestido, pero de un modo que no pugnaba con las buenas costumbres, habiéndoseme ántes despojado de todos los metales.

P. ¿Por qué el Experto os puso ni desnudo, ni vestido?
R. Para probarme que el lujo es un vicio que no engaña sino al mundo profano, y que el hombre que quiere ser virtuoso debe estar libre de preocupaciones.

P. ¿Por qué os despojaron de todos los metales?
R. Porque son el símbolo de todos los vicios y para darme á conocer que un buen Mason no debe poseer nada propio.

P. ¿Cómo habeis sido introducido en L∴?
R. Por tres grandes golpes.

P. ¿Qué significan estos tres golpes?
R. Corresponden á las tres palabras del Evangelio: *Pedid, os darán: Buscad, encontraréis: Tocad, os abrirán.*

P. ¿Qué produjeron estos tres grandes golpes?
R. La apertura de la L∴.

P. Cuando fué abierta ¿qué hizo el Experto de vos?
R. Me entregó al H∴ Terrible, y este me colocó entre Col∴.

P. ¿Que habéis visto cuando entrásteis en L∴?
R. Nada que el entendimiento humano pudiese comprender. Una venda cubria mis ojos.

P. ¿Por qué os pusieron una venda sobre los ojos?
R. Para hacerme entender que la ignorancia es perjudicial á la felicidad de los hombres.

P. ¿Qué hicieron de vos luego que estuvísteis entre Col∴?
R. Me hicieron viajar tres veces del Occidente al Oriente por la ruta del Norte, y del Oriente al Occidente por la ruta del Mediodia.

P. ¿Para qué os hicieron viajar?
R. Me dijeron que por este medio hallaria lo que buscaba.

P. ¿Qué esperábais hallar en aquellos viajes penosos?
R. La luz.

P. ¿La encontrásteis?
R. Despues, Ven∴ Maes∴.

P. ¿Quién os procuró lo que buscábais?
R. El Ven∴ Maest∴ de la L∴, despues de haber obtenido el consentimiento de todos los HH∴ y de haberme sometido á todas las pruebas necesarias y recibido de mí un juramento solemne de guardar fielmente los secretos de la Órden.
P. ¿Cómo estábais cuando hicisteis este juramento?
R. En un cuadrado perfecto : tenia el zapato del pié izquierdo descalzado, la rodilla derecha desnuda y en escuadra, la mano derecha sobre la Biblia y en la izquierda un compas medio abierto con un extremo apoyado sobre el corazon.
P. ¿Os acordáis bien de esta obligacion?
R. Sí, Ven∴ Maest∴.
P. Comenzad, pues.
R. "Yo N. N., de mi libre y expontánea voluntad, prometo y juro solemnemente, ante el G∴ A∴ del U∴ y de esta respetable asamblea de Mas∴, ser fiel á mi Patria y á mis HH∴ amarles de todo corazon : socorrerles segun mis facultades : prometo tambien respetar las mugeres, hijas y hermanas de mis HH∴ ser honesto en mi conducta, prudente en mis acciones, moderado en mis discursos, sóbrio en mis gustos, justo en mis placeres, equitativo en mis decisiones, honrado en mi proceder, humano, generoso y caritativo con todos los hombres y especialmente con mis hh∴. Prometo igualmente obedecer á mis superiores en todo lo que me sea prescrito para el bien y felicidad general relativamente á la Órden, á la que me consagraré toda mi vida: prometo, en fin, ser discreto á impenetrable sobre todo lo que se me va á confiar

*   *   *   *   *

Que el G∴ A∴ D∴ U∴ me ayude.'
P. ¿Qué vísteis cuando se os dió la luz?
R. Todos los HH∴ armados de esp∴, cuyas puntas se dirigian á mi pecho.
P. ¿Por qué?
R. Para mostrarme que estarían tan prontos á derramar su sangre por mi si era fiel á la obligacion que habia contraido, como á castigarme si fuese perjuro.
P. ¿Por qué os hicieron dar tres grandes pasos hácia el Or∴?
R. Para darme á conocer el camino que debo seguir y como deben andar los Aprendices de nuestra Órden.

P. ¿Qué significa esta marcha?
R. El celo que debemos mostrar marchando hácia aquel que nos ilumina.
P. ¿Por qué teníais la rodilla desnuda y el zapato descalzado?
R. Para enseñarme que un Mason debe ser humilde.
P. ¿Por qué se os puso un compas sobre la tetilla izquierda desnuda?
R. Para mostrarme que el corazon de un Mason debe ser justo y estar siempre descubierto
P. ¿Por qué teníais el brazo desnudo?
R. Para hacerme ver que mi primera obligacion es la de consagrar mi brazo á la defensa de mi patria.
P. ¿Qué os dieron?
R. Un signo, un tocamiento y una palabra.
P. Dadme el signo.

(*Para responder se hace.*)

P. ¿Cómo se llama?
R. Gutural.
P. ¿Qué significa?
R. Una parte de mi obligacion: que debo preferir me corten la garganta á revelar los secretos de los Masones á los profanos.
P. Dad el tocamiento al H∴ 2°. Vig∴—(*Lo da, y este hallándolo correcto dice:* "Justo y perfecto, Ven∴ Maest∴)
P. Dadme la P∴ S∴ de Apr∴
R. Mi Venerable: os la daré como la he aprendido, no me es permitido sino deletrearla: dadme la primera letra y os daré la segunda: comenzad y os seguiré: (*se deletrea alternativamente.*)
P. ¿Qué significa esta palabra?
R. "Que la sabiduría está en Dios." Este era el nombre de una Columna de bronce puesta al Norte en el Templo de Salomon, cerca de la cual se reunian los Ap∴ para recibir sus salarios.
P. ¿Por qué se reunian los Apr∴ solo cerca de esta Col∴?
R. Porque no habiendo adquirido aun la fuerza y conocimientos necesarios en los trabajos masónicos, se juntaban allí para acostumbrarse á ellos y recibir instrucciones.
P. ¿No os dieron nada mas cuando os recibieron Mason?
R. Se me dió un delantal blanco y guantes de hombre y de muger del mismo color.
P. ¿Qué significa el delantal?
R. Es el símbolo del trabajo: su blancura nos demuestra el candor de nuestras costumbres y la igualdad que debe reinar entre nosotros.
P. ¿Por qué os han dado guantes blancos?
R. Para enseñarme que un Mason no debe jamas manchar sus manos con la iniquidad.

P. ¿Por qué os dieron guantes de muger?
R. Para demostrarme que debe estimarse y quererse á la muger y que no debe olvidársela un solo instante sin ser injusto.
P. ¿Qué vísteis luego que fuísteis recibido Mason?
R. Tres grandes luces puestas en Escuadra: la una al Oriente, la otra al Occidente y la tercera al Mediodia.
P. ¿Qué significan estas tres luces?
R. El Sol, la Luna y el Ven∴ de la L∴.
P. ¿Para qué sirven?
R. El Sol alumbra á los obreros en el dia, la Luna durante la noche y el Ven∴ en todo tiempo en la L∴.
P. ¿Cuál es el lugar del Ven∴ en L∴?
R. Al Oriente.
P. ¿Por qué?
R. A ejemplo del Sol que nace en el Oriente, allí el Ven∴ se sienta par abrir la L∴ é ilustrarnos con sus luces.
P. ¿En qué trabajan los Aprendices?
R. En desbastar la piedra bruta.
P. ¿En dónde reciben su paga?
R. En la Col∴ del Norte.
P. ¿Cómo la reciben?
R. Dando el sig∴, el tocam∴ y la pal∴.
P. ¿Cuáles son los primeros deberes de un Mason?
R. Observar fielmente las leyes del Estado en donde la Divina Providencia lo haya destinado á vivir: guardar silencio, observar prudencia, practicar la caridad, evitar la murmuracion, la calumnia y la obcenidad: en una palabra, huir del vicio y practicar la virtud
P. ¿A qué hora se abre la L∴ de Apr∴?
R. A mediodia.
P. ¿A qué hora se cierra?
R. A medianoche.
P. ¿Qué edad teneis?
R. Tres años.

CLAUSURA.

P. ¿Qué edad teneis?
R. Tres años, Ven∴.
P. ¿A qué hora acostumbran los Masones cerrar sus trab∴?
R. A medianoche.
P. ¿Qué hora es?
R. Media noche.

El V∴ "Siendo medianoche, la hora en que los Masones acostumbran cerrar sus trab∴. HH∴ Pri∴ y 2°. Vig∴ invitad á los hh∴ de ambas columnas á cerrar los de esta Resp∴ Log∴ en el gr∴ de Apr∴

El Pri∴ Vig∴ dice:

"H∴ 2º. Vig∴ y demas hh∴ que decoran la columna del Mediodia el Ven∴ Maest∴ va á cerrar los trab∴ de Apr∴ de esta Resp∴ Lógia, al Or∴ de . . . . . . "

Hecho el anuncio por los Vigilantes, el Ven∴ da tres golpes de mall∴ segun la bat∴ de costumbre: los Vig∴ los repiten, poniéndose en seguida de pié y al órden todos los hh∴ presentes.

El Ven∴ dice:

"A mí hh∴ mios."

Todos los hh∴ hacen el signo de Apr∴, terminándose los trab∴ con una triple bat∴ y un triple *vivat.*

SEGUNDO GRADO.—COMPAÑERO.

La misma decoracion que en el grado de Aprendiz. Cinco luces alumbran la Logia. Los compañeros reciben su salario en la columna B.

SEÑALES.

Como en el Rito Escoces.

TOQUES.

Tomar la mano derecha del Retejador, dándole ligeramente con el pulgar; 1: en la primera falange del índice tres golpes de aprendiz; 2: en la primera falange del dedo de en medio, dos golpes iguales. El Retejador responde por la misma señal haciendo pasar despues el pulgar entre las dos primeras falanges del dedo de en medio y del dedo anular. Esto es pedir la palabra de paso.

BATERIA.

Cinco golpes por tres y dos ♩ ♩ ♩ — ♩ ♩

MARCHA.

Como en el Rito Escoces, partiendo para los tres primeros pasos del pié derecho.

TRAJE.

El mismo que en el grado de Aprendiz con la paveta alzada.

APERTURA.

El Ven∴ dando un golpe de mall∴ que repiten los Vigilantes, dice: "herm∴ mios en pié y al órden," &c. En seguida añade: "aseguraos si todos los hh∴ de vuestras columnas son compañeros."

Aunque sea fácil á los Vigilantes cerciorarse por la simple vista de que todos los hh∴ poseen el gr∴ en que se trabaja, no obstante, si hubieren visitadores extraños al tall∴, sería conveniente que recorriesen sus columnas y pidiesen el sig∴ pal∴ y tocam∴ del grado, pues esta formalidad serviría para recordar á los hh∴ cosas que pueden olvidarse.

Despues de recorrer los Vig∴ sus columnas respectivas vuelven á su lugar y dan cuenta al Ven∴ de su mision.

El Ven∴ hará á los Vig∴ las cinco preguntas siguientes:

P. H∴ Pri∴ Vig∴ ¿Sois Comp∴?
R. Lo soy Ven∴ Maes∴
P. ¿Con qué objeto os hicísteis recibir Com∴?
R. Para conocer la letra G∴
P ¿Qué edad teneis?
R. Cinco años.
P. ¿A qué hora abren los Compañeros sus trab∴?
R. A mediodia.
P. ¿Qué hora es?
R. Mediodia.

El Ven∴ dice: siendo mediodia, &c. HH∴ Pri∴ y Seg∴ Vig∴ invitad, &c.

El Pri∴ Vig∴ dice:

"H∴ Seg∴ Vig∴ hh∴ de la columna del mediodia, el Ven∴ nos invita á unirnos á él para abrir los trab∴ de Compañero."

Despues de anunciado, el Ven∴ da cinco golpes de mall∴ por tres mas dos ♩ ♩ ♩—♩ ♩ que repiten los Vig∴ El Ven∴ dice en seguida:

"A mí hh∴ mios."

Todos los hh∴ presentes hacen la señal y aplauden con la triple batería de cinco del gr∴ de Comp∴ El Ven∴ añade∴

"Los trab∴ de Compañero están abiertos."

El Prim∴ Vig∴ lo anuncia tambien en seguida.

CATECISMO.

P. H∴ mio ¿sois Com∴?
R. Sí lo soy, Ven∴ Maest∴
P. ¿Cuál es el objeto que os anima, hermano mio?
R. El venir á la Asamblea de los Com∴ para recibir vuestras luces, mi Venerable.
P. ¿Cómo habeis llegado á este grado?
R. Por el zelo, el trabajo y la prudencia.
P. ¿Qué os han dado despues de haberos concedido el grado de Compañero?
R. La significacion de la letra G∴
P. ¿Qué significa esta letra?
R. La Geometría, la quinta de las ciencias, y la mas útil á los Masones.
P. ¿Dónde fuísteis recibido Comp∴?

R. En una L∴ perfecta.
P. ¿Quiénes son los que componen una L∴ perfecta?
R. Siete, que son; un Ven∴ Maest∴, dos Vigilantes, tres Maestros y un Compañero.
P. ¿Cómo os han recibido?
R. Haciéndome pasar de la Col∴ J á la Col∴ B∴ y subiendo cinco escalones del Templo.
P. ¿Qué os hicieron despues de vuestra recepcion?
R. Me dieron un sing∴, un tocam∴, la palabra sag∴ de Com∴ y la de pas∴.
—Dadme el signo.
—(*Por respuesta se da.*)
P. ¿Cómo se llama?
R. Pectoral.
P. ¿Qué significa?
R. Que guardaré los secretos de la Masonería en mi pecho, bajo mi corazon, y que preferiré me arranquen este ántes que revelarlos á los profanos.
—Dad el tocamiento al Seg∴ Vigilante.
—(*Obedece, y estando conforme, dice el Seg∴ Vig∴*: Justo y perfecto mi Venerable.)
—Dadme la P∴ S∴ de Comp∴.
—(*Por respuesta se da.*)
P. ¿Qué significa esta palabra?
R. "Que la fuerza está en Dios." Este era el nombre de la Columna que estaba al Sur cerca de la puerta del Templo donde se juntaban los Compañeros.
P. ¿Cuál es la pal∴ de pas?
—(*Se da.*)
P. ¿Qué quiere decir esta palabra?
R. "Numerosos como las espigas del trigo." Era la palabra de contra seña dada á la guardia de campo ó ejército de Jefté, capitan de los Israelitas, despues que la tribu de Efraim se conspiró y todos se presentaron para pasar: los que no pudieron pronunciar esta palabra fueron muertos y arrojados al rio.
P. ¿Habeis trabajado desde que sois Compañero?
R. Sí, mi Venerable: he trabajado en el Templo de Salomon.
P. ¿Porqué puerta entrásteis?
R. Por la puerta del Occidente.
P. ¿Qué vísteis al entrar?
R. Dos grandes columnas.
P. ¿De qué material eran?

R. De bronce.
P. ¿Cuál era su altura?
R. Diez y ocho grados.
P. ¿Y su circunferencia?
R. Doce grados.
P. ¿De qué grueso era el bronce?
R. De cuatro dedos.
P. ¿De qué estaban adornadas?
R. De capiteles.
P. ¿Qué formaban sus cúspides?
R. Dos globos en forma de esfera guarnecidos de lirios y granadas.
P. ¿Cuántos eran los lirios y granadas?
R. Cien y mas.
P. ¿Porqué decis cien y mas?
R. Porque los buenos Masones son innumerables.
P. ¿Para qué servia lo interior de estas columnas?
R. Para encerrar los instrumentos de Geometría y el tesoro para pagar á los operarios.
P. ¿A quién estaba dedicada la Logia donde os recibieron?
R. A San Juan de Jerusalem.
P. ¿Porqué?
R. Porque en tiempo de la guerra de la Palestina los Caballeros Masones se unieron con los Caballeros de Jerusalem para combatir á los infieles, y como bajo la proteccion de este gran Santo consiguieron la victoria, á la vuelta le rindieron gracias y convinieron entre sí que todas las Logias le serían dedicadas en adelante.
P. ¿En qué parte está situada vuestra Logia?
R. Al Oriente del Valle de Josafat, en un lugar donde reinan la Paz, la Virtud y la Union.
P. ¿Qué forma tiene?
R. Cuadrada.
P. ¿Qué largo?
R. De Oriente á Occidente.
P. ¿Qué ancho?
R. De Norte á Sur.
P. ¿Y su altura?
R. Del cielo hasta la superficie de la tierra.
P. ¿Y su profundidad?
R. De la superficie de la tierrra hasta su centro.
P. ¿De qué está cubierta?
R. De la boveda celeste y bordada de estrellas.
P. ¿Qué sostiene tan vasto edificio?

R. Dos grandes Columnas.
P. ¿Cómo se llaman?
R. Sabiduría y Fuerza.
P. Explicadme eso.
R. Sabiduría para ilustrar y Fuerza para sostener.
P. ¿Teneis algun ornamento en vuestra L∴?
R. Sí, mi Ven∴ en número de tres, que son: el Enlosado Mosaico, el Cordon Enlazado y la Estrella Flamígera.
P. ¿Qué representan estos ornamentos?
R. El Enlosado Mosaico representa el suelo del pórtico grande del Templo, el Cordon Enlazado, los ornamentos exteriores y la Estrella Flamígera, el centro de donde salió la verdadera luz.
P. ¿No encierran otra significacion estos ornamentos?
R. Sí, mi Ven∴: el Enlosado Mosaico formado de diferentes piedras juntas y unidas por cemento, demuestra la estrecha union que debe reinar entre los Mas∴ ligados por la virtud: el Cordon Enlazado es el emblema de los ornamentos exteriores de una L∴ buenas costumbres de los hermanos que la componen; y la Estrella Flamígera, es el símbolo del Sol en todo el Universo.
P. ¿Teneis alguna alhaja en vuestra L∴?
R. Seis, mi Ven∴ tres movibles y tres inmovibles.
P. ¿Cuáles son las tres movibles?
R. La Escuadra, el Nivel y la Perpendicular.
P. ¿Porqué se llaman movibles?
R. Porque pasan de un hermano á otro.
P. ¿Para qué sirven?
R. La Escuadra para tirar un cuadrado perfecto, el Nivel para arreglar la superficie y la Perpendicular para levantar un edificio sobre su base.
P. ¿Cuáles son las alhajas inmovibles?
R. La piedra bruta, la piedra cúbica para preparar, y la plancha de trazar.
P. ¿Cuáles son sus usos?
R. La piedra bruta para trabajar los Aprendices, la piedra cúbica donde los Compañeros preparan los instrumentos; y la plancha de trazar para que los Maestros Masones bosquejen y ordenen sus disposiciones.
P. ¿No tienen otra significacion simbólica estas alhajas?
R. Sí, Ven∴ la Escuadra nos anuncia que todas nuestras acciones deben ser conformes á la rectitud: el Nivel que todos los hombres son iguales y por eso debe reinar una perfecta union entre los hermanos: y la Perpendicular nos demuestra la estabilidad de nuestra Órden, sostenida por la virtud: la piedra bruta en que trabajan los Apren-

dices, es emblema del hombre susceptible de buenas ó malas impresiones: la piedra cúbica que sirve para que los compañeros hagan instrumentos, nos hace recordar que debemos velar sobre nosotros para no caer en los vicios: y la plancha de trazar de los Maestros es el buen ejemplo que nos facilita la práctica de las mas eminentes virtudes.

P. ¿Cuántas clases de Masones hay?
R. Dos: Teóricos y Prácticos.
P. ¿Cuáles son los Teóricos?
R. Son los de nuestra Órden que elevan templos á la Virtud, y construyen calabozos para los vicios.
P. ¿Cuáles son los Prácticos?
R. Son los operarios que construyen los edificios materiales.
P. ¿Para qué sirve la Teórica?
R. Sirve para guiarnos con sus principios, y por su moral sublime purificar nuestras constumbres y hacernos útiles á la sociedad y al Estado.
P. ¿Cuáles son las leyes de la Masonería?
R. Perseguir el crímen y honrar la virtud.
P. ¿Qué debe evitar un Mason?
R. La envidia, la calumnia y la destemplanza.
P. ¿Qué debe observar?
R. El silencio, la prudencia y la caridad.
P. ¿Podréis decirme cuántos son los puntos de la Masonería?
R. Son innumerables, pero se reducen á cuatro principales, á saber: el Gutural y el Pectoral, para recordarnos nuestra obligacion: el Manual que sirve para dar el tocamiento y por él conocernos: y el Pedestre que nos enseña que todo buen Mason debe marchar por el camino de la equidad, cuyo símbolo es la Escuadra.
P. ¿Cómo viajan los Compañeros?
R. Del Sur al Occidente, y del Occidente al Oriente.
P. ¿Qué significa esta marcha?
R. Que un Mason debe socorrer á sus hermanos aunque sea en lo mas remoto del globo.
P. ¿Dónde se ponen los Compañeros en L∴?
R. En la Columna del Sur para recibir las órdenes de los Maestros.
P. ¿A dónde recibe su paga?
R. En la Columna B∴.
P. ¿Habeis visto á vuestro Maest∴ hoy?
R. Sí, mi Ven∴.
P. ¿Cómo estaba vestido?
R. De oro y azul.
P. ¿Qué significan estas dos palabras?

R. Que un Mason debe conservar la sabiduría y la grandeza de sus designios.
P. ¿Qué edad teneis?
R. Cinco años.
P. ¿Qué hora tenemos?
R. Medianoche.

CLAUSURA.

P. ¿Qué edad teneis?
R. Cinco años.
P. ¿A qué hora acostumbran los Com∴ cerrar sus trabajos?
R. A media noche.
P. ¿Qué hora es?
R. Medianoche.

El Ven∴ "Siendo medianoche," &c.

El Pri∴ Vig∴ dice:

H∴ Seg∴ Vig∴ y demas HH∴ que decorais la columna del Mediodia, el Ven∴ Maes∴ os invita á que nos unamos á él para cerrar los trab∴ de Com∴ de la Res∴ Log∴ .... al Or∴ de ....

El Seg∴ Vig∴ repite el anuncio.

En seguida el Ven∴ da cinco golpes con el mall∴ que repiten los Vig∴ y despues añade:

"A mí, hh∴ mios."

Todos los hh∴ hacen el signo y aplaude.

El Ven∴ despues de dar un golpe de mall∴ "Quedan cerrados los trab∴ de Compañero."

TERCER GRADO.—MAESTRO.

La decoracion y los títulos son los mismos que en el Rito Escoces.

SEÑALES.

De Órden. (Véase el Rito Escoces.)

De Horror. Retirar la pierna derecha hácia atras, como para retroceder: volver la cabeza á la derecha, como para evitar la vista de un objeto lastimoso: adelantar las dos manos hácia la izquierda en actitud de rechazarlo.

De Socorro. (Véase el tercer grado del Rito Escoces.)

El Toque es el mismo que en el Rito Escoces.

BATERIA.

Nueve golpes ♩ ♩ ♩ ♩ ♩ ♩ ♩ ♩ ♩

Ignoramos la razon que ha tenido el gran Or∴ de Francia para adoptar esta Batería. La antigua se hacia así: ♩ ♩ ♩ ♩ ♩ lo cual está en armonía con los números propios del grado.

La marcha, la edad, y el tiempo del trabajo son los mismos que en el Rito Escoces.

El Maestro se llama Gabaon: así como los Gabaonitas fueron fieles depositarios y conservadores del arca de alianza que se les confió despues de haber estado en poder de Guilgal, Schilo y de Nob, así tambien el Maestro debe cuidar de que se observe el órden y se mantenga la disciplina. El profeta Jeremías refiere el modo con que durante el cautiverio de los hijos de Judá, conservó el tabernáculo, el arca de la alianza, y el altar de los perfumes, ocultándolos en su caverna del monte Nebo, la misma á que fué conducido Moises por Dios para descubrirle la tierra prometida en que no debia entrar: (*Machab.* 2, *cap.* 2, *v.* 4;) ejemplo de fidelidad religiosa propuesto á los Maestros.

TRAJE.

Delantal de piel ó de saten blanco, ribeteado de azul. En el medio hay pintados ó bordados una escuadra y un compas. La banda es una cinta azul de aguas, de cuatro pulgadas de ancho, de la cual pende la joya de oro ó cobre dorado, que es una escuadra y un compas.

Nota.—Los banquetes son como en el Rito Escoces.

APERTURA.

P. Ven∴ H∴ Pri∴ Vig∴ ¿Cuál es el primer deber de los Vigilantes en Log:a?
R. M∴ R∴ asegurarse de si todos los hh∴ presentes son Maest∴
P. ¿Estais seguros de que todos lo son?
R. Lo estamos.
P. Ven∴ Maest∴ Pri∴ Vig∴ ¿Sois Maestro?
R. M∴ R∴ podeis reconocerme, la Acac∴ me es conocida.
P. Dadme el sig∴
R. [Lo hace.]
P. Ven∴ H∴ 2°. Vig∴ ¿Qué edad teneis?
R. Siete años y mas.
P. ¿A qué hora acostumbramos abrir los trabajos?
R. A mediodia.
P. Ven∴ H∴ Pri∴ Vig∴ ¿Qué hora es?
R. Mediodia.

El M∴ R∴ dice: "Siendo mediodia, hh∴ Pri∴ y 2°. Vig∴ invitad á los hh∴, &c."

El Pri∴ Vig∴ "Ven∴ H∴ 2°. Vig∴ Ven∴ Maest∴ que decorais las columnas del Mediodia, el M∴ R∴ nos invita á que nos unamos á él para abrir los trab∴ en el gr∴ de Maest∴

El Segundo Vig∴ lo repite.

El M∴ R∴ da nueve golpes de mall∴

Los Vig∴ repiten la bat∴

El M∴ R∴ dice: "Están abiertos los trabajos del gr∴ de Maestro." El Pri∴ Vig∴, Ven∴ H∴ 2°. Vig∴ Ven∴ hh∴ que decorais las columnas del Mediodia, los trab∴ del gr∴ de Maestro están abiertos.

El 2°. Vig∴ repite lo mismo.

CATECISMO.

P. ¿Á dónde habeis estado, hermano mio?
R. En el Occidente.
P. ¿A dónde vais?
R. Al Oriente.
P. ¿Por qué dejais el Occidente para ir al Oriente?
R. Porque la luz del Evangelio apareció primero en Oriente.

P. ¿Qué vais á hacer al Oriente?
R. A buscar una L.·. de Maestro
P. ¿Sois Maestro?
R. Todos los Masones me conocen por tal
P. ¿Dónde habeis sido recibido Maestro?
R. En una L.·. de Maestro.
P. ¿Cuántos son los que componen una L.·. de Maest.·.?
R. Siete: un R.·. M.·., dos Vig.·. y cuatro Maestros.
P. ¿Cómo habeis sido preparado para ser recibido Maestro?
R. Con los pies descalzos, los dos brazos y el pecho desnudos y despojado de todos metales fuí conducido á la puerta de la L.·.
P. ¿Cómo habeis sido admitido?
R. Por tres grandes golpes y una sog.·. puesta al cuello.
P. ¿Qué os preguntaron?
R. Quién está ahí.
P. ¿Qué habeis contestado?
R. "Un Mason que ha servido su tiempo de Aprendiz y Compañero y pide ser recibido Maestro."
P. ¿Cómo ha llegado aquí?
R. Porque aspira al Subl.·. gr.·. de Maest.·., confiado en que sus tareas han merecido la aprobacion de los Vig.·.
P. ¿Qué os hicieron despues?
R. Me dieron entrada y fuí colocado entre Col.·.
P. ¿Qué vísteis cuando os permitieron la entrada?
R. Horror, luto y tristeza.
P. ¿Nada mas habeis percibido?
R. Sí, una luz opaca que designaba la tumba de nuestro Resp·.· M.· Hir.·.
P. ¿De qué tamaño era la tumba?
R. De tres piés de ancho, cinco de profundidad y siete de largo.
P. ¿Qué tenia encima?
R. Una rama de Acac.·.
P. ¿Qué os sucedió?
R. Me acusaron de un crímen horrible.
P. ¿Quién os confortó?
R. Mi inocencia.
P. ¿Qué mas os hicieron?
R. Me llevaron por mandato del Resp.·. Maest.·. al Seg.·. Vig.·., quien me examinó en el sign.·., tocam.·. y P.·. S.·. de Apr.·. y hallándome justo y perfecto, me mandó pasar al Pri.·. Vig.·., quien me examinó en el sign.·., tocam.·. y P.·. S.·. de Comp.·.: informaron favorablemente y mandándome el Resp.·. Maest.·. conducir al trono en donde

arrodillado en ambas rodillas en la séptima grada, las dos manos puestas sobre la Biblia y debajo de la Bov∴ de Acer∴ presté el solemne juramento de Maestro, á saber:

Yo (N. de N.) de mi libre y espontanea voluntad, en presencia del G∴ A∴ del U∴ y de esta Resp∴ L∴ dedicada á San Juan, juro solemnemente no revelar jamas á persona alguna los secretos de Maest∴, Comp∴ y Apr∴, sino á un verdadero Mason de estos grados, reconocido por tal. Juro observar fielmente las leyes del Estado en que vivo y todos los mandatos de la M∴ R∴ G∴ L∴ y los que me dé la Subl∴ L∴ de Maestro: guardar todos los secretos de mis HH∴ no hacer ningun perjuicio á un H∴ ni permitir que se lo hagan sin avisárselo y defenderle: servir á mis HH∴ en cuanto esté en mi poder, siempre que ni yo ni mi familia suframos un grave daño. Juro y prometo respetar la muger, la hija, la hermana y aun la amiga de mi H∴: no divulgar nada de lo que pasa en L∴ y conformarme en un todo á sus reglamentos. Juro ejecutarlo todo con la mas firme resolucion, bajo la pena de que mi cuerpo sea dividido en dos partes, la una llevada al Sur y la otra al Norte, mis entrañas quemadas, reducidas á cenizas y echadas á los cuatro vientos, á fin de que nada quede de mi entre los hombres y particularmente entre los Maestros Masones: así Dios me ayude (B∴ la∴ B∴ 7 V∴)

P. ¿Qué hicieron de vos despues?
R. Me hicieron pasar de la Escuadra al Compas.
P. ¿Qué buscabais por aquel camino?
R. La palabra de Maest∴ que estaba perdida.
P. ¿Cómo se perdió?
R. Por tres grandes golpes, bajo los cuales sucumbí.
P. ¿Quién os socorrió?
R. La misma mano que me habia herido.
P. ¿Quereis explicarme esto?
R. Nunca lo diré sino en secreto á uno de mis iguales y cuando se me obligue á ello.
P. ¿Por qué fuísteis despojado de todos los metales?
R. Porque cuando se construyó el Templo de Salomon no se oyó ningun golpe de herramienta de metal.
P. ¿Por qué?
R. Por respeto á la obra que se edificaba.
P. ¿Cómo es posible, H∴ mio, que tan gran monumento haya sido construido sin ausilio de herramientas de metales?
R. Porque los materiales fueron preparados en lo mas remoto del monte Líbano, y llevados en carros destinados á este efecto, levantados y colocados con unos mazos de madera hechos á propósito.

P. ¿Por qué teniais los piés descalzos?
R. Porque el lugar en que estaba era tierra santa, pues Dios dijo á Moises: " *Quítate el calzado, porque el lugar que pisas es tierra Santa.*"
P. ¿Qué mas habeis aprendido?
R. Las circunstancias de la muerte de N∴ Resp∴ M∴ Hir∴, que fué asesinado en el Temp∴ por tres Comp∴ que querían arrancarle por fuerza la pal∴ de Maest∴ ó la vida.
P. ¿Cómo supieron que habian sido tres Comp∴ los que cometieron el crímen?
R. Por la llamada general que hicieron de todos los obreros por lista y por la falta que se encontró de los tres Compañeros.
P. ¿Qué hicieron los Maest∴ para reconocerse despues de la muerte del Maest∴ Hir∴?
R. Sospechando los Maest∴ el asesinato de Hir∴, y temiendo que á fuerza de tormentos le hubieran obligado á declarar sus secretos, convinieron entre sí, que la primera palabra que se pronunciaran cuando lo encontrasen les sirviese en adelante para reconocerse. Lo mismo aconteció con el sign∴ y el tocam∴.
P. ¿Cuáles fueron los indicios del descubrimiento del cadáver de nuestro R∴ Maest∴ Hir∴?
R. Vapor, tierra recientemente removida y una rama de Acac∴.
P. ¿Qué hicieron del cuerpo despues de haberle hallado?
R. Salomon le hizo enterrar con la mayor pompa y magnificencia en el Santuario del Temp∴.
P. ¿Cuáles son las señales distintivas de los Maest∴?
R. Un sign∴, un toc∴, dos pal∴ y los cinco puntos perfectos de la Mason∴.
P. ¿Podeis hacerme el sign∴?
— (*Le hace.*)
— Dadme el tocam∴.
— (*Se da.*)
— Dadme la P∴ S∴.
— (*Se da.*)
P. ¿Cuáles son los cinco puntos perfectos de la Mas∴?
R. El Pedest∴, la inflex∴ de las rod∴, la union de las dos man∴ der∴, el br∴ izq∴ sobre el homb∴ y el B∴ de paz.
— Dadme su esplicacion.
R. 1°. El Pedest∴ significa que jamas temeré desviarme de mi camino para servir á un H∴: 2°. La inflex∴ de las rod∴ que cuando me hincare á orar, no deberé jamas olvidar á mis H∴: 3°. La union de las man∴ der∴, que debo asistir y socorrer á mis H∴ en sus necesidades segun mis facultades: 4° La man∴ izq∴ sosteniendo la

espald∴ significa que debo darle consejos dictados por la sabiduría y la caridad: 5°. En fin, el B∴ de paz anuncia la dulzura y la union inalterable que forma la base de nuestra Orden.

P. ¿Qué es lo que sostiene la L∴ de Maest∴?
R. Tres grandes pilares triangulares, nombrados: *Sabiduría, Fuerza y Belleza.*
P. ¿Tienen alguna significacion estos tres nombres?
R. Sí, Resp∴ M∴: su forma significa la Divinidad en toda su extension: la Sabiduría simboliza su esencia: la Fuerza su poder infinito; y la Belleza, lo perfecto y sublime de sus obras.
P. ¿Qué debe distinguir á un Maest∴?
R. La Sabiduría, Fuerza y Belleza.
P. ¿Cómo debe reunir cualidades tan raras?
R. La Sabiduría, en sus costumbres: la Fuerza, en la union con sus HH∴, y la Belleza, en su carácter.
P. ¿Hay algunos muebles ó joyas en la L∴?
R. Sí, el Evangelio, el Compas y el Mall∴
P. ¿Cuáles son sus significaciones?
R. El Evangelio demuestra la Verdad, el Compas la Justicia; y el Mall∴ que sirve para mantener el órden, nos indica que debemos ser dóciles á las lecciones de la Sabiduría.
P. ¿Por qué se sirven de Mall∴ los tres primeros ofic∴ de la L∴?
R. Para darnos á entender que así como la materia es susceptible de eco del mismo modo el hombre, á quien Dios ha dado un corazon y la facultad de conocer y juzgar, debe ser sensible al grito de la virtud y rendir homenages á su Criador.
P. ¿Cuál es el nombre de un Maest∴?
R. Gab∴, es el nombre del lugar donde los Israelitas depositaban el Arca de la Alianza en los tiempos de insurreccion.
P. ¿Qué significa esto?
R. Que el corazon de un Mason debe ser puro para formar con él un templo agradable á Dios.
P. ¿En qué trabajan los Maestros?
R. Sobre el plano de trazar.
P. ¿Dónde reciben su recompenza?
R. En la cámara del medio.
P. ¿Qué significan las nueve estrellas que iluminan el Temp∴?
R. El número de Maest∴ enviados en solicitud de nuestro Resp∴ M∴ Hir∴
P. ¿Cómo viajan los Maest∴?
R. Por toda la superficie de la tierra.
P. ¿Para qué?

R. Para distribuir la luz.
P. Si se perdiera uno de vuestras HH∴ ¿en dónde lo encontrariais?
R. Entre la Escuadra y el Compas.
P. Explicadme esto.
R. La Escuadra y el Compas son los símbolos de la sabiduría y de la justicia, de los cuales jamas debe separarse un buen Mason.
P. ¿Qué hariais si estuviéseis en algun peligro?
R. La señal de socorro.
P. ¿Cómo se hace?
R. Así: (*se hace.*) Y si es de noche se dice: A∴ M∴ L∴ H∴ D∴ L∴ V∴ ó bien: O∴ S∴ D∴ M∴; hay dos razones para este signo: la primera, que cuando los que salieron en solicitud de nuestros Resp∴ M∴ Hir∴ lo hallaron muerto, exclamaron con sorpresa: O∴ S∴ D∴ M∴; y la segunda, que cuando Salomon dedicó el Temp∴ al Señor, levantó las manos diciendo: O∴ S∴ D∴ M∴ Tú eres sobre todos los dioses y adoraré tu nombre.
P. ¿Cuál es la edad de un Maest∴?
R. Siete años.
P. ¿Qué significan esos siete años?
R. El tiempo que Salomon empleó en construir el Temp∴.
P. ¿Qué hora és?
R. Mediodia.

CLAUSURA.

P. Ven∴ H∴ Pri∴ Vig∴ ¿A qué hora debemos cerrar nuestros trab∴?
R. A media noche.
P. ¿Qué hora és?
R. Media noche.

    El M∴ R∴: "Siendo medianoche, &c. hh∴ Pri∴ y 2°. Vig∴ invitad á los Ven∴ HH∴ que decoran vuestras columnas á cerrar los trab∴ de Maestro.

    El Pri∴ Vig∴ dice: Ven∴ H∴ 2°. Vig∴ Ven∴ Maest∴ que decorais la columna del Mediodia, el M∴ R∴ nos invita á que le ayudemos á cerrar los trabajos del Gr∴ de Maestro.

PRIMER ÓRDEN.

GRADO CUARTO.—ELEGIDO.

DECORACION DE LA LOGIA.

HAY tres piezas. La primera es la cámara de preparacion: está sencillamente adornada y pintada con colores obscuros. En los lienzos de la pared se leen algunas máximas de moral. En medio de la cámara hay una mesa y una silla de madera, toscamente construidas Sobre la mesa hay un candelero de madera pintado de negro, con una vela de cera amarilla.

La segunda pieza es la cámara obscura ó caverna. Esta cámara representa un árido desierto. En un ángulo hay un sitio que figura una caverna abierta en la roca, adonde se figura bajar por nueve escalones rústicos. En la caverna hay una lámpara encendida, colocada sobre una piedra algo avanzada: á la derecha de la caverna se vé un manantial de agua que filtra por una roca. Cerca de la caverna se descubre á un perro rastreando. A lo lejos dos hombres que huyen perseguidos, se hallan cerca de ser aprehendidos por otros dos armados, y se precipitan en una maleza. La caverna está cerrada al principio con un transparente, que desaparece en el momento señalado en el ritual de la recepcion.

La tercera pieza es la Logia. Colgadura negra salpicada de lágrimas rojas. El altar y las mesas colocadas delante de los oficiales están cubiertas con un paño encarnado, guarnecido de negro. Los asientos son negros guarnecidos de encarnado. En la parte delantera del altar, se pinta ó se borda de negro un puñal rodeado de nueve llamas, dispuestas en rayos divergentes, Sobre el altar hay un compas, un puñal, un mazo, una banda de Elegido y el libro de la Sabiduría.

En el ángulo izquierdo del altar, hay una cortina encarnada que oculta los objetos que se han de descubrir hácia el fin de la recepcion. El circuito de la Logia está alumbrado por seis grandes luces, puestas en la pared. En lo interior y al lado del Mediodia, hay un candelero de nueve brazos; el de en medic mas elevado que los otros. En el piso se vé el plano de la Logia.

TÍTULOS.

La Logia se llama Consejo. El presidente Muy Sabio: el primer Vigilante Gran Inspector; el segundo Severo Inspector; todos los miembros, Elegidos Secretos. El Recipiendario se llama Johaben (Jabin Intelligens).

SEÑALES.

De órden: Cerrar la mano derecha con el pulgar levantado y presentarla hácia adelante.

De reconocimiento: Hacer el ademan de tomar el puñal con la mano derecha como para herir. La respuesta es cerrar la mano derecha con el pulgar evantado; alzar asi la mano, volviéndola y dirigiendo el pulgar hácia el suelo.

TOQUES.

Cerrar el puño con el pulgar levantado y presentarlo al Retejador. Este toma el pulgar con toda la mano derecha y lo deja resbalar, retirando la mano. Estos movimientos se hacen tres veces alternativamente.

BATERIA.

Nueve golpes por ocho y uno.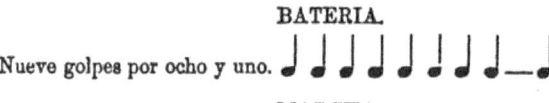

MARCHA.

Tres pasos de Aprendiz, tres de Compañero y tres de Maestro adelante y atras. En todo diez y ocho pasos.

TRAJE.

Mandil blanco, forrado y ribeteado de negro. En medio hay un puñal bordado y rodeado de nueve llamas encarnadas.

Banda negra en que están bordadas tres calaveras con la divisa, "*vincere aut mori.*" De la banda pende un puñal de oro y hoja de plata, unido con una roseta blanca por medio de un cordon ó cinta angosta encarnada. Esta banda se pone de izquierda á derecha. En la Logia todos los Elegidos tienen el puñal en la mano.

APERTURA.

Cuando el Concejo se reune, todos los hermanos se visten y ponen el cordon en el brazo izquierdo.

El Muy Sabio se coloca en la parte baja del altar y pasa el cordon negro á todos los hermanos, unos despues de otros.

P. ¿Cuál es el deber de un gran Inspector Elegido?
R. Muy Sabio, asegurarse si todos los hermanos son Elegidos.
   Aseguroos Gran Inspector.
   (El Gran Inspector se asegura y da cuenta al Muy Sabio.)
P. ¿Cuál es el segundo deber de un Elegido?

P. Ver si los trabajos están á cubierto.
Aseguraos Gran Inspector.
(El Gran Inspector se asegura y da cuenta al Muy Sabio.)
P. ¿ Sois Cab∴ Elegido ?
R. Me recibió una caverna, me alumbró una lámpara y me refrescó una fuente.
P. ¿ Qué hora es ?
R. La estrella del dia nos anuncia la salida del Sol; y que es tiempo de castigar el crímen.

El Muy Sabio dice:

En virtud de que este justo sentimiento os anima, H∴ Severo Inspector, llevad con vos dos Elegidos y haced en el interior del Concejo las indagaciones mas escrupulosas. Es importante el asegurarnos de que estamos bien á cubierto.

CATECISMO.

P. ¿ Sois Elegido Secreto ?
R. Una caverna me recibió, me alumbró una lámpara y me refrescó una fuente.
P. ¿ Qué hicieron de vos ?
R. Me encargaron de una importante comision de la cual recibí el premio.
(Muestra su cordon.)
P. ¿ Cuál era vuestro proyecto ?
R. Vengar el crímen.
P. ¿ Qué venganza le es permitida á los Masones ?
R. El justo castigo de los asesinos de su Respetable Maestro por expreso mandato de su Rey.
P. ¿ Dónde formaron el proyecto de venganza ?
R. En un Consejo secreto.
P. ¿ A qué hora ?
R. En la obscuridad de la noche.
P. ¿ Cuándo habeis marchado ?
R Antes de amanecer.
P. ¿ Quién os iluminó ?
R. La estrella del dia.
P. ¿ Por dónde empezásteis ?
R. Por la destruccion de dos criminales.
P. ¿ En dónde los descubrísteis ?
R. Huyendo por entre rocas escarpadas.
P. ¿ Habeis ido mas léjos ?
R. Penetré en el interior de una horrible caverna.

P. ¿Qué hallásteis en ella?
R. Al traidor que acababa de entrar y se entregaba al descanso.
P. ¿Qué sucedió?
R. Aterrado al ver un Maestro, se dió él mismo la muerte.
P. ¿Qué mas tuvísteis que hacer?
R. Nada, puesto que estaba cumplida la venganza.
P. ¿Qué hora era entónces?
R. El Sol acababa de ocultarse.
P. ¿Qué edad teneis?
R. Siete años, mas nueve semanas, que son las nueve semanas que transcurrieron ántes del castigo del delincuente.
P. ¿Qué significa la fórmula de vuestra recepcion?
R. Lo que pasó para la formacion y ejecucion del proyecto.
P. ¿Qué significan las ocho luces y una mas grande separada de las otras?
R. Representan á los nueve Elegidos y la mas grande á su jefe.
P. ¿Qué marcan las otras seis luces?
R. Los seis Maestros que se les unieron á título de Elegidos, despues que volvieron.
P. ¿Qué significan los colores de la cámara del Concejo?
R. Lo negro significa lo odioso del crímen; las llamas manifiestan nuestro deseo de venganza; y lo colorado denota que este no puede quedar vengado sino con la sangre de los culpables.
P. ¿Qué significan las inscripciones que se ven sobre los postes en donde están colocadas?
R. Que el cielo es el que juzga las acciones de los hombres y el que, venga toda accion indigna.
P. ¿Qué significa el perro?
R. Que el menor indicio sirve muchas veces para descubrir al culpable.
P. ¿Qué significa la caverna?
R. Que por mas oculto y obscuro que sea un lugar, no puede jamas abrigar á los perversos contra el suplicio ó los remordimientos.
P. ¿Qué significa el brazo sosteniendo un puñal?
R. Que los nuestros deben estar siempre dispuestos á castigar al que ofenda á la virtud.
P. ¿Qué significa la estrella de la mañana y las otras ocho restantes?
R. La hora de la salida y el número de los Elegidos: esto significa al mismo tiempo, que nunca es demasiado temprano cuando se trata de hacer una buena accion.
P. ¿Qué significa la escalera peligrosa tallada en la roca?
R. Que es preciso salvar muchas sendas escabrosas para poder destruir el vicio.
P. ¿Que significa la lámpara?

R. Que recibimos una luz imprevista en los pasos dictados por el G.·. Arqui.·.
P. ¿Qué significa la fuente encontrada inesperadamente?
R. Que la providencia jamas abandona en los momentos de mayor necesidad.

DISCURSO.

Terminados los funerales y empezado de nuevo los trabajos, el primer cuidado de Salomon fué tratar de descubrir los asesinos de Hiram, para inponerles la pena que merecia su delito.

La ausencia de tres de los compañeros que habian desaparecido con sus herramientas, instrumentos de su atentado, no dejó duda alguna de su culpabilidad. El de mas edad, como mas criminal fué conocido desde entonces con el nombre de Abibalc (parricida). Un desconocido se presentó en la puerta del palacio y haciéndose conducir secretamente cerca del Rey, le reveló el lugar en que se ocultaban los malhechores. No quiso Salomon confiar á una persona extraña comision tan delicada. Con tal motivo, reunió aquella misma noche á los Maestros en concejo extraordinario, les manifestó que necesitaba nueve de entre ellos para una expedicion arriesgada que exigia valor y actividad; que estaba seguro de su zelo y eficacia y que no daria la preferencia á ninguno de ellos, porque la suerte decidiria, siendo el primero designado por esta, el gefe de la empresa. Se procedió en seguida al escrutinio, y como el primer nombre que salió fué el de Joaben, quedó nombrado gefe de la expedicion, eligiéndose á los otros por su turno. Despidió Salomon á todos los Maestros, menos á los nueve Elegidos que permanecieron con él y le siguieron al lugar mas apartado de los trabajos, en donde les reveló el descubrimiento que habia hecho por medio de un desconocido: acordando entre ellos un plan para mejor lograr la captura de los traidores. Se creyó necesario que los Elegidos prestasen juramento de vengar la muerte de Hiram, adoptaron para reconocerse el nombre del mas culpable de los criminales y salieron de la ciudad antes de amanecer, para no ser vistos, siguiendo al desconocido por caminos poco frecuentados hasta el lugar de su destino. Llegaron por fin al término de su expedicion, habiéndose alejado veinte y siete millas de Jerusalem, del lado de Joppe, cerca de una caverna á la orilla del mar, llamada de Ben-Acar, (hijo de la esterilidad) lugar esteril, en donde Abibalc (el parricida) y sus cómplices tenían costumbre de retirarse. En efecto, al ponerse el Sol, pudieron descubrir distintamente á dos hombres que caminaban precipitadamente en direccion de la caverna, dando muestras al mismo tiempo de que huian; porque apenas percibieron á los Elegidos, trataron de escapar por las rocas inmediatas hasta precipitarse de estas al verse perseguidos muy de cerca y temer ser aprendidos, alcanzándolos sus perseguidores cuando ya no daban casi señal de vida. Se habia Joaben separado algo de sus compañeros y notado que el perro del desconocido seguia la pista de alguno. Penetra por un descenso escarpado de nueve gradas talladas en la roca y al llegar al fondo de la caverna descubre, auxiliado de una lámpara, al traidor que acababa de entrar en ella y trataba de descansar. El desgraciado no pudo resistir la vista del Maes∴ á quien reconoció, hiriéndose con un puñal en el corazon. Joaben en seguida salió de la caverna para ir al encuentro de sus amigos y darles parte de lo ocurrido. Al salir vió una fuente cristalina, cuyo orígen procedia de las rocas y se acercó á ella para apagar su sed y reposar un instante. Los otros Maes∴ resolvieron abandonar los dos cadáveres á las bestias salvajes. No obstante, se apoderaron de las cabezas de los tres malhechores y se encaminaron á Jerusalem al anochecer, ádonde llegaron aquella misma noche y sorprendieron agradablemente á Salomon, dándole cuenta de su expedicion. Este Soberano no pudo menos que expresar á los nueve Maes∴ la mayor satisfaccion, manifestándoles que en recompensa de su zelo gozarian desde aquel momento del título de Elegidos; añadiendo á estos despues seis Maestros mas, formando el número de quince Elegidos, no habiendo sido mas que nueve en su principio. El distintivo que adoptaron como vestido, fué una banda ancha negra del hombro ziquierdo al costado derecho, do cuyo estremo pendia un puñal con puño de oro. Las palabras y signos para reconocerse eran análogas á la buena accion que habian llevado á cabo y su empleo en adelante; la inspeccion de todos los obreros, por el celo y rectitud de que habian dado pruebas, siendo costumbre entre ellos, cuando ocurria alguna desavenencia y era necesario un procedimiento, convocarlos aquel Rey en cualquier tiempo y en el lugar mas secreto ú oculto posible.

El desconocido que era un simple apacentador de ganados, fué recompensado con la mayor generosidad, entrando en la sociedad de los Masones y llegando á ser de los Quince Elegidos, luego que pudo adquirir la instruccion que para ello se exigía. Las cabezas de los malhechores estuvieron expuestas durante tres dias en medio de los trabajadores, acompañadas de las herramientas con que habían cometido el delito, siendo en seguida reducidas á cenizas y estas arrojadas al aire.

El crímen y su castigo fueron un secreto, siendo el deseo de Salomon que permaneciesen ocultos entre los Masones.

Hecha justicia con los criminales, continuó Salomon ocupándose de la obra del Templo, á que habia dado principio, la cual fué interrumpida por el acontecimiento doloroso é inesperado de la muerte de Hiram.

CLAUSURA.

P. H∴ Gran Inspector ¿ teneis algo mas que hacer?

R. Nada, puesto que todo está cumplido.

P. ¿ Qué edad teneis?

R. Siete años y nueve semanas, que son las nueve semanas que transcurrieron ántes que se hubiese castigado el delito.

P. ¿ Qué hora es?

R. La hora en que salí de la caverna y en que el Sol acababa de ponerse

El Muy Sabio dice:

Supuesto que nada hay que hacer y que el Sol acaba de ponerse, hh∴ Grandes y Severos Inspectores, hh∴ Elegidos Secretos, el Consejo va á terminar sus trabajos.

"Todos los hh.·., guiados por el Muy Sabio, hacen la señal de aplauso."
El Muy Sabio dice en seguida:
El Concejo de los Elegidos está cerrado; retirémonos en paz.
"Cada uno se quita sus insignias y se retira."

BANQUETE DE LOS ELEGIDOS.

Los utensilios de la mesa tienen los mismos nombres que en las Logias Simbólicas, á excepcion de los vasos que se llaman urnas y los cuchillos puñales.

VOCES DE MANDO PARA LOS BRÍNDIS.

Bandera enroscada al brazo. Se envuelve el brazo izquierdo con la bandera, teniendo las dos puntas en la mano

La mano derecha al puñal.

Puñal al corazon. Se coloca el puñal de plano en el lado izquierdo con el pulgar extendido sobre el mango.

Puñal en la mano izquierda. Se hace pasar el puñal á la mano izquierda, dirigiendo la punta hácia abajo.

La mano derecha á la urna.

Presenten la urna.

Vaciemos la urna en tres tiempos.

Presenten la urna.

Sumergir el puñal en la urna. Este movimiento se ejecuta tres veces diciendo, N

La urna sobre el corazon.

Pongamos la urna en tres tiempos.

Uno—dos—tres.

Puñal á la mano derecha.

Presenten el puñal.

Arriba el puñal. Se hace el movimiento de herir con el puñal.

Puñal sobre la urna. Se coloca transversalmente el puñal sobre la urna, como ha debido hacerse despues de haber cargado la urna para el bríndis.

A mí por la batería.

" Se hace la bateria del grado y se dice tres veces, N

SEGUNDO ÓRDEN.

GRADO QUINTO.—ESCOCES.

DECORACION DE LA LOGIA.

AY tres cámaras ó aposentos. La primera es la de preparacion donde no hay decoracion determinada. La segunda es la Bóveda Secreta. La colgadura es encarnada con festones carmesí en la parte superior. Las mesas y sillas están cubiertas de encarnado. Los mazos están guarnecidos de terciopelo encarnado con flecos de oro.

En el Oriente hay un pedestal triangular, de mármol encarnado, con adornos de oro. En el lado del Occidente de este pedestal, se vé un sol radiante: en el otro la estrella flamígera con la letra G∴ en medio. En el lado restante, hay un compas abierto sobre un cuarto de círculo. Entre las piernas del compas, están los números 3, 5, 7, 9. Sobre este pedestal se coloca la piedra cúbica con puntas.

Al Mediodia hácia la mitad de la sala, hay una mesa cuadrada con molduras doradas: en ella están los doce panes de la proposicion, en dos columnas. Sobre cada una de estas columnas se pone un braserillo para quemar incienso. Entre las dos columnas están la artesa y la llana de oro: en la primera se pone la mezcla preparada segun nuestro rito. Sobre la misma mesa hay una copa llena de vino y un pan.

Al Norte, en frente de la mesa de los panes, está el altar de los sacrificios con un hacha encima.

Al Occidente, un gran vaso ó cuba llena de agua: hay unos escalones para subir al borde: encima de los escalones hay un asiento para sentarse en él y poderse lavar los piés en la cuba.

Hay veinte y siete luces, divididas en tres grupos, dispuestas del modo siguiente: al Oriente por la parte del mediodia, un grupo de nueve luces formando triángulo. Al Occidente cerca del primer Vigilante, otro grupo formando un círculo de ocho luces, y la nona en medio; en fin, cerca del segundo Vigilante, el tercer grupo, por seis y tres, en dos líneas.

Al principio de la recepcion el brillo de estas luces se disminuye por unos transparentes que las cubren.

La tercera pieza es el templo en su perfeccion. Representa á este concluido ya. En él se encuentran los mismos objetos que en la segunda pieza, excepto el pedestal con la piedra cúbica, de modo que una misma pieza puede muy bien servir para ambos usos.

La sala se divide en dos partes por una cortina de cuatro colores: lino, púrpura, jacinto y grana. En su lugar se puede poner una cortina encarnada. Esta cortina cubre los objetos que no deben verse hasta el fin de la recepcion y que se colocan en el fondo al Oriente.

Estos objetos son: el Arca de la Alianza, en la que están dos querubines que la cubren con sus álas: encima del Arca una Gloria en que está escrito el gran nombre de Dios: delante del Arca, el candelero con los siete brazos de oro, en que se encienden siete lámparas. En el piso está el cuadro de la Logia.

TÍTULOS.

Al abrir la Logia se llama Bóveda Secreta. Al cerrar Bóveda Sagrada. Su título ordinario es Sublime Logia. El Presidente se llama Muy Grande; los vigilantes, Grandes Vigilantes; los otros miembros, Sublimes Maestros. El recipiendario se llama como en el grado de Elegido, Joaben ó Jobin.

SEÑALES.

De extasis. Elevar hasta la altura del hombro las manos abiertas, con la palma hácia adelante, juntos los dedos y el pulgar formando la escuadra. Inclinar al mismo tiempo la cabeza sobre el hombro izquierdo, retirando el pié izquierdo hácia atras.

De reconocimiento. Dirigir la mano derecha extendida con el pulgar en escuadra hácia el hombro izquierdo y luego diagonalmente hácia la cadera derecha. Esta es la señal llamada de la banda. Por respuesta se dirige la mano derecha abierta, con la palma hácia arriba, hácia el costado izquierdo y despues horizontalmente hácia la derecha.

TOQUE.

El mismo que el primer toque del grado 14 del Rito Escoces.

BATERIA.

Veinte y cuatro golpes por tres, cinco, siete y nueve.

MARCHA.

Veinte y cuatro pasos, á saber: tres pasos de aprendiz, empezando con el pié izquierdo: otros cinco, empezando con el derecho; y en fin, otros nueve por tres del pié derecho; tres del pié izquierdo y los últimos del pié derecho.

TRAJE.

Los grandes oficiales llevan al cuello la cinta punzó de la que pendo la joya que es un compas coronado, abierto sobre un cuarto de círculo. Los otros miembros llevan la misma banda de izquierda á derecha, y otra encarnada con flecos de oro de derecha y izquierda. Mandil blanco, forrado y ribeteado de punzó. El recipiendario al principio de la recepcion, usa una túnica blanca con cinturon encarnado: tiene las piernas desnudas y le sirve de calzado el contorno encarnado.

APERTURA.

P. Pri∴ Gr∴ Vig∴ ¿Estamos á cubierto?

El Primer Gran Vigilante se asegura y dice:

R. Muy Gr∴ lo estamos.

P. ¿Qué nos conduce aquí, hermano mio?

R. El amor á mi deber y el deseo de llegar á la alta ciencia.

P. ¿Qué nos traeis para haceros digno?

R. Un corazon puro y el zelo que siempre he consagrado á la virtud y á la verdad.

P. ¿En dónde trabajais?

R. En una Bóveda subterránea.

P. ¿Qué aprendeis en ella?

R. El conocimiento del arte de perfeccionar lo que es imperfecto para poder adquirir el tesoro de la verdadera moral.

P. ¿Cuál ha sido vuestra recompensa?

R. He sido admitido en un lugar de luz y de gloria, en donde he podido terminar mi aprendizage.

P. ¿Qué edad teneis?

R. Nueve años.

P. ¿Qué hora és?

R. Mediodia.

P. ¿Qué quereis decir?

R. Que el Sol llegado al Zenit va á alumbrar nuestros trabajos.

El M∴ P∴: "Supuesto que el Sol pasa por el Meridiano es tiempo de dar principio á nuestros trabajos. HH∴ 1°. y 2°. Gr∴ Vig∴ anunciad en vuestras colum∴ respectivas que voy á abrir la L∴ de Grandes Electos, segun las ceremonias de costumbre.

Los Gran∴ Vig∴ lo anuncian. El Muy P∴ golpea segun la bat∴ y dice:

Herm∴ Pri∴ y 2°. Vig∴ comunicadme la palab∴.

Llegada esta al M∴ G∴, dice: A mí, hh∴ mios.

Todos los hh∴ siguiendo al M∴ G∴ hacen la señal, aplauden y dicen tres veces, h∴

Continúa el M∴ P∴:

Grand∴ Vig∴ Grand∴ Of∴ y Subl∴ Maes∴ la Bóveda Secreta está abierta y los trab∴ de los Grand∴ Electos al Capítulo de N∴ han empezado.

El M∴ P∴ da un golpe, y dice:
"Sentaos herm∴ mios."

CATECISMO.

P. ¿Qué os conduce aquí, hermano mio?
R. El amor á mi deber y el deseo de alcanzar la alta ciencia.
P. ¿Qué nos traeis en prueba de que sois digno?
R. Un corazon puro y un zelo no desmentido por la virtud y la verdad.
P. ¿En dónde trabajais?
R. En una Bóveda Subterránea.
P. ¿En qué lugar se halla ésta?
R. En la parte mas secreta y misteriosa del Templo.
P. ¿A qué está destinada dicha Bóveda?
R. A encerrar un precioso tesoro.
P. ¿En qué lugar le encontraron?
R. Colocado en medio de una Bóveda. Contenía el Delta precioso, sobre el cual estaba grabado en verdaderos caracteres hebreos el nombre inefable, incrustado todo en un pedestal de mármol y cubierto con una piedra cúbica.
P. ¿De qué era la piedra cúbica?
R. De ágata, tallada en forma cuadrangular, la cual contenía las pal∴ secret∴ del Arte Real.
P. ¿Cómo descifrais las letras que estaban incrustadas en ella?
R. Leyéndolos segun nos enseña nuestro Arte.
P. ¿De qué manera se os dió entrada?
R. Por 3, 5, 7 y 9.
P. ¿Qué hicieron de vos?
R. Me hicieron pasar por pruebas terribles.
P. ¿Qué exigieron de vos?
R. El sacrificio voluntario de mis pasiones, apoyando la punta de una espada sobre mi corazon, cuya arma pasaron despues por mi garganta.
P. ¿Bastó esto para que fuéseis admitido?
R. Despues de purificado, se me envió á hacer una excursion para poder obtener mi completa admision.
P. ¿Lograsteis el objeto que os habíais propuesto en este viaje ó excursion?
R. Por un favor especial y una luz imprevista, descubrí un depósito precioso; entrando con él en la mano y en el estado en que me encontraba al hacer el descubrimiento.

P. ¿Cuál era el objeto de vuestra investigacion?
R. El conocimiento del arte de perfeccionar lo que es imperfecto y de adquirir el precioso tesoro de la verdadera moral.
P. ¿Cuál ha sido vuestra recompensa?
R. Habiendo prometido separarme de los vicios, pasaron por mi frente, mis lábios y mi corazon, la trulla humedecida en una sustancia preparada; me hicieron participar del banquete de los Elegidos; recibí el testimonio de una nueva alianza; y en fin, fuí admitido en un lugar de luz y de gloria en que terminé mis trabajos.
P. ¿Qué contenía la sustancia en que humedecieron la trulla?
R. Leche, aceite, vino y harina.
P. ¿Qué significan estas cosas?
R. Dulzura, sabiduría, fuerza y belleza, cualidades esenciales á los Grandes Elegidos.
P. ¿Qué nombre dais á las Logias de los Grandes Elegidos Escoceses?
R. Lógias de altas ciencias y á sus trabajos el de sublimes.
P. ¿De qué modo se penetra en ellas?
R. Con la firmeza en el corazon y en la frente, indicios seguros de los hombres virtuosos.
P. ¿Cuál es el primer deber del nuevamente admitido entre los Grandes Electos?
R. Observar con respeto religioso las leyes de la Franc-Masonería, practicar la mas sana moral y socorrer á sus hermanos.
P. ¿De cuántas luces podeis disponer?
R. De tres por nueve.
P. ¿Qué representan?
R. Las lámparas inextinguibles depositadas en la Bóveda Sagrada.
P. ¿Por qué el nombre de Bóveda Secreta al empezarse los trabajos cambia al finalizar estos en el de Bóveda Sagrada?
R. Porque depositado en ella el precioso tesoro, ya no se conoció sino por este nombre.
P. ¿Por qué partes viajan los Grandes Elegidos?
R. Por toda la tierra, con objeto de esparcir en todos sus ángulos la verdadera ciencia.
P. ¿Qué edad teneis?
R. Nueve años.
P. ¿Por qué el número 81 es tan respetado entre nosotros?
R. Porque es el que contiene mayor número de combinaciones masónicas, y que segun el lenguaje del arte, es triple del cubo ó el mayor cuadrado.

HISTORIA.

Habian sido castigados los asesinos de Hiram; los trabajos del Templo iban á terminar y no quedaba á Salomon otro cuidado á que atender que depositar en un lugar secreto el nombre verdadero del Gr∴ Arq∴ del Univ∴ cuyos caracteres le fueron ya conocidos desde mucho tiempo ántes, cuando el Señor se le apareció en el Monte Horeb, sobre un triángulo luminoso.

El pueblo no conocía la pronunciacion de aquel nombre; el cual se transmitia por tradicion una vez al año, deletreándolo el Gran Sacerdote; rodeado de todos aquellos que tenian derecho de oirle: pero mandándose que se hiciese por el mismo pueblo tal ruido en aquel momento que era imposible que llegase entero á los oidos de muchos que asistían á ceremonia tan imponente.

Creyó Salomon, que debia depositarle en un subterráneo del Templo, cual tipo inmutable, habiendo hecho construir en la parte mas misteriosa del mismo una Bóveda Secreta, en medio de la cual colocó un pedestal triangular, que él llamó el pedestal de la Ciencia, á la cual se bajaba por una escalera de veinte, y cuatro escalones, divididos por tramos de tres, cinco, siete y nueve, cuya Bóveda era solo conocida de Salomon y de los Maestros que trabajaban en ella. Hiram grabó la palabra sobre un triángulo del mas puro metal; y temiendo perderla la llevaba siempre consigo pendiente del cuello; el grabado del lado del pecho y el reverso hácia fuera, no presentando sino la superficie lisa de dicha joya. Al ser asesinado y ántes de morir, pudo despojarse del Delta precioso y arrojarlo á un poso que estaba cerca de él, del lado del Oriente ó Mediodia, el cual temió Salomon que cayese en manno de profanos, ordenando que inmediatamente se buscase.

Tres Maes∴ tuvieron la buena suerte de encontrarle. Pasaban cerca del poso en que habia sido arrojado y apercibieron que en el fondo brillaba algun objeto, descendiendo á él uno de ellos con la ayuda de sus compañeros y encontrando lo que deseaba. Llenos del mas vivo placer se presentaron al instante á Salomon. A la vista del Delta, dió Salomon un paso atras, levantó los brazos al cielo y en señal de admiracion, exclamó: (gracias á Dios). En seguida ordenó: que los quince Elegidos y los Maestros que habian trabajado en la Bóveda Secreta, mas los tres Maestros que habian encontrado la joya le acompañasen y bajando á aquella hizo incrustar el Delta en medio de un pedestal, cubriendo este de una piedra de ágata tallada en forma triángular, haciendo grabar sobre ella y en la parte superior, la palabra que habia sustituido; en la parte inferior todas las palabras secretas de la Masonería, y á los cuatro lados de la misma, las combinaciones cúbicas de estos nombres, por cuya razon se la denominó piedra cúbica. Hizo colocar Salomon delante de dicha piedra tres lámparas, conteniendo cada una nueve luces que ardian constantemente; les recordó el precepto de la ley antigua que prohibia pronunciar el nombre del Grande Arq∴ del Univ∴; y despues de tomarles juramento de no revelar jamas lo que acababan de ver, dió á aquel lugar el nombre de Bóveda Sagrada, é hizo sellar la entrada, la cual solo conocian los veinte y cuatro Elegidos y sus sucesores: jurando entre ellos una alianza perpetua, en prueba de la cual Salomon les dió un anillo del mas puro metal. Vueltos al Templo, se detuvieron á contemplar la belleza de aquel monumento célebre, dando gracias al Grande Arquitecto del Universo. Despues de la muerte de Salomon continuaron gobernándose del mismo modo y segun sus leyes, todas destinadas á la conservacion del Templo.

Destruido este por los Asirios, no por eso los obreros que lo edificaron lo abandonaron; porque del nuevo que se levantó fueron ellos los arquitectos. Es segunda vez el Templo destruido por órden de Tito; y los arquitectos, aunque desconocidos, permanecen unidos, dándose á conocer mas tarde por nuevos trabajos en la Palestina.

Cansados de una guerra cruel y dilatada, forman diversos establecimientos útiles y asociaciones benéficas, viéndoseles brillar en todas partes por sus virtudes. En la corte, en la armada, en el consejo de los Reyes, en el santuario de la Justicia, su saber les ha inclinado siempre á hacer de ellos hombres verdaderamente sociables y humanos. Unidos por la fé del juramento soportaron sin vacilar terribles vicisitudes: siendo no obstante, el sosten de la inocencia; los vengadores del crímen; el apoyo de los imperios; el terror de los malvados; y las barreras de la impiedad. Tal ha sido siempre la mision de los verdaderos Masones Escoceses.

La Francia, la Italia, la Inglaterra, la Palestina, la Asiria, y el Egipto son una prueba: no siendo posible olvidar las hazañas peligrosas de Bohemon y el asalto de Antioquía, arrebatada al Arabe insolente.

Tambien el Egipto recordará su constancia heróica. Damaso fué el baluarte de sus trabajos; los desiertos eran testigos de su profundo saber. La Palestina y Jerusalem vieron en ellas á Luis IX. Lugares célebres en que el soldado vencido humedeció con sus lágrimas una tierra sagrada por la presencia de tantos personajes ilustres.

La Inglaterra y la Escocia conservan aun instituciones admirables, cuyo objeto es enseñar la virtud, combatir los vicios y proclamar la verdad.

La Suecia es testigo de las virtudes de Ulderico y caballeros de su tiempo.

Y en fin, los sepulcros de guerreros Masones llevan tambien sobre ellos los caracteres inequívocos de nuestra asociacion.

Cuantas sociedades de beneficencia no deben su orígen á nuestros ilustres predecesores, los cuales aparecen hoy con el transcurso del tiempo, como imágenes de lo que fueron!

Admitido herm∴ mio, á este grado superior, trabajad sin descanso en el descubrimiento de la verdad, demostrando á los Masones negligentes en el cumplimiento de sus deberes: que sois superiores á ellos por vuestro ejemplo, vuestros trabajos y virtudes.

CLAUSURA.

P. ¿De dónde venis?
R. De investigar.
P. ¿Qué encontrásteis?
R. El depósito precioso.
P. ¿En dónde lo habeis depositado?
R. En un lugar secreto é impenetrable.
P. ¿Cómo habeis llegado hasta allí
R. Por 3, 5, 7, y 9.
P. ¿Qué objeto tiene ese depósito?

R. Volver á encontrar en caso de alteracion, los verdaderos caracteres del nombre inmutable y todos los secretos de la Masonería.

P. Qué llevais de aquí?

R. La recompensa á que me he hecho digno por mi zelo y el gran deseo de continuar practicándolo.

P. ¿Con qué fin?

R. Para gloria del G∴ A∴ D∴ U∴

P. ¿Qué edad teneis?

R. Nueve años.

P. ¿Qué hora es?

R. Medianoche, hora de cerrar nuestros trabajos.

El M∴ P∴ dice:

"Siendo medianoche y hora de cerrar los trabajos, Herm∴ Pri∴ y 2°. Vig∴ anunciad que voy á cerrar los de la Logia de Grandes Elegidos del Cap∴ de N∴ por los números acostumbrados y tambien la Bóveda Sagrada."

Los Vig∴ lo anuncian.

Todos los hh∴ en seguida del M∴ P∴ hacen el signo y los aplausos.

Se hace la misma bateria que al abrir la Logia, y el M∴ P∴ dice:

"Queda cerrada la Bóveda Sagrada y los trabajos de los Gr∴ Elect∴ del Cap∴ de N∴, lo cual repetido por los Vig∴ dejan los hh∴ sus insignias y se retiran.

BANQUETE DE LOS GRANDES ELEGIDOS ESCOCESES.

LOS VASOS SE LLAMAN COPAS.

Voces de Mando.

La mano derecha á la copa.

Presenten la copa.

Vaciemos la copa en tres tiempos.

La copa al hombro derecho.

La copa diagonalmente á la cadera izquierda.

Volvamos la copa al hombro derecho.

La copa diagonalmente á la cadera izquierda.

Volvamos la copa al hombro derecho.

Presenten la copa.

Pongamos la copa en tres tiempos.

Uno—dos—tres.

A mí, hermanos mios, por la batería.

"Despues de la batería."

Dios bendiga al Rey y á los caballeros.

TERCER ÓRDEN.

GRADO SEXTO—CABALLERO DE ORIENTE Ó DE LA ESPADA.

DECORACION DE LA LOGIA.

HAY tres piezas. La primera es la cámara de preparacion: está sencillamente adornada sin decoracion determinada. Allí se conduce al recipiendario antes de la recepcion. La segunda pieza es la sala llamada de Oriente y representa el Consejo de Ciro, rey de Babilonia. La colgadura es verde y la sala debe estar bien alumbrada pero sin número determinado de luces. Al Oriente hay un trono, al que se sube por dos escalones. El trono y los asientos están cubiertos de verde con galones y flecos de oro. Detras del trono hay un transparente, que representa el sueño de Ciro, es decir, un leon rugiendo y próximo á echarse sobre el Rey. Encima se vé una Gloria resplandeciente, que pasa al traves de las nubes. De en medio de la Gloria sale un águila en cuyo pico lleva una banda con esta inscripcion: "Libertad á los cautivos." Debajo de las nubes está representado Nabucodonosor, convertido tadavia en bestia y Baltasar su hijo, predecesores de Ciro cargados de cadenas. El cuadrado interior del Consejo está formado por un muro, que se figura construido de ladrillo y guarnecido de siete torres. Este muro no tiene mas que tres lados, porque el otro es el testero de la pieza. Los lados del Norte y Mediodia, son poco elevados, á fin de poder pasar fácilmente por encima de ellos. Cada uno tiene tres torres; una en cada ángulo y otra en medio. El lado del Oeste está dividido en dos partes: una dentro y otra fuera de la pieza. El trono está colocado en el recinto de las murallas: delante del trono hay un altar cubierto con un paño verde, con galones y flecos de oro. En medio de la sala está el cuadro de la Logia, ó sean los objetos que representa; esto es, las dos columnas J∴ y B∴ derribadas.

La tercera pieza se llama sala de Occidente. Esta debe estar separada de la anterior por una antecámara comun ó atrio. En él hay un puente por debajo del cual pasa un rio, cuyas aguas arrastran cadáveres y fragmentos de armas. En el arco de la bóveda del puente, se leen las letras L∴ D∴ P∴ En uno de los lienzos de la pared, hay un paisage que representa campos arruinados y los muros de Jerusalem destruidos. En este lado está la puerta por donde se entra en la sala. La colgadura de la sala de Oriente, es encarnada: hay setenta luces, en diez grupos de á siete luces cada uno. No hay trono: el presidente se sienta durante las recepciones en un sillon colocado al oriente de la sala. Detras del sillon hay una cortina que oculta el altar. Encima de éste hay una Gloria radiante, que aparece cuando se alza la cortina en el momento señalado en el ritual.

La colgadura tiene dos caras: la una encarnada, como hemos explicado ya, y la otra verde, dispuesta de tal modo, que se puedan mudar con facilidad y prontitud. Al cambiarse la guarnicion carmesí de la parte superior queda siempre á la vista.

El centro de la sala representa un templo destruido con los instrumentos de la Masonería esparcidos por el suelo y lejos del lugar en que deber estar colocados. La segunda cámara se llama consejo, y es la córte del rey de Prusia. El título del presidente es Soberano Maestro: representa á Ciro que reinaba en Babilonia cuando se cumplieron los setenta años del cautiverio de los Judios. El Orador es Gran Maestro de palacio: representa á Daniel. El primer Vigilante, es general Gran Maestre de la caballeria; representa á Sinna. El segundo Vigilante, es general Gran Maestre de la milicia; representa á Nabuzardan. El Guarda sellos, es Gran Maestre de la Cancillería; representa á Ratina. El Tesorero es Gran Maestre de hacienda; representa á Mitrídates, hijo de Gazabar. El Secretario es Gran Maestre de los despachos; representa á Semelio. El Gran Maestro de Ceremonias representa á Abazar. El Recipiendario; representa á Zorobabel, rey de Judá.

TÍTULOS DE DA TERCERA CAMARA.

El presidente se llama Muy Ilustre Maestro; los Vigilantes, Ilustres Vigilantes, y los miembros Caballeros.

SEÑALES.

De órden: Tener la espada con la mano derecha, ponerla á lo largo del cuerpo con la punta hácia arriba y con el puño á la altura de la cadera.

De reconocimiento: Poner la mano derecha en el hombro izquierdo y dirigirla serpenteando á la cadera derecha.

TOQUE.

Dirigir la mano derecha á la espada en ademan de sacarla de la vaina: adelantar despues el cuerpo hácia la derecha, pasando el pié derecho detras del izquierdo, extendiendo y alzando la mano como para rechazar un enemigo. En este movimiento los dos hermanos se encuentran y se dan recíprocamente la mano izquierda, enlazándose los dedos. Entónces se dan el ósculo fraternal diciendo el uno Judá; y el otro, Benjamin.

BATERIA.

Siete golpes por cinco y dos: ♩♩♩♩♩―♩♩

MARCHA.

Siete pasos, á saber: pasos de Maestro, tres hácia adelante y tres hácia atras: el séptimo es un paso ordinario hácia adelante. Despues se ponen los piés en escuadra.

TRAJE EN LA SALA DE ORIENTE.

El soberano Maestro usa una banda verde de aguas, puesta al cuello, ribeteada de un cordon de oro y con una borla del mismo metal al extremo. Los oficiales llevan la misma banda; pero sin ribete. En la parte anterior del collar se vé una espada y un cetro bordados, cruzados y coronados con un sol de oro. Los caballeros se ponen la banda de derecha á izquierda. Mandil blanco, forrado y ribeteado de verde, con la solapa caida. En ella se pinta ó borda el nudo de Salomon mal enlazado y en medio de espadas cruzadas. El mandil se vuelve y presenta por detras los colores y atributos del grado precedente.

SALA DE OCCIDENTE.

Los oficiales y caballeros usan la banda y el mandil del grado precedente, (escoces). Los caballeros se ponen ademas, una faja de color verde mar, con flecos de oro. En las puntas de esta faja se borda un puente, en cuya bóveda están las letras L∴ D∴ P∴. Una llama color de oro pende de la faja por el lado derecho, con un cordon encarnado, atado á los del mandil. La joya del Maestro son tres triángulos enlazados. El Primer Vigilante tiene una escuadra; el segundo un nivel; los otros oficiales la joya de la Órden encerrada en un triple triángulo. La joya de los caballeros tiene la misma forma que la de los escoceses: se añaden dos espadas cruzadas, cuyas hojas sean de acero, los puños apoyados en el cuarto de círculo.

APERTURA.

Los Cab∴ ocuparán sus asientos á excepcion del que preside, que no entrará sin que antes lo anuncie, tocando con el pié en el suelo cerca de la puerta.

El Pri∴ Gen∴ dice: el Sob∴ Maes∴ nos reune para asistir á un Concejo. Oigamos lo que nos dice: Vedle, ya llega.

El Sob∴ Maes∴ entra y se dirige á su asiento acompañado de dos guardas de la torre, que vuelven á su lugar despues que el Sob∴ Maes∴ haya ocupado su lugar.

El Sob∴ Maes∴ da un golpe con el puño de su espada y saluda á los Cab∴.

Los Cab∴ guiados por los Generales, contestan, poniendo la mano derecha sobre el corazon é inclinándose.

En seguida el Sob∴ Maes∴ dice:

GRADO SEXTO.

P. Pri∴ Gen∴ ¿Cuál es el deber de un Caballero?

R. El de proveer á la seguridad del Consejo y que no entren en él sino los Cab∴ de esta Órden.

P. Pri∴ y Seg∴ Gen∴ proceded á la inspeccion.

Los dos Gen∴ pasan á examinar las puertas de la torre, asegurándose si los guardas están en sus puestos. Al volver á ocupar sus puestos, dicen:

R. Los centinelas ocupan sus puestos respectivos al rededor del palacio y el Consejo puede deliberar con toda seguridad.

P. ¿Basta eso?

R. Es necesario tambien asegurarse si todos los presentes son dignos de asistir al Consejo.

P. Aseguraos Pri∴ y Seg∴ Gen∴

Se aseguran, diciendo al Soberano Maestro:

Todos los miembros presentes son Caballeros.

P. ¿En qué época nos encontramos?

R. En las diez semanas de años de la cautividad.

El Sob∴ Maes∴ dice:

Pri∴ y Seg∴ Gen∴ Siendo asi, anunciad que voy á abrir el Consejo.

Los dos Gen∴ lo anuncian.

El Sob∴ Maes∴ da siete golpes y los dos Gen∴ repiten la batería.

El Sob∴ Maes∴ dice:

A mí, Caballeros.

Todos los Cab∴ guiados por el Sob∴ Maes∴ aplauden y dicen una vez: *Honor á los Caballeros.*

El Sob∴ Maes∴ dice:

El Concejo está abierto y los trabajos del Cap∴ de N∴ en su tercer Órden.

Los Gen∴ repiten lo mismo.

El Sob∴ Maes∴ da un golpe y dice:

Ocupad vuestros asiento (dirigiéndose á los Cab∴) y despues añade:

Caballeros y miembros de mi Consejo, el objeto que hoy debe ocuparnos es el siguiente. (Expone el motivo ó causa de la asamblea y en seguida dice): Vos, Maestro de Palacio, que os hallais favorecido del don precioso de interpretacion, os voy á manifestar lo que he visto en Sueños.

El Gran Maes∴ de Palacio, contesta:

Soberano Maes∴ ese don es el efecto de una Sabiduría natural, de la cual solo puedo hacer un uso prudente; don que no se encuentra en los demas hombres, sino que es un favor que dispensa el G∴ A∴ D∴ U∴ á los débiles humanos, cuando por medio de visiones suele comunicar su voluntad.

El Sob∴ Maes∴

Gr∴ Maes∴ de Palacio, no me es desconocido el poder de esa ciencia sobrenatural y espero me ayudeis con vuestros consejos, para deliberar con el mayor acierto posible.

El Maes∴ de Palacio, contesta:

Ved, pues, lo que significa esta aparicion: La voz que habeis oido es la del Gr∴ Arquitecto, que os tiene anunciado á la tierra y os hace dominar en Oriente.

Los cautivos cuya libertad os ha ordenado son los que despues de diez semanas de años, gimen en la esclavitud. El Gr. Arq. os manda que los volvais al estado en que se encontraban antes de su cautividad, que sean reintegrados en sus propiedades, la ciudad que habitaban reedificada y su templo construido de nuevo con igual esplendor.

Las cadenas que les fueron impuestas por vuestros predecesores, han sido el instrumento del cual se ha servido el Gr. Arq∴ para castigarlos; pues siendo su pueblo escogido, se habia entregado á todo género de excesos.

En fin, el leon pronto á devoraros, es un presagio de los males que os aguardan si os mostrais sordo á la voz del Gr∴ Arq∴

CATECISMO.

P. ¿Sois Cab∴?
R. Creo merecer ese título.
P. Dados á conocer si podeis.
R. Empezad vos y os seguiré.
P. J∴
R. B∴
P. ¿Cómo habeis podido llegar á este grado?
R. Por mi humildad y paciencia.
P. ¿A quién os habeis dirigido?
R. A aquel de quien dependia nuestra libertad.
P. ¿Correspondió él á vuestros deseos?
R. Despues de haberme oido y quedar satisfecho, mandó poner en libertad á mis hh∴ y á mí, honrándome con el título de Caballero de O∴
P. ¿Qué habeis hecho despues de haber obtenido vuestra libertad?
R. Regresé á mi patria para reunirme á mis demas hermanos.
P. ¿En dónde os recibieron?
R. En un Consejo reunido sobre las ruinas del Templo.
P. ¿Cómo estaba iluminado el Consejo?
R. Por diez grupos de siete luces cada uno.
P. ¿Qué significan dichas luces?
R. El número de años que duró la cautividad.
P. ¿En qué os ocupabais?

R. En los trabajos de reedificacion del Templo del Gr∴ Arq∴
P. ¿De qué manera trabajabais?
R. Con la espada en una mano y la trulla en la otra.
P. ¿Qué plan se siguió en la construccion del Templo?
R. El que sirvió para edificar el que habia sido destruido.
P. ¿De dónde se tomaron los materiales?
R. Las piedras se extrajeron de las canteras de Tiro y las maderas del monte Líbano, porque se queria que fuese igual al primero.
P. ¿Qué consecuencia debemos sacar de este hecho?
R. Que la Masonería es una y no puede experimentar cambio alguno en sus principios.
P. ¿Qué forma tenian las cadenas de los cautivos?
R. Triangular.
P. ¿Porqué?
R. Convencidos los vencedores del respecto que por el Delta tenian los cautivos, dieron aquella forma á sus cadenas para hacerles mas insoportable su desgracia.
P. ¿A qué aluden las palabras de reconocimiento?
R. Al nombre de los que trabajaron en la reedificacion del Templo.
P. ¿Por qué habeis adoptado el color verde de agua?
R. Como recuerdo de aquel acontecimiento, por gratitud y en la esperanza de recobrar nuestro anterior estado.
P. ¿Cómo encontrásteis á los Mas∴ al llegar á los escombros del Templo?
R. Entregados al duelo y abatimiento mas doloroso, estado de una logia en que reinan la confusion y el desórden.
P. ¿Qué significan las columnas derrivadas y los instrumentos y los muebles dispersos?
R. Que toda logia compuesta de hh∴ indiscretos y viciosos, pierde la armonía que forma su principal adorno y tarda poco en destruirse.
P. ¿Qué significan los obstáculos encontrados en el paso del puente?
R. El deseo ardiente que todo buen Mason debe tener de instruirse y las dificultades que le son necesarias vencer hasta llegar al descubrimiento de la verdad.
P. ¿Qué significa la resistencia que opusieron á sus enemigos los nuevos obreros de la reedificacion del Templo?
R. El cuidado de que todo Mason debe estar armado para rechazar los vicios, malas pasiones y abusos de que el hombre es susceptible.
P. ¿Qué arte profesais?
R. La Masonería?
P. ¿Qué edificais?
R. Templos y Tabernáculos.
P. ¿En dónde?

R. No encontrando una base sólida en la tierra, los erigimos en **nuestros** corazones.
P. ¿Qué edad teneis?
R. Diez semanas de años.

DISCURSO.

A magnificencia del Templo construido por Salomon, ni la gloria del pueblo á quien monumento tan suntuoso pertenecia, pudieron librar á uno y á otro del furor de sus terribles enemigos. Vencidas las diez tribus que formaban el pueblo de Israel, quedaban dos, la de Judá y Benjamin, que resistieron por algun tiempo; aunque inútilmente, hasta que Nabucodonosor puso sitio á Jerusalem, el año décimo octavo del reinado de este monarca y el undécimo de Sedecias, Rey vigésimo primero de la casa de David.

Resistió Jerusalem á sus enemigos con valor y constancia; fué el sitio dilatado y sangriento; pero agotados los recursos de sus habitantes, cansados estos de una lucha prolongada, casi exánimes ya y destruidos sus baluartes, no obstante la heróica vigilancia de los masones libres que los defendian, no pudieron impedir que al fin de diez y ocho meses cayese por asalto en poder de los contrarios.

Entraron estos en la ciudad y se dirigieron al templo, en donde se habian refugiado con sus riquezas Sedecias, sus cortesanos y personas principales de la ciudad, para intentar en aquel magnífico edificio un postrer y supremo esfuerzo contra el enemigo.

En vano pretendieron lo Masones ensayar allí una nueva resistencia; porque cediendo pronto al número se entregaron casi sin defenderse, siendo esto causa de la ruina del templo.

Llegó á noticia de Nabucodonosor esta última tentativa de resistencia de los sitiados y mandó que sacasen de aquel edificio todos los tesoros que contenia y que despues fuese destruido hasta en sus cimientos, convirtiesen en cenizas el palacio, arasasen las murallas de la ciudad y condujesen cautivos á Babilonia al Rey Sedecias y á su pueblo. (Esto sucedia 606 antes de J. C.)

Dicha órden fué fielmente ejecutada por Nabuzaradan General del ejército vencedor, quien de vuelta de su espedicion entró triunfante en Babilonia, llevando consigo á los cautivos encadenados, sin esceptuar al mismo Sedecias, que murió tres años despues.

Eran los eslabones de las cadenas de los vencidos de forma triangular, habiendo ordenado el conquistador que así las llevasen como por afrenta, no ignorando el respeto que los cautivos tenian por el Delta.

Grande fué al mismo tiempo el pesar de los Masones, no solo al verse aherrojados de aquella manera, sino destruida tan magnífica y excelsa obra, trabajo de los hombres bajo la direccion del G∴ A∴ D∴ U∴, no cesando de lamentar su desgracia hasta el gran dia en que pudieron recobrar su libertad y construir un nuevo templo por el modelo del antiguo.

Bien tan inapreciable para Israel, despues de una cautividad de diez semanas de años fué gracia que impetraron y obtuvieron de Ciro, príncipe no ménos famoso por sus conquistas, que por su humanidad. Este conquistador y dueño de Oriente, tuvo en sueños una vision en que creyó oir una voz que le pedia la libertad de los cautivos, explicándole Daniel el profeta, favorito de aquel monarca, el sentido verdadero de tan extraño suceso.

Zorobabel, príncipe de la casa de Judá, pudo obtener el permiso de penetrar en el Gran Consejo de Ciro y allí pidió la libertad de su nacion y el favor de construir un nuevo templo, segun el modelo del antiguo: á lo cual accedió bondadosamente aquel Rey, mandando que se devolviesen los tesoros arrancados del Templo, le otorgó el título de caballero; y dispuso que dispensasen á él y á los suyos, la asistencia y socorros que pudiesen necesitar.

Recibió Zorobabel del Gran Tesorero todas las riquezas del templo, fijando su partida para el dia que corresponde al 22 de Marzo, avanzando él y los suyos sin obstáculo alguno hasta llegar á las orillas del rio que separa la Asiria de la Judea. Les era necesario allí echar un puente para pasarlo; y cuál no fué su sorpresa al ver la resistencia que por envidia les oponia el pueblo que habitaba en la ribera opuesta, logrando despues de un combate obstinado abrirse paso y continuar su marcha á Jerusalem. Perdió Zerobabel en tal encuentro el distintivo de honor que Ciro le habia conferido, si bien pudo conservar la espada, con cuya arma tambien los suyos pudieron vencer y dispersar á sus enemigos.

Despues de la destruccion de la ciudad santa, algunos de sus habitantes que habian escapado de los horrores del sitio y de la guerra, erraban desdeñados y miserables. Se contaban entre ellos algunos grandes Elegidos que se reunian en secreto para lamentar la desgracia de sus hermanos y practicar las ceremonias de su Órden. Estos celosos Masones buscaron con tanto empeño entre los escombros, la entrada de la bóveda Sagrada del Templo, que al fin la encontraron: no habiendo sido antes descubierta ni vista, desde la destruccion de aquel edificio por órden de Nabucodonosor. Dueños de la entrada llegaron al pedestal de la ciencia, encontrando allí la plancha de oro bajo la piedra cúbica y conviniendo en que seria conveniente sustraerla al peligro á que estaba expuesta, quebrantaron la plancha triangular, la fundieron, destruyeron la piedra de ágata y adoptaron la costumbre de comunicar por tradicion los misterios que contenia. No perdieron la esperanza de ver algun dia renovados sus trabajos y siguieron nombrando un jefe que presidiese sus asambleas.

Tocó á Ananias, que lo era al regreso de los cautivos, recibir á Zorobabel y á sus compañeros sobre las mismas ruinas del templo y en medio de la fraternidad que pudo libertarse del yugo del vencedor, nombrando á este último gefe y caudillo de la nacion, aprestando desde luego los medios con objeto de levantar un nuevo templo.

Habian apenas comenzado los trabajos de este edificio, cuando los nuevos obreros se vieron atacados por sus enemigos, siéndoles necesario interrumpir su obra y defenderse, mandando Zorobabel que con tal motivo continuasen aquellos sus trabajos con la espada en una mano y la trulla en la otra.

Reconstruido el templo con la magnificencia anterior, la Órden de los arquitectos pudo reconquistar el prestigio y alto concepto de sus antiguos predecesores, no obstante que este nuevo período de paz fué de corta duracion, porque los Romanos bajo el mando de Tito invadieron la Judea, se apoderaron de Jerusalem y la destruyeron, incendiando el templo y destruyendo la nacion.

Algunos de los arquitectos lograron permanecer en los mismos lugares, conservando en corto número y bajo el mas estricto secreto, los conocimientos de su arte. Les fué necesario rodearse de grandes precauciones y no admitieron en su seno sino á individuos muy experimentados. Bien bajo los Romanos ó bajo el poder de los Sarracenos, no cesaron de aguardar la favorable trancision que habia de devolverles el patrimonio de sus mayores y los recursos que necesitaban para reedificar segunda vez el templo.

Otros arquitectos habian huido al desierto, en medio del abandono de la ciudad por sus habitantes; reapareciendo otra vez, despues de algun tiempo sobre las ruinas de aquel edificio, en donde se reunieron bajo el estandarte de la caridad fraternal y del amor de la humanidad, edificando un hospicio en el mismo lugar que habia ocupado el templo destruido, para dar acogida en él á los peregrinos que visitaban las ruinas de Jerusalem y constituyéndose en una Órden religiosa, sujetos á los votos de la mas rigida observancia, al celibato y á la caridad con los pobres, á quien socorrian con limosnas ó con el producto de las tierras que los nuevos poseedores de Jerusalem les permitian cultivar. De simple Órden religiosa, tomó despues el carácter militar ó guerrero convirtiendo la espada en título de posesion sobre propiedades que hasta entónces solo habian podido conservar de un modo precario.

Alentados cada vez mas los encontró Pedro el Ermitaño, fanático obscuro, pero entusiasta, á cuya voz se aprestaron todos los caballeros cristianos de Europa y dieron principio á las guerras sangrientas, conocidas con el nombre de Cruzadas.

Tambien los antiguos guerreros que habitaban la Tebaida, abandonaron aquel desierto y respondieron á la exitacion universal que habia penetrado por todas partes. Deseaban distinguirse y aprovecharon la ocasion, uniéndose á los Caballeros los que habian permanecido en Jerusalem. Se habian ligado estos con los arquitectos por votos casi idénticos, pues el objeto de unos y otros era la ereccion de un nuevo Templo y abandonando toda preocupacion, adoptaron las mismas costumbres y leyes, velando bajo la apariencia de una arquitectura especulativa, un pensamiento grande y generoso; resolviendo unirse á los Cruzados, si bien bajo el mando de jefes de su eleccion.

Debia esta recaer en hermanos aptos para la milicia, observando siempre las mismas fórmulas, cuyos símbolos y alegorías tomados del templo, no les permitiese separarse de su objeto principal, sirviesen á la multitud de enigmas ininteligibles y al mismo tiempo de pruebas en que experimentar la constancia y sumision de los nuevos iniciados.

En medio de ejércitos compuestos de individuos de tantas naciones diferentes, y rodeados de enemigos por todas partes, no solo estaban poseidos de un justo temor, sino que observaban la mayor vigilancia y cautela; adoptando, para evitar cualquier sorpresa, signos, palabras y toques, con los cuales podian reconocerse, aun á grandes distancias y preservar el secreto de las asechanzas de la curiosidad, de toda traicion y de la publicidad. Convinieron en reconocerse mas adelante por el dictado de Masones libres, se unieron á los Cruzados y no tardaron en darse á conocer por hechos heróicos.

Suceden á estos los arquitectos que construyeron el hospicio para los peregrinos sobre las ruinas del templo, quienes, animados de igual ardor, dejaron pocos de sus compañeros desempeñando el cargo de hospitalarios, tomaron las armas y bajo la conducta de uno de ellos, Gran Maestro despues de la Órden, se unieron á los Cruzados.

Pudo verse como en medio de guerras tan desastrosas, no solo aumentaron su número, sino su poder y á este y su gran riqueza; aunque les duraron poco tiempo, pues fueron despojados de uno y otrar y casi aniquilados.

Durante el intérvalo de las nueve Cruzadas, si creció en tan alto grado el número de sus miembros, fué á causa de los individuos que con tal motivo se les unieron.

Despues de los primeros triunfos y partida del ejército para Europa, ochenta y uno de ellos pasaron á Suecia, provistos de recomendaciones para el Obispo de Upsal, á quien iniciaron en sus misterios para mejor obtener el favor de los príncipes confederados.

No tardó en emprenderse otra nueva Cruzada; si bien el éxito no fué tan favorable, como el anterior. Enviaron entónces al Obispo de Upsal ochenta y uno de los suyos, encargados de entregarle el depósito de los conocimientos de su arte, el cual iba oculto en un cofre.

Llegó á manos del prelado quien lo colocó en un sepulcro de mármol, sellado con cuatro sellos y lo depositó, con el mayor secreto, en el fondo de un subterráneo de las cuatro Coronas, ayudado do los diputados que lo habian llevado allí, para que en un tiempo dado, pudiesen encontrarlo.

Habiendo llenado su comision aquellos hermanos, regresaron á Jerusalem; viéndose en seguida obligados á abandonar la Palestina, pues los progresos de los Turcos, les habian hecho perder toda esperanza de reconstruir el Templo, resolviendo alejarse de su desgraciada patria y fijar en otros paises su residencia.

No siéndonos posible, hermano mio, reedificar el antiguo templo por los medios materiales de tiempos mas afortunados, es nuestro deber á lo menos construir algunos con materiales místicos, los cuales esperamos colocareis en medio de vuestro corazon. Pueda el G∴ A · D∴ U∴ alentar vuestro celo, sostener vuestro esperanza y asegurar los progresos que esperamos de vos.

CLAUSURA.

P. H∴ Pri∴ Vigilante, ¿quién sois?
R. Un Mason libre y un Cab∴
P. ¿De qué modo trabajais?
R. Con la espada en una mano y la trulla en la otra.
P. ¿De dónde venís?
R. De Oriente.
P. ¿Qué traeis?
R. Permiso de elevar un nuevo templo.
P. ¿Cuál será vuestra obra?
R. La reconstruccion de aquel edificio.
P. ¿Qué edad teneis?
R. Diez semanas de años.
P. ¿En qué epoca nos encontramos?
R. En el momento de la reedificacion.

El Muy Il∴ Maes∴, dice:

Pudiendo renovar nuestros trabajos y habiendo acordado lo que debemos ejecutar, anunciad HH∴ Pri∴ y Seg∴ Vig∴ que va á cerrarse el Concejo de los Cab∴ y los trab∴ del Cap∴ de N∴ en su tercer Órden.

Los Vig∴ lo anuncian

El Il∴ Maes∴ da los golpes designados en la bat∴

Les Vig∴ los repiten.

El Muy Il∴ añade:

"A mí hh∴ mios."

Todos los Cab∴ Siguen al Muy Il∴ y hacen la señal, apláuden y dicen una vez: Honor á los Caballeros!

El Muy Il∴ dice:

El Consejo está cerrado y los trabajos del Cap∴ de N∴ en su tercer órden.

Los Vig∴ repiten el anuncio.

El Muy Il∴ da un golpe.

Los Vig∴ lo siguen y todos se retiran en paz.

BANQUETE DE LOS CABALLEROS DE ORIENTE.

Los Caballeros de Oriente trabajan con una mano y combaten con la otra por esto, están siempre con espada en mano.

Bandera al rededor de la cintura.

Mano derecha á la espada.

Presenten la espada.

Saludo con la espada en tres tiempos.

La mano izquierda al cañon.

Presenten el cañon.

Vaciemos en tres tiempos.

Adelante el cañon.
Ejercicio de la espada.
Pongamos la espada y el cañon.

Despues de este movimiento, hay logias en que los hermanos se enlazan con la mano izquierda, como en al dar el toque, diciendo uno: soy de la tribu de Judá: y el otro, soy de la de Benjamin: (y despues hieren el suelo con el pié una sola vez.)

Despues de haber dejado la espada y el cañon, se hace la bateria.

La exclamacion: *gloria á Dios y al monarca.*

MANDO PARA EL BRINDIS.

A las armas Caballeros. (*Todos los Caballeros se levantan.*)

Nota.—Se llama comunmente Starbuzani, el rio sobre el cual se figura colocado el puente de que hemos hablado en la decoracion de la Logia de este grado. Es un error cometido con respecto al nombre, y rio mencionados, pues todo esto es supuesto. Sch'tar-bazenai (contemnentesme putrefaciens) es el nombre de uno de los oficiales del Rey de Persia y no el de un rio ó de un lugar cualquiera. *In ipso autem tempore venit ad eos thatanai qui erat dux transflumen et Stharbazanai et consici eorum, sicque dixeruut eis, &c.*—(Exodo 1. cap. 6, v. 6 y 13.) El rio que pasaron los Israelitas para ir de Babilonia á Jerusalem, fué el Eufrates.

CUARTO ÓRDEN.

SÉPTIMO GRADO.—CABALLERO ROSA-CRUZ.

ESTE grado es absolutamente igual al 18, del Rito Escoces, con las diferencias siguientes.

TÍTULOS.

El Presidente se llama Muy Sabio y Perfecto Maestro. Los Vigilantes, Muy Excelentes y Perfectos. Los oficiales, Muy Poderosos y Perfectos, y los Caballeros, Muy Respetables y Perfectos. En la primer parte de la recepcion se suprime el título de Perfecto.

TRAJE.

Mandil blanco forrado y guarnecido de punzó. La solapa es del mismo color que la guarnicion. En la solapa está bordado un triángulo encerrado en tres circulos y en tres cuadrados. En el centro del triángulo esta la letra J∴ En medio del mandil está pintado ó bordado uno de los lados de la joya. En la primer parte de la recepcion el mandil es blanco ribeteado de negro. En medio hay tres rosetas negras dispuestas en triángulo: entre las tres rosetas un globo en que está enroscada una serpiente. En la solapa hay una calavera con dos huesos cruzados: sobre la faltriquera la letra J∴ El Muy Sabio Maestro tiene en el pecho una estrella flamígera con la letra G∴ en medio. Al rededor de la estrella están las letras F∴ E∴ C∴

BATERIA.

Siete golpes

APERTURA.

El M∴ S∴ da un golpe que repiten los Vig∴, y dice:
Muy Resp∴ hh∴ y Cab∴ ayudadme á abrir el Cap∴

Los Vig∴ dicen despues:

Muy Resp∴ HH∴ y Cab∴ ayudad al M∴ S∴ á abrir el Cap∴

P. M∴ Exc∴ H∴ Pri∴ Vig∴ ¿Cuál es vuestro deber?

R. M∴ S∴ asegurarme si el Cap∴ está á cubierto y si los hh∴ presentes son Cab∴ Rosa-Cruces.

El M∴ S∴—Exc∴ hh∴ Pri∴ y 2º. Vig∴ aseguraos de ello.

El Pri∴ Vig∴ recibe del Maestro∴ de Ceremonias, los signos, toques y palabras, y dice en seguida al mismo: ved Muy Pod∴ H∴ si el Cap∴ está bien cubierto.

El Maes∴ de Ceremonias sale con tal objeto y al volver á entrar informa al Seg∴ Vig∴

Al mismo tiempo los Vig∴, cada uno en sus columna respectiva, reconocen á los hh∴ presentes por los sig∴, pal∴ y toques del grado, dando cuenta despues al M∴ S∴

Al ocupar en seguida su asiento el Seg∴ Vig∴, habiendo recibido ántes el informe que le da el Maes∴ de Ceremonias respecto á hallarse á cubierto el Cap∴, se dirige al Pri∴ Vig∴ dando un golpe de mall∴ en repuesta al que da ántes el Maes∴ de Ceremonias, y le dice:

M∴ Exc∴ H∴ Pri∴ Vig∴ el Capítulo se haya á cubierto.

El Pri∴ Vig∴ da á continuacion otro golpe de mall∴ respondiendo al del Seg∴ Vig∴ el cual contestado por el M∴ S∴, dice á este:

M∴ S∴ estamos á cubierto.

P. M∴ Exc∴ H∴ Pri∴ Vig∴ ¿Qué hora es?

R. La hora en que fué desgarrado el velo del Templo, en que las tinieblas se extendieron por toda la tierra, en que fueron rotas las columnas y herramientas de la Masonería, en que se ocultó la estrella resplandeciente, en que la piedra cúbica sudó sangre y agua y en que se perdió la palabra.

El M∴ S∴ dice:

Habiendo la Masonería experimentado tan cruel tribulacion debemos emplear todas nuestras fuerzas y nuevos trabajos en recobrar la palabra perdida. Con tal objeto abramos el Capítulo.

Los Vig∴ cada uno en su columna dice:

M∴ Resp∴ hh∴, el M∴ S∴ va á abrir el Capítulo, unámosnos á él.

El M∴ S∴ da siete golpes.

Los Vig∴ los repiten y el M∴ S∴, dice:

Hagamos nuestro deber.

El M∴ S∴ hace entónces el signo de interrogacion y los hh∴ presentes el de respuesta, toman la espada con la mano derecha y se ponen al órden, haciendo el del buen pastor de modo que aquella arma aparezca apoyada en la mano y brazo izquierdo con la punta hácia arriba. Los hh∴ guiados por el M∴ S∴ hacen la accion de arrodillarse y ocupan despues sus asientos.

El M∴ S∴ dice:

Está abierto el Cap∴ de Rosa Cruz y los trabajos del Sob∴ Cap∴ de N∴ en su cuarto órden.

Esto lo repiten los Vig∴ y se aplaude, repitiéndose siete veces Hoz∴

NOTA.—No se aplaudirá con los manos en la primera sala.

CATECISMO.

P. ¿Sois Rosa-Cruz?
R. M∴ S∴ y Perf∴ Maes∴, tengo esa felicidad.
P. ¿En dónde habeis sido recibido?
R. En un Capítulo en que reinan la inocencia y la humildad.
P. ¿Quién os recibió?
R. El mas humilde de todos.
P. ¿Explicadme esto?
R. Que en nuestras reuniones solo podemos distinguirnos por nuestra humanidad y obediencia.
P. ¿De qué modo habeis sido recibido?
R. Con las formalidades que exige tan grande objeto.
P. ¿Cómo os presentasteis al Capítulo?
R. En el libre ejercicio de todos mis sentidos y de mi espontánea voluntad.
P. ¿Qué vísteis al entrar en él?
R. Mi alma quedó absorta al contemplar aquel espectáculo; y el silencio y aptitud de los caballeros, me hizo presentir las altas lecciones que iba á recibir allí.
P. ¿Qué hicieron de vos al entrar?
R. Me hicieron viajar.
P. ¿Qué se os mostró en vuestros viajes?
R. Los tres sostenes en que descansa nuestro templo; dándome á conocer sus nombres, los cuales he grabado para siempre en mi corazon.
P. ¿Qué nombres son esos?
R. F∴ E∴ y C∴
P. ¿Quedaron satisfechos de vos despues de vuestros viajes?
R. No, el M∴ S∴ me hizo conducir á los piés de aquel á quien todo se humilla y prestar allí mi obligacion.
P. ¿De qué manera la habeis prestado?
R. Del modo mas respetuoso, con fé sincera en lo que decia y con la firme resolucion de cumplir lo que prometia.

P. ¿Qué hicieron despues de vos?
R. Me vistieron con las insignias del dolor y del arrepentimiento, me explicaron lo que significaba cada cosa, y como recuerdo de aquel dia para mí, hicieron en seguida los caballeros un viaje conmemorativo; el cual nos hizo pasar de la tristeza á la alegría, despues de haber recorrido lugares obscuros, tenebrosos y llenos de horror, en que nuestra firmeza fué causa de una justa recompensa.
P. ¿Qué buscabais en ese viaje?
R. La verdadera palabra, perdida por el descuido de los Masones.
P. ¿La encontrásteis?
R. Nuestra perseverancia nos puso en camino de recobrarla.
P. ¿Quién os la dió?
R. A nadie es permitido darla; pero habiendo reflexionado sobre lo que habia visto y oido, me fué fácil encontrarla; sin otra ayuda que la de su autor.
P. Dádmela.
R. No puedo; pero podeis preguntarme por mis viajes, mi nombre, apellido y haced lo que yo.
P. ¿De dónde venis?
R. De Judea.
P. ¿Por qué ciudad habeis pasado?
R. Por Nazaret.
P. ¿Quién os condujo?
R. Rafael.
P. ¿De qué tribu sois?
R. De la de Judá.
P. ¿No teneis que decirme algo mas?
R. Haced lo que yo, reunid las letras iniciales de cada palabra y sabréis que objeto tienen nuestros viajes y nuestros misterios.
P. No se os ha dado algo mas.
R. La palabra de pase que es E∴, signos y un toque para hacernos reconocer.
P. Dadme el primer signo.
R. (*Se hace.*)
P. La contestacion.
R. (*Se da.*)
P. Dad el toque al h∴ F∴
R. El que lo recibe, dice: (es justo, M∴ S∴).
P. ¿Cuál es el signo de órden de este grado?
R. El buen pastor.
P. ¿Qué se ha hecho de vos despues de haberos dado á reconocer?
R. El M∴ S∴ y todos los Caballeros me han constituido Caballero del

Aguila, perfecto y libre Mason, bajo el título de Rosa Cruz: me pusieron el cordon y joya del grado y despues de darme á conocer á todos los Caballeros presentes, tomé asiento en el Capítulo.

P. ¿Qué hicieron en seguida?

R. El M∴ S∴ nos hizo una exhortacion, se ocupó de los asuntos del Capítulo de la manera acostumbrada y se retiraron en paz todos los Caballeros.

DISCURSO.

Los Masones, despues de la reedificacion del Templo, no fueron ya tan constantes en sus trabajos, entregaron estos á la incuria y vicisitudes del tiempo y sus obras dejaron de ser modelos de virtud, sucediendo á su anterior sabiduria, á la solidez de los materiales y belleza de la arquitectura, el desórden, la confusion y los vicios.

Fué en tal concepto que el G∴ A∴ D∴ U∴ quiso que sus adeptos abandonasen la idea de edificar templos materiales á la ignorancia y temeridad de los mortales y que fundasen otros espirituales imperecederos en su esencia; siendo entónces que la verdadera Masonería, á causa de la ceguedad de los malos obreros, se vió casi desaparecer de entre los hombres; las herramientas exparcidas de un lado y otro; la luz obscurecida; la estrella resplandeciente eclipsada y perdida la palabra.

No obstante, la voluntad de aquel que dirige todas las cosas puso pronto término á este desgraciado contratiempo; brillando de nuevo la luz con todo su esplendor; volviendo á tomar los rotos utensilios su forma primitiva; apareciendo otra vez la estrella resplandeciente y recobrándose la palabra.

Tan importante revolucion fué apreciada en su justo valor por los verdaderos Masones, conociendo solo ellos las tres columnas fundamentales. Firmes en sus principios, continuaron en velar con emblemas los conocimientos que no les era permitido hacer participar á todos los hombres indistintamente. Tales son los conocimientos y emblemas de que es depositaria la Masonería, y que transmite de una en otra generacion por medio de ceremonias, de palabras y carácteres especiales, escogiendo para mision semejante á aquellos individuos dignos de su confianza.

Los Masones imperfectos, es decir, los pretendidos filósofos modernos, habiéndose separado de los verdaderos principios constitutivos del mundo que habitamos, ó mas bien, no habiendo jamas sido iniciados en los misterios augustos de la naturaleza, han establecido sistemas falsos y opuestos á los verdaderos principios. Zoroastro, Trimegisto, Moises, Salomon, Pitágoras, Platon, y otros muchos, solo son para ellos enigmas indecifrables.

Los verdaderos discípulos de estos últimos verán con lástima á esos estraviados que vagan errantes y que jamas se acercan á la verdad. Felices ellos, si cambiando de sistemas, cediesen á la voz interior y secreta que les revela las tres partes distintas de nuestro ser, la material, la espiritual y la celeste y, que comparándose con el universo, son capaces de reconocer la union y combinacion de estos tres principios.

Tres objetos principales abrazan el gran conjunto de los conocimientos Masónicos; tratando todo verdadero Mason de dscubrir por medio de ellos la verdad.

Esos objetos son la metafísica, la moral, la física. Los elementos de estas tres ciencias sublimes, ocupan los tres primeros grados de la Masonería simbólica, siendo esa la razon porque llevan semejante denominacion.

En el primer gr∴ simbólico todo hace relacion al número tres, por alusion á tres principios: el nacimiento, la existencia y la muerte; ó sean el agente, el paciente y el producto. En el seg. gr∴ se principia por indicar los primeros productos y consecuencias de dichos tres elementos, por el emblema ó número cinco, porque todo hace relacion á cinco ciencias ó clase de conocimientos, que son la metafísica, la moral, la astronomía, la agricultura, y la arquitectura. Estas tres últimas están identificadas con la física, en la cual el estudio de las propiedades de las diversas producciones de la naturaleza y del misterio de sus operaciones, conduce al conocimiento que se desea.

El órden inmutable del movimiento de los cuerpos celestes, el cual es causa de nuestro asombro, fué el primer incentivo que arrastró al hombre al conocimiento del Ser Supremo, al elevar el alma por la observacion sobre todos los objetos materiales: tal es el orígen de la metafísica.

La vista de tantas maravillas suspendidas en el espacio, excitó la curiosidad de un corto número, fijando ciertas observaciones que fueron transmitiéndose y augmentándose de edad en edad y crearon la astronomía. Un hombre afortunado, inspirado al mismo tiempo por el Gr∴ Arq∴ y alentado por la necesidad, inició y desenvolvió el pensamiento feliz de cultivar la tierra, descubriendo los tesoros inagotables de su seno: tal es el orígen de la agricultura.

Los progresos de esta, ayudada y perfeccionada por la astronomía, hicieron de ella la base y principio vital de las sociedades políticas, asegurándose su existencia por medio de leyes y en cuya estabilidad no tenia ménos partes el desarrollo benéfico de la moral.

Fueron estos conocimientos durante muchos siglos el solo patrimonio de un corto número de individuos, los cuales tuvieron el cuidado de cubrirlos con un velo impenetrable, dando lugar á instituciones célebres, de los cuales, los Bracmas y Sabeos nos han legado sublimes restos. Magos, Hierofantas y Druidas, eran iniciados de la misma escuela, á quienes el amor y estudio de las ciencias habian agrupado, desapareciendo al fin en el curso inexorable del tiempo. No podriamos con todo poner en duda la existencia de los Hierofantas y los grandes progresos que hicieron en las diferentes ciencias, siendo por medio de estos filósofos célebres que nos han sido transmitidos, á favor de una tradicion oral y constante, los símbolos de nuestros misterios.

La arquitectura que entre los Egipcios llegó al alto grado de perfeccion que aun hoy asombra al universo, puede asegurarse que era la obra de los Hierofantas.

La necesidad de extender mas ó ménos el conocimiento de aquellas ciencias, fué causa de separar en dos clases distintas á los iniciados en ellas. Su iniciacion comprendia tres partes: la purificacion del cuerpo, que consistia en ejercicios austeros; la del alma que se dividia en dos partes, ó sean la invocacion y la instruccion; obligando la una á asistir á los sacrificios y la otra á la instruccion ó conferencias: y la manifestacion que no era en realidad un ejercicio, sino la recompensa de los que habian precedido. Durante doce revoluciones, el candidato hácia un exámen de todo y adquiria conocimientos que podia desenvolver mas adelante.

Pitágoras, á ejemplo de los Egípcios, á los cuales debia su saber y su doctrina, no admitia á sus trabajos sino á aquellos á quienes habia ántes experimentado y conocia que estaban dotados de grandes cualidades; revelando á sus discípulos las reglas practicada por los padres Egipcios.

Los filósofos Judios, llamados Esenios, observaban las mismas reglas, con muy corta diferencia. Sometia Pitágoras á sus discípulos á un silencio de cinco años, durante el cual solo les era permitido oir sin que pudiesen hacer ninguna pregunta ó presentar cuestion alguna absolutamente. Se les llamaba oidores. Pasado dicho término, si se creian dignos, podian hablar y presentar las dudas que querian; denominándoles entónces *iniciados en las ciencias*. Estos eran los que aquel filósofo solo reconocia como discípulos; permitiéndoles la entrada en sus reuniones secretas y explicándoles la causa de todo lo que les enseñaba. Les daba el nombre de los objetos materiales enterándoles de los conocimientos especiales de cada uno y el uso de sus propiedades. Cuando trataba de moral, les enseñaba lecciones sublimes, formándolos para la virtud. Y eran en sus manos los nombres y propiedades de cada cosa, otros tantos emblemas que despertaban constantemente en la memoria de susdiscípulos la enseñanza que ántes habian recibido; siendo su sistema todo alegórico.

Pasaban sus discípulos de la primera clase á la segunda; y en este caso aprendian los elementos de la ciencia del cálculo, de las lineas y de la superficies; revelándoles con discrecion ciertos descubrimientos y prácticas secretas. Dependia la instruccion que se daba al iniciado del estudio que ántes se hacia por los directores de su carácter ó predileccion por una ú otra ciencia.

El conocimiento inequívoco y positivo de los resultados geométricos y de los cálculos, llegó á ser el principio rico y fecundo de la sublime alegoría por medio de la cual se eleva el hombre sobre todo lo terrestre, haciéndole emprender su vuelo hácia su verdadera patria, transportándole al seno de la verdad.

La tercera clase era, como es hoy, la reunion de los conocimientos que formaban las dos primeras, con la facultad de poder hacer un uso conveniente de aquellos. Solo los maestros pueden enseñar; y no merece este nombre sino el iniciado que conoce perfectamente el Delta y sus propiedades y tambien la creacion, el desarrollo, la perfeccion, la unidad de esencia, de substancia y de naturaleza, cuyo producto es el Delta, principio de toda verdad.

Todos los conocimientos Masónicos y la aplicacion que de ellos pueden hacerse están encerrados en los tres grados llamados simbólicos; si bien fué necesario, para facilitar el trabajo de los que aspiran al conocimiento de la verdad, crear distintas secciones en que recibiesen la conveniente extension los emblemas que se advierten en ellos, cuidando de solo descubrirlos á medias.

El grado de R∴ C∴ tal como hoy se conoce, es una prueba de la asercion anterior; siendo él, todo sensible y demostrativo y en el cual el velo se descorre enteramente: sin que por eso debamos asegurar que cesa la alegoría. Los antiguos Masones, bien por prudencia ó por otras razones, nos ocultaron conocimientos importantes bajo tipos ó geroglíficos, que parecen aun anunciar enigmas impenetrables. Aquel que por su constancia en el estudio de tales emblemas, logre descubrir las altas verdades que encierran, quedará satisfecho al encontrar la felicidad á que todo mortal aspira. Sus dias serán hermosos, sus manos puras y la indigencia y sus consecuencias vivirán lejos de él.

Armémosnos de valor, redoblemos nuestros esfuerzos y trabajemos con zelo, paciencia y perseverancia. No podemos olvidar, que existe cierto número de Masones filósofos dignos de nuestra admiracion por la extension y sublimidad de sus conocimientos. Es necesario que nos persuadamos que no fué sin un motivo poderoso que los que profesaron el arte de los sabios, los verdaderos maestros, adoptaron por jefe á aquel que dotado de un don celeste, se vió en posesion de la ciencia y de la sabiduria; y que no fué tampoco sin razon que tomaron por base y modelo de sus trabajos el Templo célebre, consagrado á la gloria del Todo-Poderoso, por Salomon, el mas sabio de los mortales.

Esta consideracion bastaria para sostener el celo de todos los Masones, no olvidando que la práctica de sus deberes debe conducirlos al santuario de la verdad, si ponen en ejercicio todas sus virtudes, y un estudio constante y no interrumpido de la naturaleza y de las maravillas que nos rodean, bondad del Gr∴ Arq∴ del Universo.

CLAUSURA.

El M∴ S∴ da siete golpes que repiten los Vig∴

Todos los Cab∴ se ponen de pié y al órden.

P. M∴ Exc∴ y Perf∴ Pri∴ Vig∴ ¿Qué hora es?

R. La del Perf∴ Mas∴

P. ¿Cuál es la hora del Perf∴ Mas∴?

R. Aquella en que la palabra fué nuevamente encontrada, en que la piedra cúbica se transformó en Rosa Mística, en que la estrella resplandeciente volvió á brillar con toda su esplendor, en que nuestras herramientas tomaron su forma primitiva, en que la luz se ostentó á nuestra vista, en que las tinieblas se disiparon, y en que la nueva ley Masónica empezó á dirigir nuestros trabajos perpetuamente.

El M∴ S∴ dice entónces:

No nos apartemos de esta ley, porque ella es el emblema y resultado de todas las maravillas que hasta ahora nos han llenado de admiracion. Exc∴ y Perf∴ Vig∴ anunciad que el Cap∴ va á cerrar sus trabajos.

Los Vig∴ lo anuncian:

Todos los Cab∴ entregan las espadas.

El M∴ S∴ se separa de su asiento sin abandonar el mallete y hace la demostracion de arrodillarse, pasando en seguida á abrazar á todos los Caballeros colocados en fila del lado del Mediodia y empezando por el Pri∴ Vig∴ á quien dice: Paz profunda.

Aquel continúa y sucesivamente van haciendo lo mismo todos los Caballeros presentes, acompañando una inclinacion de rodillas.

El M∴ S∴ dice: respetables y perf∴ hh∴ y Caballeros, el Sob∴ Cap∴ de Rosa Cruz y los trabajos del Cap∴ de N∴ en su cuarto órden, van á cerrarse.

Todos los hh∴ responden á M∴ S∴ por el 2°. sig∴ aplaudiendo por siete y diciendo Hoz∴.

Los Caballeros aguardarán en silencio á que se les invite á celebrar la ceremonia de la mesa, que tiene lugar inmediatamente despues. Esta ceremonia es enteramente igual á la que se practica en el Rito Escoces.

VERDADERA
MASONERÍA DE ADOPCION,

PRECEDIDA

DE ALGUNAS REFLEXIONES SOBRE LA
SOCIEDAD CIVIL, CON NOTAS CRI-
TICAS Y FILOSÓFICAS.

TRADUCIDO DEL FRANCES, Y AUMENTADO.

REFLEXIONES PRELIMINARES.

A Masonería de Adopcion, tuvo orígen en la mas remota antigüedad, bajo diferentes denominaciones. En Egipto y Grecia, eran admitidas las mugeres á participar de los Misterios. En Memphis, habia doncellas destinadas al culto de sus Dioses: estas estaban iniciadas en sus mas importantes secretos y tomaban parte en todas sus recepciones. Los misterios de Céres, en Eleusis, estaban dirigidos por sus Sacerdotisas, y los primeros sabios de aquellos tiempos iban á recibir de aquellas las instrucciones con las cuales ilustraban despues á sus discípulos. Desengañados los hombres de los falsos principios de la doctrina Mitológica, recibieron el Christianismo; pero como las asociaciones nacidas de la primera, nada contenian en su sana moral, que fuese contrario al nuevo sistema, las conservaron bajo otros nombres y principios, extendiéndose por toda la Europa y el Asia. Duraron en pié hasta que las frequentes irrupciones de los bárbaros que salieron del Norte, como un torrente impetuoso, fué causa de su abandono, como aconteció á otras muchas instituciones. En Asia sucedió lo mismo con las falanges mahometanas; quedando las dos partes del mundo en donde reinaban las ciencias y las artes, presa de la esclavitud mas horrorosa y del mas odioso feudalismo.

A este trastorno general, sucedió la ignorancia y el feroz fanatismo. Las guerras de religion, los crímenes cometidos con tantas víctimas inocentes por casos de conciencia, los anatemas fulminados por la intolerancia religiosa y las hogueras de la inquisicion, todo reunido no dejaba respirar ninguna sociedad masónica; pero así como la Simbólica, la de Adopcion tuvo individuos animosos que á pesar de tantos peligros, la conservaron en todo su esplendor.

A medida que los pueblos han ido sacudiendo las cadenas opresoras de sus tiranos, se han establecido con libertad estas sociedades; y hace muchos años que las Logias de Adopcion, se han extendido por toda Europa. Ya hemos dicho que el Gr∴ Or∴ de Francia, las adopto en 1774. España misma, rodeada de satélites del fanatismo, las recibió en su seno y las ha protegido con aquel valor heróico, digno solo de sus luces y liberalismo; no tardando la

América del Sur, en hacerlo inmediatamente. No obstante; como hace tantos años que las cuestiones exteriores é interiores de Cuba y España, llaman toda la atencion de los unos y de los otros, nada estraño es, que no hayan visto la luz pública estas memorias en castellano, cuando asuntos de tanta gravedad los tienen tan ocupados.

Como la Masonería de adopcion (ó de las Damas), está fundada sobre la virtud, se ha juzgado conveniente cimentarla no solo sobre aquellos principios sólidos que inspiran amor hácia el bien y horror al vicio, sino tambien sobre la práctica de las buenas costumbres: sus catecismos están llenos de textos de la Escritura Santa. Nada en nuestro concepto ha sido mas acertado, que tomar de la antigüedad los sentimientos de dulzura é inocencia, que han hecho el encanto de todas las edades, y compararlos con aquellos instantes de humillacion con que Dios ha castigado siempre el orgullo y crímenes de los hombres. Así, pues, la Masonería considerada en todos tiempos por la crítica y la ignorancia, como convenciones escandalosas donde reinaban el desórden y los vicios, no es otra cosa, que una recreacion moral, cuyo único objeto es el dar á conocer las virtudes sociales en medio de placeres inocentes.

A pesar del cuidado que han tenido algunos buenos masones en conservarla en toda su pureza, no han dejado de deslizarse en ella algunos errores; que, aunque no de gravedad, no por eso dejan de hacer perder una parte del placer que encierra la Masonería. Para reformar sus abusos, hemos tratado de publicar este tratado y en él hemos reunido con bastante trabajo los verdaderos principios de la de Adopcion; pero como podíamos engañarnos, cegados tal vez por aquel amor propio que por desgracia es una de las debilidades mas comunes en los hombres, hemos consultado hermanos recomendables, tanto por sus virtudes, cuanto por el rango que ocupan en la sociedad, quienes han tenido á bien aclararnos algunas dudas que nos hubieran ocasionado mucho embarazo. Para formar esta coleccion, no hemos omitido nada de lo que concierne á la Masonería de Adopcion. Decoraciones, recepciones, catecismos, Logias de banquete, ornamentos, joyas, enfin, todo aquello que es necesario conocer y que debe observarse en una Logia regular. Hemos tenido, sobre todo, cuidado de no dejar en cada grado mas que lo que le es peculiar; así se verá que el primero no contiene, ni debe realmente contener otra cosa que ideas morales sobre la Masonería; y por ellos es que se llama la Logia de Aprendiz, TEMPLO de la VIRTUD; nombre comun á todas ellas. El segundo, es la iniciacion á los primeros Misterios, comenzando en el pecado de Adam y acabando en el Arca de Noé, como la primer gracia que Dios acordó á los hombres. El tercero y cuarto, no son mas que una continuacion de los símbolos que hacen referencia á la Escritura, por los cuales se explica á la aspirante las virtudes que debe practicar. En conclusion: esperamos que la sabiduría, decencia y verdad, que reinan en estos grados, darán muy pronto á conocer á los Masones la necesidad en que están de seguir exactamente los principios que encierran sus catecismos, como los únicos de la verdadera Masonería de Adopcion.

Nunca podremos olvidar, que los mayores placeres de la sociedad y aun nuestra misma existencia; se deben á las mugeres y que no podemos sin ser culpables separarlas de nuestras reuniones ó admitirlas como por favor; injusticia que cometemos muchas veces y que es necesario reparar.

Nosotros miramos á las mugeres como á seres facticios que no tienen razon ni sentimientos ó como máquinas que hacemos uso de ellas, cuando nos acomoda. Cuando queremos agradarles, nos dignamos pasar algunas horas con ellas; con la mira de entretenerlas con puerilidades, sandeces é impertinencias, ó mas bien para burlarnos de las virtudes que las adornan. Si por casualidad somos sinceros con ellas, es mas un efecto de la pasion de los sentidos, que un amor respetuoso y fundado. Llegamos á poseerlas: entónces nuestros gustos satisfechos, no teniendo mas que desear, admirados de verlas esposas nuestras, y deseando separarnos de ellas, las privamos de nuestros goces, contrariamos todos sus deseos y lejos de estrechar nuestros lazos por la confianza y estimacion, nos hacemos aborrecer, forjándoles cadenas insoportables y crueles. Que se nos pregunte cuales son las faltas que hechamos en cara á las mugeres; el amor propio é indulgencia con que miramos las nuestras, nos harán decir que: seguras ellas de agradar por sus atractivos naturales ó fingidos, nos seducen ó inmediatamente que llegan á poseernos, nos engañan cruelmente. ¡Que! ¿La beldad por ser amable será criminal? Por otra parte, ¿no osamos confesar que son mas débiles que nosotros? ¿porqué no resistimos á esos encantos que reconocemos como seductores? y si nos unimos á ellas, y les exigimos sabiduría y constancia como virtudes inseparables de nuestra dicha, ¿porque no les damos el ejemplo? ¿porqué corremos á casa de nuestro amigo á emplear el artificio para seducir á su esposa? sin duda que es, porque esta muger ajena es la que nos hace concebir de antemano en nuestra imaginacion los placeres de la posesion; y si fuera tan despreciable que lo hiciera, ¿qué sensaciones nos haria gustar? ¿qué estimacion le acordariamos? Asi pues, no temomos decir, que la mayor parte de los crímenes de que acusamos á las mugeres ó son una consecuencia de nuestra conducta con ellas, ó somos nosotros mismos quienes se los hacemos cometer. Empeñados en seducirlas y en destruir su moral, no les inspiramos otra cosa que sentimientos falsos, que nos harian avergonzar si fueramos capaces de examinarlos con reflexion. ¡Cuántos medios no empleamos para corromper el pudor y la inocencia! ¿No violamos constantemente los derechos mas sagrados? ¿No hacemos servir á la sociedad y á la amistad como agentes de nuestros desórdenes? ¿No nos engañamos mutuamente por lo mismo que nos hemos arrogado el derecho de formar las leyes? Parece que no debieramos dar el ejemplo y que no enlazamos el honor á la virtud, sino para despreciar mejor las tristes víctimas de nuestra brutalidad. ¿Porqué, pues, el enfado y los disgustos que continuamente nos rodean y persiguen, no nos han de ilustrar sobre este punto? ¿No estableceremos jamas entre los dos sexos un comercio fundado sobre la buena fé, el candor y la virtud? ¿Porqué no hemos de vivir con ellas como amigas respetables y queridas, cuya sensibilidad y cualidades sociales, deban hacernos dichosos? Dejemos de una vez de alucinarnos; desterremos la ridícula prevencion que nos hace creer, que lo que deshonra á las mugeres, lo que nosotros tratamos como crímenes en ellas, y lo que hace nuestra gloria sea ciertamente para nosotros un mérito mas; y sobre todo, no las juzguemos sin oirlas. Enfin, cesemos de prodigarles tantas futilidades, adulaciones y cumplimientos insípidos, que destruyen el pudor; seámos, siendo amantes, lo que debiamos ser si fueramos esposos: respetemos nuestra tranquilidad en la de los otros; y convensámosnos al fin, que la amiga que hemos escogido para participar de nuestras penas, debe tambien gozar de todos nuestros placeres. Entónces será, cuando equitativos y justos, tendremos el derecho de exigirles las mismas virtudes que poseemos y que ya despreocupados, encontraremos en los demas. De este modo, el amor y la amistad, dejarán de ser extravancias y quimeras; y al cabo llegaremos á gustar de aquella dulce felicidad que nos da siempre la mutua estimacion y confianza.

Otras muchas reflexiones pudieramos añadir á estas. Pero nos detiene, no obstante, el temor de ser demasiado extensos: lo que siempre sucede cuando no se lisongean las pasiones que nos dominan. Dichoso nosotros si los hombres que las leyeren no las desprecian: porque sería doloroso á nuestro corazon el convencernos de que el hábito del vicio haya destruido entre nosotros todo sentimiento de rectitud y borrado la senda de la virtud.

OBSERVACIONES SOBRE LAS LOGIAS DE ADOPCION.

ESTAS **Logias** que son muy frequentadas, pero no tanto como debian serlo, no se pueden convocar sino por Grandes Maestres Franc-Masones. No se admite ningun convidado, que no sea al menos Compañero. Todos los que tienen grados superiores están en la obligacion de dar sus ornamentos á las hermanas, sin reservarse nada que pueda dejarles alguna distincion de rango sobre las que van á recibirse. Todo el gobierno de la Logia se hace por Cuatro G∴ de mallete; es decir, abrir y cerrar la Logia tanto de recepcion como de banquete: brindis, preguntas é interrogaciones extraordinarias. La manera de ejecutarse es la siguiente: si es el Gran Maestre es quien habla, da C∴ G∴, la hermana Inspectora hace otro tanto, y lo mismo la Depositaria; entónces habla el Venerable. Si es una de las hermanas, comienza ella, sigue la otra y el Venerable concluye. No le es permitido á ninguna persona hablar al Venerable, sin haberlo hecho advertir antes por conducto de las oficialas, ya sea pidiendo el permiso en secreto ó levantando la mano, si él ó la que pide la palabra, está separada de ellas.

APENDIZAGE, GRADO PRIMERO.

Dignidades y Joyas.

Un Venerable Gran Maestre y una Gran Maestra: Un Orador; Un hermano Inspector, y una hermana Inspectora: Un hermano y una hermana Depositarios; y una hermana Introductora. Todos estos oficiales y oficialas, llevan una cinta ancha azul de aguas, cruzada por el cuello y en su extremo una llana de oro. El Gran Maestre debe tener ademas, un mallete para el mando y lo mismo las hermanas Inspectora y Depositaria. Estas dos últimas, con la hermana Introductora y el Orador, son los que hacen casi todo el trabajo de la Logia. Los hermanos que las acompañan, tienen que ayudarles casi siempre y mayormente en las recepciones de los primeros grados. La Gran Maestra, no tiene casi nada que hacer, ni decir, pues no es otra cosa que la compañera ad-honoren del Gran Maestro, la que en premio de su virtud y celo por el Órden, ha sido elevada á aquel rango. Generalmente todos los hermanos y hermanas que componen la Logia, deben tener un mandil y guantes blancos.

SALA DE RECEPCION.
Decoraciones Necesarias.

La sala debe ser grande y sobre todo larga para poder formar tres piezas con cortinas, de manera que las dos mas pequeñas esten hácia la entrada á derecha é izquierda. La mas grande que ha de ser la del fondo y en la que debe residir la asamblea, tendrá colgaduras de carmesí y estará lo mas aseado que sea posible. La extremidad de la sala se llama Asia, el lado derecho cuando se entra Africa, el izquierdo América y la entrada Europa. En la parte del Asia, habrá un dosel del mismo color de la colgadura, adornado con franjas de oro: bajo de él, se colocará un trono en el cual tendrán sus asientos los Grandes Maestros. Delante de ellos estará un altar octágono y en sus extremos, ocho figuras de bulto que representen la Sabiduría, Prudencia, Fuerza, Templanza, Honor, Caridad, Justicia y Verdad. La iluminacion de esta sala consistirá de cinco pebeteros, en donde ardan aromas y pebetes finos, añadiéndoles un poco de sal, por ser símbolo de un misterio. Los miembros que componen la Logia, formarán cuatro líneas: las dos del medio las ocuparán las mugeres y las de atras los hombres. Estos estarán con espada en mano. En la extremidad de las líneas, hácia la parte de la Europa, los hermanos y hermanas Inspectores y Depositarios y delante de ellos, una mesa pequeña pentágona para tocar cuando sea tiempo

CUADRO DE ESTE GRADO.

Este cuadro se colocará en el Asia, en el espacio que dejen las dos líneas de hermanas, esto es, en el centro. Representa las cuatro partes del mundo, en cuatro figuras pintadas con todos sus atributos.

CUARTO DE REFLEXIONES.

El cuarto de reflexiones debe estar con colgaduras negras, sin mas luz que la de una pequeña lámpara, suspendida sobre una mesa cubierta tambien de negro con una calavera encima.

APERTURA DE LA LOGIA DE RECEPCION.

El Gran Maestre T∴ C∴ G∴ y dice: mis caras hermanas Inspectora y Depositaria, invitad á nuestros queridos hermanos y hermanas, tanto de Africa como de América, para que tengan á bien ayudarme á abrir la Logia de Aprendiz Masona, haciendo nuestro deber por C∴.

H∴ Insp∴ Mis queridos hermanos y hermanas del lado de Africa, os invito de parte del Venerable Gran Maestre y de la Gran Maestra, para que reuniéndoos á nosotros, tengais á bien ayudarnos á abrir la Logia de Aprendiz Masona, haciendo nuestro deber por C∴.

La Depositaria, repite las mismas palabras por su lado y concluidas dice el Venerable: A mí, mis queridos hermanos y hermanas T∴ C∴ G∴ en las P∴

D∴ L∴ M∴ y dice C∴ V∴ viva. Finalizado este acto, se dirige á cualquiera de las dos oficialas y las interroga:

Ven∴ ¿Cuáles son los deberes de una Aprendiz Masona?

Ofic∴ Obedecer, trabajar, y callar.

Ven∴ Obedezcamos, trabejemos y callemos; sobre todo nuestros misterios á los profanos.

En seguida continúa el Venerable haciendo varias preguntas sobre el catecismo; en este intermedio, debe ser conducida la recipiendaria al cuarto de reflexiones. El Orador conduce á la aspiranto y le venda los ojos, y desde que entra, le hace un discurso patético sobre la virtud y la caridad y la deja por un rato entregada á sus reflexiones. Despues de algunos minutos la toma de la mano y la conduce á la puerta de la Logia, en donde toca como Mason. La Introductora le responde del mismo modo desde adentro y hace advertir al Gran Maestro, por medio de las oficialas, que tocan á la puerta de la Logia.

Ven∴ Ved quién toca; si es un profano hacedle que se retire de ese lugar sagrado y si es Mason ó Masona, dadle entrada.

La Introductora entreabre la puerta, y el Orador le dice: que es una discípula de la Sabiduría que desea ser admitida en nuestra sociedad. La hermana vuelve á cerrar la puerta y hace pasar las palabras del Orador al Gran Maestro, y éste pregunta por quien ha sido presentada. La persona que la ha conducido se levanta y se pone entre las dos oficialas: y el Venerable le exige que diga, si reconoce en la profana todas las cualidades necesarias para formar una buena Masona El interrogado responde por ella, y el Venerable le hace prestar su juramento. Incontinente pregunta á toda la asamblea si hay alguna persona que se oponga á la recepcion. Los que consienten levantan la mano derecha, y cuando no hay oposicion, exclama el Gran Maestro: "¡Benditos sean nuestros trabajos! Vamos á dar un nuevo amparo á la virtud y no podemos regocijarnos lo bastante. Aplaudamos hermanos mios."

Despues del aplauso, ordena el Gran Maestre á la Introductora que se informe del nombre de la aspirante, sus cualidades civiles y sobre todo, de su religion. La hermana obedece; y satisfecho el Venerable, manda que se haga entrar á la recipiendaria. Recibida esta órden, le ata el Orador las manos con una cadena de laton y la entrega á la Introductora, que la presenta en Lógia.

Introducida de esta manera y con los ojos vendados, la colocarán entre las dos oficialas que están á la puerta. El Gran Maestre le pregunta sobre el motivo que la ha conducido allí, y qué ideas se ha formado de la Masonería. Despues que haya contestado, el Inspector la toma de la mano y le hace dar dos vueltas en rededor de los pebeteros y la volverá á poner en el mismo lugar en donde la tomó.

Ven∴ ¿Deseais que se os vuelva á la luz?

Recipiendaria—Sí.

Entónces el Venerable T∴ C∴ G∴, en cuyo tiempo, el Inspector desata la venda de los ojos de la recipiendaria, al mismo tiempo, que cambian los hermanos y hermanas de posicion con mucho silencio, de manera que estas quedan enteramente cubiertas por aquellos, quienes con las espadas desenvainadas y cruzadas en alto han de formar una bóveda.

La recipiendaria en pié á la entrada de la Logia, se ha de admirar no viendo sino hombres en lugar de las mugeres que pensaba encontrar. Esta es una ocacion que no deja escapar el Venerable para mostrarle la imprudencia que ha cometido, viniendo á entrar en una sociedad que no conoce, y donde su pudor pudiera estar en peligro, y sigue así:

Ven∴ No obstante Señora, estamos dispuestos á creer, que ni la inconsecuencia, ni la curiosidad habrán tenido parte en el paso que acabais de dar; y que solo la idea ventajosa que habeis concebido de la Masonería, es el único estímulo que os ha movido á presentaros entre nosotros: pero apesar de la confianza y estimacion que nos inspirais, antes de revelaros nuestros secretos misterios, debo observaros: que el gran objeto de la Masonería, es el de tratar que la sociedad sea tan perfecta como debe serlo; y que el carácter de la verdadera Masona es la justicia y la caridad; elevados sobre todas las preocupaciones mundanas, debemos huir del artificio y de la mentira y siempre guiados por la virtud, no debemos emplear nuestro tiempo en otra cosa, que en adquirir la estimacion general y merecer la amistad de nuestros hermanos y hermanas. Ved pues, señora, una ligera idea de los deberes que vais á imponeros. Nosotros estamos convencidos, de que no tendréis pena ninguna en cumplirlos; la obligacion que vais á contraer, ligándoos estrechamente á nosotros, os afianzará en lo que debeis á la religion, al estado y á la humanidad.

¿Persistis en el deseo de ser iniciada en nuestra Órden?

¿Encontraré yo, en vos una muger fuerte y animosa?

Recip∴ Sí.

Ven∴ "Mis queridos hermanos y hermanas, abridle la puerta de la virtud, y desatadle esas cadenas; porque es menester ser libre para entrar en nuestro Templo. Acercaos á mi, Señora, pasando por debajo de la bóveda de hierro y acero."

El Inspector conduce á la Recipiendaria al pié del altar y la hace arrodillar con la mano derecha sobre los Evangelios, para prestar el juramento que sigue, el cual el Venerable le va dictando.

OBLIGACION.

"En presencia del Gran Arquitecto del Universo que es Dios, y ante esta augusta asamblea, juro y prometo solemnemente, guardar fielmente en mi corazon todo los secretos de los Masones y de la Masonería* que se me van á confiar; y si llegare á faltar, me someto á la pena de ser deshonrada y despreciada de todos y á que el Angel del Señor extienda sobre mi cabeza su espada exterminadora. Quiera el cielo librarme de falta semejante y el Dios del Universo, dispense á mi alma una porcion de su espíritu divino, el cual me eleve al mas alto grado de virtud. Que Dios me ayude y su santo Evangelio." Amen.

Concluido el juramento levanta el Venerable por la mano á la nueva prosélita y la pone á su derecha, diciéndole. "Venid Señora á recibir las pruebas

* Mientras que la Recipiendaria pronuncia su juramento cada uno vuelve á ocupar su asiento.

mas inequívocas de nuestra estimacion. Nosotros tenemos señales, palabras y toques por los cuales hemos convenido reconocernos."

Le da la señal.

Le da el toque.

Le da la palabra que es F∴ F∴, y significa academía ó escuela de Virtudes.

Ven∴ "Ahora voy á cambiaros el nombre de señora en el de hermana, dándoos el beso de paz. ¡Quiera el cielo, que no olvideis nunca los deberes que os impone un nombre tan dulce! Id, mi querida hermana, á haceros reconocer por la Inspectora y Depositaria, dándoles la palabra, señal y tocamiento que os he enseñado y volved á donde estoy."

Cuando la nueva iniciada haya concluido, vuelve á donde está el Venerable y éste le hace el presente de un mandil y de un par de guantes de piel blanco.

DÁNDOLE EL MANDIL.

"Permitid que os decore con este mandil: los Reyes, Príncipes, y las mas ilustres Princesas, han tenido y tendrán siempre mucho honor en llevarlo per ser símbolo de la virtud."

DÁNDOLE LOS GUANTES.

"El color de estos guantes, os demuestra que el candor y la verdad, son compañeros inseparables del carácter de una verdadera Masona. Tomad asiento entre nosotros, y dignaos prestar toda vuestra atencion al discurso de instruccion, que va á pronunciar el Orador como un obsequio hácia vos."

DISCURSO DEL ORADOR.

Mis queridas hermanas. Nada es mas á propósito para daros á conocer la verdadera estimacion que hacemos de vosotras, en nuestra sociedad, que la entrada que os hemos acordado en ella. El vulgo siempre ignorante y lleno de preocupaciones ridículas, ha osado esparcir sobre nosotros los negros venenos de la calumnia; ¿pero qué juicio podia él formar? privado de las luces de la verdad, ¿no está fuera del estado de poder sentir los bienes que resultan del conocimiento perfecto de ella? Vosotras solas, mis queridas hermanas, separadas de nuestras asambleas, teníais derecho de creernos injustos; ¿pero con que satisfaccion no veis en el dia, que la Masoneria es la escuela de la decencia y de la virtud y que con sus leyes, contenemos las pasiones que degradan al hombre, para volver á vuestro lado mas dignos de confianza y sinceridad! Mas, apesar de todas las dulzuras que nos ha proporcionado esta dicha, nunca hemos podido llenar el vacío que dejaba entre nosotros la ausencia de tan apreciables compañeras. Confieso, por nuestro honor que ya era justo desterrar de nosotros esas frívolas preocupaciones que nos degradaban y llamar á nuestras sociedades, á hermanas que las hicieran mas respetables, al paso que formar su mas bello adorno y sus delicias. Nuestras Logias se llaman *Templos de la Virtud*, porque en ellas procuramos practicarla. Los misterios que encierran son el grande arte de vencer nuestras pasiones; y el juramento ú obligacion que prestamos de no revelar nada, es porque el orgullo y amor propio, que desgraciadamente nos extravía, no hagan ostentacion del bien que debemos hacer á nuestros semejantes: en fin, el nombre querido de adopcion, os dará á conocer, que habeis sido escogidas para participar de la dicha que gozamos, cultivando el honor y la caridad. No ha sido admitida sin un madura exámen la proposicion de introduciros en nuestras asambleas para participar de sus misterios y placeres; y ya que habeis obtenido este favor de nuestra rectitud, estamos persuadidos de que la luz de la verdad y de las abiduría, será en adelante la antorcha que os ha de guiar en todos los pasos y acciones de vuestra vida: no olvidando jamas, que cuanto mas precio tienen las cosas, mas deben conservarse y que el silencio que recomendamos y observamos, debe ser inviolable. ¡Quiera el DIOS del UNIVERSO que nos oye, darnos la fuerza suficiente para no revelarlo.

Finalizado el discurso, el Hermano Hospitalario pasa á hacer la cuesta para los pobres y concluida, se principia la instruccion del Catecismo.

CATECISMO [*]

P. ¿Sois Aprendiz?
R. Creo serlo.
P. ¿Si lo creeis por qué no decis sí?
R. Porque siendo la Masonería una reunion de todas las virtudes, no debe ningun buen Mason, ni Masona creerse perfectos y sobre todo una Aprendiz, cuyos sentimientos no están aun bien seguros.
P. ¿Cómo fuisteis recibida Masona?
R. Por C∴ G∴.
P. ¿Dónde se os recibió?
R. En un lugar inaccesible á los profanos.
P. ¿Qué vísteis allí?
R. Nada que pudiera comprender.
P. ¿Estais contenta con vuestra suerte?
R. Todos mis hermanos y hermanas pueden juzgarme.
P. ¿De qué manera?
R. Por mi vivo deseo de ser recibida, en recompensa del cual me dieron sus sufragios.
P. ¿Prometeis un profundo silencio sobre todos los secretos de la Masonería?
R. El que prometo es un garante seguro.
P. ¿Dádme la seña de Aprendiz?
R. Obedezco: ¿me comprendeis?
P. ¿Cuál es la palabra?
R. F∴ F∴.
P. ¿Qué significan?
R. "Academia ó escuela de virtud."
P. ¿Cuál es esa escuela?
R. La Masonería.
P. ¿Cómo habeis llegado á ella?
R. Por medio de un hermano generoso que siendo mi guía, me condujo hasta

---

[*] El Venerable es quien interroga, dirigiéndose á una de las dos hermanas Inspectora ó Depositaria, que deben tenen la misma instruccion.

la puerta del templo de las virtudes, cuyo resplandor disipó las tinieblas que me rodeaban como profana.

P. ¿Habeis entrado en el Templo?
R. Sí Venerable, por debajo de la Bóveda de hierro y acerc.
P. ¿Qué significa aquella Boveda?
R. La union y la amistad sincera y virtuosa que caracteriza á los verdaderos Masones; porque, así como la solidez de una bóveda, no consiste en otra cosa que en la union y ligamento de las piedras que gravitan sobre un mismo centro, del mismo modo cada miembro de nuestra Logia, debe aspirar al verdadero honor, que es el que constituye toda nuestra fuerza.
P. ¿Por qué es la Bóveda de hierro y acero?
R. Para recordarnos que debemos huir de los placeres abominables del siglo de hierro, si queremos gozar de las delicias inocentes del siglo de oro.
P. ¿Por qué cuando se recibe una profana se le priva de la luz?
R. Para darle á conocer cuán á ciegas están los profanos que critican á la Masonería.
P. ¿Cuáles son los deberes de una Aprendiz?
R. Obedecer, trabajar y callar.

VENERABLE.

Habiendo obedecido, trabajado, y callado, vamos á cerrar la Logia, haciendo nuestro oficio P∴ C∴

Todos los hermanos y hermanas aplauden, y el Venerable dice:

La Logia está cerrada, hermanos mios.

Las dos oficialas repiten lo mismo.

COMPAÑERA.—SEGUNDO GRADO.

SALA DE LA DERECHA.

COMO esta sala representa el jardin de Eden, debe estar decorada con gusto. Es necesario que se vea en ella una arboleda y en uno de sus ángulos, una fuente que mana de una roca figurada en la parte superior. En medio del jardin se colocará un manzano, y en su tronco una serpiente enroscada, bien imitada, con la cabeza y la boca en forma de resorte para abrirla y cerrarla cuando sea necesario, la cual pueda contener una manzana, que se quite con facilidad. El número de luces no es fijo.

DECORACION DE LA LOGIA Y ORNAMENTOS NECESARIOS.

La colgadura es la misma del grado precedente: ademas, sobre el altar que está delante del Gran Maestro, habrá una bugía gruesa encendida y una arteza de madera con harina desleida en agua. A la entrada de la Logia habrá una estufa de cobre y sobre ésta una vasija pequeña llena de espíritu de vino, encendido, con un poco de sal dentro. Hácia la puerta, en frente del Venerable, una mesa cubierta de negro y sobre ella, un transparente que represente á Cain, en aptitud de herir á su hermano Abel. Es necesario en este grado figurar una tormenta de granizos y truenos, que se han de oir inmediatamente que la recipiendaria tome la manzana en la boca.

CUADRO.

Representa las cuatro partes del mundo, como en el grado de Aprendiz, con la sola diferencia, que debe aparecer en el medio el Arca de Noé sobre una montaña, y la paloma volando hácia ella con el ramo de olivo.

RECEPCION.

La Logia se abre de la misma manera que la anterior. El Gran Maestro tendrá un ramo de olivo en la mano izquierda. Mientras que se prepara la hermana que se va á recibir, hará aquel preguntas sobre el catecismo. En este intermedio, el Orador habrá conducido á la hermana al cuarto de reflexiones y la exhortará para que se someta sin temor á todas las pruebas que se exigan de ella.

Le hace quitar todos los diamantes y joyas que tenga, para dar á conocer su humildad: le pide tambien la liga de la pierna izquierda, le venda los ojos y la introduce en Logia, observando las formalidades ordinarias. Inmediatamente la toma la Introductora, y la coloca entre las oficialas, haciendo advertir al Venerable que la hermana que desea subir al segundo grado de la Masonería, está presente; y que por prueba de sumision á todo lo que quieran exigir de ella, ha entregado todas sus joyas y una liga. (El Orador las presenta sobre el altar.) El Gran Maestro se levanta y se dirige á la recipiendaria.

Ven∴ "Mi cara hermana, con el mas vivo placer veo el zelo que mostrais por llegar al conocimiento de nuestros misterios: no obstante, á pesar que todas vuestras acciones nos confirman en la buena idea que habiamos formado de vos, creo que es mi deber advertiros, que no debeis precipitar vuestros pasos. Sabed que si incurris en la menor debilidad, no me sería permitido recibiros entre nosotros. Reflexionadlo bien, y decidme en seguida, si quereis sugetaros á esta condicion."

Si la hermana persiste, ordena el Venerable al Inspector que le haga dar dos vueltas al rededor del cuadro y pase por la prueba del fuego, á fin de que todos se convenzan de que tiene valor. Concluidas las dos vueltas, se apróxima á la aspirante á la llama que produce el espíritu de vino; alejándola de allí apenas sienta el calor que aquel despide.

Ven∴ Es bastante, hermano mio; nosotros debemos contentarnos con su sumision. (A la recip∴) Vos, Hermana, no temais nada: acordaos siempre que la buena fè es sagrada entre los Masones; el velo que teneis sobre los ojos nos asegura de la vuestra, representándonos el estado de inocencia en que vivian nuestros primeros padres, los cuales confiaban ciegamente en las promesas del Criador. Continuad, querida hermana, con la misma sumision que hasta aquí, porque solo una prueba os queda que pasar para penetrar en nuestro santuario; y aunque es terrible, nada hay capaz de arredrar á la verdadera virtud. Vamos á conduciros á un lugar lleno de delicias, en donde acabaréis de convenceros del grado de estimacion que damos á vuestra amistad. Id, querida hermana, quiera el cielo que la prudencia y la sabiduría, os inspiren en lo que vais á ejecutar, para que volvais hácia mi con la prueba de vuestra inocencia."

Acabado este discurso, toma el Inspector á la hermana de la mano y la conduce al Paraiso terrenal, dejándola entregada á sus reflexiones. Inmediatamente se presenta otro hermano que ha de estar de antemano en aquel sitio, y le da una manzana, persuadiéndola que es menester que la coma para ser recibida; y que de esta prueba de obediencia que se exige de ella, depende su admision en los misterios y sublimes conocimientos de la Masonería. La aspirante no pondrá dificultad alguna. En el mismo momento que esté mordiendo la manzana, caerá granizo sobre ella, el trueno estallará con violencia, el instigador se escapa, se descorre la cortina que la separa de la Logia y el Orador corre hácia ella y le quita la manzana.* Entónces le desata la venda y exclama con entusiasmo.

* Todo esto ha de suceder sin intermision y con la mayor prontitud.

ORADOR.

"¡Desgraciada! ¿qué habeis hecho? De este modo obedeceis á las sabias lecciones que habeis recibido? ¿Podriamos creer que desconoceis los sentimientos de honor y virtud, que son el primer fundamento de nuestra Órden? ¿Así despreciais las promesas que os ha hecho el Gran Maestro de recompensar vuestro valor y prudencia, dejándoos seducir por ese monstruo, (le mostrará la serpiente que meneará la cabeza y abrirá la boca) que no tiene otro objeto que el de corromper vuestra inocencia? ¿Qué recompensa debeis esperar de una debilidad semejante?"

Es fácil concebir cual será la sorpresa de la aspirante al verse engañada y sin tener que responder en su abono, así es, que el Orador, sin darle lugar á que reflexione, ha de proseguir, formándole cargos, y por conclusion. "Salgamos Señora cuanto ántes de este sitio; por que es necesario que su vista os recuerde á cada instante la falta que acabais de cometer." La saca del Paraiso, la presenta en Logia, por mano del Inspector y entrega la manzana al Gran Maestro.

Ven∴ "Demasiado veo, Señora, cuan poco caso habeis hecho de las sabias lecciones que os habia dado; pero sin contar el olvido de vuestros deberes, ved el exceso de desgracias que ha causado una inconsequencia igual á la que acabais de tener."

Se le hace volver la cara, y le enseñan el transparente, bajo el cual se leerán estas palabras. *El Crímen ha vencido á la Inocencia.*

Ven∴ ¿Qué debo hacer en este caso, hermanos mios?

Insp∴ Consultar vuestra sabiduría y seguir nuestras leyes.

Ven∴ Señora, con el mayor dolor hemos visto vuestra falta; pero por muy grande que sea, la indulgencia que es la base de nuestra sociedad, no me permite recordárosla por mas tiempo. Así pues, para daros á conocer enteramente el carácter de los Masones, persuadidos como lo están de las debilidades del género humano, sabed: que todos los hermanos y hermanas aquí presentes os perdonan y yo el primero, á condicion de que en este instante pronuncieis ante nosotros, sobre este altar, el juramento mas auténtico y solemne, de no emplear jamas venganza alguna con los que reconoscais culpables. ¿Quereis hacerlo, Señora?"

La Aspirante: Sí.

Todos los hermanos apláuden: en seguida se hace aproximar la aspirante al altar, por cuatro pasos que parten del pié derecho, arrodillarse con la mano sobre los Evangelios y pronunciar la obligacion que sigue, á medida que la vaya dictando el Venerable.

OBLIGACION.

Yo N. juro y me obligo, en presencia de esta respetable asamblea, bajo las penas que me impone mi anterior juramento, á no revelar jamas á ningun profano el secreto de Compañera. Prometo ademas, el amar á mis hermanos y hermanas, protegerlos y socorrerlos siempre y cuando tenga ocasion de hacerlo. De no comer de la simiente de la manzana, porque contiene el gérmen del fruto prohibido; y de cuidar de la jarretera de la Órden durante toda esta noche. Si faltare á lo que prometo, me someto á la justa indignacion de mis hermanos y hermanas, esperando en Dios me ayude para no incurrir en esta falta. Amen.

El Venerable levanta á la aspirante y tomando la llana, humedece el extremo en la arteza sagrada, y la pasa cinco veces por los labios de aquella.

Ven∴ "Este es el sello de la discrecion que os aplico sobre la boca; pronto sabreis la moral que encierra. Volved á tomar esta fruta que es el simbolo de un gran misterio en nuestra Órden y religion. Recebid tambien esta jarretera que es el emblema de una amistad perfecta. (Hace pasar la hermana al lado de Africa.) Nosotros tenemos señas y palabras para reconoçernos en calidad de compañeras como en el grado de Aprendiz."

Le da la señal y su respuesta.

Le da la palabra sagrada B∴ significa confusion.

Le da la palabra de P∴ L∴ quiere decir "Señor he pecado, por que vuestra gracia me ha abandonado."

Concluida esta operacion, la Introductora lleva la nueva prosélita á las dos oficiales, para que se dé á reconocer y vuelve despues á presentarla al Venerable, que le entrega sus joyas y le manda que se las ponga en su presencia. Adornada con aquellas la hace sentar del lado de Africa y principia el discurso, del Orador y en seguida el Catecismo.

DISCURSO.

Hermana mia. El Venerable Maestro, constituyéndoos compañera Masona, os ha dado la prueba mas convincente de la sublimidad de nuestra Órden. Engañada por las seductoras palabras de la perfidia, sucumbisteis como nuestra primera madre á la lisonja y seduccion. Imágen suya, caisteis como ella en la gran falta que atrajo la maldicion del Eterno sobre la raza humana. Participasteis de su misma debilidad y no tubisteis la fuerza necesaria para huir de la tentacion, que os prepararon enemigos poderosos. Ved pues, el exceso de males á que puede conducirnos la inexperiencia, la precipitacion y la curiosidad, si no medimos nuestros pasos y acciones, protegidos por la razon.

Cuando la ligereza que acabais de cometer, debia impedir vuestra admision, habeis visto con asombro, que la indulgencia entre nosotros es una de las primeras virtudes que practicamos: la que con vos se ha tenido, es prueba de esta verdad; imitándonos, esperamos que tendreis la misma con todos aquellos que tengan la desgracia de incurrir en la propia falta.

Es tan dulce á un alma virtuosa el perdonar; como horrorosa la venganza que se toma sobre un enemigo abatido y humillado: del mismo modo los Masones, imitando á la Divinidad, que perdona al que de veras se arrepiente, olvidan las ofensas que se les hacen y procuran pagarlas con beneficios. Asi, el perdon generoso que el Gran Maestro os concedió en nombre de toda la Logia, es para que tengais presente, que debeis menospreciar las calumnias y agravios que os hagan y desmentirlos con la moderacion y pureza de vuestras acciones.

La fragilidad de nuestra especie, nos arrastraria insensiblemente á cometer los mayores desórdenes y excesos, si no estuviéramos provistos de la razon, debiendo acudir á ella ántes de poner en ejecucion nuestras resoluciones. Los hombres, como la serpiente que acaba de engañaros, procuran valerse las mas veces de una elocuencia pérfida para corromper la inocencia; y conociendo el placer que causan á una muger los halagos, tienden sus redes, y rara vez deja de caer en ellos la triste víctima de la credulidad. Huid, querida hermana de las falsas y lisonjeras adulaciones de los que os rodeen: y despreciad los consejos que os dieren contrarios á vuestros deberes, por que de oirlos correis infaliblemente á una pérdida segura; no perdiendo de vista sus menores movimientos, y de este modo pronto conocereis sus torcidos fines. Si alguna pasion desgraciada os atormenta, ó si algunos bajo el especioso velo de la amistad, os hicieren vacilar, meditadlo profundamente; llamad en vuestra ayuda á la razon, cuyos saludables consejos nunca engañan, y si no os encontrais con fuerzas suficientes para repeler el veneno que se haya introducido en vuestro corazon, venid á nosotros, entrad en este templo, en donde nuestros consejos, y las virtudes que constantemente nos vereis practicar, acabarán de desarraigar de vuestro pecho la duda que os atormente. Sí, hermana mia: vuestros verdaderos hermanos nunca os engañarán. Siempre los encontrareis dispuestos á extender su mano protectora sobre vuestras penas; pero tambien es menester, que una conducta irreprensible lo merezca: pues aunque la indulgencia y la caridad con nuestros hermanos, son las dos virtudes que mas practicamos conociendo al corazon humano, no debemos garantizaros, que los encontrareis propicios á ayudaros en todas ocasiones, si ven que á vuestra primera falta, no se sigue una enmienda ejemplar.

La llana aplicada á vuestros lábios como sello de la discresion, os advierte: que debeis guardar dentro del pecho todos los secretos ajenos y propios; para que la indiscrecion no los publique y causen los graves daños que la maledicencia ocasiona con frecuencia. Que la caridad y la dulzura guien vuestras palabras, para que no salgan de vuestra boca mas que consejos saludables, que sirvan de consuelo y ayuden á cicatrizar las llagas que aquejan á las tristes víctimas del infortunio.

Dichoso yo hermana mia si os veo practicar estas virtudes, y mas dichosa vos misma si las ejecutais. Quiera, el G∴ A∴ del U∴ extender sobre vos su Divina influencia, y veremos cumplidos nuestros mas ardientes votos.

CATECISMO.

P. ¿ Sois compañera ?
R. Dadme una manzana y juzgareis.
P. ¿ Cómo habeis llegado á ser compañera ?
R. Por medio de una fruta y de un juramento.
P. ¿ Qué significa esto ?
R. La fuerza de una amistad perfecta, que tiene por base la virtud.
P. ¿ Cuándo os recibieron compañeras qué se os aplicó á la boca ?
R. El sello de la discrecion.
P. ¿ Por qué se prohibe á las compañeras comer la semilla de la manzana ?
R. Porque contiene el gérmen del fruto prohibido.
P. ¿ Cuál es el estado de una Masona ?

R. El de la dicha, á cuyo fin estabamos destinadas.
P. ¿Cómo se llega á esa felicidad?
R. Con el socorro del árbol del medio.
P. ¿Qué significa ese árbol?
R. La Masonería: ésta, nos da á conocer el mal que hemos hecho y el bien que nos queda por hacer, practicando las virtudes que nos enseñan en nuestras Logias; por cuyo motivo las llamamos Templos de la virtud.
P. ¿Dónde estaba colocado ese árbol?
R. En el jardin de Eden, sitio delicioso, que Dios dió por habitacion á nuestros primeros padres y en el cual debiamos vivir en perfecta seguridad.
P. ¿Arrojada del Paraiso terrestre, cómo habeis podido entrar en el Templo?
R. Por el Arca de Noé, primera gracia que Dios acordó á los hombres.
P. ¿Qué significa el Arca de Noé?
R. El corazon humano agitado por las pasiones, como el Arca lo estuvo por los vientos sobre las aguas del Diluvio.
P. ¿Para qué construyó Noé el Arca?
R. Para librarse con su familia del castigo impuesto á toda la desendencia de Adan. Del mismo modo vienen los Masones á las Logias, para substraerse á los vicios que reinan casi siempre en las otras sociedades.
P. ¿Cómo construyó Noé el Arca?
R. Bajo los planes y órdenes que le dió el G∴ A∴ del U∴ cuya moral debe servir de regla á los Masones, para guardarlos de la corrupcion general.
P. ¿Por qué los demas hombres no se aprovecharon de su ejemplo?
R. Porque ciegos y preocupados con su mezquino saber, criticaron la obra del Gran Maestro; quien en castigo de sus delitos, los dejó entregados á la dureza de sus corazones, que los precipitó en el abismo de la nada.
P. ¿Qué forma tenia el Arca?
R. La de una casa en forma de óvalo: tenia cuatro pisos, de treinta codos de alto, cada uno de trescientos de largo y cincuenta de ancho.
P. ¿De qué madera estaba construida el Arca?
R. De cedro, incorruptible segun la Escritura; símbolo del verdadero Mason que debe ser virtuoso por el solo placer de serlo; elevándose sobre todas las preocupaciones vulgares y despreciando la calumnia.
P. ¿Qué forma tenian las tablas?
R. Todas eran iguales y muy llanas: lo que demuestra entre nosotros, la igualdad que debe reinar en la Órden Masónica, la cual debe descansar solidamente sobre la ruina de nuestro orgullo y amor propio.
P. ¿Por dónde entraba la luz en el Arca?
R. Por una sola ventana construida en el cuarto pizo.
P. ¿Qué ave hizo salir Noé, para saber si las aguas se habian retirado?
R. El Cuervo, que no volvió. Es la imágen de todos los falsos hermanos, que adornados de una sabia elocuencia, abandonan los inocentes placeres de la Masonería, por correr tras pasiones insensatas.
P. ¿Qué otra envió Noé del Arca despues del Cuervo?
R. La Paloma, que trajo en su pico un ramo de olivo; símbolo de la paz, que debe reinar entre los Masones.

P. ¿ Dádme la señal de compañera?
R. Vedla aquí. (*Se hace.*)
P. ¿ Dádme la P∴ S∴ ?
R. B∴, significa confusion.
P. ¿ Dádme la de P∴ ?
R. L∴, quiere decir: "Señor he pecado; porque vuestra gracia me ha abandonado."
P. ¿ Cómo viaja una compañera ?
R. En el Arca de Noé.
P. ¿ Dádme una respuesta difinitiva de la relacion que tienen nuestras Lógias con el Arca de Noé?
R. Habiéndose retirado Noé dentro del Arca, abandonando el comercio de los hombres, cultivaba en ella con su familia, la inocencia y la virtud. Del mismo modo que el verdadero Mason, al huir de la sociedad siempre tumultuosa donde reina regularmente el escándalo y los vicios, entra en su Logia, para gozar de aquellos placeres puros y deliciosos que nos brindan con el honor y la decencia; sin temor á los remordimientos, compañeros inseparables de las malas acciones.

Ven∴ "Cultivemos estas caras virtudes, hermanos mios! y para manifestar el aprecio que de ellas hacemos, ayudadme á apláudirlas."

(Todos los hermanos y hermanas apláuden del mismo modo.)

Ven∴ "La Logia está cerrada, hermanos mios."

(Las oficialas repiten estas mismas palabras.)

MAESTRA.—GRADO TERCERO.

TALLER.

A parte de la izquierda, que está separada del Templo con cortinas, se llama *Taller* en este grado; porque es á donde se lleva la nueva prosélita á trabajar. Sus ornamentos serán: una mesa ó banco de carpintero, con escoplos, malletes y otros instrumentos de Masonería. Una caja pequeña en forma de piedra cuadrada, con un corazon inflamado dentro. Esta estará cerrada, con una tapa partida en dos, de manera que se abra hácia los lados por medio de un resorte, cuando se le dé en el medio; y dos bugías colocadas sobre el banco. Las cortinas que separan esta pieza de la Logia, se podrán levantar, cuando hayan principiado los trabajos.

CUADRO.

Las mismas cuatro partes del mundo, que en los grados anteriores. Noé saliendo del Arca, y en el acto de ofrecer á Dios un cordero en sacrificio. Un Arco Íris: Abraham con la espada levantada para inmolar á su hijo: la escala de Jacob y éste dormido al pié de ella, con una piedra por cabezera: Sodoma ardiendo. La muger de Lot, convertida en estatua de sal: una cisterna, en donde se vé á Joseph, y sobre ella el Sol, la Luna y once estrellas; y trece luces en los dos lados del cuadro, siete á la derecha y seis á la izquierda.

APERTURA Y DECORACIONES DE LA LOGIA.

La apertura de esta Logia no difiere en otra cosa de las otras dos, que en el nombre de Maestra; y en que cuando el Gran Maestro pregunta cuales son los deberes de una Maestra Masona, en lugar de responder, *Obedecer, trabajar y callar;* se dirá, *Amar, protejer y socorrer á sus hermanos y hermanas.*

La colgadura es siempre carmesí; ademas, se pondrá un Arco Íris sobre el altar. Del lado de Africa, habrá una pequeña torre de un pié de alto en forma espiral, saliendo de la pared; pero que la circunferencia de su plataforma, sea suficiente para que la aspirante se pueda tener de pié. Es menester ponerle por divisa en la superficie con caracteres grandes. TORRE DE BABEL, MONUMENTO DEL ORGULLO DE LOS HOMBRES y una escala compuesta de cinco gradas, cuyo uso se dirá en la recepcion.

RECEPCION.

El Orador hará á la aspirante en el cuarto de preparacion, algunas reflecciones sobre la importancia del grado que va á recibir. Concluido, le venda los ojos y la introduce en Logia, observando las reglas prescriptas. El hermano Inspector la coloca á la entrada y hace decir al Gran Maestro, que la hermana que aspira á la Maestria está presente.

El Venerable pregunta á la aspirante cuales son los progresos que ha hecho en la Masoneria y le pide las palabras de Aprendiz y Compañera. Contestado, ordena al Inspector que haga viajar la recipiendaria en rededor de la Lógia, haciéndola pasar por la prueba de la confusion. Es de advertir, que cuando aquella principie su viage, se coloca prontamente y con mucho silencio la torre dicha, en el mismo paraje por donde salió: igualmente, se pondrá una tabla de siete á ocho pies de largo apoyada un extremo sobre la torre y la otra hácia donde se halle el Venerable, de manera, que formando un suave descenso, no pueda apercibir la recipiendaria que ha subido por ella.

Cuando esté ya sobre la torre, se quitará la tabla, evitando el hacer ruido y los hermanos Inspector y Depositaria la sostendrán por debajo de los brazos para que no caiga, haciéndole volver la cara hácia el Gran Maestro.

Ven∴ "¿Cuál es el objeto que os ha conducido aquí, hermana mia?"

Recip∴ El deseo de ser Maestra, Venerable.

Ven∴ "¿Sabed querida hermana, que los grados no se obtienen entre nosotros sino á fuerza de virtud, trabajo y humildad; así es, que sin obrar contra nuestras leyes, no puedo otorgaros el que nos pedis. Para que veais cuan justa es nuestra negativa, vamos á volveros á la luz; entónces comprendereis cuan temerario es vuestro deseo. (*A los oficiales.*) Quitadle la venda par acastigar su presuncion."

La Introductora le quitará la venda; y el Inspector y Depositaria, la bajan de la torre y le hacen leer su inscripcion.

Ven∴ "Ved, mi querida hermana, cuan necesaria es la luz de la sabiduría y de la verdad: sin ella, mirad á que errores puede conducirnos la ignorancia y ceguedad. Bien facil os será conocer, que habiendo subido, aunque inocentemente, hasta el mas alto grado del orgullo humano, no debiamos recibiros en nuestro Templo; pero como nuestra sociedad siempre se halla dispuesta á tender su mano generosa al que ha caido por falta de las luces del entendimiento, os quiere ayudar de nuevo ahora y daros á conocer los misterios que encierra la prueba por donde acabais de pasar. Por este momento, dadnos una señal de vuestra humildad, sometiéndoos con gusto á lo que se va á exigir de vos, para poder entrar en el Templo de la Virtud∴ (al Inspector) Hermano mio, haced ver á nuestra amada hermana, el respeto con debe presentarse en el altar."

El oficial hace quitar el calzado á la ricipiendaria, y con los pies desnudos le hará dar cinco pasos sobre la alfombra de derecha á izquierda alternativamente; de manera que al quinto se halle cerca del altar, delante del cual se arrodillará con una mano sobre el Evangelio, para prestar el juramento, que el Venerable le dictará, poniéndole una espada desnuda sobre la cabeza.

OBLIGACION.

Yo N∴ juro sobre este altar respetable por el sacrificio de Noé y Abraam, y por la escala de Jacob, no revelar jamas á los profanos, los secretos de la Masonería, ni á ninguna Aprendiz, ni Compañera los de la Maestria. Renuevo la promesa que he hecho en mis anteriores juramentos de amar, protejer y socorrer á mis hermanos y hermanas, siempre y cuando tenga ocacion. Prometo todas estas cosas bajo mi palabra de honor; y si fuere capaz de faltar, consiento gustosamente en sufrir la vergüenza, el desprecio y la infamia que todo buen mason reserva al perjuro. Asi Dios me ayude y su santo Evangelio. Amen.

Concluido este acto, se levanta la Recipiendaria y se pone el calzado.

Ven∴ "Mi querida Hermana: como el grado á que aspirais no se puede conceder sino al trabajo y á la constancia; no puedo aun descubriros nuestros misterios, mayormente cuando os queda por cumplir uno de los mayores deberes de nuestra Órden. El Hermano Inspector va á conduciros al taller de las Maestras, en donde acabareis de convencernos, con el celo y ardor que os anime, que mereceis el augusto rango que solicitais."

El Inspector toma de la mano á la neófita y la conduce al taller. El Orador que la espera, se coloca á su izquierda y el Inspector á la derecha. Este último toma un escoplo, lo pone en la mano izquierda de la recipiendaria y en la derecha un martillo y le hace dar cinco golpes sobre la caja; uno en cada esquina y otro en el medio. Al último, se abrirá aquella y mirando el Orador á dentro, le mostrará el corazon inflamado, diciéndole.

Or∴ "Mi cara Hermana: Esta caja en forma de piedra que estais viendo y el corazon que vuestro trabajo ha producido, son el símbolo del emblema de la Masonería; que por la moral que enseña, no nos deja mas fuerza que la de la virtud, haciéndonos dulces y compasivos."

Toma en seguida la caja y la presenta al Venerable, que ordena al Inspector haga subir á la hermana la escala misteriosa. Inmediatamente, hace avanzar el oficial á la recipiendaria hasta el pie de la escala (que se habrá tenido cuidado de ocultar hasta entónces debajo del cuadro), le hace poner primero el pié izquierdo, despues el derecho paralelo sobre el mismo escalon y en seguida los otros, del mismo modo. Cuando esté en el último, anuncia el oficial al Venerable, que la recipiendaria ha llegado á la cumbre de la felicidad. Entónces se levanta el Gran Maestro y ordena: que se haga aproximar á la Hermana, y cuando está cerca del trono, le da la mano con el mayor grado.

Ven∴ "Mi querida hermana: siguiendo los principios que la sabiduría nos enseña, consideramos muy poco acordar solamente á la virtud la estimacion ordinaria que todo hombre le debe; por lo mismo os decoro con esta joya, (la llana) como señal honrosa del homenage puro que le rendimos. Esta llana entre nosotros significa Maestria, y no dándola sino al verdadero mérito, es el símbolo de una alma pura y animosa, señora de sí misma.

Le da la señal y su respuesta.
Le da el toque.

Le da la P∴ S∴ A∴ J∴, que significa, la resplandeciente luz de la verdad, ha abierto mis ojos.

Le da la P∴ de P∴—B∴

Ven∴ "Id ahora Hermana mia, á haceros reconocer de las Hermanas Inspectora y Depositaria."

La nueva Maestra obedece; y cuando haya concluido, el Inspector la coloca á la derecha del Gran Maestro y el Orador pronuncia un discurso respetuoso é instructivo: finalizado éste, sigue el catecismo.

DISCURSO.

H∴ m∴ Es tan difícil á un Orador llenar el puesto que ocupa, que yo me siento confuso al conocer mis cortas luces y la dignidad del asunto que voy á tratar: no obstante, ayudado del buen deseo que me anima procuraré, (si no en todo, en parte,) daros á conocer adonde puede llegar la demencia y orgullo de los que quieren oponerse á los límites y planes ya prescriptos por el Gran Arq∴ del Universo.

No bien salidos los hombres del Arca, donde se habian salvado del justo castigo que les impuso la Divinidad en pago de sus maldades, concibieron el imbécil proyecto de formar un edificio que sobresaliendo á las mas altas móntañas, pudiera sostenerse contra las aguas y que estas nunca llegaran á cubrirlo, aunque ocurriera un nuevo diluvio; este edificio fué principiado por los mismos hijos de Noé, que olvidados de la promesa y alianza que Dios habia contratado con su padre y toda su descendencia, desconfiaron de la Providencia, y llevados solo de su orgullo, pretendieron ir á habitar en regiones imaginarias. Su masa disforme estaba ya muy elevada, y parecia que queria amenazar al cielo; pero Dios para desvanecer su presuncion y hacerles ver su ingratitud, ordenó la confusion de las lenguas: y como no podian entenderse tuvieron que abondonar la empresa y separarse y poblar las diferentes regiones que componen nuestro globo. Este ejemplo, que debia haberles hecho conocer lo errado de sus opiniones y lo peligroso que es á todo mortal el querer penetrar los arcanos que no están al alcance del hombre y que solo pertenece su conocimiento al soberano Señor del Universo, no les ha hecho escarmentar; antes al contrario, cada dia los vemos atravezar las nubes, llegar á los cielos y querer asaltarlos para juzgar de su estructura, orígen y duracion.

Tal es la demencia de los que quieren á ciegas juzgar de lo que no conocen, ni pueden conocer y que dudando de todo y llevados de su orgullo y amor propio, forman á su antojo los cielos y la tierra, la divinidad y los hombres. No nos basta conocer que no podemos comprender el orígen y duracion de la que tenemos delante de nuestros ojos y que palpamos con nuestras manos, para no ir á profundizar cosas impenetrables á nuestro entendimiento, que no vemos y que por lo mismo no podemos definir. ¡O mortales! ¿queréis saber quien es vuestro autor? examinaos á vosotros mismos. Mirad el órden y armonía de los cielos, el justo equilibrio de las aguas, el curso de los astros, las metódicas producciones de la naturaleza y todo os dirá á voces la grandeza y poder de su creador. Adórale mortal en el polvo que pisas, en el alimento que te nutre y en el vestido que te cubre; porque todo es obra suya y desconocerlo seria hacerte igual á los brutos que pueblan las selvas. Dejate de esas quimeras que solo pueden dictar un orgullo desmedido de fama ó una demoralizacion perniciosa, y sigue la senda virtuosa que te ha prescripto el soberano G∴ A∴ del U∴.

Para precaveros de caer en semejante locura, hermana mia, se os ha hecho pasar por la prueba de la confusion. Vendados los ojos y entregada á manos desconocidas, subisteis á ciegas al precipicio formado por el orgullo y la ingratitud de los hombres; y si se os hubiera dejado en las tinieblas en que estabais, con facilidad hubierais caido en un abismo: de donde no os seria fácil salir. Así mismo, el orgullo que dan á conocer aquellos, que por el rango, riquezas y nacimiento que tienen en el mundo, se creen superiores á los demas y solo les dirigen sus miradas como por compasion, se considera entre nosotros, con el mas alto desprecio: por que la igualdad mas perfecta, que es una de las bases de nuestra institucion, reina con una dulce armonía en todos nuestros talleres.

El corazon inflamado, que ha producido vuestro trabajo, es el emblema de una verdadera masona. Elevada su alma por las virtuosas máximas que encierra nuestra sublime Órden y por la práctica constante de ellas, que vé poner en ejecucion cada dia en nuestros talleres, se abrasa en deseos por llegar á la perfeccion y trabaja sin descanzo hasta que lo consigue. Entónces su corazon inflamado en el puro amor de sus semejantes, la conduce con gusto á todos los actos benéficos y ayuda á prestar sus socorros á los hermanos necesitados.

La escala misteriosa nos indica, que para llegar á la suprema felicidad es menester que por grados se aumente en nosotros el candor, la dulzura, la verdad, la templanza y el silencio. Y que sin estas virtudes; la procuraremos en vano.

La llana con que os ha condecorado el Venerable Maestro, ademas de ser el emblema de la virtud, és tambien la enseña de la caridad masónica; porque así como el mason que trabaja las piedras materiales, se sirve de ella para ocultar los defectos de un muro, en nuestras manos no tiene otra significacion, que la de poner á cubierto las faltas de nuestros hermanos: tratándolos con la caridad é indulgencia que nos prescribe nuestra Órden.

G∴ A∴ del U∴ tu que oyes mis palabras, recibe mis votos sinceros y dignate comunicarnos tus divinas luces, para que podamos correr con paso firme en el tortuoso y escabroso sendero de la virtud; y que las sublimes virtudes masónicas se vean cada dia aumentar con aquel brillo y esplandor que merece una emanacion tuya.

CATECISMO.

P. ¿Sois Aprendiz?
R. Creo que si.
P. ¿Sois Compañera?
R. Conozco el fruto vedado.
P. ¿Sí es verdad que sois Compañera debeis tambien conocer el Arca?
R. Si muy Ven∴ soy Masona: he trabajado en el Arca, conozco las propiedades y vengo á la Logia para deponer en ella los defectos de la humanidad.
P. ¿Sois Maestra?

R. Sé subir por la escala.
P. ¿Quien os hizo Maestra?
R. La humildad, el trabajo, el celo y la discrecion.
P. ¿Porque prueba habeis pasado?
R. Por la de la confusion, precipitándome desde lo mas alto de la Torre de Babel á la que mi ceguedad me habia conducido.
P. ¿Qué significa la Torre de Babel?
R. El orgullo de los hijos de la tierra, del que no se puede librar nadie, sino oponiéndole el corazon humilde y sincero de un verdadero mason.
P. ¿Quien formó ese presuntuoso prospecto?
R. Los descendentes de Noé, que desconfiados de la Providencia que los habia librado, imaginaron formar una torre demasiado alta, para salvarse de un segundo diluvio; creyendo con ello verse libres del poder divino.
P. ¿Con qué estaba construida aquella Torre?
R. Con ladrillos grandes, unidos con betun muy espeso y glutinoso, que liga con mas fuerza que ninguna otra argamaza.
P. ¿Cuál era la base de la Torre?
R. La Locura.
P. ¿Qué significan las piedras?
R. Las pasiones de los hombres.
P. ¿Qué significa el cimiento?
R. El veneno de la discordia.
P. ¿Qué forma tenia la torre?
R. Su inmensa altura, estaba construida en forma de caracol, lo que simboliza la publicidad de los pensamientos torcidos, de los corazones falsos y de los hombres vanos.
P. ¿A qué estado llegó ese soberbio monumento?
R. No se conoce; porque habiendo Dios en castigo de su poca fé y soberbia, enviado la confusion de las lenguas entre los que en él trabajabon se dispersaron los operarios por las cuatro partes del mundo.
P. ¿Qué uso tuvo ese ridículo edificio?
R. Servir de guarida y habitacion á los insectos.
P. ¿Qué aplicacion deben darle los Masones á ese acontecimiento?
R. El respeto que deben tener á las promesas del Ser Supremo, á esperar en solo el, á no formar proyectos vanos de gloria y fortuna y á fundar sus acciones sobre la sabiduría y la virtud.
P. ¿Qué otro ejemplo se puede sacar de él?
R. Que la Torre de Babel es el ejemplo de una Logia mal organizada, en donde faltando la obediencia y la concordia, cae en desórden y confusion.
P. ¿Cuál es el símbolo de la Maestra?
R. La llana.
P. ¿Para qué sirve?
R. Como emblema de la virtud, para conocer y conservar en nuestra alma los sentimientos de honor y sabiduría.
P. ¿Qué lleva una Maestra Masona delante de sí?
R. La representacion de la escala de Jacob.

P. ¿ Qué significa esa escala?
R. Las diferentes virtudes que todo buen mason debe poseer.
P. ¿ Dadme la explicacion de los dos brazos de la escala?
R. Son, la humildad y la caridad: que deben ser la base de todas nuestras acciones.
P. ¿ Cuál es el primer escalon?
R. El candor, virtud propia de una alma bella y susceptible á las impresiones de la Masonería.
P. ¿ Cuál es el segundo?
R. La clemencia y dulzura, que debemos ejercer con nuestros semejantes.
P. ¿ Cuál es el tercero?
R. La verdad, que debe ser sagrada entre nosotros, como que es uno de los rayos del gran Sol del Universo, que es Dios.
P. ¿ Cuál es el cuarto?
R. La templanza, que nos enseña á poner freno á nuestras pasiones, huyendo todo exceso y desarreglo.
P. ¿ Y el quinto?
R. El silencio que debemos observar sobre todos los misterios de la Masonería.
P. ¿ Hay aun mas?
R. Si, muy Venerable.
P. ¿ Cuántos?
R. Tantos, como hay virtudes diferentes.
P. ¿ A quien está reservado su conocimiento?
R. A todos los buenos Masones y Masonas, que desean llegar á la perfecion humana, poniendolos en práctica.
P. ¿ Cuál fué el primero que mereció conocer esta escala?
R. El Patriarca Jacob, en un sueño misterioso.
P. ¿ No vió mas que el símbolo?
R. Vió efectivamente una escala llena de ángeles que subian al cielo.
P. ¿ A donde llegaban los pies de la escala?
R. A la tierra, escalon del Señor.
P. ¿ A donde llegaba lo mas alto?
R. A la derecha del Señor, habitacion de los bienaventurados.
P. ¿ Como se llega á ella?
R. Por medio de la union y práctica de las virtudes.
P. ¿ Podríais explicarme lo que representa el cuadro de Maestra?
R. Si, Muy Venerable.
P. ¿ Qué significa el sacrificio de Nóe?
R. Como el sacrificio es una señal de reconocimiento y gratitud, nos enseña que un verdadero mason debe siempre aprovecharse de los peligros que ha corrido, para dar gracias al autor de su existencia por haberse preservado de ellos.
P. ¿ Qué significa el arco Iris?
R. La armonia de todos los sentimientos que reina entre los masones, simbolizada en la mezcla brillante de sus colores.

P. ¿Qué representa Jacob dormido?
R. La paz y tranquilidad, que disfruta un alma virtuosa.
P. ¿Qué nos enseña Abraham pronto á inmolar á su hijo?
R. Que todo buen mason, debe sacrificar todo lo que mas ama, cuando así lo exige la sabiduria.
P. ¿Qué nos da á entender el castigo de Sodoma?
R. Que los masones deben abominar el crimen horrible que atrajo el fuego del cielo sobre aquella ciudad; y recordando su castigo, nos servimos de cubas despidiendo llamas.
P. ¿Qué nos demuestra la muger de Lot, convertida en estatua de sál?
R. Que debemos obedecer á la razon; sin pretender penetrar los secretos del Ser Supremo.
P. ¿Porque nos representa el cuadro á Joseph en una cisterna y sobre él al Sol, la Luna y las once estrellas?
R. Joseph en la cisterna nos demuestra, que si la virtud está ignorada y oculta por algun tiempo, es para volver á aparecer con mas esplendor. Y el Sol, la Luna y las estrellas, nos anuncian la gloria que Dios acordó á aquel hombre justo, en recompensa de sus virtudes.
P. ¿Cuál es la palabra de Maes∴ Masona?
R. A∴ J∴ quiere decir, *La luz resplandeciente de la verdad ha abierto mis ojos.*
P. ¿Dadme la seña de respuesta de este grado?
R. Vedla aquí, (se hace.)
P. ¿Qué significa?
R. Las señas de los otros grados y los C∴ S∴.
P. ¿Porque aplican los masones sus señas sobre los C∴ S∴?
R. Para darnos á conocer el buen uso que debemos hacer de ellos. El primero en la B∴, que la sensualidad es un vicio y que los banquetes de los masones no son sino para gozar entre ellos de una sociedad apacible, cuyos placeres estimables estan fundados en la templanza. El segundo sobre—que todo mason debe estar sordo á la calumnia y no proferir ni una sola palabra que pueda herir el pudor y la castidad de nuestras hermanas. El tercero sobre—advierte al mason que no debe mirar á sus hermanas sino con los ojos del alma, es decir, que debe respetar su sabiduria, su tranquilidad y su virtud, para no ver en la beldad y gracias que posean, atractivos que le inspiren deseos criminales, sino antes al contrario adornos agradables, propios para embellecer la sociedad y hacerla mas viva y mas querida. El cuarto bajo—que todos los buenos masones y masonas, deben elevarse sobre todas las adulaciones que pueden herir los C∴ S∴ afin de no sacrificar el bien de la sociedad por un placer momentaneo. El quinto, que es el toque∴ que nos damos en el 1°. grado—que renovamos cada dia nuestro tratado de paz y que estamos siempre prontos á extender una mano compasiva á nuestros hermanos y hermanas, en sus peligros y necesidades.
P. ¿Cuál es el toque∴ de Maestra?
R. Se explica.
P. ¿Cuáles son los deberes de una Maestra Masona?

R. Amar, protejer y socorrer á sus hermanos y hermanas.

Ven∴ "Amémosnos, protejámosnos, y socorrámosnos mutuamente, según nuestras promesas."

Esta L∴ se cierra coma la precedente.

MAESTRA PERFECTA.—GRADO CUARTO.

SALA DE RECEPCION, ORNAMENTOS Y JOYAS.

LA Lógia de Maestra Perfecta, debe representar el sagrado Tabernáculo que Moises hacia conducir al frente del campo de los Israelitas, al guiarlos con su hermano Aaron por los desiertos de la Arabia petrea. Si se da este grado en seguida al de Maestra, el dosel y altar serán los mismos. Hay ademas dos columnas, (una en cada lado del Venerable,) sin capiteles, adornadas con lamparillas llenas de aceite.

La de la derecha, debe ser transparente; porque representa la columna de fuego que alumbraba por la noche á los Judios en su emigracion: y la otra, está en lugar de la nube, que de dia los ocultaba á los ojos de los Egipcios.

Estas dos columnas se coronan de un Arco Íris, guarnecido con once lamparillas. Sobre el altar ha de haber un plato, con un vaso que contendrá un pájaro vivo.

Se tendrá cuidado que en rededor del vaso, sobre el plato, se pongan como dos pulgadas de alto, de arena fina, para que no se pueda mirar lo que está dentro del vaso y dar pábulo á la curiosidad. Se colocará en el cuadro el mismo número de luces que en el grado anterior. Todos los hermanos y hermanas, sin distinción, tendrán una vara en la mano izquierda y los hermanos conservarán su espada en la derecha. El Venerable debe estar provisto de un par de jarreteras azules con corazones bordados en oro, con esta divisa separada en dos. *La virtud nos une. El cielo nos recompensa.* La joya de Perfecta Maestra, es un martillo de oro, con un anillo de oro ó plata y grabado sobre él la palabra *Secreto.* Se trae en Logia, colgada en al extremo de una banda azul de muaré suspendida al cuello.

ALTAR DEL FUEGO Ó DE LA VERDAD.

Este altar debe estar colocado en uno de los ángulos de la Logia. Sobre él se pondrán muchos vasos antiguos dorados y plateados, que representen á los que los Israelitas sacaron de Egipto. En medio, un pebetero en donde ardan los perfumes y delante de éste, una bandeja de plata para la ofrenda: á un lado una cajita como la del grado precedente, observando que en lugar de un corazon, contendrá estas palabras en letras de oro. AMANA, HUR, CANA, EUBULUS, que significan *verdad, libertad, celo y prudencia*. Al lado de la cajita, un martillo y á la derecha una naveta con incienso y un incensario: del que se servirá el Orador muchas veces en la recepcion.

CUADRO.

Representa las espigas que Faraon vió en sueños: á Joseph reconciliandose con sus hermanos: á muchos hombres con mandil y llanas, con las que amasan la tierra para hacer ladrillos: á Moises dentro de la cesta, sobre las aguas del Nilo, en el momento en que la hija de Faraon lo hace sacar del rio: y en la parte delantera del cuadro á Moises y á Aaron, al frente de los Israelitas, pasando el Mar Rojo, en el que se verá á Faraon y á su ejercito sumergidos.

LA RECIPIENDARIA.

Debe estar en el cuarto de reflexiones. El orador va á encontrarla y la interroga sobre los tres primeros grados. Cuando le haya contestado, tiene que recordarle los deberes que se ha impuesto en sus juramentos anteriores; y la exactitud que ha de tener en practicar la virtud en lo succesivo. La deja por un momento y va á buscar el vaso que contiene el pajarillo y de vuelta con él, lo coloca sobre una mesa.

Ora∴ "Señora, este vaso que veis aquí, encierra el último secreto de la Masoneria. Es un depósito sagrado que el Gran Maestro os confia, sin exigir otra prueba de discrecion que la alta estimacion que ha concebido de vos. Por lo que á mi toca, el respeto que se debe á la virtud, me impide el pedir ninguna. No obstante, como voy á haceros única depositaria de el, permitirme que os advierta, que la menor apariencia de curiosidad que mostreis en este instante, os privará de todos los medios de llegar al augusto grado á que aspirais."

Concluido este discurso, deja el orador á la recipiendaria entregada á sus reflexiones, por algunos minutos. Vuelve á donde está ella, y si la arena del plato está descompuesta y conoce que el vaso se ha levantado, le hará ver con una severa reprehension, que habiendo faltado á las principales leyes de la Masoneria, no debe esperar que se le conceda el grado de la perfeccion á que aspira y que son enteramente inutiles todas cuantas excusas quiera dar sobre el particular; porque, solo el tiempo, paciencia y caridad, para con sus hermanos, son los únicos medios á que tiene que apelar para poder merecer de nuevo el favor que acaba de perder por su gran impaciencia. En seguida se cierra la Logia de Perfecta; y cuando se abre la de banquete de Maestra, condena el G∴ M∴ á la hermana en una multa de * tres livras para los pobres; pero si al

---

* Tres pesetas de nuestra moneda; pero varía en algunas partes a cantidad.

contrario, cuando vuelve el Orador encuentra todo en órden, le asegura que en recompensa de su prudencia y discrecion, va á ser iniciada en los Misterios de la Órden: al mismo tiempo le presenta un barreño con un vaso dentro, lleno de agua aromática, le hace lavar los extremos de los dedos y haciendole tomar el plato en donde está el vaso, se dirige con ella á la puerta de la Logia, t∴ en ella c∴ g∴, que es la señal de introducion.

APERTURA DE LA LOGIA DE PERFECTA MASONA.

Los Grandes Maestro y Maestra, estarán colocados delante del dosel, con el Arco Íris casi sobre sus cabezas. Todos los otros miembros en dos álas, observarán un profundo silencio. El Ven∴ da cinco golpes y hace advertir á la asamblea que se va á abrir la Logia de Perfecta Masona. La Inspectora y Dpositaria, obedecen de la manera acostumbrada y el Venerable hace las preguntas que siguen.

P. ¿Qué hora es?
R. La salida del Sol.
P. ¿Qué significa esa hora?
R. Aquella en que Moises entraba en el Tabernáculo de la Alianza, para enseñar los preceptos de Dios á los Israelitas.

Ven∴ Como no nos hemos reunido sino para imitarlo, advertid á todos nuestros queridos hermanos y hermanas, que la Logia está abierta.

Habiendo obedecido las oficiales, toda la asamblea aplaude; advertiéndose que hasta despues de concluida esta ceremonia no debe tocar el Orador: entónces la Depositaria que debe estar cerca de la puerta, advierte á la Inspectora, éste se levanta y pregunta al Orador, si la hermana ha cumplido con todos sus deberes, con la afirmativa del Orador, toma el plato de las manos de la aspirante y lo lleva al altar del Gran Maestro, diciéndole:

Ven∴ Maest∴: *una hermana respetable por su virtud y celo, habiendo resistido á la última prueba, pide con instancia ser admitida al grado de Perfeccion.*

El Gr∴ Maest∴ responde, que no siendo mas que el primero entre sus iguales, no puede hacer nada sin el consentimiento de todos sus hermanos y hermanas. Inmediatamente, dirigiéndose á la asamblea, pregunta si no hay oposicion á la recepcion de la aspirante. Si todos consienten, se hacen las aclamaciones acostumbradas. En seguida todos los asistentes ponen la rodilla izquierda en tierra y el Venerable ordena al Inspector que introduzca á la hermana, sin venda, en la forma prescripta. El Orador le atará una cadena de laton á los brazos y la pone en manos del Inspector, que la introduce en Logia y la coloca entre las dos oficiales. Despues de anunciada la recipiendaria, le hace el Gran Maestro muchas preguntas sobre los grados anteriores, manda al Inspector que reciba de la hermana las señas, palabras y toq∴ del grado de Maestra: hecho esto, contesta al Venerable que la conducta de la hermana es irreprehensible y que habiendo entrado en la Masonería por una dichosa inspiracion, ha gustado del fruto misterioso y trabajado en el Arca; que sabe subir por la escala y que sus últimos deseos son los de unirse á sus hermanos, para entrar en la tierra de promision.

Ven∴ "Hermano mio: nosotros no podemos negarselo sin ser injustos: preparad á la hermana para el viage y hacedle atravesar el mar."

El Inspector le da una varilla, y el Ven∴ da cinco golpes á distancias iguales. En el primero, todos se ponen de pié: al segundo, levantan los hermanos sus espadas perpendicularmente: al tercero, bajan las puntas horizontalmente: al cuarto, levantan las varillas y al quinto, las vuelven á bajar cruzándolas sobre las espadas; concluido, hace avanzar el Inspector á la recipiendaria al altar del Gr∴ Maestro, quien le quia la cadena, diciéndole.

Ven∴ "Mi querida hermana, ya es tiempo que se rompan esos hierros para que os veais libre de la esclavitud que sufríais y tambien porque para la obligacion que vais á contraer se necesita de una entera libertad (la hace arrodillar y continúa.) Los errores y preocupaciones que pudieran quedaros sobre la Masonería, van á desaparecer delante de vos. Vais á conocer todos nuestros símbolos y á ver brillar con el mayor resplandor la Luz de la Verdad."

OBLIGACION.

Yo N., juro y prometo, ante el Criador del Universo, conservador de todos los seres y vengador del crímen y en presencia de todos mis hermanos y hermanas, de no revelar jamas á ningun profano, aprendiz, compañera ni maestra, nada de cuanto va á serme confiado sobre los secretos de la Perfecta Maestria. Obligándome igualmente á practicar las virtudes que se me prescriban, ademas de las que ya se me han ordenado en los tres grados anteriores. Si así no lo hiciere, me someteré ciegamente á las penas de ser mirada por los Masones virtuosos como una perjura, digna de su indignacion y menosprecio.

(*Hecho el juramento, el Gran Maestro la levanta.*)

Ven∴ "Mi querida hermana, el primer paso que debeis dar entre nosotros, debe señalarse con una accion benéfica: levantad ese vaso y gozad del placer que siente el alma virtuosa al hacer dichoso á todo viviente. (*La hermana obedece y el pájaro que estaba encerrado en él, emprende el vuelo.*) Vos acabais de ver mi querida hermana, que la libertad es un bien que el Criador del Universo ha hecho comun á todos los seres y que no se puede privar á nadie de ella, sin cometer la mayor injusticia; tanto mas, cuanto que la mano que hace al débil esclavo, es indigna de la sociedad de los hombres." (*El Inspector conduce á la hermana al altar sagrado y encuentra allí al Orador, que dirá lo que sigue:*)

Orad∴ "Mi cara hermana: os estaba esperando en el altar de la Verdad, para enseñaros el mayor secreto de los Masones; y en tal concepto, el mas inviolable. Muy poco ó nada valdria el practicar en silencio los deberes de la religion; porque el corazon virtuoso debe ser sensible y compasivo. Si hermana mia, hay millares de desgraciados sobre la tierra y estos infelices son nuestros amigos, nuestros compañeros y nuestros hermanos, que reclaman de derecho nuestra compasion y beneficios. ¿Podré esperar que encuentren en vos una amiga sensible? ¿Estais en disposicion de probárnoslo, ahora mismo?"

(*El Hospitalario presenta el plato de la ofrenda y si pusiere alguna suma considerable, debe devolvérsela el Orador, diciéndole:*)

"Mi cara hermana: nosotros nos contentamos aquí con la seguridad de vuestros sentimientos, dejándoos el derecho de ponerlos en práctica, siempre que se os presente la ocasion. Puedan vuestros benéficos socorros, salir en todos tiempos de un corazon tan puro, como el fuego sagrado que arde sobre este altar."

(*El Inspector toma el martillo y lo da á la recipiendaria, para que dé cinco golpes sobre la caja: abierta, saca el papel que contiene y se lo explica y tomandola de la mano la lleva donde está el Venerable, que la recibe con todas las demostraciones de un alto respeto.*)

Ven∴ "Mi querida hermana: con el mayor placer voy á admitiros en el augusto rango, que la sabiduria de vuestra conducta os ha hecho merecer. Recibid la prueba* que es el premio de la virtud. El nombre de *Perfecta*, que damos á este grado, es para hacernos conocer, que no debemos olvidar cosa alguna de las que puedan conducirnos á la perfeccion. Recibid tambien estos lazos,† que son el gage de una alianza eterna."

Le da la señal.
Le da la palabra sag∴ A∴ H∴ que significa, *Hermano de bondad*.
Le da la palabra P∴ B∴ A∴ quiere decir: *Casa de hospedage*.
Le da el toq∴

Cuando haya concluido el Venerable, la Depositaria conduce á la recipiendaria á las oficialas para darles las señas y palabras, y hecho la coloca á la izquierda del Gran Maestro y se principia la instruccion.

CATECISMO.

P. ¿ Sois Masona Perfecta?
R. Guiada por el Eterno lo he sido, saliendo de la esclavitud.
P. ¿ Qué entendeis por esclavitud?
R. Entiendo, que sucumbiendo la mayor parte de los mortales á la fragilidad humana, olvidan el fin para que fueron criados, entregandose al hábito del vicio, que les hace esclavos de sus sentidos: así, nosotros lo figuramos por la cautividad de los Israelitas en Egipto, de donde los saco Moises, para instruirlos en el desierto.
P. ¿ Sometida como las demas á un cuerpo frágil, como podeis decir qué sois libre?
R. No encerrando la Masoneria mas que principios de virtud y religion, la práctica de vuestros misterios, ha abierto mis ojos y he sacudido el yugo de las pasiones: la razon me ha ilustrado y su luz pentrando el velo del error, me ha hecho ver que estaba en libertad de escoger entre el vicio y la virtud.
P. ¿ Cómo habeis llegado al mas alto grado de la Masoneria?
R. Por la constancia, sabiduría y caridad.
P. ¿ Qué quiere decir Mason?
R. Enemigo del crímen; y amigo y discípulo de la virtud.
P. ¿ De ese modo, todo humano mortal, siendo sabio y justo, es sin duda Mason?
R. Si, porque sin duda no le falta mas que nuestros signos, para ser admitido

* La decora con la joya.   † Las jarreteras.

entre nosotros: signos tanto mas necesarios, cuanto que nos impiden ser sorprendidos por corazones falsos, esclavos de la fortuna y de los sentidos.

P. ¿ Pués qué, sois Perfecta Masona, decidme : qué entendeis por Masoneria ?

R. Un entretenimiento virtuoso, en el cual trazamos una parte de los misterios de nuestra religion; y para conciliar mejor la humanidad con el conocimiento de un criador, despues de habernos impuesto los deberes de la virtud, nos entregamos á los sentimientos de una amistad dulce y pura, gozando en nuestras Logias de los placeres de la sociedad: placeres fundados entre nosotros, en la razon, el honor y la inocencia.

P. ¿ Qué entendeis por Logia?

R. Una asamblea de hombres virtuosos, que elevados sobre el orgullo y las preocupaciones vulgares, no conocen ninguna distincion entre ellos, excepto los de la sabiduría; y que gobernados por la justicia y la humanidad, practican en silencio la ley natural.

P. ¿ En dónde estuvo situada la primera Logia ?

R. En el Paraiso terreste, tenida por Adam y Eva, cuando vivian en un estado perfecto de inocencia.

P. ¿ En qué tiempo y como se tuvo la segunda ?

R. Por Noé, estando encerrado en el Arca con su familia mientras duró el diluvio.

P. ¿ Cuándo se tuvo la tercera ?

R. Cuando Dios se dignó enviar tres Angeles á visitar á Abraham y á su esposa.

P. ¿ Cuando la cuarta?

R. Despues de la destruccion de Sodoma, y, cuando los ángeles que habian salvado á Lot y á sus hijas, fueron á visitarlos á la caverna á donde se habian retirado.

P. ¿ Cuándo la quinta ?

R. Cuando Joseph, habiendo encontrado á su querido hermano Benjamin, invitó á sus hermanos á su mesa.

P. ¿ Recibiase alguna instruccion en todas esas Logias ?

R. En ninguna, sino en la quinta en donde Joseph, hizo servir delante de Benjamin cinco veses mas comida que delante de sus demas hermanos; le dió cinco vestidos y presentó cinco de sus hermanos á Faraon. Desde aquella época ha sido el número cinco sagrado entre los masones y es título de honor: tanto mas, cuanto que los cinco vestidos designan los cinco grados de la Masonería. ¡ Dichoso el mortal que llega á poseer tambien el último !

P. ¿ Quién puede aspirar á ese sublime grado ?

R. Todo mason y masona que imitando á Joseph, despues de haber sufrido todos los males de la humanidad, resiste á los atractivos de los falsos placeres; conservando un corazon enteramente puro, para poder soportar sin temor el vivo resplandor del sol del Universo.

P. ¿ Cómo llegó aquel Patriarca á tan alto grado de gloria?

R. Por la prudencia y sabiduría, que reinaban en todas sus acciones : del mismo modo, cualquiera de nosotros, puede aspirar á la misma dicha, no separandonos de la senda de la virtud.

P. ¿Cuál fué su recompensa?
R. Faraon le hizo considerar en todo Egipto como á su persona; y al efecto, le entregó su anillo real: nosotros para conservar su memoria, recibimos en el grado de Perfecta, uno que nos ofrece el Venerable.
P. ¿Qué sucedió á la Logia que presidia Joseph?
R. Acrecentarse: llegó á ser muy numerosa é hizo servicios continuos y señalados al Rey y al pueblo Egipcio.
P. ¿Cuál fué despues de Joseph, el que mas se señaló en su Logia?
R. Moises, escogido por Dios para romper las cadenas en que gemia el Pueblo de Israel.
P. ¿Qué representa el cuadro de Perfecta?
R. Muchos emblemas de la Sagrada Escritura.
P. ¿Dádme su explicacion?

R. 1. Las cuatro partes del mundo significan: que siendo todos los seres, la obra del Creador del Universo, en todos los lugares del mundo que se hallen deben cultivar la virtud, por ser el mas puro homenage que pueden rendir al Supremo Ser que los ha criado.

2. Las siete primeras espigas del sueño de Faraon, representan las siete virtudes principales que debe toda buen mason y masona practicar y las otras siete secas y esteriles, los siete vicios opuestos: de los cuales, uno solo es bastante para precipitarnos en el estado miserable en donde la caida del primer hombre nos habia sumido.

3. Joseph reconciliandose con sus hermanos, nos enseña que la bondad es inseparable de la esencia del Creador y que siendo obra suya, debemos á su ejemplo, añadir al perdon una amistad perfecta y durable.

4. Los hombres entregados al trabajo y amasando la tierra, son imágen de los Israelitas en Egipto, despues de la muerte de Joseph: quienes por la paciencia que mostraron en los trabajos humillantes que les imponian injustamente, merecieron las miradas benignas de la divina Providencia. Sus instrumentos, son el orígen de las llanas y martillos que conserva la Masoneria.

5. Moises, expuesto dentro de un cesto al capricho de las aguas, es el símbolo de la debilidad de nuestra existencia, que nos expone á tantos peligros y eventualidades.

6. La hija de Faraon, sacando del rio á Moises, nos da á entender, que la bondad suprema hace muchas veces servir en nuestro favor, los mismos medios de que se valen nuestros enemigos para perdernos.

7. Moises y Aaron, al frente de los Israelitas, despues de haber atravezado el mar Rogo, son imágen de los masones en Logia, habiendo ya sacudido el yugo de las pasiones; y el ejército sumergido de Faraon, nos indica los deseos mal dirigidos de nuestros sentidos.

P. ¿Qué representa el Gran Maestro en Logia de Perfecta?
R. El guía de los Israelitas ó Moises.
P. Qué significa la Gran Maestra?
R. Séfora su esposa.
P. ¿Y el Hermano Inspector y los demas oficiales?

R. Aaron y sus hijos, oficiando en el Tabernáculo.
P. ¿Cuál es la significacion de las hermanas Inspectora y Depositaria?
R. Maria, hermana de Moises y la mugér de Aaron.
P. ¿Qué sentido tiene la joya de Perfecta?
R. El anillo que Faraon dió á Joseph, para demostrarle la estimacion que hacia de el y los honores que se deben rendir á la virtud.
P. ¿Cuál és el signo de Perfecta?
R. El que Dios dió á Moises sobre el monte Horeb.
P. ¿Mostradmelo?
R. Vedlo aquí, (*se hace*).
P. ¿Dádme la palabra de Perfecta?
R. A∴ H∴ quiere decir, *Hermano de bondad.*
P. ¿Cuál es la palabra de P∴?
R. B∴ A∴ es decir, *Casa de hospedage.*
P. ¿Cuál és la moral de esas palabras?
R. Que la tierra es para nosotros un lugar de tránsito; en donde el espíritu que nos anima, debe merecer por la victoria que obtiene sobre la materia, el volver al seno de la Divinidad, de donde ha emanado.
P. ¿Dad el toq∴ al hermano Inspector?
Se da.
 Insp∴ Es perfecto.
P. ¿Qué hora és?
R. La hora de visperas.
P. ¿Qué significa?
R. Aquella en que se retiraba Moises del Tabernáculo, en donde habia estado enseñando los mandamientos de Dios á los Israelitas.

 Ven∴ Siendo á su ejemplo la tenida de esta Logia, ya es tiempo de cerrarla; y asi, mis queridas hermanas Inspectora y Depositaria, os ruego que inviteis á todos nuestros queridos hermanos y hermanas, para que tengan á bien ayudarnos á cerrar esta Logia de la manera acostumbrada.

 Las dos Oficiales obedecen y toda la asamblea aplaude.
 Ven∴ La Logia está cerrada, hermanos mios.
 Las hermanas repiten lo mismo.

LOGIA DE BANQUETE DE PERFECTA MASONA.

Disposision de la Logia.

Esta Logia se debe tener en la sala de recepcion; quitando de antemano todo lo que puede haber servido en los grados precedentes, excepto la colgadura y el dosel. Se colocará una mesa en forma de herradura y bastante grande, si el local lo permite, para que todos los assistentes esten por la parte de afuera. El Venerable se sentará debajo del dosél, la Gran Maestra á su izquierda y el Orador á la derecha y al lado de este, la hermana acabada de recibir. Si hay visitadores, se pondrán en la parte superior de Africa y el resto de la asamblea llenará indistintamente el derredor de la de la mesa: excepto los hermanos y hermanas Inspectores y Depositarios, que deben ocupar los dos extremos de Africa y América. Dentro de la herradura, en frente del Venerable, se dará asiento á un hermano de mérito, con el título de embajador. Es necesario que esté decorado con una banda azul, como la que llevan los príncipes, supuesto que los representa y debe responder á las felicitaciones y bríndis que se hagan en honor de aquellos.

Todo lo que constituye el servicio de la mesa, debe formar cinco lineas paralelas: es decir, que los platos formen la primera linea, los vasos la segunda, las botellas la tercera, las bandejas con las viandas la cuarta y las luces, que han de ser muchas, la quinta. Hay que advertir aquí, dos cosas indispensables: la primera, que es menester que el número de los asistentes sea impar; aunque haya de convidarse un hermano sirviente; y la segunda, que casi todo lo se que sirve en el banquete, cambia de nombre. Los vasos, son *lámparas;* el vino, *aceite rojo;* el agua, *aceite blanco;* el pan, *maná;* los manjares de toda especie, *perfumes;* las luces, *estrellas;* y las botellas, *gómores.*

APERTURA DE LA LOGIA DE BANQUETE.

Estando ya todo dispuesto de la manera arriba dicha, T∴ el Venerable C∴ G∴ y contestan lo mismo las hh∴ Inspectora y Depositaria.

Ven∴ "Mis queridas Hermanas oficialas, invitad á todos nuestros caros hermanos y hermanas de Africa y América, á que tengan á bien ayudarnos á abrir la Logia de banquete de Perfecta Masona."

Insp∴ "Mis queridos hermanos y hermanas, del Africa: el Venerable Gran Maestro y Gran Maestra, os invitan, para que tengais á bien ayudarle á abrir la Logia de Perfecta Masona."

La Depositaria repite lo mismo modo en la parte de América.

Ven∴ ¿ Hermana Inspectora, sois Perfecta Masona ?

Insp∴ Guiada por el Eterno lo he sido, saliendo de la esclavitud.

Ven∴ ¿ Cuáles son los deberes de una Perfecta Masona?

Insp∴ Socorrer á sus hermanos y hermanas, amarlos é instruirse en la práctica de las virtudes.

Ven∴ Amémosnos, socorramosnos, é instruyamosnos mutuamente; para este fin se ha abierto la Logia hermanos mios, y en señal de nuestro unánime consentimiento, aplaudamos de la manera acostumbrada."—Aplauso.

Abierta la Logia, no se permite que ninguno hable en ella de asuntos impropios, ni de interes particular. La conversacion debe ser general, dulce y animada; pero dirigida por el placer y la decencia, no debiendo tener cada uno otro sentimiento, que el deseo de hacerse estimar por sus modales y acciones.

Antes de principiar el banquete, se brinda tres veces, que son los tres bríndis de obligacion. El primero es, por el Rey ó jefe del gobierno del Oriente de la Logia; el segundo, por el soberano Gran Maestro del Gran Oriente; y el tercero, por nuestra respetable hermana la Reyna de Nápoles. Despues se intercalan los demas, mientras sigue el banquete, por la salud del Venerable de la Logia, la de los oficiales y oficialas, visitadores, la de todos los miembros del taller y hermanas nuevamente iniciadas y el último, por todos los Masones esparcidos sobre la superficie de la tierra.

No citaré aquí mas que el primero, puesto que todos los otros son iguales; excepto en los títulos y nombres.

Es necesario advertir, que la persona por quien se brinda, no debe beber con los que saludan, sino permanecer sentada y hacerlo despues, dando las gracias.

PRIMER BRINDIS.

Ven∴ "Mis caras hermanas Inspectora y Depositaria, haced alinear y llenar las lámparas para un brindis que la Gran Maestra y yo, tenemos que proponeros."

Insp∴ "Mis queridos hermanos y hermanas, en la parte de Africa, alinead vuestras lámparas y llenadlas, para un brindis que el Venerable y la Gran Maestra, tienen que proponeros."

La Depositaria repite lo mismo, en América.

Todos ponen vino en sus vasos y alinean los vasos y botellas.

Dep∴ Hermana Inspectora, las lámparas están llenas y alineadas en América.

Insp∴ Muy Venerable Maestro, las lámparas están llenas en Africa y América.

Ven∴ Mis queridos hermanos y hermanas: el bríndis que os proponemos, es por la salud del Rey nuestro ilustre monarca, añadiendo la de su augusta esposa y real familia, con la de todos los reyes Masones. Por personas tan queridas, debemos unirnos, afin de soplar nuestras lamparas por su gloria, con todos los honores debidos á sus rangos; y con los sentimientos de una amistad respetuosa con que procuraremos dar á conocer nuestra adhesion, expresaremos el celo con que llenamos nuestro deber.

Insp∴ "Mis queridos hermanos y hermanas de la parte de Africa, el bríndis propuesto por los Grandes Maestros, es por la salud del Rey, nuestro augusto monarca; añadiendo la de su ilustre esposa, su real familia y todos los reyes Masones. Por medio tan recomendable, os suplican que os unais á nosotros, á fin de soplar nuestras lamparas por su gloria, con todos los honores que les son debidos, lo que no podemos demostrar mejor, que cumpliendo con nuestro oficio, por los números conocidos de los dichosos mortales, discípulos de la verdadera luz."

La Depositaria, del mismo modo en América, despues de lo cual manda el Venerable ponerse todos al órden, en la forma siguiente, (estando todos levantados.)

Ven∴ 1. La mano derecha á las lámparas. (*Se lleva la mano derecha al vaso.*)

2. Arriba las lámparas. (*Se levanta el vaso hasta el pecho.*)

3. Soplad las lámparas. (*Todos beben.*)

Mientras beben, todos deben mirar al Venerable, el que dirá al instante.

4. Las lámparas adelante y cinco veces sobre el corazon. (*Se presenta el vaso á delante y á la segunda órden se toca.*)

5. Asentad las lámparas. (*A esta órden, se levanta el vaso cuatro veces perpendicularmente desde el vientre hasta la altura del pecho y á la quinta, se coloca fuertemente sobre la mesa, teniendo cuidado de ejecutarlo con órden y prontitud*

para que no se oiga mas que un solo golpe; y al instante todos, con el Venerable, dan cinco palmadas con las manos y dicen cinco veces, viva.

Es preciso no olvidar, que inmediatamente que el Embajador oye brindar por la salud del Rey, debe levantarse, hechar mano á su espada y descender á la extremidad de la Logia, en donde debe permanecer hasta que se concluya aquel acto: entónces envaina su espada, toma su vaso, que un hermano sirviente le presenta y da gracias en estos terminos.

Gracias del Embajador.

"Venerable Maestro, tan digno del rango que ocupais, como tambien mis queridos hermanos y hermanas, oficiales y oficialas, visitadores y todos los demas miembros de este respetable taller. El Rey mi señor, sensible en extremo á los cuidados con que sabe que ordinariamente brindais por su importante salud; ha tenido á bien autorizarnos para que en su nombre os haga ver su justo reconocimiento: así es que, queriendo daros pruebas de los sentimientos que le animan para con nuestra ilustre sociedad, al paso que por mi parte deseo yo tambien aseguraros el efecto fraternal que siempre he dispensado á todos nuestros hermanos y hermanas: voy á soplar esta lámpara con las señas de honor y estimacion que os son debidas á vosotros y á la real ó ilustre Masoneria. Así debeis creerlo por el celo y ardor con que voy á corresponderos.

Concluida la arenga, bebe, observando todas las formalidades mencionadas arriba y despues vuelve á tomar su asiento.

Para no dejar nada que desear en este tratado, creo deber añadir, ademas del bríndis anterior, las gracias de los particulares: es decir, aquellas respuestas que los hermanos y hermanas tengan que dar, cuando se trate de coresponder á algun brindis que se haya tirado por su salud; advirtiendo que no se deben llamar por su nombre nunca; esto es, que si el brindis es por la salud de los miembros del taller, &c. uno de ellos se levanta y responde lo que sigue.

Mui Venerable Maestro, que adornais con tanto brillo el Asia: mis queridos hermanos y hermanas, oficiales, oficialas, visitadores, visitadoras, y vosotras mis queridas hermanas nuevamente iniciadas; nadie mas sensibles que nosotros miembros de este taller á las pruebas de estimacion y amistad que habeis tenido á bien dedicarnos al brindar por nuestra salud. Para mostrar el vivo reconocimiento que nos inspirais, vamos á soplar nuestras lámparas en gloria vuestra, cumpliendo con nuestro deber por los números que os son conocidos y caracterizan á los verdaderos Masones."

Cuando todos los bríndis particulares hayan pasado, se termina el banquete con cánticos á la gloria de la Órden, los que se cantarán separadamente ó en coro, así como el último, que debe ser siempre el mismo y que se dejará para cuando se vaya á cerrar la Logia, segun se verá por lo que sigue.

CLAUSURA DE LA LOGIA.

Ven∴ "Queridas hermanas Inspectora y Depositaria, haced llenar y alinear las lámparas para el último bríndis."

Las oficialas obedecen cada una por su lado y dicen.

Insp.·. y Dep.·. "Muy Venerable Maestro las lámparas están llenas y alineadas."

Entónces, el Venerable y todos los asistentes se levantan y cruzan los brazos, tomandose la mano izquierda del uno con la derecha del otro, de modo que quede formada una cadena, sin exceptuar ni aun á los hermanos sirvientes: en este estado, entona el Venerable el cántico que sigue y todos los demas forman el coro.

CANTICO FINAL.

CORO.

Union, Virtud, Honor y Gloria,
Gravemos para siempre en la memoria.

Unamos nuestras manos,
Y nuestros corazones;
Seamos siempre hermanos,
Y perfectos masones.

CORO.

Union, Virtud, Honor y Gloria,
Gravemos para siempre en la memoria.

Sentimientos humanos,
Vencer nuestras pasiones;
Y amor á los profanos,
Sean nuestros blasones.

CORO.

Union, Virtud, Honor y Gloria,
Gravemos para siempre en la memoria.

Concluido el cántico se bebe, segun las formalidades ordinarias á la salud de todos los masones y masonas esparcidos por la tierra y se vuelven los hh.·. á sentar y el venerable cierra la Logia en estos términos.

Ven.·. ¿ Hermana Inspectora, que hora es ?
Insp.·. Muy Venerable, Vísperas.
Ven.·. ¿ Qué significa esa hora ?
Insp.·. Aquella en que Moises descansaba en el desierto, despues de enseñar los mandamientos de Dios á los Israelitas.
Ven.·. Imitémosle, pues, en nuestra Logia, siendo ya tiempo de cerrarla, á fin de practicar las virtudes que nos hemos propuesto: separemosnos hermanos, la Logia está cerrada.

Las dos oficialas repiten lo mismo.

DISCURSO

PRONUNCIADO EN UNA FIESTA DE ADOPCION.

ERMANOS MIOS: Dificil nos seria en este momento cumplir satisfactoriamente con los deberes que nos impone nuestro ministerio augusto; porque si alguna vez ha temido sucumbir nuestra vanidad, es en esta ocasion solemne, en que, al elevarnos á la altura del compromiso que hemos contraido, comprendemos cuan débiles son nuestras fuerzas. Grandioso y no comun es el objeto que hoy nos reune. No pudiéramos prometernos el éxito; y la beldad, que aquí nos contempla, podrá comparar nuestra insuficiencia con la importancia de la Masonería. Una esperanza, sin embargo, nos queda. La belleza siempre indulgente, al solo ver en nosotros el deseo de agradarla, de proclamar sus grandes virtudes y mérito verdadero, sabrá generosa disimular nuestro arrojo, sonreir á los esfuerzos de nuestro celo y alentar con su presencia nuestros trabajos.

Hermanos: todo sale de las manos del Creador bello, incomparable, magnífico. Cansados, sin embargo, de admirar á todas horas el cuadro maravilloso que ofrece la naturaleza, deja al fin de causar nuestro asombro y cesa nuestro entusiasmo y se extingue nuestro agradecimiento. Y, si fuerza nos es recorrer segunda vez conjunto tan seductor, es solo para detenernos en una de sus perfecciones, en el hombre: obra maestra por cierto, á quien coloca nuestro orgullo en la primera escala de la vida y á quien solo otorgaría las mejores recompensas. Convencido de ser la creacion por excelencia, desdeña volver la vista á todo lo que le rodea. Inconsecuente consigo mismo, solo reconoce en la muger un ser creado para su dicha, perfecto segun él; pero de un órden inferior. Hecha esta diferencia, ya no le ocupa el resto de lo creado. Tal fué el principio de superioridad, que, una vez admitido por el hombre, le hizo solo pensar en él y en el objeto de su predileccion.

Algunos hay que miran á la muger como á un ser inferior al hombre, y, á quien si aceptan por compañera, es ó para hacerla su esclava ó la víctima de sus caprichos. Otros mas sensibles, ilustrados y justos, la acogen como digna mitad de su existencia. Jóven, es para ellos un ser superior, una deidad; algo avanzada en años, madre ó esposa; y en los dias de su vejez, una amiga querida. Este modo de juzgar á la muger, es sin duda el solo posible y el mas acertado.

La muger piensa y se conduce como nosotros. No posee energia; pero si destreza: carece de genio; pero le sobra gracia, aptitud y espiritualidad. Muchas estan adornadas de aquellas cualidades en que estriba el orgullo del hombre y en este caso nos asombran, cual tipo acabado de perfeccion, ante el cual aparecemos como un bosquejo pálido y sin formas.

Suele el corazon comprimirse ó dilatarse, segun las emociones que le agitan ¿Que sentimiento para él mas halagador que el de la amistad, el cual, si es susceptible de perder algo de su primitiva pureza, no por eso es menos general en todos los seres y en todas las condiciones de la vida? Quien podría negar á su primer impresion, el ser mas poderosa que la razon y mas persuasiva que los raciocinios! El eco de la voz, la expresion del semblante y la dulzura de la mirada ó de la fisonomía, son causa muchas veces, en medio de personas desconocidas, de tan hermosa afeccion. Nacido por lo comun en un encuentro casual, casi siempre le sostiene y arraiga el mérito personal. La nobleza de carácter, la probidad y todo lo que en uno y otro sexo merece nuestros elogios, hacen de aquel afecto un sentimiento mas aceptable, duradero y precioso. Una vez depositado en el corazon el gérmen que lo produce, nace y se desarrolla: recibiendo nueva vida de las grandes cualidades del alma y del espíritu.

De ese sentimiento se ha originado en nosotros la idea de filantropía, la cual no solo nos hace comprender cuan odioso es el egoismo, sino tambien que debemos ser indulgentes con nuestros semejantes. ¿Qué pudiera faltar á ese don divino, para ser el mas codiciado de todos aquellos que nos prodiga la naturaleza? Felices aquellos corazones que sienten su poder y encanto! ¿No es acaso ese sentimiento demasiado noble el que nos enseña á ser compasivos?

Lejos de nosotros aquellos que creen que las afecciones del alma, son hijas del refinamiento social; porque serian ingratos con la naturaleza. Esta madre comun de todos los seres, nos demuestra á cada instante, que tambien los irracionales son susceptibles de afecciones tiernas hácia su especie ó hácia la nuestra. ¿Podrian decidnos, que semejantes afecciones son hijas del arte ó del alcance limitado de aquellos seres? Obligados á conceder aquellas afecciones á los irracionales ¿hallarían alguna razon para negarselas al hombre?

De este modo, el gérmen de ese sentimiento, que parece como depositado en el corazon, se asemeja al embrion ya preparado que solo aguarda el momento favorable de brotar y vivir. Es en algunos vehemente ó imperioso, el deseo de poseerle; y he aquí muchas veces el origen de su existencia. Pero tal vez no sean estos seres afortunados los solos que padezcan necesidad tan apremiante; porque tambien para aquellos que recelan de afeccion tan consoladora, es casi siempre un objeto de ansiedad y de esperanza. Si en el trato comun de los hombres, vemos manifestarse el hecho raro, en verdad, de servicios prestados oficiosamente; si calla entónces la generosidad para dejar hablar al agradecimiento; si muchas veces no descubrimos la mano que dispensa el beneficio, podriamos negar ¿que iguales actos de abnegacion ocurren tambien en el trato de las mugeres entre si? ¿Serian menos susceptibles de impresiones generosas y delicadas? Dotadas de una exquisita organizacion, nadie mas á propósito que ellas para insinuar en todas ocasiones esa grata amenidad, esa oficiosidad halagadora, esos tiernos cuidados y esa aptitud y constancia, con que las ha dotado el Grande Arquitecto del Universo.

¿Nos sería acaso de algun provecho el negarles ese mérito incontestable, del cual tantas ventajas podriamos obtener para la humanidad? Convencidos de que están mejor dispuestas que nosotros para sentir las delicias que nos brinda la amistad desinteresada y que jamas en esta parte pudiéramos llegar á ser superiores á ellas, inútil creemos pedirles nuevos ejemplos de un sentimiento que es peculiar y natural en ellas. Es en ellas ese sentimiento, resultado de su misma naturaleza que sigue un desarrollo progresivo y constante y al cual nos representamos como á una jóven bella y sin atavios; alegre y sin afectacion, que si alguna vez olvida sus deberes, no tardamos en encontrarla en el atrio de nuestros templos, mas ocupada en rehabilitarse á nuestros ojos, que en adquirir nuevos encantos.

Tampoco nos sería permitido suponer: que al hacernos participar de su amistad, sea por el interes de su propio culto y no con objeto de dispensarnos los efectos de su benevolencia.

Injusto, pues, sería negarles las virtudes que son necesarias para el logro de las ventajas que nos ofrece la verdadera amistad. Este sentimiento que une generalmente á individuos de un mismo sexo, serviría del mismo modo para estrechar mas intimamente los dos sexos. Así es que, si ese sentimiento es comun á uno y á otro, difícil nos será comprender como pueden corazones sensibles no sentir su divino influjo, no menos que la necesidad de encerrarle en ciertos limites, para que en ningun tiempo deje de ser lo que es.

Muchas serian las dificultades que pudieran presentarse y no alcanzar nuestro intento. Dudoso el conservar el justo equilibrio que en estos casos es necesario. Pero en esto precisamente consistiria la virtud. Muy corta es, sin duda, la distancia que separa la amistad de ese sentimiento que inspira la belleza y que produce en nosotros un desórden tumultuoso, encadena nuestras facultades, y las somete á su imperio: distancia que salva luego el hálito atrevido del deseo. Pero si tan difícil es escapar de un peligro semejante; ¿no sabemos que es glorioso combatir y que el lauro á que debe aspirar la especie numana no es al triunfo, sino á resistir incesantemente? Ademas, si nuestra vigilancia desmaya alguna vez; si vencidos por los esfuerzos sin cesar renacientes de un combate desigual; si, aprisionados en un dédalo de seducciones la voluptuosidad tentadora desde su lecho de rosas, sonrie á los esclavos de sus hechizos, no tardariamos en verla socorrida por los principios masónicos, que, cual otra Ariadna, podrían en sus manos el hilo salvador que la libertarse ó hiciese reparar en el olvido momentaneo de si misma.

Una vez vencedores como Ulises, de los filtros de la encantadora Circe, gozariamos de la dulce tranquilidad que los placeres inocentes ofrecen á sus sectarios; ya no arrojaría la belleza la manzana fatal de la discordia en nuestros ágapes y templos, de los cuales sería solo el mas bello adorno; y ni eclipsaría, ni menos extinguiría, la luz resplandeciente y pura que nos alumbra, el humo denso de las funestas antorchas de aquella diosa.

Antes, huirian de nosotros las rivalidades odiosas, hijas presuntuosas de la envidia, asegurando nuestro reposo; y felices y satisfechos ellas y nosotros, sería nuestro anhelo cooperar al logro del fin moral que se propone esta asamblea. Respecto á vosotras, mis queridas hermanas, solo esperamos la constancia que os distingue en la verdadera amistad, la cual tambien es un deber entre nosotros y en la que no temernos os veais expuestas al peligro de faltar á ella; porque tampoco temernos rivalidad alguna entre Venus y las Gracias.

El cuadro que presentamos, en el cual vemos ostentarse á la amistad pura y cordial, á la amistad desinteresada, es el solo que pudiera prometernos una felicidad recíproca y verdadera: cualquiera que sean los esfuerzos necesarios para el éxito y cualquiera la posibilidad de conseguirlo; amistad que ofrece á la Masonería la ventaja positiva, de recibir las recipiendarias la instruccion que les debemos de personas de su sexo.

Vosotras, sin duda, debeis haber supuesto y no os equivocais, que no solo el placer de asociarnos á vosotros ha sido el aliciente poderoso que ha motivado la reunion de este dia, sino que ademas, un goce mas insinuante y un interes mas noble, presidirian. La discrecion en los lábios; los oidos siempre atentos á las lecciones de la sabiduría; la confianza en el semblante; el bien de la humanidad; los auxilios que reclama la indigencia; el crédito que salva, el cuidado en respetar y el reintegro que merece la desgracia, evitándole el sonrojo al socorrerla: tales son los objetos que nos ocupan y el fin que se propone nuestra Institucion.

Haremos tambien mencion de otra virtud, cuya primer ventaja es la de proporcionarnos los medios de ejercer nuestra benevolencia y hacer mas generales nuestros beneficios. La generosidad compasiva, que, proporciona al que hace el bien, la dulce satisfaccion de uno de los goces mas puros y nobles del alma, le coloca al mismo tiempo en el rango de los poderes de la tierra y le asemeja en cierto modo á la divinidad.

Pudiéramos comparar á la beneficencia, al ser causa de la felicidad de aquellos á quienes escoge como blanco de sus bondades, á la encina robusta y encumbrada que el tiempo respeta y cuyas ramas habilmente entretejidas por la naturaleza, ofrecen bajo su sombra reposo y amenidad; la cual mientras mas se eleva, se encuentra mas expuesta al choque de los vientos y al furor de la tempestad, sintiendose feliz; aunque abrumada, al acoger en su seno al viajero desencaminado.

No sé en verdad, porque cuando queremos representar con sus colores verdaderos y seductores á las virtudes sociales y masónicas, se nos ocurre y seduce la idea de generosidad y beneficencia, sin poder evitar el hacer su elogio tantas veces cuantas acompaña á nuestros discursos ó reflecciones. A fin de no cansaros con la extensa enumeracion de todas ellas, solo os hablaré del último de vuestros deberes.

Desde luego os debeis suponer, que es mi deseo hablaros de aquella divinidad augusta, que confunde á todos los hombres en un mismo rango; y que no prefiere á las virtudes, las ventajas del saber, los hechizos de la beldad, la la elevacion social, ni las altas distinciones políticas; porque tiene solo fija la vista en los sentimientos nobles del corazon, objeto de su culto. Divinidad, que tiene encadenado á sus pies al orgullo del nacimiento y alta opinion de sí mismo; y que, sabe premiar y distinguir á los hombres por el número de sus cualidades eminentes: antecedentes que os harán comprender, que os hablo de la igualdad, de la dulce igualdad, madre de esa felicidad que gozan los hijos verdaderos de la luz. Ved, pues, cuales son nuestros deberes y nuestros goces.

Al haber sido admitidas en nuestra institucion, debeis desde hoy consideraros como tributarias de ellas á la cual trataréis de proporcionar las ventajas que esten á vuestro alcance. Si sois en la sociedad profana el encanto de nuestras almas, por la insinuante dulzura y flexibilidad de vuestro carácter, con el cual sabeis mitigar todos los pesares de la vida; debemos esperar que en el seno de una sociedad, cuyo estandarte es, "humanidad y beneficencia," vosotras tan bien organizadas para todos los sentimientos generosos, no falteis á vuestro deber y á vuestro destino. . . . .

Nos servireis de guias y nos ayudareis en los trabajos á que vosotras y nosotros debemos consagrarnos desde este dia; en tanto que nosotros, semejantes á aquellos piadosos caballeros de la edad media, para quienes la galantería y el respeto por sus señoras, era el mas estricto de sus deberes, no haremos mas que tributaros el distinguido homenaje de nuestro aprecio y fidelidad. Sereis en nuestros torneos masónicos, los jueces del combate. La belleza distribuirá en ellos los premios, mereciendo aquel que lo reciba; el favor inapreciable de ser coronado por quien tambien merece una recompensa igual, al hacer nuevos progresos en el Arte Real. Si Marte, deidad de los grandes corazones, coloca sobre su carro triunfal los trofeos del combate al lado de la Victoria, nosotros destinaremos á la belleza un lugar preferente en el altar de la Masonería. De ella recibiremos las virtudes que sabe inspirar y compartiremos con ella, los hechos gloriosos que deben hacer eterna la existencia de nuestra sociedad.

Ha sido, en fin, nuestro intento, Queridas Hermanas, el demostraros que la amistad desinteresada se encuentra en la naturaleza y que puede existir en los individuos de ambos sexos, como en aquellos de un mismo sexo; no menos que las grandes ventajas que promete á la Masonería el ejemplo de una Logia de Adopcion, creada con el solo propósito de mejor realizar sus dogmas, de ensanchar la esfera de las virtudes masónicas y de redoblar el zelo que debemos emplear en el cumplimiento de las sagradas obligaciones que con ella hemos contraido.

Lejos de nosotros la idea de haber llenado nuestro deber; aunque un pesar semejante, pudiera mitigarlo el olvido involuntario de lo mas importante que tenia que recordaros: los momentos de satisfaccion y transporte que hemos experimentado en esta jornada memorable en los fastos de nuestra Órden.

ESTATUTOS PARA LAS LOGIAS DE ADOPCION.

ARTÍCULO I.

Ninguna Maestra podrá en ningun caso presidir una L∴, ni menos hacer recepciones, á no estar constituida con el caracter de tal por un Gran Maestro y haber recibido de este autorizacion especial.

ARTÍCULO II.

Las noches de recepcion estará compuesta la L∴ de una Venerable, dos Vigilantes, de una Secretaria, de una Tesorera y de una Maestra de Ceremonias.

ARTÍCULO III.

Ninguna muger, cualquiera que sea, será admitida en la sociedad, si no ha sido propuesta en la tenida anterior de la misma Logia de Adopcion, cuidando la Venerable Maestra, de que las hermanas y hermanos que hayan asistido á la tenida en que se hiso la propuesta de admision, tomen cuantos informes sean necesarios sobre la moralidad de la persona propuesta, dando en seguida razon al taller.

ARTÍCULO IV.

Si el resultado del escrutinio fuere favorable á la persona propuesta, se le avisará oportunamente, para que sepa el dia en que debe tener lugar su recepcion. En caso de no ser admitida, se le dirá de la manera mas delicada posible.

ARTÍCULO V.

Las mugeres en estado de embarazo ó próximas al parto, no podrán recibir el primer grado hasta no hallarse completamente restablecidas.

ARTÍCULO VI.

Toda muger que aspire á la iniciacion, no podrá ser admitida en ella, si no tiene cumplidos los diez y ocho años.

ARTÍCULO VII.

Los informes sobre vida y costumbres de las aspirantes, serán leidos por la Secretaria de la L∴, en tenida abierta del taller; prohibiendose expresamente hablar de esto á los herm∴ ó hermanas que no hayan asistido á la tenida, sean aquellos favorables ó no, prohibicion que comprende á los miembros de ambos sexos que estuviesen presentes, castigandose esta falta, probada que sea, con la expulsion inmediata del taller: en la cual convendrán unanimemente todos sus miembros.

ARTÍCULO VIII.

Será deber de cada miembro de la logia, observar si cada uno de ellos, hombre ó muger, observa la debida circunspeccion y prudencia en el mundo profano. En el caso de que alguna de las mugeres que pertence al taller, contraviniese á los Reglamentos del mismo ó faltare á sus compromisos masónicos, será la priméra vez amonostada con dulzura; si reincidiere en alguna falta ya cometida, se anotará cual corresponde y á la tercera, será expulsada de la sociedad, en la cual no podrá volver á entrar.

Conviene, pues, que los hermanas sean muy circunspectas en su conducta, debiendo conducirse dentro y fuera de lógia con la mayor prudencia.

ARTÍCULO IX.

Cuando á una hermana faltasen las fuerzas ó el valor necesarios, en el curso de la recepcion, debe hacerlo presente y retirarse. En caso de no hacerlo asi, la invitarán á que lo haga.

ARTÍCULO X.

Si se presentasen hermanas extrangeras con deseos de visitar el taller, se les acordará la entrada despues de ser examinadas excrupulosamente. Si son Elegidas Escocesas, tomarán asiento á la derecha ó izquierda de la Venerable, segun la antigüedad ó edad masónica de cada una.

ARTÍCULO XI.

Es deber de todos los hermanos del taller observar extrictamente los presentes Estatutos, obligandose á cada una de las nuevamente iniciadas, bajo juramento y obligacion particular, á someterse á todas sus dispocísiones, siendo expulsadas inmediatamente de la Logia todas aquellas que lo rehusaren.

ARTÍCULO XII.

Una Logia de Adopcion consta de los dignatarios siguientes:

UN GRAN MAESTRO,
UNA GRAN MAESTRA,
UN H.˙. PRI.˙. VIGILANTE,
UNA HERMANA INSPECTORA,
UN H.˙. 2°. VIGILANTE,
UNA HERMANA DEPOSITARIA,
UN H.˙. ORADOR,
UNA HERMANA TESORERA.

ESTAT∴ GENER∴

DE LA

MASONERÍA ESCOCESA,

TRADUCIDOS DE LA EDICION MAS CORRECTA IMPRESA EN NAPOLES,
EL AÑO DE 1820;

POR TADEO C. CARVALLO,

PRESIDENTE DEL SOB∴ CAP∴ DE VENEZUELA.

AL OR∴ DE

CARACAS.

ADVERTENCIA.

Presentamos á nuestros lectores los Estatutos Generales de la Órden, tal cual los hemos encontrados traducidos por el hermano Tadeo Carvallo, sin haber hecho mas que corregir las faltas y errores de imprenta y sujetándonos á la ortografía mandada observar últimamente por la Real Academia de la Lengua, la cual hemos adoptado en esta obra.

> Procul ó procul este profani. . . .
> Virg.
> Léjos, léjos profanas gentes. . . .

HERMANO LECTOR, dejemos que vayan unos á buscar el primer eslabon masónico en la cuna del mundo, en el arca de Noé, en la torre de Babel, en el Decálogo de Moises, en el templo de Salomon; miéntras corren otros á visitar los templos de Ménfis, de Tébas, de Sais, de Eliópolis y el que se levantó á Isis en medio de Roma; en el cual se asegura que aquellos conquistadores quisieron apropiarse la influencia moral de las iniciaciones. Tampoco quiero disputar con Waburto y Robin, si en el sexto libro de la Eneida está simbolizada la iniciacion de Augusto en los misterios eleusianos, despues de la batalla de Accio. Dejemos á un lado el árbol genealógico de la Masonería.

Lo cierto es, que ni los exterminios de Nabùcodonosor y de Tito y Vespasiano, ni las persecuciones de Constantino, de Graciano y de Teodosio; ni la destruccion de los sacrificios de los Druidas; ni el mar de sangre que sumergió al mundo moral en un cáos con la conquista de Mahomet y de Omar en el Oriente y con las incursiones de los Godos, de los Vándalos y de los Burguiñones en el Occidente; ni la horrenda catástrofe de los Templarios; ni la reforma mas especiosa que útil de Cromwell y de los Orleans; ni los anatemas de Clemente XII y de Benedicto XIV; ni cuantas prohibiciones han tenido lugar en 1735 en Holanda, en 1737 en Francia, Flandes y Suiza, en 1739 en Polonia, en 1740 en España y Portugal, en 1741 en Malta, en 1743 en Austria, y en 1751 en Nápoles;[*] ni la impostora supersticion; ni la aleve proteccion de la maligna tiranía,

---

[*] En 1751 se destinó en Nápoles un perseguidor para cada clase de personas: el duque de Miranda para la corte: el duque de Castropignano para los militares: el presidente del Consejo para los forenses: el príncipe de Centola para la nobleza; y el primer limosnero del rei para el clero.

pudieron ni podrán jamas destruir la Órden de los libres masones. La hoz misma del tiempo, á quien nada resiste, ha tenido que respetarla. ¿ Y cuál la razon de semejante prodigio ? . . . . . La santidad de principios por una parte y la uniformidad de doctrina, de ritos y de leyes en todos los ángulos de la tierra, por otra.

La demostracion de la primera, es superflua. Henrique VI, rei de Inglaterra, preguntó á un iniciado : *¿ Un mason me enseñará las mismas artes que vos habeis aprendido ?* Contesto : *Os las enseñará si sois digno de aprendarlas y os hallais en capacidad de ello.* Federico II era rei y sin embargo mereció ser mason.

¿ No es prodigiosa una sociedad que, siendo toda ella gerarquía, distinciones y privilegios en su apariencia, en sustancia solamente produce una igualdad de derechos y el anonadamiento de la tiranía ? ¿ una sociedad á cuyo trono asciende el último, del mismo modo que el primero de los ciudadanos y del cual el alegórico soberano baja con la misma joya que subió ? ¿ una sociedad sostenida tan solo con las consideraciones que se tienen á las luces, á la virtud y á la libre opinion de sus miembros ?

Generalizada con estos misteriosos medios en el corazon de los hombres la conciencia de su propia dignidad, bien pronto la soberanía inalienable de los pueblos, abatirá la decantada legitimidad de los tronos : basada tan solo en el derecho de las bayonetas. Libres así las mentes y los corazones, de los lazos de la servidumbre, los pueblos sin sentirlo se harán reyes.

No faltan masones indignos que acusan á la Masonería, en particular á la escocesa, de despotismo. . . . Y estos tales no se aquietan si no son saludados miembros del 33°., ó no se les otorgan todos los grados de la Masonería hermética ó cabalística. Así es : se predica libertad para llegar al despotismo. La Masonería, dicen ellos, no debe reconocer distinciones, ni gerarquías. . . . Vosotros sois los déspotas, responderé yo ; vosotros los insensatos, que corréis para que se os cargue de cadenas. Vosotros debeis ser libres para la defensa de nuestros derechos contra el abuso de un poder ilegítimo, no para derribar todo poder y ménos aquella gerarquía que es tanto mas respetable cuanto es convencional y expontánea y la cual conserva á cada uno de nosotros en la esfera en que la naturaleza ha circunscrito, sus cualidades morales y físicas. ¿ Quién os obliga á ser masones ? Vuestro lenguaje es de especuladores, es imbécil, es á cada instante perjuro.

Estudiad y veréis claro. Y sabed que la Masonería, como dicen mui bien los estatutos de Milan, tenida por la generalidad de los profanos por una gerigonza estéril é insignificante, es la mas sublime de las ciencias. Ella ejercita la razon, fija el raciocinio, excita la actividad y da nuevas alas al espíritu. Mas todas estas cosas tan solo pueden conocerse, á medida que se va descorriendo el velo analítico de las doctrinas de cada grado: fruto admirable de largas pesquisas, de asiduo estudio y de una firmeza de espíritu á toda prueba.

Hé aquí las doctrinas que preparan la perfeccion moral, física é intelectual de toda la especie, consiguiendo poco á poco y misteriosamente la de cada individuo en particular. El que se detenga ántes de llegar, no debe lamentarse si no toca al término de la jornada; y el que reciba grados sublimes saltando, tendrá un diploma, mas no será mason.

La segunda demostracion es obvia. No hay sociedad sin leyes. La diversa legislacion, forma la diversidad de los pueblos; y el pueblo masónico, si se ha salvado, lo debe tan solo á su unidad é indivisibilidad en toda la faz del globo. Por esto es que debe ser una é invariable la legislacion masónica.

Ahora bien: la falta de estatutos generales, completos y regularmente ordenados, tanto en las Dos Sicilias, como en otras partes, no ha destruido ciertamente la Órden de los masones; pero ha frustrado muchos de los bienes que de ella debíamos esperar, porque la ignorancia y la arbitrariedad han tenido fuerza de ley en nuestros templos. Espanta ver trazados los desórdenes que el libertinaje y la desmoralizacion han cometido á los mismos rayos del divino Delta,* y esto es lo que me ha hecho resolver á una empresa que exige fuerzas superiores á las mias. Para llevar á cabo mi propósito, no he acudido á consultar los estatutos de los anacoretas del Líbano ó de la Palestina en las orillas del Jordan, ni he registrado los archivos de Edimburgo ó de Upsal en Suecia, en busca de las constituciones allí depositadas por los 81 diputados de los hh.·. Cruzados, que se establecieron en Jerusalen, en la época de las primeras conquistas en Judea. He preferido los estatutos escoceses publicados en Milan en 1806, primero, por ser ménos incompletos y mas auténticos que los otros y medianamente ordenados: segundo, por ser redactados por nuestra Italia, y por pluma italiana sumamente escrupulosa en respetar la primitiva pureza y severidad en la legislacion universal de la Órden.

Presento, pues, al pié de la letra, los estatutos de Milan, de los cuales solo he quitado la anfibología y algunos pleonasmos, disponiendo la materia en artículos. El mas superficial conocimiento en la verdadera y mas antigua Masonería, basta para convencerse de que en ellos ninguna parte ha tenido la imaginacion. He recurrido á los estatutos generales impresos en Edimburgo en el año 1090, cuando no llegaba la Masonería mas allá del grado 14 actual; y á los estatutos particulares de los sublimes grados consistoriales, para aquellas cosas que no deben ignorar los

* Delta es la D griega, en forma de triángulo equilátero, emblema de la eternidad. D, es la inicial de la voz Demiurgos, con la cual en Aténas se indicaba la divinidad creadora. Delta es tambien el nombre del Bajo Egipto, célebre por los Misterios.

talleres de grados inferiores. De vez en cuando he consultado tambien el estatuto de Paris, del cual se hizo en Nápoles en 1808 una estropeada traduccion, á la faz de la monarquía absoluta entónces reinante en estas bellas, respetables y siempre infelices comarcas; estatutos no de la Órden, sino de un G∴ O∴, de quien Murat era la cabeza y el antifilantropismo el objeto. Por fin, me han ayudado las producciones históricas, legislativas ó filosóficas, de cuantos han ilustrado la biblioteca mística de esta célebre Órden.*

Parecerá extraño que yo, á imitacion de los estatutos de Milan, haya hecho en estos algunas comparaciones entre los dos ritos frances y escoces. ¿ Á qué viene esta diversidad de Ritos? ¿ La Masonería francesa se diferencia de la escocesa tan solo en el rito ó tambien en la parte cientifica? ¿ Del amalgamamiento de un antiguo instituto (cuyo curso regular se quiera seguir sin restricciones) con reformas modernas y mutiladas, puede resultar otra cosa que un fruto bastardo? La reforma que en sustancia es un cisma ¿ no debe acaso tener sus leyes particulares? ¿ Qué derecho tienen sus autores de calificarse miembros de una Órden esencialmente una ó invariable? ¿ Qué preferencia tiene el rito frances para con el escoces, dividido en antiguo y aceptado, en el de Edimburgo, de Heredon, de Kilwinning, de York, el rectificado y el iluminismo, &c.,† y para con todos esos cismas que bajo el título especioso de reformas saludables, refluirán siempre en Alemania contra aquella Masonería? ‡

Por lo demas, generalmente en Italia y todavía mas en las Dos Sicilias, jamas se profesó otro rito que el verdadero y antiguo escoceismo, quedando este limitado á algunos pocos corazones á consecuencia de las proscripciones profanas. Apareció la revolucion de Francia y se reanimó entre nosotros la Masonería; mas, imitadores de las ideas políticas de los franceses, debimos serlo tambien del rito masónico que entre ellos entró en boga. Era natural, por otra parte, que llamados nosotros á la insigne profesion del arte real, reconquistase por fin el rito escoces su antigua primacía. El frances, sin embargo, no se ha extinguido y nadie tiene derecho de mandar en las opiniones agenas. Mas no cuidándome de ninguno de tantos otros ritos por mí no conocidos, á fin de que los

---

* Entre otros el Señor de Sainte Croix, Gébélin, Barthélémy &c., y Preston, *Eclaircissements sur la Franc-maçonnerie:* Hutchinson, *Esprit de la Franc-maçonnerie:* Cramer, *societas Rosæ Crucis,* &c.

† Hay quien ha sostenido que Walter, gentilhombre danes, llamada por sobrenombre el Stuard del pueblo, fué el primero que introdujo la Masonería en Escocia. Un descendiente suyo obtuvo el cetro en 1471, despues de la muerte de Marcelino.

‡ Se sabe que la Alemania fué siempre el pais de los cismas, y de las sectas tanto filosóficas como literarias y religiosas.

secuaces del escoces no guarden por ignorancia algo del frances y para que se mantenga entre unos y otros la mas fraternal correspondencia, he creido conveniente presentarles tambien en su provecho mis Estatutos Generales.

Hermano lector: si los estatutos que te presento, contribuyen á hacer cesar el cisma legal que hasta el dia ha atormentado nuestra augusta Órden, mis tareas quedarán suficientemente recompensadas; restará solo combatir el cisma moral, cuyos progresos parece difícil contener. La ambicion que se oculta bajo el velo del celo; y el celo exagerado que se convierte las mas de las veces en ambiciosa obstinacion, son dos enemigos igualmente formidables. ¿ No vemos en el dia tres GG∴ OO∴ disputándose la primacía sobre nuestra Masonería nacional? Uno al cual tengo la honra de pertenecer, fué el primero que se fundó en la capital de las Dos Sicilias, segun el rito escoces. Parecia que la prioridad de fundacion en este y la natural independencia de un rito, padre de todos los demas, el único verdaderamente universal, serian títulos irrecusables. Pero no: hay masones que han declarado otra vez abiertos en la misma capital los trab∴ de aquel G∴ O∴ del rito reformado, que se habia disuelto con los sacudimientos políticos de 1815, pretendiendo apropiarse á la vez el gobierno de las antiguas y modernas log∴ escocesas. Otros, en Palermo, capital de provincia, calificando de cismáticos los dos GG∴ OO∴ de la capital del reino y sin reflexionar que jamas puede existir fuera de ella, han querido crear un tercer Grande Oriente, compuesto de los diputados de las log∴ de aquella provincia! . . . Uno sostiene la ilegitimidad del otro, supliendo muchas veces la falta de razones sólidas con sátiras personales y despreciables. ¿ Es que el vértigo masónico sigue perfectamente el impulso del civil y que la Masonería, instituida para la perfeccion del hombre y para la regeneracion de la especie, en el dia tiende á embrutecer al primero y á sumergir á la otra en los horrores de la anarquía sagrada y profana?

Publicaré, cuando no me lo impida el deber de volar á nuestras fronteras en defensa de la patria horriblemente amenazada, una multitud de ideas que juzgo convenientes á la deseada reparacion. Entre tanto, no estará demas el haber dedicado diversos artículos de los presentes estatutos generales, para dar á conocer los medios legales con que puede, sin profanacion, reinar una fraternal correspondencia entre masones que profesan ritos diferentes y con los cuales se asegura particularmeete al reformado (frances), no del todo extinguido entre nosotros, un régimen idóneo en el seno mismo del G∴ O∴ escoces. ¿ Estos medios, prevenidos en los antiguos códigos de la sabiduría masónica, no conducirán al objeto que se propusieron? Tanto mejor. He cumplido con mi deber. Te saludo tres veces.

ESTATUTOS GENERALES

DE LA

MASONERÍA ESCOCESA.

DE LA MASONERÍA EN GENERAL.

A Órden de libres masones, pertenece á la clase de las Órdenes Caballerescas: tiene por objeto la perfeccion de los hombres.

2. Admite diversos ritos y grados; mas esta diversidad no altera los principios que profesa, ni los medios que adopta, ni el objeto que ella se propone.

3. Los ritos principales son dos: el escoces ó antiguo y el frances ó llámese moderno: que es una reforma del primero.

4. Los caballeros masones de cualquier pais que sean, cualquiera que sea el rito que profesen, son miembros de una grande y sola familia; del mismo modo que es una sola la especie á que pertenecen, uno el globo que habitan y una la naturaleza que contemplan.

5. Los masones ejercen su culto, divididos en sociedades que llevan el nombre de Log∴ Cada una de ellas adopta su título particular, para distinguirse de las demas: el pais en que existe una ó mas Log∴ se llama Oriente.

6. Las Logias de los dos ritos, escoces y frances se convocan y trabajan bajo los auspicios de S. Juan; mas la del rito escoces celebra la memoria de S. Juan Evangelista y la del frances ó moderno, celebra la de S. Juan Bautista. La primera se llama *Log∴ de S. Juan de Escocia;* la segunda *de S. Juan de Jerusalen.*

7. En toda nacion que tiene un gobierno ó lengua propia, hai un G∴ O∴ que se llama Log∴ general ó Log∴ madre. El Grande O∴ tiene el gobierno de todos los masones de la nacion; pero sin apartarse jamas de los estatutos generales de la Órden. Este gobierno tiene correspondencia con todos los G∴ O∴ extranjeros.

8. El G∴ O∴ reside en la capital, en donde está el gobierno político, cualquiera que sea el rito que profese.

9. El Grande Oriente escoces trabaja bajo los auspicios de un Gran Comendador ad vitam, que puede añadir á este título el de Gran Maestro; cuando bajo los auspicios del G∴ O∴ escoces trabajan Log∴ del rito reformado. Se compone de algunos Consejos Superiores, como el del 27, del 32, del 33, y del Soberano Cap∴ General, de la Gran Log∴ Simbólica, y de la Gran Log∴ de Administracion.

10. Las Log∴ particulares pueden tener en su seno un Cap∴ para grados del 4°. al 18; pero los Capítulos toman un título distinctivo diferente del que tienen las Log∴ á que pertenecen.

11. Cada Log∴ y cada Cap∴, nombra un representante al Grande Oriente.

12. Las Log∴ dependen del Grande Oriente, en todo lo que está prescrito en los estatutos particulares de este y en los generales de la Órden.

13. Toda Log∴ de libres masones y todo Cap∴ de cualquiera rito que sea, debe pedir la carta constitutiva al G∴ O∴, como encargado de proveer de cuanto necesiten los cuerpos simbólicos, perfectos y filosóficos.

CUALIDADES Y DEBERES DE LOS LIBRES MASONES.

14. Si el fin de la Institucion es la perfeccion del hombre; es indispensable que el libre mason practique la verdadera moral: que supone el conocimiento y ejercicio de los deberes y de los derechos del hombre. Debe ser justo, humano, sincero, benéfico para con todo el mundo; y en particular buen padre, buen hijo, buen hermano, buen esposo y buen ciudadano.

15. Siendo la mira de la Institucion la perfeccion de toda la especie humana, el libre mason está en el deber de contribuir con su talento y con su fortuna, á la realizacion de tan altos fines.

16. El vínculo de hermandad y los deberes que se derivan de los principios expuestos, exigen que todos los LL∴ MM∴, cualquiera que sea su rito y su nacionalidad, se den entre sí el título de hermanos; y que tanto en Log∴ como fuera de ella, en su conducta práctica y hasta en sus exterioridades, den constantemente pruebas de que cumplen con estos preceptos.

17. Esto no quita que se guarden consideraciones particulares de respeto, para con los hermanos de grandes virtudes, de grados superiores ó que estén revestidos del carácter de dignatarios.

18. El mason libre, mirando como profanos á todos aquellos que no reconoce como hermanos suyos, debe guardarse de revelarles ó de hacerles comprender el menor de los trabajos, de los secretos ó de los misterios del Instituto.

19. La misma cautela debe usar para con los hh∴ no iniciados en su mismo grado.

20. Es considerado como profano el mason irregular, ménos en tiempo y lugar en que la regularizacion sea imposible.

21. El mason libre debe ser ciudadano en la plenitud de sus derechos, de probidad reconocida y de una regular inteligencia. Ninguno podrá admitirse en la Órden ántes de tener la edad prescrita por los estatutos; ni ser admitido ni aun conservado el que haya ejercido oficios ó empleos serviles ó degradantes, ó que haya sufrido pena ó sentencia infamatoria. La expiacion de tal

género de pena, no produce reposicion de derechos para hacer en ningun tiempo parte de la Órden masónica.

FORMA MATERIAL DE UNA LOGIA.

22. Llámase Log∴ el lugar en que los mas∴ se reunen para trabajar.

23. El local de una Log∴ debe, en cuanto sea posible, estar apartado de la curiosidad de los profanos.

24. El local de una Log∴ simbólica, esto es, de los tres primeros grados, se compone por lo ménos de cuatro departamentos; *gabinete ó cuarto de reflexiones; sala de pasos perdidos, ó vestíbulo; templo y cámara del medio.* En el rito escoces, hai ademas *el tribunal.* El lugar del banquete, no puede ser jamas el destinado para el templo.

25. El gabinete ó cuarto de reflexiones, debe estar dispuesto en lugar oportuno y tener las inscripciones y muebles prescritos por el rito.

26. En el vestíbulo, están los armarios para la conservacion de la carta y de los utensilios de la Log∴ relativos á los tres grados simbólicos; pero no los vestidos y decoraciones de los hh∴ que jamas deben salir del local en que está situado el templo.

27. La cámara del medio, estará tapizada ó pintada del color prescrito en el ritual de Maestro y adornada de cuanto en él se indica.

28. El templo, es una sala cuadrilonga: en los cuatro lados se suponen los cuatro puntos cardinales del mundo. La sala no puede tener otra puerta que la de su entrada. Las ventanas no se abrirán jamas, si ofrecen acceso á las miradas profanas: el secreto, es el primer carácter de la Órden.

29. En el templo de los libres masones hai cosas que corresponden exclusivamente al Rito Antiguo, otras al moderno y algunas que son comunes á los dos.

30. Es comun á los dos ritos, 1°., la bóveda azul, sembrada de estrellas y representando al firmamento: 2°., el trono colocado al Oriente, sobre una base de siete escalones: 3°., el baldoquí encarnado ó celeste, sobre el trono: 4°., el altar delante del trono, sobre el cual está un compas, un mallete y una espada de honor: 5°., la puerta de entrada, frente al trono: 6°., las columnas de bronce, formadas segun el modelo prescrito en el catecismo de cada rito y colocadas una de cada lado de la puerta, tanto en la parte interior como en la exterior del templo: 7°., el pavimento mosaico, el cual puede tambien estar pintado en tela, figurando la vista exterior del templo de Salomon: 8°., dos piedras, una tosca ó bruta y otra cúbica: 9°., la estatua de Minerva, la de Hércules y la de Vénus, representando la sabiduría, la fuerza y la belleza: la primera á la derecha del Oriente á poca distancia del trono; la segunda junto al asiento del primer Vigilante y la tercera, junto al del segundo: 10°., tres candelabros, situados á donde están las estatuas: 11°., el asiento de los dignatarios y de algunos oficiales: 12°., la espada, para los usos necesarios.

31. En el rito moderno, una estrella flamígera de cinco puntas sobre el trono, con el sol á la derecha y la luna á la izquierda: el templo está todo rodeado de una cinta que forme ondas: los asientos de los dos vigilantes, están inmediatos á la columna; la biblia, colocada sobre el altar.

32. En el Rito Antiguo, hay sobre el trono el triángulo radiante y una ara pequeña, sobre la cual se coloca una biblia, un compas y una escuadra. El asiento del segundo Vigilante, está situado al mediodía. En la mesa de los vig∴, una columnita de metal.

33. Puede haber otras pinturas, esculturas, adornos y figuras, alusivas al grado en que se trabaje en Logia simbólica y otros útiles ó muebles permitidos por el rito respectivo.

34. El asiento de los vig∴, está sobre tres escalones: el del Orador, sobre dos, el del Secretario y Tesorero, sobre uno. Los otros oficiales, no tienen asientos mas elevados que los de los otros miembros.

35. El tribunal está adornado del modo que corresponda al rito escoces, y en último caso puede suplirse con el ara mencionada en el artículo 32.

PERSONAL DE UNA LOG∴ SIMBÓLICA.

36. Ninguna Log∴ se considera regularmente perfecta, si no tiene siete miembros: tres de los cuales sean á lo ménos maestros.

37. La gerarquía de la Log∴ se compone de tres dignatarios y de tres clases de oficiales.

38. Los tres dignatarios, que se llaman tambien las tres luces ó las tres columnas de la Logia, son el Venerable, el primero y el segundo Vigilante.

39. Son oficiales de primera clase: el Orador, el Secretario y el Tesorero. En caso de necesidad, las atribuciones de los dos y hasta las de los tres, pueden reunirse en un solo individuo.

40. Son oficiales de segunda clase: el Archivero Guarda sellos, el Experto y el Maestro de Ceremonias. Si el Archivero y el Guarda Sellos son dos distintas personas, ambos pertenecen á la segunda clase.

41. Son oficiales de tercera clase: el Arquitecto decorador, el Limosnero ú Hospitalario, el Ecónomo Director de Banquetes, el primero y segundo Diácono, el Porta-Estandarte, el Heraldo ó Porta-Espada, los dos Guarda-Templo, uno interno y otro externo, cinco segundos Expertos para las funciones de tallador, preparador, terrible, sacrificador y censor; un adjunto al Maestro de Ceremonias, para las funciones de Embajador en los Banquetes; y dos adjuntos al Arquitecto, para las funciones de ordenador de banquetes y de Bibliotecario.

42. Las funciones indicadas, pueden unirse ó dividirse, segun el número de hermanos; pero de manera que las funciones de Experto, no se confundan con las de Maestro de Ceremonias, ni estas con las de Arq∴ Con∴

43. Los Diáconos, el Porta-estandarte, el Heraldo y el Sacrificador, son oficios solamente del Rito Escoces.

44. Una Log∴ puede acordar cargos simplemente de honor∴ sea para cierto tiempo ó para siempre, como el de Ven∴ de Honor, Orador de Honor, Experto de honor ú otros semejantes. Los dignatarios y oficiales de honor, no están obligados á ejercer en Log∴ el trabajo correspondiente á su título; pero llevan la decoracion de la dignidad ó cargo de que están revestidos.

45. Los oficiales adjuntos, en ausencia de los principales, entran á ejercer las funciones de estos y toman sus títulos y decoraciones. En ninguna otra circunstancia, llevan distintivos de la dignidad ú oficio que suplen.

46. Hacen tambien parte de la Log∴ los miembros honorarios ó socios libres, los hermanos artistas y los sirvientes: de los cuales hablaremos en su lugar.

47. El Venerable, debe tener, á lo ménos, el grado de Maestro.

48. El Vener∴ es el Presid∴ de la Lógia, convoca las tenidas ord∴ y extraord∴ y dirige los trabajos con la cabeza cubierta. Solo por causa muy urgente podrá convocar para una tenida extraordinaria, debiendo dejar todos los negocios para las ordinarias. En todas las asambleas hará la instruccion del grado en que se trabaja; despues de haber hecho ocupar por hh∴ idóneos los puestos de los oficiales no presentes.

49. En ausencia del Venerable ó si él tardare en presentarse en Log∴, ocupará su lugar el Ex-Ven∴; si falta el Ex-Venerable, le tomará el primer Vigilante y á falta de él, le suplirá el segundo. Cuando falten todos los mencionados, hará de Venerable el primer Experto. El Orador y Secretario, jamas dejan su lugar para tomar otro; á ménos que estando presentes sus adjuntos, puedan reemplazarlos.

50. El suplente del Venerable titular, tiene todos los honores y prerogativas de éste, inclusas las de convocar tenidas extraordinarias. Si negocios particulares obligan al Venerable á ausentarse de la Log∴ ó le impiden concurrir á la asamblea, deberá avisarlo al Secretario: haciendo pasar la llave y los demas objetos que tenga en su poder al que deba reemplazarle.

51. El Venerable guarda en original las patentes constitucionales, los reglamentos y las liturgias. Conserva tambien una de las dos llaves de la puerta del templo; debiendo la otra estar en poder del Presidente del Capítulo. Al renovarse las elecciones de dignatarios, las llaves pasarán á los nuevos funcionarios. No pueden negarse al Maestro de Ceremonias, que las necesita para desempeñar sus funciones. En los dias de asamblea, deben entregarse á los hh∴ sirvientes para que llenen su oficio.

52. Son ademas atribuciones del Venerable: acordar la palabra; dirigir la discusion; nombrar miembros para las diputaciones ó comisiones de cualquier género que ellas sean, señalando sus presidentes; y firmar todas las actas, las comunicaciones y demas deliberaciones de la Log∴.

53. Es miembro nato de toda comision, pero puede excusarse de ella. Si hace parte, no es Presidente de ella de derecho. Él y los dos Vigilantes en ningun caso pueden ir en comision; sino para una Log∴ superior.

54. Solamente él tiene facultad de convocar tenidas extraordinarias y de permitir á otro hermano el convocarlas, aun cuando no esté mandado por la Log∴. Si á un hermano le fuere imposible pedir permiso al Venerable para convocar una tenida extraordinaria, tiene derecho de convocarla, con tal que justifique á la Log∴ la urgencia del motivo que le ha movido á ello.

55. Está en la facultad del Venerable, el poner ó no en discusion las proposiciones hechas por los hh∴; pero no podrá eximirse de ello, cuando el voto de dos terceras partes de los miembros presentes lo exija.

56. Tiene el derecho de cerrar los trabajos, aun en el curso de una discusion, cuando el buen órden, la prudencia ú otro justo motivo, se lo aconseje. No tiene derecho de suspender las tenidas ordinarias, fijadas por los reglamentos particulares.

57. La persona del Venerable, es inviolable y sagrada en su autoridad. Nadie puede censurarla, sin exponerse á la reprobacion de toda la Órden. El hermano que no esté de acuerdo con él, debe hacer sus observaciones con la mayor decencia y compostura.

58. Tiene la facultad de hacer cubrir el templo á cualquiera hermano de la Logia y hasta á un visitador, cuando haya para ello un justo motivo.

59. Propone con claridad los puntos en cuestion, los ordena para su discusion y reasumiendo el resultado de los pareceres expresados, establece la deliberacion.

60. Impone las penas ó multas determinadas en los estatutos, y modifica cualquiera impuesta por la comision de disciplina, : salvo en caso de apelacion á la Log∴ general.

61. Si llega á la Logia despues de empezados los trabajos, el que le suple manda que se reciba con las ceremonias y honores prescritos y al entregarle el mallete, le da cuenta de cuanto se ha hecho ántes.

62. Debe por su parte prestarse con dulzura á los deseos de los hh∴, cuando estos no se oponen á los estatutos generales de la Órden á los particulares de la Log∴ ni á ninguno de los deberes Mason∴: dando siempre á conocer que solo se considera el primero entre sus iguales y que el poder que se le ha confiado es momentáneo. En ningun caso, hará sentir que él es superior á los otros; no olvidando jamas, que si fué escogido para dirigir á los hombres, fué porque se creyó que poseia toda la sabiduría que exige su cargo y que solamente la dulzura y la humanidad, aseguran la armonía: que debe constantemente reinar entre los libres Masones. Nada hará, nada pronunciará, que no sea en nombre de la Log∴ de que es el órgano.

63. Mantendrá en toda su fuerza, la igualdad que debe necesariamente existir entre los hermanos. Jamas perderá de vista, que la sola cualidad de hombre basta al libre Mas∴ para creerse respetable como cualquiera otro. No habrá deferencias mas que para los hermanos que la merezcan, bajo el doble respecto de la moral y de los conocimientos Mas∴. No permitirá, que un hermano se prevalga de su posicion civil, para humillar á otro que no tenga en el mundo profano el rango de aquel.

64. El Venerable, conociendo que alguno de los hh∴ no puede cumplir con el pago de cualquiera quota, tendrá cuidado de impedir secretamente la entrega y si estuviese ya pagada la retirará del Tesoro para restituirla al hermano que la pagó, dejando al Tesorero el aviso de haber retirado la quota de que se trata, por un motivo que su sabiduría no le permite descubrir. Si un Venerable ó un Mason cualquiera que sea, revelase el haber eximido á algun hermano del pago de su quota, perderá el título de Mason y se dará parte de ello á todas las Log∴, para que no se le permita la entrada en sus Templos.

65. El Venerable tendrá particular cuidado en impedir las intrigas, y destruir los complots que se formen en el seno de la familia de que es cabeza. Cuando él solo no pueda salir bien, excitará la precaucion de la Log∴ y se hará siempre mediador de las diferencias que se levanten entre los hermanos, ya en la Masonería, ya fuera de ella. Impondrá silencio á las proposiciones equívocas y no permitirá que queden impunes las que se hagan indirectamente contra la reputacion de un hermano.

66. Tiene la preferencia para hacer proposiciones; pero jamas hará en alta voz las que deban proponerse por medio de planchas. Tambien será el primero en hacer observaciones á la moción de otro. Sin embargo, no debe sin una fuerte razon interrumpir á los hh∴ que hagan uso de la palabra que se les ha otorgado, ni manifestar impaciencia.

67. Cuando resulte empatada una votacion, el Venerable tiene el derecho de hacer inclinar la deliberacion á la parte que le parezca mas justa. En cualquier otro caso, no tiene mas que un voto, lo mismo que los demas hh∴.

68. El Venerable no puede por ninguna razon, negarse á suscribir las deliberaciones de la Log∴ bajo su presidencia, so pena de que se le suspenda y hasta de ser depuesto, segun lo exija el caso.

69. En las dudas, el Venerable debe consultar principalmente al Ex-Venerable y tomar en consideracion su parecer.

70. El Venerable vela sobre los hermanos, no solamente en la Logia, sino tambien en la sociedad civil. Cuando sepa que alguno de ellos lleva una vida reprensible, está obligado á procurar con secreto y cariño, volverle á la senda de la sabiduría.

71. El Venerable que se reconozca de alguna manera culpable, debe saberse castigar con mas rigor del que debiera emplear con otro que hubiese cometido la misma falta. Es sabido que el ejemplo, es el medio mas eficaz para la conservacion del buen órden.

72. El cargo de Venerable, puede confirmarse ó reiterarse por tres años. Pasado el trienio, es preciso que otro lo desempeñe.

DEL EX-VENERABLE.

73. El Venerable que, por efecto de nueva eleccion cesa en su dignidad, conserva por dos años el título de ex-Venerable.

74. Durante este bienio, no se le puede destinar á otra dignidad ú oficio; á ménos que la falta de hh∴, así lo exija. En tal caso, ocupará si quisiere un cargo no inferior al de Hospitalario, salvando siempre sus derechos de ex-Venerable. Si hai dos ex-Venerables, el superior en grado ó el mas antiguo en el mismo, hará las recepciones. Tomará el primer mallete, el que tenga el derecho de tomarlo en ausencia del Venerable.

75. El ex-Venerable, se sienta á la derecha del Venerable, en cuya ausencia tiene, primero que todos los otros miembros de la Logia, el derecho de convocar tenidas ordinarias y de presidir y dirigir los trabajos.

76. El Venerable, consulta con preferencia al ex-Venerable en sus dudas, que es considerado en Log∴ por el primer dignatario despues del Venerable.

77. El ex-Venerable tiene el derecho de hablar sin haber ántes pedido la palabra, procurando no abusar de este derecho. Hará cumplir los reglamentes extrictamente y jamas permitirá que sean ni ligeramente atacados.

78. En las acusaciones graves contra un hermano, el ex-Venerable podrá ser encargado de la defensa.

79. Para conservar la cualidad y prerogativas de ex-Venerable, debe haber sido á lo ménos un año Venerable y haber cesado de serlo por motivos conocidos como justos y admitidos como tales por la Log∴

80. Despues de pasados dos años, el ex-Venerable volverá á entrar en la clase de simple hermano; á menos que se elegido otra vez Venerable ó destinado á otra dignidad ú oficio.

DE LOS VIGILANTES.

81. Los Vigilantes deben ser á lo ménos Maestros. Cuidan de que el templo esté siempre á cubierto de la indiscrecion de los profanos y advierten al Venerable las faltas de los hh∴; pero siempre de una manera decorosa.

82. El primer vigilante, no puede jamas ejercer las funciones del segundo.

83. Los vig∴, tienen en Log∴ la primera autoridad despues del Venerable, y son preferidos para tomar la palabra; pero se guardarán de hacer uso de este derecho para interrumpir el discurso de otro hermano cualquiera. Dan ellos, sin embargo el ejemplo de la subordinacion al Venerable, cuyas funciones llenarán, cuando no esté presente y falte tambien el ex-Venerable. En las recepciones, este es preferido para hacerlas; á ménos que alguno de los vig∴ haya sido venerable en propiedad.

84. Los vigilantes, anuncian en sus respectivas columnas los trabajos propuestos por el Venerable: participan lo que se hace dentro y fuera de la Logia: mantienen el silencio, la decencia, la exactitud y la uniformidad en los trabajos: y avisan al Vener∴ cuando un h∴ pide la palabra: tienen derecho de pedir gracia para los hh∴ que hayan incurrido en alguna de aquellas penas, cuya imposicion por los reglamentos corresponde al Venerable: reclaman la atencion de los Maestros de Ceremonias, para que se rindan los honores debidos á los hh∴ de la Logia y á los extraños, segun su grado: y son los primeros que se instruyen de cuanto pase fuera del templo ó dan las órdenes necesarias, segun las circunstancias.

85. Llaman al órden á aquellos hh∴ que haciendo uso de la palabra, se separen del objeto de la cuestion con observaciones extrañas, en términos ó con maneras no masónicas.

86. Dan permiso á los hh∴ para cubrir el templo y para volver á entrar ántes de media noche.

87. No pueden abondonar su puesto sin licencia del Venerable y sin ser inmediatamente reemplazados.

88. Solamente al Venerable corresponde el corregir y llamar al órden á los vigilantes que cometan una falta durante los trabajos.

89. Si un Vigilante llega á la Log∴ despues de principiados los trabajos, todos los hh∴ invitados por el Venerable se pondrán de pié y al órden.

DEL ORADOR.

90. El Orador, es el primero entre los oficiales de primera clase y debe tener á lo ménos, el grado de Maestro: salvo cuando la Log∴ todavía no esté provista de miembros suficientes. El cargo de Orador, exige que se confiera á persona que tenga el don de la palabra y que sea de espíritu justo, perspicaz é imparcial, porque la Log∴ casi siempre fija la opinion segun su conclusion.

91. El Orador, mantiene la observancia de los estatutos de la Órden y la de

los reglamentos particulares de la Log∴, y en las tenidas debe tener unos y otros delante; para exigir su ejecucion si alguno intentáre violarlos.

92. Cuando el Secretario lea la plancha de los trabajos de la última tenida, el Orador tiene á la vista la minuta para compararla con la redactada por aquel y encontrándola conforme, le pone su firma, consignándola al Archivero.

93. Tiene la facultad de interrumpir la lectura de cualquiera plancha arquitectónica, no trazada segun el espiritu del arte real. Si algun hermano ó hermanos traspasasen los límites de la decencia, podrá pedir la clausura de los trabajos. El Orador es el intérprete de la Log∴. En ningun caso podrá negar su *visto bueno*, ó su firma en escritos trazados por mandato de la Logia.

94. Puede pedir la palabra para ilustrar la cuestion y hacer observaciones, reservándose su última conclusion.

95. El Venerable, pareciéndole suficientemente discutida una mocion, pedirá su conclusion al Orador, el cual, reasume las opiniones, presenta la cuestion bajo el aspecto mas claro y emite su voto, que se llama conclusion : esto se dirige siempre al bien de la Mas∴ en general ó de la Log∴ en particular, en preferencia del bien individual de los hermanos. Analiza las diversas proposiciones y observaciones, concilia lo mejor que pueda los pareceres y reduce el resultado á dos ó tres puntos de vista, de manera que la Log∴ pueda fijarse con seguro criterio en la parte mas oportuna. No usará de palabras ásperas, ni personalidades y prescinde del lenguaje retórico, para no atenerse mas que al fondo del objeto.

96. Emitida la conclusion á nadie le es lícito tomar la palabra sobre el asunto : no quedando á los hh∴ mas libertad que la de votar en favor ó contra de la mocion discutida.

97. El Orador debe dar siempre su conclusion en cualquier informe ó trabajo de las comisiones. En este caso, está en su facultad retener dicho informe para presentarlo en la próxima tenida, acompañado de su conclusion verbal ó escrita.

98. Si la materia en discusion no está todavía bien explanada y clara, el Orador puede pedir que se vuelva á proponer á los hh∴; y que les quede de nuevo libre la palabra, para luego dar á tiempo su conclusion final.

99. El Venerable pone finalmente en votacion, no la conclusion del Orador, sino la mocion primitiva sobre la cual ha recaido la conclusion. Pero si la conclusion, sin excluir enteramente la mocion, sufre un cambiamiento, se volverán á pedir los votos de los hh∴ ó por la mocion cual se hizo ó por el cambio total ó por la modificacion hecha por el Orador.

100. En las iniciaciones á cualquiera de los grados y en particular al primero, el Orador pronuncia discursos análogos para la instruccion de los neófitos en los deberes anexos á la cualidad mason∴ de que acaban de revestirse. Á este efecto, el Secretario está obligado á prevenirle á lo mènos con tres dias de anticipacion.

101. El Orador debe derramar las flores de la elocuencia sobre la tumba de los hermanos que mueran, haciendo un elogio de todas las virtudes que en vida le hayan adornado.

102. En toda fiesta de la Órden, el Orador pronuncia un discurso desenvolviendo algun interesante argumento masónico y traza un cuadro de cuanto se ha hecho en Log∴ desde la última fiesta celebrada, hasta la que se celebra. A este efecto el Archivero y el Secretario, le consignan todas las planchas que ocurran. Su discurso queda depositado en el archivo.

103. Si se mandase copia fuera de la Log∴ de cualquiera pieza notable de arquitectura, puede el Orador examinarla y hacerlo, si se le encarga expresamente.

104. Debe tambien pasársele, para que la revise ántes de depositarla en el archivo, cualquiera pieza de arquitectura que un hermano presente á la Log∴.

105. La censura del Orador, se limita en todos los casos á examinar si el trabajo se ha hecho segun las reglas y principios y en el lenguaje del arte masónico.

106. Si los autores no quieren adoptar las correcciones del Orador, podrá nombrarse una comision á solicitud de éste ó de aquellos, para que examine el trabajo de acuerdo con todos.

107. En ausencia del Orador, ejerce sus funciones el adjunto. Si el titular se presentare, estando pendiente una discusion, seguirá el adjunto hasta que haya dado su conclusion.

108. El lugar del Orador, en el rito escoces, es á la cabeza de la columna del primer Vigilante, esto es, de la columna del Norte á poca distancia del trono. En el rito moderno está en el lugar opuesto. Su asiento está sobre dos gradas, mas altas que el nivel de las columnas.

DEL SECRETARIO.

109. El Secretario, como todos los demas oficiales, debe ser Maestro, salvo el caso visto en el artículo 90; pero jamas podrá ejercer sus funciones en una Log∴ en que se trabaje en grado superior al suyo. Su cargo es tanto mas delicado, cuanto que tiene en su poder todos los papeles, registros y demas documentos de la Logia.

110. Todos los papeles, registros y demas documentos, deberán guardarse en un armario colocado en la cámara que precede al templo. Solamente el libro de actas podrá estar en su poder, para en él, en su tiempo desocupado, copiar lor trabajos pendientes.

111. El Secretario no puede escribir, ni extender comunicacion alguna; á no ser por órden de la Log∴, sin exceptuar las planchas de convocatorias ordinarias, en las cuales debe expresar el objeto. Si son para iniciacion, tendrá el cuidado de prevenirlo al Orad∴, á lo ménos con tres dias de anticipacion á fin de que este se prepare debidamente. Jamas se convocarán asambleas extraordinarias; á no ser por disposicion del que tiene derecho de convocarlas. La órden debe ser por escrito, para que en todo caso sirva de justificativo.

112. El Secretario que se olvide de convocar algun hermano, será castigado la primera vez con una multa: y la segunda, con la suspension ó una pena mayor segun las circunstancias.

113. Para las comunicaciones y demas escritos que deban proceder de la

Log∴, no usará papel que no tenga el timbre correspondiente y finalmente, no lo firmará sino por órden de la Log∴ ó del Venerable. Sin la última formalidad, su firma es irregular. Si se tratase de correspondencias con otros Log∴ ó con LL∴ ó MM∴ extranjeros, son necesarias tambien las firmas de las tres luces, la del Orador y la del Guardasellos.

114. Siempre que reciba planchas ú otros escritos dirigidos á la Log∴, debe notificarlo al Ven∴ dentro de veinte y cuatro horas ó á su lugarteniente, si aquel está ausente. Si el pliego cerrado va dirigido á la Log∴, no puede abrirlo sin autorizacion escrita, so pena de destitucion.

115. Cuando se nombren comisiones ó diputaciones, el Secretario está obligado á participar á cada miembro el nombre de sus cólegas, el del Presidente que se nombre, el objeto de la comision y el tiempo y lugar en que deban reunirse.

116. El Secretario forma las minutas de todos los trabajos de Log∴, sin exceptuar ninguno. Si ha tenido lugar alguna discusion, está en la obligacion de señalar la primera mocion, el sumario de las observaciones, la conclusion del Orador, como se haya votado, el número de votantes y el resultado final.

117. Al concluir los trabajos, lee el Secretario en alta voz el borrador y hace en él las correcciones que se juzguen necesarias. Leido y corregido el borrador, lo firman el Venerable y el Orador.

118. En la siguiente tenida, el Secretario lee la plancha de los precedentes trabajos, escrita en el libro correspondiente. La redaccion del acta empieza. *A∴ L∴ G∴ D∴ G∴ A∴ D∴ U∴ en nombre de San Juan de . . . y bajo los auspicios del G∴ O∴ de . . . hoi . . . (fecha mas∴ y vulgar) la R∴ L∴ bajo el título distintivo de . . . al O∴ de . . . se han reunido regularmente por convocatoria ordinaria (ó extraordinaria) bajo el punto geométrico conocido solamente de los hijos de la viuda. . . .* (Aquí el nombre de los dignatarios y oficiales titulares que estuvieron presentes ó el de sus suplentes, con los de todos los hh∴ que hubieren asistido á la asamblea.) *Luego el Venerable, despues de haberse cerciorado de la seguridad del templo, abrió los trabajos en el grado. . . . .* (Aquí la exposicion de los trabajos. Se principia por mencionar la lectura hecha de la plancha de los últimos trabajos y la aprobacion de la Logia; luego la conclusion del Orador. En seguida se habla de las pesquisas practicadas por el Experto en la sala de pasos perdidos, de los visitadores hallados, de las precauciones tomadas para asegurarse de su cualidad mas∴ y de los honores que se les hubieren hecho. Siguen los trabajos de recepcion si los hubiere habido, circulacion del saco de propos∴ indicando su resultado, discusiones, escrutinios, bolsa de beneficencia, mociones en bien general de la Ór∴ ó de la Log∴ en particular, llamamiento de hh∴, mencion de los que faltaron sin justa causa, catecismo, &c.) Siempre que se escriba una deliberacion ó acuerdo, el período concluye así: *Deliberado en Log∴ (por unanimidad ó mayoria de votos) medio dia en punto.* La plancha acaba con estas palabras: *El Venerable, pagados y despedidos contentos los obreros, previa la invocacion y batería de costumbre, cerró los trabajos á media noche en punto.* La plancha, oida la conclusion del Orador y con la sancion de la Log∴, se firma por las

tres luces, lo mismo que por el Orador y por el Secretario ó bien por los hh∴ que ejercieron las funciones de tales.

119. Toda alteracion en el borrador ó en la plancha redactada, es falta que merece pena.

120. En la tenida que sigue inmediatamente á aquella en que la Log∴ ha elegido á sus dignatarios y oficiales, el Secretario presenta un triple catálogo de los miembros, con indicacion del nombre, apellido, edad, cualidad civil y mas∴, patria, domicilio, y época en que ha recibido su último grado. De las tres copias, firmadas por todos los hermanos, una se fija en el vestíbulo del templo, otra queda en poder del Secretario y la tercera, se envia al G∴ O∴

121. Las variaciones que ocurran en el discurso del año, se participarán al G∴ O∴ por medio del Secretario de la Log∴

122. En la última tenida de cada semestre, el Secretario presenta por duplicado, un estado de todas las actas y piezas arquitectónicas que hayan tenido lugar en la Log∴ en todo el semestre que va á terminar. Él, las tres luces y el Orador, firman el contenido. Una de las dos copias se archiva, la otra queda en su poder para consignarla á su sucesor.

123. Las actas de tenidas se transcriben en un libro con este epígrafe: Registro de los trabajos de la R∴ L∴ de . . . ., para el año de la V∴ L∴ Debe tenerse un registro, por el mismo estilo, para cada grado simbólico. Estos libros serán foliados y refrendados por el Venerable: en la primera página está el número de páginas de todo el libro foliado y refrendado por él. Sin esta formalidad, ningun libro de trabajos mas∴ hace fé. Estos registros se renuevan todos los años, cuando tienen lugar las elecciones de nuevos dignatarios y oficiales.

124. El Secretario, guarda tambien el libro de la Sabiduría, en el cual, están escritos los estatutos de la Órden, los reglamentos de la Log∴ y todas las decisiones de dogma y máximas del G∴ O∴ y de la misma Log∴

125. Cuando deba haber un banquete, el Secretario se asegura del número de hermanos contribuyentes, dando noticia de ello al director de Banquetes.

126. El Secretario tiene cuidado de hacer leer á los neófitos, los estatutos generales de la Órden y los reglamentos de la Log∴

127. El Secretario que debiere ausentarse, ó por otro motivo no pudiere llenar las funciones de su empleo, informará de ello al Venerable, pidiendo se le reemplace cuando no haya un sustituto ó adjunto ya nombrado.

128. Despues de admitida la dimision que de su destino haga un Secretario, solo se podrán hacerle cargos, resultando haber ocultado algun documento ó plancha de la cual no hubiese la Log∴ tenido conocimiento anteriormente.

129. El Secretario, al separarse de sus funciones, debe entregar cosidos y empaginados, todos los papeles sueltos.

130. Puede haber un Secret∴ adjunto, pero no ayuda al titular; sino fuera del local ó cuando haya de hacer en Log∴ las funciones de este.

131. En todos los ritos, el Secretario se sienta frente del Orador y el adjunto á su lado.

132. Tanto el Secretario, como su adjunto, tienen una competente gratificacion pecuniaria mensual de los fondos de la Log∴

DEL TESORERO.

133. El Tesorero tiene en depósito todos los fondos de la Log∴ cualesquiera que ellos sean, á excepcion de los correspondientes al saco de beneficencia.

134. Con ellos paga todos los gastos autorizados por la Log∴ y siempre con órden de la comision de hacienda; ménos en los casos en que por estos Estatutos se autoriza el pago con la órden del Venerable solo. Del mismo modo hará todos los exhibos que ocurran á los ecónomos, á los Directores de Banquete, á los decoradores y hospitalarios, si se trata de un h∴ enfermo y al Limosnero á título de préstamo, si se trata de profanos dignos de pronto socorro.

135. Tiene un registro de entrada y otro de salida, empaginado y refrendado, en el cual se explica el motivo de la entrada y el de la salida, la suma, la fecha del dia en que ha recibido ó pagado, y el nombre de quien lo ha recibido ó exhibido. Conserva las órdenes de cuanto haya salido, para su comprobante.

136. El Tesorero no pone su firma á ningun certificato, diploma ú otro escrito de pago, sin haber ántes puesto en caja la cantidad ó cuota que debe en este caso el h∴ de quien se trata. Se opone á las iniciaciones y aumento de salario, cuando no esten cubiertos los intereses de la familia. Lo hecho contra lo dispuesto en este artículo, trae la responsabilidad personal del Tesorero.

137. A cualquiera peticion de la comision de hacienda ó de la Log∴, debe presentar su contabilidad y fondos de la caja, se pena de destitucion. Mas siempre está obligado á presentar sus cuentas y hacerlas poner el *visto* de la comision dos veces al año, en los primeros quince dias de Junio y de Diciembre.

138. El Tesorero, en los dos ritos se sienta en Log∴ junto al Orador y puede tener frente de él una mesita.

DEL ARCHIVERO.

139. Toda Log∴ tiene un archivo confiado á uno de sus miembros, que cuando ménos debe ser Maestro, pudiendo el nombramiento recaer en uno de los Vigilantes si no hubiere otro. Este cargo puede unirse con el de Secretario y de Guarda-sellos.

140. El archivo se tiene siempre en el local del templo. En él están depositados todos los escritos y piezas de arquitectura que pertenezcan á la Log∴ Ningun papel se pondrá en él, sin estar ántes reconocido por la Log∴, y ninguno podrá extraerlos sino despues que se haya acordado por la misma.

141. Nada de lo que está en el acrhivo puede manifestarse, sino á los hh∴ que por los estatutos y por su grado, tienen derecho á pedir copia ó noticias.

142. El Venerable y el Orador, tienen facultades para hacerse consignar por el Archivero, con un simple recibo y sin otra autorizacion, aquellos papeles que ellos puedan necesitar para usos de la Log∴

143. Todo lo perteneciente al archivo debe ser clasificado é inventariado

con exactitud. Á mas del inventario, el h∴ Archivero tiene un registro de todos los actos de beneficencia, los discursos, las poesias, &c.

144. En Log∴ el Archivero se sienta al lado del Secretario ó de su adjunto.

DEL GUARDA-SELLOS.

145. Toda Log∴ tiene un sello llamado de humo y otro de lacre. Pueden ser de un mismo tamaño ó el uno mas pequeño que el otro. Ambos representan las armas ó figuras alusivas al título distintivo tomado por la Log∴ y á los tres grados simbólicos. Tienen tambien la inscripcion del título de la Log∴ y del año masónico de su fundacion.

146. Estos sellos están confiados al h∴ Guarda-sellos, quien los tendrá siempre á la disposicion de la Log∴ Deben guardarse en uno de los armarios del vestíbulo del templo, sin poderse trasladar á otra parte.

147. Está prohibido el poner sellos en ninguna plancha sin estar ántes suscrita por las tres luces, por el Oradar y por el Tesor∴ de la Log∴, y refrendada por el Sec∴ con la nota de *por órden*. Al pié del sello, el oficial depositario añade: *sellado y rubricado por Nos Guarda-sellos, de esta R∴ L∴*. Tomará nota de todos los documentos que selle, indicando la fecha.

148. El Guarda-sellos en ámbos ritos, se sienta junto al Archivero y puede tener al frente una mesita, sobre la cual estén durante los trabajos, los sellos y demas insignias de la Log∴, que tenga á su cargo.

DE LOS EXPERTOS.

149. En las Log∴ de muchos miembros, tanto en el rito escoces, como en el frances, puede haber siete expertos, esto es, un Experto propiamente dicho, y seis expertos adjuntos que se llaman tambien segundos expertos. Estos, cuyas funciones todas ó en parte pueden encargarse á un solo individuo en caso de necesidad, tomarán la distinta denominacion de Tejador, Preparador, Terrible, Sacrificador, Censor y Guarda-templo.

150. Todos estos expertos ejercen sus funciones tanto dentro como fuera de la Log∴ siempre que los invite el Venerable y hacen las veces ó funciones de los dignatarios y de los oficiales no presentes.

DEL EXPERTO.

151. El Experto está especialmente encargado de celar por la exactitud en el traje y decoraciones masónicas, segun los grados y empleos de cada h∴ En la apertura de los trabajos procura que no se presente ningun visitador ni h∴ de la Log∴, de grado inferior al en que se abren los trabajos.

152. En la Log∴ del rito escoces, el primer Experto se sienta al pié del trono de espaldas al Orador y sus adjuntos, ménos el Guarda-templo, le suceden en línea: en Log∴ del rito frances (ó reformado), todos los expertos se sientan despues del Guarda-sellos.

DEL TEJADOR.

153. Dícese Tejador, el Experto que por medio de signos, palabras y tocamientos, se asegura de la cualidad masónica de los visitadores. Debe por

tanto escogerse entre los hh∴ mas instruidos en los dos ritos, y revestidos de altos grados, para poder evitar toda sorpresa de los visitadores que se atribuyan grados sublimes. Lleva y entrega los diplomas de los visitadores al Venerable, á quien instruye de cuanto haya y cuyas órdenes espera.

154. El Tejador que vea un visitador en traje ó decoraciones correspondientes á grados superiores al que resulta tener, debe advertírselo para evitar toda irregularidad; y si le halla olvidado de los medios externos de que se valen los mas∴ para reconocerse entre sí, debe avisarlo á la Logia para que delibere.

DEL PREPARADOR.

155. El Experto Preparador conduce á los iniciandos con la debida cautela, al cuarto de reflexiones, los prepara en términos generales para la carrera que van á emprender, dispone su espíritu á meditar sobre los objetos que los rodean, les entrega las preguntas segun el rito, se lleva sus respuestas escritas y firmadas por ellos y las presenta á la Log∴

156. Cuando manda el Venerable que se proceda á la iniciacion, el Preparador vuelve y despoja al iniciando de todo metal, procurando no sufra pérdida alguna y luego le dispone en la forma prescrita por el rito, para presentarlo en la puerta del templo.

157. Al entrar en el Templo, el Preparador entrega el iniciando al h∴ Terrible en Log∴ escocesa, ó á los dos vigilantes si es Log∴ reformada; luego con su asistencia los ayuda á los viajes.

158. El Preparador se sienta en Log∴, á la derecha del segundo Vigilante.

DEL TERRIBLE.

159. Llámase Terrible aquel h∴ en cuyas manos el Preparador ó los vigilantes (segun sea el rito), abandonan al iniciando despues de la entrada al templo. No lo deja ya mas hasta que se le da la luz. Él es quien lo guia en los viajes, lo presenta al tribunal, le quita la venda, lo vuelve á conducir al vestíbulo, le hace tomar su vestido, le restituye sus metales de que le habia despojado, lo vuelve á llevar al templo y lo entrega á los maestros de ceremonias al tiempo de la proclamacion.

160. El Terrible conviene con el Venerable, en el número y cualidad de pruebas que han de sufrir los iniciandos y dispone las máquinas é instrumentos necesarios al efecto.

161. El lugar del h∴ Terrible en Log∴, en ámbos ritos, es á poca distancia del Guarda-templo.

DEL SACRIFICADOR.

162. El Sacrificador ejerce con el iniciando vendado, todo lo que tiene relacion con las pruebas y viajes. Tambien se sienta de Gran Juez en el tribunal, para recibir en él su juramento.

163. Se llaman tambien sacrificadores, los hh∴ destinados á producir en el iniciando las ilusiones necesarias, tanto en el tribunal como en el lugar llamado de los suplicios, cuando haya local suficiente para este otro trabajo del rito antiguo y moderno.

DEL CENSOR.

164. En los escrutinios, el Censor cuenta los votantes, distribuye los bolas, ó billetes, recoge los votos, los vacia del saco en el ara delante del Venerable y asiste al reconocimiento del escrutinio.

165. Si el número de votos no corresponde al de los votantes, el Censor debe volver á empezar el escrutinio, salvo en el caso de los iniciados de quienes se tratará en seguida.

166. Los visitadores tienen solamente voto, cuando se trata de la admision de un profano ó de materias relativas al bien general de la Órden, pero siempre con tal que profesen el rito en que se trabaja en la Log∴ en que se encuentran.

167. Despues del escrutinio, el Censor recoge las bolas que queden en manos de los votantes.

168. El Censor circula el saco de proposiciones.

DEL GUARDA-TEMPLO.

169. En las Log∴ bien arregladas hay dos Guarda-templos, que algunos llaman cubridores. Uno está fuera de la puerta del templo y se destina á ello al h∴ últimamente recibido, el cual armado de la espada, mantiene separados de la puerta á los hh∴ que quieran entrar, hasta que despues de haber llamado masónicamente y avisado su llegada al Guarda-templo interior, se haya contestado segun él rito. El otro está dentro, el cual debe tambien estar armado de espada y ser Maestro, cuando las circunstancias y el número de hh∴ lo permitan. De los dos Guarda-templos, el interior, pero jamas el exterior, usa el traje y decoracion de su grado.

170. Cuando se presenta á las puertas un Prof∴ para ser iniciado, el Guarda-templo exterior, llama apresuradamente y entra al templo gritando que la seguridad del templo está amenazada.

171. En el caso indicado en el artículo precedente, el Guarda-templo interior, despues de haberse el otro refugiado en el templo, vuelve á cerrar la puerta con estrépito y repite en alta voz el anuncio del Guarda-templo exterior. Cada vez que abre para las preguntas de rito, despues de recibida la respuesta, vuelve á cerrar con fuerza con llave ó cerrojo y hace los anuncios del modo indicado.

172. El Guarda-templo interior tiene siempre cerrada la puerta con llave ó cerrojo y cuando ocurra el abrirla, debe al momento cerrarla de nuevo.

173. Si se llama masónicamente, lo avisa al segundo Vig∴ en voz baja, si es del rito reformado; pero si es del antiguo, lo avisa al primero y éste pasa el aviso al Venerable.

174. Concedida la entrada á algun h∴ de la Log∴, él no le dejará pasar si no está masónicamente vestido y sin recibir ántes la palabra de pase del grado en que se está trabajando.

175. Si la Log∴ está ocupada en trabajos que exijan silencio y atencion, y oye llamar afuera, contesta con un solo golpe para avisar que en aquel momento no puede abrir la puerta. Solamente los MM∴ del grado 31, 32 y 33, tienen el derecho de entrar en cualquiera ocasion v no se seguirán los trabajos

interrumpidos, hasta despues de haber ellos entrado, de haberlos conducido á sus lugares y cumplimentádolos.

176. Ningun Guarda-templo puede abandonar su puesto, hasta tanto que los trabajos de la Log∴ queden cerrados.

DE LOS MAESTROS DE CEREMONIAS.

177. En las Log∴ de los dos ritos, hay un primer Maestro de Ceremonias que puede tener sus adjuntos. Uno y otros, en el ejercicio de sus funciones úsan el traje correspondiente.

178. El primer M∴ de Ceremonias de una Log∴ Escocesa, se sienta con la espalda al asiento del Secretario. Sus adjuntos le suceden en la misma línea. En el rito reformado, se sienta entre las dos columnas al lado del primer Vigilante. En los banquetes de ámbos ritos, se sienta frente al Venerable; pero fuera de la herradura de caballo, esto es, á la mayor distancia posible de la mesa.

179. Los MM∴ de Ceremonias adjuntos, cuidan de que cada h∴ ocupe el lugar prescrito á los respectivos grados, dignidad y oficio. A este efecto están provistos del catálogo de hh∴ con las debidas aclaraciones. Les es permitido llamar por lista nominal á los hermanos en todas las tenidas y en esto son preferidos al Secretario. Hacen las veces de los Expertos en ausencia de ellos. Introducen á los visitadores que hayan sido reconocidos ya en el vestíbulo por el hermano Experto. Acompañan á los dignatarios y oficiales en su instalacion, lo mismo que á los neófitos en su recepcion. En una palabra, cumplen y hacen cumplir con todo el ceremonial Masónico é informan al Venerable de cualquiera falta que noten en él.

180. Los MM∴ de Ceremonias indican al primer Arquitecto y al Decorador, todas las decoraciones, utensilios, iluminaciones, y demas necesario al local, segun los diversos grados de trabajo ordinario. Tienen el mismo cuidado en las fiestas del Órden y en las ceremonias fúnebres que ocurran.

181. A la clase de MM∴ de Ceremonias pertenecen los Diáconos, los Porta-estandartes y los Heraldos, oficiales que solamente reconoce el Rito Escoces.

DE LOS DIÁCONOS.

182. En el Rito Escoces hay dos Diáconos, el primero se sienta á la derecha del Venerable, y el segundo á la derecha del primer Vigilante. En los banquetes el primer Diácono se sienta en frente del Venerable, en la parte cóncava de la herradura de caballo.

183. En las fiestas, ámbos Diáconos asisten y acompañan al Venerable, de cualquier modo y á cualquier lugar que él crea conveniente ir. En el recibimiento de visitadores de grados sublimes, practican cunanto se prescribirá en los presentes Estatutos.

DEL PORTA-ESTANDARTE.

184. En las Log∴ Escocesas, durante los trabajos en los tres grados simbólicos, está enarbolado un estandarte á la derecha del trono. Puede tambien tenerse en los banquetes de obligacion, con tal que esté bajo la custodia del

Porta-estandarte, cuyo grado Masónico jamas debe ser inferior á aquel en que la Log∴ trabaje.

185. El estandarte es de seda del color de la cinta ó decoracion de los hh∴ de la Gr∴ Log∴ En el medio está bordado el título de la Log∴, y enriquecido arbitrariamente. El asta ó lanza, es de color de fuego.

186. Siempre que el Venerable haya de moverse para llenar las ceremonias de una fiesta ó de un recibimiento, el h∴ Porta-estandarte deberá precederle llevando elevado el estandarte.

DEL HERALDO.

187. El Heraldo ó Porta-espada, no tiene otra atribucion que la de estar á la izquierda del Venerable, cuando con ocasion de las fiestas ó recibimientos solemnes, haya de desplegar toda la magnificencia de su dignidad. Entónces el Heraldo toma de la mano del mismo Venerable la espada de honor ántes de bajar del trono, y le acompaña á donde quiera que vaya. Despues de haber vuelto á subir el Venerable al trono, el Heraldo le entrega la espada, que se vuelve á poner sobre el ara.

DEL PRIMER ARQUITECTO.

188. El primer Arquitecto ha de ocurrir con su parecer y con su firma, á todos los contratos que la Log∴ haya de hacer por objetos relativos al local, y á cualquiera otra cosa para su servicio ó comodidad. Propone los diseños de todas las operaciones mecánicas que deban hacerse, dirige las obras, asegura su exactitud, &c.

189. Hay otros segundos Arquitectos ó adjuntos al primero, el Arquitecto Revisor, el Intendente Decorador, el Ecónomo y el Director de Banquetes. Estas atribuciones pueden encargarse á uno solo.

190. En el Rito Escoces el puesto del primer Arquitecto y de sus adjuntos en Log∴, es en la línea de los MM∴ de Ceremonias, esto es, de la columna del Sur.

DEL ARQUITECTO REVISOR.

191. El Arquitecto Revisor es un oficial encargado de repasar y liquidar toda la contabilidad de la Log∴ Somete sus operaciones á la comision de hacienda, de la cual es miembro nato. En todas las tenidas de familia presenta al Venerable la nota de los hh∴ deudores á la Log∴, explicando el motivo de la deuda y la suma. Se consulta en Lógia, siempre que se trate de administracion ó del tesoro. Sus otras atribuciones se verán circunstanciadas, al tratarse del órden administrativo.

DEL INTENDENTE DECORADOR.

192. Corresponde al h∴ Intendente decorador el correr con las decoraciones, y demas muebles del templo y de la sala de banquetes, la cualidad y número de estrellas correspondientes, segun lo prescrito por los rituales de los grados respectivos y que todo esté combinado con la mayor decencia y exactitud. Previene ademas y dispone los trabajos de la columna armónica.

193. El cargo del Intendente decorador no se extiende á la conservacion ni á la custodia de los objetos indicados en el articulo precedente.

DEL ECÓNOMO.

194. Los muebles, adornos, aparatos, decoraciones, patentes, joyas y cuanto encierran las salas del local del templo, está bajo la custodia del h∴ Ecónomo. Tiene un inventario de todo ello, pasando al Venerable copia autorizada por por él, para que se archive.

195. Cuando haya necesidad de reparar ó renovar algunos de aquellos artículos, el Ecónomo debe proveer á ello en la forma prescrita en los reglamentos particulares de la L∴

196. El h∴ Ecónomo está encargado de todo lo de la Log∴, como luces, agua, fuego y demas objetos de consumo que son necesarios en los trabajos ordinarios de los tres grados simbólicos.

107. Recibe del h∴ Tesorero, competentemente autorizado, las anticipaciones que sean necesarias, presentando luego al mismo Tesorero la cuenta de lo gastado, para someterla á las reglas prescritas para la contabilidad.

DEL DIRECTOR DE BANQUETES.

198. El oficio de Director de Banquetes consiste en la direccion y disposicion de las comidas, conforme á lo que la Log∴ tenga establecido al efecto.

199. Las atribuciones ordinarias del Director de Banquetes, consisten en señalar los suministradores de materiales, arreglar su distribucion y recoger de cada h∴ la quota respectiva.

200. Cuando el Director de Banquetes no reciba la quota correspondiente de alguno de los hh∴, la exigirá del Tesorero, el cual procurará luego su reembolso con los medios que estén en sus facultades.

201. En caso de tener un banquete sin haber previamente fijado los gastos, el Director de Banquetes recibe las cuentas á los suministradores, las examina y las envia al Venerable, para que expida las órdenes necesarias, previas las formalidades del caso.

DEL LIMOSNERO.

202. El h∴ Limosnero es el depositario y distribuidor de todos los fondos destinados al sorocco de los necesitados.

203. En todas las asambleas masónicas vacia el saco de pobres, y cuenta en presencia de los hh∴ Orador y Arquitecto revisor, la suma recogida; la anuncia en alta voz y la conserva en su poder y el Secretario la anota en la minuta de los trabajos.

204. El h∴ Limosnero tiene un registro de beneficencia, foliado y firmado por el Venerable, en el cual anota las entradas y salidas con sus fechas, objeto y los acuerdos ú órdenes que autoricen las salidas.

205. Todas las multas ingresan en la caja de beneficencia.

206. Ningun socorro se lleva á efecto sino por acuerdo de la Log∴ El Venerable puede, en caso de urgencia, autorizar limosnas módicas; dando aviso de ello á la Log∴ en la tenida siguiente.

207. La caja de beneficencia está destinada principalmente al alivio de los individiuos ó familias profanas, que giman en una verdadera necesidad, no causada por ociosidad ó el vicio.

208. Todo pedido de socorro debe hacerse por medio del saco de proposiciones, con las explicaciones necesarias. El h∴ Limosnero, á quien debe pasarse el pedido, toma los informes necesarios y presenta en la próxima tenida lo que ocurra, con su informe. La Log∴ delibera en consecuencia.

209. Si la caja de beneficencia no pudiere subvenir á los socorros ordinarios acordados por la Log∴, puede recibir prestado del tesoro de la misma, con los requisitos adoptados en sus reglamentos particulares.

210. En cada semestre y precisamente en los primeros quince dias de Junio y de Diciembre de todos los años, el h∴ Limosnero pasa al Orador y al Archivero, una nota de todos los actos de beneficencia que hayan tenido lugar en los seis meses transcurridos.

211. El Limosnero rinde cuentas al mismo tiempo con el h∴ Tesorero, y con los mismos requisitos prescritos en los Estatutos Generales de la Órden y en los reglamentos particulares de la Log∴.

212. A cualquiera peticion del Venerable ó de la comision de hacienda y en cualquier tiempo, el Limosnero debe presentar sus cuentas, so pena de suspension ó destitucion, segun las circunstancias.

213. El Limosnero se sienta en Log∴ junto al Tesorero. Estos dos empleos pueden encargarse á un mismo individuo.

DEL HOSPITALARIO.

214. Informada la Log∴ de la enfermedad ó de cualquiera otra desgracia de uno de sus miembros, lo participa al h∴ Hospitalario, para que lo visite, lo consuele y le ofrezca toda especie de socorros posibles.

215. El Hospitalario es un oficial en cuya eleccion debe esmerarse mucho la Log∴, supuesto que á él se entregan los mas serios intereses. A un carácter dulce y sensible, debe unir suficiente talento, mucha actividad y todas las demas cualidades necesarias á la naturaleza de su oficio, como la de médico, abogado, &c.

216. El Hospitalario visita todos las dias al h∴ enfermo, suministrándole de cuenta de la Log∴ todos los medios de subsistencia ó de cuidado de que pueda necesitar. El Tesorero y el Limosnero deben cumplir con sus órdenes sin que puedan ser reconvenidos. En la próxima tenida la Log. fija el máximum ó el mínimum para lo sucesivo.

217. Todos los hh∴ tienen la obligacion de visitar una vez al dia al h∴ enfermo ó convaleciente ó que sufre otro quebranto. Toca al h∴ Hospitalario el arreglar su debido turno y el hacer saber á la Log∴ los hh∴ que no se presenten, para que sean penados con las multas establecidas por sus reglamentos.

218. Los hh∴ enfermos ó afligidos por otra cualquiera causa, no deben nunca excusar la visita del Hospitalario, en cuanto dependa de ellos.

219. Si la enfermedad fuere de peligro, el h∴ Hospitalario tendrá cuidado de hacerse entregar por el h∴ enfermo todos sus papeles, joyas, decoraciones

y vestidos masónicos ó de hacerlos pasar al poder de algun pariente mason. Entregándoselos á él mismo, deberá depositarlos en el archivo de la Log∴, para restituirlos fielmente al h∴ inmediatamente despues de su curacion, si esta sobreviniere.

220. En caso de muerte, el Venerable avisado por el Hospitalario, convoca inmediatamente la Log∴, y nombra de su seno una comision para proveer á las decentes exequias del difunto y á expensas de la Log∴. si asi se hace necesario. Todos los hh∴ de grado igual ó inferior al del difunto, deben hacer parte del acompañamiento funebere, llevando la decoracion del grado respectivo debajo del chaleco.

221. En ningun caso podrá la Log∴ excusarse de tener una tenida extraordinaria para prestar al difunto los últimos honores, aun cuando sea en lo interior de la Log∴. En tal caso se encienden velas amarillas, se enlutan de un velo negro todas las luces del templo, llevan luto los hh∴ se hacen las baterías de estilo y el Orador hace del finado h∴ un panegírico que queda depositado en el archivo.

222. En el caso de una gran afliccion ó infortunio de un h∴, es tambien el Hospitalario quien lo avisa á la Log∴ para que le preste, en el mundo profano, todos aquellos bienes á que en virtud y fuerza de reciproco juramento tiene un derecho sagrado.

223. El Hospitalario se sienta en Log∴ junto al Limosnero.

DEL BIBLIOTECARIO.

224. Cuando tome la Log∴ la útil determinacion de proveerse de libros, obras ó escritos, cualesquiera que sean concernientes directa ó indirectamente á la Masonería ó á otra ciencia mística, nombra un Bibliotecario entre los hh∴ de mas inteligencia y de mas alto grado.

225. La biblioteca de la Log∴ está á cargo del Bibliotecario; tiene la llave del local en que está colocada y como único responsable, la conserva siempre en el mejor estado. El h∴ Archivero y en su defecto el Secretario, debe conservar una copia del catálogo de sus libros y manuscritos, firmada por el h∴ Bibliotecario.

226. El Bibliotecario informa á la Log∴ sobre la importancia de las obras y con licencia del Ven∴ permite su lectura á cualquier h∴ que las pida, con tal que no se saquen fuera del local y que no se refieran á grados mas elevados del que posee el que pretenda leerlas. Es tambien el director de la imprenta de la Log∴, si la tiene; lo mismo que el corrector de sus impresos. Ademas es adjunto al Orador, por lo cual las funciones de éste y las del Bibliotecario, pueden encargarse á una misma persona.

DE LOS MIEMBROS HONORARIOS Y SOCIOS LIBRES.

227. Toda Log∴ puede conceder el carácter y cualidad de miembro honorario ó socio libre del taller, á cualquier mason regular que pertenezca á otra Log∴.

228. Sin embargo, semejante distincion debe recaer en personas que se crea recibirán con gusto la filiacion gratuita que se les ofrece ó por servicios

hechos á la Log∴, ó por unánime deseo manifestado por el tall∴, ó por comun estimacion de todos los hh∴

229. No se puede anotar en el catálogo de nombres de la Log∴ á miembro alguno honorario ó socio libre, sin haber ántes aceptado la filiacion y prestado el juramento en debida forma.

230. Los honorarios ó socios libres asisten á los trabajos cuando gusten, tienen voto deliberativo en todas las materias, ménos en las del tesoro, y no están sujetos á los pagos ordinarios, excepto á los de aumento de grado.

DE LOS HH∴ ARTISTAS.

231. Hermanos artistas se llaman los que una Log∴ inscribe en su taller, con el objeto de dar mayor realce á sus trabajos. Tales son los profesores de pintura, de escultura, de música, los impresores, &c.

232. Los hh∴ artistas no son iniciados y promovidos mas allá de los tres grados, en la forma prescrita para las iniciaciones y aumentos de salario. Quedan exentos de todo pago ó cuota y no pueden ser revestidos de cargo alguno ú oficio en Log∴

233. A pesar de su exencion de toda cuota, los hh∴ artistas tienen el derecho de votar deliberativamente.

234. Cuando haya fiestas ó banquetes, los hh∴ artistas están obligados á contribuir por su arte á la alegría de los hh∴, y á la mayor celebridad y brillo de la funcion.

DE LOS HH∴ SIRVIENTES.

235. La Log∴ puede tener el número de hh∴ sirvientes que le convenga.

236. Los sirvientes se escogen partícularmente de la clase de artesanos, pero deben saber leer y escribir y ser de tales costumbres y de tal prudencia, que no den lugar á temer de ellos indiscrecion alguna.

237. El primero de los hh∴ sirvientes, es necesariamente admitido á los misterios masónicos y excluida de toda paga. Los otros solo necesitan estar instruidos en el signo del primer grado escoces, de la palabra de pase del mismo grado del rito reformado y de cuanto concierne á la preparacion de las diversas cámaras y al servicio de que están encargados, bajo juramento de fidelidad y silencio.

238. La Log∴ les señala la gratificacion ordinaria ú extraordinaria que juzgue mas conveniente.

239. Los sirvientes están principalmente obligados á obedecer á los dignatarios y oficiales, y sobre todo á los responsables del órden, del tesoro, del local y de los ceremonias.

240. En las citaciones ó convocatorias, los sirvientes deben andar solícitos y exactos, so pena de ser separados del taller.

241. Abiertos los trabajos, los sirvientes no deben separarse de la sala de pasos perdidos, ni entrar en el templo sin ser llamados.

242. Si hai imprenta en la Log∴, los operarios tipográficos entran en la clase de sirvientes, no habiendo sido ántes considerados como hh∴ artistas.

243. A falta de sirvientes, los masones mas jóvenes deberán llenar parte de sus funciones alternativamente.

DE LOS REPRESENTANTES CERCA DEL G∴ O∴

244. Los venerables y los presidentes en ejercicio, son representantes naturales de la respectiva Log∴ ó Capítulo cerca del G∴ O∴ Pero una y otra, nombran su correspondiente representante; aunque se encuentren bajo el mismo zenit del G∴ O∴

245. El representante de una Log∴ simbólica debe tener á lo ménos el grado 3°, y el de un Capítulo á lo ménos el 18 en el rito escoces, que es el 7° en el reformado. Al intervenir en los trabajos del G∴ O∴ llevan la joya de la sociedad que representan.

246. Los rep∴ pueden tambien ser elegidos de entre los hh∴ de otras Log∴, y aun entre aquellos que sean miembros del G∴ O∴, con tal que estén afiliados en la Log∴ que representan y su eleccion se haga en la forma prescrita para la de los otros oficiales.

247. Los representantes electos son personas de la aprobacion del G∴ O∴, y permanecen en su destino hasta que se revoque su comision, salva la facultad que tienen ellos de renunciar en cualquier tiempo.

248. Deben necesariamente asistir á todas las asambleas generales del G∴ O∴ á las de la G∴ L∴ de administracion, á las de la G∴ L∴ simbólica ó del Soberano Capítulo. Su deber consiste en sostener y defender el lustre é intereses de la sociedad que representan, exponer sus necesidades y deseos é informar á la Log∴ que representan de cuanto pueda tocarle. Los gastos de representacion salen del taller representado.

249. Si en algunas de las asambleas del G∴ O∴ se encontrasen presentes, el representante natural y el electo de un mismo taller simbólico ó capitular, el primero tiene en los escrutinios el voto deliberativo y el otro tan solo el consultivo.

250. El lugar del representante en el taller representado, es á la cabeza de la columna del primer Vig∴

DE LOS FUNDADORES.

251. Los mas∴ que en número y grados suficientes y reunidos en lugar en que reinen la paz, la virtud y el silencio, determinen la fundacion de una Log∴ regular, poniendo las bases, dándole vida, sistema y órden, se llaman fundadores.

252. La Log∴ suministra á su costo el diploma, vestido y joya del grado y de la Log∴ misma á sus primeros siete fundadores, los cuales si son ya miembros activos de otra Log∴ regular que pague sus cotizaciones al G∴ O∴ del reino, están exentos de pagarla en la que ellos fundan. Este artículo no es aplicable á los fundadores de los Capítulos.

253. No puede ser considerado fundador de una Log∴ el que no sea mas∴ regular, en los términos que se dirá hablando de la regularizacion.

DEL MODO DE ERIGIR UNA NUEVA LOG∴

254. Cuando siete ó mas mas∴ regulares domiciliados en un mismo O∴, quieran erigir un nuevo taller, tendrán bajo la presidencia del mas elevado en grado y mas viejo entre los del mismo, tres asambleas preparatorias en tres

diferentes dias. En la primera, se verán los grados de cada fundador presente y se fijará el título distintivo de la nueva Log∴ y de los sellos de que deberá usar. En la segunda, se harán, con escrutinio secreto y en la forma que despues se indicará, las elecciones de dignatarios y oficiales de la Log∴, lo mismo que del representante al G∴ O∴ En la tercera, se procederá á su instalacion en los respectivos cargos, la cual deberá mirarse como provisoria hasta que se haga la inauguracion formal del templo.

255. Despues de las tres juntas preparatorias, la nueva Log∴ deberá inmediatamente, por medio de su representante con los correspondientes poderes, pedir al G∴ O∴ en su G∴ L∴ simbólica, la carta constitutiva. Esta peticion va acompañada de una copia de las planchas de los trabajos de las tres asambleas preparatorias y del cuadro de fundadores, con su nombre, apellido, patria, domicilio actual, edad y cualidad civil y mas∴ y firmado por todos ellos, para ser reconocidos en su tiempo y lugar como fundadores.

256. Solo el G∴ O∴ es Log∴ constituyente. Sin embargo, las nuevas Log∴ pueden pedir la carta constitutiva á la madre Log∴ de la respectiva provincia, si la hai regularmente constituida. En tal caso la M∴ L∴ hará presentar, por medio de sus disputados al G∴ O∴, la peticion del nuevo taller con su informe acerca de la cualidad moral de los miembros que lo componen.

257. Cuando el G∴ O∴ reciba de una Log∴ en instancia la solicitud pidiendo la carta constitutiva para levantar nuevas columnas, deberá, por medio de la madre Log∴ provincial, ó de otra constituida que esté mas próxima á la que hace el pedido, tomar los mas escrupulosos informes sobre la cualidad moral de los fundadores peticionarios, del mismo modo que sobre la verdad de los grados que cada uno se ha atribuido; á ménos, que todo esto sea notorio en el mundo masónico.

258. Informado favorablemente el G∴ O∴ se autorizará á la Log∴ nuevamente erigida, para que proceda á sus trabajos segun los Estatutos Generales de la Órden. Esta deliberacion se hará saber á la Log∴ que hizo la peticion, dando el correspondiente aviso á la respectiva madre Log∴ provincial si la hubiere. Se acompañarán adjuntos dichos Estatutos Generales de la Órden, los del G∴ O∴ y los rituales de los tres grados simbólicos, autorizados por el mismo G∴ O∴

259. En los tres meses sucesivos, la nueva Lógia está obligada á presentar al G∴ O∴ una copia de los estatutos particulares que quiera adoptar, en los cuales nada deberá haber que se oponga á los estatutos del G∴ O∴ y á los de la Órden en general. En el mismo término, deberá satisfacer el empeño contraido por la carta constitutiva.

260. Llenadas las formalidades prescritas en los precedentes artículos, el G∴ O∴ entrega la carta constitutiva y dispone que se proceda á la inauguracion del nuevo templo.

261. La Log∴ que no se haya puesto bajo la direccion y dependencia del G∴ O∴ del mismo reino á que pertenezca, no se reconoce por regular y legítima.

262. Son declarados irregulares, ilegítimos y finalmente nulos, los trabajos que tengan lugar en un local en que se reunan Log∴ irregulares.

263. La irregularidad de una Log∴ de algunos de sus miembros ó de un individuo, se considera parte de las correspondientes penas establecidas.

DEL MODO DE INAUGURAR EL TEMPLO.

264. Una Log∴ no puede tenerse por perfectamente establecida y todo es provisorio en ella, hasta el templo, las dignidades y oficiales, miéntras no tenga la carta constitutiva y el templo no esté formalmente inaugurado.

265. El dia prefijado, de acuerdo con la Log∴, el G∴ O∴ envia una diputacion de tres miembros revestidos de poderes especiales, para instalar los dignatarios y oficiales de la nueva Log∴, inaugurar el templo y proclamar su fundacion solemne. El G∴ O∴ puede tambien cometer á la respectiva madre Log∴ provincial y en su defecto á otra constituida que esté mas próxima, el encargo de nombrar dicha comision, la cual en este caso deberá obrar como diputacion del G∴ O∴. Finalmente, á falta de Log∴ provincial, ó de otra constituida en la provincia en que ha de constituirse la establecida, el G∴ O∴ puede delegar tres hermanos de su confianza que lo representen, aun cuando estos no sean miembros del mismo G∴ O∴.

266. La comision ó delegacion del G∴ O∴ será recibida por la Log∴ constituida con los honores que siguen. Despues de haber entrado en el templo, su Presidente toma el primer mallete y los otros dos miembros toman el segundo y tercero. El Presidente abre los trabajos de la G∴ L∴ simbólica en el primer grado.

267. Abiertos los trabajos, el Secretario lee, 1°., las credenciales de la comision del G∴ O∴: 2°., Las tres planchas de los trabajos de las tres asambleas preparatorias: 3°., La pieza de arq∴ con que se haya comunicado á la Log∴ el acuerdo del G∴ O∴: 4°., El cuadro de los fundadores: 5°., El catálogo de los nombres de todos los hh∴ que la compongan, anotándose los ausentes y la causa de su ausencia: 6°., La lista de los dignatarios y oficiales de la Log∴.

268. Luego el Presidente invitará al M∴ de Ceremonias para que le presente uno tras otros todos los registros de la Secretaría, los que revisará con cuidado y exactitud, prescribiendo las correcciones que le parezcan adoptables, segun los Estatutos Generales.

269. Estando todo en órden, el Presidente hará anunciar á las columnas que va á proceder á la inauguracion del Templo. Puestos todos los hh∴ de pié y al órden, declara él tres veces y lo hace repetir otras tres mas á las columnas, que el nuevo templo está consagrado al G∴ A∴ D∴ U∴, á la verdadera virtud y á la propagacion de la real Francmasonería.

270. Despues de la inauguracion, sigue la instalacion de todos los dignatarios y oficiales en sus respectivos puestos.

271. Las demas ceremonias están ya en las facultades de la Log∴ inaugurada, procurando que se haga todo con la mayor pompa mas∴ que permita el lugar y las circunstancias y que la ceremonia acabe con un trabajo de banquete.

DE LA DURACION DE LAS DIGNIDADES Y OFICIOS.

272. Todos los dignat∴ y oficiales instalados el dia de la inauguracion del

templo, continuarán en el ejercicio de sus funciones hasta la próxima fiesta de San Juan Evangelista en el rito escoces, y de San Juan Bautista en el rito frances, dia en que se procederá respectivamente á la renovacion de dignatarios y oficiales, con tal que los antiguos hayan ejercido siete meses á lo ménos: de otra suerte, estos deberán conservarse por todo el año siguiente.

273. En general, todos los dignatarios y oficiales, de cualquier clase que sean, durarán en su cargo un año solo. Sin embargo, los venerables pueden serlo por dos años mas, despues de los cuales no podrán ser reelegidos hasta que hayan tenido un año de ex-venerables. Los Vigilantes, el Orador y el primer Experto pueden reelegirse para el año inmediatamente venidero. Por lo que toca á los demas oficiales, pueden reelegirse de uno en otro año indefinidamente.

274. Si vacare la dignidad de Venerable ántes de tiempo, no puede elegirse otro hasta la fiesta de San Juan Evangelista ó Bautista, segun el rito. Hará sus veces el ex-Venerable y si este no asiste, le reemplazará el primer Vigilante hasta que llegue el tiempo de nuevas elecciones. En tal caso, el primer Vigilante se suple por el segundo y este por el primer Experto, &c., segun se ha dicho en el artículo 49.

275. Los dignatarios y oficiales de honor duran como tales perpetuamente, ó por el tiempo que establezca la Log.·., segun lo prescrito en el artículo 44.

ELECCION DE DIGNATARIOS Y OFICIALES.

276. En la primera tenida despues de la fiesta de San Juan Evangelista en el rito escoces, y de San Juan Bautista en el reformado, el Venerable en ejercicio, previo el aviso á todos los hh.·. de la Log.·., manda que se proceda al nombramiento de los nuevos dignatarios y oficiales para el año próximo.

277. Debe procurarse que todas las elecciones recaigan en hh.·. que tengan al ménos el grado de M.·., á excepcion de los Diáconos, Porta-estandartes y el Heraldo, que pueden elegirse hasta de entre los aprendices. Por lo que toca al Venerable, conviene que se elija, si es posible, á un h.·. revestido de los mas altos grados.

278. No puede ocupar cargo alguno en una L.·., el h.·. que no esté domiciliado en el mismo O.·. de ella; tampoco puede ser dignatario. ni oficial de dos Log.·. diversas, aunque estas correspondan á un mismo O.·.; pero sí puede ocupar cualquiera cargo, tanto en el G.·. O.·. como en la madre Log.·. provincial, con tal que resida en el G.·. O.·. respectivo.

279. El Orador principia por pronunciar un discurso sobre la importancia del objeto y sobre la escrupulosidad que debe observarse en los nombramientos. Luego el primer Experto y el Experto Censor, invitados por el V.·., disponen una mesita en medio del taller con una urna y recado de escribir, y permanecen armados á los lados de aquella para impedir cualquier desórden ó irregularidad.

280. El Venerable en ejercicio anuncia que va á procederse á la eleccion del nuevo Venerable. Todos los aprendices y compañeros cubren el templo. Los demas miembros quedan en sus puestos observando el mas profundo silencio, avisándoles que de lo contrario podrá, privarseles del derecho de votar y hasta hacerles cubrir el templo.

281. Empieza la votacion para el nuevo Venerable. El que está en ejercicio acompañado de su Diácono y de los MM∴ de Ceremonias, va al medio del templo, escribe dos nombres que echa en la urna y vuelve al trono. Despues los MM∴ de ceremonias conducen á los demas hh∴ de dos en dos para que hagan lo mismo, empiezan por los dos Vigilantes y así siguen conduciéndolos á su lugar de manera que jamas se encuentren mas de dos en la mesita, dando la preferencia en el votar al de la primera columna.

282. Cuando todos los hh∴ hayan echado en la urna su triple voto, los dos MM∴ de Ceremonias y en seguida los dos expertos echan el suyo. Los dos primeros se retiran á sus puestos y los otros dos, esto es, los expertos, llevan la urna al trono. Encontrando el Venerable iguales en número las boletas al de los votantes, lee en alta voz y á presencia de los dos expertos, los nombres que contienen y el Secretario anota los votos que resulten en favor de los propuestos.

283. Los nombres que por las boletas resulten haber obtenido mayor número de votos, se anotan en un papel aparte; y despues de hacer entrar á los aprendices y compañeros en el templo, el Orador lee en alta voz los nombres de los tres candidatos, anuncia el número de votos que cada uno de ellos ha tenido y pide que se abra el escrutinio en estos tres, para el nombramiento de Venerable.

284. Circúlase por las columnas del modo acostumbrado. Se empieza por hacer el escrutinio del h∴ que haya reunido ménos número de votos, luego el intermedio y finalmente el del número mayor. El que queda con mayor número de bolas blancas, es proclamado Venerable. En estos escrutinios tienen voto todos los hh∴, inclusos los aprendices y compañeros: solo se exceptuan los tres candidatos.

285. Electo el nuevo Venerable, dice el que está en ejercicio: *Mis queridos hermanos, el G∴ A∴ D∴ U∴, fuente purísima de toda perfeccion, ha escogido al hermano N. N. para dirigir los trabajos masónicos de este taller é iluminar sus trabajos.* Siguen los aplausos.

286. El mismo sistema de votacion por medio de boletas escritas por los hh∴ de dos en dos en el medio del templo, se observará para la eleccion de los demas dignatarios y oficiales hasta el Hospitalario inclusive. Los demas nombramientos se hacen por el voto escrito y único no triplicado y ninguno tendrá valor no resultando mayoría de votos. Se proclama en el momento el que obtenga dicha mayoría; y en caso de no resultar en favor de ninguno la mayoría absoluta, se hará el escrutinio por medio de bolas blancas y negras, para los dos hh∴ que hayan reunido mas votos, quedando electo el que obtenga mas blancas.

287. Para todos los hh∴ inferiores al Hospitalario y para los adjuntos á los principales cargos de la Log∴, puede determinarse que se siga el mismo método de elecciones ó bien que el Venerable en ejercicio proponga á su aprobacion los hh∴ que merezcan ser elegidos.

288. Al acabar cada una de las votaciones, los boletas se queman; pero ántes el Venerable hace preguntar á las columnas si algun h∴ quiere rectificarla.

289. Llevándose mucho tiempo por su naturaleza las votaciones de los dign∴ y ofic∴, la log∴ puede suspender los trabajos y continuarlos en la próxima tenida. Mas cuando esto acontezca no se suspenderán los trabajos, sin que ántes el Venerable no haga aplaudir las elecciones ya hechas.

290. Acabadas las elecciones, el Venerable hace invitar á los hh∴ de la Log∴, para asistir en la próxima tenida á la instalacion de los nuevos dign∴ y ofic∴, que tendrá lugar en la forma que luego se dirá.

291. Aunque los nuevamente electos estén presentes al tiempo de su eleccion, siempre el Secretario debe hacerles saber el cargo á que son llamados, por una plancha firmada por el Venerable y por él.

292. Si vacare algun cargo en el discurso del año, se procede inmediatamente al reemplazo, segun lo establecido en los artículos 286 y 287, excepto en el caso mencionado en el artículo 274 relativamente al Venerable.

293. El primer Vigilante ú otro que en el discurso del año ejerza las funciones de Venerable, no gozará en el siguiente de las prerogativas de ex-Venerable; á no ser que haya ejercido tales funciones á lo ménos por siete meses sin interrupcion.

DE LA INSTALACION Y DE LAS OBLIGACIONES DE LOS NUEVOS DIG∴ Y OFIC∴

294. El dia de la instalacion de los nuevos miembros y oficiales, debe ser posterior al de su eleccion á lo ménos tres dias. Todos los hh∴ deben ser citados con la debida anticipacion. Los electos concurrirán para tomar posesion de sus respectivos cargos.

295. Abiertos los trabajos, leida la plancha de los precedentes, é introducidos los visitadores, el Venerable en ejercicio invita al h∴ que debe reemplazarle á cubrir el templo; delega tres hh∴ de su mismo grado, si es posible, para que le acompañen en el vestíbulo del templo y dispone que se le reciba con los honores debidos á la dignidad de Venerable.

296. Una diputacion de cinco hh∴ armados de espada y prevenidos de estrellas, introducen al nuevo Venerable; quien, despues de pasar por la bóveda de acero, se detiene algo separado del ara en el rito escoces y en medio del templo si es Log∴ del moderno. El Venerable en ejercicio, acompañado del primer Diácono, precedido del Porta-estandarte y seguido del Heraldo, sale á encontrarle, le da el abrazo fraternal, le invita á prestar el juramento, y le conduce al ara ó al trono segun los ritos.

297. Llegado allí, el nuevo Venerable se arrodilla y extendida la mano derecha sobre el Evangelio de San Juan ó sobre la Biblia, segun el rito, dice en voz clara é inteligible: *En nombre de Dios y de San Juan de Escocia (ó de Jerusalen), bajo los auspicios del Serenísimo G∴ O∴ y á fé de mason, yo N. N. juro observar fielmente los deberes de mi cargo, no faltar jamas á los trabajos cuya direccion se me confia, excepto en caso de obstáculo insuperable, cumplir y hacer cumplir en cuanto me toque, los Estatutos Generales de la Orden, las Constituciones del G∴ O∴ y los estatutos particulares de esta R∴ L∴ Así Dios me ayude.*

298. A esto el Venerable en ejercicio, alarga la mano á su sucesor, le coloca

en su lugar, le cede la insignia de la dignidad y le presenta las llaves del templo, sobre un cogin llevado por un aprendiz, diciéndole: *Yo os consigno, hermano mio, las llaves de este augusto templo, donde jamas deberán penetrar sino los hombres que despojados de toda vana distincion profana, se lleven tan solo por la práctica de la virtud.* Se entrega finalmente el mallete con estas palabras: *Este mallete os servirá para hacer cumplir vuestras órdenes: procurad que vuestros hh∴ las acepten, y acordaos que vos sóis tan solo el primero entre vuestros iguales.*

299. Despues de esto, el Venerable saliente hace tirar una triple bateria de alegria, á que el nuevo Venerable contesta segun costumbre. Este último pronuncia entónces, si quiere, un discurso análogo á la situacion.

300. Puede, si quiere, desde aquel momento, ponerse en ejercicio dirigiendo la instalacion de los demas dign∴ y ofi∴, todos á la vez ó uno por uno. Mas si él invita al Venerable saliente á continuar la instalacion, éste está obligado á acceder á ello.

301. Los demas dign∴ y ofic∴ nuevamente electos, indicados por el Secretario ó invitados por el Orador á prestar el juramento, son del mismo modo conducidos al ara ó al trono (segun el rito), en donde pronuncian en alta voz su obligacion por el mismo estilo de la del Venerable, añadiendo empero, en cuanto á los Vigilantes. Acompañalos luego el M∴ de Ceremonias al puesto que les corresponde, en donde por medio de los dign∴ y ofic∴ salientes, toman posesion de las insignias y demas correspondiente á cada dignidad y oficio.

302. Despues de la instalacion, el Ex-Venerable manda que toda la Log∴ jure obediencia al Venerable y á los dos Vigilantes, quienes cruzarán sus espadas y sobre las cuales el extenderá su mano derecha, teniendo la izquierda al Órden. Todos los hh∴ de la Log∴, con la mano izquierda al Órden, extenderán la derecha hácia el Oriente. En esta actitud, el Orador, órgano de la Log∴, pronunciará en su nombre el juramento. Despues, á invitacion del Ex-Venerable, síguese un aplauso general, al cual corresponde el nuevo Venerable en favor de los dign∴ y ofic∴ que han salido.

303. Despues de esto, el Orador pronuncia un discurso instructivo para los hh∴ nuevamente electos y terminalo pidiendo el ósculo de paz. El Venerable da la órden y se procede á ello inmediatamente.

304. En todo este trabajo la Log∴ se conserva en un estado constante de alagría y de fiesta. Luego las susodichas funciones se hermosearán con algun trozo de elocuencia ó de poesia, y concluirán con un banquete sobrio á la par que alegre.

305. La plancha de los trabajos de instalacion, la hará el Secretario saliente y la firmará este y el nuevo. En ella debe describirse cuanto ha tenido lugar en la tenida y principalmente la entrega hecha á los nuevos electos de los registros, papeles sueltos, libros, sellos, instrumentos y muebles de toda especie, pertenecientes al taller por quienes han sido recibidos y aceptados, quedando los primeros plenamente exonerados de todos ellos, sin que se les pueda jamas pedir cuenta bajo ningun pretexto. Esta entrega deberá ponerse en órden con anticipacion.

306. Si un dign∴ ú ofic∴ nuevamente electo, no asiste á la tenida de insta-

lacion y sigue no pareciendo en Log∴ en las tres tenidas sucesivas ó presenta cualquier otro motivo de impedimento, ménos el de enfermedad ó ausencia del O∴, ó despues de haber tomado posesion del cargo no se presenta en Log∴, por tres tenidas para ejercer sus funciones, sin justificar uno de los mencionados motivos, será considerado como si hubiera renunciado el cargo y la Log∴ pasa inmediatamente al nombramiento de su sucesor en la forma prescrita, salvo los casos que se expresarán luego, cuando se hable de las faltas á los trabajos.

ÓRDEN DE LOS TRABAJOS.

307. Toda Log∴ señalará en sus reglamentos particulares el número de tenidas ordinarias que ha de tener en cada mes, lo mismo que los dias y horas en que han de tenerse. No puede jamas haber ménos de dos en cada mes, la primera de las cuales deberá indispensablemente ser consagrada á las recepciones ya sancionadas y á la instruccion general de los hh∴, y la otra será una Log∴ de administracion, llamada tambien de familia, en que se traten asuntos que atañan á la Log∴ en particular, observándose el órden de las proposiciones. En esta segunda asamblea, se puede tambien pasar el escrutinio para la admision de profanos. Las tenidas del segundo y tercer grado simbólico, tienen lugar, segun las circunstancias.

308. Las planchas de convocatoria deberán distribuirse á lo ménos tres dias ántes de la tenida; y cuando se trata de recepciones, de eleccion ó instalacion de dign∴ y ofic∴ de primera y segunda clase, de discusiones en materia de dogma ó rito, de alzar acuerdos ó de otros asuntos que tengan relacion con la Órden en general, deberá hacerse mencion de ello en dichas planchas.

309. Jamas se comenzarán los trabajos de una Log∴ simbólica, hasta media hora despues de la indicada en las planchas. Siete masones, con tal que entre ellos haya tres MM∴, bastan para principiar los trabajos.

310. Cerrada la puerta del Templo para principiarse los trabajos, los hh∴ sirvientes que guardan el vestíbulo, celarán que ningun Mason que no sea miembro activo de la Log∴ se acerque á su puerta. Ellos son los que anuncian á los visitadores que se presenten,

311. Todo Mason debe darse por contento de que le destinen á la guardia exterior del Templo para cubrir los trabajos, en particular si se han de conferir grados superiores al suyo, puesto que su docilidad será el mejor título para aspirar y merecer aumento de salario.

312. Todos los hh∴ vestirán en Log∴ el traje de la Órden, segun el respectivo grado y se decorarán con la joya correspondiente. Los dign∴ y ofic∴ llevarán el distintivo de su cargo. A los hh∴ de grado superior al tercero, les es permitido ponerse decoracion de grado superior á aquel en que se trabaja en Log∴

313. Sobre la silla del Secretario, debe estar el catálogo de todos los miembros del taller.

314. El Venerable es el Presidente de la Log∴, su falta la suple el Ex-Venerable, á este el primer Vigilante y al primer Vigilante el segundo. Si faltan las tres luces, presidirá los trabajos el primer Experto y si ninguno de los dichos estuviere, los presidirá con preferencia el Maestro mas antiguo.

315. El primer Vigilante es suplido por el segundo y este por el primer Experto. A falta de otros oficiales ó de alguno de sus adjuntos, el Venerable ó el que hace sus veces manda reemplazarlos interinamente por el que les suceda en oficio, ó por otro que en su juicio crea idóneo.

316. Cuando anuncia el Venerable con un golpe de mallete que va á abrir los trabajos, el Guarda-templo interior armado de una espada toma la Guardia de la puerta del Templo, de la cual no podrá apartarse mas, sin que se le reemplace.

317. Abiertos los trabajos en la forma prescrita en el ritual, nadie podrá hablar, ni moverse de su lugar sin el permiso del Venerable, el cual hará leer por el Secretario la plancha trazada en los trabajos precedentes, previo el aviso á los hh∴ de prestar atencion, estando al órden y sentados.

318. Ni ántes, ni durante la lectura de la expresada plancha, se puede dar entrada á visitador ninguno, á ménos que sean MM∴ del grado 31, 32 y 33. Cuando se presenten estos últimos, no tienen necesidad de esperar mas tiempo que el que es indispensable para el preparativo de los honores que les son debidos. Toda lectura, discusion ó votacion, se suspende hasta que hayan tomado asiento.

319. Cualquier miembro de la Log∴ que, previa la formalidad del rito, entra en el Templo despues de empezados los trabajos, queda entre columnas y no va á su lugar hasta que se lo permita el Venerable.

320. Acabada la lectura, el Venerable invita á los hh∴ á que hagan sus observaciones, para luego proceder á la aprobacion.

321. Aprobada la plancha y firmada por las tres luces, por el Orador y por el Secretario, el Venerable invita al Tejador á que dé un paseo por la sala de pasos perdidos á fin de ver si hay visitadores. En caso afirmativo, se hará lo que se explicará cuando se trate de los visitadores y de los honores que les son debidos.

322. Siempre que un h∴ desee la palabra, la pide al Vigilante de su columna extendiendo el brazo derecho hácia él. El h∴ que ha obtenido el permiso de hablar, se levanta y se mantiene al órden, no dirigiendo el discurso á otro que al Venerable, quien puede dispensarle de estar de pié. Están exentos de este deber los MM∴ de los grados vistos en el Artículo 318, que pueden tambien hablar sin permiso y siempre que les plazca, en el supuesto de que no abusarán de este derecho. Solamente ellos y las tres luces (avisando una de estas con el mallete) pueden interrumpir el discurso de un h∴ que le volverá á tomar cuando se le permita.

323. Si el Venerable participa á la Log∴ un asunto que proponga el mismo ó sea propuesto por otro, deberá mandar á los Vigilantes que abran la discusion en sus columnas, acordando la palabra al h∴ que quiera exponer su opinion en el particular.

324. En ningun caso puede pedirse la palabra mas de tres veces sobre un mismo asunto, á ménos que el Venerable, por motivos que juzgue justos, crea útil el concederla por cuarta vez.

325. Jamas es permitido en Log∴ hablar de cosas de religion, ni del Estado, ni de otro objeto profano. Toda falsedad ó cualquiera otra asercion dolosa, se castigarán rigurosamente.

326. El Venerable puede invitar al Orador á presentar las aclaraciones ú observaciones sobre un asunto puesto ó para ponerse en discusion y en este caso, se presta á ello el Orador, reservándose su última conclusion. Con esto se da lugar á ulteriores adiciones que ocurran en las columnas, despues las observaciones del Orador y finalmente, invita al último á emitir su conclusion : dada la cual á nadie le es permitido volver á hablar sobre la materia. El Venerable, segun costumbre, pone la deliberacion á la voz.

327. El voto de la Log∴ se manifiesta levantándose, sentándose ó extendiendo la mano, segun prescriba el Venerable. Si la materia es de importancia y un h∴ pide que se haga la votacion por medio de escrutinio secreto, el Venerable lo propone á la Log∴ y si ella así lo acuerda, se procede al escrutinio.

328. Todo lo que verse sobre la forma, la existencia, la hacienda, la administracion, el esplendor, la instruccion y por fin, sobre el bien particular de la Log∴ debe tomarse en consideracion al tiempo de sus trabajos particulares y si se aplaude, el Secretario debe anotarlo en la plancha. Jamas se reune la Log∴ sin redactarse en una foja ó minuta suelta cuanto se dice y se hace. El Venerable firma este borrador ántes de cerrarse los trabajos. Fírmalo tambien el Orador con las correcciones que se le hagan, para luego leerse en la próxima tenida, transcrita en el regitros de los trabajos.

329. Toda deliberacion tomada por hh∴ no reunidos legalmente, segun los presentes Estatutos, es irregular y nula por naturaleza y por consiguiente en ninguna forma obliga á la Log∴ Debe tambien considerarse como un atentado á la libertad y á los derechos de la Órden mas∴ en general, no ménos que de la Log∴ en particular y hasta puede darse parte de ello, segun sean las circunstancias, al tribunal de Grandes Inquisidores.

330. Un h∴ que durante una discusion ó escrutinio habla á otro, debe ser avisado por el Vigilante y si no desisten, serán privados de votar él y el que le hubiese escuchado.

331. Todo mas∴ debe respetar las deliberaciones de la Log∴, esperando en silencio el resultado del escrutinio y aceptando la opinion general, sin la tonta vanidad de creer que su parecer valga mas que el de la mayoría.

332. El h∴ que esté presente en una discusion no puede dejar de votar, y, si hace una proposicion y la Log∴ la rechaza, no le es permitido repetirla, so pena de no ser convocado otra vez.

333. El Venerable mandará cubrir el templo al h∴ que se porte en Log∴ con maneras no decentes ó palabras injuriosas, particularmente si se dirigen á los dign∴ ú ofic∴ Podrá acusarse en Log∴ de grave á un h∴ que haya dicho ó hecho algo que hiera la reputacion de otro.

334. En el órden de los trabajos en Log∴, las iniciaciones, las afiliaciones y las regularizaciones, tendrán siempre preferencia á los trabajos ordinarios; y si estos fueren escasos, se suplirán con la lectura del catecismo ó con otra instruccion para promover el verdadero culto masónico.

335. Cuando los trabajos se hayan de suspender por poco tiempo y por justa causa y que por otra parte no convenga cerrarlos del todo, el Venerable invita al segundo Vig∴ á poner el taller en receso. Entónces todos pueden

dejar sus puestos y hablar de cosas indiferentes, libres de toda formalidad; pero conservando toda decencia y no saliendo del taller sin el acostumbrado permiso. Para seguirse los trabajos el Venerable da un malletazo é invita al primer Vig∴ para anunciar que los trabajos vuelven á tomar su curso. El primer Vig∴ lo hace así.

336. Empezados de nuevo los trabajos, ningun Dign∴ ú Ofic∴ puede abandonar su puesto, sin ser ántes reemplazado. El acto del reemplazo, aunque momentáneo, va siempre acompañado del abrazo fraternal.

337. Si un Venerable despues de haber salido de la Log∴ vuelve á entrar durante los trabajos, se le envian dos MM∴ de Ceremonias y tres hh∴ provistos de estrellas. En tal caso no hay bóveda de acero.

338. Acabado todo trabajo de importancia, el Venerable mandará que circule el saco de proposiciones por medio del Censor ó del M∴ de Ceremonias. Cada h∴ echa en él por escrito las solicitudes ó proposiciones que quiera, mas á fin de que no se sepa quienes las hagan, todos están obligados á meter la mano cerrada y sacarla abierta. El escrito debe ir firmado.

339. Se vacia el saco sobre el ara. El Venerable cuenta el número de las proposiciones en presencia del que las ha recogido y del Orador: luego comunica á la Log∴ su contenido, pero no el nombre del firmado.

340. Si las proposiciones tienen por objeto iniciaciones, afiliaciones ó regularizaciones, el Venerable se reserva el nombramiento de comisionados, arreglado á lo que mas adelante se establece. Si versa sobre aumento de salario, se deja para la primera tenida del grado pedido. Si contiene pedido de socorro, se hará lo que se dice hablando del Limosnero. Si se trata de acusaciones ú otra cosa reservada, el Venerable no la lee y la guarda para el uso que convenga. Si ataca ú ofende á los Estatutos de la Órden, el Venerable avisa su incompetencia y advertido el Orador, ó la quema ó difiere su discusion para la próxima tenida, &c., segun el caso. Pueden tambien diferirse para otra tenida, las proposiciones ó solicitudes que no sean urgentes.

341. Ultimamente, el Venerable hace que el Limosnero circule la *bolsa de beneficencia*, (saco de pobres,) de cuyo producto se impondrá el Orador, le anotará el Secretario y se consignará al Limosnero. Es no masónica, irregular y por consiguiente nula, toda tenida en que se omita el socorro á la indigencia.

342. Luego el Venerable permitirá á los hh∴ hacer proposiciones á viva voz en bien de la Log∴ ó de la Órden en general; pero en este caso, se procurará que no promuevan discusiones inútiles ó fastidiosas.

343. Posteriormente, el M∴ de Ceremonias, segun la nota que le presente el Secretario, llama nominalmente á los hh∴ miembros de la Log∴, excluyendo los que tengan grado superior al 17, lo mismo que á los honorarios ó socios libres. El Secretario anotará á los que hayan faltado sin haber avisado á la Log∴, expresando el motivo de su no asistencia á los trabajos y pasará esta nota al h∴ Limosnero, para que procure en fuerza de sus atribuciones recoger la multa establecida por el reglamento de la Log∴

344. Despues de esto, el Venerable invitará al Secretario á leer el borrador que debe haber formado, segun la norma prevenida en los artículos 116 hasta

el 118. Tendrá cuidado de mencionar á todos aquellos hh∴ que se hallen presentes, cuando se proponga un profano ó se pase un escrutinio ó se impongan cuotas, ó revoquen algunas deliberaciones en todo ó en parte, haya elecciones ó instalaciones de dig∴ y ofic∴, ó se sancionen, registren ó simplemente se lean, los reglamentos de la Log∴ ó se trabaje en materias parecidas.

345. Durante la lectura del borrador de los trabajos, todos los hh∴ están sentados al órden. Acabada, cualquiera de los hh∴ puede pedir permiso para hacer observaciones y entónces el Secretario está en la obligacion de hacer las correcciones que fueren necesarias. Del mismo modo el Orador emitirá su conclusion y cuando el borrador quede aprobado por la mayor parte de los hh∴, el Venerable y el Orador lo firman en todas las páginas, sirviendo para comprobar la exactitud de la plancha que el Secretario insertará en el *registro de trabajos*, ántes de la próxima tenida en que deberá sancionarse.

346. El Venerable cerrará la Log∴ en la forma circunstanciada en los rituales.

DE LOS ESCRUTINIOS SECRETOS.

347. Para las iniciaciones, afiliaciones, regularizaciones, elecciones de dign∴ ú ofic∴ hasta el cargo de Limosnero inclusive, para el nombramiento de un representante cerca del G∴ O∴, para alzar un acuerdo ya tomado, para los aumentos de salario, para la aplicacion de pena que no esté en las facultades del Venerable pronunciar y generalmente, para todo asunto de interes para la Órden ó la Log∴ y siempre que se quiera recoger los votos de los hh∴ de manera que se ignore el parecer de cada uno, tendrá lugar el *escrutinio secreto* por medio de bolas ó billetes.

348. Para dejar á cada votante en plena libertad de conciencia, se hará uso de las bolas blancas, negras y mixtas. Las primeras sirven para lo afirmativo, las segundas para lo negativo y las últimas para lo indiferente. En los escrutinios por medio de billetes, que se ejecutan en la forma expresada en el artículo 279, los blancos son considerados bolas mixtas.

349. La pluralidad de las bolas blancas ó negras, determina el voto de la Log∴. La de las bolas mixtas, indica la repeticion del escrutinio en la otra tenida. La que resulta de las mixtas y de las blancas unidas, se considerará como pluralidad favorable.

350. Para alzar un acuerdo es necesario que estén presentes la mitad de los hh∴ que lo sancionaron y que estén por ello á lo ménos dos terceras partes de los hh∴ presentes.

351. Todo acuerdo conservará su fuerza y rigor, cualquiera que sea la oposicion que contra él se manifieste y no se tendrá por alzado ó derogado á ménos que se haya procedido en la forma prescrita en el artículo anterior, ó que la derogatoria dimane del Tribunal de GG∴ Inspectores ó Inquisidores.

352. Cuando resulte empate y que no se trate de la admision de un prof∴ ó de la eleccion de nuevos dign∴ ú ofic∴ en el caso visto en el artículo 286, ó de alzar un acuerdo, se procederá á un nuevo escrutinio. Si los votos resultan por segunda vez iguales, tiene lugar un tercer escrutinio. En caso de igualdad por tercera vez, se repetirá el escrutinio en la próxima tenida.

353. En la plancha de los trabajos del dia, el Secretario anotará el número de votos favorables, contrarios é indiferentes.

354. Un h∴ á quien es permitido entrar en Log∴ durante una discusion, tiene el derecho de hacerse informar de ella. Si entra á tiempo del escrutinio, está en sus facultades el no dar voto, ó el darlo despues que se le haya informado del objeto de la discusion y de la conclusion del Orador.

355. El hh∴ sobre la proposicion ú oposicion del cual se haya de recoger expresamente el voto de la Log∴, y el Orador cuando se delibera sobre su conclusion, no tendrán derecho á votar, salvo el caso que está prescrito en el artículo 230, refiriéndose á los miembros honorarios ó socios libres y en el artículo 166, con respecto á los visitadores.

356. Todas las votaciones que se hagan por medio de escrutinio, seguirán la forma indicada en los artículos 164 y 167.

DE LA INICIACION DE LOS PROFANOS.

357. Si la propagacion de la Órden es el mas importante de todos los trabajos masónicos, la admision de un profano en su seno, es el trabajo mas peligroso. De aquí es que jamas debe iniciarse en los misterios de la Masonería á un hombre, si no tiene todas las cualidades prescritas en los artículos 14 y 21.

358. La edad que se requiere para llegar á ser mason, es la de 21 años cumplidos. Al hijo de un mason de grado inferior al 18, es necesaria la edad de 18 años; y al de un mason de mas alto grado le bastan los 15 cumplidos. Si durante la menor edad de alguno de estos el padre muere ó pasa á vivir á un O∴ extranjero, la Log∴ le nombra uno ó dos tutores de grado no inferior al de Maestro.

359. La proposicion de un profano solamente puede hacerse por un h∴ de la Log∴ por medio del saco de proposiciones, escrita y firmada por él mismo. Sin embargo, no se le prohibe al proponente tomar sus precauciones para que el profano no lo acuse de haberlo propuesto contra su voluntad. En la peticion debe constar su nombre, apellido, edad, condicion civil, patria y domicilio.

360. El Venerable lee en alta voz la proposicion sin nombrar al proponente, para que no haya motivo de deferencia por él, ni tenga que avergonzarse en caso de ser rechazada su proposicion. Pregunta luego á la Log∴ si tiene dificultad en la proposicion y si se aprueba, se nombra una comision para tomar informes.

361. Si el profano propuesto perteneciere á otro O∴ en que tenga su domicilio ordinario y en que haya una Log∴ regular, el proponente debera expresar en la plancha de proposicion, las razones por las cuales el profano tenga allí cerrada la luz. Aun cuando sean plausibles los motivos, el Venerable no nombrará jamas comisionados para tomar informes sin haber ántes preguntado sobre la materia, á la Log∴ de que se trata y recibido una contestacion satisfactoria.

362. Nombrada la comision, el Venerable indica en secreto tres hh∴ al Secretario á quienes expide instrucciones, sin que uno sepa del otro.

363. Los informes versarán sobre la constante probidad del profano en el

curso de su vida, sobre la exactitud en el desempeño de los deberes de su estado, sobre la prudencia y firmeza de sus principios, sobre su carácter y sobre las facultades intelectuales en penetrar, desenvolver y conocer las ciencias.

364. Los tres comisionados dan á la Log∴ cada uno en particular y por escrito, el informe ó noticias por medio del saco de proposiciones y dentro quince dias, se entiende, si se encuentra en el mismo O∴ de la Log∴ Si el profano se halla fuera del O∴, el Venerable les señalará el tiempo necesario. Si los tres informes son contrarios, el Venerable los quema, despues de haberles dado lectura en alta voz y sin nombrar al informante. Si se hallan en contradiccion, nombra otros comisionados; si estos concuerdan y son favorables, propone á la Log∴ el primer escrutinio secreto y no habiendo oposicion se procede á él.

365. Si es favorable el éxito del primer escrutinio, tendrá lugar el segundo y si este segundo resulta tambien favorable, se pasará al tercero. Los tres escrutinios se correrán en tres tenidas diferentes y solamente podrán hacerse dos en una tenida por motivos mui urgentes y formalmente reconocidos como tales por la Log∴

366. El proponente no puede jamas nombrarse entre los tres comisionados: ademas, todos los hh∴ tienen obligacion de tomar cada uno por sí informes secretos sobre las cualidades del propuesto y de hacer á la Log∴ ó aparte al Venerable, todas aquellas advertencias que crean conducentes á un asunto de tanta importancia.

367. Del dia de la proposicion al de la admision, debe transcurrir un intervalo al ménos de tres meses. Pero si por motivos urgentes, como se ha dicho en el artículo 165, se han hecho dos escrutinios en una tenida, la Log∴ puede acortar el término como mejor le parezca y segun sean las circunstancias. Si la iniciacion no tiene lugar dentro de nueve meses despues de la proposicion, deberán repetirse la proposicion y el escrutinio.

368. Ninguna Log∴ admitirá la proposicion para la admision de un profano que sepa ha sido propuesto ó admitido en otra, sin informarse ántes de las razones que haya habido para no haberse recibido.

369. Resultando en el escrutinio una bola negra, el h∴ que la echó deberá en la próxima tenida, exponer el motivo que para ello haya tenido, aunque sin obligacion de declarar su nombre, lo que deberá comunicarse á la Log∴ para que delibere. Si no se hace dicha declaracion, la bola negra se considerará por no echada.

370. En caso de dos bolas negras, el profano se volverá á proponer dentro de tres meses á ménos que la Log∴ señale un término mas breve.

371. Si salen tres ó mas bolas negras, pero en número que no iguale á la tercera parte de los votantes, el escrutinio volverá á tener lugar dentro de nueve meses.

372. Cuando resulte una tercera parte ó mas de votos contrarios ó que el mismo profano vuelto á proponer dentro de los nueve meses haya tenido por segunda vez tres ó mas bolas negras, será definitivamente rechazado, dándose de ello parte al G∴ O∴ á fin de que lo comunique á todas las Log∴ de su dependencia para su gobierno.

373. En el caso visto en los artículos 370 y 371, el Venerable comunicará reservadamente á las Log∴ del mismo O∴ el nombre del profano, con el fin de que no se proponga en otra sin transcurrirse el término de la primera suspension.

374. Resultando limpios los tres escrutinios, el Venerable señala el dia en que el proponente deberá conducir al profano al lugar de su iniciacion.

375. Está prohibido el encerrar mas de un profano en la misma cámara de reflexiones y el procederse á la iniciacion simultánea de dos ó mas.

376. En los dias de iniciacion, los hh∴ Preparador y Terrible, ocurriendo al local ántes que los otros hh∴, principian sus deberes, disponiendo todo lo necesario.

377. El profano sufrirá las pruebas prescritas por los rituales. La Log∴ puede señalar otras extraordinarias, ó modificar las de costumbre si el estado físico del profano lo exige.

378. En todo el curso de los trabajos de iniciacion, los expertos y demas hh∴, deberán conservar un semblante y maneras capaces de inspirar en el ánimo del neófito el mayor sentimiento de respeto, evitando toda especie de desorden.

DE LA AFILIACION.

379. Un mason no puede, sin violar sus mas sagradas obligaciones, permanecer aislado; á ménos que le sea imposible pertenecer á una Log∴ regular.

380. Encontrándose establecido en un O∴ en donde no exista su madre Log∴, pero en que trabaje otra regular, está obligado á pedir su afiliacion.

381. Un miembro de una Log∴ regular no podrá ser afiliado en otra del mismo O∴ en que trabaja aquella, sin recibir para ello permiso por escrito. Esta afiliacion jamas le dispensa de sus deberes para, con su Log∴ madre.

382. Un mason á quien le estuviere cerrada la Log∴ para siempre ó para un tiempo determinado, por castigo que se le haya impuesto, no puede afiliarse en otra, so pena de ser excluido cuando llegue á su noticia, sin derecho de reclamar ninguna de las cotizaciones que haya pagado, sea ordinaria ó extraordinariamente.

383. Para evitar el caso previsto en el artículo precedente, se tomarán dos precauciones: primera, la de participar al G∴ O∴ la exclusion temporal ó perpetua del h∴, para que se pase el aviso á las demas Log∴ del reino; y segunda, la de exigir del h∴ que se afilia la declaracion bajo juramento, de no haber sido expulsado de la Log∴ á que pertenecia.

384. Un h∴ que sea borrado del catálogo de los miembros de una Log∴ regular, por haberse separado voluntariamente de ella, y obtenido la afiliacion en otra, no podrá inscribirse en la última sin quedar ántes solvente con la primera.

385. La afiliacion se pide por medio del saco de proposiciones. La peticion debe ir firmada por el peticionario y por el proponente, sin olvidarse de indicar el nombre, edad, patria, domicilio, condicion civil y el grado masónico con los comprobantes que lo justifiquen.

386. Se admitirá la afiliacion, cuando los dos comisionados secretamente

nombrados por el Venerable, hayan presentado buenos informes sobre las cualidades morales del peticionario, y el escrutinio produzca al ménos dos terceras partes de votos favorables. Si no resultase así y solamente tuviere en su favor la simple mayoría, podrá renovarse el escrutinio dentro de tres meses. No resultando en el segundo las dos terceras partes de los votos, tendrá lugar el tercero despues de otros tres meses. Pero si despues de los tres escrutinios, no resultaren las dos terceras partes, la solicitud será rechazada para siempre.

387. La Log∴ (por unánime consentimiento) podrá hacer en favor de los afiliados que tengan grado superior al 17, las excepciones que crea conformes con los principios masónicos.

388. Admitida la afiliacion, el Secretario invita al afiliado á presentarse en Log∴ en la primera tenida, lo que verificará acompañado del M∴ de Ceremonias. El Venerable le participa el favor que se le ha otorgado y le hace prestar al pié del ara el juramento de obediencia á los estatutos particulares de la Log∴, renovando el de sumision y fidelidad á los generales de la Órden, y á las constituciones del G∴ O∴. Despues de esto, lo hace reconocer por miembro del taller con el grado que posea.

389. El afiliado no podrá obtener aumento de salario en la Log∴ que lo afilió; á ménos que se encuentre fuera del O∴ en que está su madre Logia. En tal caso, para los aumentos de salario, se observarán las reglas establecidas.

DE LAS REGULARIZACIONES.

390. Son irregulares, y por consiguiente considerados y tratados como profanos, sujetos á toda la formalidad de la primera iniciacion masónica, primero: los iniciados en cualquier grado (en la Masonería de cualquier rito) por Log∴ irregulares ó por mas∴ que no tengan facultades para iniciar á otros: segundo, los que despues de haber ya recibido la luz masónica ó grados (simbólicos ó filosóficos) de un M∴ que tenia derecho de conferirlos (pero en tiempos y lugares exceptuados, segun los estatutos particulares de los grados sublimes de la Órden), no se presenten despues á hacerse reconocer y afiliar en el grado que se les ha conferido, en una Log∴ regular dentro de los tres meses del dia en que esta se haya establecido en el O∴ en que ellos no están domiciliados, ó á 30 millas en contorno.

391. Hácense irregulares aquellos MM∴ que forman parte de Log∴ irregulares á sabiendas; ó las visitan y participan de sus trabajos; ó les facilitan á título de alquiler por contrato civil, el lugar para el templo; y aquellos contra quienes se haya pronunciado la suspension de los trabajos masónicos ó que se hayan separado, por cualquier motivo que sea, del catálogo de los miembros de una Log∴ regular, sin licencia regularmente obtenida. En todos estos casos no se vuelven á adquirir los derechos de masones regulares, sino despues de la expiacion de las penas en que han incurrido, y despues de haber llenado las condiciones y deberes establecidos en los Estatutos Generales de la Ó∴, y en los reglamentos particulares de la Log∴ en que se pide la regularizacion.

LICENCIAS Y EXENCIONES.

392. Un mason que quiera retirarse y no hacer mas parte del Instituto.

deberá manifestarlo por escrito á su Log∴ y depositar todos los vestidos, joyas, papeles y demas efectos masónicos, satisfaciendo las cotizaciones y demas de que haya quedado deudor hasta el dia de su solicitud. Despues de esto, no se convocará mas. La licencia no le dispensa, sin embargo, ninguno de los deberes contraidos en fuerza de sus juramentos, supuesta la indelebilidad del carácter masónico.

393. Un mason que sin dejar de ser parte activa de la Órden, desee tan solo separarse de una Log∴ de que es miembro, puede hacerlo reteniendo todos los vestidos, papeles y efectos masónicos, ménos el distintivo de la Log∴ de que se separa y de la cual deberá tener la licencia por escrito, con el certificado de no ser deudor á su tesoro.

394. Todos los masones que tengan licencia regular de la Órden ó de la Log∴, podrán volver á entrar en ella, sometiéndose sin embargo, á todas las formalidades prescritas para la afiliacion y pagando los derechos establecidos por la Log∴ Están exentos de este pago aquellos masones que ántes de la licencia hayan seguido por espacio de veinte y siete años, sin niguna interrupcion espontánea ó merecida, los trabajos de la Masonería en Log∴ regulares y de rito reconocido.

AUMENTOS DE SALARIO.

395. Las promociones de los grados de Aprendiz á Compañero y de Compañero á Maestro, llamadas *aumentos de salario*, deberán ser justificadas, 1º por una conducta irreprensible, tanto en el mundo masónico como en el profano: 2º., por una completa instruccion del grado que se posee: 3º., por la edad necesaria: 4º., por el tiempo transcurrido de grado á grado.

396. Los operarios que deseen *aumento de salario*, deberán hacer la peticion por medio del saco de proposiciones, la cual se remite inmediatamente al taller del grado á que se aspira. Solamente allí puede discutirse y cuando el resultado sea favorable al peticionario, se procederá al escrutinio. Para la concesion de cualquier *aumento de salario*, son necesarias á lo ménos las dos terceras partes de los votos de los hh∴ presentes.

397. Generalmente debe transcurrir un intervalo de cinco meses entre el grado de Aprendiz al de Compañero y de siete de este al de Maestro. Solamente la Log∴ puede acortar estos dos términos en favor de un h∴ de un mérito singular ó de uno que esté para emprender un viaje y permanecer ausente por un tiempo mas largo del que necesitaria para ser promovido. Mas, por ningun título y á ningun h∴ podrá conferirse mas de un grado en un mismo dia.

398. Un Aprendiz no puede llegar á Compañero, si no tiene 23 años, ni un Compañero á Maestro, sin tener los 25 cumplidos. La primera edad señalada se rebaja á 19 años, y la segunda á 21 cumplidos en favor de los hijos de un Mason regular.

399. Tanto en el Rito Escoces, como en el Frances, los intervalos entre los grados filosóficos, se fijan en los reglamentos de los Capítulos. En el Rito Escoces los intervalos entre los grados superiores al 18, los determina el Supremo Concejo del grado 33. En ambos ritos débese, sin embargo, observar

que no puede obtenerse ningun grado sin estar perfectamente instruido en el precedente y que no puede llegarse á Rosa-Cruz, hasta la edad de 33 años cumplidos. La irreprensibilidad de la conducta masónica y civil, es siempre un requisito indispensable para conseguir un *aumento de salario*.

400. Ninguna Log∴ puede conferir grados á Masones que no cuente entre sus miembros activos, so pena de ser suspendida y de la nulidad del grado conferido. Los miembros honorarios de una Log∴ pueden recibir *aumento de salario;* pero desde aquel momento, quedan miembros activos y como tales entran en todas las obligaciones.

401. Ningun Cap∴ puede, bajo las penas indicadas en el artículo antecedente, acordar grados no siendo á miembros activos de la Log∴ en cuyo seno está establecido el Cap∴, ó á aquellos que siendo miembros activos de otra Log∴ regular, que solo tenga cámaras para los grados 1º., 2º. y 3º. simbólicos, presenten un certificado de ser dignos del grado ulterior.

402. Un Mason que pertenezca á varias Log∴ ó Cap∴, solamente puede recibir *aumentos de salario* ó de luz en su Log∴ madre, ó en el Cap∴ que reciba su primer grado filosófico.

403. Toda promocion va acompañada de los derechos correspondientes, que el h∴ promovido entregará al h∴ Tesorero en el mismo dia de su iniciacion al nuevo grado.

DE LOS BANQUETES.

404. En todos los talleres Masónicos, simbólicos ó Capitulares del Rito Escoces ó Frances, se tienen en algunos dias del año banquetes de obligacion. En los primeros tienen lugar tres banquetes en los dias 24 del IV mes, 27 del X y en el aniversario de su fundacion. En los segundos, el número y dia de los banquetes están fijados por los rituales. Todos los miembros presentes del O∴ están obligados á participar, asistir personalmente y á satisfacer la quota establecida.

405. Suspendidos ó cerrados los trabajos del Templo, se pasa á la sala de banquetes, en donde las mesas están dispuestas de manera que formen la figura de una herradura. En el Rito Escoces, el Venerable se coloca al Este en el punto central de la parte convexa de la herradura; los dos Vig∴ al Oeste frente al Venerable, á la extremidad de la herradura; los visitadores á los lados del Venerable, cada uno segun su grado; el Orador y el Secretario sobre la respectiva columna como en el Templo; el M∴ de Ceremonias, el Director de Banquetes y el Guarda-templo, se colocan en una mesa separada puesta al Oeste, frente al Venerable y fuera de la herradura; los Expertos al centro de los lados de la parte cóncava; el primer Diácono frente al Venerable, tambien en la parte cóncava; el segundo Vigilante á la derecha del primero. Siguen los demas hh∴, colocándose indistintamente como en Log∴. En el Rito Frances no hay otra diferencia que la de las columnas y la de la no asistencia de los dos Diáconos, y que en el puesto del primero, se sienta un M∴ de Ceremonias.

406. Si el banquete es una continuacion de los trabajos del Templo, el Venerable empieza por dar la órden de que cada uno se siente y *mastique* sin ceremonia. Mas si la Log∴ de banquete se abre en la misma sala

donde están las mesas, el Venerable, despues de haber hecho poner el Templo á cubierto hasta de los hh∴ sirvientes, abrirá los trabajos del modo acostumbrado.

407. En cada banquete de obligacion se harán los bríndis descritos en los respectivos rituales simbólicos ó capitulares. Pueden reducirse dos ó tres á uno, comprendidos en términos bien precisos. Al último bríndis deben precisamente asistir los hh∴ sirvientes, con los cuales se formará la *cadena de union*.

408. En los banquetes de obligacion, el Orador debe hacer un discurso análogo á las circunstancias. Cada bríndis puede ser celebrado con cánticos de alegría y música. Puédese tambien entre un bríndis y otro, mezclar una produccion de imaginacion. Júbilo, concordia y sobriedad, son los tipos característicos de los banquetes masónicos.

409. El Venerable es siempre quien por medio de los Vigilantes manda las *cargas y fuegos*, en todos los bríndis de obligacion, ménos en el que el primer Vigilante le dirige por medio del segundo sobre la columna del Sur, y del Orador sobre la del Norte, ó *vice versa* en el Rito Escocés. Si un h∴ quiere hacer un saludo de capricho, pedirá para ello el permiso del Venerable, obtenido el cual, el Venerable manda la carga y él el ejercicio y los fuegos.

410. Es permitido el reunirse y formar una sola Log∴ de Banquete, de varias establecidas en un mismo O∴ y profesando el mismo rito, escogiendo de comun acuerdo los Dign∴ y Orador. Las disposiciones de este artículo se extienden á los Capítulos.

411. Los bríndis pueden ser alternados en la *masticacion* ó bien continuados segun las circunstancias. Durante la *masticacion* los sirvientes tanto masónicos como profanos, tienen libre entrada en la sala para proveer cuanto falte en la mesa.

412. Queriéndose continuar los trabajos de obligacion, el Venerable pone la sala á cubierto por medio del Diácono (ó del M∴ de Ceremonias en el Rito Frances). Hecho esto, da un golpe que repiten los Vigilantes, hace asegurarse de si la sala está á cubierto, ordena que carguen y se armen para un bríndis que va á mandar y despues de verificado esto en las dos columnas, invita á todos los hh∴ de pié y al órden. El Venerable anuncia á quien se consagra el brindis propuesto, y lo manda del modo acostumbrado. Aquel á quien se dirige el bríndis, se mantiene de pié y al órden y luego da las gracias con los fuegos y con las baterías del grado. Los MM∴ de Ceremonias contestan en la misma forma los saludos dirigidos á los que no estén presentes.

413. Los Vigilantes y los Expertos están particularmente encargados de mantener el órden y comedimiento en las Log∴ de Banquetes. Las pequeñas faltas se corregirán en el momento por el Venerable, sin manifestar resentimiento alguno. Un h∴ que faltare á la sociedad será castigado con severidad en la primera tenida. Las quejas y acusaciones deben hacerse de modo que no hieran el pundonor.

414. Despues del último bríndis, el Venerable hace las preguntas del rito y cierra los trabajos del modo acostumbrado.

415. A mas de los de obligacion, pueden las Log∴ y Cap∴ tener banquetes

cuando les plazca; mas ningun h∴ tiene obligacion de concurrir y los bríndis se hacen como quiera, pero necesariamente han de ser Masónicos.

ADMINISTRACION ECONÓMICA DE LAS LOG∴

416. Para la iniciacion de un profano, para la afiliacion de un Mason y para cualquier aumento á grado superior, se paga una suma de dinero señalada en los reglamentos particulares de la Log∴, ó respectivamente en los del Cap∴. Para la admision de un profano y para la regularizacion de que se habló en el Artículo 390, se paga siempre mayor suma que para todos los demas casos y va acompañado de una límosna para la caja de beneficencia y para los hh∴ sirvientes. La cualidad de hijo de Mason no dispensa de pago alguno. Para la seguridad de estas entradas, cada taller tomará las medidas convenientes en sus reglamentos.

417. Todos los miembros activos y presentes en un taller regular, deben pagar mensualmente á la Log∴ una cotizacion cuya cantidad está señalada en sus reglamentos; y todas las Log∴ y Cap∴ pagan otra al G∴ O∴, tambien. señalada en los reglamentos de este.

418. Los miembros honorarios ó socios libres, los hh∴ artistas y los fundadores indicados en el artículo 252, están exentos del pago de que trata el artículo anterior. Las Log∴ y Cap∴ pagan por todos estos tambien, la cuota anual al G∴ O∴, sin excepcion ninguna.

419. Cada taller, con los productos mencionados en los artículos 416 y 417, y con el de los certificados, diplomas, breves y joyas que suministra á sus miembros, subviene á todos los gastos que ocurran. En caso de necesidad urgente, la caja del taller puede ser auxiliada por la de beneficencia y vice versa, obligándose al reembolso. Estos empréstitos pueden tambien tener lugar entre las indicadas cajas y la del Cap∴ de la Log∴.

420. En donde falten absolutamente fondos para subvenir á los gastos indispensables, el taller, por medio de la comision de haciendo y del Orador, puede acordar un impuesto extraordinario sobre cada uno de sus miembros, en proporcion de sus haberes ó medios, sea á título de empréstito ó de otro modo, segun el caso y salvas las excepciones del artículo 429.

DE LA EJECUCION DE LOS PAGOS.

421. El h∴ que regularmente avisado por el Tesorero, deja pasar un mes sin pagar la cuota que le corresponde, es anotado y entregada la nota al Venerable por el Arquitecto-revisor. El Venerable en este caso, le manda cumplir dentro de quince dias.

422. Pasado este primer término, sin haber satisfecho á lo ménos dos terceras partes del pago, el Venerable le avisa con buen modo en plena Log∴. No estando el deudor presente, lo anuncia á la Log∴ y le manda por escrito la órden de pagar dentro de quince dias.

423. Pasado sin fruto alguno este segundo término, el Venerable intima al deudor ó de voz ó por escrito, que se abstenga de concurrir á la Log∴ y que pague dentro de los quince dias consecutivos, amenazándole con que se expone á ser retirado del taller.

424. Si en este último término no ha cumplido tampoco, el Venerable anuncia que el deudor ha caido en la pena establecida en el articulo anterior y pide á la Log∴ resuelva si quiere darle mas próroga.

425. Si la Log∴ determina la ejecucion de la pena, el Venerable hace presentar por el h∴ Secretario el cuadro de la Log∴ y en presencia del Orador, del primer Experto y del M∴ de Ceremonias, *raya* el nombre del indicado, haciendo declarar en las dos columnas, que no hace mas parte del taller: manda tambien al Secretario que lo avise al G∴ O∴, y previene á todos los expertos que no se le dé entrada en el templo.

426. Si la Log∴ acuerda otra próroga al deudor, el Secretario le dirige una plancha notificándole la última determinacion. Pasado inútilmente este término de gracia, tendrá lugar lo dispuesto en el artículo precedente.

427. El mason retirado de la Log∴ por la susodicha causa, puede volver á ser admitido, previa la satisfaccion de sus deudas, siempre que la Log∴ convenga en ello.

428. El h∴ que sale por algun tiempo del O∴ en que está su Log∴, debe pagar un trimestre adelantado. Se entiend esto sie trata de volver ántes del trimestre, porque si la ausencia es mas larga, queda eximido de toda cuota ulterior.

429. Ningun mason está obligado á cuota alguna extraordinaria acordada por la Log∴, durante su ausencia del O∴

DEL ÓRDEN ADMINISTRATIVO.

430. En todas las Log∴ hay una comision de hacienda, compuesta de cinco miembros, entre ellos los dos Vigilantes y el Arquitecto-revisor. Los dos restantes son propuestos por el Venerable y aprobados por la Logia. El Venerable, como presidente de toda comision, lo es tambien de esta, pero puede excusarse de ella. Si resolviere hacer parte, aun despues del nombramiento de la comision, entrará en lugar del propuesto por el de ménos grados ó del mas jóven en caso de igualdad.

431. La comision de hacienda vela por el tesoro del taller, reconoce la necesidad de los gastos que hayan de hacerse, manda los de costumbre y los urgentes, dando parte de los últimos á la Log∴ en la primera tenida y en caso de necesidad extraordinaria de nuevos fondos, despues del informe del Arquitecto-revisor, promueve la deliberacion de la Log∴

432. El Arquitecto-revisor liquida toda la contabilidad de la Log∴, somete sus observaciones á la comision de hacienda, tiene un registro de todas las deudas y créditos del taller, conteniendo la partida de cada h∴ del dia de su iniciacion ó afiliacion, especificando las cuotas de cada grado, lo mismo que las personales, ya sean anuales, ya mensuales. Este registro ha de estar empaginado y refrendado por el Secretario.

433. Revisa y liquida los gastos del Ecónomo, del Director de Banquetes y del Decorador, sujetandolo todo á la aprobacion de la comision, para luego expedir al Tesorero las correspondientes órdenes de pago, justificadas con las firmas de tres miembros al ménos de la comision.

434. Tambien transmite al Tesororo, el estado de acreedores con su firma y sancionado por la comision.

435 El Tesorero exige el exhibo, paga las órdenes emitidas por el Arquitecto á nombre de la comision de hacienda, tiene una cuenta de caja y siempre que se le exiga, somete su contabilidad á la comision.

436. Finalmente, la comision de hacienda, dentro del término indicado en el artículo 137, presenta al taller para su aprobacion, el balance de cada semestre transcurrido. El taller que deje de hacer presentar sus cuentas en los predichos términos, no podrá despues reconvenir á la comision de hacienda, ni al Tesorero por sus reglamentos.

DE LA NO ASISTENCIA Á LOS TRABAJOS.

437. Ningun mason puede dejar de concurir á las tenidas ordinarias de su Log∴ en los dias fijados por sus reglamentos.

438. El que no pueda asistir á alguna de las tenidas, debe prevenirlo al Venerable por escrito, al Secretario ó á otro dignatario ú oficial de la Log∴, indicando el motivo: cuando por circunstancias imprevistas no haya podido avisarlo, debe excusarse en la tenida siguiente.

439. El h∴ que falte á tres tenidas consecutivas sin haber dado cuenta del motivo que haya tenido, será amonestado oportunamente. No compareciendo y no justificando un impedimento legítimo, se le amonesta por segunda vez. Si persiste en no presentarse, se le advierte que la Log∴ tomará su silencio como una dimision. Finalmente, si á esta tercera y última intimacion, no contesta decisivamente, se raya su nombre del catágolo de los miembros, segun se establece en el artículo 425, para con los deudores no solventes.

440. El h∴ que trate de ausentarse por mucho tiempo del O∴ de su Log∴, está obligado á prevenirlo con una plancha ó personalmente. Durante su ausencia, debe á lo ménos cada tres meses informar á la Log∴ de su estado y del lugar en que se encuentre. A su vuelta, lo avisa al Secretario para que le envie las planchas de citacion.

441. La Log∴ puede, por motivos pue ella conozca, autorizar la no asistencia de un h∴ cualquiera, aun cuando more en el mismo O∴ en que está establecida la Log∴

442. Las faltas frecuentes, aumentan los intérvalos establecidos en los aumentos de salario en las Log∴ y Cap∴

443. La Log∴ fija en sus reglamentos particulares, una multa para cada falta no justificada. *Véase el artículo* 343.

DE LA ADMINISTRACION POLÍTICA.

444. La cualidad de mason debe suponer una no disposicion á faltar; mas los defectos de la humanidad, la no perfecta reforma de los antiguos hábitos y la negligencia en el ejercicio de los deberes de una sociedad, cuya única mira es la perfeccion del hombre, puede exigir alguna vez el empleo de medios capaces de impedir ciertas faltas, cuya tolerancia traeria seguramente consigo la destruccion de la mas antigua y unida, de la mas ilustrada y útil institucion humana. De aquí, la probabilidad de las culpas masónicas exige que se fije la norma de las acusaciones, de los juicios y de las penas en sentido masónico.

445. Jamas puede presentarse acusacion, pronunciarse juicio, ni aplicarse pena en presencia de los visitadores ó en el dia de la recepcion de un profano.

DE LOS DELITOS.

446. Distínguense los delitos masónicos en graves, ordinarios y leves.

447. Son delitos graves: 1°., el perjurio y traicion ó la complicidad y cooperacion á la traicion, tanto contra la Órden en general, como en particular: 2°., la manifestacion de los misterios ó secretos masónicos, ya sea á un profano, ya á un mason de grado inferior á aquel á que se refieran los misterios ó secretos revelados: 3°., la rebelion de hecho y sin razon contra el G∴ O∴, el Supremo Concejo del 33 y Comendador *ad vitam*: 4°., el ataque contra los Estatutos Generales de la Órden, que tienda á suscitar un cisma ó la destruccion de la misma Órden: 5°., la mala fé en negocios de tesoro ó mobiliario de un taller: 6°., la calumnia directa para infamar á un h∴ en la opinion, ya del mundo masónico, ya del profano: 7°., los abusos de hospitalidad ó los atentados al honor de la familia de un mason: 8°., la desconfianza entre los hh∴ de un grado superior al 18°., escoces.

448. Son delitos ordinarios: 1°., la manifestacion á un profano de disciplinas ú otros objetos masónicos, que no sean secretos ó misterios de la Órden: 2°., los dichos que en caulquier forma comprometan la dignidad de la Órden ò de una asociacion masónica: 3°., la formacion de partidos ó *complots* que tiendan á privar la libertad de los votos ó á producir la desunion ó discordia entre los hh∴: 4°., la irregularidad de los trabajos masónicos relativamente tanto á los trabajos mismos, como al h∴ en quien recaiga dicha irregularidad: 5°., la irracional desobediencia á los reglamentos particulares de la propria Log∴ y á la autoridad de las tres luces en los trabajos: 6°., el negarse pertinazmente á las obligaciones inherentes en particular á la cualidad de dig∴, de Ofic∴, ó de miembro del taller: 7°., la desconfianza entre los hh∴ de grado inferior al 14°. escoces.

449. Son delitos leves: 1°., la poca decencia en el templo: 2°., el abuso de la cualidad profana para influir en las deliberaciones: 3°., los enconos y animosidades entre hh∴ de cualquier grado que sean: 4°., las faltas de cumplimiento que ponen al taller en la imposibilidad de servirse de sus muebles y demas para trabajar regularmente: 5°., todas las otras culpas previstas en los Estatutos Generales, las cuales en fuerza ya de estos estatutos, ya de los reglamentos particulares, tiene el Venerable facultades para castigar.

DE LAS ACUSACIONES.

450. Cualquiera acusacion escrita, pero anónima, de delito grave, ordinario ó leve, se quema inmediatamente.

451. Ninguna acusacion de delito grave, pude hacerse á viva voz, ni ser leida públicamente en Log∴, sino dirigida solo al Venerable. Si el delito grave se imputa al mismo Venerable, debe informar el ex-Venerable y en su defecto el primer Vigilante.

452. Ninguna acusacion de delito ordinario, ni leve, puede hacerse públicamente en Log∴ simbólica contra otro cualquier h∴ de grado inferior al 3°.: En este caso debe seguirse la norma prescrita en el articulo precedente.

453. Todas las demas acusaciones que se produzcan en Log∴, sea de viva voz, sea por escrito, siempre despues de haberse hecho cubrir el templo al h∴

(si está presente) contra quien se dirijan, deben proponerse con moderacion. El Venerable que descubra animosidad en alguna acusacion, invitará al autor á modificarla y si la acusacion *verbal* fuere poco masónica, impondrá silencio al h∴ que la haga, reservándose las medidas que crea oportunas, para tomar luego los informes que le convengan.

454. El h∴ que presente una querella, sea á la voz ó por escrito, debe con tiempo preparar sus pruebas, so pena de incurrir en pena igual á la que corresponda al delito imputado.

DE LOS JUICIOS.

455. En toda Log∴ regular debe haber una comision política, cuyos miembros natos son: el Venerable, los dos Vigilantes, el Orador, el Secretario, el Tesorero y el primer Experto. Si alguno de estos miembros cometiere algun delito, se sustituye con otro hermano, siguiendo el órden de sus empleos; y si la acusacion recayere en el Venerable, llenará sus veces el ex-Venerable ú otro dignatario, siguiendo tambien el órden de los empleos.

456. La comision de que se trata en el artículo anterior, se llama *comision de rigor* y conoce de los delitos graves, ó lleva el nombre de *comision de disciplina* y entónces conoce de los ordinarios y leves.

457. Todo mason, de cualquier grado que sea, cuando es miembro de una Log∴, está obligado á observar sus reglam∴, y á respetar al Ven∴ y demas luces de la misma. Es tambien de advertirse, que refiriéndose los delitos masón∴ á misterios y doctrinas cuyo conocimiento no es permitido á masones de cualquier grado, deben indispensablemente variarse los miembros en personas á quienes pueda competir el procedimiento, segun los grados de los acusados.

458. Para los delitos graves cometidos por un h∴, de cualquier grado que sea, la *comision de rigor* los comunica al G∴ O∴, á quien tan solo toca conocer de ellos. El G∴ O∴ procede en su G∴ L∴ simb∴, si el grado del acusado no pasa del 3°. Si el grado es mayor del 3°. y menor del 19°., procede en su Sob∴ Cap∴ Gen∴. Cuando el grado del acusado es superior al 18°., procede en uno de sus tribunales superiores.

459. La comision de disciplina conoce de los delitos ord∴ ó leves, imputados á hh∴ de cualquier grado que sean, sustancía la causa y pronuncia la sentencia. En este caso, tres por lo ménos de sus miembros deben indispensablemente estar revestidos de grado igual ó superior al del acusado, quien á falta de hh∴ de grado competente, podrá escoger entre someterse al juico de la comision de disciplina (cuando debidamente llamada no se justifique) ó ser enviado el juicio al G∴ O∴.

460. Los delitos cometidos por los miembros del G∴ O∴ son juzgados en primera instancia por el Sup∴ Tribunal del 31. Mas los condecorados con el 32, 33, y el Comendador *ad vitam*, son juzgados por el Sup∴ Concejo del 33.

461. Debe oirse al acusado cuantas veces lo pida y tiene el derecho de saber los nombres y declarac∴ de los test∴ y acusad∴. Puede tambien defenderse él mismo ó por medio de otro h∴ de la Log∴ escogido por él. Mas cuando llamado por tres veces á hacer sus descargos no comparezca, se procede como si estuviera presente en el juicio.

462. Del juicio de la *comision de disciplina* por delitos leves hay apelacion á la Log∴ entera y del de la comision por delitos ordinarios, se apela al Grande Oriente, segun las clasificaciones establecidas en el artículo 458. Del juico de la Gran Logia simbólica en primera instancia para delitos graves, se apela al Soberano Capítulo general. Del de este último como primer juez, debe interponerse la apelacion al Sup∴ Trib∴ dal grado 31. Y finalmente, de las sentencias pronunciadas en primera instancia por alguno de los Consejos, Consistorio ó tribunal del Sup∴ Consejo del 33, la apelacion va al mismo Sup∴ Consejo en grande asamblea.

463. Ningun mason puede ser juzgado, estando ausente del G∴ O∴ en que reside el taller ó tribunal á quien corresponda la causa. En este caso, si la acusacion es por delito grave, el acusado se suspende en todos los trabajos de cualquier taller nacional, hasta que se presente á sufrir el juicio correspondiente.

464. Todo mason, sin distincion ninguna de grado, acusado por delito grave, sufre suspension en los trabajos hasta la última decision. Mas durante una suspension de juicio por delitos *ordinarios* ó *leves*, tiene la Log∴ facultad de negar al acusado la entrada al templo, excepto el caso de ser este de grado superior al 30.

465. El mason, aun siendo de grado superior al 30, sometido á juicio y no suspenso en los trabajos, no tiene voto deliberativo.

466. La comision encargada de la administracion política, cela la conducta de los hh∴ en el mundo prof∴, supuesto que á toda corporacion interesa que sus miembros tengan ó conserven la opinion y fé pública. Por lo cual, si un h∴ fuse requerido por la autoridad profana por delitos leves, la comision se asegura del hecho y le avisa fraternalmente; mas si se trata de delitos infamantes, en que no quede duda, la Log∴ se ocupará de ello.

467. Por esta razon, el mason debe guardarse de ceder á sus propias prevenciones, para no exponerse á ser perjuro y á cometer en perjuicio de un h∴ una injusticia cuyos resultados serian funestos é irreparables. En caso de duda, debe respetarse y garantirse su reputacion por toda la Órden, contra la opinion pública aun la mas valida, siempre que no esté bien fundada. El celo extremado en un acusador, aunque sea con la mayor buena fé, se convierte en calumnia con la mayor facilidad y se va en Masoneaía solamente en pos de la inocencia. Con el laudable fin de proteger el decoro de la Órden masónica en la opinion de los profanos, la mano de un mason no debe derribar á otro mason á un precipicio de infamia, en cuyo márgen hay forzosamente vindictas privadas ó públicas hablillas á que está expuesto el hombre mas virtuoso. Extraña á toda influencia profana, la Órden de la Masonería se instituyó para proteger á los hombres que hacen parte de ella y llevarlos á la perfeccion. Sin firmeza de espíritu y rectitud en los sentimientos, no puede haber Franc-Masonería.

DE LAS PENAS.

468. Distínguense las penas en tres clases, *mayores, estatutarias y correccionales.*

469. Aplícanse las primeras á los delitos graves y su imposicion toca tan

solo al G∴ O∴, en cuyas constituciones está determinada su importancia, salvo lo prescrito en el artículo 459.

470. Las penas *estatutorias*, se imponen á los delitos ordinarios, y son: 1°., Separacion de la Log∴: 2°., Suspension en los trabajos: 3°., Inhabilitacion para las dignidades y oficios: 4°., Suspension de unos y de otros.

471. Las *penas correccionales*, se imponen á los delitos leves y son: 1°., Colocacion entre columnas: 2°. Lugar de pena en Log∴: 3°. Cubrir el templo: 4°. Aviso en público: 5°. Multa pecuniaria.

472. La *separacion* de la Logia lleva consigo la pérdida de la cualidad de miembro del taller y el nombre del penado es *rayado* del *cuadro* de los miembros de dicha Logia, segun lo establecido en el artículo 425. Por tres tenidas al ménos, se expone en el vestíbulo un cartel con el nombre del *rayado* en letras encarnadas.

473. La *suspension en los trabajos*, es una separacion temporal del taller, la cual no puede durar ménos de tres meses. El cartel se fija por el mismo estilo en el templo en la columna del suspenso.

474. La *inhabilitacion* para las dignidades y oficios, trae consigo la exclusion del herm∴, á lo ménos por nueve meses, de todo cargo ó funcion en Log∴.

475. La suspension de dignidad y oficio, no puede pasar de tres meses.

476. La colocacion de un h∴ entre columnas será tan solo por tres tenida á lo mas, en cada una de las cuales no durará mas de tres cuartos de hora. El penado se mantiene de pié y al órden.

477. El *lugar de pena* en Log∴, está en el último lugar de aprendiz por una ó mas tenidas, pero jamas pasará de siete.

478. El *cubrir el templo*, se refiere á la tenida en que se comete la culpa y no se impondrá por mas de tres tenidas sucesivas.

479. El *aviso en público*, es una fraternal represion del Venerable en plena Log∴.

480. Finalmente, la multa pecuniaria fijada con anticipacion en los reglamentos de cada Log∴ para todos los casos, ingresa constantemente en la caja de beneficencia.

481. El que por segunda vez comete un delito, tiene mas pena aun cuando sea leve. Cuando el hermano es incorregible, se le trata con las mas rigurosas penas estatutorias. Las circunstancias del delito mas ó ménos graves, autorizan para añadir una, dos, ó mas penas correccionales á una estatutoria.

482. El arrepentimiento, la confesion sincera, la pronta y respetuosa sumision á la pena en que se haya incurrido, pueden hacer disminuir ó mitigar el castigo y hasta dar lugar á una absolucion.

LIBRO ENCARNADO Y REGISTRO DE DISCIPLINA.

483. En los registros de los trabajos ordinarios de un taller no se hará jamas mencion de los delitos, de las acusaciones, de los juicios, ni de las penas á que haya sido condenado un h∴. Semejantes trabajos deben trazarse en pliegos sueltos, que se entregarán á las llamas inmediamente que se haya resuelto sobre el particular.

484. Cada taller tendrá un registro empaginado y refrendado en todos sus

folios, por las tres luces, por el Orador y el Experto. En este registro se anotan en letras encarnadas: 1°. los nombres de los masones que hayan sido definitiva y regularmente condenados á perpetua exclusion de la Órden, de los cuales debe darse nota á todos los G∴ O∴ extranjeros: 2°. los nombres de los profanos, que siendo excluidos por el art. 372, hayan terminado el 25°. año de su edad ó si es menor, sea expresa condicion de la Log∴ el deberse mirar la exclusion como irrevocable. No verificándose alguna de estas circunstancias, el profano excluido tendrá el derecho de ser otra vez propuesto nueve años despues de su primera exclusion. Por lo contrario, si esta fuere acompañada de una de dichas circunstancias, el nombre del profano se anotará en el *libro encarnado*, debiéndose informar de ello á los G∴ O∴ extranjeros.

485. Á mas del *libro encarnado*, las Log∴ tendrán un registro de disciplina, en donde se anotarán todas las penas temporales á que sean condenados los masones y todas las manchas de los profanos que sean revocables despues del novenio.

486. Tanto el *libro encarnado* como el *registro de disciplina*, deberán conservarse en la caja de tres llaves, de las cuales una conserva el Venerable, otra el Archivero y la tercera el Censor.

GRADOS Y CLASES DE LA MASONERÍA.

487. Cada rito masónico reconoce diversos grados en la carrera, por medio de los cuales se llega al descubrimiento de los misterios del Instituto. En el rito escoces los grados masónicos son 33, los cuales se dividen en siete clases principales: cuya importancia solamente puede conocerse con el estudio de los rituales. En el rito frances ó reformado, los grados son siete, el último de los cuales es á poca diferencia el 18°. escoces. En todos los demas, modernos y poco conocidos, el número de grados y clases es vario; mas la suma de las doctrinas masónicas no ofrece diversidad esencial.

VESTIDOS Y JOYAS.

488. Todo mason usará en Log∴ el vestido correspondiente á su grado y se condecora de las joyas y decoraciones relativas, segun está prescrito en las liturgias de cada grado, salvo lo dispuesto en el artículo 312.

489. Llámase vestido todo lo que tiene relacion con mandiles, fajas, guantes, cintas, sombreros, mantos, &c., correspondientes á cada grado respectivo. Llámase joya todo lo que hace el platero de que se adornan los masones, segun sea el grado ó empleo en Log∴.

490. Toda Log∴ tiene una joya distintiva que los hh∴ llevan pendiente de un ojal. Ordinariamente es una figura de metal alusiva al título de la Logia. Esta joya de ningun modo debe confundirse con las prescritas en las liturgias para cada grado de la Órden. El color y la forma de las cintas ó cordones de los diversos grados de la Órden ó de los empleos en Log∴, serán siempre diferentes.

491. Los dignatarios y oficiales de una Logia, á mas del vestido y joya de su grado y á mas de la joya de la Log∴ de que se ha hablado en el artículo

precedente, llevan pendientes de una cinta ó collar las siguientes joyas de oro ó doradas: el Venerable y ex-Venerable, *una escuadra*, con la sola diferencia de que el último la lleva suspendida de un ojal: el primer Vig∴ *un nivel:* el segundo, *una perpendicular:* el Orador, *un libro abierto* con estas palabras, *estatutos de la órden:* el Secretario, *dos plumas cruzadas:* el Tesorero, *una llave:* el primer Experto, *una espada:* el M∴ de Ceremonias, *dos reglas formando la cruz de San Andres:* el Archivero, *dos columnas:* el G∴ sellos, *una medalla con la joya y título de la Logia:* el primer Arquitecto, *una regla dividida en nueve decímetros:* el Arquitecto-revisor, *un compas:* el Limosnero, *una guirnalda de acacia:* el Hospitalario, *un cáliz:* el Ecónomo, *una bolsa:* el Director de banquetes, *una cornucopia:* los Diáconos, *un guante:* el Porta-estandarte, *una banderola:* el Heraldo, *una lanza:* el Guarda Templo interior, *tres llaves cruzadas.*

492. Si en un individuo hay diversos empleos (como hemos visto ya), la joya debe ser la correspondiente al cargo mas elevado solamente.

493. La joya de Log∴ se lleva en union de otra cualquiera. La del cargo correspondiente corre á expensas del taller.

DE LOS VISITADORES EN GENERAL.

494. Cualquier Log∴ puede no permitir la entrada en el templo á los visitadores cuyo grado no pase del 30°., hallándose ocupada en trabajos de propia administracion ó, como acostumbra decirse, en Log∴ de familia. Mas para ahorrarle el trabajo de hacerse anunciar, en tal caso se fija en la sala de pasos perdidos un cartel que avise estar la Log∴ en *asuntos de familia.*

495. A dichos visitadores del grado mencionado en el artículo anterior, no se les puede dar entrada hasta despues de haberse leido la plancha de los trabajos precedentes.

496. El visitador, despues de haberse hecho anunciar por el Guarda-Templo exterior ó por uno de los hh∴ sirvientes, es examinado por el Experto Tejador á quien entrega el diploma, firmando sobre un pedazo de papel para que la Log∴ pueda confrontar su firma con la de aquel. Quédase en el vestíbulo con el h∴ que el Venerable señala para que le acompañe miéntras se concede el permiso para entrar.

497. El Venerable solo ó acompañado del Orador, examina el diploma, verifica la firma y hace saber á la Log∴ el nombre y cualidad masónica del visitador, disponiendo los honores que le correspondan.

498. Si se presenta duda acerca de la legitimidad del diploma ó firma del visitador, el Venerable, con la aprobacion de la Log∴, puede negarle la entrada, participándole los motivos que para ello se tengan: en este caso se le devuelve el diploma; mas debe retenerse, cuando aparezca hasta la evidencia que el visitador es un profano.

499. Sobre la vuelta del diploma de un visitador admitido al templo, pone la Logia su *visto* con la fecha, sellado y firmado por el Venerable y por el Secretario, *por órden de la Logia.*

500. Un visitador que no dé la palabra semestral ó la del grado en que se trabaje ó que se presente en traje no masónico, ó no tenga diploma ó en su

defecto no sea conocido de tres hh∴ entre los dignatarios y oficiales de la Log∴, no puede ser admitido.

501. Los visitadores pueden pedir la palabra y exponer su parecer en todo lo que no tenga que ver con asuntos del tesoro de la Logia visitada. En caso de discusiones sobre el particular, procurarán cubrir el templo y no haciendolo así, el Venerable les avisa cortesmente. Los visitadores tienen voto deliberativo en los negocios relativos al bien general de la Órden; pero pueden excusarse.

502. Un mas∴ de grado no mayor al 30, perteneciente á una Log∴ de otro O∴, despues de haber visitado por tres veces, debe manifestar si quiere afiliarse en ella. En caso negativo, podrá seguir visitándola; pero previo el permiso de la misma.

HONORES Á LOS VISITADORES.

503. El Gran Comendador ó el Gran M∴ de la Órden, puede si quiere, entrar en un templo sin ántes hacerse anunciar y llegando inmediatamente al trono tomar el primer puesto; pero si se anuncia, el Venerable comisiona en el acto á tres hh∴ de los mas altos grados para que le acompañen y manda que todos los miembros de la Logia prevenidos de espadas y *estrellas*, formen dos columnas que lleguen hasta el vestíbulo, á la cabeza de los cuales se colocan los dos vigilantes, formando la *bóveda de acero*. El Ven∴, precedido del Porta-estandarte con banderola y del Heraldo con espada y acompañado del Orador, del Secretario y de los dos diáconos, llega á la puerta del templo, hace el debido cumplimiento al sublime Gr∴ dignatario, le cede el mallete y le conduce con todo el acompañamiento bajo la *bóveda de acero*, hasta el trono, donde se sienta el Gr∴ visitador. El Venerable y todos los hh∴ se mantienen de pié y al órden, hasta que él disponga lo contrario.

504. Los mismos honores se tributan á los GG∴ Comendadores y GG∴ MM∴ de GG∴ OO∴ extranjeros á sus GG∴ Representantes, á los SS∴ GG∴ II∴ GG∴, miembros del Sup∴ Consejo del 33º de cualquier G∴ O∴ y á las diputaciones del G∴ O∴ nacional; salvo que el Ven∴ despues de haber conducido á estos ilustres visitadores y colocádose á la derecha, hace sentar á cada uno en su lugar é informa al visitador de cuanto se ha hecho en Log∴, ántes de su llegada.

505. Á los visitadores que son GG∴ dignatarios del G∴ O∴ y á los que hacen parte del sublime Consistorio del 32º, ó que están simplemente revestidos de este grado, el V∴ envia para introducirlos una diputacion de nueve hh∴ provistos de espadas y *estrellas* y hace formar la bóveda de acero por todos los hh∴ de la Log∴, exceptuando las tres luces.

506. A los GG∴ Inquisidores del 31º, se les envia una comision de siete personas con espadas y estrellas: todos los hermanos forman la bóveda de acero, quedando en sus puestos los tres luces.

507. Del 30º al 18º grado inclusive, la comision se nombra tambien de siete hh∴ con espadas y estrellas; pero solamente nueve personas forman la bóveda de acero.

508. Para los Venerables en ejercicio, los miembros de cualquiera G∴ O∴

y las logias en comision, la diputacion consta de cinco hh∴ con espadas y estrellas y forman la bóveda nueve.

509. Para los visitadores de los grados del 17 al 14 inclusive, la diputacion armada de espadas y estrellas es de tres y la bóveda de cinco.

510. Van siempre á la cabeza de las diputaciones un M∴ de Ceremonias y un Experto. El primero conduce al Visitador de la mano y el otro se coloca al lado opuesto. Los que componen la diputacion, le siguen de dos en dos y los hh∴ que no estén ocupados en la bóveda de acero, se mantienen de pié y al órden. Las tres luces, al tiempo de entrar un h∴ Visitador de grado superior al 17°, hacen la batería de malletes.

511. Á los visitadores de quienes hemos hablado en el artículo 509, les es permitido detenerse en el centro del templo, salir directamente al O∴ y recibir los cumplidos y aplausos debidos á los cuales corresponden del modo acostumbrado; mas su batería es cubierta.

512. El Venerable está obligado á ofrecer su mallete á los visitadores de grado superior al 17°, cuando el suyo sea inferior: débeles tambien dar cuenta de los trabajos que han precedido á su llegada y pueden admitir el mallete y seguir los trabajos en dicha tenida.

513. Todos los otros visitadores del 13°, al primer grado, son introducidos por el M∴ de Ceremonias despues que el Venerable haya dado la órden. Este último pondrá á todos los hh∴ de pié y al órden, cumplimentará y hará aplaudir á los visitadores y despues de haber contestado, los hará colocar en la columna respectiva. Adviértese que los visitadores del 3° hasta el 13° grado inclusive, deben colocarse á la cabeza de la primera columna, que en el rito escoces, es la del Norte; y en el frances, la del Sur.

514. Cuando haya en el véstibulo visitadores de diversos grados, se introducen primero aquellos por quienes son ménos las ceremonias, siguiéndose los de grado mas elevado; á ménos que quieran entrar juntos, en cuyo caso precede el de grado superior.

515. Los visitadores, pueden al retirarse, dispensar las ceremonias, pero los venerables deben rendirles los mismos honores que al entrar ó por lo ménos poner á los hh∴ de pié y al órden, hasta que hayan salido del templo.

516. Un visitador de grado inferior al 31, no tiene derecho á los honores debidos á su grado, mas que una vez al año. Las otras veces la Log∴ tiene facultad de modificarlos en todo ó en parte. A los de los grados 31, 32 y 33, despues de la tercera vez, solo les corresponden los *pequeños honores*. Al G∴ Comendador *ad vitam* se le deben los gr∴ honores, siempre que quiera visitar una misma Log∴

517. Llámanse *pequeños honores* la *bóveda de acero*, compuesta de cinco ó siete hh∴ á lo mas y sin diputacion.

518. A ningun mason se harán los honores debidos á su grado, ni ocupará en Log∴ el lugar que le corresponde, cuando no se presente debida y completamente decorado.

PREROGATIVAS DE LOS GRADOS 31, 32 y 33.

519. Los masones de los grados 31, 32 y 33, tienen el derecho de entrar y salir sin licencia de todos los talleres en que se trabaje en grado inferior al 3Q

ménos cuando esté en el trono el G∴ Comendador *ad vitam*. Tanto al entrar como al salir, estos no saludan mas que con una simple inclinacion de cabeza. Cuando entran, se suspende toda lectura ó discusion hasta estar sentados. Se colocan siempre á la derecha del Venerable y ántes del ex-Venerable, si son de grado superior. Toman la palabra cada vez que les plazca sin pedirla. Nadie de grado inferior puede hacerles preguntas de instruccion. Se mantienen sentados y cubiertos al entrar los visitadores de grado inferior al 30, ménos cuando estos se presentan en calidad de diputados de un taller. No pueden ser acusados, ni juzgados sino en Log∴ consistoriales. En los banquetes, solo se levantan en los tres primeros bríndis de obligacion, en el último, y en aquellos que se dirigen á diputados del banquete y á masones de su grado ó mayor.

520. Los sublimes masones mencionados en el artículo precedente, no podrán, en los talleres á que pertenezcan, ser enviados en comision ni nombrados para cargos inferiores al de segundo Vig∴ en Log∴ simb∴ y de Secretario en los Cap∴.

VISITAS DE LOS GG∴ INSPECTORES INQUISIDORES.

521. Los miembros del Sup∴ Tribunal del grado 31, así como los del Sublime Consistorio del 32, están obligados á visitar los talleres inferiores, sin que se les pueda negar la entrada.

522. Para evitar cualquier inconveniente, las Log∴ y los Cap∴ tendrán conocimiento, 1°. de las atribuciones de los GG∴ Inspectores Inquisidores de la Órden y 2°. de los nombres de los masones que sean reconocidos como tales por el Sublime Consistorio nacional.

523. Sabida la llegada de alguno de ellos en el vestíbulo de templo y anunciado con el carácter de G∴ Inspector Inquisidor, el que preside enviará inmediatamente dos hh∴ para que le reconozcan. Este reconocimiento se hace confrontando la impresion del contraseño consistorial, que él exhibirá con el que todo taller debe haber recibido ántes directamente del Sup∴ Consejo del 33, ó por medio de la G∴ L∴ de administracion del G∴ O∴ nacional.

524. Cuando un G∴ Inspector Inquisidor entre en un taller en calidad de tal, á mas de todos los honores prescritos en el artículo 506, las tres luces hacen con sus malletes la triple batería del grado en que se trabaje. Luego el Venerable ó Presidente baja del trono y llegado al pié del ara baja su espada y dice: *¿qué venís, hermano mio, á hacer aquí?*: el G∴ Inspector Inquisidor, cruzando su espada con la del otro, responde: *vengo á visitar vuestros trabajos*. En el mismo momento el primero le ofrece el mallete y el otro lo acepta ó rehusa. En ambos casos se da el abrazo fraternal.

525. Si el que preside los trabajos es de grado igual ó superior al del G∴ Inspector Inquisidor, no sale á recibirle, ni le ofrece el mallete. Y si hubiere en Log∴ hh∴ del mismo grado, la diputacion que va á encontrarle, no se compondrá mas que de cinco hh∴ con espadas y estrellas.

ATRIBUCIONES ESPECIALES DEL SUP∴ TRIB∴ DEL 31.

526. El Supremo Trib∴ del 31 es el juez de la Órden y tiene á su cargo la policía y la conservacion de la Masonería: impide todo abuso y violacion de

ESTATUTOS GENERALES.

los Estatutos Generales y llama á sí todas las decisiones de las Log∴ ó de los Cap∴ en lo que atañe á sus atribuciones. Sus deliberaciones toman el nombre de *decretos*.

527. El Supremo Tribunal prohibe todas las Log∴ bastardas ó irregulares, de cuya tolerancia nacen todos los desórdenes y corrupcion del G∴ Instituto; pero un G∴ Inspector Inquisidor solo no puede, por su propia autoridad, hacer mas que pedir la suspension de los trabajos del dia del taller que él encontrase irregular y entregado á graves desórdenes: el taller no puede resistirse, y el Insp∴ Inquis∴ debe dar parte de todo al Sup∴ Tribunal.

528. En cada capital de provincia, debe haber un Sup∴ Tribunal del 31, en correspondencia con el G∴ O∴ y bajo la dependencia del Sup∴ Consistorio del 32.

LEGISLACION Y GOBIERNO DE LA ÓRDEN.

529. La Órden de los Masones es indestructible; porque es fuerte, fuerte porque es unida y unida, porque la patria de los Masones es el mundo: todos los hombres virtuosos son sus compatriotas y sus principios, la voz de la naturaleza. Este ha sido, es y será siempre, el resultado feliz de una perfecta *uniformidad de doctrina y de gobierno*. De aquí es que toda variacion en que no concurra el voto debidamente manifestado de toda la gran familia masónica esparcida por la superficie de la tierra, se considera un atentado contra la estabilidad, seguridad y prosperidad de la Órden.

530. La legislacion Masónica Escocesa, dimana de la G∴ Dieta de la Órden, cuya sede originaria está fijada para siempre en el O∴ de Edimburgo. En él tienen voz los legítimos representantes de la Masonería Escocesa de cada nacion del mundo político.

ESTATUTOS GENERALES:

531. El conjunto de las leyes Masónicas universalmente reconocidas, es lo que entendemos bajo el título de *Estatutos Generales de la Orden*.

532. Los Estatutos Generales son obligatorias para todos los talleres masónicos y para todos los Masones de los dos hemisferios, de cualquier grado que sean. De aquí es que es permitida su impresion, pero prohibido absolutamente bajo las mas rigorosas penas, el dar conocimiento de ellos á talleres y MM∴ cuya regularidad no sea bien conocida.

533. Forman parte integrante de los Estatutos Generales y por consiguiente llevan el mismo carácter de inviolabilidad, los llamados rituales, relativos á materias, secretos, disciplina, liturgia y doctrinas de cada uno de los 33 grados de la Masonería Escocesa.

534. No puede permitirse la lectura de los rituales sino á MM∴, segun los grados que posean. Por consiguiente, su impresion es mirada y castigada como alta traicion.

CONSTITUCIONES DE LOS GG∴ OO∴

535. Para la observacion de los Estatutos de la Órden, debe existir en toda nacion en que haya Masonería regular, un cuerpo director revestido de altos poderes. Generalmente lleva el título adoptado de G∴ O∴, el cual consiste en

la reunion de los legítimos representantes de los talleres nacionales, segun los Artículos 244 y 250.

536. El G∴ O∴, para el uso legal de sus atribuciones y para su régimen interior, adopta los reglamentos que mejor le convienen, los cuales toman el nombre de Constituciones.

537. Las atribuciones del G∴ O∴ son legislativas ó ejecutivas. Las primeras se ejercen en grande asamblea,: las segundas, en otras secciones destinadas al efecto.

538. Las atribuciones legislativas se limitan á suplir la obscuridad ó deficiencia de los Estatutos de la Órden, ya sea por medio de interpretaciones, ya sea por disposiciones supletorias de ley en casos imprevistos: siempre conformes á los principios generales de la Masonería Escocesa y al espíritu de los mismos Estatutos Generales.

539. Las atribuciones ejecutivas guardan la exacta observancia de los Estatutos Generales, por lo que mira á lo científico, litúrgico, disciplinario y administrativo de los grados.

540. Un G∴ O∴ Escoces se divide en cuatro secciones principales; las tres primeras corresponden á la parte científica, litúrgica y disciplinaria de los grados y son: la G∴ L∴ simbólica, el Sob∴ Cap∴ General y el Sup∴ Consejo del 33, ya sea unido, ya dividido en otros Consejos: la cuarta, con el título de G∴ L∴ de administracion, está exclusivamente encargada del ramo de hacienda del G∴ O∴, y de la correspondencia con toda la Masonería nacional y extranjera.

541. Las Constituciones del G∴ O∴, como no son leyes, sino reglamentos para su ejecucion, se limitan á abrazar los siguientes objetos, á saber: la composicion personal de la asamblea general y de cada una de las cuatro secciones; la conservacion de los archivos, sellos y timbres y registros; la inauguracion de las madres Log∴ y de los Capítulos, tanto en el interior como en el extranjero en donde no haya GG∴ OO∴ reconocidos; la agregacion de Logias y de Capítulos nacionales, ya constituidos por Grandes Orientes extranjeros; las dimisiones; los certificados, breves ó diplomas de grados; los actos de beneficencia; las medidas para obligar á los dignatarios y oficiales á intervenir en los trabajos de las respectivas secciones; la aprobacion ó no aprobacion de los representantes de los talleres simbólicos ó capitulares; el local y los dias de sesion de G∴ O∴, tanto en asamblea general, como en cada una de las secciones; el curso ordinario de sus diversos trabajos; las diputaciones y comisiones que ocurran: la administracion de visitadores nacionales y extranjeros; las cuotas anuales de los talleres; el valor de las patentes constitucionales ó cartas constitutivas de los rituales aprobados, de las cartas capitulares y de los certificados, breves ó diplomas; la policía del local; las facultades tanto de castigar en primera instancia, como en apelacion, segun los Estatutos Generales; la fijacion de las penas de su exclusiva competencia, segun los Artículos 458 y 469; la comunion entre los Masones que profesen diverso rito; las medidas para estorbar ó destruir el cisma; sus correspondencias periódicas ó extraordinarias; la administracion de sus fondos, &c.

542. Para estos últimos objetos de administracion y de correspondencia, la G∴ L∴ de administracion está particularmente encargada de recibir las cartas ó memorias dirigidas al G∴ O∴ reunido ó á sus diversas secciones, haciendo la respectiva transcripcion; de expedir, despues de haber ingresado el valor, las patentes constitucionales, las cartas capitulares, los rituales, los certificados, breves ó diplomas firmados y sellados por la seccion á quien corresponda, de transmitir sus resoluciones en materia ejecutiva del tesoro á los talleres simbólicos ó capitulares en correspondencia; de fijar reglas para el tesoro, modo de percibir, comprobantes de las salidas, el libre empleo de los fondos hasta una suma determinada, pero no las cuentas que han de rendir el Tesorero y el Ecónomo; de conservar el G∴ Libro de Oro, (en sentido de libro de la sabiduría de que se ha hablado en el artículo 124), y el G∴ Libro encarnado y del registro de disciplina para los usos y en la forma indicada en los artículos 483 á 486; de preparar todos los asuntos de hacienda, de correspondencia ó de otra cosa que interese á toda la Órden ó bien á toda la Masonería nacional y que por tanto debe someterse al exámen del G∴ O∴ en asamblea general; de hacer los envíos de pliegos que el G∴ O∴ dirija á otro G∴ O∴ y á lógias regulares del exterior; de conservar toda otra correspondencia necesaria ó útil á la seguridad y á la prosperidad de la Órden, &c.

543. El G∴ O∴, tanto reunido en asamblea general, como representado en cada una de sus secciones, trabaja bajo los auspicios del *Santo protector de la Orden.*

544. El Sup∴ Consejo de 33, como parte del G∴ O∴ así como todos los miembros de sus diferentes consejos, tribunales y consistorios, tienen de derecho voz deliberativa hasta en lo relativo á iniciaciones á gr∴ superiores al 18, al régimen de tales grados y á las funciones de su Consejos, Tribunales y Consistorios, bajo los diferentes aspectos científicos, litúrgicos, disciplinarios y administrativos y se arregla á sus propios rituales y reglamentos interiores.

545. Todos los demas GG∴ dignatarios y GG∴ oficiales del G∴ C∴ reunido y de cada una de sus secciones, son tribunales.

546. El G∴ Comendador *ad vitam*, es el Presidente nato y perpetuo, tanto del Sup∴ Consejo de 33, como de todo el G∴ O∴ reunido. Puede hacerse representar por un lugarteniente ó adjunto.

MADRES LL∴ PROVINCIALES.

547. Siete Log∴ escocesas ó mas, que hayan sido regularmente constituidas por el G∴ O∴ en una misma provincia, pueden fundar una madre Log∴ en su cabecera ó capital, haciéndose representar por el Venerable ó por un diputado electo en la forma establecida en el artículo 244 y siguiente.

548. Las Log∴ de rito reformado ó de otro diferente, no son reconocidas si no dependen inmediatamente del G∴ O∴ establecido en la capital del Estado y no tienen con él correspondencia directa.

549. A ninguna Log∴ particular le está prohibido el tener correspondencia directa con el G∴ O∴ sin necesidad de depender en esto de la madre Log∴ Provincial.

550. Las Log∴ de una provincia en que no haya madre Log∴ dependen

directamente del G∴ O∴, no siéndoles permitido el depender de madres Log∴ de otras provincias.

551. Las madres Log∴ Provinciales se distinguen con el título local del O∴ en que están establecidas y trabajan en nombre del *Santo protector de la Orden y bajo los auspicios del Serenísimo G∴ O∴ nacional.*

552. Las madres Log∴ son reconocidas solamente estando constituidas por el G∴ O∴ con quien mantienen correspondencia directa, por medio de un número de diputados que el G∴ O∴ mismo determinará en sus Constituciones.

553. En los primeros quince dias de Junio y de Diciembre de cada año, las madres Log∴ Provinciales envian al G∴ O∴ el catálogo de sus miembros y el de cada una de las Logias de su dependencia, firmado por todos los hh∴ segun el modelo del G∴ O∴

554. Dos quintas partes de la cuota anual que pagan al G∴ O∴ todas las Log∴ nacionales, segun el artículo 417; se retirarán para las madres Log∴ Provinciales sobre las cuotas de las Log∴ de la provincia respectiva: con esto ocurren á los gastos ordinarios.

555. Las madres Log∴ Provinciales, pueden tener en su seno un *Sob∴ Cap∴ Director* para el régimen de los Cap∴ de la provincia y en la misma forma fijada para las Log∴ Simbólicas.

556. Las madres Log∴ Provinciales y sus Sob∴ Cap∴ Directores, no son propiamente otra cosa que *corporaciones delegadas* del G∴ O∴ Este último las consulta, por el bien general de la Órden ó de la Masonería nacional, sobre la cualidad de los miembros de las Log∴ que pidan las constituciones segun los artículos 256 y 257. Procédese por delegaciones especiales del G∴ O∴ á la inauguracion de los templos masónicos de la provincia, como se dijo en el artículo 265.

557. Para el régimen interior de sus asambleas, para la norma de su correspondencia y para el regular ejercicio de todas sus atribuciones, las madres Log∴ Provinciales y sus Sob∴ Cap∴ Directores, adoptarán los reglamentos que mas les convengan, los cuales tomarán fuerza de lei, tan luego como los apruebe el G∴ O∴ en su G∴ L∴ Simbólica y respectivamente en su Sob∴ Cap∴ General.

558. Los dign∴ y ofic∴ de las madres Log∴ Provinciales y de los anexos Sob∴ Cap∴ Directores, se renovarán todos los años en la fiesta de San Juan Evangelista.

REGLAMENTOS DE LOS TALLERES EN GENERAL.

559. Toda Log∴ ó Cap∴ puede adoptar por norma de sus respectivos trabajos, aquellos reglamentos que juzgue mas convenientes.

560. Toda deliberacion no contraria á los Estatutos Generales de la Órden á los rituales de los grados y á las Constituciones del G∴ O∴, puede hacer parte de reglamento de Log∴ ó de Cap∴ y tener fuerza de ley, quedando obligados todos los hh∴

561. Ningun reglamento tiene fuerza de ley, si no está sancionado por el

G∴ O∴ en la respectiva seccion de grados y á mas publicado en plena Log∴ y firmado por todos los hh∴ presentes.

562. Los reglamentos de las Log∴ ó de los Cap∴, deben transcribirse en el *Libro de la Sabiduría* y leerse al ménos tres veces al año á todos los hh∴ y tendrán fuerza hasta que sean regularmente revocados.

563. Un taller, cuyos reglamentos no autorizados alteren, desnaturalicen ó violen en algun modo los Estatutos Generales, se cierra para siempre; y si el atentado es contra las constituciones del G∴ O∴ se suspenderá por un tiempo á lo ménos de tres meses y á lo mas de nueve.

564. En los reglamentos de las Log∴ y de los Cap∴, se determinan los dias de las tenidas ordinarias y de familia; se fijan los derechos de recepcion, de regularizacion y de afiliacion; el valor de los certificados y diplomas, &c.; se establecen las multas pecuniarias, segun las faltas y en particular por la no asistencia á los trabajos, y generalmente se determina todo lo que tiene relacion con contratos de cualquiera especie, el local, los muebles y la conservacion de uno y otros; el método de las convocatorias ordinarias ó extraordinarias; el nùmero y salario de los sirvientes; los gastos de la Secretaría; el método de instruccion; el prolongamiento de los intérvalos para los grados, por via de castigo; el cuidado y conservacion de los registros, archivos, sellos y timbres, de la biblioteca y de las cajas; el modo de hacer y recibir empréstitos reciprocos entre las cajas de la Log∴ y del Cap∴; el socorro ordinario ó extraordinario á los prof∴ pobres; los que se hagan en favor de los masones pobres, enfermos, detenidos ó con alguna otra afliccion; las tutelas masónicas; los funerales, los banquetes, la correspondencia, el estandarte, los distintivos de la Órden, las columnas armónicas, &c.

565. Á ninguna Log∴ le es permitido el dar certificados ó diplomas no siendo á MM∴ recibidos y afiliados por ella misma, retirando sin embargo de los últimos los precedentes certificados y diplomas, caso que los tengan.

566. Si una Log∴ llega á disolverse, hará pasar al G∴ O∴ en su correspondiente seccion de grados, sus patentes constitucionales ó carta constitutiva, sus sellos, registros, documentos y cualquier otro objeto masónico que pertenezca al archivo y á la secretaria, de donde nada puede pasar á manos profanas.

DIVERSOS RITOS.

567. Ningun mas∴, de cualquier rito que sea, puede ser admitido á grados superiores, si ántes no da razon de la naturaleza de los precedentes; y luego merece ser distinguido por haber dado pruebas singulares de su aprovechamiento y de sus cabales conocimientos.

568. Por una consecuencia del precedente artículo, en la Masonería escocesa no puede ser admitido el mason de otro rito, cuando no haya probado un regular progresivo conocimiento de todos los grados desde el primero hasta aquel en que desea ser iniciado.

569. Sin embargo, es permitida la fraternidad entre MM∴ de diferentes ritos y las reciprocas visitas, con tal que se limiten á trabajos del primer grado simbólico.

570. Al G∴ O∴ Escoces puede agregársele una cámara de Ritos, dividida

en tantas secciones cuantos sean los ritos reconocidos. Cada seccion se compone al ménos de siete hh∴ del mas alto grado del rito, escogidos entre los miembros del G∴ O∴ y diputados *ad hoc* por la Log∴

571. Las Log∴ y los Cap∴ de Ritos reconocidos harán llegar al G∴ O∴, por medio de la respectiva seccion directiva, la solicitud de las patentes constitucionales ó de las cartas capitulares con el catálogo de los hermanos firmados al márgen.

572. Las secciones de la G∴ Cámara de los Ritos no conocen sino en el dogma del rito respectivo, tanto en los grados simbólicos, como en los capitulares ó filosóficos.

573. Los miembros de cada seccion de la G∴ Cámara de Ritos tendrán en esta voto deliberativo; y lo tendrán tambien en los talleres del G∴ O∴ Escoces, cuando sean miembros de él y no hayan sido elegidos para hacer parte de la G∴ Cámara de los Ritos; á no ser que concurran en ellos conocimientos particulares del rito confiado á su direccion.

574. La correspondencia entre talleres de diferente rito y la G∴ Cámara de Ritos, debe conservarse por medio de la G∴ L∴ de administracion del G∴ O∴, la cual recibiendo pliegos con indicacion de tenerse de dirigir á la G∴ Cámara de los Ritos, deberá registrarlos y enviarlos á dicha G∴ Cámara sin abrir.

575. Tanto para las solicitudes de que se trata en el artículo 571, como para las de los certificados y breves, los talleres se uniformarán á cuanto el G∴ O∴ prescriba en sus Constituciones, sin perjuicio de cuanto está establecido por los Estatutos Generales, al tratar del modo de *erigir una nueva Logia y de inaugurar el templo.*

576. El G∴ O∴ no acuerda patentes constitucionales, ni cartas capitulares, hasta que la G∴ Cámara de los Ritos haya dado el informe sobre la moral del rito que se quiera profesar ó que se profesa por el taller peticionario.

577. Los talleres de todo rito reconocido y admitido contribuyen al G∴ O∴, con la misma cuota anual establecida para las Log∴ escocesas y recibirán la misma palabra de semestre que se comunica á estas últimas: de aquí es que todos los masones, de cualquier rito que sean, pueden visitarse con fraternal libertad y segun lo establecido en el artículo 569.

578. Todos los gastos que ocurran en la G∴ Cámara de los Ritos por sus trabajos regulares, sin exceptuar ninguno, se pagarán del tesoro del G∴ O∴

INSTRUCCION GENERAL

579. El mason es fiel amigo de su patria y de todos los hombres. Jamas perderá de vista que con el juramento que prestó en su primera iniciacion, se despojó de toda distincion profana y de cuanto tiene el hombre de vulgar, para adornarse tan solo con el dulce título de hermano. Corresponda su conducta al título que lleva y la Masonería habrá logrado su fin.

SANCION DEL G∴ O∴ DE NAPOLES.

NOS GG∴ OO∴ del G∴ O∴ de las dos Sicilias, sancionamos los Estatutos Generales de la Masonería Escocesa, contenidos en el presente volúmen y escrupulosamente examinados por nosotros, Hoy 23 del 12° mes del año de la v∴ l∴ 5820, al O∴ de Nápoles.

El G∴ Orador de la G∴ L∴ de administracion,

DOMENICO GIGLI,
Grado 30 Escoces.

El G∴ Orador del Sob∴ Cap∴ general,

MAZZA TOMMAZO,
Grado 30 Escoces.

El G∴ Orador de la G∴ L∴ simbólica,

DE ATTELLIS ORAZIO,
Grado 32 Escoces.

ORÍGEN DE LA INICIACION, SÍMBOLOS, MISTERIOS, Y SU DEFINICION.

 A obscuridad respecto al orígen de la Iniciacion primitiva debe principalmente atribuirse á la creencia general de que sus diversos grados fueron establecidos en una misma época y por una reunion de filósofos que vivian en comun.

Pero si antes de considerar el sistema de la Iniciacion como homogéneo, se hubiera primero estudiado cada una de las partes que lo costituyen, fácil seria conocer, que los hechos y conocimientos contenidos en la mayor parte de sus grados, indican que el sistema de la Iniciacion solo podia ser creado sucesivamente y segun los progresos mas ó menos lentos que hizo la civilizacion del Mundo primitivo; siendo esta asercion, tanto mas positiva, cuanto que los tres grados simbólicos de la Iniciacion representan separadamente el elemento predominante del siglo que les dió orígen.

Pero como el caracter distintivo de la Iniciacion, ha sido la reunion de los símbolos y geroglíficos; y como estos aludieron siempre al progreso de la artes y á la religion de los pueblos de Oriente, tales como la Persia, India, y Egipto, se sigue que la Iniciacion parece haber tenido alli su orígen primitivo.

Debe entenderse por *símbolos*, ciertas figuras ó imágenes que son alusivas á alguna significacion moral. El triángulo, escuadra, compas, regla, sol, luna, estrellas, estatuas, son símbolos de que se sirvieron los primeros *sábios* persas, para ocultar sus verdaderos designos.

Los sacerdotes y primeros legisladores de Egipto, tambien adoptaron el lenguaje emblemático; pero despues *Minos*, el segundo Mercurio, sustituyó los geroglíficos á dicho lenguaje.

Geroglíficos, eran ciertas señales ó caracteres por medio de los cuales sin el auxilio de la palabra, los sacerdotes de Egipto ocultaban al vulgo ciertas verdades. Los árboles, piedras, plantas, animales y otros objetos, eran otros tantos enigmas, que simbolizaban hechos sagrados ó profanos. Así para representar la *naturaleza* en geroglíficos, los sacerdotes de Egipto, formaban un hombre con álas, el rostro color de fuego, cabeza con cuernos, barba, baston en la mano derecha y siete círculos en la izquierda. El color y los cuernos significan el sol con sus rayos; la barba, figuraba los elementos; el baston era símbolo del poder que el sol ejerce sobre los cuerpos; los muslos, representaban la tierra llena de arboles y frutos; las aguas salian de en medio del cuerpo; el pénis era el emblema de la reproduccion; las rodillas indicaban las montañas; las alas el curso de los vientos; y en fin, los siete círculos eran símbolo de los siete planetas. Por esta demostracion, que podriamos multiplicar, se vé que los geroglíficos eran representaciones de cada cosa en particular y que para marcar una época, consignar un hecho ó fijar una sentencia, era preciso unir y acumular muchos geroglíficos, que no podian estar al alcance del vulgo.

Esta gran dificultad, unida á otros motivos no ménos poderosos, fué el orígen de los *pequeños y de los grandes Misterios*.

En los pequeños Misterios que eran populares, se enseñaba la moral, consistiendo en ellos el secreto en persuadir á los Iniciados, que el Olimpo estaba poblado de las almas de los hombres que se habian distinguido por su gran amor á la patria. En los grandes Misterios, reservados á los Iniciados, se enseñaban las ciencias y los errores de la Metempsicosis. Á no dudarlo, tenian los primeros por objeto el hacer ciudadanos virtuosos y los segundos, formar sábios y filósofos, que sirviesen de faro á la civilizacion.

Tales eran las ventajas de la Iniciacion primitiva y sus misterios; pero por no haber sido conocidos todos estos beneficios, la Iniciacion ó la Masonería, ha tenido y cuenta aun enemigos, calumniadores y perjuros.

El traductor de Luciano se atreve á afirmar, que los Misterios antiguos tenian por objeto el crimen y el desórden, á cuya opinion oponemos las autoridades de Sócrates, Ciceron, Plutarco y aun la del mismo Jesuita Lafiteau, que llama á la Iniciacion: escuela práctica *de Religion y de Virtud*.

Lemontey dice: que es la Iniciacion ó Masonería, una sublime futilidad, en que el crímen de sus partidarios consiste en comer con formalidades un poco fastidiosas.

Pero esta definicion irónica revela no solo una profunda ignorancia de la mente y objeto de los símbolos, sino tambien una falta de sentido comun al suponer, que, la Masonería no siendo mas que una frivolidad haya podido propagarse y conservarse por tantos siglos y ser la cuna de la civilizacion.

Cadet Gassicourt, considera á la Masonería como una liga odiosa y constante contra los tronos y el altar.

Este autor no solo reconoció despues como calumniosos los escritos de su juventud, sino que para mas prueba entró en la fraternidad masónica y llego á ser sucesivamente orador y venerable de una de las L∴ de Paris. Escusemos esta digresiones y ocupemosnos de cosas mas importantes. ¿Será, por ventura, la Masonería, *una institucion puramente filantrópica?*

En el exámen de la cronologia de los tiempos, encontramos gran número de instituciones filantrópicas fundadas por gobiernos ó familias poderosas que á pesar de su reconocida utilidad, tarde ó temprano perecieron; mientras que la Masonería, siendo tan antigua y tantas veces perseguida, ha sido la sola que ha sobrevivido por traer quizá su orígen de principios eternos, no obstante, hallarse íntimamente ligada á la filantropia, uno de sus primeros caracteres.

¿Será la Masonería una religion especial?

En tal caso, no reconoce ni dogma, ni diciplina exclusivamente religiosa. La Iniciacion encierra la teojonia, el culto de la moral, la filantropia, las artes, los conocimientos que poseia ya el mundo primitivo; aunque, entre tanto no la vemos dar una preferencia parcial á las leyes de *Bracma, Moises ó Mahomet* y nos sorprenden sus sectarios al añadir á su propia religion una moral universal. En la Masonería no hay infieles, ni paganos: todos son *Hermanos.*

En la Masonería todos son hermanos sin perjudicarse.

Guerin-Dumast, define la Mas∴ la *Union de los pueblos.* Esta definicion, eminentemente filosófica, no encierra aun sino uno de los resultados positivos de la Iniciacion. Ademas, la definicion parece no manifestar todo lo que la palabras Masonería quiere significar.

El Doctor Vassal, define la Masonería, "la filosofia simbólica:" porque dice que, la filosofia positiva tiene por mision encarecer las abstracciones mas útiles bajo diferentes formas y hacerlas patentes al vulgo como verdades; en tanto que, la filosofia simbólica tiene por objeto ocultar las mismas verdades bajo un velo inpenetrable y no mostrarlas sino á sus adeptos.

Esta definicion, aunque está fundada en el conocimiento perfecto de los símbolos, no caracteriza sin embargo á la Iniciacion tal como es, al ocuparse mas de los medios que de los fines que aquella emplea. Nosotros definimos la Iniciacion, Masonería ó Franc Masonería una escuela de filosofia, en donde por medios de símbolos y geroglíficos, el hombre se convierte en buen padre, buen amigo y buen patriota.

La definicion que acabamos de dar, si bien lacónica en apariencia, es de gran importancia por el género de pruebas que exige para su observancia. Podría ademas ser conveniente el presentar un paralelo entre la historia de la filosofia y la historia de los divesos pueblos del mundo primitivo, pero semejante trabajo no solo perjudicaria al órden metódico de la Iniciacion, sino que anticiparia controversias que tal vez ocurran al ocuparnos de los diversos Misterios de que vamos á tratar.

MISTERIOS ANTIGUOS Y MODERNOS.

En las multitud de Misterios que encontramos en la historia de las diversas edades del Mundo: unos son puramente religiosos, otros revelan costumbres populares y otros en fin, abrazan místicamente todos los conocimientos morales y científicos. Son los emblemas de estos últimos, los que se hallan diseminados en los diversos grados de Masonería moderna.

Los que vamos á enumerar son los que parecen tener un enlace directo con la Órden Masónica ó Ritos Modernos.

	AÑOS.
1°. Misterios Persas ó de los Magos,	100,000
2°. M∴ de los Indieso Bracmanes,	5,000
3°. M∴ Egípcios ó de Isis,	2,900
4°. M∴ Griegos, Cabiris de Samotracia,	1,950
" De Orfeo en Eleúsis,	1,330
5°. M∴ Judaicos de Salomon,	1,018
" " Del Cristianismo,	33
6°. M∴ Francos de la Caballeria,	800
" " Del Órden del Templo,	1,118
7°. M∴ Británicos ó de las corporaciones de arquitectos,	287
" " Franc Masonería,	1,703

Algunos sabios Persas, Hebreos y Caldeos, se reunieron segun Vassal, 100,000 años antes de la era vulgar, para formar en Persia una asociacion mística, bajo el nombre de Magos, (del caucaso Magh grandeza).

La institucion de los Magos tenia por objeto, no solo conservar como un depósito secreto los vestigios de las artes y de las ciencias de los tiempos primitivos, sino tambien la formacion de un dogma religioso, que, sin alarmar á los espíritus timoratos, pudiese oponerse á los deseos inmoderados de los primeros hombres.

De esta sociedad en comun, nació la necesidad de ciertos símbolos, por medio de los cuales la doctrina de los Magos se transmitiese generalmente y sin peligro. La luz que encerraba la enseñanza simbólica, empezó desde entonces á brillar insensiblemente, no mereciendo los iniciados en tiempo alguno el ser llamados ateos ó impostores.

Los Magos, que reconocian en Dios un ser incomprensible ó inefable, lo proponian á la adoracion de los pueblos bajo los emblemas del *Sol y de la Naturaleza*. El primero, era considerado como imágen del Creador ó su mas bella representacion; y el segundo, como la expresion de su voluntad ó como el código fijo y elocuente de las leyes que rigen al universo.

Con el transcurso del tiempo y con el abuso que los Taumaturgos hicieron del lenguaje figurado de los Magos, los fenómenos naturales de los astros y de la tierra, fueron transformadose en un sistema de fábulas y mitos con los cuales engañaron á los pueblos. Tal fué la doctrina que dió principio á los errores del Paganismo y tal el orígen de los dioses como *Mitra, Osiris, Sesóstris, Baco, Chamos, Apolo, Minos y de las* grandes divinidades: *Paracanti, Isis, Salambo, Vénus, Diana, Vesta, Céres &a.*

Buret de Longchamps, menciona 111 cultos diferentes, entre los cuales el del fuego y el del sol, aparecen casi siempre bajo distintas denominaciones.

Respecto á las fábulas aparentemente *impías*, los verdaderos sucesores de los Magos, los Masones, son los únicos que no han perdido de vista el motivo de su orígen.

Por mucho tiempo, dice *Eusebio Salveste*, la Mágia, tenida al principio como emanacion de la Divinidad y considerada por los filósofos cristianos como *ciencia* que exhibe sin *reserva alguna los fenómenos de la naturaleza*, gobernó al mundo; si bien ciento cincuenta años mas tarde, cuando una multitud de charlatanes hizo profesion de algunos de sus secretos para engañar la credulidad de los pueblos, la mágia primitiva, no solo perdió el mérito ó influjo de sus doctrinas, sino que provocó la censura de críticos posteriores que sin duda no la conocían, en tanto que, si estudiamos bien su historia, comprenderiamos que su nombre designa algunas veces la *ciencia oculta* enseñada al vulgo, por la cual los sabios explicaban los fenómenos naturales y otras veces el arte de mostrar fisicamente ciertas maravillas: descubriendo, aquel que encontrara el orígen de la mágia, (concluye el mismo autor) el *orígen tambien de las ciencias humanas y de la civilizacion*.

En una palabra, los verdaderos Magos gozaban aun de tal prestigio en los primeros tiempos de nuestra éra, que el gran Camoens, hace hablar de ellos á un personage del Malabar de la manera siguiente:

"Nace el error odioso al Medio dia:
Al Norte, la barbarie y sus furores;

En Occidente, el crímen, los horrores;
En Oriente, la luz que al mundo envia."

55.

" Un tiempo llegará que otras victorias
Que aquellas que os admiran se obtendrán:
Y veremos contar nuevas historias,
Por jentes extranjeras que vendrán:
Que así los sábios Magos lo anunciaron,
Cuando el tiempo futuro revelaron."

56.

Y les dijo tambien: la Magia ciencia
Á poder sin igual, fuerza tamaña,
No bastará la humana resistencia:
Que es vana contra el cielo toda maña.
Que en la paz la bélica excelencia,
Como en las armas de la jente extraña
Tal ha de ser; que el mundo sorprendido
Vea el tiempo brillar para el vencido.

Camoens, Canto 7º

Es, pues, preciso distinguir las épocas y los hombres.

1º. Los sabios ó Magos, aunque no á todos comunicaron el depósito de su saber, no obstante, supíeron dirigir y contentar á las hordas bárbaras del mundo primitivo.

Era Balbeck, situada en los confines de Persia y de la Judea, el centro de la Iniciacion y religion de los Magos: como Jerusalem y Roma lo han sido de la religion judáica y de la cristiana; no siendo Zoroastro el fundador de la iniciacion persa, sino su reformador 2164 años ántes de la era vulgar.

2º. Los filósofos griegos, que, desde 500 años ántes de Cristo, nos legaban ya sus ideas y doctrins, brillaban tambien como los Magos sus antepasados por su saber y virtudes. La mayor parte de sus libros sistemáticos, en donde, segun Ciceron, hasta los absurdos descanzaban sobre algun motivo rasonable, valieron al género humano las sabias y consoladoras doctrinas de la iniciacion fundada por sus primeros preceptores. "Los antiguos," dice Buffon, "convertian todas las ciencias en provecho del hombre." Desdeñaban todo lo que no era de algun interes para la sociedad y las artes. Referian todo al hombre moral y creían que aquello que no tenía relacion alguna con su sistema, no era digno de ocuparlos. Los filósofos griegos, no obstante, algo se separaron de esta idea y dejaron á la posteridad algunos ensayos sobre constituciones políticas, que bien en teoría, como *la República de Platon y la política de Aristóteles,* han llegado hasta nosotros; sin haber sido aun realizadas como una verdad en la práctica."

3°. En los primeros tiempos del cristianismo, cuando los taumaturgos, por la persecucion de los Magos, se apoderaron de algunos conocimientos especiales ó sean secretos, cuya práctica estos últimos conocian, la Mágia empezó á decaer; porque, para lograr su intento que era el vil interes y extensa popularidad, los primeros se servian del charlatanismo, estilo figurado, prodigios y engaños, con tal audacia que en los últimos siglos se vieron calificados de *hechiceros.* "Entre los pueblos del nuevo y viejo mundo, añade Salveste, existen hoy todavia algunos de estos que agotan con su impostura la riqueza y la vida de muchos miserables! Ocurrió en Portugal la siguiente superchería. Encontrada una imágen al parecer oculta, sirvió á algunos taumaturgos portugueses, en 1823, para perseguir á hombres que no habían cometido otro crimen, que el de haber invitado al pueblo á emanciparse de la servidumbre y del fanatismo! Tambien Inglaterra y Francia, que se miran como el prototipo de la civilizacion europea, corservan todavia en su seno á un enjambre de iguales impostores!"

Felizmente para la humanidad, desde que la mayor parte de los hombres empezaron á perder de vista los conocimientos y verdades primitivas y prefirieron las tinieblas de la supersticion, tambien han aparecido por toda la tierra los discipulos de los primeros Magos; los que, no solo tratan de conservar, sino de transmitir sin interrupcion sus máximas liberales y benéficas. Nunca hubiera podido desaparecer las bases en que estribaba la iniciacion entre los Magos, variando solo de nombre con el tiempo; porque su edificio que tiene por fundamento el *patriotismo* y por *vértice* el cosmopolitismo, subsistirán con el mundo. . . . Tales fueron los primeros fundadores de la Masonería, que ha recorrido los siglos y llegado hasta nosotros.*

II.—MISTERIOS DE LOS BRACMANES.

Los Misterios de la India, son de una antigüedad tan remota que Buret de Long Champs, supone: haber sido fundados cincuenta siglos ántes de la era vulgar y hace derivar de ellos la historia general del mundo. El Schasta, primer libro indio escrito hace 4960 años, parece haberles servido de ritual.†

---

* V. Ciencias ocultas por Eusevio Salveste ó curso completo de Mas∴ por el doctor Vassal.

† Voltaire, Dic∴ Filosófico y Ensayo sobre las costumbres. Cap. 1 y 6.

Los Misterios de los Bracmanes, se ocupaban principalmente de la iniciacion de sus sacerdotes, la que, siendo al principio general y electiva, fué luego acordada por escrito como favor especial.

La doctrina de estos Misterios era toda teojónica y sus aplicaciones á la fisica, se aproximaban segun Vassal, á los de la Masonería actual. La teojónia de los Bracmanes, que se halla consignada en el Schasta ó Vedam y escrita en Sanskrit, admite al Para-Bracma como dios, el cual fué creado por Brachma, autor del mundo, dándole dos ángeles Wishna y Schida, el primero destinado á la conservacion del mundo y el segundo encargado de su destruccion. De manera que, Brachma Wichna y Schida, formaban la trinidad de los Indios; la que si bien lleva un carácter mitólogico, es conforme á la de los Hebreos.

Los Bracmanes, sabios primitivos de la India, conocian las doctrinas de la iniciacion primitiva de los Magos; porque ántes de ellos, dice Vassal, los Misterios de la India eran puramente religiosos.

Los Bracmanes quisieron dar una alta idea de su doctrina, é hicieron grabar en el frontispicio del templo de la Naturaleza la siguiente inscripcion: *fuí, soy y seré y ningun mortal me descubrirá*.

Estos, los Bracmanes, dice Voltaire, *fueron los primeros teólogos, filósofos y legisladores del mundo*. Entre ellos, el sacerdocio era la magistratura y su religion la justicia.

III.—MISTERIOS EGIPCIOS.

Habían sido iniciados los sacerdotes del Egipto, en los Mist.·. de los Bracmanes ó introdujeron en su pais la iniciacion primitiva de los Magos. Segun Strabon, los sacerdotes Egipcios recibieron de los Bracmanes la primera idea de los Misterios; y Pitágoras, que muchos siglos despues pasó á la India, tomó de los misterios de este pais nociones conformes á los de Menphis y Samotracia.

La Iniciacion de los Egipcios, conocida por el nombre de Misterios de Isis y de Osiris, remonta segun Vassal á 2900 años ántes de la era vulgar. Su doctrina tenia por objeto el culto Egipcio ó Metempsicosis é instruir á sus adeptos en los conocimientos humanos.

Estaba dividida la Iniciacion Egipcia en grandes y pequeños Misterios. Estos últimos eran religiosos y públicos; y los primeros cientificos y privados.

Al fijar los Iniciados en colejios, la enseñanza de todas las artes y ciencias del Oriente que se comunicaban entre ellos, creyeron conveniente dividir la iniciacion en siete grados.

Era en el alto Egipto en donde los Iniciados, sucesores de Sesóstris, ejercian, si no la verdaderia soberania ó mando, al ménos privilegios soberanos como sucedia en Menfis, This y otros cuidades. Esta institucion hizo la gloria de Egipto; aunque autores mal informados é injustos, hayan dicho:

" . . . . . Or, notez bien qu' en fait d'allégorie,
Tout, de la part du prêtre est censé fourberie."

Creemos innecesario añadir á las consideraciones del momento, una opinion favorable ó desfaborable respecto del culto religioso de los Egipcios, la cual en nada influiria en la balanza de la justicia: con tanta mas razon, cuanto que nosotros debemos juzgar á los sacerdotes de la antigüedad, como si no hubieran tenido sucesores. Es un hecho, que, los sacerdotes egipcios que á ejemplo de sus mayores se negaban á ilustrar al pueblo, se reservaban el conocimiento de los ciencias ó depósito del saber, juzgando al obrar asi que proporcionaban un bien á la sociedad: estando seguros de que esta seria mejor gobernada, si los conocimientos cientificos eran solo confiados á hombres de corazones generosos y leales. Su sistema, mas desinteresado de lo que creen algunos, tuvo por base dos máximas muy en voga en la época de Voltaire: *tout pour le peuple; il ne faut dire la verité qu' eaux gens de bien.**

Si convenimos en que los sacerdotes egipcios se equivocaron en el modo de educar al pueblo, tambien Sócrates y Confusio siguieron sus huellas al aprobar en un todo su doble metodo. El sabio Boulanger, enemigo declarado del fanatismo y de la supersticion nos dice: *que los Misterios Antiguos eran mas beneficiosos al pueblo que á sus Sacerdotes.*

Á no dudarlo, despues de tres ó cuatro mil años la faz del mundo ha cambiado completamente y las artes y las ciencias se hallan hoy al alcance de todos los hombres en general. Elevemosnos, no obstante á los siglos primitivos, en los cuales si fuera posible que nos encontraramos de momento, fácil nos seria reconocer no solo la estencion de las miras ó designido de los primeros legisladores; sinó tambien, que la institucion de los sacerdotes del Egipto, léjos de haber tenido por base un egoismo calculado, solo se ocupaba del bien y utilidad general.

Los sacerdotes egipcios, retirados en el interior de sus templos y ocupados únicamente del culto y de las ciencias, profesaban á todos los hombres la mejor amistad, sosteniendo un cambio fraternal de saber con los Magos, los Bracmanes y filósofos griegos. Cosmopolitas en sus buenos tiempos, ciudadanos en épocas desgraciadas para su patria, los sacerdotes egipcios jamas se separaron de una línea de conducta noble y ejemplar.

Fué en estos Misterios en donde los reyes, los legisladores, los sabios y grandes de Egipto adquirieron los profundos conocimientos que los hicieron

* "Todo para el pueblo; la verdad debe ser solo conocida de los hombres honrados."

célebres á la posteridad: habiendo sido bien administrados los habitantes de aquellos regiones bajo el gobierno de los sacerdotes ó iniciados. "Felices los pueblos," dice Guerin Dumast, "en donde el heredero del trono, libre de las lisonjas de la corte, tiene por preceptor á un Amédes ó Fenelon y llega á comprender los deberes de un rey."

IV. MISTERIOS DE LA GRECIA.

Parece haber sido la Grecia el templo verdadero de todos los Misterios antiguos y de donde se han transmitido á los tiempos modernos.

DIOSES CABIRII DE LA ISLA DE SAMOTRACIA. Segun Vassal, mil novecientos y cincuenta años ántes de la era vulgar, los primeros misterios que tomaron los Griegos de los Egipcios fueron los de Cabirii; llamados por ellos Cabiris, los que eran celebrados en la Isla de Samotracia, conocida hoy con el nombre de Samandrahí, en el Archipelago.

En estos misterios habia ocho Dioses Cabirii ó Cabiris, de los cuales cuatro eran Oxieres, Axiokersa, Axiokersos y Casmislus.

Los Misterios Cabiris ó Cabirii, dice A. Boileau, llevados á Frigia por Dardano, pasaron despues á Italia, en donde fueron confiados á las Vestales.

El H∴ Vassal cree, que los Pelasgos, aunque conocian estos Misterios, no habian sido iniciados sino en los pequeños de Egipto; por ser la principal ciencia enseñada en Samotracia era la *estrategia*: siendo entre los Atenienses llamados los oficiales militares, *Strategios*.

Voltaire, sin un perfecto conocimiento de lo que hablaba, emitió un juicio aventurado en su Diccionario Filosófico sobre los iniciados de Samotracia, mientras que, segun la opinion de los mejores autores debemos creer, que aquellos misterios no fueron en realidad sino una escuela militar y científica, de donde hemos visto salir los mas célebres capitanes de la Grecia. (V. las obras de M. Saint Croix.)

Voltaire se inició en 1778, á los 84 años de edad y murió seis meses despues, sin haber tenido tiempo de rectificar esta opinion.

MISTERIOS DE CÉRES Ó DE ELEÚSIS. Estos Mist∴ fueron segun unos, establecidos por Triptolemo y segun otros por Erecteo, primer rey de Atenas, 1373 años ántes de la era vulgar.

Los Misterios de Céres, como los del Egipto, estaban divididos en pequeños y grandes y los iniciados se llamaban Enmolpides, por haber sido la familia de Enmolpe, la que conservó durante 1,200 años la dignidad de Hierofanta.

El Doctor Vassal, así como Buret de Longchamps, son de opinion: que la ciencia de los Misterios de Céres se reducia á la mitología y al charlatánismo, puesque sus iniciados llegaban á persuadirse que no solo en la vida todo les habia de salir bien, sino que despues de la muerte solo ellos habitarían los Campos Eliseos y los profanos el Tártaro. Esta asercion parece tanto mas fundada, cuanto que la mayor parte de los mas célebres filosófos de la Grecia, no satisfechos de la instruccion que se daba en los Misterios de Céres, visitaron los Mist∴ de Menfis y de Heliopolis: tales como Orfeo, Pitágoras, Platon, Thales y Minos, en donde recibieron nuevas y mas sólidas nociones.

Orfeo, poeta anterior á Homero y príncipe de los Sicyonios en Tracia, despues de haber adquirido los conocimientos cientificos que se enseñaban en el Colejio de Menfis, viajó por la Grecia y en 1330 ántes de la era vulgar, regularizó los Misterios de Eleúsis y destruyó los errores que hasta entónces habian servido de base á los de Céres. No fué el intento de Orfeo combatir directamente las preocupaciones populares y se limitó á fijar sobre bases ménos supersticiosas las fiestas que los Griegos celebraban, adoptando oportunamente como precaucion el interesar en favor de las mismas al amor nacional y ofrecerlas como prenda de seguridad para al Estado.

Lo mas importante de la doctrina en los Mist∴ de Orfeo, estaba dividido en dos seceiones ó grados. En el primero se desenvolvia la Teogonia Egipcia, por medio de sus emblemas y su moral: en el segundo, puramente científico, se enseñaban no solo el sistema físico de la naturaleza sino tambien todos aquellos conocimientos que pudieran influir directamente en la civilizacion de los pueblos.

Dió Orfeo á la primera doctrina el nombre de Isotérica, (pública) y á la segunda el de Esotérica: (particular á los iniciados) imitando así á sus Maestros de Egipto.

Las pruebas materiales y simbólicas, por las cuales el iniciado debia pasar, eran tan severas que estaba prohibido á los mismos Adeptos hablar entre sí de las cosas que veían en los Misterios, castigándose las infracciones de esta clase con la expulsion del Templo y hasta de la sociedad.

"Fué en los Misterios reformados por Orfeo," segun Vassal, "en donde todos los legisladores de la Grecia aprendieron el uso de la doble doctrina, la cual despues convirtieron en esencial y práctica en sus establecimientos políticos.

Antes de abandonar á la Grecia, ocupemosnos un instante de una institucion filosófica, que presenta algunos puntos de contacto con la Franc-Masonería: tal es la escala de Pitágoras. "Nihil, mirabitur Eleusinia hæc Pitagoræ decretis fuisse ad finia qui exeodem fonte derivata meminerit," dice el sabio Rohoer.

Para mejor comprender este pasage, seria preciso recordar que Pitágoras, reputado por algunos autores como fundador de la Franc-Masonería, habia aprendido los principios, base de su doctrina filosófica, en su viajes á la India y Egipto, aprovechandose tambien de los conocimientos que sobre estos poseían sus conciudadanos.

En efecto, Pitágoras, natural de la Isla de Samos y nacido á fines del Siglo VI ántes de Cristo, despues de haber sido iniciado en aquellos misterios y de conocer á Solon, Pitacus, Zoroastro y otros hombres célebres contemporáneos, volvió á su patria; en donde, no pudiendo vivir bajo la tiranía de un usurpador, abandonó la Grecia, pasó á Crotona y fundó allí la famosa escuela italiana, de la cual salieron tantos hombres eminentes. Pitágoras, imitando á sus Maestros, juzgó oportuno ocultar el móvil de su filosofía bajo un velo misterioso. Observaba un cuidado escrupuloso en la eleccion de sus discípulos, cuya vocacion era para él un motivo del mas severo exámen. Habia dividido la iniciacion ó admision en sus misterios, en tres clases. Deteniase al candidato en la primera *tres años*, depositando el neófito ántes de su admision y en manos del Tesorero, cuanto tenia.

Si en estos tres primeros años de pruebas quedaba el Maestro satisfecho, consentía al discípulo pasar á la segunda clase. Durante cinco años estaba el neófito condenado en el segundo grado á un silencio profundo, no llegando la voz de Pitágoras hasta él sino al traves del velo que ocultaba la entrada del santuario.

Era al fin admitido el Neófito al perfecto conocimiento de la doctrina sagrada, ocupándose desde aquel instante en ayudar al Maestro en la instruccion que debian recibir los nuevos iniciados.

Dicen Tamblique y Barthelemí que "los miembros de esta gran familia esparcidos por distintos climas, se reconocian por ciertas señales y se trataban como si siempre hubiesen sido los mejores amigos."

¿Habrá en nuestros dias algun Mason ilustrado, que, al leer esta página, no descubra mas de un punto de contacto entre la iniciacion de Pitágoras y el segundo y quinto grado del Rito Masónico moderno?

La celebridad de la escuela de Pitágoras, provocó los ataques injustos que contra ella asestaron hombres perversos ó ignorantes. Dió la calumnia á sus reuniones, las cuales formaban hombres virtuosos y sabios, el carácter de conspiraciones permanentes y el despotismo siempre receloso, hizo perecer en las llamas á muchos discípulos de aquel filósofo célebre. Escaparon algunos á la cruel persecucion de sus enemigos; y aunque restos deplorables continuaron firmes en su primer propósito y pudieron lograr el volver á reunirse unas veces en secreto y otras tolerados, en épocas determinadas.

Fué de esta manera, segun nos dice el poema sobre la Masonería, que han podido llegar hasta nosotros las ideas y doctrinas simbólicas de la antigua Grecia.

V. MISTERIOS DE LOS HEBREOS.

Estos Misterios, aunque ménos célebres que los de Grecia, no pueden sin embargo dejar de inspirar el mas vivo interes, pues, segun opinion de algunos eruditos, podemos encontrar en ellos la explicacion de muchos emblemas de la Masonería.

Algunos Israelitas, que habían residido en Egipto y regresado despues á Judea, fundaron en 1550 ántes de la era cristiana, las tres sectas conocidas de Cinianos, Recabitas y Esenios; en particular la última, fuente del Cristianismo y que tan ligada se halla á la iniciacion Masónica.

1°. MISTERIOS ESENIOS. Los iniciados á estos misterios vivían como hermanos: era difícil entre ellos la iniciacion. Asi era, que si un candidato se presentaba quedaba sujeto á las reglas de la mas estricta disciplina, los miembros de la Orden en general lo vigilaban muy de cerca y juraba ántes de ser admitido en la sociedad servir á Dios, amar y proteger á los hombres de bien y guardar los secretos de la sociedad, con peligro de la vida en caso de revelarlos. Los símbolos, las palabras y alegorias, eran entre ellos de un uso comun. Tal es la opinion de Pilon, Josefo y Plinio. Á esta secta pertenecia Jesu-Cristo.

Dom Calmet, se admira de que ninguno de los Evangelistas hubiese hablado de una secta tan conocida y célebre entre los Judios y que tanto honor hacia á su religion Masónica; si bien algunos escritores Alemanes pretenden, que la doctrina de Cristo ha sido una simple revelacion de la Iniciacion Esénica y que el cap. 14 de San Lucas, y 17 de San Mateo, son una manifestacion completa de los secretos y doctrinas de dicha secta: la cual Cristo solo enseñó á sus discipulos escogidos; de modo, que los primeros cristianos añaden, aquellos autores, todos han debido ser iniciados Esenios.

"Estos documentos históricos," dice el Dr. Vassal, "no dejan duda alguna de la existencia de los Misterios Esenios, cuya iniciacion precedió cuatro siglos á la fundada por Salomon á quien solo debemos tener por un mero restaurador de una iniciacion anterior á él."

2°. Habia sido Salomon iniciado en los Misterios de Eleusis, fundados por Orfeo en el siglo undécimo anterior á la era vulgar; y al regresar á Jerusalem, reorganizó los antiguos Misterios Esenios.

La Bíblia y la historia nos enseñan, que cansado David de luchar contra las conspiraciones tramadas por sus hijos Absalon y Adonias y su general Archifthofel, hizo ungir á su hijo Salomon y lo proclamó Rey de Jerusalem. Electo rey Salomon, proscribió el Polytheismo y la Idolatria, que muchas tribus de Israel profesaban entónces y restableció la teojonia de los primeros Hebreos, la misma de los antiguos Magos y la que 1600 años ántes de Cristo, ya Moises habia prescrito en su Decálogo. Fué con tal motivo, que Salomon hizo construir no solo el magnífico templo material de Jerusalem y celebró tratados con Hiram II., rey de Tiro ó Hiram el arquitecto; sino que, tambien fundó un templo alegórico para la Iniciacion, tomando por modelo la construccion del primero, al cual le dió el nombre místico de Masonería, denominacion que segun Vassal y Dumast, no trae orígen de Inglaterra, como Thory ha querido suponer.

La Iniciacion de Salomon tuvo por objeto un triple fin: la tolerancia, la filantropia y la civilizacion de los Israelitas; siendo despues de esta época que los Esenios merecieron el concepto de hombres ilustrados, benéficos y tolerantes, á un pueblo ignorante, avaro y fanático. Tal es la opinion de muchos sabios.

En 604 años ántes de la era vulgar, Nabucodonosor Rey de Babilonia, entró en Jerusalem, destruyó el templo de Salomon y condujo cautivos á la primera ciudad, gran número de iniciados, entre los cuales se hallaba Jeconias, padre de Zorobabel.

Durante el cautiverio de 70 años, colgaron los Israelitas sus liras de los Sauces de la ribera del Eufrates y si lloraban la desgracia de su patria, siempre conservaron la esperanza reedificar un dia el templo de Salomon! Esta idea, la mas grata de sus ilusiones, fué adoptada en sus Mist∴ . . . . como medio de procurarse consuelos recíprocos y de aliviar las penas de su servidumbre.

Muerto Nabucodonosor, Cyro, rey generoso y clemente, le sucede 538 años ántes de la era vulgar. Este último rey, compadecido de los sufrimientos del pueblo hebreo y accediendo á las súplicas de Zorobabel, hizo publicar un decreto por el cual los Israelitas eran puestos en libertad, podían regresar á su patria y construir nuevamente el templo de Jerusalem, quedando no obstante, sujetos á las leyes políticas del imperio persa.

Zorobabel, en calidad de Jefe ó Gran Maestro, sale acompañado de cuarenta y dos mil hermanos, quienes derrotando á sus enemigos que le disputaban el paso del Eufrates, entran en Jerusalem en el año 356 anterior á la era vulgar.

Mucho mas podriamos decir de los Mist∴ Esenios, por aludir su doctrina á muchos de los altos Grados de los Ritos Masónicos.

3°. Mist∴ del Cristianismo. Compadecido el hombre Dios de la humanidad por las doctrinas erróneas que los doctores de la ley profesaban, instruido de los abusos del poder sacerdotal y de las clases privilegiadas, resolvió en su alta sabiduría, sustituir nuevos misterios á los Esenios.

Había Cristo formado su apostolado el año treinta de la era vulgar. Dies años habían transcurrido sin que se hiciese pública la nueva iniciacion que había fundado, pasando luego á la misma Roma. Si en los dos siglos posteriores hizo progresos tan rápidos, fueron debidos aquellos á las once persecuciones que había sufrido en dicho tiempo.

No comprende Vassal, como moral tan santa y pura, hubiera podido servir de pretesto para condenarlo. Es de suponer, que las perfecciones que reunía *debieron* mas bien servir de estímulo á la veneracion y respeto que debió haber inspirado al pueblo de Jerusalem. Se hallaba Cristo, sin embargo, ligado, por ser iniciado, á un juramento solemne y terrible. Los padres ó sacerdotes que entonces se hallaban al cuidado de los misterios, ofendidos con la reforma que aquel intentaba, se unieron para perderle, sublevaron al pueblo y este sin exámen pidió la muerte del reformador.

En tres grandes principios, estribaba la doctrina de los Misterios del Cristianismo primitivo: que eran la unidad de Dios, la libertad del hombre y la igualdad entre todos los de la gran familia humana, sin excepcion alguna. Si es verdad que Cristo dijo, haber sido enviado por su padre (Dios), nunca á pesar de esto, habló de la trinidad cristiana: no ignorando nadie ser esta un simulacro ó si se quiere imitacion de la trinidad de los Indios, de los Caldeos ó Griegos. La trinidad cristiana es una creacion sacerdotal. Los sacerdotes cristianos no han podido ménos que reconocer la unidad de Dios, supuesto que aparentemente se halla compuesta, segun ellos, de tres esencias diferentes. Esto, segun Vassal, es una alegoria y no una realidad.

Los Mist∴ del Cristianismo primitivo, fueron por dos siglos celebrados en lugares secretos y apartados, siendo en 221, en que Alejandro Severo, séptimo emperador romano, permitió á los iniciados cristianos la construccion de un templo. En 312, había sido Constantino el Grande, por homicida, expulsado de los misterios de Menfis, como 242 años ántes lo había sido Neron por parricida. Al volver á Roma Constantino abrazó el Cristianismo; y la doctrina de Cristo, de exotérica ó privada, fué transformada por el sacerdocio en isotérica ó pública: no cesando desde entonces el despotismo sacerdotal de perseguir toda clase de iniciados, sin distincion de Misterios, desde Constantino hasta la Cruzadas en que transcurren algunos siglos de barbarie. Fué despues "desde esta época notable, dice Valleteau de Chabrey, que los Cenobitas cristianos (templarios), empezaron á recoger y á transmitirnos fielmente el depósito de la ciencias místicas."

Cristo habia puesto en practica las tres virtudes teologales. Empezaba por recomendar el amor del prógimo; estimulaba á los hombres, sus Hermanos, al trabajo y al estudio de las ciencias, prometiendo otra vida mejor cuando los buenos resultados de su doctrina, la cual solo puede inspirar la mas acendrada confianza y fé mútua entre los hombres, haya proporcionado á estos las felicidad suprema que su autor espera, puedan repetir con él, *consumatum est.*

Desgraciadamente los sacerdotes católicos han violado la doctrina de Cristo, infringido el precepto de tolerancia que formaba su enseñanza; sustituido el fanatismo á la razon; la esclavitud á la libertad; las prerrogativas á la igualdad; la ambicion del poder al desinteres; el título de señor al de hermano; y las penas eternas á una inmortalidad prometida.

Ah! Si el catolicismo intolerante proclamara las verdades que encierra su doctrina, desde luego quedaríamos convencidos de que, los sacerdotes católicos han sido los únicos que se han opuesto á que el Cristianismo primitivo sea la religion universal. . . . . Cristo confió al sacerdocio el Cordero sin mancha, cual símbolo elocuente de su doctrina que el sacerdocio católico ha desconocido.

Entre los Mist∴ exclusivamente religiosos, los del Cristianismo son los mas sencillos y sublimes; si bien es preciso no confundir aquel culto con el Catolicismo. Si hubiesen levantado altares á la Verdad por toda la tierra, el despotismo sacerdotal hubiera desaparecido y las disenciones religiosas que con tal motivo la han ensangrentado, nunca hubiera aparecido como una calamidad deplorable. Ved la razon porque el Templo de aquella Diosa augusta solo ha podido sobrevivir un instante.

VI.—MISTERIOS DE LOS FRANCOS.

La mayor parte de los escritores franceses pretenden: que los antiguos Galos fueron los primeros pueblos de Europa que reconocieron los dogmas que profesamos en Masonería. Los mas notables fueron los Misterios celebrados por los Druidas, los Caballeros y los Templarios.

Los Druidas, sacerdotes de los antiguos Galos, habitaban, 600 años ántes de Cristo, los bosques glaciales del Norte de Europa: debiendo nosotros atribuir á las comunicaciones que por algun tiempo sostuviéron con los sacerdotes de Egipto, el haber llegado á ser como estos últimos, los legisladores y jefes de casi todos los pueblos de aquellas regiones Occidentales.

Los Druidas, divididos en tres clases, bajo un jefe comun, los Vacies, eran los depositarios de los dogmas y de la filosófia y ejercian las funciones de sacerdotes y jueces. Tenian los Bardos por costumbre cantar las proezas de los héroes y los Eubajes desempeñar el oficio de aurípices.

Los Druidas, perseguidos por los romanos y obligados á refujiarse en Albion, se retiraron á los despeñaderos de la Isla Mena, en donde se dedicaron al culto de sus creencias religiosas. "Esta isla célebre," dice A. Boilleau, conservó durante un siglo en sus impenetrables florestas, el altar triangular, el cofre místico y la espada de Belinus." Leonardo

Gallois afirma, que los Druidas no solo habian tomado de los Persas el culto del dios Mytra, emblema del Sol; sino que el Egipto tambien les habia transmitido el conocimiento de Isis y Ceres, bajo formas alegóricas que representaban la fecundidad.

Pero de nada sirvió que los Druidas conociesen á Mytra, Isis y el Gui; si continuaron conservando los horrorosos sacrificios humanos y no practicaban la Iniciacion sino para aprovecharse de todo lo que de algun modo pudiera acrecentar su preponderancia: prototipo del egoismo sacerdotal!

Dignos de alabanza, no obstante, eran los Druidas, dicen, G. Dumast y Vassal, porque, en los primeros siglos del cristianismo conservaron fielmente en la Dinamarca, Suecia y Noruega la Iniciacion primitiva, que venida directamente de Oriente, sin pasar por Eleúsis, ni Samotracia, fué la primera destinada á florecer en Europa, no civilizada todabia.

"Á no dudarlo, la gloria de los Misterios," dice Court de Gebelin, "nunca resplandeció de un modo tan distinto é incontrastable, como cuando los Romanos que habian subyugado á todas las naciones, se vieron convertidos en esclavos viles de monarcas insensatos, siendo en los Misterios á donde su expirante libertad halló un asilo; contribuyendo ellos á que la Ord∴ proscrita en todas partes, lograse restablecerse y conservarse. Lisongeados con tan bella perpectiva y penetrados de las ventajas de la Iniciacion, muchos de los iniciados se hicieron *apóstoles*, dejaron la Grecia moderna y fueron á refugiarse á Scandinavia." Á contar desde entónces, los iniciados ó adeptos, reservaron para sí las Pal∴ y las Señ∴ de la Fraternidad, que, procedentes del Nilo, habían atravesado por el Ponto Euxino y pasado despues de este último al Báltico.

MISTERIOS DE LA CABALLERIA.—Largo tiempo había que la Iniciacion, confinada á las playas del Báltico, hiciera grandes progresos, gracias á los reinados de Egberd en Inglaterra y de Cárlos Magno en Francia; á despecho de cuya autoridad la anarquia feudal violaba todas las leyes y abria el camino á las desórdenes y desconcierto de la edad media....! ¿Quien podria negar que para remediar tantos males apareció la Ord∴ de los Caballeros en el siglo octavo de la era vulgar, quienes, como campeones de la humanidad supieron castigar el crimen y sus excesos?

Esta noble asociacion tenia por divisa socorrer al desgraciado, siendo el ceremonial de sus recepciones el mismo de los Misterios de Eleúsis. "Estos nuevos campeones, fundadores de las Ordenes de Caballeria," dice Dumast, "imitaron cuanto pudieron á los Masones; porque el Aguila Negra, el Aguila de dos cabezas y el Fenix que usaban como divisa, son emblemas masónicos y proceden del Magismo Oriental."

Ch. Dupontes, al comparar las leyes, forma y objeto de la Órden Masónica á los de la Caballeria, fué de opinion que la Mas∴ era la misma Caballeria perfeccionada y practicada de un modo mas público." Se vé, pues, que Dupontes tomó en su Enciclopedia Masónica el efecto por la causa y que hubiera sido mas lógico, si nos hubiera manifestado que la Caballeria era por el contrario un ramo ó dependencia de la Masonería.

Tambien nos presenta el Portugal, caballeros valerosos é ilustres. Los doce de Inglaterra, acerca de los cuales el ilustre Camoens nos ofrece un episodio en el 6°. canto de su famoso poéma, no serán olvidados de los masones portugueses.

ÓRDEN DEL TEMPLO.—¿Quién no reconoce la historia trágica de esta Ord∴ Militar y Monástica, cuyos miembros eran llamados: Pobres Caballeros de la Ciudad Santa, Soldados de Cristo, Milicia de Salomon y comunmente, Templarios?

En 1118, Hugues de Paginis, Geofroy de Saint Aumer y otros siete caballeros mas, fundaron esta Ord∴ célebre con objeto de ayudar á la conquista de la Palestina y de reunirse á la Cruzada de que era jefe Godofredo de Bouillon.

Fué el designio principal de estos Cruzados Franceses, consagrarse á la práctica de las virtudes cristianas y militares y proteger de los ataques de los Mulsamanes á los peregrinos que, de todos los puntos de Europa, se dirigian á Jerusalem por devocion á los Santos Lugares. Poco tiempo despues el número de sus miembros habia aumentado considerablemente y en 1128, el Concilio de Troyes reconoció la institucion.

Distinguianse los Templarios por un valor inalterable, recibiendo con frecuencia de los reyes y de los grandes, fondos y donaciones cuantiosas en premio de sus hazañas, llegando á ser tal su opulencia que mas tarde sirvieron de pretesto y ocasionaron su ruina . . . . .!

Recelosos los soberanos y sacerdotes al ver que la Ord∴ del Templo ejercía una grande influjo moral y político, fueron causa de que sobre los Templarios recayese la nota de herejes, sodomitas y rebeldes, para cohonestar sus designios. ¿Mas quien ignora que los dos únicos crímenes que pudieron imputarse á aquellos Caballeros en el Siglo XIV, dice la Revista Mas∴, fueron otros que sus inmensas riquezas, temibles por esta razon á los ojos de los reyes, no ménos que por su sistema religioso no conforme en un todo con el de la Iglesia, prestándose el mismo Romano Pontífice á consumar tal atentado? Los absurdos y crímenes que suponian á los Templarios y los crueles suplicios á que fueron condenados por Felipe el Hermoso y el Papa Clemente V, excitaron tan justa indignacion, que, la mayor parte de los escritores modernos, al querer rehabilitar su memoria, van hasta asegurar que los Templarios nunca tuvieron prácticas secretas, faltando en esto á un hecho comprobado por la misma historia.

Si imposible es negar á aquellos Caballeros el valor y la generosidad, nadie podrá tampoco desmentir la costumbre comun entre ellos, de unirse en asambleas místicas, en donde solo podian conservar, con el mayor celo y escrupulo la herencia de la antigua iniciacion.

Á fines del Siglo XVII, se encontró en Alemania en el túmulo de un Templario, muerto ántes de la persecucion de la Ord∴, una especie de talisman, el cual contenia, ademas de muchos otros símbolos propios de su Ord∴, los siguientes: el Compas, la Escuadra, la Esfera, el Pentágono de Pitágoras y el Ogdoado Gnóstico, que simbolizan los ocho Dioses Caribi de Samotracia, los ocho principios Egipcios y Fenicios, los ocho Dioses de Xenócrates y los ocho ángulos de la piedra cúbica. Ademas, los Templarios recibian, como divisa de su órden, un cinturon, sustituido despues por una banda de la cual proceden todos los cordones modernos y las insignias usadas hoy generalmente. Tal es la opinion de G. Dumast y de varios escritores.

"Así es que, la Ord∴ del Templo, de la cual se ha hablado de un modo tan diverso, no era segun Vassal, sino un anillo de la gran cadena de la Iniciacion mística, colocado visiblemente entre los tiempos antiguos y modernos."

Fué este el motivo que indujo á Hugues de Paganis, principal fundador de la Órden del Templo, para reunir en ella todas las ventajas obtenidas hasta entónces por medio de la Iniciacion y de la Caballería, siendo el intento de este, que la milicia fuese útil á la patria por el brazo y que los jefes lo fuesen por la libertad de sus ideas. Los preceptos fundamentales de aquella asociacion eran la beneficencia y la tolerancia. De la primera daban una prueba en las abundantes limosnas, que tres veces por semana, distribuían á las puertas de sus numerosos monasterios; y la segunda, se deja ver en la hospitalidad que dispensaron á sus prisioneros en la guerra de Palestina.

La denominacien de Caballeros del Templo, no hace alusion, como muchos pretendon, á la Iglesia del Santo Sepulcro ó al Templo de Salomon; porque los jefes de la Ord∴ querían refcrirse, dice G. Dumast, á otro Templo mas digno de la Divinidad, cual es nuestro planeta; poblado en general de hombres libres y virtuosos. Era en la construccion de este último templo inmaterial, continúa el mismo autor, al cual se consagraba la Ord∴. Serviales de símbolo el erigido por Salomon, y no por llevar el nombre de Templarios dejaron nunca de ser iniciados ó Masones.

Cuando en el siglo 14°., tuvo lugar la persecucion de esta ilustre Ord∴ la mayor parte de sus miembros regresaron á la gran familia masónica á la cual pertenecian: dando lugar este suceso á que Barruel, Gassicourt, y otro calumniadores de la Iniciacion, hicieran creer á muchos soberanos que los Mas∴ eran los que verdaderamente estaban encargados de vengar la muerte de Jaime de Molay y de sus compañeros, contestando á semejante supocision el autor de *Misterium Baphomeli revelatum*, que los Masones Europeos son muy anteriores á los Templarios.

TEMPLARIOS MODERNOS Ó JOANISTAS EN 1804.—Un médico llamado Bernard Raimond Fabré Palapart, consideró un deber tratar de rehabilitar la memoria de los antiguos Templarios y logró, con algunos amigos organizar una nueva secta del mismo nombre, la cual pudiera reputarse como sucesora de la Ord∴ del Templo. Los nuevos Templarios, temiendo encontrar algunas dificultades en tan vasto projecto dieron, á sus primeras reuniones el carácter de masónicas, Ord∴ que en 1805 obtuvo del Gr∴ Or∴ de Francia, las constituciones que necesitaba para formar la L∴ de los Caballeros de la Cruz, que mas tarde tambien dió orígen á un Cap∴ de Rosa-Cruz.

Hizo pública su existencia aquella Ord∴ en 1806. Con motivo del casamiento de Napoleon con Maria Luisa en 1810, dió la misma en Paris una fiesta brillante, al finalizar la cual se distribuyeron gran número de limosnas.

En tanto, el Gr∴ Or∴ de Francia, ignorando aun las pretensiones de la nueva Ord∴ y recelando que pudiese convertirse en una autoridad rival, invitó en 1811 á tres de sus miembros para que pasasen á dar cuenta de sus doctrinas ante el Consistorio de todos los Ritos, situado en Paris.

La doctrina de los nuevos Templarios está tomada, segun la Revue Masonique, número 6, del Evangelio de San Juan Bautista, sencillamente y sin hacer referencia á los milagros que en él se mencionan. No profesan los sectarios de la religion de San Juan ó Juanismo, ideas fijas sobre la naturaleza de Cristo á quien una veces reputan como á un hombre superior, que recibió la Iniciacion en Egipto, para transmitirla á todos los hombres indistintamente; y otras, es el hijo de Dios y parte esencial de la suprema inteligencia.

El gran Oriente de Francia, penetrado de las intenciones justamente religiosas de la nueva Ord∴ de Caballeros Templarios, les permitió el libre ejército de sus dogmas, desde cuya época forma uno de los cuerpos ó es parte de la Masonería, procediendo la nueva Ord∴ en 13 de Enero de 1833 á inaugurar un templo ó iglesia en Paris, acto solemne que fué celebrado publicamente: siendo un hecho, que algunos hombres respetables pertenecen á esta nueva sociedad, la cual se sostiene aun.

4°. MASONERIA EN FRANCIA.—Ántes del siglo 17°. no se contaban en Francia sino Masónes aislados; pero en 1725, algunos Ingleses, entre ellos los Lords Dervent-Water y Harnweter, fueron los primeros, que en Paris estableciéron algunas LL∴ nacionales. Tres Grados los de (Ap∴ Comp∴ y Maest∴) fueron los primeros que se adoptaron al ser la Masonería introducida en Francia; aunque en 1728, un escoces, el Doctor Ramsay, suponiendo que la Masonería trae orígen de la época de las Cruzadas y que había sido formada aun en los mismos compamentos de estos Caballeros, añadió á los tres grados anteriores tres mas de un carácter puramente militar y llamó á su sistema Escoceismo.

Tan fatal innovacion fué causa de otras muchas. Escocia, Inglaterra y Alemania, tuvieron del mismo modo su Escoceismo; al mismo tiempo que Francia adoptó otro sistema de veinte y cinco grados que mas tarde recibió el aumento de ocho mas, contando por todos treinta y tres, segun hoy le conocemos.

Trató el Oriente de Francia, hace poco, de simplificar los treinta y tres grados del Rito Escoces y organizó cuatro Órdenes, tales como el Secreto, el Escoces, el de Caballero de Oriente y el de Rosa-Cruz, los que unidos á los tres primeros, componen el Rito Moderno Frances. Ha sido despues de esta reforma que una lucha vergonzose se declaró entre los Ritos: siendo incalculable el daño que ha ocasionado á la Masonería francesa contienda semejante sobre preeminencias masónicas.

5°. MASONERIA DE ADOPCION.—La Francia es, sin duda, la cuna de la Masonería de Adopcion ó de Damas. Fué en 1774, que el Gran Oriente de Francia tomó bajo su patronato algunas LL∴ de Adopcion que anteriormente existian, con la expresa condicion de que sus trabajos estuviesen presididos por un Venerable Maestro. Desde entonces, la Masonería de Adopcion ha sido conocida y aceptada en Alemania, Italia, Holanda y Rusia; ménos en Iglaterra y los E. U.

En 1775, la duquesa de Borbon fué electa Gran Maestra de todas las LL∴ francesas; y en 1777, presidió la Logia Candor, la cual se ha distinguido siempre por sus actos repetidos de filantropia. En 1779, fué que dicha Logia fijó un premio en favor de una memoria sobre el tema ó proposicion siguiente. "¿Cual será el modo mas económico, conveniente y útil á la sociedad para educar á los expósitos hasta la edad de siete años?"

Fué principalmente de 1805 á 1827, que el número de Logias de Adopcion se aumentó considerablemente en Francia; haciendose notables en la celebracion de sus distintos fiestas por el número de sus limosnas en obsequio de los desgraciados y de los griegos oprimidos.

Presos políticos y familias indigentes socorridas, bellas acciones recompensadas, fiestas augustas y el triunfo de los principios Masónicos: tales han sido en Francia los admirables y patéticos resultados del concurso de ambos sexos bajo del estandarte sagrado de la Masonería.

¿Cual es la razon porqué las Españolas y Cubanas en quienes sabemos existe en alto grado el gérmen de la inocencia y de la virtud, permanecen indiferentes al beneficio de tales asociaciones?

VII.—MISTERIOS DE LA GRAN BRETAÑA.

Los Druidas y Sacerdotes de Herta, habiendo en los primeros siglos del Cristianismo estado en comunicacion directa con los pueblos de la antigua Albion, tomaron de ellos la iniciacion que extendieron luego por las Islas Británicas.

En 287, Caurasius, reconocido como emperador, protegió las artes y especialmente la Institucion Masónica. Fué, no obstante, desde 880 hasta 900, durante los reinados de Alfredo el Grande, de Eduardo y de Athlestan, que la corporacion Masónica de Arquitectos se estableció bajo formas regulares. Fué electo el príncipe Edwin, Gran Maestro de dicha corporacion en 925 ó 926.

Corporacion tan notable de Arquitectos, se dividia en reuniones parciales que se llamaban Logias. Todas dependian de un cuerpo central ó Gran Logia, especie de Dieta que tuvo su local en York, siendo el objeto de semejante asociacion la construccion en comun de edificios públicos y de todas las catedrales de aquel pais, que con razon deben serles atribuidas.

Fué electo el Marquez de Pembroke Gran Maestro en 1151, y bajo su patronato fué que la Masonería Escocesa apareció y sus miembros edificaron la Abadía de Kilwinning, siendo despues en 1313, época de la destruccion de los Templarios, que Roberto 1°. Rey de Escocia, fundó la Gran Logia de Heredom de Kilwinning.

Desde el reinado de Enrique VI. hasta el de Enrique VII., (ó sea de 1,495 á 1,501) la corporacion masónica ha experimentado golpes terribles y hubiera sucumbido tal vez á no declararse sus protectores el Gran Maestro de la Ord∴ de Malta y sus caballeros.

En 1562, la Reina Isabel, de un carácter desconfiado y suspicaz, persiguió la Ord∴ de los Maestros Arquitectos; si bien mas adelante, y en compensacion, Jaime I., Cárlos I., Guillermo III y otros soberanos de la Gran Bretaña, diéron pruebas inequívocas de una proteccion generosa.

Es ademas digno de notarse lo que acerca de esta Ord∴ célebre nos dice un sabio anticuario Inglés. Segun éste desde 1641, la corporacion Masónica admitió como miembros externos á personas estrañas al arte de construir, las cuales creía podían servir tambien de ornato á la Ord∴ y les acordó el título de *Free and Accepted Masons*, Masones Libres y Aceptados, para distinguirlos de los masones prácticos ó albañiles.—(*Journal de Elie Ashmole.*)

Desde esta época, la corporacion Masónica ha conservado el mismo esplendor, sin embargo, que á medida que la instruccion ha sido mas general y que se ha arraigado y prevalecido injustamente el individualismo en oposicion directa al espíritu de asociacion, la Ord∴ declinó á tal extremo que á principios del Siglo XVIII., muy pocas LL∴ habia en los condados y en Lóndres solo se contaban cuatro, de los cuales la mas notable era la que llevaba por título "Antigüedad," á la cual se debe la Iglesia de San Pablo. Fuese con idea de perpetuar los Misterios Masónicos en momentos en que parecian perder algo de su poder por las razones expuestas ó por una feliz inspiracion, la Logia Antigüedad que acabamos de mencionar, tomó sobre sí la responsibilidad del acuerdo de 1703, el cual produjo los mas importantes resultados.

Segun Presto, Maestro y Venerable de aquella Logia, que nos ha comunicado el hecho auténtico que vamos á referir y que quizá ignoran casi todos los Masones de ambos hemisferios, la Log∴ Antigüedad, ordenó: que desde la fecha de su acuerdo en adelante, los privilegios de la Masonería no serian mas el patrimonio de solo los Masones constructores y que los hombres de todas las profesiones podian concurrir del mismo modo al goce de ellos; al ser regularmente aprobados ó iniciados en la Orden.

Tan sabia resolucion, verdadera reforma masónica, atrajo á la Ord∴ á personas recomendables y particularmente á muchos sabios y literatos que, volviéndose celosos partidarios de ella, llegaron á ser sus mas decididos ó infatigables propagadores.

A esta primera inovacion, la Log∴ Antigüedad añadió otras mas no ménos interesantes; renunció en su totalidad al objeto que se proponía la antigua confraternidad y modificó todas las formas y ceremonias internas de las Logias. Tal ha sido el orígen del Rito Moderno Inglés.

Ha sido despues de esta memorable época que la Institucion Masónica ha florecido en Inglaterra, que la reforma ha extendido sus brazos paternales por las cinco partes del mundo, y que, en el corto espacio de 127 años, la *Acasia* ha sido transplantada en setenta y nueve Estados del Globo, bajo el nombre de **Franc-Masonería**.

MISTERIOS ANTIGUOS.

NADIE podría dudar que los símbolos fueron el lenguage casi universal de la teología antigua. Fueron tambien el método mas obvio de instruccion; porque á semejanza de la naturaleza, dirigían la enseñanza por la vista: demostrando muchos textos antiguos que toda participacion religiosa se hacía por medio de una exhibicion ocular. Los primeros preceptores del género humano, emplearon en el gran número de geroglíficos. Los enigmas de la Esfinge, tuvieron del mismo modo orígen en un sistema de enseñanza tan necesario entónces; enigmas, que, á la vez que excitaban la curiosidad, exponian á un peligro cierto al osado caminante que intentaba descifrarlos. Los Dioses, decían, revelan á los doctos su saber, en tanto que á los necios nada enseñan y añadía el Gran Oráculo de Delfos: que solo podía insinuar la contestacion de aquello que se le preguntaba, pero no revelar todo su sentido.

Los sabios antiguos, bárbaros y griegos, adoptaron tambien la costumbre de rodear sus doctrinas de enigmas difíciles de interpretar, ilustrando á los hombres por medio de símbolos, parábolas y sentencias obscuras que los Israelitas reputaban un deber sagrado transmitir inalterables á la posteridad. Creían ademas, que los medios de interpretacion de que hacían uso, bien fuesen símbolos, ceremonias religiosas, visiones ó portentos místicos, vistos en sueños ó de otra manera, eran revelaciones que expresaban deseos ó intenciones de los Dioses. La exacta apreciacion de problemas análogos, revelaba al Augur la voluntad del cielo y era para el filósofo una leccion de la sabiduría.

Eran los Misterios una sucesion de símbolos y la parte oral de los mismos, una explicacion accesoria, ó bien comentarios sagrados con tradiciones independientes y cortas, que encerraban teorías sobre física y moral, en las cuales los planetas y elementos hacian el papel de actores. Veianse tambien en ellos confundidos la creacion y revoluciones de nuestro globo, con el recuerdo de los mas remotos acontecimientos; la naturaleza aparecia como exhibirse al traves de una instruccion arbitraria y alegórica, y las ideas recibidas sobre relaciones entre Dios y los hombres, adoptaban una forma dramática y visible.

Nadie podría negar la alianza íntima que siempre ha existido entre los sistemas filosóficos y el simbólico. Asi lo prueban las alegorías que encontramos en los monumentos de todas las edades, en los escritos simbólicos de los padres de todas las naciones y en los rituales de todas las sociedades místicas y secretas: série constante de principios invariables y uniformes que forman un conjunto armonioso y perfecto.

Es, en tal concepto, que debemos saber apreciar toda la importancia de la instruccion simbólica: por el uso constante que con tal motivo hizo de ella la antiguedad y el influjo que no ha cesado de ejercer en todos los siglos como sistema de enseñanza y participacion misteriosa. Empleó la divinidad el uso de las imágenes en sus revelaciones al hombre para hacerle mas palpables las verdades que le enseñaba y parábolas y símbolos formaban el lenguaje de Jesus. Era tambien simbólica la doctrina misteriosa de los Druidas.

Fué la iniciacion una escuela en la cual se enseñaban las verdades de la religion primitiva, la existencia y los atributos de un solo Dios, la inmortalidad del alma, los castigos y recompensas de una vida futura, los fenómenos de la naturaleza, las ártes, las ciencias, la moral, la legislacion, la filosofía, la beneficencia, lo que hoy llamamos psicología y metafísica, el magnetismo animal y otras muchas ciencias conocidas de solo los iniciados.

Eran familiares á los padres Egipcios las ideas de los sacerdotes del Indostan, de la Persia, de la Siria, de la Arabia, de la Caldea y de la Fenicia. Se debe á la filosofía racional de la India la existencia de los Misterios de Egipto, despues de haber fundado los de Persia y de Caldea. Vemos que preceden en Egipto al uso de los geroglíficos, figuras y signos de fácil interpretacion, los cuales estaban tomados de los tres reinos de la naturaleza y empleaban los Indios, Persas y Caldeos, para expresar sus ideas: siendo esta primitiva filosofía la base de la enseñada por Pitágoras y Platon.

Todos los filósofos que han ilustrado á la antigüedad fueron discípulos de la iniciacion, siendo al progreso y fundacion de los Misterios de aquellos tiempos á quienes debemos las reformas saludables introducidas en la religion de los pueblos. En el cáos de las superticiones populares, solo los Misterios pudieron libertar al hombre de la barbarie. De ellos derivaron su doctrina Confucio y Zoroastro. Clemente de Alejandría, dice de los Grandes Misterios: "que eran el complemento de todo saber y vistas y aprendidas en ellos todas las cosas." Hubiérase limitado su enseñanza á solo la moral, y nunca los elogios de tantos hombres ilustres, como Píndaro, Plutarco, Isócrates, Diódoro, Platon, Eurípedes, Sócrates, Aristófanes, Ciceron, Epícteto, Marco Aurelio y otros, hubieran atestado su sabiduría y grandeza. Enseñábanse allí las ciencias y tambien las tradiciones escritas y orales, que remontaban á los tiempos primitivos de la creacion.

Sócrates nos dice en el Phaedo de Platon: "que eran hombres de genio los fundadores de los Misterios ó secretas asambleas de los iniciados, quienes, en las primeras edades del mundo, enseñaban bajo enigmas difíciles de comprender, cuán necesario era purificarse ántes de descender á las regiones desconocidas para no ser precipitados en el abismo; porque solo á los exentos de las impurezas del mundo, les era permitido gozar de la presencia de la Divinidad:" tal seguridad tenían los iniciados de ser admitidos en la sociedad de los Dioses.

Pretextatus, proconsul romano de Acaya, hombre verdaderamente virtuoso, decía en el siglo cuarto: "que privar á los Griegos de los Misterios augustos fundados en obsequio de la especie humana, Misterios que ligaban á todos los hombres, era hacer la vida insoportable."

Estaba considerada la iniciacion como una muerte mística ó descenso á los infiernos ó pais de las sombras, en donde quedaban borradas las imperfecciones de una vida desarreglada al ser purificada el alma por el fuego y el agua: asegurándose hallarse entonces regenerado el Epopt ó nuevamente nacido á una existencia de verdadera luz é inocencia y puesto bajo la proteccion de los Dioses.

Se adoptaba un lenguaje especial en estos casos ó bien el de los geroglíficos, que solo conocían los poseedores de los altos grados. Confiábase á estos el poder moral y político de cada pais en que los Misterios eran conocidos: siendo tal la importancia de los jeroglíficos de los altos grados, que solo á un corto número se transmitía su conocimiento y esta la causa de que andando el tiempo á muy pocos fuese fácil interpretarlos, empleándose estos indistintamente en la dispensacion de grados, si bien, no en todos tenían el mismo sentido figurado y abstracto. Creíase en los últimos tiempos, que los Dioses habían hecho uso de ellos y del lenguaje sagrado. Nada se omitía de cuanto pudiese realzar á los Misterios de la Iniciacion, llegando sus ceremonias á poseer un encanto tan poderoso, que no solo logró á conjurar los males que los amenazaban, sino que fué causa de que reputasen como un honor poco comun el favor de ser iniciado.

Conservaron los Misterios aun mucho despues de Ciceron, el carácter de santidad y pureza que los distinguia, no atreviéndose Neron el parricida á penetrar en sus templos, aun en Grecia y rehusandose tambien á Constantino igual honor á causa del homicidio de sus parientes: época reciente esta última y que empieza nuestra era.

Eran en general fúnebres las fórmas de los Misterios. Eran ademas el tipo de una muerte y resurreccion místicas que aludían siempre á un personage divino ó heróico. Sucedía, que segun las localidades variaban los pormenores, si bien en el fondo la alegoría era igual en todos ellos.

Pudiera darnos la Astronomía y Mitología la explicacion de los Misterios como tambien el contenido del grado de Maestro: ceremonia esta anterior á la iniciacion y de una época remota.

No podríamos afirmar si los Misterios tuvieron orígen en Egipto ó fueron llevados á este pais por los Indoos ó Caldeos. Lo cierto es, que los Hebreos los tomaron de los primeros, y en tal concepto les era familiar su historia, disipando toda duda el hecho indudable de ser Moises y José iniciados Egipcios.

El fondo de los Misterios no era otra cosa que la exposicion de la fábula de Osiris, (ó bien la verdad revelada bajo figuras alegóricas) que representaba al sol como principio del Bien y á Tifon, ó ausencia de aquel astro, como causa del Mal y de las tinieblas. En todas las historias de Dioses y Héroes, encontramos detalles secretos que hacen referencia á las operaciones visibles de la naturaleza, detalles que llegaron á ser despues símbolos de verdades importantes. Solo inteligencias sin cultura, pudieron considerar como divinos al sol, la luna, las estrellas y el poder de la naturaleza, consagrando á estos objetos un culto público.

Una breve reseña de la leyenda egipcia bastará para dar una idea de los misterios de aquel pais.

Osiris, que se decía haber sido un Rey de Egipto, era el sol; é Isis su esposa, la Luna; aludiendo la historia de estos personages al paso anual del Gran Luminar de los cielos al traves de los signos del Zodiaco.

Durante la ausencia de Osiris, Tifon, su hermano, trató de usarparle el trono, intento que vió malogrado por la prevision de Isis, esposa del primero. Tifon entonces medita la muerte de su hermano y la ejecuta, persuadiendo á este que entrase en una caja ó sarcófago que arroja al Nilo.

Grandes esfuerzos y muchas vigilias fueron necesarias á Isis para encontrar el cadáver de su esposo, al cual oculta en lo mas espeso de una floresta de donde Tifon le estrae y divide en catorce partes, que esparce indistintamente. Despues de muchas y penosas investigaciones, descubre Isis trece de los miembros del cuerpo de su esposo, habiendo sido la otra devorada por los peces y la cual sustituye con una de madera, enterrando el cadáver mutilado en Philae, en donde erige un magnífico Templo á su memoria.

Ayudada Isis de Orus ú Horus, pelea contra Tifon, le mata, reina gloriosamente y á su muerte la unen á su esposo en el mismo sepulcro.

Representaban á Tifon, hijo de la Tierra, todo cubierto de plumas en la parte superior de su cuerpo, de pie, llegando hasta las nubes, los brazos y piernas con escamas, lanzando serpientes de su cuerpo y arrojando llamas por la boca. Horus, complice de la muerte de Tifon, se hizo Dios del Sol; correspondiendo al Apolo griego, como Tifon (Typhon) es el anagrama de Python, gran serpiente vencida por Apolo.

La palabra Tifon, como la de Eva, significa serpiente ó vida. La forma de este reptil simboliza la vida que llena al universo. Cuando al fin de Otoño nos figuramos ver á la muger de las constelaciones, (segun la esfera caldea), comprimir con el talon de su calzado la cabeza de la serpiente, (signo del zodiaco), dicha alegoría nos anuncia la aproximacion del invierno en cuyo tiempo cesa al parecer la vida de los seres. Esta es la razon porque Tifon significa tambien serpiente, símbolo del invierno, la cual en los Templos Católicos aparece enorroscada al globo terrestre que en la parte superior lleva una cruz celestial, emblema de la redencion. Si Tifon (Typhon), se deriva de *Tupoul*, significa entónces el gérmen que produce la (manzana *mala*), orígen, segun los judios, de la caida del hombre. Expresa tambien la idea de usurpacion, refiriéndose á la que ejercen las pasiones sobre el hombre, las cuales le hacen olvidar las lecciones de la sabiduría. Segun la fábula egipcia, habia escrito Isis la palabra sagrada que Tifon no tardó en borrar. Moralmente, Tifon significa *Orgullo, Ignorancia, Maldad*.

Pudo Isis observar la primera vez que encontró el cuerpo de su esposo, sobre la costa de Biblos, que un arbusto de brezo que estaba cerca de él habia espigado tanto que formó despues un árbol frondoso, el cual protegia el cadáver del Dios, siendo la virtud de este causa de semejante transformacion. De aquí trae orígen el uso que hacen los Masones del ramo de acacia.

Iba Isis acompañada tambien de Anúbis, bajo la figura de un perro, en solicitud del cuerpo de su esposo, siendo Anúbis ó Sirio, la estrella canicular, el amigo y consejero de Osiris y el inventor del lenguaje, de la gramática, astronomía, agrimensura, aritmética, música y medicina, el primer legislador, el que enseñó á los hombres el culto de los Dioses y el modo de erigir templos en que estos debian ser adorados.

Llamaban *aphanismo* ó desaparicion á la alegoría de colocar el cuerpo de Osiris en una arca bien cerrada, ceremonia que tenia lugar en el solisticio de Invierno y bajo el trópico de Capricornio; así, como llamaban *Evresis* ó hallazgo, al descubrimiento debido á Isis del cuerpo mutilado de su esposo. El candidato representaba durante su iniciacion á Osiris ó al *Sol*. El objeto que los Misterios se habian propuesto, era universal en todos los pueblos, haciendo en todos el papel de primeras deidades un hombre y una muger.

Estos fueron en Egipto, Osiris é Isis: en la India, Mahadeva y Sita; en Fenicia Thammuz (ó Adonis), Astarté (ó Venus); en Frijia, Atys y Cibeles; en Persia, Mithras y Asis; en Samotracia y Grecia, Dionisius ó Sabazeus y Rhea; en la Gran Bretaña, Hu y Caridwen y en Escandinavia, Woden y Frea: divinidades que en todas ocasiones eran emblemas del Sol y de la Luna.

Los Misterios de Osiris, Isis y Horus, parecen haber servido de modelo á las iniciaciones fundadas despues de ellos. Los de Atis y Cibeles, celebrados en Frijia, y los de Ceres y Proserpina en Eleúsis y otros lugares de la Grecia, eran imitaciones de los primeros. Esto nos aseguran Plutarco, Diódoro Sículo, Lactancio y otros antiguos escritores, no siendo necesaria esta prueba para deducirlo facilmente, supuesto que existe tal semejanza en los hechos atribuidos á los personajes alegóricos de unos y otros, que es innegable la procedencia de los últimos, afirmando ademas, los antiguos, que la Céres de los Griegos, era la Isis de los Egipcios y Dionisius ó Bachus, Osiris.

Encontramos en la leyenda de Osiris é Isis, que nos transmite Plutarco, detalles diferentes de los que acabamos de mencionar, los cuales creemos oportuno omitir ahora. Desposase Osiris con su hermana Isis y ambos se consagran á mejorar la suerte del hombre y enseña Osiris la agricultura é Isis inventa las leyes. Erige el primero Templos á los Dioses é inventa el culto. Se declaran ambos protectores de las artes é invenciones útiles, introducen el uso del hierro en la fabricacion de las armas y aperos de labranza y el del oro para adornar aquellos Templos. Es Osiris el primero que corre en pos de la conquista de la civilizacion tan necesaria al hombre y el que enseña al pueblo que habia sojuzgado, el cultivo de la viña y de los granos alimenticios.

Tifon su hermano, le asesina, encontrándose el Sol en el signo del Escorpion, es decir, en el equinocio de Otoño. Ambos pretendian, segun Sinesio, el trono de Egipto: á semejanza de la luz y las tinieblas que se habian disputado el imperio del mundo. Plutarco añade, que en la época de la muerte de Osiris, se encontraba la Luna en su plenilunio, es decir, en el signo opuesto al Escorpion, que es el del Toro, el cual lo es tambien del equinocio de Otoño.

Plutarco nos asegura tambien, que Isis estableció los Misterios con objeto de representar en ellos los acontecimientos que acabamos de referir, lo cual tenia lugar por medio de imágenes, símbolos y ceremonias religiosas, siendo á la vez una escuela de moral, en donde encontraba el infortunio consuelo y proteccion. El objeto de sus fundadores era poner en práctica la verdadera religion y ofrecer al hombre en medio de las vicisitudes de la vida, las bellas esperanzas de la fé religiosa: principios que se enseñaban bajo pomposas ceremonias y cubiertos con el velo de la alegoría.

Diódoro habla de dos columnas cerca de Nisa, en Arabia, que se cree sirvieron de sepulcro á Isis y Osiris. En una de ellas se leía esta inscripcion.—"Soy Isis, la reina de este pais, (Egipto). Fué mi preceptor Mercurio y á él debo la sabiduría. A nadie es permitido violar las leyes que he establecido. Soy hija mayor de Saturno, el mas antiguo de los Dioses. Fuí la primera que enseñé á los hombres el uso del trigo. Soy madre del Rey Horus. Fué edificada en mi nombre la ciudad de Bubasto. O, Egipto, tierra en que he nacido, regocijaos." La otra inscripcion decia.—"Soy Osiris el Rey, que al frente de sus ejércitos ha recorrido toda la tierra desde las comarcas inhabitadas de la India hasta el Norte y regiones del Danubio y Océano. Tuve orígen en el (*ovus*), brillante y magnífico y estoy formado de una naturaleza igual á la luz. No existe en lo creado lugar alguno que no recuerde mis beneficios y en que no haya comunicado á los hombres importantes revelaciones." Lo demas estaba ininteligible.

Acompañaba Anúbis á Isis cuando esta iba en solicitud del cuerpo de su esposo, el cual cuidaba de Horus, hijo de aquella diosa y ademas, iba una hermana de esta llamada Nephté. Era Anúbis hijo de Osiris y tambien Sirio, la estrella mas brillante de los cielos. Despues de encontrar Isis lo que buscaba, encaminóse á Biblos, descansó cerca de la fuente en que, decian se habia detenido el cesto que encerraba el cuerpo de su esposo y lloró alli largo tiempo. Acercáronse á ellas las mugeres que servian en la corte de la Reina Astarté á quienes ruega encarecidamente que atasen con esmero sus cabellos y derramasen sobre su cuerpo un riquísimo perfume de ambrosía.

Suplica á Isis aquella reina que fuese el aya de su hijo y que residiese en su palacio, una de cuyas columnas era el *breso ó tamariz*, en que estaba depositado el cesto que contenía el cuerpo de Osiris, columna que el Rey su esposo habia derribado, ignorando su destino: columna cedida despues á Isis, que extrajo de ella el cuerpo de su esposo, lo embalsamó lo amortajó con esmero y lo llevó consigo.

La Masonería azul ó simbólica, mal enterada del sentido verdadero de esta alegoría, conserva entre sus emblemas el de una muger llorando sobre una columna rota, la cual tiene en una mano una rama de acacia, mirto ó tamariz y al tiempo que detras de ella, trenza sus cabellos despeinados.

No era histórica esta narracion, sino una fábula sagrada solo conocida de los iniciados y cuyos incidentes y alegorías astronómicas expresaban una idea mas elevada que la exibida en apariencia bajo un doble velo.

Eran estos Misterios con todos sus incidentes, semejantes á los de Eleúsis, de los cuales decía Pausánias, iniciado tambien: que eran en Grecia considerados desde muy antiguo como la institucion mas propia para despertar en los hombres sentimientos de piedad. Añadia Aristóteles, "que nada era comparable á su enseñanza religiosa y que por su excelencia llevaban el nombre de Misterios, siendo objeto de la mayor veneracion el Templo de Eleúsis por ser reputado el sentuario de toda la tierra, en el cual la religion habia podido combinar cosas tan imponentes y augustas."

Inspirar al hombre piedad y hacerle soportable la vida y sus pesares, eran atenciones preferentes de los Misterios, dandole por recompensa el consuelo ó la esperanza de otra vida feliz y perdurable.

Ciceron decia que: "no solo recibian en ellos los iniciados la instruccion que les era necesaria para ser felices en este mundo, sino que tambien adquirian por medio de ella, hermosas esperanzas para el momento de la muerte." Sócrates decía tambien: "que era una dicha el ser admitido en los Misterios, porque al morir se tenia por cierta la inmortalidad." Y en fin, Aristides aseguraba: "que los Misterios no solo proporcionaban á los iniciados consuelos en esta vida, sino tambien la ventaja inapreciable de pasar al morir á un estado perfecto de felicidad."

Seria fácil probar cual era otro de los fines recomendables de la Iniciacion, pues, segun el mismo testimonio de los antiguos, ocupaba á los iniciados con entusiasmo la idea de civilizar las hordas salvajes, mejorar sus costumbres y que formasen parte de la sociedad, es decir, hacer recorrer al hombre una vía digna de él. Eran los de Eleúsis, segun Ciceron, un bien que Atenas acordaba á los pueblos; porque era mision tambien de sus iniciados realizar la empresa que acabamos de indicar ó inculcar la moral como base de la institucion. El mismo orador filósofo en un apóstrofe á Céres y Proserpina, dice: "que el género humano debia á estas Diosas los primeros elementos de la vida intelectual y física, el conocimiento de las leyes, los preceptos de moral y los ensayos de civilizacion que tan útiles son á la humanidad."

Al poner en práctica los principios políticos y religiosos de la institucion, enseñaban á los hombres sus deberes recíprocos, los que debian á los Dioses y el respeto que estos exigian, obteniendo de este modo el que es necesario dispensar á las leyes; idea que Virgilio nos confirma de esta manera, cuando nos habla de las ceremonias de la iniciacion: "Enseñáronme allí, dice, á respetar la justicia y los Dioses." Este gran precepto, que el Hierofanta trataba de inculcar en el iniciado despues de haber bajado este á la region de las sombras, lo usa el

Poeta para terminar la descripcion hecha por Sísifo de las penas impuestas á los malos en el Tártaro.

Pausánias, al hablar de los castigos que Sísifo y los hijos de Danae sufrieron en el Templo de Délfos, concluye diciendo: "que el crímen de impiedad habia sido causa de aquella pena, dando lugar á ella el desprecio que hacian de los Misterios de Eleúsis."

No fueron los Misterios simples purificaciones, fórmulas ó ceremonias arbitrarias, ni ménos la manera de recordar á les hombres el estado anterior á su civilizacion, pues ya hemos dicho: que inclinar al hombre á la piedad é inspirarle el temor de una vida futura, fué en los primeros tiempos, si no desde su principio, uno de los fines de la iniciacion.

De los símbolos usados en las ceremonias de la iniciacion referentes á la agricultura, conserva hoy la Masonería, el que forma una de las palabras del grado de Compañero: no obstante que en aquellas solo aludían á fenómenos astronómicos.

Mucho se ha escrito sobre el estado de barbarie del hombre ántes de los Misterios; alusion puramente metafísica si no hiciese referencia á la ignorancia del candidato y en general á la del hombre.

Es indudable que los Misterios de Isis y todos los que conocemos, lograron realizar el designio que se habian propuesto. Mejoraron la condicion moral del hombre y perfeccionaron sus costumbres, ligandolo á su especie por medio de deberes sagrados y recíprocos. Fué este primer ensayo de la ciencia y sabiduría primitiva, el que se esforzaba en crear una legislacion sólida y duradera y en enseñar aquella filosofía que asegura al hombre su felicidad, preserva su alma del influjo mortal de las pasiones y conserva el órden en la sociedad. Era la obra del genio, cuyo pedestal era la ciencia y el estudio incesante del hombre.

Grande sería el error del que solo viera en los Misterios míseras creaciones del charlatanismo y de la impostura. Pudo el tiempo mezclar en ellos, doctrinas falsas ó contrarias á sus principios que al fin desaparecieron; porque no de otro hubieran merecido los elogios de tantos hombres ilustres.

La alegoría del Tártaro y sus castigos, y la de Minos y otros supuestos jueces de la muerte, fueron entónces mal interpretados, haciéndose de ellas un uso impropio: siendo aquellas alegorías en su orígen, formas arbitrarias ó emblemas de verdades importantes.

Era la virtud en los Misterios considerada como el solo medio de alcanzar el hombre la felicidad terrestre y la inmortalidad futura. La imágen grosera de las penas materiales del Tártaro, lo era de las ciertas, inevitables y eternas que aguardan á los infractores de las leyes divinas. Muchos Poetas y Mistagogos, han pretendido hacerse populares, propagando ambas doctrinas: y los unos las han consignado en sus poemas y los otros en sus prácticas misteriosas, adornándolas unas veces con las galas de la poesía y otras, sirviendo á la ignorancia de espanto ó de ilusion.

Tambien representaban al iniciado por medio de imágenes, la felicidad del justo y desgracia del hombre malvado despues de la muerte, escogían los lugares mas obscuros para presentar aquellas imágenes en espectáculo, asistiendo propiamente á dramas religiosos á que daban el nombre de *Iniciacion ó Misterios* y excitaban la curiosidad del iniciado con el Secreto de las Ceremonias, no menos que con las pruebas por las cuales pasaba, en tanto que su atencion recorria los diferentes objetos que le rodeaban: tales eran, la variedad de escenas, la belleza de los adornos y las rápidas transformaciones de la maquinaria. Llenábanle de profundo respeto la gravedad y dignidad de los actores y despertaban en él la augusta majestad del ceremonial, bien la esperanza ó el temor ó la tristeza ó el regocijo.

Los Hierofantas, hombres inteligentes que conocian la manera de hacer sentir el efecto que deseaban, emplearon con tal objeto los medios mas oportunos. El velo del secreto cubría sus ceremonias y era en medio de la noche cuando acostumbraban exhibir los Misterios, haciendo mas imponente al iniciado la impresion que recibía, mas duradera la ilusion y mayor su asombro. Eran cavernas debilmente alumbradas el recinto escogido para sus ceremonias y árboles frondosos rodeaban el exterior de sus Templos; porque era su propósito hacer sentir al alma el temor saludable que suelen inspirar los lugares melancólicos.

La palabra *Misterio*, segun Demetrius Phalerus, era una expresion metafórica y sinónima de la idea de pavor que ocasionan la obscuridad y el silencio. Siendo la noche la hora en que se practicaban se llamaban tambien ceremonias nocturnas y segun Apuleo, la hora en que tambien tenian lugar las iniciaciones en los Misterios de Samotracia y en los de Ísis. Eurípides dice, por medio de Baco: "que los misterios de este Dios eran celebrados durante la noche para hacerlos mas imponentes y augustos."

Nada pudo excitar mas vivamente la curiosidad del hombre, que los Misterios; en los cuales se enseñaban ciertas verdades que aumentaban su deseo, no menos que los obstaculos que entónces, como ahora, detienen al iniciado quien solo por intérvalos puede llegar al fin á conocer el grande objeto de la iniciacion. Hierofantas y Legisladores se servieron de ella, como de un resorte poderoso, para hacer adoptar al pueblo ciertos preceptos que dificil hubiera sido hacerle aceptar por la fuerza.

Era un estímulo entre los iniciados la idea de querer imitar á la Divinidad, la cual, decian, oculta á nuestra vista los resortes con que mueve al Universo, asegurando, que sus alegorías encerraban verdades importantes para mas despertar el deseo de conocerlas. Juraban guardar profundo secreto y castigaban con la muerte al indiscreto que los revelaba ó al no iniciado encontrado en el Templo; privando al traidor de toda participacion en los Misterios y del trato de los iniciados.

Aristóteles, acusado de impiedad por el Hierofanta Eurymedon, por haber inmolado á los manes de su esposa, segun el rito de Céres, se vió obligado á huir á Cálcis y á levantar allí una estatua á la Diosa, para hacer olvidar tan grave ofensa. Sócrates muribundo ofrecia sacrificios á Esculapio, borrando de este modo la sospecha de ateismo forjada por sus enemigos. Díagoras vió pregonada su cabeza por haber divulgado el secreto de los Misterios. Andrócides y Alcibiades, acusados del mismo crímen, fueron citados ante la Inquisicion de Atenas, en que el pueblo, como juez, los absolvió. En fin, Esquíles el trájico, fué acusado de haber representado los Misterios sobre la escena, libertándole de la pena el haber probado que no habia sido iniciado.

Comparando Séneca la Filosófia á la iniciacion, dice: "que las ceremonias sagradas eran solo conocidas de los adeptos, si bien algunos de sus preceptos lo eran tambien de los profanos: tal era el de obrar bien por temor á las penas y recompensas de una vida futura." Los legisladores de la antigüedad, acostumbraban hacer la expocision de sus doctrinas en medio de la pompa de ceremonias misteriosas y haciendo uso de palabras místicas á fin de grabar de un modo permanente ciertas verdades.

Entónces era cuando hablaban al iniciado del orígen del alma, de su descenso á la tierra al traves de los planetas, y de su regreso final al centro de donde había emanado, despues de haberse purificado en este mundo y de hallarse libre de todo lazo terrestre. Estas especulaciones metafísicas, no comprendidas por muchos de los iniciados, estaban representadas por figuras, símbolos y analogías alegóricas: no habiendo existido idea alguna, por abstracta que haya sido, que no hubiesen expresado los hombres por medio de imágenes sensibles.

Ya hemos dicho, que al estímulo del secreto, se unía lo dificil de la admision y los intérsticios que tenian lugar en la sucesion de grados. Los que aspiraban á la iniciacion del sol en los Misterios de Mitras, en Persia, pasaban por muchas y terribles pruebas. Empezaban por fáciles ensayos y llegaban por grados á extremos peligrosos que amenazaban la vida del candidato, llamándolos, Gregorio de Nazianzeno: *torturas y penas místicas*. Decia Suidas,"que nadie podía obtener el título de iniciado hasta no haber demostrado por su constancia en tales pruebas, que era hombre virtuoso y estaba exento del influjo de las pasiones." Llegaban á doce las.pruebas principales; aunque otros aseguran, que era mayor su número.

Eran ménos terribles las pruebas de la iniciacion Eleusiana; aunque severas, pues hacía pasar al aspirante por intérvalos, en los cuales permanecia como estacionario sin poder avanzar, (costumbre que conserva la Masonería actual en las edades de los diferentes grados,) lapsos de tiempo que era necesario llenar al ascender de los *pequeños* á los *grandes* Misterios, causando cierta incertidumbre que alarmaba casi siempre la curiosidad del candidato. Quiso Pitágoras poseer el secreto de la ciencia sagrada de los Padres Egipcios y fué iniciado en los Misterios de este pais, pasando por pruebas terribles que supo vencer y le hicieron digno de recibir la instruccion á que aspiraba. Los Esenios, entre los Judios, no admitían al candidato en sus misterios hasta no haber pasado por las pruebas de distintos grados.

Llegaban por la iniciacion á ser hermanos aquellos que ántes no eran mas que meros conciudadanos, sujetándose á los nuevos deberes que contraían, como miembros de una fraternidad religiosa que acercaba mas y mas á los hombres y en donde el pobre y el débil podian acudir por asistencia al rico ó poderoso; á quienes estaban ligados por una verdadera amistad.

Juzgábaze el iniciado un protegido de los Dioses y que solo él merecía los tesoros del cielo. Era por la virtud dichoso en esta vida y en la otra feliz eternamente.

Los Padres de la Isla de Samotracia, prometían á los iniciados vientos favorables y aquellas constelaciones protectoras y afortunadas que disipan las tormentas y calman los mares agitados. Segun el Comentador de Aristófanes, había entre los iniciados hombres tan justos, que gozaban del privilegio de verse libres de desgracias y de tempestades.

El iniciado en los Misterios de Orfeo, despues de ser purificado, juzgábase libre del imperio del mal y elevado á una existencia superior y feliz. "He salido del mal," se le hacía repetir "y logrado llegar al bien." Los iniciados de Eleúsis, decían: "que solo para ellos ostentaba el sol sus mas vivos resplandores:" convenciéndonos el caso de Péricles, de cuan seguros estaban de ser inspirados por Céres y Proserpina y de recibir de estas Diosas consejos y sabiduría.

La iniciacion, decían, disipa los errores y previene muchos males. Regocija en vida al corazon del hombre y le rodea al morir de hermosas esperanzas. Decía Sócrates: "Debemos á los Dioses de Eleúsis los bienes de la sociedad actual y la bella promesa que nos hace la iniciacion de una eternidad venturosa." Arístides creía,"que no eran momentáneos los presentes de la iniciacion, pues que aseguraba un estado mas feliz despues de esta vida." Tedu, decía:"que aquellos que podían participar de los Misterios eran felices; porque estos eran un raudal inagotable de prosperidad." Prometíase una dicha que pasaba mas allá de la muerte.

Era entónces que el iniciado gozaba de un bien eterno. Ygual felicidad prometíase al iniciado en los Misterios de Cibeles y de Átis.

Estaban excluidos los homicidas, sin exceptuar á los involuntarios, de la participacion de los Misterios y no se les permitía la entrada en los Templos: asi lo afirman Isócrates y Teon. A los Nigromantes y Charlatanes, que explotaban la credulidad pública con supercherías é imposturas y se decían poseidos de espíritus malignos, les era tambien prohibida lo entrada en el santuario. Igual prohibicion se imponía á los impios y delincuentes, siendo costumbre, segun Lampridio, el anunciar al empezar los Misterios:"que solo podían asistir á ellos aquellos que poseyesen una conciencia pura y no dudasen de su inocencia."

Debía estar el iniciado exento de toda culpa. No es extraño, por lo tanto, que los parricidas, perjuros y demas infractores de las leyes divinas y humanas, no fuesen admitidos en los Templos. Era costumbre en los Misterios de Mítras, repetir al iniciado una leyenda sobre la justicia.

Virgilio nos da una idea del gran objeto moral de los Misterios y de las ceremonias místicas de los iniciados. Estas son sus palabras: " enseñan á practicar la justicia y á venerar á los Dioses, recomendando á los hombres una virtud de que dan el ejemplo." Podía el iniciado aspirar al favor de los Dioses si respetaba los derechos de los otros hombres. El sol, " dice el coro de los iniciados, citado por Aristófanes, brilla solo para aquellos que admitidos en los Misterios, cumplen con los deberes que les impone la benevolencia hácia los extranjeros y hácia sus conciudadanos." Así es que, las recompensas que prometía la iniciacion, dependían de la práctica de las virtudes sociales. No bastaba ser iniciado. Era necesario observar con todo rigor las leyes de la iniciacion, la cual imponía deberes sagrados al hombre. No permitía Baco, que participasen de los Misterios sino á aquellos que obraban conforme á las leyes de la piedad y de la justicia.

La compasion por el imfortunio y todos los sentimientos generosos, eran virtudes preciosas que la iniciacion no cesaba de recomendar á sus adeptos. Dice Juvenal:"que la naturaleza nos ha hecho compasivos, dándonos el llanto en prueba de ello." Y Jovellanos:"que las lágrimas lo son de la sensibilidad del corazon y desgraciado de aquel que no las derrama." Degeneró con el tiempo la idea primitiva de la institucion y fueron admitidos en ella no solo justos, sino hombres que no eran dignos de aspirar á una inmortalidad gloriosa.

Dificil sería detallar aquí la naturaleza y circunstancias referentes al dogma de una vida futura, sus recompensas y castigos, segun se enseñaba en los Misterios. Nadie podría poner en duda la representacion escénica que del Tártaro y juicio final de cada hombre, se hacía en ellos y que Virgilio nos ha transmitido. Omitiremos la descripcion del Eliseo y la de aquel lugar de castigo; porque sería separarnos demasiado de nuestro objeto: importándonos tan solo el hecho cierto de haber conocido la iniciacion antigua el dogma de la inmortalidad del alma y de haber prevenido, como consecuencia necesaria, las penas y remordimientos que acompañan al culpable en todos tiempos.

Las ceremonias ó fórmulas materiales, inventadas por los hombres, son símbolos imperfectos: siendo esta la razon de ser insuficientes el bautismo alternativo de fuego y agua, cuyo objeto es abrirnos las puertas de la eternidad, purificando nuestras almas; pues que casi siempre vemos malogrados sus efectos en este mundo, ántes de que pudiera sernos útil esa misma purificacion. ¿Quien no sabe que la vida es un espejo que refleja á todas horas nuestras miserias, una serie no interrumpida de deseos contrariados, un vacio que nunca se vé colmado?

Todas las iniciaciones han sido y son el prólogo del gran drama de la muerte. El bautismo, la uncion, el funeral, la calcinacion del cadáver ó su embalsamamiento, son símbolos que la siguen ó preceden. La iniciacion de Hércules es una prueba, pues consta que, ántes de bajar á los infiernos ó pais de las sombras, fué instruido del *cambio mental* que siempre tiene lugar al efectuarse la renovacion de la existencia. Es la muerte, la verdadera iniciacion y su sueño el preliminar: pequeño misterio ó rito final, que, segun los Egipcios, acercaba al hombre á Dios, recompensa para la cual se preparaban dignamente.

Consideraban al cuerpo prision del alma y no admitían el castigo eterno de esta última. Era doctrina de los Egipcios, Pitagóricos y tambien de Sileno, que la vida es preferible á la muerte; porque solo mueren aquellos obsecados en sus pasiones, en tanto que la vida verdadera da principio cuando el alma, á su regreso, se vé libre de los lazos de este mundo.

Era Dionisius venerado como un verdadero libertador, creyéndose que presidía á la vida y á la muerte. Como Osíris, emancipaba al alma, la acompañaba en el viaje que esta hace al traves del sepulcro y la preservaba del riesgo de caer nuevamente bajo el dominio de otra forma material ó purgatorio de la Metempsicocis: disciplina saludable que en los Misterios realzaba y trataba de perfeccionar tan importante doctrina. Decía Socrates: "el término verdadero de toda filosofía es la muerte, siendo necesario vivir como buen filósofo el que se prepare á recibirla." Esto decía publicamente refiriendose á tradiciones y textos místicos que citaba.

Toda alma humana, segun los iniciados á estos Misterios, forma parte del alma universal, cuya totalidad es Dionisius; habiendo sido este dios considerado como el espíritu principal que conducía á su última morada á las almas errantes en medio de las pruebas simbólicas y reales de este mundo. Llamándose tambien *Mistes* ó *Hierofanta* ó gran medianero espiritual de la religion griega.

Creían que el alma humana era una divinidad que residía en la mente, capaz, por su poder, de obtener el renombre de los héroes y de igualarse á los Dioses por la práctica del bien y la contemplacion de lo bello y de lo verdadero. El viage á las Islas Afortunas, de que nos hablan los antiguos, solo pudiéramos comprenderlo si queremos darle una interpretacion mística. Todo debía perecer y el hombre, herido como Edipo desde la cuna, buscar su Eliseo mas allá del sepulcro, en donde solo podía encontrarlo.

Dionisius murió y bajó á los infiernos ó pais de las sombras. Fué su *pasion*, el gran secreto de sus Misterios, como era en ellos la muerte el gran misterio de la existencia. Era su muerte una alegoría de la muerte de la naturaleza ó si se quiere de los períodos de trancision y regeneracion de la misma, ó uno de los símbolos de la *Parlingenesia*, que hacía referencia á la segunda vida del hombre.

Formado este por los Elementos ó Titanes [Elohim], y protegido por la Divinidad, que, segun el Panteismo simbolizaba la universalidad de los seres, la cual creó al Universo por un rasgo de abnegacion sublime, consignó de un modo solemne y respetuoso el recuerdo de presente tan inapreciable y si luego continuó siempre subsistiendo fué por la virtud y munificencia de la *víctima* ó Divinidad creadora, que con la vida universal le reanimaba á cada instante y no cesaba de renovar y mejorar su existencia.

Es la muerte antecedente necesario de la vida. Muere la simiente y la planta nace, pagando tambien la tierra este tributo cuando se aleja el Sol ó *Dionisius*. De aquí toda la importancia del *Phalus*, imágen de las partes genitales del hombre ó del obelisco, su substituto inofensivo, que descollaba como emblema de *resurreccion* sobre el sepulcro de la Diosa sepultada en Lerna y Sais.

Bajó Dionisio-Orfeo á los Infiernos, con objeto de rescatar á la vírgen del Zodíaco detenida allí y devolverla á su madre en el firmamento, siendo su intento desposarla con Persephono y asegurar de este modo, á semejanza de las nupcias de su padre con Semela y Danae, la perpetuidad de la naturaleza. Era el destino de aquel dios interrumpir en el pais de las sombras la marcha victoriosa del año y dar ocasion al aspecto invernal que tiene lugar entre el Toro y Sagitario, al pasar por los cuales forma el Sol el enlace no interrumpido del Tiempo, en que la tristeza y lobreguez parecen anunciar el resplandor y la alegría.

Tal es el aspecto del cielo en invierno, el cual despues se colora insensiblemente y se ostenta refulgente en primavera. Fenómeno tan portentoso, no podia ménos que ser objeto de estudio en los Misterios, en los cuales símbolos diferentes recordaban las vicisitudes de la vida y de la muerte: tales eran los que hacían relacion á la inmersion ó sacrificio del Toro y á la extincion y nueva luz de la antorcha de la naturaleza, cuyos cambios eran causa de la tristeza y alegría y de las emociones que debió haber experimentado el hombre desde el principio de la creacion, las cuales ve repetir en cada una de las revoluciones solares.

En los Misterios de Fenicia, consagrados á Thammuz ó Adonis, *el Sol*, se exibía á los iniciados el espectáculo de la muerte y el de la resurreccion. Mercio y Plutarco nos aseguran, que se mostraba en ellos el supuesto cadáver de un jóven, haciendo alusion al sol de invierno; se regaban flores sobre su cuerpo; varias mugeres lloraban durante la ceremonia; y erigiase un sepulcro y se le enterraba. Ygual ceremonia tenía lugar en Grecia, segun Plutarco y Ovidio.

En los Misterios de Mitras (ó el Dios sol) en Asia Menor, Armenia y Persia, era motivo tambien de duelo la supuesta muerte de aquel astro, celebrándose su resurreccion con las mayores demostraciones de regocijo. Refiere Juliano Fírmicus, que en estos Misterios se mostraba á los iniciados un cadáver, emblema del cuerpo de Mitras: se anunciaba despues su resurreccion y se invitaba á los mismos á tomar parte en la alegría que ocasionaba tan fausto acontecimiento, en prueba del agradecimiento que debía tributarse al Dios que por medio de sus sufrimientos les aseguraba la salvacion. Tres meses ántes, el 25 de Diciembre, ocho dias anteriores á las calendas de Enero, habían celebrado el nacimiento del mismo Dios bajo la figura de un niño.

En los Misterios de aquel Dios, celebrados en Grecia con el nombre de Misterios de Baco, tenía lugar una escena igual, en que este moría asesinado por los Titanes, descendía á los infiernos ó lugar de las sombras, resucitaba en seguida y regresaba á su morada excelsa, de la cual había descendido para unirse á la materia. En las Islas de Chio y Ténedos, representaban la muerte del Dios como el sacrificio de un hombre á quien inmolaban.

Daban tambien lugar á iguales escenas trágicas, la mutilacion y padecimientos supuestos del Dios Sol, reverenciado en Frigia bajo el nombre de Atys, escenas que segun Diódoro de Sicilia, se repetían todos los años en los Misterios de Cibeles, madre de los Dioses. Aparecia en ellos el cadáver de un niño, al cual lloraban y hacían honores fúnebres.

En los Misterios Cabiri ó Grandes Dioses, celebrados en la Isla de Samotracia, se exhibia el mismo espectáculo con una de sus divinidades. Dieron al Sol este nombre, porque los astrónomos antiguos habian adoptado el de Dioses Cabiri y de Samotracia, para designar los dos de la constelacion Géminis; aunque algunos los conocen con los nombres de Apolo y Hércules, dados tambien al primero. Atenio nos dice, "que el jóven Cabiris, muerto como queda dicho, no es otro que el Dionisius ó Baco de los Griegos." Los Pelasgos, antiguos habitantes de la Grecia, que se habían establecido en Samotracia, celebraban estos mismos Misterios, cuyo origen es desconocido, adorando á Castor y Pollux como á Dioses protectores de los marinos.

Estaba en Delfos el sepulcro de Apolo, lugar en que había sido abandonado su cadáver, despues que Piton, la serpiente polar que anuncia el otoño é invierno, le había asesinado; serpiente que á su vez fué vencida por Apolo ó el Sol, al pasar éste el 25 de Marzo, por el Cordero ó equinocio de Estio.

Hacían aparecer en Creta á Júpiter Amon ó al Sol, en el momento de encontrarse en Aries y acompañado de los atributos de este signo equinocial. "Amon," dice Marciano Capella, "era Osiris, Adoni ó Adonis, Atys y otros dioses que representaban al Sol, los cuales tenían su iniciacion religiosa y eran tambien enterrados aparentemente en un sepulcro. Era una de las primeras ceremonias de sus misterios, la de poner al iniciado una piel blanca de cordero, orígen del delantal igual usado al presente en Masonería."

Todas estas muertes y resurrecciones, emblemas fúnebres, aniversarios de acontecimientos tristes ó alegres, cenotáfios y sepulcros erigidos á los Dioses, imágenes del Sol, en distintos lugares y acatados bajo nombres diferentes, no han tenido otro objeto que el de presentarnos bajo un modo alegórico las alternativas de la luz, á la cual consideraban como al fuego sagrado de donde se desprenden nuestras almas, en guerra constante con la materia, principio del mal, que á su vez combate á su rival el principio del bien, emanacion del creador. Leemos en Clemente de Alejandría: "que todas estas muertes y resurrecciones que vemos simbolizadas en los Misterios y que presentan un carácter religioso, proceden de un mismo orígen, aunque aparecen bajo formas diferentes, pues todas se refieren á la muerte y resurreccion aparente del sol, alma del Universo, fuente de vida y movimiento del mundo sublunar, causa de nuestra inteligencia, destello del ser increado y principio de toda luz."

Creían que era el Sol un lugar de purificacion de las almas á donde estas concurrian con tal objeto; y segun los teólogos, una de las entradas por donde regresa el alma á la mansion de la Luz y del Bien. Esta es la razon porque en los Misterios de Eleúsis, el Dudonkos, [primer oficial, despues del Hierofanta, el cual representaba al Gran Demiourgos ó Creador del Universo,] aparecía en el interior del Templo, representando al sol y allí recibía al candidato.

El Emperador Juliano, y Salústio el filosófo, creían: que las vicisitudes que experimenta el padre de la luz, tenía algun influjo sobre las almas, porque suponian que formadas de la misma materia que aquel debían participar de su suerte ya fuese favorable ó adversa. Debían sufrir con él y regocijarse al verle triunfar del poder de las tinieblas y recobrar su explendor, cuya pérdida turbaba el sosiego de las almas, para las cuales nada es tan terrible como la ausencia de la luz. Era en los Misterios una creencia cierta, el ser los padecimientos del Dios, [el Sol] ó su muerte aparente, un beneficio que aquel dispensaba al hombre. Era en tal concepto que el Gran Sacerdote de Mitras exclamaba : " Su muerte os ha salvado." El gran secreto ó motivo de la representacion trágica celebrada en los Misterios, era el siguiente : que la resurreccion del Dios, seguro ya de la victoria sobre el poder de las tinieblas, era tambien un bien para las almas virtuosas que por su pureza fuesen dignas de compartir con él su gloria.

Presenciaba el iniciado un espectáculo en el cual se le daba una idea del poder de los agentes principales de la causa universal y del modo en que estaba dispuesto el Universo : siendo esta fábrica maravillosa la que sirvió de modelo al primer templo levantado á la Divinidad. Clemente de Alejandría, Josefo y otros, nos dicen :"que todo era simbólico en el Templo de Salomon : el plano de tan vasto edificio ; sus ornamentos y adornos principales de aquel santuario ; los vestidos del Gran Sacerdote, todo aludía al órden que observamos en el Universo : asegurándonos el primero, que el Templo contenía muchos emblemas referentes á las Estaciones, al Sol, á la Luna, á los planetas, á las constelaciones de la Osa Mayor y de la Osa Menor, al Zodíaco y á los elementos."

Afirma Josefo, al hacer la descripcion de los ornamentos del Gran Sacerdote y protestar contra la acusacion de impiedad dirigida á los Judios, de quienes decían, que menospreciaban á los Dioses del Paganismo : que era infundado el cargo que se les imputaba ; porque en la construccion del Tabernáculo, en los trajes ó vestidos de los sacrificios y en los vasos destinados al mismo uso, en todo, en fin, se hacía alusion al Universo. De las tres partes en que estaba dividido el Templo, dos representaban á la tierra y al mar ; y la tercera, á los cielos ó morada del creador y solo habitado por él. Los doce panes de la Propocision, significaban los doce meses del año. El Candelabro, los doce signos del Zodíaco, al traves de los que giran los siete planetas, estaban representados por las siete luces del Templo. La túnica del Gran Sacerdote simbolizaba la tierra : el jacinto, azul claro, los cielos ; el Efod ó estola de cuatro colores, toda la naturaleza ; el velo de cuatro colores, los cuatro elementos ; el oro, la luz ; el pectoral en medio del pecho, la tierra en el centro del Universo ; las dos sardónices, piedras preciosas, el Sol y la Luna ; y las otras doce piedras preciosas del pectoral, distribuidas de tres en tres, á semejanza de las estaciones, los doce meses del año y los doce signos del Zodíaco, formando los panes de la Propocision dos gru pos de á seis cada uno, emblemas de las dos secciones en que estan divididos por el Ecuador, los signos del Zodíaco. Clemente, sabio Obispo de Alejandría, ya citado, y tambien Philo, convienen en la misma interpretacion.

Hérmes, llama al Zodíaco el Gran Pabellon ó Tienda. (*Tabernaculum.*) En el grado Real Arco, del Rito Americano, está adornado el Tabernáculo con cuatro velos de diferentes colores, en cada uno de los cuales hay una bandera ó estandarte. Dichos colores son el blanco, el azul, el carmesí y el purpura; y las banderas contienen el Toro, el Leon, el Hombre y el Aguila, cuyas constelaciones dan á los puntos equinociales y solsticiales una antigüedad de 2500 años sobre nuestra era, época á la cual corresponden las cuatro estrellas Aldebarán, Régulo, Fomahaut y Antares. En cada uno de los velos hay tres palabras y tres signos en cada division del Zodíaco á que corresponden las estrellas. Llaman signos fijos al Toro, al Leon, al Escorpion y á Aquarius, distribuidos acertadamente en los cuatro velos.

Segun Philo y Clemente de Alejandría, estaban representados en el Templo de Salomon los dos hemisferios por dos Querubines cuyas álas simbolizaban el curso rápido del firmamento y revoluciones solares. "Muévense los Cielos," dice Philo, refiriéndose á las álas de los Querubines ó representaciones aladas del Toro, del Leon, del Aguila y del Hombre, como signos del Zodíaco. El de cabeza humana y el Toro y Leon alados, se han encontrado en gran número en Nemrod, aceptados como signos benéficos, cuando el Sol entra en Taurus, en el equinocio de Primavera y en Leo en el solsticio de Verano; y tambien cuando entra en Escorpion en el equinocio de Otoño, á cuyo signo se ha sustituido el Aguila á causa de la maléfica influencia del primero que despues pasa por Aquarius, en el solsticio de Invierno.

Los que en Tracia adoraban al Sol, bajo el nombre de Saba-Zeus ó Baco de los Griegos, consagraban á su culto un Templo, cuya forma redonda era emblema del Sol y del Universo. Una ventana circular en medio del techo del edificio daba entrada á la luz, la cual formaba la imágen del Sol en la parte central del Santuario, en donde aparecia brillar aquel astro como en medio del firmamento y disipar la obscuridad del interior del Templo, imágen del Universo, simbolizando de este modo la pasion, muerte y resurreccion de Baco. Era el Templo de Eleúsis iluminado del mismo modo, comparándole Dion al Universo del cual decia: que solo se diferenciaba en la extension, en donde la luz tambien tenia un carácter místico. Veianse en este Templo las imágenes del Sol, de la Luna y la de Mercurio, (el último, es el compañero de Isis); siendo tres aun las luces de una Logia, con excepcion de Mercurio, á quien se ha substituido arbitrariamente el Maestro de la misma.

En los Misterios de Mitras, era recibido el iniciado en una cueva sagrada, que figuraba al Universo. Dice Eusebio, que fué Zoroastro el primero que introdujo esta costumbre. Igual costumbre adoptaron en Creta, con el culto de Júpiter; en Arcadia, con el de la Luna y el del Dios Pan y en la Isla de Naxos, con el de Baco.

No era el mundo solo una máquina, segun los filósofos antiguos, porque existía el alma universal que al difudirse todo lo vivificaba y la inteligencia no ménos grande, que dirige el movimiento del Universo y conserva su eternal armonía unida á la primera. De aquí trae orígen la unidad del Universo, representada por el *ovus* simbólico, el cual contiene en si mismo dos unidades: el alma y la inteligencia, que al suponer los antiguos que llenaban todo lo creado, lo suponian dotado de vida cual si fuese un ser animado y racional.

Fué enseñada por Orfeo, bajo el mismo órden la doctrina de la unidad de Dios; doctrina que encontramos en el Himno compuesto por él y del cual se conservan fragmentos en las obras de los padres de la Iglesia, Justino, Casiano, Clemente de Alejandría, Cirilo, Teodoreto y otros y el todo, en la obra de Eusebio, tomado de Aristóbulo. La doctrina de la formacion del mundo, *Logos* y de la inteligencia, *Noos*, que simbolizaba la encarnacion, muerte, resurreccion ó transfiguracion de esta última; la de su union con la materia, su distribucion en el Universo visible, al cual llena y abraza en todas sus partes; su regreso á la unidad primitiva y toda la teoría que hace relacion al orígen del alma y á su destino, formaban el grande objeto de instruccion en los Misterios.

El Emperador Juliano nos explica los Misterios de Atys y Cibeles, sirviéndose de los principios metafísicos de la inteligencia cooperativa, encarnacion de esta en la materia y restitucion á su orígen primitivo. Tambien Salústio el filósofo, suponía á Dios un poder secundario ó inteligente que encarna en la materia generativa y la organiza. Eran estas ideas místicas las que formaban parte de las doctrinas y ceremonias sagradas de la iniciacion, en la cual se trataba de demostrar la union que existe entre el hombre, el Universo y la Divinidad y se exigía, como complamento de la perfeccion, la contemplacion de la naturaleza. Es exacta la definicion de Salústio. Era aquella doctrina el alma de los Misterios; porque con ella podían convencer al hombre de su propia grandeza, recordándole su inmortalidad y noble orígen y demostrándole las relaciones que lo ligan intimamente á lo creado y á Dios.

El dogma de la Providencia que gobierna al Universo por medio de poderes subalternos ó intermedios, los cuales se ocupan en conservar el mas perfecto acuerdo y armonía entre los hombres y Dios, fué venerado por los iniciados Egipcios, por los de Frijia y Tracia, Magos y discípulos de Zoroastro, en cuyas iniciaciones se mezclaban tambien ceremonias fúnebres. Era una parte importante de la instruccion recibida en los Misterios, la enseñanza del enlace del alma con la materia, porque tal doctrina revelaba á los iniciados la idea de su noble destino y del lugar que debian ocupar en medio de los seres de la creacion, concebian de este modo el sistema del Universo y así lo transmitian á los iniciados, encerrando las cavernas sagradas ó subterraneos simbólicos, en las cuales celebraban sus ceremonias, los atributos del ser universal que reverenciaban.

El Universo así formado, dotado de un doble poder, uno activo y el otro pasivo ó sea la inteligencia que gobierna y dirige y la materia que obedece; dividido entre la luz y las tinieblas; cediendo al impulso de una causa superior; vigilados por Angeles ó Genios que presiden en sus ángulos, cuya esencia es mas ó ménos pura, atendido su mayor ó menor contacto con la materia impura : á este Universo, pues, bajaba el alma ó fuego celeste desprendido de la region luminosa que se encuentra fuera de los límites de lo creado. Encarnada así el alma en la materia, es víctima y testigo del combate incesante de los dos principios rivales, soportá resignada una ó mas organizaciones y regresa al fin á su orígen primitivo y excelso, del cual habia sido como lanzada durante su peregrinacion en esta vida.

Pretendían tambien demostrar de un modo simbólico, la manera de pasar el alma á su mansion primitiva al traves de las constelaciones y planetas. Decían los filósofos antiguos, que el fuego celeste, alma del Universo y del calor, vagaba en una region incomparablemente pura y luminosa sobre todo el Universo á causa de su extrema pureza y levedad. Si una porcion del mismo, el alma humana, resistiendo á su naturaleza excelsa baja á la tierra y encarna en la materia, arrastrada por el deseo inconsiderado y criminal de conocer por medio de ella el bien y el mal, se vé en castigo sujeta á los efectos de la lucha de estos dos principios, los cuales no cesan de combatirla y que aun bajo el dominio de de la materia, no dejaba de ser una esencia pura que tiene la vista fija en el cielo, su morada verdadera y lucha constantemente por volver á él.

En Argos, Fócida, Arcadia, Acaya, Alesenio, Corintio y otros estados de la Grecia, revelaban su orígen egipcio los Misterios que en ellos se celebraban, pues en todos tenían las mismas formas, aunque Pausanias nos dice: que los griegos reputaban superiores los de Eleúsis, en Ática, en la misma proporcion que lo eran los Dioses de los Héroes.

Eran semejantes á estos los Misterios de la Buena Diosa celebrados en Roma, desde los primeros tiempos de la ciudad. Segun Ciceron y Plutarco, no eran los hombres admitidos en ellos. Mugeres solamente podían entregarse á la práctica de sus ceremonias y asilo sagrado impiamente violado por Clodio en los momentos en que celebraban los Mistenos. Tenian lugar en las calendas de Mayo; asemejándose muchas de sus ceremonias, segun Plutarco, á las usadas en los Misterios de Baco, en Grecia.

Fué en Siria y Fenicia, en donde era mayor el entusiasmo y respeto por los Misterios de Venus y Adoni, los cuales pasaron despues á Grecia. Venus ó Astarté, era la gran Diosa de los Fenicios, como Hércules ó Adoni, era su Dios principal. Adoni, llamado por los griegos Adonis, era amante de Venus. Murió de una herida en un muslo, causada por un jabalí en el momento de derribarle, brotando de su sangre la *anemona*, flor de primavera; logrando Venus que Júpiter le acordara la gracia de que su amante viviese con ella seis meses y seis con Proserpina, lo cual hace referencia á la alegoría de la marcha alternativa del sol por los dos hemisferios. Tambien se celebrabran en estos Misterios la muerte de Adoni, el Sol, anunciándose despues de la ceremonia fúnebre la ascencion del mismo Dios á los cielos.

Mucho se asemejaban á los Misterios de Adoni, Baco, Osíris é Isis, los que en Frigia celebraban en honor de Átys y de Cibeles, su esposa. No hubiera sido posible negarles su orígen asiático, antigüedad que no podía disputar Egipto. Fueron los Frigios, entre todos los pueblos antiguos, los que mas alegorías añadieron á su culto y los mas fecundos inventores de fábulas, siendo varias las tradiciones que han existido respecto á Atis y Cibeles las cuales todas estan de acuerdo en reconocerlas como Dioses Frigios. Segun Julio Fírmicus, todas sus alegorías representaban fenómenos de la naturaleza bajo el velo de una historia maravillosa. Celebraban sus fiestas en los equinocios, daban principio á sus ceremonias con lamentos y gemidos por la muerte de Átis y terminaban con regocijos al suponer resucitado al Dios.

Fué la pequeña Isla de Samotracia, durante siglos, depositaria de algunos Misterios augustos á los cuales acudían de todos los lugares de la Grecia, en número bastante grande, para ser iniciados. Se cree, que fueron los Pelasgos, primeros colonos asiáticos de la Grecia, los fundadores de estos Misterios. Llamábanse Dioses *Cabiri*, los venerados en aquella Isla, palabra oriental derivada de Cabar, que significa *grande*, *admirable*. Varron los llama, *Dioses Poderosos*. En árabe la palabra *Venus*, tiene la misma significacion que la de *Cabar*. Varron añade: que las grandes deidades de dichos Misterios eran el Cielo y la Tierra, los cuales estaban representados por medio de símbolos que hacían referencia á las causas activas y pasivas ó principios de regeneracion universal. Castor y Pollux, eran tambien llamados dioses de Samotracia. El Glosador de Apolonio dice, citando á Alnases, que los nombres de Céres, Proserpina, Platon y Mercurio, eran Dioses Cabiri, adorados en Samotracia, Axieros, Axiocersa y Casmillus. Mercurio era allí, como en todas partes, el mensajero de los Dioses. Los jóvenes que servían en los altares y niños empleados en el servicio del Templo, eran llamados Mercurios ó Cabiri, como tambien lo fueron en Toscana por los Etruscos y Pelasgos, que adoraban dioses superiores.

Fué Tarquino el Etrusco iniciado en los Misterios de Samotracia. Tenia Etruria sus Dioses Cabiri, como aquella Isla los suyos. El culto de estos Dioses pasó de Samotracia á Etruria, Frijia y Asia Menor y probablemente de Fenicia á Samotracia, haciendo mencion de esto Sanchoniaton, correspondiendo ademas la palabra Cabar á la hebrea, fenicia y árabe.

En los Misterios de la India, daba el candidato tres viajes, describiendo siempre un círculo, deteníase cada vez que llegaba al Sur y decía: "sigo el ejemplo del sol en su curso benéfico." La Masonería azul ó simbólica, ha conservado los viajes; si bien hoy no conoce ya la significacion de esta alegoría, pues en los Misterios antiguos representaba al sol el candidato y figuraba el descenso de aquel astro hácia al Medio-dia ó region del *mal principio*, de Ahriman, Siva ó Tifon (ó de obscuridad é invierno); en donde se suponía morir y pocos dias despues levantarse de entre los muertos y encaminarse al Norte.

Distinguianse los Grandes Misterios de los Pequeños ó Inferiores. Era necesario permanecer en estos últimos algun tiempo ántes de pasar á los primeros, los que á su turno eran una nueva preparacion. Se preparaba al candidato en los pequeños; porque no de otro modo se le podían revelar las verdades encerradas en los grandes Misterios.

Eran conocidos los iniciados simplemente por este nombre ó por el de Mystes, en los misterios inferiores; y por el de Epop ó Profetas, en los superiores. Dice un poeta antiguo, que los pequeñnos eran respecto á los grandes, lo que es el sueño, de la muerte.

Iniciado el candidato en los primeros, recibía lecciones de moral y aprendía los rudimentos de la ciencia sagrada, estando reservada al Epop ó Profeta, la parte secreta y sublime de la instruccion, en donde la verdad se enseñaba sin rodeos, en tanto que los Mystes la veían bajo el velo de la alegoría; mas propia para excitar, que satisfacer la curiosidad.

Recibiase del candidato juramento, ántes de revelarle las verdades y dogmas de la iniciacion, de no divulgar la instruccion que recibía en los Misterios, haciendo en seguida los votos, oraciones y sacrificios que en tales casos se tributaban á los dioses. Cubrían el piso en que recibían al candidato con las pieles de las víctimas inmoladas á Júpiter. Se instría á aquel sobre ciertas fórmulas enigmáticas y se le enseñaba á contestar á preguntas por las cuales debía darse á conocer. Sentábasele en un tronco de árbol, investíasele con un cíngulo color de purpura y ceñíanle una corona de flores ó bien de hojas de palmera ú olivo

Hacían uso de las abluciones, simbolizando estas cuán necesario es al alma purificarse si pretende escapar de la servidumbre temporal. Fué este el orígen de los baños, bautismos preparatorios, lustraciones, inmersiones y purificaciones de todo género.

Bañábanse en Atenas en el Iliso, que con tal motivo reputaban rio sagrado y era obligacion el lavarse las manos en una pequeña cuba de agua lustral ántes de entrar en el Templo de Eleusis. Exigían del candidato un corazon y manos puras. Apuleo se bañaba siete veces en el mar, haciendo alusion á las siete esferas ó planetas al traves de los cuales suponían que pasaba el alma al volver á su primer morada. De igual costumbre hacen uso los Hindus, en el Ganges.

Tales eran los Misterios ó Doctrinas primitivas que encontramos esparcidas en fragmentos y que han llegado hasta nosotros. Ahora, como entónces, ocupan al hombre gran número de teorías referentes á los grandes Misterios de la naturaleza, teorías anticipadas por los antiguos, cuyo profundo saber debemos buscar no en sus arengas filosóficas, sino en los símbolos que empleaban para enseñar las grandes ideas: siendo demasiado extenso el conjunto de fenómenos que absorvía la contemplacion y era objeto de estudio entre los iniciados. Nacimiento, Vida Muerte ó Descompocision, Nueva Vida ó Regeneracion;...... tales eran los objetos de su enseñanza y estudio.

Tened presente cuando estudieis dichos símbolos, que ellos encierran la explicacion profunda de fenómenos portentosos. Eran para ellos tan maravillosas las transformaciones de un insecto, como el curso de los astros y esta la causa de la veneracion en que tenían al humilde y mudo escarabajo. I si toda su enseñanza se ha estribado en símbolos, es porque hay ideas cuya mente no ha podido ser explicada en los idiomas que han existido. La breve reseña que os damos de los Misterios Antiguos, os hará comprender toda su importancia. *

* Extraido de las obras de A. Pike.

CABALÍSTICOS,

ó

EXPLICACION DE LOS TÉRMINOS Y DOCTRINAS DE LA CABALA ADOPTADOS EN MASONERÍA.

No ha existido una sola nacion entre todas las gentiles, segun lo que conservamos de su mitología, que no haya reconocido la existencia de un Ser Supremo creador de todas las cosas; venerado su nombre con gran respeto; y castigado como un crimen su pronunciacion.

Los Egipcios ó Hindus, reverenciaban á Athom, On ó Om, [Aun ó Aum.], nombre de la primera de sus Divinidades, á la cual los Cananeos reconocian como creador, causa eficiente ó autor del mundo solar. La Divinidad de los Filisteos, se llamaba Dag-On. La de los Caldeos, Oannes, O-an-nes. Entre los Judios, el culto de Teraphim formaba parte del de Aum. El texto original del lib. S. de los Salm xv. 25, debe ser este: *así como el pecado de la adivinacion es rebelion;* Aum y Teraphim *son emblemas de obsecacion é impiedad.*

Dice Taber, "Que por un motivo plausible, pero no justificado, los Querubines y Serafines ó Teraphím, era considerados como símbolos fatídicos y representaban á los dioses del Paganismo. Creían que la divinidad principal de este sistema había emigrado al Sol, y esta la razon porque la reverenciaban astronómicamente, cual si fuese una deidad solar. Algunos escritores inspirados, agregaban el Teraphin al Dios egipcio On, que no es otro que el Indo-Scyta Om, de los Bracmanes." Los Cristianos primitivos hacían uso de ella, para dar á conocer al Ser Divino que adoraban: ... OΩN $\kappa\alpha\iota$ $\dot{o}$ $\eta\nu$ $\kappa\alpha\iota$ $\dot{o}$ $\epsilon\rho\chi o\mu\epsilon\nu o\varsigma$; Ho On,

Καὶ Ὁ Ἐν, Καὶ Ὁ Ἐρχόμενος. Ser que es, fué y será en toda eternidad.

Era prohibido entre los Judios pronunciar el Tetragrammaton ó Nombre Inefable; si bien cuidaban de que los Levitas no la olvidasen, con cuyo motivo el Gran Sacerdote la repetía una vez todos los años, el diez de Set. ó mes hebreo Tirsi, dia de la fiesta de la expiacion, ordenándose al mismo tiempo al pueblo hiciese gran estrépito y ruido, de modo que solo pudiesen oir la *palabra sagrada*, aquellos que gozaban de un privilegio semejante y no ningun otro, so pena de ser maltratado hasta morir.

Los Grandes Iniciados Egipcios, anteriores á los judios, observaban igual severidad respecto á Isis, nombre sagrado entre ellos que jamas pronunciaban.

Orígenes añade: "Nombres hay en los cuales se encierra un gran poder. Tales eran aquellos de que hacían uso los sacerdotes Egipcios, Magos de Persia y Bracmas de la India." No debemos entender por Magia un arte vano ó quimérico, como pretenden los Estóicos y Epicúreos. Los nombres de Sabaoth ó Adonai, no se referían á cosa alguna existente: ocupaban su lugar respectivo en la mitología misteriosa y eran considerados inferiores al creador: de quien suponían que emanaba la virtud que poseían, cuando eran pronunciados segun ciertas reglas.

La palabra Hindu Aum, representaba los tres poderes de que suponían dotada á su primer divinidad, Bracma, Vishnu y Seva, ó bien el poder que *crea*, el que *conserva* y que *destruye*. A, representaba al primero: U ó OO, al segundo; y M, al tercero; porque no siendo permitida la pronunciacion de aquella palabra sagrada, tenían necesidad de dichos caractéres pará darla á conocer: y no solo temían que ocurriese una gran desgracia si contravenían á este precepto, sino que creían que los mismos ángeles no se atreverían á faltar á el.

La palabra Aum, dice el Ramayan, simboliza: "Al Ser de los Seres, substancia triforme, incorporea, indescifrable é impasible: Inmenso, Incomprensible, Infinito, Indivisible, Inmutable, Espiritual é Irresistible."

Un antiguo pasage del Parana atesta: "Que podrían con el tiempo alterarse todos los ritos; el de Vedas; el sacrificio del fuego y todas las purificaciones solemnes; pero jamas la palabra A∴ OO∴ M: por ser emblema del señor de todas las cosas."

Segun Heródoto: los antiguos Pelasgos, no fabricaban templos, ni adoraban ídolo alguno: limitándose á reverenciar el nombre sagrado de Dios, cuya pronunciacion les estaba prohibida.

El oráculo de Claro, de una antigüedad muy remota, fué interrogado, sobre cual de los dioses era el conocido con el nombre de ΙΑΩ y contestó: "Es deber del iniciado no revelar cosa alguna de los Misterios.

Asi es que solo podré deciros, que IΑΩ, es el Dios Grande y Supremo que gobierna al Universo."

Creían los judíos firmemente, que el verdadero nombre de Dios se habia perdido por negligencia y que su pronunciacion era uno de los misterios que serian revelados por el Mesias que aguardaban, atribuyendo tal pérdida á la ilegalidad cometida de haber aplicado los puntos Masoréticos á un nombre tan sagrado: abuso que ha dado márgen á la duda, de cuales son las verdaderas vocales de que se compone. Encontramos ademas, en la Gemara de Abodah Zara: que Dios permitió que un emperador romano condenase á morir en una hoguera á un célebre sabio judio, por haberle oido pronunciar el Nombre Sagrado con dichos puntos.

Temieron los judios que los gentiles llegasen á conocer aquel nombre sagrado y esta fué la razon porque, en la copia de las Escrituras, lo escribían con caracteres samaritanos en vez de preferir los hebreos ó caldeos, evitando de este modo que sus enemigos hiciesen un uso impropio de él: lo creían dotado de grandes virtudes y atribuían las maravillas hechas por Moises en Egipto á la circunstancia de haber grabado en el baston que llevaba el nombre sagrado: asegurando ademas, que todo aquel que conociese su verdadera pronunciacion, sería capaz de hacer lo que el patriarca israelita.

Josefo es de opinion, que la pronunciacion del Nombre Sagrado fué revelado por Dios á Moises en el desierto: que había sido ignorada hasta entónces y que despues fué olvidada á causa de la corrupcion del hombre.

Los sectarios de Mahomet nos hablan de una tradicion en que el nombre de Dios se decía poseer grandes virtudes que solo podían conocerse mediante la iniciacion en los Misterios *Ism Abla*.

H∴ O∴ M∴ fué autor de la religion primitiva de los Persas. Su Nombre Inefable se escribe con los mismos caracteres.

AMUN, era entre los Egipcios, un nombre cuya pronunciacion estaba reservada á los sacerdotes y prohibida al resto del pueblo.

Los primitivos alemanes adoraban á Dios con gran veneracion, si bien no se atrevían á nombrarle á fabricarle templos, ni adorarle por medio de un culto público.

Los Druidas expresaban el nombre de la Divinidad con las letras O∴ I∴ W∴

En todas las naciones de los tiempos primitivo, la doctrina de la inmortalidad del alma no era mas que una hipótesis que servía de estímulo á la mas profunda investigacion ó á difusos razonamientos, cuando se deseaba obtener un verdader convencimiento en esta materia. No hubieran podido dar el nombre de Fé, á lo que propiamente hablando era un sentimiento vago, semejante al que tenían do la existencia y distinto de la idea que hoy damos á dicha virtud, de su influjo en este mundo y de los hechos y empresas extraordinarias que el interes de una vida futura pudieran solo inspirar.

La doctrina de la transmigracion de las almas, universal entre los Indus y Egipcios de aquellos remotos tiempos, existe aun inalterables, segun fué aceptada por los creencias primitivas y quedó despues confundida con el sentimiento puramente religioso. Encerraba aquella doctrina este gran principio: que desde que el hombre se extravia y aleja de Dios, le son necesarios grandes esfuerzos y una dolorosa ó indefinida peregrinacion ántes de regresar á la fuente ú orígen de toda Perfeccion, de la cual había emanado; ó bien que, nada impuro ó manchado con el contacto de la tierra, podría penetrar en la bella mansion de los Espíritus ó morar con Dios para siempre, á no pasar por pruebas númerosas y hallarse completamente purificado.

El fin de todos estos sistemas filosóficos, de acuerdo siempre con aquella doctrina, era el de dar á conocer los medios de libertar al alma de la desgraciada situacion á que anteriormente había estado condenada al vagar por lugares tenebrosos, víctima de los sufrimientos que le acarreaba una incertidumbre cruel respecto al término de su expiacion, expuesta al mismo tiempo á recibir las diferentes formas del mundo material, hasta su total fusion con Dios: premio reservado á las almas de los hombres perfectos ó justos. Pitágoras nos revela la verdadera interpretacion que daban los sabios de Egipto á la doctrina de la inmortalidad del alma enseñada en los misterios de este pais, doctrina que aquel filósofo jamas exponía al pueblo en su verdadero sentido. Ningun vestigio encontramos de ella en los símbolos egipcios que han llegado hasta nosotros, ni tampocos en los preceptos de aquel filósofo recogidos por Lysias su discípulo. Era tambien doctrina de aquellos padres: que el hombre pierde la inocencia ó perfeccion que recibió al nacer por el contacto del vicio y que solo puede ser regenerado por la virtud.

Hérocles, uno de los célebres y celosos discípulos de Pitágoras, decía: aquellos que crean que el alma del hombre debe ser condenada despues de la muerte á pasar al cuerpo de una bestia, en castigo del estado de impureza en que se halle, ó que por este motivo se convierta en una planta, incurre en un error grave y desconoce la forma invariable de aquella substancia incorporea, la cual permanece siempre en el mismo estado, sin jamas llegar á ser ni Dios, ni animal irracional, cualesquiera que fuesen sus vicios ó virtudes, no impipiendo esto que aquella sea una semejanza de una y otro por su doble naturaleza, racional y material.

Timoteo de Locria, discípulo de Platon, era de opinion: que no se debía alarmar á los hombres con penas extrañas, ni ménos amenazarles con el paso del alma á cuerpos de una naturaleza inferior: tales como la del cobarde, al cuerpo de un gamo; la del libertino, al de un lobo; la del asesino, al de un animal feroz; y la del sensualista, á la de un cerdo.

De esta doctrina se ocupa Phedo con alguna extension. Lysias añade: que despues que el alma purificada ya de toda mancha, ha abandonado el cuerpo, deja de estar en adelante sujeta á la muerte, no experimenta cambio alguno y pasa entónces á gozar de la felicidad eterna. Los indios creen, que el alma no se separa de la tierra y se incorpora y forma parte del alma universal que anima á cada objeto en particular.

Es doctrina de los Hindus, que Budha baja á la tierra, ayuda al hombre á conquistar la perfeccion y despues le hace formar con la humanidad una sola y completa unidad.

Mishnu será juez del mundo al tocar este á su término. El mundo será consumido por el fuego: la Luna y el sol perderán su luz; las estrellas caerán y un nuevo cielo y una nueva tierra aparecerán.

La leyenda sobre la caida de los espíritus de su gracia primitiva, aunque muy alterada, se conserva en la mitología de los Hindus. Admiten sus tradiciones, á lo cual profesan el mayor respeto, la sucesion de los primeros hombres, padres del género humano ó sean los santos patriarcas de los tiempos primitivos á los cuales dan el nombre de los Siete Grandes RISHIO ó Sabios y una antigüedad desconocida; narracion que presenta multitud de ficciones.

Enseñaban los Egipcios: que el alma era inmortal y que Osiris sería el Juez Supremo el dia del juicio final.

Nos, dice la leyenda Persa, que despues que Ahriman hubiese gobernado al Universo hasta el fin de los tiempos, SOSIOSCH, redentor prometido, vendría á aniquilar el poder de los DEVS (ó espíritus malignos), resucitando á los muertos y juzgando á los espíritus y á los hombres. Que despues caería del cielo el cometa Gurzher, tendría lugar una conflagracion general, perecería todo el Universo y los fragmentos de la tierra arrojados en del Duzakh, servirían á los réprobos de lugar de expiacion, durante tres períodos consecutivos. Que estos serían perdonados á su turno y tambien Ahriman y los Devs, y que admitidos todas en las regiones de la felicidad eterna, formarian un nuevo cielo y una nueva tierra.

Encontramos en las leyendas de los Lámas de la Tartaria Asiática, algunos fragmentos sobre la verdad primitiva, aunque en parte alterados. Segun esta: tendría lugar un juicio final en presencia de Eslik Khan, despues del cual los buenos entrarían en el paraizo y los malos serían condenados al infierno: lugar en que se verían obligados á soportar un calor insoportable ó un frio excesivo.

No obstante, en los misterios que practicaban, enseñaban el dogma de la revelacion primitiva y la existencia de un Ser Supremo ó Infinito, que llena el Universo, sostenian el culto de este sin supersticion, daban á conocer á solo los iniciados su maravillosa naturaleza, esencia y atributos, y dejaban al vulgo sus creencias sobre Dioses de segundo órden, á quienes consideraban distintos de la Divinidad y gozando de una independencia absoluta en sus facultades y atributos.

Es esta la razon porque las verdades que se enseñaban en sus misterios estaban cubiertas de un espeso velo, impenetrables á los ojos de la multitud y si establecian sus prácticas misteriosas en todos los pueblos era respetando las creencias comunes: de modo, que la verdad, las artes y las ciencias, pudiesen solo ser conocidas de aquellos capaces de comprenderlas al tratar de preservar la doctrina verdadera de toda corrupcion extraña. Los pueblos inclinados siempre á la supersticion ó idolatría, no hubieran podido conservala en toda su pureza. Una prueba de ello son las aberraciones de que es testigo la historia de los tiempos primitivos y aun de épocas mas modernas. No serían necesarios grandes esfuerzos para probar este aserto. Baste mencionar los sistemas filosóficos en que desconociéndose la verdadera naturaleza del Ser Supremo, se le han atribuido pasiones humanas: que ha hecho necesario confiar á un corto número el depósito sagrado ó incorruptible de las antiguas verdades.

Negar que existe una entidad completa entre la Masonería y los Misterios Antiguos, sería desconocer los principios, enseñanza y fines de la iniciacion primitiva y de los ritos modernos: bien que la primera no es mas que un pálido reflejo de los segundos resto de su grandeza pasada, y sistema que ha sufrido algunas modificaciones al atravezar por grandes acontecimientos.

No pudieron ménos los Misterios al salir de Egipto, que experimentar las alteraciones que hacian necesarias el genio y costumbres del pueblo que los adoptaba, y si en su orígen participaron mas bien de un carácter moral y político, fueron despues patrimonio y herencia de los padres, que adoptaron despues otro religioso con objeto de propagar las absurdas doctrinas que enseñaban no solo al pueblo, sino á seglares inteligentes, doctrinas que fueron alteradas al formar parte de religiones de otros pueblos. Conociéronse en Grecia con el nombre de Misterios de Ceres; en Roma, por Misterios de la Buena Diosa; en las Galias, por Escuelas de Marte; en Sicilia, por la Academia de Ciencias; y entre los Hebreos, formaron parte de los ritos y ceremonias de una religion que confiaba los poderes del Estado y el depósito del saber, á Sacerdotes y Levitas. Las pagodas de la India, los asilos apartados de los Magos de Persia y de Caldea y las Pirámides de Egipto, dejaron de ser las solas fuentes de saber para el hombre. Los pueblos todos tuvieron sus Misterios. Cuando los templos de la Grecia y la escuela de Pitágoras habian ya perdido su reputacion, la Franc-Masonería quedó ocupando el lugar de aquellos instituciones célebres.

La Masonería bien interpretada no es otra cosa que el gran estudio del libro de la naturaleza, la enseñanza de los fenómenos físicos y astronómicos, la mas pura filosofía; y á no dudarlo, el depósito en que están reconcentrados como en un tesoro, las grandes verdades de la religion primitiva, orígen y base de todos los sistemas religiosos de los pueblos civilizados. En los grados modernos de la Masonería, se exponen estas tres cosas: los ánales de los tiempos primitivos, el cuadro de las causas eficientes del Universo, y el código sobre moral de todos los pueblos, cuya observancia es necesaria á su felicidad.

El primer grado representa al hombre caido de su elevada y primitiva condicion, al estado que impropiamente llamamos natural. En tal estado y en dicho grado, simboliza aquel la *piedra bruta* y sin pulimento, que no puede formar parte del templo inmaterial, ó al pagano ó idólatra, que ignora las grandes verdades de la revelacion original.

Tambien en los Misterios Antiguos representaba el Neófito un emblema igual. En tal estado damos al hombre el nombre de profano, por considerarle *rodeado de tinieblas* y careciendo de toda instruccion espiritual y emblemática. La obscuridad material causada por la venda que cubre sus ojos, es una alusion al estado de ceguedad en que se encuentra. Se le priva de todo objeto de valor, para indicarle que le basta poseer el tesoro de riqueza intelectual de la verdad primitiva. Solo recibe en este grado la corta instruccion moral que puede recoger de las pruebas materiales por las cuales pasa. Ningun otro deber se le impone que el de guardar profundo secreto; y se le coloca en un lugar de los ménos iluminada de la Logia, casi fuera del Norte y en direccion al Este, punto del horizonte por donde la luz aparece.

No encuentra ya los diversos ó imponentes obstáculos que le era necesario vencer en la iniciacion antigua. El paso por florestas tenebrosas ó extensos y subterráneos laberintos; la vista de espectros horribles; y la alarma ocasionada por un espantoso ruido, han sido substituidas por cortos instantes de reflexion y recogimiento, un momento de ceguedad durante la recepcion y por pasos breves y desconocidos, que son necesarios para penetrar en el templo de la Virtud y de la Verdad. Los paseos y pruebas que pone en práctica el candidato son emblemas de la vida humana. El hombre se presenta débil y desnudo en medio de un torbellino de peligros y contratiempos. Los extravíos de la imaginacion, las pasiones impetuosas de la juventud, las inquietudes y penas de la edad viril y achaques de la vejez, son otros tantos males que le asaltan y que solo la filosofía pudiera mitigar. Impotente para vencerlos y evitarlos, ¿qué sería de él sin el apoyo de sus hermanos?

No es la obligacion que contrae el iniciado el compromiso que nace del juramento *vulgar*, que en casos dados exige la sociedad profana. Su orígen es antiguo y sagrado. Lo presta voluntariamente y ninguna coaccion se emplea con tal objeto; y si está concebido en términos al parecer enérgicos, es para enseñar al recipiendario que hallándose aun rodeado de tinieblas, está próximo sin embargo á pasar del estado de barbarie al de civilizacion. Una obligacion semejante prestaba el candidato en los misterios antiguos, cuya violacion fué causa del destierro de Alcibiades y de ser entregado á las furias.

Al recibir la luz el iniciado moderno, descubre cerca de él á hermanos dispuestos á socorrerle y tambien á castigarle sí falta á sus juramentos. La obligacion que acaba de contraer se hace extensiva no solo á los hermanos presentes sino á todos, los cuales quedan ligados por ella á los mismos deberes de asistencia recíproca. Admitido, es desde luego miembro de la Fraternidad: queda sujeto á sus leyes, y alistado como soldado para combatir los vicios y la ignorancia. El Maestro, acreedor por el carácter que lleva al mayor respeto, es solo el primero de sus hermanos; porque la igualdad es la base de la institucion masónica, de la cual la virtud forma su gerarquía. Ved, pues, un principio que reconocen las leyes y usos masónicos modernos y que fué practicado desde la mas remota antigüedad.

En el viaje que da el recipiendario al rededor de la Logia, imitando el de la vida, la recorre tres veces; aunque sean cuatro las estaciones por las cuales pasa el hombre, haciendo alusion aquellos viajes á la revolucion anual del Sol. Si los Misterios hubieran tenido orígen en las regiones del Norte ó del Occidente, en Grecia ó Roma, en vez de tres, hubiéramos tenido las cuatro estaciones del año representadas en ellos. Habían nacido en Oriente y en aquellos remotos tiempos, solo contaban allí tres estaciones.

La SABIDURÍA, el PODER y la BELLEZA, son las tres columnas que sostienen una Logia. Los Egipcios y Hebreos, confiaban el gobierno interior de su pais á la sabiduría de sus sacerdotes y al poder, energia y valor de sus primeras autoridades municipales; que tambien eran entre ellos los jefes militares á los cuales estaba encomendada la prosperidad del Estado.

Se dice, que la edad masónica del Aprendiz es de *tres años*, porque en los Misterios Antiguos se empleaba este tiempo en preparar al candidato ántes de dar principio á la iniciacion. El número tres, es peculiar de este grado. El *toque de alarma*, son tres golpes. Tres son las joyas movibles de la Logia y tres las inamovibles; tres los primeros oficiales; hay en ella tres grandes y tres pequeños luces; y tres son los viajes en el interior del Templo; tres las preguntas que se hacen ántes de empezar la recepcion: explicándose al candidato despues de su admision, lo que algunas veces se omite, la relacion que existe entre la unidad y el número tres de dicho grado simbólico

Fueron las doctrinas cabalísticas, la sola religion de los filosófos ó inteligentes; porque á semejanza de la Masonería actual, tuvieron siempre por objeto la perfeccion espiritual y fusion de las doctrinas religiosas en un solo principio. Los Cabalistas consideraban á todos los hombres como hermanos y reputaban un deber el instruir á aquellos menos ilustrados. Entre los Egipcios y Griegos, existieron algunos miembros ilustres de esta escuela, cuyas doctrinas han sido adaptadas por la Iglesia Ortodoja ó Catolicismo, encontrándose tambien algunos de un gran saber entre los Arabes.

Los sabios de aquellos remotos tiempos, miraban como un alto honor el dictado de Cabalístas que se les daba. Era la Cábala, la personificacion de una filosofía pura y simbólica, no misteriosa y equívoca como algunos han creido. Abrazaba su enseñanza el dogma de la Unidad de Dios; el arte de conocer y explicar la naturaleza y trabajos debidos al Ser Supremo; poder espiritual y fuerzas materiales de este y hasta donde podia alcanzar la accion de todos sus atributos, representados por símbolos; el sentido oculto de todo lo cual dependía del órden de su alfabeto, de cierta combinacion de números y de la traspocicion de aquellos primeros caracteres al escribirlos: clave que suponian haber sido los primeros en descubrir. La Cábala es la llave de las ciencias ocultas y los Gnósticos procedian de los Cabalistas.

Era la ciencia de los números, emblema no solo de las propiedades aritméticas que encierra, sino tambien de toda grandeza y proporcion. Por ella necesariamente se llega al descubrimiento del Primer Principio ó Causa de todas las Cosas, conocido al presente por LO ABSOLUTO.

O, la Unidad: objeto capital al cual se dirigen las miradas de todos los filosófos; imperiosa necesidad del entendimiento humano, al rededor de la cual se agrupan todas sus ideas: la Unidad, fuente de todo órden, principio de existencia, punto concéntrico de orígen desconocido; pero cuyos efectos son manifiestos: la Unidad, este centro sublime de donde nace la sucesion de causas que necesariamente se encadenan á otra primera, era la Idea magestuosa hácia la cual todas la de Pitágoras se encaminaban. Rehusó este genio el título de Sabio, *ú hombre que nada ignora*, é inventó y se daba el de Filosófo, *ó amigo del estudio de las cosas secretas y desconocidas*.

La Astronomía, que de un modo misterioso enseñaba aquel filosófo, era la Astrología. La ciencia de los números estaba para él basada en principios cabalísticos.

Los Antiguos, y aun el mismo Pitágoras, cuyas doctrinas no han sido siempre bien conocidas, jamas intentaron expresar por medio de números ó de un modo abstracto, virtud alguna; aunque sí reconocieron todos una causa primera que habia dado existencia al Universo. De aquí la idea de UNIDAD, símbolo de una PRIMERA DEIDAD. Fué su objeto representar á Dios; pero no atribuir al número *Uno*, virtud alguna sobrenatural ó divina.

Los principios filosóficos de los antiguos, los cuales forman la base de la instruccion secreta ó esoterica de los Grandes Misterios, nos han sido transmitidos por los Iniciados de una en otra generacion.

En el grado de Compañero de la Masonería simbólica, el número cinco sucede al tres. Pitágoras exigía un estudio de un número igual de años al discípulo que llegaba á el.

La iniciacion en los Misterios de Eleúsis solo constaba en su orígen de dos grados. Los dos primeros que hoy conocemos formaban en ella solo uno. Es á los Griegos á quienes debemos la division en tres partes ó grados de la iniciacion simbólica moderna. Los primeros Cristianos solo contaban del mismo modo tres grados, en la iniciacion de sus sagrados misterios. Los *Catecúmenos* ó Aspirantes, á cuya instruccion se consagraba algun tiempo ántes de recibir el bautismo ó iniciacion, no podían hasta no estar suficientemente preparados asistir á los misterios ó al sacrificio. Concurrían á la parte de la Misa que termina en el canon, porque hasta allí llegaba la instruccion que les era posible recibir sobre el conocimiento de la antigua ley y textos apostólicos, estando encargado un subdeácono ó aspirante al Presbiterado, de explicar la primera y un clérigo de segundo órden ó Deácono, de leer los segundos ó sea el Nuevo Testamento. Fué de las Logias Cristianas primitivas, que ha tomado el Rito de York el nombre con que designa al segundo y tercer oficial de sus talleres simbólicos ó Senior y Junior *Deacons*.

Cuando ya los Catecúmenos habian recibido la instruccion que les era necesaria, se le daba el nombre de Neófitos, y podían asistir á los misterios y ágapes ó banquetes religiosos, pasado cierto tiempo y despues de alguna instruccion adicional. Ademas de estos requisitos, recibían la confirmacion y se les instruía en los ocultos misterios de la Fé: prueba convincente de que á semejanza de los Misterios Antiguos, era tambien necesario entre los Cristianos recibir el segundo grado para poder aspirar al tercero y último. Empleaban largo tiempo en los estudios que exigía el segundo grado. Se enseñaban en él al Neófito las ciencias humanas, y particularmente la de los números, sagrada entre ellos; porque, si bien llamada Geometría, comprendía al mismo tiempo el estudio de la Astronomía, que instruía al iniciado en las operaciones y leyes de la naturaleza, preparándole á recibir en el tercer grado el conocimiento de la Inteligencia Suprema, que formó y gobierna al Universo de un modo admirable y permanente.

En este grado la letra G, es equivalente de Geometría. Tambien re cibe otra significacion misteriosa y elevada en el tercer grado. En este representa el compañero al discípulo aplicado y amante de las ciencias de la escuela de Pitágoras, los cuales á su vez decian, que entre los Brahmins, Ganues representaba al Dios de los números y al protector de las escuelas y sociedades destinadas á la enseñanza. Entre nosotros dicha letra se usa en lugar de la Hebrea Jod, inicial del NOMBRE DIVINO y monograma que expresa la idea del SER INCREADO, principio de todas las cosas y que, encerrado en un triángulo, simboliza LA UNIDAD DE DIOS. Encontramos dicha inicial en la palabra Siria GAE, en la Sueca GUD, en la alemana GOTT y en la inglesa GOD: nombres dados á la Divinidad y derivados de la Persa GODA, la cual trae orígen de esta frase, SOLO EL. Era del mismo modo la G, inicial de la palabra Griega γνοδεδ, instruccion.

La palabra *Logia* se deriva de *Loga*, la cual, en el lenguaje sagrado del Ganges, significa Mundo, del cual cada Logia es una representacion. Á lo que hoy llamamos *Logia*, los Persas daban el nombre de *Jehan*, de donde quizá, por corrupcion y pleonasmo, nos viene el que hoy damos á las mismas de, *Logias de San Juan*.

En los Misterios Antiguos, el Hierofanta, Primer Dignitario que presidía, se presentaba adornado con los emblemas de la Divinidad á semejanza del Maestro de la Logia que representa aun hoy al Gran Sacerdote de YHUH. El Sol y la Luna fueron, y son todavía, emblemas de los dos Vigilantes, que representan hoy á los dos oficiales superiores inmediatos de los Misterios Antiguos, quienes tambien llevaban sobre sí estos emblemas y se llamaban Δαδουκος, oficial que alumbraba y el Επιβωμος, *Sacrificador*.

La Estrella Resplandeciente, era la imágen de HORUS, hijo de Osiris ó el Sol, autor de las Estaciones, Dios del Tiempo, hijo de Isis, primer gérmen ó materia, fuente inagotable de vida, centella de un fuego increado y orígen de todos los séres. Tambien representaba á Anúbis ó Estrella Canícular, guía fiel de Isis y Heraldo de las inundaciones periódicas del Nilo. Los Masones Cristianos han hecho de ella el emblema de la estrella que apareció en Oriente y condujo á Bethlehem á los tres Reyes Magos.

El asiento del Maestro se halla al Oriente; porque los Misterios nos vienen de ese parte de la tierra y porque tambien representa á Osiris ó el Sol.

La palabra Compañero, del segundo grado, encierra un sentido astronómico, que nos continúa demostrando el enlace que existe entre la Masonería actual y la de los tiempos primitivos. Si colocamos la esfera celeste de modo que corresponda al mismo lugar en que fué construido el templo, y en la estacion del año en que dió principio aquella obra, verelnos que, el asiento que ocupa el Maestro, en el desempeño de su dignidad, corresponde al nacimiento heliacal ó solar. El Sol cerca de Áries se muestra del todo sobre el horizonte. El aspirante al entrar por la puerta de Occidente, vé de frente la estrella de la mañana y se encuentra muy inmediato á la del Zodíaco, la cual se pone al salir el Sol. Esta es la estrella que alegra al labrador, que los Hebreos llamaban *Schibboleth*, los Romanos *Spica*, y los Franceses *Epi*; significando todas estas palabras *una espiga de trigo*, correspondiendo dicha estrella á la constelacion de *Virgo*.

En este grado una punta del compas aparece sobre la escuadra. Esta es emblema del mundo material y de obediencia. El primero describe las curvas y círculos que figuran el movimiento de los cuerpos celestes y es símbolo de autoridad, expresando el mismo tiempo la idea de haber adelantado el aspirante un paso en la senda de la perfeccion espiritual y dado otro de la obediencia hácia el mando ó gobierno.

En este grado se enseña al aspirante como el culto de Bel, Ormuzd, Osiris y Apolo y tambien el de los Dioses de otras naciones, hizo olvidar la veneracion que por la Luz tenian los habitantes del mundo primitivo, en la cual veia este la primera necesidad del hombre y el mas vivo y natural emblema del buen principio, siempre en guerra con su rival, Typhon, Ahriman ó Shaitano, el mal principio.

El nombre del aspirante en este grado, corresponde al que empleaban los Iniciados de segundo órden, que en Egipto era el de Neófito y el de Μυστης, en los Misterios de Eleúsis.

En Oriente, despues que el aspirante sufría las mas severas y difíciles pruebas, se le proclamaba soldado de Mithras y podia, como los actuales aprendices, dar á todos los iniciados el nombre de compañeros de armas, es decir, el de hermanos; recibiendo tambien el de *leon*, el cual ademas del sentido astronómico que encerraba (el del sol de Verano, en su signo correspodiente), tenia otro moral que envolvía la idea de fuerza, uno de los atributos modernos del Compañero, el cual vemos gravado en la columna del sur, (B.˙.). Todos estos grados no eran mas que meras preparaciones para llegar á otro superior, en el cual se revelaban los misterios y en que Mithras se manifestaba al Electo.

El Compañero pasaba de la perpendicular á la escuadra y de la columna J.˙., á la columna B.˙. La primera es una linea simple y derecha dos de las cuales forman un ángulo recto. La tercera completa en el grado de Maestro el triángulo recto y nos hace conocer el problema 47 de Euclides y de Pitágoras.

Vamos á ofrecer ahora una parte del catecismo ó leyenda de los antiguos Cabalistas. [El orador y otro hermano repiten lo que sigue, tomado de las obras del Il.˙. H.˙. Pike.]

LEYENDA DE LOS CABALISTAS.

P. ¿Cúal fué vuestro deseo al ser recibido Caballero de la Cábala?
R. Conocer por medio de las combinaciones de los números, la perfecta armonía que existe entre la naturaleza y la religion.
P. ¿Como fuisteis anunciado?
R. Por doce golpes.
P. ¿Qué expresan estos?
R. Las doce causas en que estriba todas felicidad temporal y espiritual.
P. ¿Qué es un Cabalista?
R. Un hombre que ha aprendido por la tradicion el Arte Sacerdotal y el Arte Real.
P. ¿Qué os indica la divisa, *Omnia in numeris sita sunt?*
R. Que por medio de los números podemos dar á conocer la verdadera significacion de todas las cosas.
P. ¿Explicaoos?
R. Podré extenderme hasta el número doce. Vuestra sagacidad comprenderá lo demas.
P. ¿A quien hace referencia la *unidad* en el número 10?
R. A Dios, creando y animando la materia, representada por el cero o, el cual por si solo nada expresa.
P. ¿Qué significa la Unidad?
R. En el órden moral, la palabra que encarna en el seno de una vírgen ó sea la religion. . . . En el órden físico, el espíritu que anima la vírgen tierra, ó sea á la naturaleza.
P. ¿Qué expresa el número 2?
R. En el órden moral, el *hombre* y la *muger*. . . . En el físico, la causa *eficiente* y la materia.
P. ¿Qué quereis dar á entender con el número 3?
R. En el órden moral, las tres virtudes teologales. . . . Y en el físico, los tres principios que encontramos en todos los cuerpos.
P. ¿A que se refiere el número 4?
R. A las cuatro virtudes cardinales. . . . Los cuatro elementos.
P. ¿Qué expresa el número cinco?
R. Lo que constituye la perfecta religion y tambien la verdadera naturaleza de la materia.

La Unidad es símbolo de identidad, igualdad, existencia, conservacion y armonía universal: tambien lo es del punto en medio del círculo.

El dos, *Duad*, es por el contrario, emblema de diversidad, desigualdad, division, separacion, visicitud ó cambio.

La cifra ó número 1, representa al hombre dotado de vida [de pie y el cuerpo derecho]; como solo Ser, capaz de tomar esta aptitud. Añadamos á la parte anterior y superior de dicha cifra, un rasgo que figure la letra P y tendremos en esta el símbolo de la Paternidad ó Poder Creador y si agregamos otro al primero, hácia la parte inferior y en sentido inverso, tendremos la R, signo de movimiento, como en *Iens, Iturus.*

Es el *Duad*, orígen de los contrastes. Era esta cifra la que entre los Pitagóricos fué emblema del estado de imperfeccion del hombre apartado de la gracia y separado de Monad ó de Dios ó bien de aquellos seres espirituales que emanan de la Divinidad, pero que estan sujetos al *Duad* y para quienes son quiméricas todas las impresiones que reciben.

Era el número Uno, en quellos primeros tiempos emblema de órden, armonía ó del Buen Principio [único y solo Dios, que entre los latinos conocemos por *solus*, de donde se deriva la palabra Sol, la cual simboliza esta Deidad], asi como el *Dos*, expresaba la idea contraria. He aquí, el orígen de la alegoría ó funesto conocimiento de la ciencia del Bien y del Mal. Todo lo que era doble y opuesto á la realidad, sencilla de por si, lo expresaban por un número Binario. Tambien alude este número al estado de oposicion en que se presenta la naturaleza en que todo es doble, á saber: la noche y el dia; la luz y las tinieblas; el frio y el calor, la sequedad y humedad, la salud y las enfermedades, la verdad y el error, los dos diferentes sexos. Tal fué la causa que indujo á los Romanos á consagrar á Pluton, Dios del Infierno, el segundo mes del año y el segundo dia de dicho mes, á los *manes* de los muertos.

El Uno entre los Chinos, significa tambien unidad, armonía, órden, el Buen Principio ó Dios. El Dos, desórden, doblez, falsedad. Estos antiguos habitantes de la tierra, fundaban todo su sistema filosófico en las dos primeras figuras ó líneas, la una derecha y entera y la otra rota y dividida en dos partes, las cuales doblaban sobre si mismos y á cada uña añadian tres mas, de la misma especie, formando cuatro símbolos y ocho *Koua;* que hacían relacion á los elementos ó principios fundamentales de todas las cosas que empleaban simbólica ó cientificamente para darlos á conocer. Platon daba el nombre de unidad y dualidad, á los elementos originales de la naturaleza y primeros principios de toda existencia: diciéndonos el libro sagrado y mas antiguo de los Chinos, que: "el Primero y Gran Principio habia producido dos ecuaciones y dos diferencias ó modos primarios de existencia, habiendo dado orígen los dos modos primarios, conocidos por los nombres de *In* y *Iang*, movimiento y reposo, á los cuatro signos ó símbolos de donde proceden los ocho Koua, ó combinaciones posteriores.

La interpretacion de las fábulas herméticas de los pueblos antiguos, nos da el conocimiento de sus principales divinidades. Moad, Creador, es el primero. A este siguen el 3, que multiplicado por si mismo es igual á 9; y este multiplicado por 3 á 27. El fundamento de esta progresion triple, está tomado de las tres edades de todo lo creado: Presente, Pasado y Futuro ó bien de las tres épocas de toda generacion: el nacimiento, la vida y la muerte . . . . ó el Principio, Medio y Fin de todas las cosas.

Segun los antiguos, pertenecia Monad al sexo masculino; porque, como principio creador, su accion no podia ocasionar en el, sino en los objetos exteriores, cambio ó efecto alguno.

Por la razon contraria consideraban el Duad, del sexo femenino; pues este varía por la adicion, substraccion y multiplicacion y simbolizaba la materia, suceptible de forma.

La union del Monad y del Duad [1-2], produjo el Triad ó tres unidades, 3, cifra que simbolizaba los tres principios creadores de la materia.

Representaba Pitágoras al mundo por medio de un triángulo, cuyos dos lados mas cortos eran iguales y se unian á un tercero; á semejanza del Universo, que es igual al principio creador y á quien la materia ha dado forma.

Fué el número tres el primero de los impares. El Triad ó tres, parece representar un papel muy importante en las tradiciones de Asia y en la filosofía de Platon, como emblema del Ser Supremo y por comprender en si las propiedades de los dos primeros números. Ademas, era el número predilecto y favorito de los filósofos y el tipo misterioso venerado de toda la antigüedad y consagrado en los Misterios, de donde derivan los tres grados principales entre los Masones, quienes ven en el triángulo, un misterio augusto ó el Triad Sagrado y lo contemplan como á un objeto digno de toda su atencion y de sus homenajes.

En geometría, una sola línea no puede representar una figura del todo perfecta. Dos líneas se acercan mas á la perfeccion que aquella ciencia requiere: siendo el triángulo ó representacion de tres lineas unidas por sus extremos, la primer figura geométrica perfecta que se emplea para caracterizar al ETERNO, quien infinitamente perfecto en su naturaleza, es, como Creador Universal, el Primero de los Seres y consiguientemente la primera Perfeccion.

El Cuadrángulo ó Cuadrado, por perfecto que aparezca es la segunda perfeccion y no puede representar á Dios, que es la primera. Es necesario no olvidar, que el nombre de Dios en latin y frances [Deus, Dei], tiene por inicial al Delta ó triángulo griego. Esta es la razon de haber los antiguos y modernos manifestado tal respeto por dicha figura, cuyas tres lineas son emblemas de los tres reinos de la naturaleza ó de Dios. La palabra hebrea ToD, colocada en el centro del triángulo es inicial de [היה] Espíritu vivificador, Calórico ó principio regenerador, representado en la letra G, inicial del nombre de Dios en los pueblos del Norte y en los cual es el sinónimo de generacion.

El primer lado del triángulo ofrece al Aprendiz el estudio del reino mineral, del cual es emblema Tub∴

El segundo lado de dicha figura, lo es del reino vegetal, objeto de la meditacion del Compañero y está figurado por Schib∴ Dió principio en este reino la generacion de los seres y este el motivo de presentar al adepto la letra G, toda resplandeciente.

El tercer lado, nos recuerda, cuan indispensable es el estudio del reino animal que completa la instruccion de los tres grados simbólicos, es emblema del de Maestro y está representado por Moa∴ [Hijo de putrefaccion.]

El número tres, 3, simboliza la Tierra y todo lo que esta encierra. El 2, mitad superior del 3, es emblema del reino vegetal. La otra mitad ó parte inferior de dicho número, está oculta á nuestra vista.

Era el 3, símbolo de amistad, concordia y templanza, número por el cual tenían un grande aprecio los Pitagóricos, por hallar solo en él la perfecta armonía.

El tres, el cuatro, el diez y el doce, eran sagrados para los Etrurios, Indios, Egipcios ó Hindus.

En muchos pueblos el nombre de la Divinidad estaba solo compuesto de tres letras. Entre los Griegos, por I∴ A∴ Ω∴; entre los Persas, por H∴ O∴ M∴; entre los Hindus, por Aum; y entre los Escandinavos por I∴ O∴ W∴ En la plancha del Rey, crónica encontrada en las ruinas de Nemrod, cinco de los Grandes Dioses, de los trece que en aquella aparecieron, estaban escritos con solo tres letras: Anu, Jan, Iav, Bar y Bel.

El Cuaternario, es el mas perfecto de los números, la raiz de los demas y de todas las cosas. El Tetrad, simbolizaba la primer gran potencia matemática. El 4, representaba del mismo modo el poder generador, del cual emanan todas las demas combinaciones. Los Iniciados lo consideraban como emblema del Movimiento, de lo Infinito y de todo lo que no es material, ni sensible. Pitágoras lo mostraba á sus discípulos como imágen del Eterno ó del Principio Creador, bajo el nombre de Cuaternario, nombre inefable de Dios, que expresa la idea de causa ú orígen de todo lo que existe; el cual, tambien en Hebreo se escribía con cuatro letras.

Es el Cuaternario, la primer figura consistente, el símbolo universal de inmortalidad y la primer idea de pirámide. Los Gnósticos decian: que su ciencia tenia por base la escuadra cuyos ángulos eran... $\Sigma\iota\gamma\eta$, Silencio: $B\alpha\theta o\varsigma$, Profundidad: $Noo\varsigma$, Inteligencia: y $A\lambda\eta o\varsigma\iota a$, Verdad. Á esto añadiremos, que, si el triángulo figurado por el tres, forma la base triangular de la piramide, tambien es la unidad la que encontramos en la cúspide de esta.

Segun Lisias y Timoteo de Locria: no era digno de mencion lo que no derivaba su raiz del Cuaternario.

Segun los Pitagóricos, la conformidad que existia entre Dios y los números, formaba el arte de la adivininacion ó Aritmancia. El alma, decian aquellos, es un número que se mueve por sí y que contiene el Cuaternario.

Estando representada la materia por el 9, ó 3 veces 3 y teniendo el espíritu por geroglífico el Cuaternario ó número 4, decian los filósofos antiguos: que habiéndose extraviado el hombre y encontrándose en un intrincado laberinto por haberse encaminado del *cuatro* al *nueve;* el solo medio que podia emplear para evadir dificultad semejante, era retrogradar del *nueve* al *cuatro*, evitando asi los disgustos y contratiempos que podian acarrearle la situacion desesperada en que se encontraba.

Esta idea, mística é ingeniosa, decian pertenecer al número 4, suponiendo ser esta cifra representacion de un hombre vivo I, que aparecia como conduciendo el triángulo, Δ, imágen de Dios; por el cual tambien tenian gran respeto, encerrando en su ser un principio divino.

El cuatro, era un número sagrado, que en muchos pueblos aludia al nombre de Dios, al cual hacian constar de cuatro letras, escribiéndolo los Hebreos con estos caracteres יהוה, los Egipcios, AMUN; los Persas, Sura; los Griegos, ΘΕΟΣ; y los Latinos, DEUS. Este era el Tetragrammanton de los Hebreos. Los Pitagóricos lo llamaban Tetractys y juraban por él de la manera mas solemne.

Del mismo modo, ODIN entre los Escandinavos; ΖΕΥΣ, entre los Griegos, PHTA, entre los Egipcios, THOTH, entre los Fenicios, y AS-UR y NEBO, entre los Asirios, eran testigos de los mas solemnes juramentos. Pudiéramos extender indefinidamente esta lista y hacer mencion de los dioses de otros muchos pueblos.

Era el número cinco considerado como misterioso, por estar formado del 2 ó binario, símbolo de todo lo que es doble y falso y del 3, ó Ternario, tan importante en sus resultados. Es dicha cifra, ademas emblema del estado de imperfeccion; del órden y desórden; felicidad y desgracia; vida y muerte que vemos sobre la tierra. Tambien era en los Misterios emblema del *mal principio* y causa de los contratiempos que solemos experimentar ó sea del influjo preponderante del 2 sobre el 3, ó del Binario sobre el Ternario.

Otras veces, era usado como emblema del Matrimonio, por estar formado del dos, número *par;* y del 3, *impar*: y esta la razon porque se daba el 5, por geroglífico á Juno, Diosa protectora de las Nupcias.

Expresa el 5, del mismo modo, una de las propiedades del 9; tal es la de reproducirse cuando se multiplica por si mismo, quedando siempre á la derecha del producto de esta operacion un 5, que usamos para demostrar la constante é invariable transformacion de la materia.

Los antiguos representaban al mundo por medio de aquella cifra. La razon dada por Diódoro, es que dicho número simboliza la *tierra*, el *agua*, el *aire*, el *fuego* y el *espíritu*. Tal es el orígen del πεντε, (5); y Παν. Universo ó totalidad de lo creado.

Era ademas el 5 emblema y compendio de todas las cosas, designando por su forma ς, el principio vital y el espíritu vivificador que penetra [*serpens*] toda la naturaleza. No queda duda, que aquella ingeniosa cifra está compuesta de los dos acentos Griegos ʽʼ, que llevan las vocales que deben ó no ser aspirados. El primero ʽ, tiene el nombre del gran espíritu; y significa Espíritu Superior ó el Espíritu de Dios aspirado (*spiratus*), por el hombre: el segundo ʼ, era llamado Espíritu Benigno, ó de sugundo órden, con referencia al espíritu puramente humano.

El triángulo triple ó figura de cinco líneas, unidas por cinco extremos, era emblema de salud, entre los Pitágoricos.

Dicha figura no es otra que el Pentalpha de Pitágoras ó el Pentágulo de Salomon de cinco líneas y cinco ángulos: orígen entre los Masones de la estrella de cinco puntas, emblema de asociacion ó fraternidad.

El grado tercero tiene por objeto recordar el fin trágico de Hiram Abi, primer arquitecto del Templo y uno de los tres mas antiguos Grandes Maestros, asesinado por tres malos compañeros, que, no pudiendo conseguir de él por la violencia la palabra sag∴ de Maestro, le maltrataron hasta darle muerte: la pérdida de la palabra y sustitucion de otra en lugar de la primera, parece insinuar la idea de la resurreccion del hombre; si bien en el Rito de York, expresa la de resucitar para morir despues y ser nuevamente enterrado. Casos de esta naturaleza son frecuentes sobre todo, en la parte en que la historia de Hiram se contrae á la circunstancia de su muerte violenta, descubrimiento del cadáver y castigo que se impone á los criminales. La Masonería Simbólica ó tres primeros grados, sucesora de los Misterios, nada nos dice respecto á cual sea la verdadera palabra de Maestro. No siéndonos posible encontrarla en dichos tres grados simbólicos, quisá forme parte de otros de orígen mas moderno. Nadie podrá negar que el tercer grado ha llegado á nosotros mutilado ó como una imágen imperfecta de lo que era en los Misterios Antiguos: pudiendo casi asegurar, que literalmente considerado poco ó nada nos enseña y que su leyenda solo nos ofrece una série de alegorias imperfectas.

¿Cómo ha podido el suceso frecuente por cierto, que sirve de fundamento á la Masonería Simbólica, haber ocupado con tanto interes y por tantos siglos la atencion de los sabios de todos los países? Es tal en realidad la importancia de aquel sistema, que sean verdaderos los encomios que tantas veces se le han dispensado? ¿Por qué, despues de mas de tres mil años que han transcurrido desde Salomon hasta el presente, no solo Europa y América, sino muchos otros pueblos, celebran aun, con muestras de verdadero pesar, la muerte de un simple arquitecto y legan al olvido y hablan solo como de paso de filósofos ilustres y sabios distinguidos verdaderos protectores y padres de la humanidad. ? Recorramos los ánales de la historia y veamos si ha podido ser Hiram, comparable á Sócrates, cuya memoria será eterna como sus virtudes y como su abnegacion y constancia al morir por la causa de la verdad y de la moral sublime y santa.

Nada nos dicen de Hiram, los historiadores antiguos, ni modernos; ni en parte alguna de sus escritos hemos podido encontrar su nombre. No era hebreo, ni arquitecto. Fenecio de orígen y fundidor en bronce y otros metales, ocupábase en el Templo en vaciar las obras de metal que servian de adorno á dicho edificio : ha podido la tradicion masónica añadir tal vez algo mas al texto de la Escritura; pero no contradecirlo, cuando nada deja que desear respecto á la historia de aquel personaje.

Nada nos dice tampoco aquel libro sagrado sobre la muerte de Hiram; y si consta allí su nombre es solo con el carácter de un hábil fundidor. Se añade en los grados simbólicos, que era Hiram amigo particular de Salomon y aun parece suponerse á uno y otro las mismas creencias, siendo el uno fenicio, súbdito legítimo del Rey Hiram, y el otro israelita y soberano de su nacion.

¿Los ligaba algun vínculo especial en una amistad íntima? Tal vez era el de la alianza de los dos soberanos cuyos estados eran circunvecinos ó que estos é Hiram el fundidor, fuesen iniciados en los Misterios celebrados en Fenicia, de donde se sabe pasaron luego á Egipto y Palestina. Así parece afirmarlo la leyenda masónica; pero no la historia, ni la tradicion. Los mismos incidentes de la narracion, aceptados literalmente, serian para nosotros de muy poco interes.

Tal es la razon que tenemos para creer, que no es sola la relacion de los sucesos que hemos referido, tan poco verosímiles é incorrectos, los que hayan podido haber creado el grado de Maestro. Bien considerado el drama de la muerte de Hiram, se vé que no es mas que una alegoría. Trataremos de explicar esta con la extension de que carece en el grado de Maestro, advirtiendo, que aquella no es mas que una série de indicaciones sobre las verdades importantes que contiene.

Por muchos años y en diferentes países, ha sido costumbre entre los Masones celebrar la muerte de Hiram. Un acontecimiento semejante parece que debia interesar á la humanidad entera y no á un pueblo, secta, Órden ó sociedad particular. No pertenece en verdad ni á un tiempo dado, ni á una sola religion ó país. Ménos es una alegoría de la muerte de Cristo; porque no encontrariamos perfecta semejanza. Tampoco lo es de la sufrida por Jaime de Molay y Cárlos 1°. de Inglaterra, ni de las persecuciones sufridas por los primeros cristianos, ni de las mas modernas que han experimentado los Judíos.

No cabe duda, respecto á que la alegoría que nos ocupa, que ha existido en casi todas las naciones. Siendo así, preciso es convenir en que trae orígen de alguna idea primitiva y grandiosa. Todas las alegorías y documentos escritos con caracteres geróglificos, encierran uno sentido oculto, para cuya inteligencia no es necesaria la clave que encontramos en los Misterios Antiguos.

Es el Aprendiz, el Aspirante de Tebas y de Eleúsis; el Soldado de Mitras y el Catecúmeno Cristiano. El Compañero, el Μύστης de Eleusis, el Iniciado de Segundo Órden, el Leon de los Misterios de Oriente y el Neófito Cristiano.

Tenian por costumbre aquellas sociedades antiguas y misteriosas, la observancia de una doble doctrina. Tal sucedia entre los Bracmas de la India, Druidas de Alemania y de las Gaulas en Menphis, Samotracia y Eleúsis; en los Misterios de los Judíos y primeros Cristianos, en los de Céres y en los de Roma de la Buena Diosa. Encontramos en muchas partes emblemas que parecen solo ofrecer un sentido material y visible, y que encierran una doble significacion. El uno era natural, ó como hemos dicho, material, el cual se abandonaba á las inteligencias vulgares; y el otro sublime y filosófico, estaba reservado á los hombres de genio: que en los grados preparatorios habian podido ya demostrar que habian penetrado la idea misteriosa que encerraba la alegoría.

Vemos en todo el Oriente, cuna de las religiones y alegorías, que, desde muy antiguo y bajo formas diferentes, existia ya la misma idea. En todas partes encontramos un Dios, Supremo Ser ó personaje extraordinario que muere y resucita entre regocijos, ó bien la narracion de un suceso trágico que sumerge al pueblo en un dolor profundo, al cual suceden momentos indecibles de dicha y alegría.

Es el grado de Maestro solo una imágen imperfecta de la iniciacion antigua. Se ha disfigurado en él la alegoría del verdadero drama que en aquella se representaba, dándosele el carácter de una ceremonia insignificante y trivial, de tal modo, que hoy es necesaria toda la habilidad del Maestro para la exacta interpretacion de los geroglíficos de un grado tan importante.

Debemos reconocer desde luego en Hiram, al Gran Maestro de los Franc-Masones; al Osiris de los Egipcios; al Mithras de los Persas; al Baco de los Griegos; y al Atys de los Frigios: de los cuales sus pueblos respectivos celebraban la muerte y resurreccion. Astronómicamente hablando, todos estos personages son emblemas del Sol y de su marcha aparente; el cual, al declinar hácia el hemisferio austral, aparece como vencido y condenado á morir en las tinieblas y á simbolizar al genio del *Mal*, regresando despues por el lado del Norte, al elevarse magnífico y resplandeciente.

Un ejemplo de la lucha constante y universal entre el bien y el mal, es el combate entre las pasiones del hombre y la ley divina. De aquí la ficcion de suponer enemigas á la salud y á las enfermedades, al placer y á la pena, la paz y la guerra, la dicha y la desdicha, la luz y las tinieblas, y al verano y al invierno. Ocurrian con frecuencia á la teoría de aquellos dos principios, no solo porque querian hacer general el emblema, sino con objeto de demostrar que una desgracia semejante habian hecho comunes entre los hombres las transgresiones ó iniquidades, los trabajos y contratiempos. No desconfiando del éxito en lucha tan obstinada, estaban seguros de que el Buen Principio saldría al fin vencedor y nos traeria la paz, la redencion ó regeneracion del hombre.

Era el Sol emblema del Buen Principio. Esta alegoría fué causa de otras muchas y tambien de fábulas, á las cuales á cada incidente se acompañaban multitud de circunstancias inverosímiles: hijas de una libertad poética que en cada país se acomodaba al gusto y hábitos de sus habitantes sirviendo tambien en algunos de emblemas á coincidencias astronómicas.

Era el Sol símbolo del Buen Principio; y la Luna, compañera de aquel astro, figuró tambien como un emblema. El primero, agente universal de vida, era reputado principio creador y regenerador; en tanto que la segunda, su esposa, era emblema del principio pasivo ó de la materia. Y no solo estos, sino otros muchos emblemas fueron creados con objeto de descifrar multitud de teorías, que hoy nos seria imposible explicar ó bien indicar las huellas de su orígen.

La ciencia era en Egipto patrimonio de todos sus verdaderos hijos, aunque pocos se consagraban á ella. Los principios de moral, leyes administrativas, restricciones sobre libertad general y efectos de las leyes civiles, eran iguales para todos, con excepcion de la instruccion religiosa que se acordaba segun la capacidad, virtud y deseos del aspirante. No era tan general la admision en los Misterios como es hoy en Masonería, pues daban á la institucion una grande importancia. La enseñanza respecto á la naturaleza de la Divinidad, se comunicaba gradualmente; porque era muy importante su conocimiento y un deber el preservar la verdad que ella encerraba para poder transmitirla íntegra á la posteridad, evitando al mismo tiempo hacerla extensiva á muchos á la vez.

Tambien entre los Masones hubiera dado un resultado favorable una precaucion semejante y no hubiera la Masonería perdido sus importantes prerogativas: desgracia que ha ocurrido cuando han penetrado en sus Templos todos aquellos que han podido satisfacer una quota determinada.

Conservó el grado de Maestro durante mucho tiempo, ciertos vestigios de su pasada grandeza. Fué entónces que el Mason pudo conocer las verdades importantes que encerraban diferentes emblemas y penetrarse del objeto y orígen de aquel antiguo monumento de la sabiduría humana.

Quiza no nos sería dificil encontrar el sentido misterioso de sus símbolos y emblemas y permitido nos sea entrar en este hermoso y extenso campo.

El drama que en el tercer grado se representa, bosquejo sucinto de la bella alegoría de los Misterios Antiguos, tiene hoy por objeto, como tuvo entónces, recordarnos de un modo elocuente y solemne, la revolucion anual del Sol y su muerte y resurreccion aparente en los dos solsticios de invierno y verano, alegoría que no solo era bien conocida de aquellos iniciados, sino que bajo formas diferentes la encontramos en algunos pueblos, haciendo alusion á la muerte de Osiris, Atys ó Hiram, todos emblemas del Sol, del combate entre el Buen y el Mal Principio, de la caida del hombre y de su inmortalidad y redencion ó historia que comenzó con la aparicion del Mal entre los hombres, el cual venia acompañado de luz y de tinieblas: emblema la primera del Bien y las segunda del *Mal*, y tambien del triunfo final del Buen Principio, como prueba de la bondad y justicia del Grande Arquitecto del Universo.

La alegoría de la muerte y resurreccion del Dios Luz, la cual simboliza al mismo tiempo la idea del Gran Principio de la generacion que emana de la putrefaccion, se encuentra en esta palabra [♋☉ ♐ ♏ ☽☉♒☉ ♐ ∴] *muerte aparente de un ser animado y fuente á la vez inagotable de vida*. Esta alegoría alude al equinocio de primavera, que todas las naciones han celebrado con regocijos. Los antiguos sacrificios tenian entónces lugar y entre ellos, aquel en que la sangre de la víctima figuraba fertilizar la tierra y dotarla una nueva vida y en que era universal la alegoría; porque toca el Sol en el primer signo de aquella estacion y dos mil quinientos años mas tarde en el de Aries, del mismo equinocio, época en que aquel astro empieza á desenvolver en la tierra gérmenes ocultos de vida y promete una general abundancia. De aquí trae orígen la reminiscencia del *huevo descolorido*, que aun hoy es costumbre enviar como presente en dicha estacion, y del cual salió formado el Universo, segun las creencias religiosas de los Hindus y costumbre que ha llegado hasta nosotros: como lo prueba el recuerdo que de ella conservamos.

El nombre que da el libro de los Reyes á Hiram, es el de Khiram (Resucitado); y el de las Crónicas, Khouram (Blanco): nombre que se daba á los antiguos iniciados y particularmente al Sol.

El mismo fin trágico aguarda á Hiram y á Osiris, pues ámbos mueren segun la alegoría. Vuelto á la vida, aparece Hiram salir sencillamente del sepulcro, lo cual tambien ocurre á Osiris; si bien en algunas leyendas lo hace este último por medio de una brillante resurreccion. La equivalente de la palabra *asesinar*, es la Latina *occidere*, de donde se deriva Occidente, lugar del horizonte, por donde de un modo figurado vemos que desaparecen ó reciben la muerte los astros del firmamento que por allí se sepultan. Continuando la alegoría, resurreccion, *resurgere*, significa *volver á levantarse*; no quedando duda de que son el Sol y las estrellas los objetos á los cuales hacemos referencia, cuando empleamos la significacion del verbo latino, pues creemos ver que de nuevo se levantan aquellos astros al aparecer otra vez en la parte Este de nuestro horizonte.

El punto dentro del círculo, el cual aparece encerrado y sugeto por dos líneas paralelas ‖⊙‖, corresponde del mismo modo á la leyenda astronómica de la cual nos ocupamos. El Círculo es emblema del Sol, y las dos líneas lo son de los trópicos, de los cuales no puede pasar aquel astro. No obstante, como todo en Masonería expresa una doble significacion, el círculo con un punto en su centro, era entre los pueblos antiguos de Oriente, como es hoy, un símbolo que hacia referencia á los dos principios activo y pasivo, al poder creador y á la materia, ó á Dios y al Universo. La interseccion de los dos triángulos equiláteros nos da la misma idea. La iniciacion moderna ha tomado de los Misterios de la India, una y otra alegoría.

Nos dice la leyenda de Osiris, que el cadáver de este Dios fué encontrado en una caja mortuoria, que flotaba en una ribera y se habia detenido debajo de un árbol de *tamariz*. Otra version añade: que fué cerca de un arbusto de *brezo*, en donde Isis encontró el cuerpo de su marido y que esta diosa sentose allí al lado de una fuente, cuyo manantial bajaba de una colina, permaneciendo mucho tiempo inmovil agobiada de dolor en el mismo lugar.

Hemos observado, que en todas las Iniciaciones la rama de un árbol ó de un arbusto, ha hecho siempre un papel muy importante: en los Misterios Egipcios, una de Loto; en los de Atys, de Almendro Blanco; en los de Venus, de Mirto; entre los Druidas, de Muerdago; entre los Cristianos primitivos el de palma, [de la cual hacen uso el Domingo de Pascuas]; en la descripcion que hace Virgilio de los Misterios Antiguos, de la de oro y entre los Masones, la espinosa de acacia, que sirvió de indicio para descubrir el lugar en que Hiram habia sido sepultado y que ha sustituido á la de *tamariz* ó *breso* de los Misterios de Osiris. Creian los antiguos que la *acacia* era incorruptible. Los Arabes primitivos la tenian con gran veneracion, en particular la Tribu de Ghalfan. El ídolo que adoraban era de aquella madera, ídolo que fué destruido por Mahomet. Profesabanle tambien los Sabeos el mayor respeto, haciendo de él los iniciados un signo distintivo, al cual daban el nombre de *houzza*, ó mas bien el de Hoscheah, conocido de los Rosa-Cruces

La alegoría astronómica del ascenso y descenso del Sol, segun acabamos de referir, no es otra que el símbolo del combate interminable entre el Buen y el Mal Principio, la naturaleza divina y la humana ó el espíritu y la materia.

Los Indios, Persas, Egipcios, Fenicios, Frígios, Griegos, los de Samotracia, Gaulas y Godos, todos veian en el Sol á un Dios ó Ser Superior, colocado á un gran distancia y libre del influjo de las pasiones del hombre.

El Mito Masónico, no obstante, ha preferido no dar á su héroe el carácter de un Dios, ni de caudillo ó guerrero. Hiram Abi, era fenicio de orígen y no judío; y no lo vemos tampoco ligado por vínculo alguno con los sacerdotes y levitas de Israel. Ni era rey, ni hijo de éste, ni conquistador, ni sacerdote; sino un hombre cualquiera y obrero de profesion que conocia el arte de trabajar el oro, la plata, el hierro, el bronce, el empleo de la escarlata y el modo de fabricar las telas color de grana; un segundo Tubalciano, si se quiere; pero pebleyo de nacimiento y en quien la Masonería pretende reconocer al amigo y asociado de dos reyes.

Al hacer los antiguos mencion del asesinato de Osiris y de Baco, suponian: que los mismos Dioses habian ido en solicitud ellos, de modo que cuando Hiram desaparece, un número determinado de obreros, que han perdido á su jefe, su sola guía y luz, emplean ciertos medios para encontrarle y envian algunos de los suyos con tal objeto.

De este modo la Masonería nos enseña, segun el Mito Antiguo, la importancia y bienes que el trabajo, la igualdad y la fraternidad, prometen al hombre siendo esta la causa, no ménos que la forma republicana de su gobierno y administracion, el hallarse tan extendida por toda la tierra.

Pero Hiram no solo es emblema del Sol y del Buen Principio, sino tambien lo es del Eterno, Ser Inmortal y Verdad anterior á todo lo creado, la cual no cesa de combatir por obtener la victoria. Los tres asesinos son la Ambicion, el Engaño, y la Ignorancia: la *Ambicion*, del falso sacerdote que calla la verdad á las masas á quienes solo enseña prácticas supersticiosas con el designio de subjuzgar completamente su voluntad; el *Engaño*, de millares de ficciones y fábulas absurdas ó inexplicables, mera jerga, cáos y confusion; y la *Ignorancia* de la multitud, causa de estos errores y del ningun conocimiento de la verdad. Tal es la alegoría que presenta á nuestra consideracion el Mito Masónico de nuestros dias. Continuemos la lectura del Catecismo de los Cabalistas.

[*El Orador y otro Hermano formarán el Diálogo.*]

P. ¿Qué quereis expresar con el número 6?
R. El cubo teológico . . . . y el cubo natural.
P. ¿Qué con el número 7?

R. Los siete sacramentos . . . . . . y los siete planetas.
P. ¿Qué con el número 8?
R. El corto número de Elegidos . . . . . . y de hombres virtuosos.
P. ¿Qué con el número 9?
R. La exaltacion de la religion . . . . . y de la materia.
P. ¿Qué por el número 10?
R. Los diez mandamientos . . . . y diez preceptos de la ley natural.
P. ¿Qué por el número 11?
R. El desarrollo de la religion . . . . . . y el de la naturaleza.
P. ¿Qué entendeis por el número 12?
R. Los doce Artículos de la Fé; los doce Apóstoles, fundamento de la ciudad santa y cuya mision es consagrarse en la tierra á nuestra felicidad y goces espirituales. . . . . Las doce labores de la naturaleza y los doce signos del Zodíaco, orígen del *Primum Móbile*, que se extiende por todo el Universo para nuestra felicidad temporal.

[El Rabino (Presidente del Sanhedrim), añade de todo lo que habeis dicho se deduce: que la unidad se desenvuelve en el dos, se completa intrínsecamente en el tres y se presenta en el cuatro de un modo ostensible; de donde á traves del 6, 7, 8, 9, llega al 5, mitad del número esférico 10, para subir; pasa por el 11 al 12 y se eleva por el 4 veces 10, al número 6 veces 12, término y ápice de nuestra felicidad eterna.]

P. ¿Cuál es el número generativo?
R. Hablando de Dios, es la unidad; de las cosas creados, es el 2: porque de la Divinidad, el 1, nace el 2; y en las cosas creados el 2 produce el 1.
P. ¿Cuál es el número mas notable?
R. El 3, porque denota la triple esencia divina.
P. ¿Cuál es el número misterioso?
R. El 4, porque revela los misterios de la naturaleza.
P. ¿Cuál es el ménos visible de los números?
R. El 5, por hallarse en el centro de todas las séries ó combinaciones numéricas.
P. ¿Cuál es entre todos el número propicio?
R. El 6, por ser la fuente de nuestra felicidad temporal y espiritual.
P. ¿Cuál es el número mas afortunado de todos?
R. El 7; porque nos hace conocer la década, número perfecto.
P. ¿Cuál es el número que mas interes debe inspirarnos?
R. El 8, porque aquel que lo posee, es del número de los Elegidos y sabios.
P. Decidme, de todos los números ¿cuál es el sublime?
R. El 9, porque á el deben su exaltacion, la religion y la naturaleza.

P. ¿Cuál es el número mas perfecto?

R. El 10, por comprender la unidad, principio creador y el cero, símbolo de la materia y del cáos, de donde por virtud de la primera han salido todas las cosas. Esta cifra se emplea tambien para expresar lo creado y lo increado, el principio y el fin, el poder y la fuerza, la vida y la nada: haciéndonos comprender su estudio las relaciones que existen entre todas las cosas, el poder del creador y facultades de que ha dotado al hombre, y el Alpha y Omega de la intuicion divina que nos es dado alcanzar.

P. ¿Cuál es el número de mas multiplicacion?

R. El 11, porque en posesion de dos unidades, podemos llegar á una multiplicacion indefinida.

P. ¿Cuál es el número mas consistente?

R. El 12, porque es el fundamento de nuestra felicidad espiritual y temporal.

P. ¿Cuál es el número en relacion mas directa con la religion y la naturaleza?

R. El 4 veces 10, el cual nos habilita para desprendernos de toda impureza y gozar eternamente del número 12, término de nuestra felicidad.

P. ¿De qué es símbolo la escuadra?

R. De los cuatro elementos comprendidos en el triángulo, como aquellos á su vez lo son de los tres principios químicos, formando la reunion de todas estas cosas la unidad absoluta de la materia primitiva.

P. ¿Qué idea expresa el centro y la circunferencia?

R. El alma universal, centro vivificador de todo lo existente.

P. ¿Qué entendeis por cuadratura del círculo?

R. El estudio y conocimiento de los cuatro elementos comunes, los cuales están formados de los agentes ó principios originales. Un ejemplo es el círculo, que no obstante su forma esférica, está compuesto de líneas que se escapan á la vista; pero que percibe nuestra mente

P. ¿De qué es emblema importante el número 3?

R. Del Padre, del Hijo y del Espíritu Santo: de cuya accion resulta el triángulo dentro de la escuadra; los siete ángulos y la década ó número perfecto.

P. ¿Cuál es entre todas las cifras la ménos inteligible?

R. El Cero, emblema del cáos y de la mezcla informe de los elementos.

P. ¿Qué nos recomiendan los cuatro emblemas del grado?

R. Callar lo que en él veamos y aprendamos, y gozar de esta felicidad.

Era el número 6 en los Misterios Antiguos emblema de la naturaleza, por expresar las seis dimensiones de los cuerpos y las seis líneas que completan su forma, á saber: las cuatro del Norte, Sur, Este y Oeste; y las dos que indican la elevacion y profundidad, y corresponden al zenit y al nadir. Los sabios presentaban el Senario como emblema del hombre físico; á la vez que hacian del Septenario el del alma ó espíritu inmortal.

El geroglífico del Senario (el doble triángulo equilateral), es símbolo de la Divinidad.

Es tambien el 6, emblema de salud y de justicia; por ser el número mas perfecto, ó el primero de partes alí cuotas [$2+2+2=6$, y $3+3=6$] las que unidas entre sí, dan la misma cifra.

Habia Ormuzd creado seis espíritus buenos y Ahriman seis malos: tipos de los seis meses de verano y seis de invierno.

Ninguna de estas cifras ha sido tan universalmente apreciada como el septenario. Ha debido su celebridad á los planetas que eran siete. Se aplica tambien á las cosas sagradas. Los Pitagóricos veian en él una cifra formada del 3 y del 4; el primero de los cuales simbolizaba los tres elementos; y el segundo, el principio de las cosas que no son ni corpóreas, ni sensibles. Es en tal concepto que se servian de él para expresar todo lo que es perfecto.

Considerado como compuesto de seis unidades, se emplea para designar el centro invisible ó alma de cada cosa; porque no existe objeto alguno cuya forma no esté demarcada por seis líneas, con un punto en medio, como centro verdadero de aquel, del cual las dimensiones externas nada nos revelan.

Las numerosas aplicaciones que se hacian del Septenario, fué causa de que los sabios antiguos hiciesen de él un símbolo. Realzaban las propiedades del 7, por suponer estarle de cierto modo subordinada la unidad, considerada como tipo de perfeccion, pues decian, que si ésta era increada y no producto de ningun otro número, tampoco el 7 era producto de ninguno de los que hallamos entre ia unidad ó 1 y el 10. El 4, ocupaba el término medio aritmético entre la unidad y el siete: siendo la razon el dar igual computo contar desde el 7, bajando hasta el 4, que empezar desde la unidad hasta dicho número.

Era el 7, entre los Egipcios, símbolo de vida y tambien la razon de ser la letra Z, entre los Griegos, inicial del verbo $Zαω$, yo vivo; y de $Ζευς$, (Júpiter) ó Padre de la Luz.

El número 8 ú Octario, está formado de los números sagrados 3 y 5. De los cielos, de los siete planetas, y de las esféras de las estrellas fijas, de la unidad eternal y del 7, número misterioso, se forma la Ogdoada ó número 8, y tambien el primer cubo de números pares, reputado como sagrado en la aritmética filosófica.

La Ogdoada de los Gnósticos, tenia ocho estrellas, los cuales representaban á los ocho Dioses Cabirii de Samotracia á los ocho principales de Egipto y Fenicia á los ocho de Xenócrates y á los ocho ángulos de la piedra cúbica.

El número 8, es símbolo de Perfeccion; y su figura 8 ó ∞, indica el curso invariable y perpetuo de la naturaleza.

Este es el primer cubo $2\times 2\times 2\times 2$ el cual significa amistad, prudencia, consejo y justicia. Era tambien símbolo de la ley preexistente, que á todos considera iguales.

Novario ó ternario triple. Si el número tres gozaba de tanta celebridad entre los sabios antiguos, el tres veces tres no era ménos estimado; porque segun ellos, es ternario cada una de los elementos que constituyen nuestro cuerpo: el agua conteniendo la tierra y el fuego; la tierra partículas ígneas y acuosas; y el fuego que se vé sostenido por los glóbulos de agua y átomos terrestres que le sirven de pábulo. No hallándose completamente separados los tres elementos, los seres materiales formados de ellos, deben ser designados bajo el número figurativo de tres veces tres, que se ha admitido como símbolo de los elementos que entran en la formacion de todos los cuerpos. De aquí traen orígen las nueve cubiertas ó capas que se dan á la materia. Toda extension material, toda línea circular, tenia entre los Pitagóricos por signo emblemático el número 9, al cual reconocieron aquellos filósofos la propiedad de reproducirse incesantemente por medio de la multiplicacion: ofreciendo á la inteligencia un emblema importante de la materia, que sin descanso se renueva á nuestra vista despues de haber pasado por mil transformaciones sucesivas.

Consagraban el nueve á las esféras y musas. Signo de circunferencia es igual al círculo de 360 grados ó á $3+3+0=9$. No obstante, los antiguos miraban este número con cierta especie de terror, reputándolo de mal presagio, como símbolo de versatilidad, cambio, y fragilidad de las cosas humanas y desechando toda combinacion en que pudiera encontrarse, sobre todo si era el número 81, producto del 9, multiplicado por sí mismo; el cual sumado $8+1$, vuelve á dar el número 9.

Tambien era el número 6, símbolo del globo terrestre, animado por un espíritu divino y el nueve de la tierra, sujeta á la influencia del Mal Principio y de donde nacia el terror que solia inspirar esta última cifra. Sin embargo, los Cabalistas usaban el 9, para simbolizar con el *huevo prolífico*, imágen de la pequeña partícula globular; de cuyo extremo inferior, parece emanar todo principio ó espíritu de vida.

El Ennead, figurando el agregado de nueve cosas ó personas, es la primer escuadra de números iguales.

Nadie ignora la propiedad singular del 9, el que multiplicado por sí mismo ó cualquier otro número, da un resultado cuya suma final es siempre 9, ó divisible por este.

El 9, multiplicado por cada uno de los números comunes, produce una progresion aritmética en que cada número compuesto de dos cifras, presenta la circunstancia notable que pasamos á demostrar.

CABALÍSTICOS.

1 .. 2 ... 3 ... 4 ... 5 ... 6 ... 7 ... 8 ... 9 ... 10.
9 ... 18 ... 27 ... 36 ... 45 ... 54 ... 63 ... 72 ... 81 ... 90.

La primera línea, da la séries sucesivas de 1 hasta 10.

La segunda, ofrece una doble línea; subiendo desde el 18 y regresando despues del 81. Presenta ademas, el hecho curioso de que la mitad de los números que componen dicha progresion, nos hacen ver, colocados en un órden inverso, las cifras de la segunda mitad, por ejemplo:

$$9 \ldots 18 \ldots 27 \ldots 36 \ldots 45 \ldots 135 = 9 \ldots \text{y } 1+3+5 = 9$$
$$90 \ldots 81 \ldots 72 \ldots 63 \ldots 54 \ldots 360 = 9$$
$$\overline{99 \quad 99 \quad 99 \quad 99 \quad 99 \quad 495 \; 18 = 9}$$

Del mismo modo.

$9^2 = 81 \ldots 81^2 = 6561 = 18 = 9 \ldots 9 \times 2 = 18 \ldots 18^2 = 324 = 9$
$9 \times 3 = 27 \ldots 27^2 = 729 = 18 = 9 \ldots 9 \times 4 = 36 \ldots 36^2 = 1296 = 18 = 9$

Y asi con cada uno de los múltiples del 9, á saber el 45, 54, 63, 72, &.

| 18 | 27 | 36 |
18	27	36
144 = 9	189 = 18 = 9	216 = 9
18 = 9	54 = 9	108 = 9
324 = 9 ... 18 = 9	729 = 18 = 9	1296 = 18 = 9
72		108
72		108
144 = 9		864 = 18
504 = 9		108 = 9
5184 = 18 = 9		11664 = 18 = 9

Y tambien los Cubos

$27^3 = 729 \times 729 = 18 = 9$ $18^2 = 324 = 9$
         729   324

       6561 = 18 = 9   1296 = 18 = 9
       1458 = 18 = 9   648 = 18 = 9
       5103 = 9   972 = 18 = 9

       531441   104976 = 27 = 9

$$9^2 = 81 \ldots 81^2 = \ldots 6561 = 18 = 9$$

$$
\begin{array}{r}
6561 \\
\hline
6561 = 18 = 9 \\
39366 = 27 = 9 \\
32805 = 18 = 9 \\
39366 = 27 = 9 \\
\hline
43046721 = 27 = 9
\end{array}
$$

El número 80 ó Denario, es la medida de todas las cosas; siéndole peculiar reducir á la unidad los números multiplicados. Contiene todas las relaciones numéricas posibles, del mismo modo que todos las propiedades de los números que le preceden y en este concepto abraza el Abacus ó Tabla de Pitágoras. En todas las Sociedades Misteriosas era símbolo del conjunto de las maravillas del Universo. Lo escribian de esta manera ⊙, es decir, la Unidad en medio del cero ó centro del círculo, emblema de la Divinidad y veian en esta figura todo lo que podia conducir á la refleccion: el centro, los rayos y la circunferencia, á Dios, al Hombre y al Universo.

Era tambien aquellas cifra entre los sabios de la antigüedad, emblema de concordia, paz y amor. Entre los Masones, lo es de union y buena fé: figuradas en la union de las manos ó toque del grado de Maestro, en que 10 es el número de dedos que se emplean en tales casos. De esta manera aparecia tambien en el Tetractys de Pitágoras.

El número 12, á semejanza del 7, es de grande importancia en el culto consagrado á la naturaleza. Las dos divisiones mas notables de los cielos; la del 7, refiriéndose á los siete planetas y la del 12, á los doce signos del Zodíaco, se encuentran en los monumentos religiosos de todos los pueblos antiguos, sin exceptuar á aquellos situados en las regiones mas distantes de Oriente. Aun cuando Pitágoras no habla del 12, no por eso es ménos sagrado este número.

Tales son las ideas que tenian los antiguos de los números que tambien nosotros á cada paso encontramos en Masonería, los cuales bien entendidos quizá nos prometen la dicha que alcanzaron los filósofos y sabios de aquellos remotos tiempos: números que, á no dudarlo sirven como de velo á muchas é importantes verdades.

Terminamos este trabajo con la satisfaccion de que nunca, como Masones, dejaremos de permanecer firmes en la idea que tenemos del Ser Supremo á quien nosotros reconocemos con el nombre de GRANDE ARQUITECTO DEL UNIVERSO, al ver en este su mas hermoso templo y lo mas perfecta obra de arquitectura. Idea que nos sugiere la de un Ser Eterno, cuya Inteligencia es Universal, su Poder, Sabiduría y Amor infinitos, el el cual por leyes inmutables gobierna á todos los seres, segun los designios de su voluntad y á quien veneramos como al solo Maestro de todo lo que admiramos y percibimos, como al solo Padre y Creador de todos los hombres y al solo, en fin, que pudiera habernos dotado de vida y de inteligencia.

No podria negarse á la Masonería, que profesa la idea del Ser Supremo, segun los basos que dejamos indicados, ser la fuente y verdadero depósito de la sabiduría humana y de aquellos perfecciones que mas acercan al hombre á la Divinidad. Tal es su moral universal, que se adapta á las creencias de los hombres de todos los países y religiones. La moral masónica, mas general que la de cualquiera religion particular, no establece como estas difernica alguna entre los hombres, llamando á unos hereges y á otros sectarios é infieles, sino que á todos reconoce por hermanos y les abre las puertas de sus templos, para que libres allí de sus preocupaciones nacionales y de los errores que respecto á religion han heredado de sus padres, se unan á sus semejantes por lazos del amor fraternal y de la asistencia mutua. La antorcha que ostenta en su mano es la que solo puede guiar á los hombres virtuosos é inteligentes de este mundo hácia su verdadera felicidad; por ser bastante poderosa para disipar los errores y descubrir el fanatismo y la impostura. El objeto, en fin, de la Institucion Masónica, es el de hacer de toda la raza humana una sola y gran familia, unida toda por los lazos aceptables y benéficos del amor mutuo, del saber y del trabajo.

De esta manera, al abrir sus templos á todos los hombres, sean índios, Cristianos ó de cualquiera otra creencia y al no identificarse con ninguno de los sistemas religiosos establecidos, puede entregarse con entera independencia á la práctica de todas aquellas virtudes que no cesa de recomendar y á inicia: á sus adeptos en la religion primitiva de los antiguos patriarcas.

CREACION DEL MUNDO POR EL GRAN ARQUITECTO DEL UNIVERSO.

EL hombre, ser inteligente, se detiene á contemplar todo lo que le rodea, y no puede ménos que admirar la perfecta armonía que reina en las partes del Universo que sus ojos alcanzan á descubrir, naciendo en él un deseo, el de conocer el orígen de todos los grandes planetas que giran en torno de la tierra en donde habita. No satisfecho aun, trata de indagar su propio orígen y el destino que le aguarda y de penetrar las causas y precaverse de los efectos de fenómenos que observa en el espacio, á gran distancia del mundo terrestre; del cual ignora la edad y el momento de su creacion. He aquí la causa de esa curiosidad, muy natural en él, y que le induce á hacerse á sí ó á otros que supone mejor instruidos, multitud de preguntas difíciles de resolver y que dan por resultado el encontrarse en un dédalo de conjeturas mas ó ménos satisfactorias ó mas ó ménos probables. Muchas veces, por no decir casi siempre, le vemos precipitarse en un océano de dudas é incertidumbres que le anonadan y le afligen.

La primer idea que le ocupa, ávido siempre de saber, es la de explicarse á que debe, cual es el objeto de su existencia y cual el de la tierra que cultiva, para obtener de ella el alimento necesario á su conservacion. El astro magnífico cuya luz no le abandona y el cual le vivifica con el dulce calor de sus rayos, le llena tambien de asombro. Causa su admiracion y domina su inteligencia, la marcha rápida, regular y constante de aquella espléndida antorcha de la naturaleza y la contemplacion de los otros planetas y satélites que forman nuestro sistema solar, moviéndose tambien uniformemente, acaban por abismarle y confundirle. Considera, en fin, que este espectáculo tiene lugar en un espacio inmenso y que se haya animado por la rapidez prodigiosa de aquellos cuerpos: rapidez que ni altera la armonía, ni da orígen á perturbacion alguna en las órbitas de los mismos.

La contemplacion de tantas maravillas ha debido necesariamente con mover la inteligencia del hombre y ofrecerle la idea de un Ser Supremo, á quien casi todos los pueblos han dado el nombre de Dios y á quien nosotros Franc-Masones llamamos con mas exactitud: Grande Arquitecto del Universo; nombre que conviene con la contestacion dada por Platon, llamado el Divino, á uno que le preguntó: "de que se ocupaba Dios," á lo cual el filósofo contestó: *en geometrizar constantemente:* idea tanto mas propia y sublime, cuanto que nos da la que Dios debe inspirarnos, como ser siempre en accion y cuyo poder y número de obras es infinito.

Casi todos los que han escrito sobre la creacion del Mundo, dan á éste por orígen el cáos; pensamiento que no se halla en relacion con el poder del Ser Soberano, quien por un efecto de su voluntad ha creado la materia, cuyas diversas modificaciones palpamos á cada instante en esa multitud de luminares regados en el espacio, sujetos á una rotacion constante y los cuales forman otros tantos mundos en la vasta extension del Universo. Estos cuerpos ó planetas carecian de movimiento ántes de la creacion. Los elementos se encontraban en ellos separados y el fuego cubria su superficie. El Gran Arquitecto del Universo, despues de haberles dotado de movimiento sobre sí mismo, mas ó ménos rápido, segun su pesantez, hizo describir á cada esfera una órbita diferente.

Al hacer habitables esos globos, era necesario que Dios crease en ellos árboles y plantas y los dotase de la fecundidad propia para la vegetacion. Creó, despues, al sol y á las estrellas, al rededor de los cuales hizo girar á los planetas que forman los distintos mundos. Formó los irracionales; y dió fin á su obra con los seres á quienes fué su voluntad conceder la inteligencia.

Moises, educado desde su infancia en Egipto y en la corte de Faraon, habia sido instruido en la filosofía misteriosa de aquel país antes de abandonarle; y fué iniciado en ella por aquellos sacerdotes los solos que sabian interpretar los caracteres geroglíficos de dicha ciencia, de la cual tenian la clave. Fué despues de su salida de Egipto y durante su prolongada residencia en un país de donde veia la tierra prometida sin poder penetrar en ella, cuando escribió la historia de la creacion y la de su patria. Dió principio á su narracion, anunciando que Dios habia creado todo lo que existe y se limitó despues á solo darnos los permenores de la formacion de nuestro globo. La palabra *principio ú orígen*, con que empieza el Génesis, nos hace ver que antes de la creacion no habia tiempo: si por este debemos entender la duracion del movimiento de ciertos cuerpos. Dia, segun esto, seria la duracion del movimiento de rotacion de la tierra sobre su eje; y año, el total de revoluciones ó movimiento diurno de esta al rededor del sol. De modo, que debemos creer, que el primer dia fué el primer momento en que los planetas empezaron á girar sobre su eje y el principio del primer año, el instante en que Dios creó el sol ó hizo describir una órbita á cada planeta al rededor de aquel astro.

Hemos dicho que en el momento en que fué creada la materia y al empezar á adoptar estas formas diferentes, estaban inmóbiles los planetas y separados los elementos unos de otros. La materia de que la tierra estaba formada, era una masa sólida, cuyas partes debian hallarse perfectamente unidas. Faltaba al agua el contacto del aire y del fuego; y helada del todo, cubria la circunferencia de la superficie de la tierra. El aire se hallaba como dormido sobre el agua; y el fuego, el mas ligero de todos los elementos, se extendia por la superficie de todos los demas planetas. Esta sustancia ígnea, convertida en agente poderoso por el movimiento universal que el creador le comunicó, fué el principio vivificador del cual se sirvió aquel artífice supremo para animar á los otros elementos y ocacionar, por la fusion de estos, la vegetacion general. El fuego, combinado con el aire, se vió constantemente agitado y ningun obstáculo pudo ya, desde entónces, detener su actividad.

La luz era necesaria á planetas que debian ser habitados. Esta sustancia, no conocida hoy aun y por esta razon dificil de definir, fué la última creada por el Gran Arquitecto. Sola, inútil sería al hombre; porque ningun efecto es capaz de producir al no estar unida al fuego, que ha recibido el poder de animarla. No debemos olvidar, que de todo lo creado solo el fuego no carecia de accion.

El movimiento de rotacion comunicado á los planetas, les hizo girar sobre sus ejes. Este fué el instante en que emperazon á combinarse los elementos y en que el poder de su accion, que cada vez aumentaba, produjo una gran efervecencia ó movimiento general. La pesantez de los cuerpos, dejó de ser la misma y el fuego, abandonando la superficie de la tierra, descendió hácia su centro ó eje: penetrando los otros dos elementos y dotándolos de vida. El aire dilatado por el fuego, llenó todo el espacio y por medio de estos agentes, el agua, que era una masa sólida y helada, se liquidó. La fusion de los elementos, hizo que los átomos de la materia terrestre fuesen ménos tenaces y su cohesion mas débil. Tal fué la obra del primer dia.

Durante el segundo periodo de rotacion de la tierra, el fuego, el aire y el agua, penetraron por toda la materia terrestre, siendo dicho movimiento causa de la poderosa excitacion que produjo la fuerza centrífuga á la cual debemos el orígen y elevacion de las montañas. Á la fusion de la materia terrestre con los elementos, se siguió la diversidad de sustancias, combinadas y amalgamadas de diferente manera.

Aparecieron tambien esas grietas y vastas profundidades de nuestro globo, por las cuales se precipitaron grandes masas de aguas, quedando de ellas en la superficie la cantidad que podian contener los depósitos exteriores formadas por el choque de los elementos. Esta division de las aguas, que dejó aparecer á su vez la tierra seca, fué segun la relacion de Moises, la obra del tercer dia ó instante en que ha debido el creador dar á la tierra la fecundidad y á los árboles y plantas la facultad de germinar y reproducirse.

El cuarto, dia el Grande Arquitecto del Universo hizo el sol y dió á la tierra y demas planetas, el movimiento que los hace girar al rededor de aquel astro. Colocó á la Luna cerca de la tierra, como á satélite de esta; y de algunos cuerpos celestes, hizo tambien satélites de otros de mayor magnitud: los cuales habian de recorrer diferentes órbitas hácia sus centros respectivos de gravedad, de acuerdo con la ley divina de proporcion que los habia puesto en movimiento.

El quinto dia, creó Dios á los irracionales y el sexto á la especie humana ó al hombre y á la muger. El hombre, última obra del creador, fué formado á su imágen y semejanza: dotándole de cualidades que le hacian superior á los otros seres, le acordó parte de su inteligencia, emanacion de la Divinidad y le infundió un alma pura é inmortal, la cual habia de regresar al seno de su divinidad. Formado el hombre de esta manera y en posesion de toda la tierra, le fué dado poder sobre todos los animales y tambien destinado á vivir en el lugar mas hermoso de ella, como su morada primera y única. Ved, pues, en resúmen, lo que nos dice Moises en su relato sobre la creacion.

Algunos autores antiguos y modernos, han acostumbrado no apreciar en su justo valor la narracion de aquel patriarca; porque ó bien critican el órden en que segun este tuvo lugar la formacion del Mundo ó bien le imputan haber hecho del creador un obrero mecánico y vulgar, ocupado de su labor durante seis dias y descansando el séptimo: opiniones que en nada parecen haber alterado la de la iglesia católica, que adopta y cree firmemente en la creacion sucesiva y sostiene en todas sus partes el texto literal del Génesis, y lo que no es un obstaculo para que cada cual sea libre de estar por la hipótesis mas probable. Debemos no obstante, convenir en que la creacion aceptada como un hecho instantáneo, nos da una idea mas conforme con el poder de Dios, quien no parece que tiene necesidad ni de tiempo, ni de materia, para haber creado todo lo que existe, ni haber dado á su obra la perfeccion que nos asombra.

Tal es el enlace de la narracion de Moises, que pudieramos interpretarla de esta manera. "Todo recibió á la vez la vida ó la existencia. Sin embargo, si la voluntad de Dios fué que la creacion ocurriese bajo cierto órden y sucesion, despues de comunicado el movimiento que habia de durar en las cosas creadas hasta el fin del Mundo, nada estaria tambien mas de acuerdo con ese órden, que el relato de Moises."

Continuando la hipótesis, parece que los seis dias fueron los seis periodos ó tiempos en que pudieron llevarse á cabo las revoluciones ó transformaciones, por las cuales pasó la materia de que está formado el Universo, segun lo vemos y ha llegado hasta nosotros.

Creemos ademas, que tampoco nos sea permitido tomar la palabra *dia*, del Génesis por lo que vulgarmente conocemos con ese nombre y que solo se refiere á cierto espacio de tiempo, ni pasar por alto otros lugares de la Escritura en que las palabras *años, semanas* y *dias*, expresan algo mas que lo que parece enseñarnos el texto literal.

Lo que mejor, en fin, puede darnos á conocer el sentir de Moises sobre la creacion, es la consideracion que se sigue á su relato, pues que nos hace la enumeracion de las cosas, que, segun él, fueron hechas separadamente; y mas adelante, supone esas mismas cosas como creadas el mismo dia ó en un solo tiempo ó jornada y sin la menor interrupcion. En ese dia, dice Moises, creó Dios el cielo y la tierra, la llerba de los campos, &.

Es con este motivo que Philon, judío y autor de una obra muy estimada y ademas muy versado en la ley judáica, critica con mucho acierto la opinion de los que admiten distintos tiempos y trabajos en la creacion del mundo, no habiendo sido segun él, otra la intencion de Moises, que indicar la manera en que parece haberse principiado la *generacion*, de la cual queria dar una idea.

Tal es la contestacion que á los de distinta opinion da aquel escritor distinguido, tambien autor del artículo Creacion, del Diccionario Enciclopédico. Fácil nos seria convenir con él apoyándonos en razones de la misma física.

Hemos dicho ántes, siguiendo la narracion de Moises, que el tercer dia dotó Dios á la tierra de fecundidad y que el dia despues ó cuarto dia, creó al sol. Necesario será reducir estos dos dias de creacion sucesiva á un solo instante; porque de tardar aquel astro en aparecer, el calor de la tierra, atraido hácia el centro ó eje de ésta por su movimiento de rotacion y no pudiendo ascender sino en virtud de su propia ligereza, se hubiera condensado en gran cantidad, ocasionado una explosion terrible en nuestro globo, la vegetacion se hubiera interrumpido y la reproduccion de los árboles y plantas desaparecido completamente.

Esta verdad que nos enseña la física, parece demostrarnos que la creacion del mundo ha debido ocurrir simultaneamente y por sola la voluntad del Grande Arquitecto del Universo.

Entre los filósofos que admiten la creacion como un hecho cierto, hay algunos que preguntan: si Dios creó el mundo de la nada ó si empleó en su formacion una materia preexistente, presentando la cuestion como del resorte de la filosofía y no como religiosa, y sosteniendo á la vez que la revelacion no se explica sobre esta materia de un modo terminante y decisivo. Esta es la opinion de dos autores ingleses, Tomas Burnet y Guillermo Wiston, los cuales convienen en que el primer capítulo del Génesis solo hace alusion á la formacion de nuestro planeta y no á la del resto del Universo que existia desde mucho ántes.

"Así es, nos dice Wiston, que cuando Moises nos refiere, que Dios para dar una prueba de su poder creó el cielo y la tierra, se contraia al planeta que habitamos y al aire y atmósfera que lo rodea. Moises añade luego, que la tierra se hallaba informe y sin vegetacion y que las tinieblas cubrian la faz del abismo. ¿Sería posible hacer una descripcion mas exacta del cáos? Fué en este estado que debió pasar nuestro globo por seis revoluciones sucesivas; ántes de adoptar la forma que le era necesaria. Una prueba de que la Escritura solo se refiere á la formacion de la tierra, es que en todos los pasajes de ella en que nos habla del fin del mundo, parece solamente querer ocuparnos de la destruccion de aquella, de su atmósfera y del aire que en ella respiramos. Es en este concepto, que no debe el resto del Universo haber experimentado cambio alguno en las revoluciones ocurridas en nuestro globo al combinarse los elementos y al formarse todas las cosas que existen en él. Ademas, cuando el historiador judío nos asegura, que el cielo y la tierra habian sido creados simultaneamente, debemos entender que lo fueron en una época anterior y que la tierra convertida en cáos recibia de Dios la nueva vida con que le dotaba: lo que de cierto modo se asemeja á una nueva creacion.

La opinion del escritor inglés, no deja de ser atrevida; aunque carece de pruebas en que apoyarla al mismo tiempo que si bien Moises no hace mencion en el Génesis de la formacion del resto del Universo, deja comprender, sin embargo, que algun conocimiento tenia de él, cuando nos añade: que el mismo dia en que Dios creó el Sol, hizo tambien las estrellas debiendo por analogía creer, que cada estrella es un sol ó el centro de un mundo semejante al nuestro, formado por la sola voluntad del creador y á quien segun esta bella hipótesis, nos parece ver ocupado constantemente en la formacion de nuevos cielos ó en *geometrizar* eternamente, segun Platon.

No existe un solo ser que obre por su sola voluntad. Lo que cada dia experimentamos nos hace creerlo asi. Sentimos esto á todas horas y de ello estamos convencidos. No nos seria posible ir á buscar apoyo alguna en la nada ó no existencia; porque, careciendo la nada de vida, no encontrariamos en ella los resortes que nos son necesarios para mover la voluntad. A esto pudieramos añadir de que estamos persuadidos de ser la voluntad en nosotros causa de todos nuestros actos y de hechos que son enteramente nuevos y que creeriamos salidos de la nada.

Debemos pues admitir y creer en una voluntad infinita y todo-poderosa, al ver que hacemos todo en virtud de esa misma voluntad, cuyo orígen no encontramos en nosotros, ni nos viene de la nada, debiendo suponer por una razon idéntica, que tambien la materia debe existir por solo la voluntad de un creador, que, á todas las perfecciones, reune el poder de crear.

La materia no es anterior al Universo y ha debido ser creada. No podria convenirle la eternidad á no ser que fuese infinita y llenase todo el espacio, de modo que no quedase en él ningun vacio; bajo cuyo aspecto jamas podrémos considerarla. La empleada en la formacion del mundo es susceptible de movimiento, por ser este el alma del Universo sin ser extensa de un modo absoluto, porque entónces ocuparia todo el vacio y el movimiento no podria tener lugar. No ocupando todo el espacio, existe en algunas partes de este la nada, ó lo que es lo mismo, la ausencia de la materia.

Comunicado el movimiento á la materia, trasciende instantaneamente á todos sus partes, las hace mover de un lugar á otro, las pone en distinta relacion entre sí y forma con ella numerosas y variadas combinaciones. Ni es la materia infinita, ni data desde toda eternidad; porque sus efectos naturales no serian posibles y el mundo no existiria.

Siendo la creacion, que Dios sacó de la nada, conforme á la razon y digna de tan Gran Arquitecto.

EXPOSICION

DEL

SISTEMA DE GENERACION UNIVERSAL DE TODOS LOS SERES

Segun la doctrina simbólica de los antiguos, en donde se explican muchos emblemas que encontramos en el grado de Maestro.

EL cuadro que el Universo ofrece al observador, es una série no interrumpida de *Creaciones* (ó agregaciones) de *Destruccion* (ó segregaciones) y de *Regeneracion* ó nuevas creaciones de seres; bien de aquellos dotados de una vida *latente*, ó de los que, por la accion visible de su organismo, nos demuestran al instante su vitalidad. Nacer, morir, reproducirse: tal es la ley que rige todo lo creado.

El *Movimiento* ó Dios, ó si se quiere, el Espíritu, el Fuego, los Átomos, la Materia *imponderable*, uno ó cualquiera de estos principios, es la causa eficiente de los diversos estados de la Materia. Principio que es causa de la vida y de la muerte y á quien unas veces consideramos como al bienehechor Osiris; y otras como al temible Tifon: dioses de nombres diferentes, pero iguales entre sí y que participan de la misma naturaleza.

Usando del lenguaje simbólico acostumbramos decir, que la *Muerte es la puerta de la Vida;* verdad poco conocida de muchos Maestros, no obstante, enseñarla los emblemas de este grado. Por medio de esta figura se nos enseña, que la Fermentacion y la Putrefaccion preceden á la existencia y son causa de ella; que sin una de las dos la segunda no es posible y en una palabra, que es necesario para que tenga lugar la generacion, que *mueran*, por decir así, los principios generadores y que se disuelvan y desunan por la putrefaccion.* Así es que, sin la accion fermenta-

---

* Nisi granum frumenti, cadens in terram, mortum fuerit, ipsum solum manet: si autem mortum fuerit, multum offert.—EVANG.

tiva ó interna y sin la separacion ó segregacion de las partículas de la materia, el gérmen que existe entre estas como cautivo, no podria desacerse de ellas y brotar.

El fenómeno de la generacion universal, puede ser considerado bajo multitud de aspectos diferentes: bien sea que se le examine en su conjunto; que nos detengamos en sus pormenores; que hagamos abstraccion de los períodos en que ocurre; invertamos el órden de estos ó que nos ocupemos aisladamente de cada uno de los principios que concurren en este parto gigantesco de la Naturaleza. De este hecho, nace la gran variedad de ficciones, ritos y símbolos, que al mismo tiempo que se encaminan á un mismo fin, han detenido mas de una vez al mitógrafo ó historiador de la Fábula. Las religiones antiguas y modernas, han nacido todas de la Naturaleza: en la cual solo pudieramos encontrar la clave de todos sus principios y emblemas, siendo en ella en donde debemos ir á buscar el orígen de los dioses de todas las naciones. *Eos que Dii appellantur Rerum Naturas esse, non figuras Deorum.*

Los puntos principales que nos deben ocupar en el hecho importante de la generacion, son los siguientes: 1°. La atraccion ó aproximacion mútua y union íntima entre los dos principios creadores; 2°. la resistencia que el mas débil opone á la accion poderosa del principio fecundante; 3°. la emision de la simiente ó semilla, imágen bastante exacta de una muerte instantánea al primer aspecto; 4°. la fermentacion y descomposicion de los principios seminales; 5°. la germinacion respecto de los vegetales; 6°. la gestacion ó acto de la concepcion y principio y desarrollo del feto en los animales; y 7°. el nacimiento ó parto y la nutricion y desarrollo físico, al traves de innumerables obstáculos y peligros. ¿Quién no observa, que en estas revoluciones diferentes de la materia, que en esta lucha perpetua entre la vida y la muerte, que en estas leyes invariables y sagradas de la Naturaleza, á las cuales obedecen todos los seres, todo se halla ligado mas ó ménos íntimamente y como dependiendo un fenómeno de otro por una especie de encadenamiento sucesivo y no interrumpido? ¿quién no reconoce en todo esto, la fuente en que el Mitógrafo ó historiador de la Fábula, ha tomado la mayor parte de sus alegorías, las cuales todas nos hablan de los amores y combates de los dioses y de la guerra de los Titanes, de los incestos, adulterios, homicidios* expiaciones; del órden y belleza del cáos por Éros; de Saturno

---

* *Osiris*, muere á manos de *Tifon* se hermano, que le persigue, le tiende mil azechanzas y al fin le mata. *Adónis*, es herido mortalmente por un jabalí su rival. *Elion*, es muerto por las bestias feroces. *Summona-Cadon*, lo es por un cerdo. *Ormuzd*, es vencido por *Ahriman*. *Nehemía* por *Armillius;* y éste, por el segundo *Mesia*. *Abel*, es asesinado por *Cain*. *Balder*, por el ciego *Hoder*.

devorando á sus hijos; de Júpiter protegido por los Coribantas ó sacerdotes de Cibéles; de la resurreccion de Osiris, de Baco, de Adónis y de Amphíaraus; y de las encarnaciones en fin, de Wishnou, Jesus, &c.

Hemos dicho que diversos principios habian cooperado á la Generacion. Podemos en efecto mencionar Cinco de ellos, diferentes entre sí; pero de naturaleza homogénea, los cuales son: la Causa, el Sujeto ó Materia, el Intermedio, el Efecto y el Producto ó Resultado.

Por Causa, debemos entender: el Motor, el Agente, el Varon ó Macho, el Sol, el Azufre, el Principio Igneo, Creador, Fecundante, la Naturaleza Eficiente, en una palabra, el *Padre*.

El Sujeto, es la Materia, el Paciente, la Hembra, la Luna, Mercurio, el Principio Húmedo, Generador, Fecundado, la Naturaleza Pasiva; la *Madre*.

El Intermedio es el Medio, sustancia ó cuerpo mediador homogéneo, del cual se sirve la *causa* para obrar sobre el *Sujeto ó Materia*. Es la *Semilla ó Simiente*, el espíritu generador, la forma, el amor, el éter, el fluido vital, que se disemina en todos los varones ó machos, y es instrumento de la reproduccion. Existe este principio en el *soplo divino* (Rouach Elohim), que, segun el Génesis, vagaba sobre las aguas, antes de la creacion de la Luz y que descubren nuestros ojos; y tambien

Allirotius, recibe la muerte de Marte. *Baco*, es destruido por los gigantes. Los Asirios lloran la muerte de *Thammuz;* los Escitas y Fenicios, la de *Acmon;* y toda la Naturaleza la del gran dios *Pan*. *Zoóak*, es vencido por *Peridoun; Soura-Parpma*, por *Sopra-Manier; Moïasour*, por *Dourga; Pra-Souane*, por *Sommonacodon*, contra el cual se rebela su hermano *Thevatath. Saturno*, mutila y destrona á *Urano. Júpiter*, hace otro tanto á *Saturno. Agdestis* y *Atys*, se mutilan ambos; *Chib*, muere al fecundar á su esposa. *Saturno* inmola á su hijo *Tahud. Indra, Tevateth* y *Jesus*, expiran en una cruz. Los Turcos, celebran el fin trágico y al mismo tiempo necesario de *Hossein;* los Maniqueos, celebran el de *Manes, &c*. En fin, en todas las cosmogonias, la leyenda principal versa siempre sobre la muerte de un personage importante, la cual ocasiona despues el nacimiento del *Creador ó Redentor* del genero humano.

Una alegoría semejante, tenia lugar en los Misterios Antiguos. *Accessi confinium mortis*, dice Apules, *et, calcato Proserpine limine, per omnia vectus elemento remeavi*. *Psyché* baja á los Infiernos, es decir, sucumbe á su afliccion y muere. *Jacebat immobilis, et nihil aliud quam dormiens cadaver*. El amor la resucita y le da la inmortalidad. *Sumes, inquit, et immortales esto*. Ved, pues, bien demostrado el sistema de la *Regeneracion*. Esta supone siempre una muerte anterior, muerte moral ó física, emblema la una de la otra. La religion cristiana ofrece á nuestra consideracion la misma idea bajo los símbolos del *Pecado original*, del *Diluvio universal*, del *Juicio final*, como principios *destructores;* y el *Arca de Noé*, el *Sacrificio de Abraham*, el *Bautismo*, la *Pasion de Cristo* y la *Eucaristía*, como principios *regeneradores*.

el *Espíritu Santo*, que procede de otras dos personas, por virtud y voluntad de las cuales, fué concebido el hijo de Dios en el vientre de María.

Por Efecto, entendemos la concepcion en sí misma, acto que no puede tener lugar, sino en una *Matriz* análoga.* Resultado inmediato, necesario é invariable, del conflicto entre las dos causas creadoras y principio que encontramos en la hembra, como *simiente ó gérmen* que procede del padre. Inactivo ántes de ser estimulado, no aguarda, como la simiente, sino el contacto de una chispa eléctrica para desarrollarse. En seguida los líquidos seminales se confunden, se animan y dilatan; el gérmen se mueve y ensancha, rompe la cubierta que lo aprisiona y nace. Es el sublime *Fiat lux*, del Génesis. En la cosmogonía de Moises, como en todas las demas, fácil sería reconocer cinco elementos, de los cuales nos hemos ocupado, á saber: אלהים, Dios creador, Omnipotente (Causa); תהו בהו ארץ, la tierra inculta es el (Sujeto); רוח אלהים, el Espíritu de Dios (Intermedio); יהי אור, la manifestacion de la Voluntad Creadora (el Efecto), y en fin, *Lux facta fuit*, ó la Generacion de la luz, que es el *resultado*.

El último de estos principios, es el *Producto*. La union de los dos sexos es casi siempre causa de la procreacion de un nuevo ser, semejante á aquellos de quienes deriva la existencia y el que debiendo á su vez tratar de perpetuar la raza, puede ser alegoricamente considerado como el *Reparador* de su especie ó como un nuevo *Creador*.

De este modo, (usando del lenguage de los sabios antiguos), son *cinco* los agentes que concurren al acto de la generacion de los seres. El *varon ó macho* (Elion) obra sobre el *paciente* (Berouth), por el intermedio de la *simiente* (Uranus). Esta *simiente* se deposita en una *matriz* animada, análoga á su naturaleza (Ghé), en donde fermenta y se descompone (ó Saturnifica) y produce el desprendimiento del gérmen y la formacion del *nuevo ser*, de la misma naturaleza que su padre (Cronus, Monógenes, Jupiter, &).

Si quisiéramos demostrar la identidad que existe entre estos cinco agentes productores y los cuatro elementos, considerados por nuestros padres como principio de todas las cosas, fácil nos sería demostrar que el *varon ó macho*, representa al Fuego ó al Phtha, al Osiris y al Vulcano, de los pueblos antiguos de Egipto y de Grecia. La *hembra*, cuya naturaleza es húmeda, representa al Agua; principio universal, sin el cual nada podria existir. Respecto á la *simiente*, podemos considerarla como ocupando el lugar del Aire; y como este fluido, penetrando hasta

* Algunas veces tomamos el efecto por la causa. Es por esta razon que los Mitógrafos antiguos entendian por *Efecto*, bien la *virtud de fecundar* en sí, la cual es causa de la *fermentacion*, *putrefaccion*, del *Cáos*, de la *Muerte*, principio de vida; ó bien la *Matriz*, en donde ocurren estos actos diversos por hallarse dotada de un poder de desarrollo, sin el cual no tendria lugar la generacion.

SISTEMA DE GENERACION UNIVERSAL.   271

los últimos ó mas ocultos átomos de los cuerpos.* En fin, el *poder creador de la* hembra, fuego terrestre, movimiento interno, que pone en accion los principios seminales y hace germinar el embrion, tiene por emblema á la Tierra, madre de todos los seres. El Hijo, ser nuevamente dado á luz y producto de los cuatro principios mencionados, ocupa el centro. Es símbolo del Monad, unido al Cuaternario, razon por que el número Cinco estaba consagrado á Thoth, Hérmes, Mercurio, Horus y Apolo.† Pitágoras lo reputaba *nupcial*,‡ protegido de Juno; (los Romanos contaban cinco Dioses de esta especie) porque, forma tambien el *Pentagrammaton* del Salvador del Mundo ישועה, y es entre los cabalístas יחשרה.§

Eran estos los cinco agentes de la Naturaleza, que divinizados por los sabios de la India y de Egipto, ocupaban un lugar preferente en sus mitologias. Reconocian como base de sus leyendas sagradas, las funciones que aquellos estaban llamados á ejercer en el acto importante de la generacion y se referian siempre á esos cinco agentes y á las combinaciones sin número que con ellos hubieren podido formar,‖ cuando se contraen á

---

* Ved porque el Paracleto ó Espíritu Santo, que procede del Padre y del Hijo, está representado entre los Cristianos por un pájaro, (una paloma).

† Ciceron y algunos Mitógrafos contaban cinco soles. Encontramos á estos en la naturaleza, á saber: 1°. La luz increada y creadora; 2°. La luz creada y generadora; 3°. El gérmen universal de todos los seres; 4°. Los elementos primordiales que dieron orígen á los cuerpos mixtos; 5°. El principio de vida que aquellos encierran y que desprendido del cáos de la putrefaccion, animan á un nuevo ser de la misma especie que ellos.

‡ Estaba formado, segun los Cabalístas del tres, primer número impar y de dos, primer número par: símbolo este último de uno y otro sexo.

§ De aquí trae orígen la palabra *Quinta-Esencia*. Por esta debemos entender el Espíritu ó sustancia depurada de un cuerpo. Resultado de la elaboracion de los cuatro Elementos, este espíritu no está como ellos sujeto á perturbacion alguna: encerrando la idea de Quinta-Esencia la de incorruptibilidad. Tomada en un sentido general, dicha palabra significa *Eter*, quinto elemento, el Akash de los Judíos, Horus, Jesus, el hijo del Sol, la estrella resplandeciente, &.

‖ El número Binario ofrece diez combinaciones posibles. Las mas notables son, 1°. *Agente y Paciente*, considerados como padre y madre, Hermano y Hermana, Fuego y Agua, Cielo y Tierra, Sol y Luna, primer Hombre y primer Muger, &. 2°. *Creador y Destructor*, de los cuales deriva el Buen y el Mal principio, el Paraíso y el Infierno, la Luz y las Tinieblas, los Combates, Mutilaciones, &. 3°. *Destructor y Reparador*, Espiaciones, Regeneraciones, Hombres salvados del Diluvio, Niños escapados de una muerte violenta, &.

Entre las numerosas combinaciones que nos ofrece el *Ternario*, encontramos la del *Padre, Madre é Hijo;* Cneph, Athyr y Phtha; Phtha, Neith y Osiris; Osiris, Isis y Horus; *Creador, Conservador y Destructor;* Brahma, Wishnou y Roudra ó Trinidad de los Indios; *Causa, Intermedio* y Producto; el Padre, el Hijo y el Espíritu á éste último que procede de los dos primeros y juntos forman la Trinidad de la Cristianos, no creyendo necesario con lo expuesto dar mas extension á este exámen.

las alegorías que tenian costumbre de expresar por medio de números, desde la unidad hasta el denario, que comprende á todos los otros simples. El intérvalo que llamamos Octava, estaba formado, entre los Griegos por dos Tetracordios separados, como la Década entre los antiguos por dos Quinarios enteramente iguales. Siguiendo esta costumbre, tambien dividian los egipcios sus diez esferas en dos quinarios; el uno superior y el otro inferior, cuyo centro de union era el sol.

Para hacer mas palpable la verdad de estas aserciones, veamos de que manera deificaban los pueblos antiguos aquellos cinco principios.

Pudiéramos segun ellos presentar la Causa bajo diferentes aspectos. Como *poder* en abstracto y oculto, con aptitud para obrar como principio creador ó autor del fuego * y padre de la Luz;† ó bien, como rey de los Astros y de los Cielos, á semejanza del Sol.

Considerado en abstrcto como simple *Agente*, á veces lo confundimos con el *Intermedio* y algunas veces con el *Sujeto* ‡ y la Materia. En tal estado, es el *Espíritu de Dios* sobre las aguas; el *Navayan* de los Indios; el *Uzza* de los antiguos Arabes; *Eros*, ántes de su enlace con el Cáos; *Bracma*, cerniéndose sobre una flor de Loto; *Birma*, sobre una hoja de *Betel; Wishnou*, durmiendo sobre un mar de leche; Jagrenat, encerrado en un árbol; *Chrishna*, bajo la forma de un tronco; el gigante Imer, dormitando, &.

Ahora, ocupémosnos de los atributos que son peculiares al segundo principio de la naturaleza. ¿Quién podria negar á esta divinidad, el ser autora de todo lo creado; regir los Elementos; ser causa del Tiempo; soberana de los Inmortales; reina de Manes y primer espíritu celestial y tipo uniforme de todos los Dioses y Diosas? Bajo mil nombres, formas y ceremonias diferentes, ha sido la naturaleza, agente principal, único y

---

* Phtha es el Dios Principal ó Supremo, segun Heródoto, y su imperio es eterno. Reinaba desde ántes de Saturno con ocho grandes Dioses y Solo reinará siempre. Opas, Aphtas, Camephis, Pthtas, Hemptas, nombres sagrados y respetables! A Phtha hacen alusion las pruebas, purificaciones y bautismos por el Fuego. El Triángulo y la Pirámide, imágen exacta de la llama, son símbolos de aquella divinidad poderosa.

† El principio creador, padre de la *Luz*, era tenido del mismo modo por padre del *Aire*, pues que si careciéramos de este medio, no podria aquella llegar hasta nosotros. Le daban, pues, tambien los atributos de este nuevo carácter. El Gavilan, el Aguila, el Pavo Real, el Escarabajo y otros emblemas, son una prueba de esto.

‡ Siendo estos un solo poder en abstracto, carecen de sexo y pueden ser considerados indistintamente como hembra, varon ó macho. En el primer caso, es la Materia encerrando en su seno el principio de la fecundidad, no desarrollado aun y en el segundo, el Espíritu flotando en el vacio y el que, no habiéndose encontrado todabia en contacto con la Materia, no puede pasar al estado de fermentacion: siendo siempre ésta el resultado de la union de dos principios.

eterno, reverenciada por todos los pueblos de la tierra. Los Frig'os, la adoraban bajo el nombre de *Cibéles;* los Atenienses, bajo el de *Minerva;* los de Chipre, por *Venus;* los Cretenses por *Diana;* los de Sicilia, por Proserpina; los de Eleúsis, por Ceres; otros pueblos bajo el de Juno, Belona, Hécate y los Egipcios, á quienes ningun pueblo ha podido igualar en la ciencia de los Misterios le daban el de Isis, su verdadero nombre. No nos extenderemos mas sobre un cuadro, trazado ya por el filósofo de Medaura: bastando los primeros elementos de mitología, para reconocer cuan universal ha sido el culto de la naturaleza.

El *Paciente* ó elemento femenino, vehículo de toda creacion y sujeto al elemento masculino por su naturaleza, puede ser simbólicamente considerado *ántes, en el acto ó despues de ser fecundado.*

Los mitógrafos ó historiadores de la Fábula, han dado mayor extension á estas combinaciones, al pintarnos á la naturaleza como representando uno de los dos sexos ó bien con el carácter de *andrógina,* bajo uno y otro, al identificarse con el fuego creador, de cuyo agente la distinguian, ó al suponer reunidos los dos elementos bajo un mismo tipo.

Considerada *ántes* de ser fecundada, la Materia estaba simbolizada por *Buto,* una de las ocho Divinidades Egipcias, la *Latona* de los Griegos y por el *Antro* Microscómico de *Mitra,* ó misterio de la generacion, que un velo impenetrable ocultaba á los ojos de los mortales. Buto animaba á Horus, como la tierra es elemento de vida respecto de las simientes depositadas en su seno. De este número, es tambien el famoso O-Euf Orfico, que los habitantes del Japon representaban saliendo de la boca de una serpiente ó de la de un jóven alado, el cual al chocar con las astas del Toro Creador, se deshacia en mil pedazos.

Que tambien se ha pretendido representar á la naturaleza bajo el tipo de un *sexo generador,* es otro hecho del cual nadie podria dudar. Bastaria citar á Isis, regenerando á los seres, á la Vénus Barbata y á la Céres Axieros. Ademas ¿qué símbolo pudiéramos encontrar mas natural y propio al querer expresar la aptitud de reproducirse que tienen los cuerpos, ó si se quiere, el poder fecundante de la Naturaleza, que el *Phallus,*[*] organo de la generacion? A este tipo primordial, del cual la *Cruz* es el jeroglífico, hacen alusion el *Mendes* y *Amun,* de los Egipcios; el *Baalphegor* y Miphletzeth de los Hebreos; los *Nevropastes* de los Sirios; el *Pan,* el *Priapo,* los *Phallophories* ó *Ithypalles de los* Griegos; el *Friseo* de los Germanos, el *Lingam* de los Indios, el *Pasupati* de los habitantes

[*] El culto del Phallus, era universal entre los antiguos. Un autor cristiano, que nos hace su historia, lo supone como aceptado tambien por los Cristianos primitivos, como á un Dios de su devocion que representaban bajo los símbolos ó nombres de varios santos. Este mismo autor cree, que la *Phallolatria* ó culto del *Phallus,* se conoce aun en el Medio-dia de Europa.

del Tibet y los toros *Mnevis* y *Onuphis*. El *Asno* era tambien un símbolo idéntico.

El culto de las Divinidades *Andróginas*, ha existido en toda la superficie de la tierra. Isis, Hérmes, Baco, Tifon ó Typhon, Baal, Mithra y Dagon, aparecian á menudo con ese carácter en simulacros celebrados al efecto. No son ménos conocidos el *Adagoüs* de los Frigios, los *Agdestis* de Pessinunto, los *Arsenothlees* de los Griegos,* el *Jano* de los Romanos, el *Atilat* de los antiguos Arabes, el *Arta-Narissoura* de los Indios, el *Adé* de los habitantes de la India Oriental y muchos otros símbolos, de doble naturaleza, que pudiéramos citar. Los autores de las cosmogonías antiguas, tal convencimiento tenian de que toda nueva produccion era resultado de la union de los agentes superiores, que al distinguir unas cosas de otras, reconocian en ellas un sexo ú otro ó ambos á la vez, es decir, las suponian *ó macho ó hembra ó andróginas*, al mismo tiempo. Ved porque debemos mirar como inseparables los tipos de *Saturno y Tellus*, de *Júpiter y Juno*, de *Apolo y Diana*, de *Mercurio y Minerva*, de *Baco y Céres*, de *Vulcano y Vesta*, de *Bubaste O'Elurus*, de *Isis y Osiris*;† divinidades todas que eran tenidas por andróginas. Del mismo modo, nombra Moises al Dios *Creador*, sirviéndose del plural *Elohim*, el *hombre*, hecho á imágen de aquel y recibiendo al nacer las *dos naturalezas ó sexos*. *Creavit Elohim hominem ad imaginem suam; ad imaginem Dei creavit illum*: MAREM et FEMINAM creavit Eos.

Hemos ya hecho mencion de varios símbolos del Intermedio, al considerar á éste separadamente. Este es el *Ta-aut* de los Fenicios y el *Abares* de los *Escitas*, que recorre el espacio montado en una flecha; el *Baal-Tsephon*, Dios-Guardian de los Hebreos; y el *Adrastes* de los Griegos.‡

* *Cecrops* y Erichthonius, son tambien figuras andróginas al reunir en sí las dos naturalezas, la de hombre y la de serpiente. No era sin un motivo particular ó secreto, que se suponia al jóven Ophiopodo oculto en un Ciste (árbol), emblema tambien del misterio de la generacion.

† Typhon y Nephthys, Vulcano y Vesta, hacian relacion al Fuego; Cneph y Neith, Júpiter y Juno, al Aire; Canope y Menuthis, Neptuno y Amfitrites, al Agua; Pan ó Isis, á la Tierra; Lunus y Diana, al astro de la noche. No existe una sola mitología en que no se encuentre un dualismo semejante.

‡ La mayor parte de las Divinidades de la Fabula, son atributos y modificaciones de alguno de los cinco principios creadores. Es por esta razon, que al *Intermedio*, espíritu generador, fluido vital que emana de la causa ú orígen de todas las cosas, hacen relacion á Baco, Hércules y Mercurio. *Baco*, uno de los ocho grandes Dioses, hijo de Amun y de Amaltea y génio solar, que corresponde al sexo masculino, es tambien el Espíritu *fecundante* y *vivificante*; Som, el Hércules egipcio, representa la *fuerza*, y la accion de este principio el génio potencial ó primero. Hérmes y Anúbis, simbolizan al génio conservador de la naturaleza, causa de que Anúbis aparesca como guardian de las almas.

El cuarto principio, segun hemos dicho ántes, simboliza á la Fecundidad, agente creador en sí misma; ó bien á la Matriz, en la que la virtud de aquella se nos demuestra palpablemente. Sin la fermentacion y putrefaccion de los principios seminales, no tendria lugar el hecho de la *generacion;* ni la fecundidad encontraria el medio de ejercer su poder: siendo al estado *informe* de fermentacion y putrefaccion, de desconcierto, confusion y tinieblas, al cual los antiguos dieron el nombre de *Cáos.** Este es el *Achlys* de Hesiodo, el *Athyr* de los Egipcios, los Diosa *Baau* de Sanchoniathon, la *Nyx* de Orfeo, la *Omorca* de los Caldeos, el *Mundo de Surtur* y el *Infierno* de los Escandinavos; el gigante *Imer*, formado de los vapores helados del abismo; el חשך del Génesis, llenando el vacio תהום. el *Thai-cue*, materia animada de los habitantes de Tonquin.†

Todos los símbolos que hacen referencia á la Matriz de los cuerpos, aluden del mismo modo á *Berouth, Ghé, Rhée, Cibéles, Tellus, Boumidevi, Trigga*, en una palabra, á todos los tipos terrestres. ¿No es acaso en la tierra en donde se forman y ostentan los minerales y vegetales. ¿No es la tierra, al mismo tiempo, la nodriza del hombre y de la cual parece depender?

Se ha confundido tambien á la *Matriz*, con el principio ó agente *femenino*, (el todo con una parte), del mismo modo que al espíritu fecundante y á la simiente de los cuerpos, se ven en las antiguas alegorías identificados generalmente con el órgano de la generacion y aun con el principio generador.

El último de los cinco agentes ó mas bien el producto de los otros cuatro, el Hijo, puede ser considerado como el genio *Conservador y Legis-*

* El Cáos universal, aurora de los siglos, precursor de la creacion del mundo, es, como hemos dicho ántes, solo una hipótesis ó mas bien una induccion que hacian los sabios antiguos del órden en que se efectuaba la generacion de los seres. Todos aquellos reconocian la eternidad de la materia; aunque obligados á satisfacer la curiosidad de los mortales y á suponer un principio á todo lo creado, tuvieron que recurrir á la síntesis, juzgar del Universo por una parte de él y decir, que el mundo ó universalidad de los seres fué creado y diseminado por el espacio por las mismas causas y leyes y del mismo modo que ha sido formado cualquiera de los cuerpos que lo componen. De la hipótesis del Cáos universal, anterior á la creacion del mundo, asi como de cualquiera otra que haga relacion á los cuerpos en particular, se deduce: que al acto en que es fecundada la materia, se sigue la fermentacion de los agentes seminales, la cual precede al desarrollo y aparicion del gérmen reproductor.

† Los antiguos consideraban al Cáos como á un *Fuego* destructor; ó como un aire espeso y tenebroso, semejante á los vapores del *Averno;* ó como una *Agua* helada é infecunda, semejante á la del Phlegeton; ó como á una Tierra árida y esteril ארץ תהו בהו. La Musaraña á quien suponian ciega, era el emblema del Cáos.

lador de los Pueblos ó ente cuya mision es restaurar ó redimir todas las cosas despues de la muerte ó disolucion de las mismas, ó bien ya con el carácter de un nuevo creador. No es nuestro ánimo, cansar al lector con todo lo que los mitógrafos antiguos ó historiadores de la Fábula nos dicen de este personage importante. No dudamos, que una relacion semejante será familiar á muchos y que la exposicion de un cuadro de esta especie, nada podria enseñarles. No obstante y á fin de dar á conocer la doctrina de los antiguos en esta parte, con toda la extension posible, es decir respecto á la constante *succesion de los séres* y para consignar de un modo indudable la oportunidad de sus alegorías sobre esta materia, nos será permitido preferir *un grano de trigo*, entre todas las que nos ofrece el conjunto de los objetos que encontramos en la naturaleza y presentarlo como ejemplo demostrativo.

Aquel es en verdad, *Causa* y *Efecto* al mismo tiempo; porque siendo el producto de un grano como él, debe á su turno producir otros iguales. En tal concepto, unas veces es el productor ó *Padre*, y otras el resultado ó el *Hijo*. Esta es la causa de la completa identidad que encontramos entre *Elion* y Uraon, entre este y Crómus y entre Horus y Osiris. Estas dos últimas divinidades aparecen siempre confundidas en la mitología egipcia.

Este grano encierra en sí la simiente,* se vé colocado en el seno de la *Tierra* (Berouth, Ghé, Tellus, Cibéles, &) y la tierra es madre de él y tambien su *esposa*, supuesto que parecen consumar un hecho y dar por resultado la generacion. Mas aun, parece ser tambien *hermana*, al ménos del agente productor; porque sin homogeneidad, la fecundidad no podria tener lugar. Esto nos hace ver cuan fácilmente podemos explicarnos las alegorías de los antiguos, cuando en un dédalo semejante, nos es posible encontrar el hilo de Ariadna.

Apenas los dos agentes, aptos para la generacion, se han puesto en contacto, que el grano se dilata y ablanda. En seguida fermenta, ennegrece y se descompone. Creeríamos ver en completa hostilidad á los elementos de que se haya formado. A esto se sigue un combate terrible entre la vida y la muerte; despues se sigue el triunfo de esta última, cede toda fuerza de *cohesion* y el grano entra en un estado verdadero de putre-

---

* En el tejido de los cuerpos, debemos distinguir la *esperma*, de la *semilla* ó *simiente* propiamente dicha. Esta es un punto imperceptible, una centella casi impalpable del fuego innato, del alma del mundo, cuyo esperma forma la cubierta, del mismo modo que éste se encuentra en el reino animal encerrado en la masa de los cuerpos. En el reino vegetal, los *granos* pueden ser considerados como el esperma. El autor del *Cosmopolita*, pretende que la simiente ó semilla está en proporcion una ocho mil dos centésimas partes del cuerpo que la encierra. Una proporcion semejante no puede ménos que ser ideal.

faccion: *Comsumatum est.** El gérmen, cuya cubierta lo ocultaba á la vista y el cual parecia dentro de ella como condenado á una prision perpetua, se deshace de ella, avanza, penetra la superficie de la tierra y aparece; siendo su nacimiento causa de la muerte de su padre.

Tal fué el fenómeno importante, el misterio inefable y verdadera clave de la Naturaleza,† que conocian los antiguos y que adoptaron como sola base de su doctrina, como objeto de sus leyendas sagradas y tipo universal de todas sus alegorías mitológicas. Predileccion semejante por parte de aquellos sabios, era muy natural y lógica. Porque ¿podria negarse que todo en el Universo está sujeto á las leyes que acabamos de exponer? ¿Acáso no somos testigos á todas horas de esa lucha constante y eterna de los dos grandes agentes de la Naturaleza y de los triunfos de Orsmud ó de Ahrimane, de Shiven ó de Bracma? No nos cansariamos de respetir, que la Vida y la Muerte se comparten el Mundo. Uno y otro son á la vez, *Principio y Término*, de todas las cosas. El primero no podria existir sin el segundo, procediendo ambos de un solo y mismo orígen.‡

* La destruccion de los cuerpos, efectuada por la descomposicion ó putrefaccion, está simbolizada por la guadaña de Saturno. Es con alusion á la putrefaccion, que se suponia que el esposo de Rhea *devoraba á sus hijos*. Solo Júpiter (ó gérmen que encerraba la virtud de regenerar) se libraba de la muerte. Ademas, como la separacion de los cuerpos que forman los mixtos, destruye su fuerza de cohesion, hace inútiles la accion de los principios constitutivos de aquellos y aniquila, por decir asi, la facultad generadora, se ha figurado que Saturno habia *privado á su padre de los* órganos de la generacion. A su vez, aparece éste ser tratado del mismo modo por su hijo: lo que quiere significar que el calor vivificante se desprende de toda sustancia en putrefaccion, lo absorve éste á su turno, existe por él y es causa luego del nacimiento de un nuevo ser.

† Pluton, este terrible rey de los infiernos, tiene dos llaves en sus poderosas manos. Estas dan á entender, que si es cierto que existen en su imperio las puertas de la muerte, es él á la vez guardian de la vida; la palabra *Amenthes*, dice Plutarco, significa *el que recibe y da al mismo tiempo*.

‡ Terminaremos esta breve exposicion con el cuadro que acompañamos, el cual presenta, reducido á los mas simples elementos, el grande y bello sistema de Fisica General, inventado por los sabios de Egipto y Asia á que se refieren todos los hechos observados, todas las leyes conocidas y todas las hipótesis de los filósofos. Poco importe su antigüedad, ni quienes hayan sido sus autores: siendo cierto el hecho, de que ha sido adoptado por todos los pueblos de la tierra y servido de base fundamental á todos sus dogmas religiosos.

La última parte de dicho cuadro, ofrece un ejemplo de la estrecha union que siempre ha existido entre el mundo moral y el físico y de la utilidad que podemos sacar de esta última parte, por la ciencia abstracta de las *Relaciones* entre uno y otro y la sola que puede interesar inmediatamente al hombre.

INTRODUCCION.

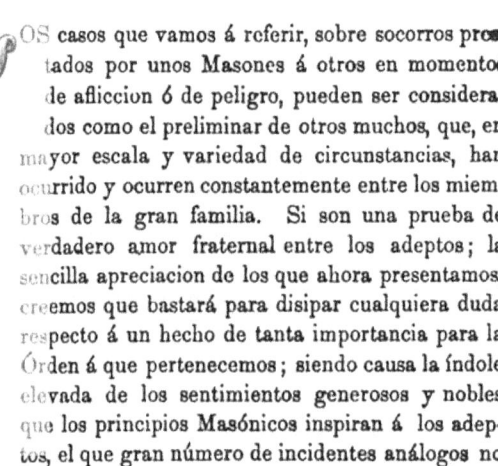

LOS casos que vamos á referir, sobre socorros prestados por unos Masones á otros en momentos de afliccion ó de peligro, pueden ser considerados como el preliminar de otros muchos, que, en mayor escala y variedad de circunstancias, han ocurrido y ocurren constantemente entre los miembros de la gran familia. Si son una prueba de verdadero amor fraternal entre los adeptos; la sencilla apreciacion de los que ahora presentamos, creemos que bastará para disipar cualquiera duda respecto á un hecho de tanta importancia para la Órden á que pertenecemos; siendo causa la índole elevada de los sentimientos generosos y nobles que los principios Masónicos inspiran á los adeptos, el que gran número de incidentes análogos no solo pasen en general desapercibidos, sino que, por lo comun, no lleguen á noticia de aquellos interesados en su publicacion.

Testimonios elocuentes de ese influjo saludable que hace del Mason un hombre siempre piadoso, benévolo y apacible; pudieramos tambien ofrecerlos como la mas oportuna refutacion y protesta á aquellos que niegan á la Masonería resultados benéficos y positivos.

Nadie podrá, en fin, negar á ese precioso talisman, un poder superior á cualquiera otro de aquellos resortes que empleamos para mover al corazon humano; porque es un hecho, que cuando callan aun hasta los hermosos sentimientos de abnegacion, que suele inspirar la religion misma, si la Masonería interviene, el mal no se consume, los peligros y el temor desaparecen y la vemos aparecer cual un ángel, brindándonos salud y proteccion.

MASONERÍA PRÁCTICA.

NO solo los pueblos civilizados, reconocen el influjo saludable del génio universal de la Masoneria; porque tambien las tribus salvajes nos ofrecen pruebas inequívocas de su poder y de los nobles y generosos sentimientos que sabe inspirar. El hecho ocurrido en la época de la Revolucion Americana, que pasamos á referir, comprueba nuestro aserto.

EL INDIO MASON.

José Brandt, Indio Mohawk, habia recibido una educacion europea bajo la proteccion de Sir William Johnston, Gobernador del Canadá, quien, descubriendo las mas bellas disposiciones en su jóven protegido, le envió á Inglaterra al cuidado del Conde de Moira, despues Marquez de Hastings, en donde fué iniciado en nuestros Misterios.

De regreso Brandt á su pais natal, adoptó nuevamente los hábitos de su infancia, abandonó los que habia adquirido en Europa, vistió su antiguo traje y parecia olvidar en los desiertos de su pais las lecciones que habia recibido en las escuelas de Inglaterra. Sin embargo, esta misma circunstancia demuestra, en el caso que mencionamos, cuan cierto es el influjo de la Masonería.

"El coronel americano McKinstry, capitan entónces del Regimiento de Paterson, habia sido dos veces herido y hecho prisionero por los indios al servicio de Inglaterra, en la batalla de los Cedros, ocurrida en la época de la revolucion americana, á treinta millas de Montreal y en un lugar inmediato al rio San Lorenzo.

Los triunfos y valor del Coronel McKinstry, habian despertado en los indios que lo tenian prisionero el mayor terror á la vez que el mas vivo deseo de venganza hácia él. Segun costumbre de aquellos salvajes con sus prisioneros de guerra, el desgraciado coronel iba á ser quemado. Le habian atado á un árbol y al ver la hoguera y demas preparativos de muerte que por él se hacian, no pudo ménos que entregarse á la mas cruel angustia y desesperacion En este estado; y cuando nada podia esperar en aquel abandono y entregad á sus feroces enemigos, acierta á hacer por casualidad la señal de socorro que acostumbran los Masones, (pues él no lo era) y cual no es su asombro, sin saber á que causa atribuirlo, al ver al jefe indio, que no solo detiene los preparativos de su suplicio, sino que da contra órden, lo desata, lo pone en libertad y despues él mismo lo conduce á Quebec con toda seguridad y de alli las autoridades inglesas le permiten, bajo su palabra, regresar á New York, er donde vuelve á encontrarse entre sus amigos y camaradas!

El Coronel McKinstry, que sobrevivió muchos años á esta singular ocurrencia, recordaba y referia con la mas viva emocion de agradecimiento episodio tan extraordinario de su vida, muriendo luego en 1822. El H∴ John W. Leonard, nos asegura, haber visto en los registros originales de una Logia del Hudson, que mas tarde se encontraron en este taller masónico los hijos de Brandt y McKinstry, cuyos nombres se veian tambien en el Libro de Visitadores de dicha Logia.

EL JEFE INDIO MIAMI.

Tomamos la siguiente anécdota del discurso pronunciado por el H∴ B. T. B. Kavanaugh, en 1847, ante la Gran Logia de Indiana, manifestando éste haberle sido referida por uno de los vecinos mas respetables de Greenfield y ocurrida durante la última guerra entre los Estados Unidos é Inglaterra.

"Un caballero que residia en Greenfield, Iowa, sostenia una correspondencia masónica no interrumpida con el jefe indio de la tribu Miami. A lo ménos, así se nos asegura. Acontecio que una partida de blancos, de dicho territorio, habian causado algunas depredaciones y muertes á familias que pertenecian á aquella tribu. Tratan el jefe y guerreros de la misma, de vengar un agravio semejante y se reunen en consejo, para concertar los medios de tomar contra los blancos una justa represalia. Convienen en llevarlo todo á sangre y fuego.

El gefe indio queria entre tanto salvar al hermano Mason, que vivia en Greenfield y en tales circunstancias le quedaba solo un medio. Toma la delantera á sus guerreros, camina toda una noche, llega á tiempo de poder libertar á aquel de una muerta cierta, poniéndolo en seguida bajo su proteccion y salvándole de este modo de todo peligro."

EL DRAGON Y SU PRISIONERO.

En la batalla de Dettingen, en 1743, un soldado frances á quien habían herido el caballo, cayó debajo de éste y se encontraba en una posicion de que le era imposible salir, agoviado bajo el peso del animal. Un dragon inglés, que le habia visto y se dirigió hácia él, le hubiera muerto sin duda cuando el soldado frances, aunque con mucha dificultad, pudo hacer la señal masónica de socorro. Reconocido por el dragon ingles como hermano, no solo le perdonó la vida, sino que le ayudó á salir de la posicion en que estaba, haciéndole, no obstante, su prisionero: porque la Franc-Masonería, si bien trata de inculcar en sus hijos el amor fraternal, no es á expensas de los compromisos que nos imponen el amor patrio y otros sagrados deberes.

LA CAJA DE RAPÉ.

Tomamos la siguiente anécdota, de la Revista Semestral Masónica publicada en Lóndres, respondiendo de su autenticidad por ser al H.·. H.·. Blaquierre Diputado Provincial Gran Maestro de Bengala á quien debemos la relacion casi literal del hecho que pasamos á referir, poniendo en conocimiento de nuestros lectores, que el H.·. mencionado, á la edad patriarcal de noventa y tres años, reconocia aun la importancia y excelencia de la Masonería. El hecho es el siguiente:

Un caballero inglés, médico, que habia hecho en el Brasil una fortuna moderada, invirtió todo el producto de su industria en piedras preciosas, que guardó en una pequeña caja al regresar á Inglaterra. Remitió su tesoro en un buque que se dirigia á su pais y tomó pasaje en otro distinto, que llevaba igual destino. Llega á Inglaterra y poco tiempo despues recibe la noticia de haber naufragado, en la costa de Cornwall, el buque que contenia la caja con sus piedras preciosas. En tal situacion y siendo ya de edad algo avanzada, se vió amenazado de la miseria y se encontraba en su pais mas pobre que ántes de abandonarlo. Un año habia transcurrido y sufrido toda clase de privaciones, cuando un dia se presenta en su modesta residencia un desconocido, preguntando por él. Admitido el extranjero á su presencia, hace á este varias preguntas referentes á la desgracia que le habia sucedido, llenándole de sorpresa. El desconocido tomó en seguida la caja pequeña de piedras preciosas que llevaba oculta debajo de la capa y como la vista de aquella causó la mas viva emocion en el caballero inglés, le preguntó: "si era la misma que habia perdido" y satisfecho con la afirmativa de su dueño, se la entregó, haciendo al mismo tiempo una señal. El desconocido guardó despues el mas profundo silencio. La causa de tan extraña aventura, parece haber sido el contener la pequeña caja de piedras preciosas, algunos *emblemas masónicos*, y haber la misma llegado á manos del desconocido, quien por tales indicios, descubrió al verdadero dueño de aquel tesoro. Debemos creer tambien, que el desconocido era uno de los náufragos del buque en que iba la caja mencionada; no obstante, que temerario sería el querer penetrar los designios inexcrutables de la Providencia, los cuales parecen revelarse en hechos como el que acabamos de referir. Solo la Masonería, pudiera ofrecer ejemplos de una abnegacion semejante, debidos al influjo poderoso y benéfico que egerce; al inclinar á acciones generosas aun á los hombres mas depravados. Repuesto el caballero ingles de la sorpresa que habia causado en él aquel incidente extraordinario, conservó hasta su muerte la caja de rapé, á la cual daba la mayor estimacion y legó mas tarde á uno de sus amigos, á condicion de entregarla muerto él, á un mazon celoso, mereciendo este honor el H.·. Blaquierre, cuyos herederos no dudamos conserven presente tan estimable, como una reliquia masónica del mas alto aprecio.

LOS CAZADORES FRANCESES.

F. B. T. Clavel, refiere en su Historia Pintoresca de la Masonería, el hecho siguiente, ocurrido en la batalla de Ganappe.

El Regimiento 17 de Cazadores Franceses, habia entrado en la ciudad de

Ganappe y hecho prisioneros á todos sus habitantes. Al atravezar por las calles de dicha poblacion, varios de los soldados de aquel cuerpo habian sido heridos por los tiros que les hacian desde las ventanas de una de las casas inmediatas. Resuelven apoderarse de la casa y habiéndolo conseguido tratan de pasar á cuchillo á nueve de los enemigos que se encontraban heridos en ella. El jefe de la tropa, que iba al frente de ellos, advierte, que uno de los heridos, un oficial de Brunswick, le hacia la señal de socorro y se interpone entre los prisioneros y sus soldados y salva á todos aquellos desgraciados. Tan noble accion no podia quedar sin recompensa. Al siguiente dia, es á su vez herido y hecho prisionero por los Prusianos aquel distingindo jefe, quien reconocido por un oficial como Mason, recibe las mayores atenciones y cuidados y es reintegrado en el dinero de que habia sido despojado por los soldados que se habian apoderado de el.

BUQUE SALVADO.

El Redactor Politico de Massachusetts, de 1814, (The Massachusetts Political Register), página 186, contiene la relacion siguiente de un hecho ocurrido durante la guerra de tres años, entre los Estados-Unidos é Inglaterra.

"El 8 de Abril, de 1814, seis lanchas con 200 hombres que procedían de una fragata de guerra inglesa y un bergatin, que cruzaban delante de Saybrook, Connecticut, entraron en el puerto de Pettipagne y destruyeron é incendiaron veinte buques mayores que allí habia. Un hombre tenia un buque en el astillero y viendo que iba á sufrir la misma suerte, se dió á conocer como Franc-Mason del Comandante de las Fuerzas Británicas y logró salvar su embarcacion."

LA MASONERÍA ENTRE LOS ARABES.

En el aniversario de San Juan Evangelista, celebrado en 1843, en Oxford, Inglaterra, Mr. Blake Ven∴ Mtro∴ de la Logia "Universidad," refirió la siguiente anécdota, como prueba del influjo de la Masonería entre los Arabes.

"Empezó manifestando, que habia sido anteriormente desafecto á la Masoneria, pero que luego la experiencia lo habia convencido de su error, quedando despues completamente satisfecho de ser aquella una institucion grande y benéfica. Dijo, que uno de sus amigos habia una vez naufragado en el Golfo Pérsico, y que en tal situacion se vió amenazado de ser robado por un jefe árabe. Ningun medio le quedaba de escapar de aquella desgracia, cuando hizo una señal masónica, que advertida por el Arabe, fué bastante para poner á él y á la tripulacion de su buque bajo la proteccion de aquel jefe, llevándolos en seguida á Muscat, en donde fueron no solo vestidos y tratados con el mayor esmero, sino despues conducidos á Borneo. Aseguró *ser cierta la relacion que hacia, pues la habia oido de boca del amigo naúfrago*, á quien habia ocurrido el caso que referia y que fué entónces, que, penetrado de la importancia de la institucion Masónica, aprovechó la primera oportunidad para formar parte de sus miembros: protestando del noble interes que despues le habia inspirado y manifestando que no cesaba de trabajar en su obsequio y en extender su benéfico influjo.

EL JEFE INDIO TECUMSEH.

El H∴ Roberto G. Scott, Past Gran Maestro de Virginia, en un discurso pronunciado en 1845, en la Gran Logia de aquel Estado, refiere la siguiente anécdota, la cual, segun sus propias palabras, "era auténtica y podia ser ratificada por muchos testigos que vivian aun."

"En la última guerra entre los Estados Unidos é Inglaterra, tuvo lugar una accion en el Rio Raisin, entre un grueso del egército del Norte de la Union, mandada por el General Americano Winchester y una fuerza muy superior compuesta de ingleses é indios al servicio de estos últimos. Despues de un terrible combate, el egército americano, falto de municiones de guerra, se vió obligado á ceder á la fuerza superior del enemigo y se rindió á condicion de que los prisioneros fuesen tratados con humanidad. Apenas, no obstante, habian depuesto las armas, cuando los indios empezaron á despojarlos de sus vestidos y á maltratarlos cruelmente, si oponian alguna resistencia ó se quejaban de las ofensas que recibian. No satisfechos los indios con los ultrajes que cometian con los indefensos prisioneros, fueron excitándose gradualmente á extremo que se entregaron al fin á sus hábitos sanguinarios, arrancándoles con sus hachas (tomahawked), la piel de la cabeza, causando á muchos la muerte.

"El Jefe Indio," dice el H∴ Robert Scott, "presenciaba aquella escena de sangre y de venganza, con una expresion indefinible de placer. Muchos de sus guerreros habian sido víctimas del fuego certero de los rifleros de Kentucky. Hallábase aun dominado por la emocion de un combate reciente; y en tal estado de excitacion, era de esperar de un salvaje que mas bien alentara, que detuviera los horrores y crueldades de los suyos. Considerad por un instante al habitante de las selvas, en los momentos de apurar uno de sus mas poderosos instintos, la venganza! y decidme ¿qué poder sobrehumano pudo despertar en él en aquel instante sentimientos de generosidad en favor de enemigos á quienes entregaba á la saña y furor de sus guerreros? ¿Qué pudo desarmar su cólera y transformar en un ser humano y compasivo á aquel demonio encarnado y sediento de sangre? El grito de un Mason, de un hermano, que fué oido en medio de aquella escena horrible y á la cual el jefe indio no pudo resistir. Deja el lugar en que se hallaba, precipítase con la ligereza del gamo silvestre entre sus guerreros, con el hacha levantada y con el gesto amenazador, y ordena que: "cese la carnicería y crueldades contra los blancos." Pocos años ántes, Tecumseh y dos de los principales jefes de su tribu, habian sido iniciados en nuestra Órden, en un viage que hicieron á Filadelfia.

En las anécdotas de Percy, se encuentra otro hecho que nos prueba el zelo con que el mismo jefe indio llenaba sus deberes masónicos.

Un oficial americano habia sido gravemente herido en un encuentro ocurrido en la última guerra, ya citada, con una partida de soldados ingleses y de indios al servicio de estos. Dos indios, uno de los cuales parecia ser un jefe y se hallaba vestido con el uniforme inglés, se dirigieron hácia el oficial herido para apoderarse del cráneo, como precio del botin. Uno de ellos habia ya levantado el hacha para darle el golpe fatal, cuando el herido sin otra esperanza de salvacion y en tal extremo hace la señal Masónica de socorro, la cual detiene el arma del guerro salvaje, que en vez de herirle, le estrecha entre sus brazos, lo acoge con el título de hermano y le dispensa las mayores atenciones. Este jefe indio era Tecumseh."

EL COMERCIANTE DE HAYTI.

Encontramos la siguiente anécdota en la Revista Trimestral de los Franc-Masones, publicada en Lóndres. Respecto á la autenticidad, el nombre del H∴ Herring, creemos que será suficiente garantía, para no poner en duda la veracidad del hecho que vamos á referir. El testimonio es del digno H∴ Past Grand Secretario de New York, James Herring.

Eugenio Maria Lagracia, creollo español y comerciante por mayor de Port-au-Prince, en la República de Hayti, poseia una fortuna considerable y era altamente respetado allí ántes de estallar la revolucion. Aunque poco amigo ó inclinado á tomar parte en los negocios políticos, no obstante, creyósele al fin hóstil á la causa de la reforma que allí se proyectaba, y en tal conflicto trató de salvarse, siendo descubierto y arrestado. Esta sola circunstancia bastó para condenarle á muerte y que su sentencia se intentase llevar á efecto inmediatamente. La escolta que lo iba á conducir, se apoderaba de él en el momento en que el desgraciado oraba arrodillado sobre el ataud en que debia ser sepultado. En tal cruel angustia y perdida toda esperanza cayó desmayado en los brazos de uno de los presentes. Al volver en sí, se encontró en un puesto de guardia, bajo la custodia del oficial que mandaba la escolta que habia de conducirlo al suplicio. Fija el comerciante la vista en el oficial mencionado y cree recordar haberle encontrado en una Logia. Los momentos eran preciosos y bastó una mirada para que aquel le pusiese en libertad bajo su responsabilidad, y le salvara la vida; contentándose el gobierno con apoderarse de sus bienes y confiscarlos, permitiendo á Lagracia se embarcase en un buque que salia para New York, en donde conoció al H∴ Gran Secretario James Herring, de quien solicitó algunos auxilios y cartas de recomendacion que recibió para la Logia "Benevolencia," de Inglaterra, á la cual presentó una solicitud en 31 de Julio siguiente, pidiendo algunos recursos con que poder trasladarse á Barcelona, pues allí tenia algunas relaciones mercantiles y amigos.

Consta de una carta que escribió á New York despues de su llegado á Barcelona, no haber sido tan bien recibido por sus anti-masónicos compatriotas, como lo habia sido por los miembros del lazo-místico, quienes le habian librado del peligro y de la miseria, escribiendo despues, desde la prision en que en dicha ciudad se hallaba, en 12 de Agosto de 1814, que á consecuencia de habérsele encontrado varios papeles masónicos, habia sido encerrado en un calabozo y temia ser condenado á muerte.

NAUFRAGIO DE UN MASON.

El naufragio de la fragata francesa *Medusa*, ocurrido en la costa de Africa, en el año de 1816, fué seguido de los grandes sufrimientos y privaciones experimentadas por su tripulacion. Entre los incidentes á que dió orígen una desgracia semejante, es de algun interes el que vamos referir.

Al abandonar una parte de la tripulacion el buque naufrago, se accgió á una balsa que provisionalmente habian formado con los fragmentos de la malhadada embarcacion, pasando quince dias en tan frágil asilo, en cuyo tiempo apuraron todos los rigores del hambre, de la sed, y los efectos del sol abrasador de un cielo tropical, siendo esto causa de que algunos de aquellos desgraciados perdieran la razon. Al fin, pudieron verse libres de tan horrible situacion; si bien habian perecido ya ciento treinta y cinco individuos de los ciento cincuenta que iban en el buque.

Al llegar á tierra fueron llevados á un hospital en que se hallaban faltos no solo de espacio en que descanzar, y en que se veian amontonados, sino en el cual carecian tambien de los recursos mas necesarios á la vida. Entre los que fueron á visitarlos, habia un comerciante ingles, á quien uno de los pobres náufragos hizo la señal Masónica de socorro, la que vista por el comerciante ingles movió á éste á acercase y decirle: "Hermano mio, venid á mi casa y estad seguro que estaréis en ella como en la vuestra." A lo cual, el náufrago frances contestó noblemente. "Os doy las gracias hermano, pero no puedo aceptar la proposicion que me haceis; porque tendria que abandonar á mis compañeros de infortunio." "Pues bien," añadió el inglés, "traedlos con vos:" y socorrió y cuidó á todos con tal generosidad que pronto olvidaron la desgracia que acababan de experimentar.

AMISTAD DE UN MASON.

La anécdota que vamos á referir, publicada en la Revista Semestral Masónico de Lóndres, la debemos á uno de los actores en el incidente. De paso diremos tambien que D. Miguel de Portugal fué siempre un enemigo encarnizado de la Masonería, ó mas bien un cruel adversario de todo lo que es noble y grande. El hecho fué el siguiente.

"Habia sido en mi infancia," dice el h∴ que nos refiere el incidente, "amigo de un jóven que era hijo de un noble portugues, pasando junto entónces muchos años y separándonos al sernos necesario atender á los distintos deberes del estado que habiamos elegido. Regresó mi amigo al seno de su familia y yo me embarqué, porque asi me lo exigian mis negocios. Algun tiempo despues, en 1828, nuevas especulaciones me condujeron á Lisboa y allí reanudamos mi amigo y yo nuestra primera amistad con el mismo interes. Era mi amigo ayudante de Campo de Don Miguel y por deferencia al aprecio que de mí hacia, se habia iniciado en nuestros augustos Misterios, llenando con el mayor zelo sus deberes y compromisos Masónicos. Aunque éramos muy buenos amigos, no siempre nos veiamos. El mas completo acuerdo reinaba en nuestros gustos ó inclinaciones, participando yo del contento que le inspiraba el aspecto de mis negocios; y aunque inglés, era mi amigo ménos severo commigo, de lo que era de esperarse, al no aprobar yo la conducta tiránica de Don Miguel."

"Un dia fué mi amigo á verme, como de costumbre y noté por su semblante que algun asunto importante era la causa de su visita, manifestándome en seguida que iba á darme una prueba del zelo con que atendia á sus deberes masónicos. "El Rey," me dijo, "ha decretado la prision de cuarenta individuos que se encuentran á bordo del vapor el Duque de York: son liberales, ó mejor dicho, de vuestra opinion. Si llegan á ser aprendidos, no hay salvacion para ellos. Tengo la órden de arresto en mi poder y tan pronto como sea firmada por mí, será ejecutada inmediatamente. Os doy tres horas de término, para que prevengais á esos caballeros, y ademas, en tal lugar teneis un bote con cuatro hombres que os aguardan. Dadme un abrazo, me dijo en seguida, quizá será el último." Nada le contesté y se marchó. Me aproveché al instante del aviso que mi amigo me habia dado, me embarqué en el bote y me trasladé á bordo del vapor, sin ser molestado por las lanchas armadas del gobierno, pues como inglés creyeron que mi excursion era un mero capricho ó pasatiempo, logrando de este modo informar á los interesados del peligro que los amenazaba y dándoles tiempo para que se trasladasen á bordo del Pyramus, cuyo capitan los tomó bajo su proteccion y les salvó la vida."

MASONERÍA EN WATERLOO.

Clavel refiere el siguiente incidente, como una prueba de la feliz influencia de la Masonería, aun en medio de las escenas mas horribles del campo de batalla. El General Shields, dijo, á este propósito, con motivo de la recepcion que al General Quitman y á él, dispensó la Gran Logia de la Carolina del Sur, al regreso de ambos de la guerra de Méjico, que hasta no ser testigo de las escenas de un combate, no habia podido apreciar toda la importancia de los principios masónicos; á los cuales solo era dable transformar y enternecer al corazon humano en semejantes momentos.

"El memorable 16 de Junio, de 1815, en el momento en que el ejército aliado empezaba á retrodecer, un ayudante de campo escoces, que habia sido gravemente herido en el encuentro de Cuatro Brazos, fué abandonado en el mismo lugar de la accion. Maltratado por la caballeria francesa, que habia pasado sobre él, no le quedaba otra esperanza que morir. Poco despues, sin embargo, descubre la escolta del enemigo encargada de recoger y atender á los heridos, haciendo un esfuerzo se puso de rodillas, sola aptitud que le permitia su debilidad, y con voz desfallecida imploró el socorro de sus hermanos, lo que á pesar de la obscuridad de la noche y de los écos casi moribundos del oficial, fué oido por uno de los cirujanos, que, reconociendo en él á un hermano, corrió á favorecerle. Sus heridas eran muchas y escasos los medios de transporte. El cirujano frances ligó primeramente aquellas mas peligrosas y colocó despues al herido en su cama de campaña, acompañándole y atendiéndole hasta llegar al hospital de sangre, de donde le hizo trasladar á Valenciennes, en que fué afectuosamente recibido por las recomendaciones que llevaba de su protector y amigo, en cuya ciudad logró reponer completamente su salud; gracias á las atenciones que en ella le prodigaron.

FORTUNA DE UN SUBALTERNO.

La anécdota que pasamos á referir, la hemos tomado Del Dr. James Burnes, Gran Maestro Provincial del Africa Occidental, quien hizo mencion de ella en una festividad masónica que tuvo lugar en la India, manifestando haberle sido comunicada por el Coronel Logan, que no era franc-mason, oficial en la guerra de Napoleon contra España.

"Habia caido prisionero, en la época indicada, en poder de los franceses todo el 4º. batallon de infanteria inglesa, y sus individuos, segun era costumbre entónces, fueron despojados de todos los objetos de valor que pudieron encontrarles. Muchos de los oficiales mal alojados y careciendo de toda comodidad, lamentaban su desdicha; pues se veian privados hasta de muchas cosas necesarias á la vida. Uno de ellos, sin embargo, se habia podido libertar de la triste condicion que á todos habia cabido y esto sorprende á los demas con tanta mas razon, cuanto que el agraciado era un oficial subalterno. ¿Cuál podia ser la causa de esta deferencia por uno de sus compañeros, de grado muy inferior? Sucedió, que en tanto los oficiales y la tropa soportaban aquella situacion desgraciada, mal vestidos y careciendo de todo, el subalterno á que aludimos, conservaba cuanto habia poseido ántes de aquella ocurrencia sin haber perdido nada despues de su prision. ¿Qué causa, ignorada de sus compañeros, habia convertido para él una escena de sufrimiento y desesperacion, en posicion tan envidiable? Difícil les fué al principio explicarse ocurrencia tan singular; si bien al fin, les pareció muy sencilla y natural. Se habian apercibido los franceses, al capturar el mencionado regimiento inglés, que el afortunado subalterno era mason y como en el ejército de Bonaparte, casi todos los oficiales pertenecian á la fraternidad, no les fué difícil reconocerle desde luego: razon porque le fué devuelto su bagaje y uniforme y mereció el honor de ser con frecuencia invitado á comer con su ilustre hermano, el General Frances que mandaba la division."

SORPRESA EN EL DESIERTO.

La Revista Masónica de Lóndres, de Diciembre, de 1841, contiene la anécdota siguiente, la cual es otra prueba del saludable influjo de la Masonería en los hijos del Desierto.

"Viajaba por Egipto, veinte años hace, el Capitan E., miembro entónces de una de las Logias de la Universidad inglesa. Iba acompañado el mencionado capitan, de un sirviente jóven é inteligente. Sorprendidos en el desierto por los árabes, resolvieron hacerles frente, les dispararon las armas que llevaban y mataron á dos de ellos. No obstante, siendo mayor en número los contrarios, se vieron obligados á entregarse, habiendo sido conducidos á sus albergues y en seguida separados. Convinieron los bandidos en salvar la vida del capitan mediante una suma de dinero ó de lo contrario, que sufriera las tristes consecuencias que podia acarrearle su desgracia. Cual no fué su sorpresa al saber por su criado en la mañana siguiente á su captura, que no solo estaba perdonado y puesto en libertad, para que pudiesen continuar su marcha, sino que ademas les habian devuelto los objetos de que habian sido despojados? El capitan no pertenecia entónces á la Fraternidad, sin embargo, que aprovechó la primera ocasion, para tener el placer de verse unido á su oficioso sirviente por vínculos mas durables é íntimos, que los del agradecimiento á que le era deudor, pues el sirviente y el árabe, jefe de los bandidos, eran masones, y por consideracion al primero, se habia dispensado á él un favor que solo se acuerdan entre sí los hermanos del lazo místico.

LA VIUDA DE UN MASON.

El H∴ José R. Chandler, de Pensilvania, en un discurso pronunciado en 1844, "sobre los beneficios positivos de la Masonería," citó oportunamente el interesante incidente que damos á continuacion. Inútil nos parece añadir, que el elevado carácter y merecida reputacion del Ilustre H∴ Chandler, bien sea como hombre de saber, como ciudadano honrado, ó como mason es suficiente garantía para no dudar de la veracidad del hecho.

"Pocos dias hacia, añadió Chandler, que un alguacil de Filadelfia, habia sido debidamente autorizado por el dueño de una casa situada en aquella ciudad para vender y ejecutar toda el ajuar de una inquilina que le debia algunos alquileres, conservando ésta solo lo que escasamente acuerda la ley en tales casos. Era esta una tarea demasiado enojosa para el oficial de justicia encargado de llevarla á cabo, quien por otra parte se veia obligado á ser causa de un infortunio mas, al tener que cumplir con su deber. La inquilina era una viuda que contaba una pequeña familia. Mientras el alguacil preparaba la ejecucion, pensando en la desgracia que de ella iba á resultar, la viuda habia entrado en las habitaciones de su morada y traido los vestidos, de los cuales hacia uso en el luto reciente que llevaba por su marido, lamentándose al mismo tiempo del estado de miseria á que iba á quedar reducida con sus hijos, muy jóvenes aun.

"¡No sé que hacer," exclamaba. "No tengo parientes, ni amigos, que me puedan socorrer. Me veo sola, absolutamente sola, sin esperanza, destituida de recursos y viuda."

"¿No perteneceis á alguna corporacion ó sociedad de beneficencia," dijo entónces el alguacil, "á quien podais acudir y os socorra?"

"No," contestó la viuda: "Solo recuerdo," continuó diciendo, "que una vez mi marido me dió á entender, que si algun dia me encontraba en un caso desgraciado, hiciera valer esta medalla, enseñando una joya masónica. Lo he pensado muy tarde y mi mal no tiene remedio."

"Dejadmela ver," dijo el alguacil; y al examinarla, reconoció ser un emblema de caridad y amor fraternal. El alguacil era Mason, recordó el nombre del hermano difunto y desde luego solo pensó en cumplir con su deber.

"Veremos, añadió, que valor puede tener esta joya." El dueño de la casa no era mason. "¿Quién es vuestro confesor?" preguntó á la viuda el alguacil. Esta le informó, resultando que su confesor era tambien hermano.

Quedó el embargo de bienes en suspenso dirigiéndose el alguacil en seguida en solicitud del sacerdote indicado, á quien manifestó la desgracia que amenazaba á la viuda y el deber en que estaban los hermanos de socorrerla.

Enterado el confesor de quien era el dueño de la casa, dijo: "le haremos comprender cual es nuestro deber ó lo que la Masonería exige de nosotros. Nada me queda del último sueldo que he recibido; si bien cuento con un pagaré á mi favor, á un plazo muy corto, que asciende á poco mas de la cantidad que se adeuda, el cual creo que acepte el dueño de la casa."

Media hora despues se habian pagado los alquileres. El bondadoso alguacil se veia libre de dar cumplimiento al embargo y venta de los bienes de la afortunada viuda y ésta y sus pobres huérfanos bendecian á la Providencia, por el beneficio, que por medio de la Masonería, les acababa de dispensar.

NAUFRAGIO EN EL BÁLTICO.

El H∴ Chandler, citó ademas en el discurso á que nos referimos, el incidente que damos á continuacion, como prueba del influjo benéfico del lazo místico en momentos de peligro.

"Un buque de alto borde, dijo, navegaba en el Báltico, en 1790, en uno de aquellos períodos en que son en dicho mar frecuentes las tempestades. Poco era lo que adelantaba en cada jornada; por serle los vientos contrarios. Se vió al fin, sorprendido por un fuerte huracan y por grandes que fueron los esfuerzos del capitan y tripulacion para salvar la embarcacion, ésta no pudo resistir á los embates del elemento desencadenado y fué necesario abandonarlo. Arrojados al mar todos los que iban en ella, perecieron algunos estrellados contra las costas de sotavento y otros ahogados en medio de las olas de un mar embravecido. El buque todo desmantelado y con unos poco adentro, habia logrado tocar en tierra para deshacerse y convertirse en fragmentos esparcidos de un lado y otro, pudiendo salvarse el capitan, que era dueño de aquel, el que logró llegar á tierra en un estado completo de abatimiento y exánime. En tal estado, pronto se entregó á un letargo profundo, quedando privado completamente de todo conocimiento. Al volver en sí, se encontró hospedado en una cabaña, pobre y modesta sin duda, pero en la cual se hallaba un amigo, cuyos cuidados le hacian soportable tan humilde asilo.

"La voz que primero oyó el hermano náufrago fué la de un mason. Una pequeña joya que aquel llevaba en el pecho, debajo del vestido, revelaba el carácter masónico de que se hallaba revestido y esto fué bastante para que la mas insinuante cordialidad, bondad y solicitud, fuese la generosa contestacion del hermano esoces que le habia encontrado en tan triste situacion. Repuesto un tanto de su mal estado, no tardó en recibir de la verdadera caridad masónica, los recursos que le fueron necesarios para pasar á Lóndres y de allí á los Estados-Unidos.

"Un pariente mio estaba en posesion de la joya del hermano náufrago, la cual hoy se halla en mi poder: y mi familia, que tiene ya el encargo, la transmitirá á mi hijo cuando sea mason, si yo muero, de la misma manera que me fué entregada por mi padre."

FELIZ INCIDENTE OCURRIDO AL GENERAL PUTMAN.

Este General, soldado distinguido de la revolucion Americana, mandaba un cuerpo de voluntarios en la frontera del Norte de los Estados-Unidos, en la última guerra que tuvo lugar entre Francia é Inglaterra, ántes de aquel período revolucionario. En un ligero encuentro con los Franceses é indios aliados, cayó prisionero. El valor y denuedo de Putman, fué causa de considerar su captura como de la mayor importancia y el que aquellos salvajes se regocijasen con la idea de la muerte cruel y lenta que le preparaban. Estaba ya el desgraciado General, atado al poste en que iba á ser quemado vivo, dispuesta la hoguera, próximo el suplicio y él entregado á la mas horrible agonia, cuando vió que se acercaba un oficial frances, á quien esperanoc fuere un miembro de la fraternidad, habló en el lenguaje universal y misterioso, conocido solo de los iniciados, haciéndole ademas la señal de socorro que aquellos acostumbran en casos semejantes. El oficial frances era Mason, se apercibió del socorro que le pedia el General, se encaminó hácia en donde estaba y le puso en libertad inmediatamente; no obstante el peligro á que se exponia al privar á aquellos bárbaros, sedientos de sangre, del placer de vengarse de uno de sus enemigos.

Nunca negó Putman despues de este incidente, que solo el influjo benéfico de la Masonería pudo salvarle en aquella ocasion, y atribuyendo al solo llamamiento masónico hecho al oficial frances, el favor que habia recibido y le habia libertado de una muerte cierta.

SINGULAR INCIDENTE.

" Hallábame á los órdenes del General Park," dice el autor de la vida retrospéctiva de un Militar, " á cubierto, por cama el duro suelo y un poco de paja seca y sintiendo todas privaciones; sintiéndolo mas por mi pobre muger que era la primera vez que se encontraba fuera de casa. Esta en compañia de otras mugeres mas, se habia quedado del lado opuesto, á la derecha del Adour, hasta tanto reparasen el puente. Cuando esto sucedia, una de sus compañeras, vivandera de uno de nuestros regimientos, le suplicó cuidase de un asno pequeño, sobre el cual habia dos lios, mientras ella iba á San Severo à hacer algunas compras, consintiendo mi muger en cuidar del asno. Por su desgracia el puente estaba ya reparado y la dueña del asno no volvia. Despues de haber pasado nuestro regimiento, siguió mi pobre muger conduciendo el asno cargado. A una distancia todabia corta, el asno se resistia á pasar á delante, permaneciendo siempre en el mismo lugar. Avanzaba otro regimiento nuestro; pero esta vez el enemigo se oponia á su paso. Que hacer en aquellas circunstancias! Creyó que lo mejor seria, apoderarse de los lios y abandonar la bestia. Se hallaba ocupada en quitarle la carga, cuando un granadero de un regimiento enemigo, que se acercaba, fijó la vista en un cuerno delicadamente trabajado que llevaba mi muger á la espalda y despues de haberla apartado algo de allí, le dijo: " Pobre criatura! no puedo permitir que V. permanezca en este lugar á riesgo de su vida, gracias á lo que he visto y lleva V. á su espalda." Pasó en seguida el fusil á uno de sus camaradas, levantó el pequeño asno en sus brazos y lo pasó al otro lado del puente. Mi pobre muger le dió las gracias llorando, expresion elocuente de su agradecimiento. Muchas veces la he oido hablar de este incidente y complacerse en su relato, celebrando la feliz casualidad de llevar el cuerno que contenia caractéres masónicos, el cual le sirvió de precioso talisman y le proporcionó un amigo, cuando mas lo podia necesitar.

MASONERÍA EN BOHEMIA.

Los Masones de Bohemia, se han distinguido por el celo con que siempre han atendido á sus deberes. Una prueba de esta verdad, es el Lecho siguiente que refiere la obra publicada por Smith, titulada: " Uso y Abuso de la Franc-Masonería." Smith nos asegura, haberle sido referida la ocurrencia por el mismo oficial.

"Un Caballero Escoces, al servicio de Prusia, que habia caido prisionero en la batalla de Lutzen fué enviado á Praga, con cuatro cientos mas de sus compañeros de desgracia. Al llegar á aquella ciudad fué reconocido como mason, puesto en libertad, invitado á comer con familias respetables é informado de que solo era considerado como un hermano y no como prisionero de guerra. Tres meses despues tuvo lugar un cange de prisioneros, y el oficial escoces fué socorrido por aquella fraternidad con sesenta ducados, con que pudo atender á los gastos del camino hasta regresar á su destino.

Habia en Praga, en 1776, cuatro Logias que se distinguian por su celo é inteligencia. Este mismo año, habian levantado una casa de refugio para los niños huérfanos. El 28 de Febrero de 1784, el rio Eger se habia desbordado y casi toda Praga estaba inundada; ocasion, en que los miembros de las Logias Verdad y Concordia, con una abnegacion digna de ejemplo, se distinguieron por su arrojo, salvando la vida de gran número de vecinos que hubieran perecido indudablemente. En seguida, los miembros de las cuatro Logias mencionadas, hicieron una subscripcion y recogieron la crecida suma de mil quinientos florines, cuyo destino era atender á las desgracias ocurridas; y no satisfechos con esta prueba de liberalidad, nombraron comisiones compuestas de los mas influyentes de entre ellos mismos, para que se estacionasen en las puertas de las iglesias y moviesen la piedad de los fieles y caridad de las congregaciones monásticas y ofrecer mas recursos á los necesitados; no debiendo causar nuestra admiracion el hecho, de que mientras el gobierno Austriaco perseguia á los Masones en sus estados, estos fuesen acogidos con el mayor respeto y veneracion en Bohemia, por todas las clases de la sociedad.

CONDICION DESGRACIDA DE UN COMERCIANTE.

En el discurso del H∴ Chandler, del cual hemos hecho mencion anteriormente, se cita tambien el caso que vamos á referir, no dudando sea dicho hermano el generoso protector y amigo á que se alude. El hecho es el siguiente.

"Hace algunos años," decia el H∴ Chandler, "que la firma bastante respetable de la cosa de Howard y Tompson (nombres supuestos), de la ciudad de .... se veia amenazada de una desgracia, no solo por los contratiempos que suelen ocurrir en los negocios, sino por contar con un capital muy limitado el principal de la casa, con el cual poder atender á todos sus comprimisos. No obstante, éste pudo al fin continuar solo en sus negocios, gracias á la ayuda que en aquellos dias recibió de sus amigos; y mas adelante llegó á poseer una fortuna considerable.

"El socio Tompson, hombre muy capaz, aunque por su desgracia, dominado por un excesivo amor propio, no quizo, al verse falto de medios de subsistencia, aceptar un destino, de segundo órden, en el escritorio de otro comerciante; entregándose desde entónces á una conducta poco arreglada, perdiendo su anterior aptitud para cualquier colocacion y descendiendo á un estado triste de escasez y de miseria en corto tiempo: estado desgraciado que no merecia un hombre como él y ménos cuando no era culpable de ningun delito.

"Nada absolutamente podía esperarse de él, segun los malos hábitos que habia adquirido ya y se arraigaban cada vez mas en él. Ebrio consedetudinario, se le veia muy á menudo, para satisfacer su pasion favorita, consumir los restos de licor que encontraba en las medidas que emplean para su venta las fábricas de vinos y aguardientes; llegando su abandono al extremo de ofender su precencia el pudor y la moral. Rara vez se le encontraba en el completo uso de su razon. Habia perdido todo respeto y todo sentimiento de dignidad, y mas bien era ya un autómata que un ser racional.

"Un hermoso dia de Enero Tompson se habia recogido á la parte sur del ángulo de un edificio público. Como á eso de las nueve, hora en que los miembros de.... salian de este lugar, se dirigió á ellos nuestro comerciante pidiéndoles una limosna con que poder proporcionarse un pedazo de pan. Sin embargo, los miembros á que nos referimos, fueron pasando unos tras otros, sin atender á las súplicas de aquel desgraciado. El último que quedaba, al dirigirse por la esquina del edificio y hácia el lugar por donde estaba la salida, le llamó la atencion la apariencia de aquel infortunado. Iba á extender ya la mano y á darle; pero al acercarle una limosna, quiere reconocerle y le preguntó. ¿'No es Vd. Tompson?' 'Si,' le contesto. 'Pues bien, reciba Vd. esta limosna y pasase Vd. por mi despacho esta noche á tal hora.' Tompson aceptó la promesa y se presentó en el lugar que le habian indicado. Nadie volvió á ver despues á Thompson durante algunas semanas; alegrándose todos aquellos que le conocian, de no tener que pasar por el disgusto de encontrarse con objeto tan lastimoso.

"Habian transcurrido como dos meses cuando al atravezar las calles de esta ciudad las tropas que se dirigian á las fronteras del Norueste, volvieron á ver á Thompson vestido militarmente y calzando la ligera y sencilla charretera de subteniente de infantería. Reparó sus faltas de una manera noble y murió con honor y con el grado de Capitan al servicio de su pais.

"Aquellos que le conocian sabian que Thompson era miembro de una ó mas asociaciones, de las cuales su protector y amigo habia sido el principal; y suponen que pudo libertarse de la degradacion y recobrar su antigua dignidad, por los esfuerzos empleados por su bienechor.

"No faltaron algunos que llegaron á saber, que el amigo y protector de Thompson, era Venerable de una Logia, al mismo tiempo que, el que fué despues su protegido, era un activo y útil miembro del mismo taller; y que si con la debida anticipacion se hubiera acudido á los sentimientos humanitarios del Maestro, mucho ántes hubiera sido socorrido y se hubieran evitado á Thompson los sufrimientos y miseria por los cuales habia pasado. Al fin, murió de Capitan y de un modo honroso, y su bienechor sobrevivió para ocupar el destino de Gran Maestro de la Gran Logia. Esta es una prueba, la cual no necesita comentarios, de cuán benéfico es el influjo de la Masonería en cualquier circunstancia de la vida en que el hombre pueda encontrarse."

LOS CORSARIOS FRANCESES.

En el mes de Diciembre de 1812 y durante la guerra entre Francia é Inglaterra, fué capturada la balandra inglesa Tres Amigos, Capitan James Campbell, salida de Limerick, en Irlanda, por el Corsario Frances Juliet á mando del Capitan Luis Marencourt. Se habian hecho mutuamente señales masónicas de un buque á otro y viendo el comandante frances que su prisionero era un hermano no solo dejó en libertad al capitan ingles y á la tripulacion del buque apresado, sino que respetó la carga que éste llevaba y continuó dirigiéndose al mismo rumbo.

El 6 de Febrero de 1813, el mismo Capitan Marencourt, que mandaba entónces otro corsario frances, Le Turet, fué hecho prisionero por la fragata inglesa Modesta y enviado como tal, á Plymouth. Cuando llegó á Limerick la noticia de la desgracia del Capitan Marencourt, residencia del capitan del buque inglés, que este último habia capturado, dos miembros de las logias de esta ciudad convinieron unanimemente en proponer y que se adoptasen las medidas que el caso exigia, dando pruebas del celo y amor fraternal de que estaban poseidos, no obstante la animosidad consiguiente entre las partes beligerantes. Pueden verse los asientos de dichos acuerdos en Joyce Gold's "Naval Chronicle, vol. xxix, pag. 194 y 195," de donde hemos tomado los hechos que referimos.

En la tenida celebrada en la "Antigua Limerick," No. 271, existente en la ciudad del mismo nombre, el 18 de Febrero de 1813, fueron adaptada unanimente las siguientes resoluciones.

Resulto: que este antiguo taller masónico da y transmite desde hoy en adelante sus mas expresivas gracias al Capitan Luis Marencourt, que lo era del Turet, corsario frances, (capturado recientemente por la fragata de guerra inglesa Modesta) por el digno, humano y generoso comportamiento que observó con el tambien H∴ James Campbell, capitan del buque inglés, Tres Amigos, capturado por dicho Marencourt.

Resuelto: que si estamos, como subditos británicos ligados á nuestro gobierno y graciosa soberana por los vínculos sagrados de la lealtad mas inalterable; y son para nosotros de la mas alta satisfaccion nuestros triunfos de mar y tierra; no nos fuera posible, sin embargo, como masones, desatender el cumplimiento de otros deberes no ménos sagrados y mas cuando aquel se exige de nosotros en nombre del infortunio, el cual no solo merece todas nuestras simpatias, sino que tambien aguarda á que no le neguemos ese bálsamo de consuelo que solo pudiera devolver la tranquilidad á todo aquel que, como el Capitan Marencourt, se haya privado de uno de los mas hermosos goces de la libertad.

Resuelto: que simpatizamos profundamente con el Capitan Marencourt por el presente estado de cautividad á que se vé reducido, ausente de su familia y mas caras afecciones, siendo nuestro deber consolarle con la idea que se haya prisionero en un pais y bajo un gobierno, cuyo monarca ha sido, al traves de un largo reinado, el padre de su pueblo y el amigo del desgraciado, y que confiamos de un modo indudable en que el hombre que ha dado á la faz del mundo una prueba semejante de generosidad hácia un subdito de la nacion inglesa, merece á su vez una recompensa digna de él.

Resuelto: que nuestro secretario comunique estos acuerdos al Venerable Maestro de la Logia No. 79 de Plymouth, suplicándole los ponga en conocimiento del Capitan Luis Marencourt y de los Oficiales y hh∴ de dicha Logia.

Resuelto: que las anteriores resoluciones se inserten en nuestro libro de oro y se publiquen en los periódicos de Limerick y en el Correo de la tarde de Dublin.

La Logia "El Sol Naciente," No. 952, de Limerick adoptó tambien por unanimidad las siguientes resoluciones:

Resuelto: que aprobamos el acuerdo celebrado por los hh∴ de la Logia No. 271, en el cual se dan los mas expresivas gracias al capitan frances Marencourt, últimamente capturado por la fragata inglesa Modesta, por su comportamiento humano, generoso y digno en Diciembre último con el Capitan Campbell de la balandra inglesa "Tres Amigos," no solo por haber respetado la libertad del hermano Campbell y hombres de su tripulacion, sino por el disinteres con que obró al devolverle el buque y la carga que llevaba, cuando como capitan del corsario frances Juliet capturó aquel buque ingles conduciéndose en tales circunstancias como un verdadero mason.

Resuelto: que la generosidad aun con un enemigo, es un sentimiento que distingue á Ingleses é Irlandeses, siendo caracterisco de ambos paises acoger y fomentar su benéfico influgo. Que ademas, imposible nos seria contener la expresion de nuestras simpatias por el generoso capitan herm∴ nuestro, cautivo hoy en nuestro territorio, ni ménos, dejar de impetrar el apoyo del alto personage que hoy rige los destinos de esta gran nacion, ejemplo por otra parte de pureza en sus principios masónicos, en favor del Capitan Marencourt, descansando en aquella máxima cristiana: de hacer á otros el bien que para nosotros deseamos.

Resuelto: que nuestro secretario pasará una copia de estas resoluciones á nuestro digno y Venerable H∴ el Gr∴ Maestro, Conde de Donoughmore, como tambien de los sentimientos que animan á nuestra logia, confiados en que sin pérdida de tiempo se adoptará alguna medida conforme á nuestros mas ardientes deseos, que en nada comprometa los altos deberes del estado y que sea una prueba mas que dé nuestra nacion de magnanimidad y agradecimiento.

Resuelto: que nuestro secretario enviará al mismo tiempo una copia igual al Ven∴ Maes∴ Ofic∴ y hh∴ de la Logia No. 79 de Plymouth á los cuales se suplicaden conocimiento de estas resoluciones al Capitan Marencourt.

Resuelto: que se impriman estas resoluciones en el Noticioso General (General Advertiser), ó Gaceta de Limerick y en el Correo de la Tarde de la misma ciudad, suplicando á nuestro apreciable H∴ Alejandro MacDonnell, propietario del primer periódico mencionado, las transmita en seguida al Patriota, diario liberal de Dublin y al Globo de Londres.

La Logia No. 13, de Limerick, se apresuró con la misma eficacia á recomendar al generoso y desinteresado herm∴ nuestro; y como prueba del alto concepto que le mereció la conducta masónica de dicho Capitan Marencourt, acordó: que se le hiciera el presente de un vaso de plata del valor de cien guineas, sobre el cual se grabára la siguiente inscripcion:

"Al Capitan Luis Marencourt, del corsario frances Le Turet. Recuerdo al noble ejemplo de virtud masónica dado al Capitan Campbell. Los hh∴ de la Logia No. 13, al Or∴ de Irlanda Limerick, 1º. de Mayo de 1813."

La circunstancia de haber muerto en Africa, muy poco tiempo despues, el Capitan Marencourt, nos hace presumir que fué puesto en libertad por el gobierno ingles á consecuencia de la representacion de la Logia de Limerick, habiéndonos sido imposible encontrar noticia alguna en los periódicos de aquella época referente á estos hechos. No obstante, le vemos aparecer en Plymouth, como prisionero de guerra en Febrero de 1813; y pocos meses despues muere en Africa. Es esta la razon que tenemos para creer, que no permaneció mucho tiempo cautivo y que fué puesto en libertad en breve, mediante la generosidad del gobierno inglés y de los buenos oficios del Principe Regente, miembro de nuestra Órden.

FORTUNA DEL CAPITAN DE UN CORSARIO ESPAÑOL.

En la última guerra que sostuvo Francia y España contra Inglaterra, el tiempo de Napoleon, un buque Ingles de guerra dió caza y logró ponerse á tiro de cañon de un corsario español, el cual no queriendo entregarse, prefirió sostener un combate con el buque ingles. Este fué encarnizado y duró algun tiempo; pero al fin el corsario español fué echado á pique y el capitan y tripulacion recogidos á bordo de su enemigo. El capitan del buque español era mason y se dió á reconocer del comandante ingles, que tambien lo era, manifestándole que el buque náufrago era propiedad de él; y el solo recurso que contaba para atender á una numerosa familia. El comandante inglés extendió á su favor inmediatamente una libranza de $10,000, para que comprase otro buque y puso en seguida en libertad no solo al mencionado capitan, sino tambien á todos los hombres que le acompañaban. Rasgos semejantes no necesitan de comentarios.

HECHO DE OTRO CORSARIO.

La siguiente relacion de un hecho ocurrido en el año de 1813, durante la guerra entre Francia é Inglaterra y referido por el H∴ Bushell, Diputado Provincial Gran Maestro de Bristol, en el discurso de instalacion de una logia de esta ciudad, puede servir de continuacion al caso precedente.

"Sucedió," dijo el H∴ Blushell, "que un buque inglés que salia del Mediterráneo para Bristol, fué capturado por un corsario frances. Los capitanes de ambos buques eran Masones. El resultado no podia ménos que ser satisfactorio. El capitan del buque corsario dió libertad al otro, cuyo cargamento estaba volorado en 8.000 libras esterlinas, permitiéndole seguir su viaje hasta llegar con toda seguridad al lugar de su destino. Este hermano, apenas llegó á Bristol, aprovechó la primera oportunidad de presentarse á aquella Gran Logia y en presencia de los hh∴ reunidos, refirió el hecho con sus circunstancias. Ademas de esto, mostró un convenio celebrado con el capitan corsario cuyas condiciones eran las siguientes. Que el dueño del buque y del cargamento al regresar á Bristol, se encargasen de obtener la libertad de tres franceses á cuyo efecto debian ponerse de acuerdo con la Gran Logia que allí residia. Este alto cuerpo dió los pasos necesarios, por conducto de su Alteza Real, el Duque de Sussex, los franceses prisioneros fueron puestos en libertad y en union de dos mas, abandonaron aquellas costas sin encontrar la mas leve oposicion.

LOS HUÉRFANOS.

El H∴ Blushell, en el discurso de instalacion, á que nos referimos en el caso anterior, hizo tambien mencion del siguiente é interesante incidente que pasamos á referir.

Vivia en el Condado de Essex, un sacerdote Protestante llamado Hewlett, que murió en la mayor escacez. No podriamos enumerar las desgracias que le sobrevinieron. Su esposa habia muerto de consuncion tres meses ántes y con la muerte de ambos, dejaban nueve hijos, muy niños aun, en la mayor orfandad y miseria. Enterados de lo cual los hh∴ de una Logia de Rochford, se reunieron al efecto y tomando el caso en consideracion acordaron: que nueve hermanos se encargasen cada uno de asistir á uno de los niños y lo condujese á su casa.

"Esto," decia el H∴ Blushell," es lo que yo llamo saber poner en práctica los deberes que nos prescribe la Franc-Masonería."

La anécdota que acabo de referir nos ofrece una induccion muy importante para poder pasarla en silencio. Cuando se nos argulle de que somos egoistas ó exclusivistas en la aplicacion de los preceptos de caridad, (objeccion de cuya refutacion nos ocuparemos en otro lugar) debemos citar el hecho anterior de los nueve huérfanos, como prueba evidente de que la caridad masónica no reconoce límites, ni sectarios; y que si bien nos es forzoso atender á nuestras propias necesidades, no por eso ensordecernos al clamor de la desgracia en general. No era por cierto Mason el sacerdote de Essex, á que aludimos; pero era suficiente la triste condicion á que los nueve huérfanos quedaban reducidos, para que los obreros de nuestro templo no aprovechasen el *precioso material*, que la ocasion les proporcionaba.

RASGO MASÓNICO.

Me encontraba presente, dice el H∴ Mackey, hace pocos años, á la tenida de una de las Logias de la Ciudad de Charleston, Carolina del Sur, bajo el título distintivo de San Andres, en la cual el Venerable Maestro de dicho taller, dió lectura á la peticion de socorro que hacia la viuda necesitada de un Mason. Era costumbre entónces en dicha Logia y en otras muchas, cenar algunas veces despues de terminados los trabajos. En el caso presente, despues de leida la peticion y al tratar de proveer los miembros presentes á aquella necesidad imperiosa del momento, el Primer Vigilante tomó la palabra, y dijo:

"Muy Respetable Maestro, la cena á que los miembros de este taller deben concurrir en la próxima reunion, costará por lo ménos veinte y cinco pesos. Propongo pues, que la Logia economize esta suma y haga con ella una limosna á la viuda de nuestro hermano, cuya peticion se encuentra sobre vuestro pedestal." La mocion fué adoptada por aclamacion. Los hh∴ desistieron de la cena; en la conviccion de ser un placer mas positivo el atender á la necesidad urgente de la viuda de un hermano, que la estéril alegria de un ligero pasatiempo.

Recuerdo que en otra ocasion semejante, era indispensable que dicho taller hiciese ciertos gastos; pero á consecuencia de lo expuesto por el Tesorero sobre la escacez de fondos del mismo, se propuso considerar mas adelante dicha mocion. En el progreso de la misma sesion, se leyó otra peticion de socorro y un hermano hizo algunas observaciones referentes á lo ántes manifestado por el Tesorero á lo que contestó este oficial: "Es cierto que carecemos de fondos con que atender á los gastos comunes; pero son socorros que nos pide un desgraciado y no dudo que siempre nos sobrarán cuando se trate de ejercer la caridad. Es inútil añadir, que una manifestacion semejante produjo entre los miembros presentes el mayor entusiasmo, no obstante que esta es la expresion comun del espíritu de benevolencia que anima á todos los Masones, habiendo bastado la que hizo el herm∴ Orador para que la peticion de socorro hubiese sido ordenada y pagada inmediatamente.

MASONES EN WATERLOO.

Clavel refiere el hecho siguiete, ocurrido en la batalla de Waterloo, el 18 de Junio de 1815.

"Cerca de cincuenta franceses, casi todos heridos y restos heróicos de dos regimientos de infantería, destruidos en gran parte por una descarga de artillería, se encontraban al anochecer de aquel dia memorable, cercados completamente por una fuerza considerable del enemigo.

Despues de muchos prodigios de valor, comprendieron que toda retirada les seria imposible, del mismo modo que cualquiera tentativa para poder escapar. En tal situacion, intentaron, bien á su pesar suyo, rendir las armas. No obstante, los enemigos irritados por la pérdida que tan corto número de hombres les habia hecho experimentar, trataban de exterminarlos, haciendo un fuego vivísimo sobre ellos.

No quedaba ya á los franceses posibilidad alguna de salvacion y creian su ruina inevitable: á ménos que un milagro no viniese en su ayuda. Al fin, al teniente que los mandaba se le ocurre que podian escapar de aquel riesgo inminente por medio de la Masonería. Sin perder un solo instante y saliendo de las filas, se adelanta hácia sus enemigos en medio del fuego horroso que asestaban principalmente á él, hace la señal Masónica de socorro y logra ser visto por algunos hermanos que se encontraban en los filas contrarias. Dos oficiales hanoverianos que apercibieron desde luego la señal mencionada, mandaron espontáneamente y sin el permiso de su jefe, que cesara el fuego, tratando en seguida de tomar cuantas precauciones fueran necesarias respecto de los prisioneros, instruyeron á la vez á su comandante de todo lo ocurrido, cumpliendo de este modo con un deber de disciplina. Este que era tambien Franc-mason, lejos de censurarles, ni imponerles castigo alguno, aprobó la conducta generosa de sus subalternos."

EL CORSARIO Y LA MINERVA.

El 14 de Junio de 1813, dice Clavel, el buque mercante holandes *Minerva*, se dirigia de Batavia á Europa, llevando á bordo varios pasageros hombres de gran fortuna, y entre los cuales iba el H∴ Engelhardt, Past Diputado Gran Maestro de las Logias francesas de la India. Llegado á la latitud del Brazil, se vió el buque holandes sorprendido por un corsario español, provisto de su patente de corso, expedida por el gobierno de las Córtes. Despues de un combate encarnizado, el buque holandes se vió obligado á rendirse. El comandante del Corsario, indignado de la resistencia que le habian opuesto, mandó á su tripulacion que se entrégase al pillaje y lo llevasen todo á sangre y fuego. Habian empezado á dar cumplimiento á esta órden. Varios marineros holandeses estaban ya atados á los mástiles, y la vida de todos los prisioneros en un peligro inminente, cuando los pasageros á fuerza de súplicas y de ruegos lograron obtener el permiso de pasar á bordo del buque corsario y hablar con su capitan. En vano intentaron aplacar la cólera de éste por todos los medios posibles. En tal extremo, solo les quedaba un recurso; y el H∴ Engelhardt recurrió á él, no dudando tuviese mejor resultado. Se dió á conocer al capitan corsario como Mason y este, que hasta entónces habia permenecido insensible, pareció desde luego conmoverse. No obstante reconocer la señal de socorro, no tenia seguridad de que fuese su prisionero un herm∴ y fueron necesarias otras pruebas inequívocas, entre las cuales presentó Engelhardt la de un diploma, del cual se habia apoderado durante el conflicto con la intencion de hacer uso de él, dado el caso de que el capitan del corsario fuese un hermano Mason. El capitan español del buque corsario y varios de los hombres de su tripulacion, eran Masones y miembros de una Logia del Ferrol. Convencido al fin, el capitan del Corsario reconoció á sus hermanos, les devolvió el buque y la carga que llevaba, y despues de las reparaciones necesarias, permitió á la Minerva continuar su camino, con un salvo conducto para lo restante del viage.

LA FRANC-MASONERÍA ENTRE PIRATAS.

La Señorita Martineau, que, de paso diremos, no solo era opuesta, sino que se habia unido á los enemigos de nuestra institucion, refiere, no obstante en sus "*Reflecciones sobre viajes al Occidente,*" la siguiente anécdota, la cual es no solo de gran importancia para nosotros, como sorprendente por el candor con que la autora se convierte en panegirista de nuestra órden.

"Pasemos á ocuparnos," dice la Señorita Martineau, "del capitan L., y de sus cinco lindas hijas. Parecia demasiado viejo para ser su padre; aunque esto nada tenia de particular. Siendo éste capitan de buque lo apresaron los piratas y á él y á su tripulacion, los echaron en una isla desierta, en donde permanecieron treinta y seis dias, sujetos á las mayores privaciones. Muchos de los de la tripulacion habian muerto ya y él casi lo estaba, cuando recibió un socorro oportuno por medio de la Franc-Masoneria. Habia entre los piratas un escoces, mason como el capitan. Ambos se habian hecho ciertas señales y dádose á conocer. El escoces no pudo socorrerle inmediatamente; pero despues de muchos dias de inútiles tentativas y aun á riesgo de su vida, logró volver atras y se aproximó á la isla. Dudaba que pudiese haber sobrevivido la persona á quien buscaba. Trató de convencerse y de no perder tiempo y desembarcó, llevando consigo una vasija con vino. Su primer cuidado fué dar de beber de aquel líquido á los que todabia respiraban, tratándolos con tanto esmero y miramientos, que al fin consiguió reanimarlos. Habia encontrado al que buscaba, casi en estado de inanicion. El capitan L., se llevó á vivir con él al escoces; y le prodigó las mayores atenciones hasta que murió.

"El capitan Smith, en un discurso que pronunció sobre la 'Caridad,' refiere un hecho semejante; el cual corrobora cuanto hemos dicho referente á la eficacia ó influjo de la Masonería. Un buque de unas docientas cincuenta toneladas, con una tripulacion de diez y ocho hombres, fué sorprendida por un buque pirata. Mandaron estos que el capitan y sabrecargo subiesen sobre cubierta. Al presentarse estos, parte de la tripulacion del buque pirata trató de atacarlos y de decapitar al capitan, ordenándole que se dispusiese á sufrir este castigo, para lo cual debia inclinar la cabeza sobre el cabrestante. Se preparaba á recibir el golpe fatal; aunque ántes quiso encomendarse á Dios, haciendo al mismo tiempo un llamamiento masónico. El capitan del buque pirata era Mason. Hizo creer á sus compañeros que habia visto la vela de un buque que se acercaba, logró que devolviesen todo lo que habian tomado de sus prisioneros y dejó libre al buque capturado, para que continuase su viaje con toda libertad.

Permitidos nos sea referir otro caso igual, para continuar demostrando cuan cierto es el influjo benéfico de la Masonería, al ver que hasta el corazon de un pirata lo obedece. Debemos su relato al h.·. Carlos Mocatta, Ven.·. Maes.·. de una de las Logias de Inglaterra, la de San Jorge de Harmony, en Liverpool.

Hace algunos años que regresaba el H.·. Mocata de Sud America para Inglaterra, con todos sus bienes y en un buque suyo, cuando fué sorprendido en alta mar por un pirata. Entre sus papeles conservaba un certificato masónico, que el capitan pirata tambien mason; aunque irregular, reconoció al momento. Cambiaron ciertas señales de costumbre y despues le dijo el pirata: que dejase solamente que su gente tomase lo que quisiesen del buque, que el pagaría y que al venir la noche harian rumbos opuestos. Asi lo hicieron; y el H.·. Mocatta, llegó felizmente á Inglaterra con toda su fortuna.

En la Revista Semestral Masónica, del mes de Marzo, de 1845, se refiere otra anécdota, que prueba la veneracion de los piratas por el lazo místico Debemos los pormenores del hecho, al H.·. Glen, miembro de la Logia Fénix, en Sunderland, Inglaterra, dándolos á conocer en una tenida de la Lógia de "Instruccion," celebrada en el local de San Jorge y del Buitre, en Cornhill, Lóndres.

"En el año de 1830, el H.·. Glen, que, en aquella época no era aun Franc-Mason, iba de piloto en un buque mercante, muy fletado y cuyo destino era la Isla de Cuba. La tripulacion constaba de nueve hombres inclusos el capitan y él. A los muchos dias de salido de puerto, descubrieron una goleta que por sus maniobras sospecharon fuese un buque pirata. No contando con ningun medio de defensa, fué grande la alarma que se apoderó de ellos, tratando de cambiar de rumbo para escapar de su enemigo; aunque sin resultado, porque el buque sospechoso avanzaba á toda vela y al fin los alcanzó y se echó sobre ellos. Ya no les quedó duda ninguna de la desgracia que les aguardaba, siendo abordados inmediatamente por veinte y cinco piratas, todos tan bien armados que hubieran hecho inútil toda resistencia. El capitan pirata era español; pero su teniente parecia nativo de Malta por el traje especial que vestia y los pantalones de color rojo que llevaba. Tal creyó el H∴ Glen. El capitan, piloto y marineros del buque inglés mercante, fueron hechos prisioneros, amenazándolos de muerte, si no entregaban todo el dinero que llevaban á bordo. Apenas conservaban valores en especie, lo que disgustó en gran manera al capitan pirata, que mandó saquear y pillar el buque, jurando y acompañando las mas horribles imprecaciones al verse engañado en sus esperanzas, amenazando quemar y destruir el buque. El capitan pirata hablaba un poco el inglés, los otros solo el español. Los marineros del buque mercante habian sido atados sobre cubierta á proa y el capitan y el piloto, que como hemos dicho era el herm∴ Glen, en dos pilares de la cámara. Habia terminado el saqueo del buque mercante y el capitan pirata habia dado las órdenes necesarias para la destruccion del mismo, haciendo traer á su bordo pólvora y otros combustibles, colocando estos de modo que el efecto fuese lo mas rápido y seguro posible. Los infelices marineros daban gritos lamentables. En vano imploraban piedad de aquellos hombres endurecidos. Todo estaba preparado para la explosion y muerte de la tripulacion, cuando el teniente de los piratas, por aviso que habia recibido, volvió á bajar á la cámara, bajo pretesto de hacer un nueva pesquisa ántes de abandonar el buque, por si algo de valor se habia olvidado. El H∴ Glen y el capitan se encontraban en el mayor estado de ansiedad y alarma, aguardando la muerte de un modo horrible. Felizmente el capitan inglés era mason y en esta segunda entrevista, llamó la atencion del pirata, haciéndole la señal de Aprend∴ á la cual se detuvo el segundo del buque pirata y le contestó con la de Comp∴ El H∴ Glen, no entendia lo que expresaban aquellos signos; pero si observó que el semblante del capitan, tan abatido un momento ántes se habia reanimado y cambiado subitamente, al mismo tiempo que una mirada recíproca de inteligencia, habia mediado entre aquel y el pirata. Algo mas pasó entre ellos que no pudo comprender; siendo lo cierto, que se habian reconocido como franc-masones por medio del lenguaje de que hacen uso los iniciados en esta Órden. Al volver á subir sobre cubierta el segundo del buque pirata, se supone que hizo desistir á su capitan de la resolucion de quemar el buque apresado, consiguiendo que lo abandonase aquel y casi toda su gente, sin hacer mas daño ni á éste, ni á su tripulacion. Un momento despues, el capitan del buque pirata, ménos cinco de sus compañeros y el segundo, que quedaban en el buque mercante, se trasladaban á su embarcacion. Volvió el segundo á bajar á la cámara, escribió algunas líneas en español, cerró cuidadosamente el papel que habia escrito y lo dejó sobre la mesa que alli habia; cortó con un cuchillo la cuerda con que estaba atado el capitan, hizo un gesto recomendando el secreto y salió de la cámara, trasbordándose inmediatamente al buque pirata con los cinco hombres que le acompañaban. El capitan desató al instante al H∴ Glen, informándole al mismo tiempo, que se habia dado á conocer como mason del segundo del buque pirata y que á esta feliz circunstancia debian el haber escapado de una desgracia inevitable. Despues de haber aguardado algun tiempo, hasta que el buque pirata se hubiese perdido de vista, se encaminaron á proa con alguna cautela y desataron á los hombres de la tripulacion que estaban allí amarrados. Es de suponerse, el estado de desconcierto en que quedó el buque mercante al abandonarlo los piratas, despues de haber estos hecho los preparativos necesarios para incendiarlo, separando los combustibles, poniendo en seguida todas las cosas en órden y dando gracias á la Providencia por haberlos salvado de aquel peligro.

Al siguiente dia, se les volvió á presentar el mismo buque pirata, pero reconocidos, los dejó continuar su viaje con toda libertad, llegando despues á puerto felizmente. El capitan del buque mercante y el H∴ Glen, manifestaron lo que les habia ocurrido, mostrando al mismo tiempo el contenido del papel que sobre la mesa de la cámara habia dejado escrito el segundo del buque y que ellos habian conservado, el cual decia lo que sigue: "Hermano, habiendo reconocido que erais Mason, pude conseguir del capitan que os perdonase la vida á vos y á los hombres de la tripulacion de vuestro buque. Á no ser por esta circunstancia, todos vosotros hubierais perecido."

Poco tiempo despues, se encontraron los cascos de dos buques americanos que habian sido quemados en aquellos mares y cuya tripulacion debió haber perecido. De regreso en esta ocasion á Inglaterra, el hermano Glen apresado por los piratas, se apresuró á entrar en nuestra Órden, agradecido como estaba al haberse salvado por medio de ella de una desgracia que creyó inevitable.

ADOPCION DEL HIJO DE UN MASON.

En el Rito Frances y en el Escoces, es conocido el hijo de un Mason con el nombre de Luveton ó Luston, como en inglés lo es por el de Lewis, el cual tiene el privilegio de poder ser iniciado tres años ántes de llegar á su mayor edad.

En muchas de las lógias de Francia existe la costumbre, interesante en mas de un concepto, conocida con el nombre de "Adopcion de un Luveton;" costumbre que es uno de los rasgos característicos del amor fraternal y tipo distintivo de la Órden Masónica. El ceremonial observado en tales casos, lo describe Clavel del modo siguiente en su Historia Pintoresca de la Franc-Masonería.

En estas logias, cuando la esposa de un Mason se encuentra en los momentos de dar á luz un niño, el H∴ Hospitalario, si es médico ó si no un hermano de esta profesion, se dirige á su morada y se informa del estado de la mopse ó esposa del hermano, manifestándole que va á nombre de su Logia á ofrecerle los servicios y socorros pecuniarios que pueda necesitar. Nuevo dias despues del parto, el Ven∴ y Vig∴ de la Logia ó Logias á las cuales pertenece dicho n∴, pasan á felicitar á su señora, en nombre todo del taller.

Si el Luston ó Luveton, tiene alguna edad, se convoca la Logia con objeto de procoder á la ceremonia de Adopcion. El local estará adornado con flores y ramas de árboles, colocándose marmitas de incienso en diferentes partes del mismo. El niño y ama que lo cria, se encontrarán cerca del Templo, en una ante-sala, ántes de abrise la Logia con dicho objeto. Esta se abre y los dos vigilantes, nombrados padrinos del niño, pasan á la ánte-sala acompañados de una diputacion de cinco hermanos.

El presidente de dicha diputacion, en una breve alocucion que dirige á la ama que cuida del niño, le recomienda la salud de éste; no ménos que el esmero con que debe atender á su primera educacion, tratando de formar su corazon con ideas sanas sobre lo bello y lo verdadero, las cuales preparen su corazon á la virtud. En seguida el padre ó algun pariente, toma al niño en sus brazos y acompañado de la diputacion, entran en la Logia y se dirigen al pedestal en que se encuentra el Ven∴ Maes∴, en donde se detienen y se da principio el siguiente diólogo:

"¿Qué os trae aquí, hermanos?" pregunta el Venerable. "El hijo de un hermano, contesta el Pri∴ Vig∴ á quien la Logia desea adoptar."

"¿Decidme los nombres de familia y los masónicos que os proponeis darle?" Uno de los padrinos contesta, diciendo cuales son los nombres de familia y cuales los masónicos que debe recibir en aquel instante.

El Ven∴ deja el Oriente y se acerca al niño, extiende las manos sobre este é implora el favor del cielo, para que un dia sea digno de esta prueba de amor y tierna solicitud que la Logia va á dispensarle desde ese instante. Se quema entónces incienso y los padrinos, siguiendo la vos del Ven∴ Maes∴, prestan el juramento de Aprendiz en nombre del Luveton; se pone á este un mandil ó delantal blanco pequeño y se le proclama, con los debidos honores masónicos, *hijo adoptivo de la Logia*.

El Ven∴ ocupa en seguida su asiento y desde alli dirige una breve alocucion á los Vigilantes, (uno de los cuales tendrá al niño en una pocision conveniente), en el cual les hace presente los deberes que acaban de contraer como podrinos ó fiadores del Luveton ó Luvetores. Los vigilantes contestan oportunamente, se reunen los vig∴ á la diputacion de cinco herm∴ y al padre del niño y pasan á la ante-sala, en donde se encuentra el ama á quien lo entregan.

El objeto de la adopcion es obligar á los miembros de la Logia en que esta tiene lugar, á vigilar sobre la educacion del niño y al mismo tiempo á proporcionarle una ocupacion honrosa, de que pueda subsistir por medio del trabajo, dándole ademas un certificato del acto del bautismo, el cual á su tiempo servirá para dispensarle ciertos requisitos, dispensa que no podria obtener de otro modo al ser iniciado; si bien cuando esto sucede, debe el Luston renovar el juramento de aprendiz que hicieron en su nombre al adoptarle como miembro de la Logia.

No podria ménos que interesar vivamente el objeto que se propone la Adopcion masónica, y no podríamos tampoco ver sino con demasiado respeto la práctica de una costumbre cuyo efecto inmediato es ligar para siempre, por medio de un lazo sagrado, al padre, madre y al niño, á toda la fraternidad de que el primero es miembro y esto, acompañado de ceremonias que palpablemente demuestran ser solo el amor fraternal el que guía á los miembros de una Logia al constituirse en padres y protectores del hijo de un hermano Mason. No pudiendo nadie negar, que hay en nuestra institucion algo de grande y de sublime, al dispensar un protectorado de esta especie; el cual no podriamos reclamar para si.

EL GENERAL GILLESPIE.

El General Sir Roberto Roll Gillespie, oficial distinguido del ejercito ingles, habia abrazado desde muy jóven la carrera militar en su país, sirviendo en las Indias Occidentales, en donde tuvo lugar de ser útil á su patria, habiendo sido iniciado en nuestra Órden ántes de abandonarla. Se encontraba una vez en Santo Domingo, en donde el comandante en gefe de la escuadra en que iba le habia entregado un despacho destinado al General Santhonax, gobernador de la Isla, en el cual se le intimaba la rendicion de la plaza. Se dirigia á tierra en un bote de la escuadra y tuvo la desgracia de que éste sosobrára ántes de llegar á la costa, perdiendo la señal de tregua que podia libertarle de cualquier peligro y logrando salvar solamente la espada que llevaba. Habia podido escapar á varios tiros que le asestaron desde las fortalezas; pero apenas llegó á tierra se apoderaron de él y lo condujeron á la presencia del gobernador. Todo suponia en él un espia; y en tal concepto, pensó aquella autoridad ordenar su inmediata ejecucion. El General inglés pudo observar, que los botones del uniforme del gobernador tenian algunos caracteres masónicos; bastando el darse á reconocer como hermano, para ser inmediatamente puesto en libertad, festajado suntuosamente y por órden del General Santhonax, permitídose á él y á sus compañeros regresar á la Escuadra Inglesa, bajo la proteccion de una escolta.

LORD RAMSAY Y EL MENDIGO.

En el año de 1836, fué electo Lord Ramsay Gran Maestro en Escocia, habiendo dado pruebas de ser uno de los hh∴ mas celosos é inteligentes entre los que han presidido nuestra Institucion en aquel país, siendo constante observador de las formas y ceremonias de nuestra órden, porque supo estudiar y comprender toda la importancia de los menores detalles de los grados que la componen. Habiendo sido testigo de un incidente notable durante su vida, éste fué causa de su iniciacion en nuestros misterios. Paseaba un dia nuestro personaje, siendo aun muy jóven, con su tutor, que era un sacerdote, y un mendigo se acercó á ellos pidiéndoles una limosna. Observó que su tutor hizo varias preguntas al pordiosero y que en seguida se dieron las manos y se hablaron familiarmente con la mayor cordialidad, como dos antiguos é íntimos amigos. Lord Ramsay no pudo ménos que sorprenderse. El extrangero era franc-mason y fué bien atendido por el tutor generoso, que tambien era miembro de la Órden, no ménos que socorrido tambien por él con los recursos que le fueron necesarios para volver á Siria, de donde decia se habia trasladado allí. El llamamiento místico, hecho por el mendigo y no percibido por él y la prontitud del sacerdote en corresponder, al reconocerle como un hermano, hizo tal impresion en Lord Ramsay, que determinó pertenecer cuanto ántes á una Institucion, orígen de tan nobles acciones.

RESPETO POR LA INSTITUCION.

La Lógia No. 227, bajo la jurisdiccion de la Gran Logia de Irlanda, formaba parte del regimiento 46, del ejército inglés que servia en la guerra de la Revolucion de los Estados-Unidos de la América del Norte, habiéndole otorgado aquel cuerpo masónico un guarante, por el cual pudiese celebrar tenidas ordinarias todo el tiempo que durase la campaña. En una ocasion, segun la Revista Semestral Masónica de Lóndres, cayó en poder de los Americanos la caja que contenia el ajuar masónico de dicha Logia No. 227, dando estos parte inmediatamente de lo ocurrido al General Washington. Era tal el respeto y aprecio de éste por la Institucion Masónica, que dispuso: pasase una guardia de honor, al mando de un oficial distinguido, á hacerse cargo de la caja con todo lo que contenia y ademas, varios otros objetos de valor de dicho regimiento 46, y que todo fuese devuelto á dicho regimiento sin pérdida de tiempo.

La guardia de honor, acompañada de una marcha sagrada, pasó al campo enemigo y cumplió con la órden que habia recibido de su general.

Seria fácil describir cual fué la sorpresa y satisfaccion de los soldados y oficiales de dicho regimiento al ver la señal de tregua, cuyo objeto era anunciarles la devolucion que de la caja se les hacia en nombre del mismo general enemigo. "Fué la caja recibida con el mayor respeto y conducida por soldados americanos ó ingleses, que en aquel instante se olvidaban de lo pasado y se confundian como hermanos, para tributar á aquella Arca Santa, la veneracion que les inspiraba, al mismo tiempo que el regimiento 46, con banderas desplegadas, con grandes aclamaciones y presentando las armas, recibia el depósito sagrado que se les devolvia.

Igual atencion fué dispensada á la misma Logia en otra ocasion análoga. En 1805, se encontraba dicho regimiento en la Isla de la Dominica, y fué atacado por tropas francesas con motivo de la guerra que entónces existia entre Inglaterra y Francia, en cuyo encuentro la misma caja cayó en poder de los Franceses, quienes de momento no apercibieron lo que contenia hasta tres años mas tarde, en que fueron descubiertos; y á vivas instancias de los oficiales que mandaban la expedicion, el gobierno frances devolvió la caja con varios presentes, como homenage que una nacion civilizada tributaba á la excelencia y carácter sagrado de la institucion masónica.

En 1834, al ser renovada la carta constitucional de la Logia mencionada, por la Gran Logia de Irlanda, se hizo mencion con tal motivo de estos importantes incidentes.

No podrá ménos que interesar á la Masonería, la suerte de una logia cuyos incidentes forman una parte importante de su historia. Dicha Logia volvió luego á abatir segunda vez sus columnas, hasta el 28 de Marzo de 1848, que ha sido establecida de un modo permanente en Montreal, con el nombre de Virtudes Sociales y Militares, N°. 227, segun consta del archivo de la Gran Logia de Irlanda.

LOS MAGISTRADOS DE AMSTERDAM.

En el año de 1735, prohibieron los Estados Generales de Holanda el ejerci cio de la Masonería, y no obstante esta prohibicion, una Logia continuó sus trabajos regulares en una casa particular que pertenecia á uno de sus miembros. Los magistrados mencionados, instruidos del hecho, ordenaron que fuese reconocido el local y arrestados los miembros de la logia. Conducidos al siguiente dia á la casa del ayuntamiento, el Venerable y los dos Vigilantes fueron interrogados sobre el objeto de sus reuniones y carácter de la institucion que profesaban. Contestaron en términos generales, como era de suponerse; pero dichos hermanos prometieron iniciar á uno de ellos, como medio ú oportunidad que les proporcionaba el penetrarse de los fines á que conduce la Franc-Masonería. La oferta fué aceptada despues de haber meditado sobre ella los magistrados, acordando que uno de ellos, el Secretario de dicho cuerpo, sufriese la iniciacion. Tuvo lugar ésta y el Secretario volvió á la casa del ayuntamiento y dió tan favorables informes sobre la institucion, que inmediatamente se suspendió la prohibicion antedicha; mostrando desde entónces los mismos magistrados el mayor interes por los asuntos masónicos, á la vez que sucesivamente se fueron todos iniciando en los misterios de nuestra Órden. Desde aquella época la Franc-Masonería no ha vuelto á encontrar mas oposicion en Holanda.

LITIGIO ENTRE DOS MASONES.

Nada hay tan contrario á los principios de nuestra institucion, como los litigios ó querellas entre sus miembros. Así es, que rara vez nacen en ella esos rencores y enemistades que son tan comunes entre profanos, lo cual entre nosotros alejaria la verdadera union y amor fraternal, en cuya conservacion están interesados todos los Masones. Es por lo tanto uno de nuestros deberes, arreglar cualquier diferencia que entre nosotros ocurra, ántes de acudir á los tribunales; y aun teniendo lugar este caso, se deja obrar con toda libertad á los jueces para que administren justicia con entera satisfaccion de las partes. Nada dejan que desear sobre este particular las antiguas regulaciones. "En el Verano de 1835, dice el h∴ N..., la goleta Vigilante, Capitan Berquin, entró en el puerto de Dunkirk, con algunas averias. El capitan se procuró un agente á quien encargó de hacer las reparaciones necesarias, las cuales se llevaron á efecto en pocos dias y el buque iba ya á darse á la vela. A esto se siguió una disputa entre el capitan y el agente sobre la suma gastada, negándose el primero á reconocer la cuenta y amenazándolo de irse sin pagarla. El capitan era ademas incapaz de rehusar el pago, si bien la causa de todo eran ciertos reparos que motivaron lo que despues ocurrió. El agente pidió y obtuvo un mandamiento de prision y el capitan iba á ser conducido á la cárcel como un malhechor. Este último no hablaba bien el inglés y yo le ofrecí mis servicios en circunstancias tan críticas. Despues de pasados los primeros momentos de exaltacion, suplicó el capitan solicitasen en su nombre un Franc-mason. Yo era amigo de varios caballeros que se decian pertenecer á dicha Órden y los dí parte de lo que habia. El agente, el capitan y el juez que habia firmado el mandamiento de prision, eran Franc-masones, en un instante arreglaron el asunto y el capitan fué puesto en plena libertad inmediatamente. Tal sorpresa produjo en mi la influencia y eficacia del lazo místico; que no tardé mucho tiempo en ser uno de sus miembros."

OTRO CASO DE LA MASONERÍA EN EL MAR.

Visitando una noche la Logia N°. 5 de Charleston, Carolina del Sur, dice el h.·. M.·., tuve el gusto de oir referir al capitan y digno herm.·. Nicolas Brown, tambien visitador, las siguientes anécdotas que expongo á continuacion. A ruego de la Logia las escribió aquel al dia siguiente, habiendo sido despues publicadas por el herm.·. Moore, en el Almacen Franc-masónico de Julio, en 1847.

"Era muy jóven cuando me inicié en la Logia 'Capitanes de Mar,' N°. 115, de Liverpool. En el año de 1813, durante la guerra entre Inglaterra y Francia, volvia de Lisboa para mi pais despues de haber dejado allí un cargamento de trigo y harina, y conducia otro de sal. El 4 ó 5 de Abril, de dicho año, como á las diez de la mañana y cuatro despues de mi salida de puerto, descubrimos un buque de guerra, de gran porte, que se dirigia hácia nosotros y que pronto llegó á tiro de cañon nuestro por mas esfuerzos que hicimos para escapar. Llevaba el buque de guerra pabellon frances y todo nos inducia á creer que fuese la Aretusa, de 50 cañones, cuyo capitan era el Comodore Bovelt, el que tenia órden de quemar y echar á pique á todos los buques fletados ó que procediesen de puertos enemigos. No tardamos mucho en ver aparecer sobre cubierta á un oficial de marina y á veinte hombres de la fragata, preparados de un todo para incendiar nuestro buque. Al llegar el oficial de la fragata, habia ido yo á recibirle y le habia dado la mano, conduciéndole á mi camarote para que examinase los papeles que llevaba y en donde, aprovechando la ocasion, me dí á reconocer como Mason. El se dió despues á reconocer conmigo y sonriéndose y mirándome de un modo que nunca olvidaré, me dijo en mal ingles: 'Tambien el Comodoro es Mason. Regresaré á la fragata, ponga V. en facha la vela de mesana y las gavias, y si vé V. que nosotros arriamos el pavellon, parta V. al momento y buen viage." Pasados diez minutos la fragata arriaba el pavellon y aprovechando el buen viento, tomamos otra vez rumbo á toda vela, llegando con seguridad á nuestro destino el 10 de Abril. Si por fortuna no hubiera sido entónces Mason, hubiera perdido mi buque, como sucedió á otros que fueron quemados y destruidos en cumplimiento del decreto de Napoleon.'

"Seis meses despues caí en manos del Corsario ingles Retaliation, hallándose este de crucero en las aguas de Halifax. Mandaba yo entónces una goleta con bandera española, fletada para Windsor, N. S. Se apoderaron de mi buque, lo enviaron á Halifax y á mí me llevaron á bordo del corsario, cuya tripulacion se apoderó de cuanta ropa y dinero contenian mis baules. En el curso de la noche, el médico del corsario contestó á una señal masónica que le hize, informándole al mismo tiempo del despojo que habia sufrido. Me tomó por la mano y me dijo: "Hermano, nada tiene Vd. ya que temer, porque el capitan y los dos tenientes son Masones. Pocos instantes despues me invitaron á pasar á la cámara y me recibieron con el mayor cariño y atenciones. A las ocho de la mañana del dia siguiente, hicieron subir sobre cubierta á toda la tripulacion y que allí me mostrara cada uno los objetos que poseian, para que recupase aquellos de que el dia ántes habia sido despojado por dichos hombres. Tuve la fortuna de recoger y poner en seguridad cuanto habia perdido, permitiéndome regresar á Portland, en una barca de pescadores que encontraron á vista de dicho puerto, en donde desembarqué al dia siguiente. De no ser Mason me hubieran enviado á Halifax prisionero; y sin recursos y sin ropa hubiera tenido que aguardar el término de la guerra."

DE LA MASONERÍA EN SUECIA.

En ninguna parte del mundo, es tan notable el influjo de la Masonería como en Suecia. Desde el Rey hasta el mas humilde campesino, todos tienen el mayor respeto y veneracion por nuestra Órden. El Monarca es Gran Maestro hereditario de la misma, y los hombres mas eminentes por su saber, nobleza y fortuna, forman parte de sus miembros. El rito particular que allí se practica consta de doce grados; el 5°. de los cuales, llamado Maestro de San Andres, comunica, al que lo posee, el título de noble civilmente, para dicho pais. Carlos XIII, Duque primero de Sudermania y Gran Maestro de la Fraternidad Sueca, creó una Órden de Caballería á que dió su nombre, la cual solo podia conferirse á Franc-Masones beneméritos y cuya joya ó insignia, podia llevarse en público. "Suele suceder," dice la Revista Semestral Masónica de Lóndres, que Masones dignos, pero que no son sin embargo de familias nobles, aunque están empleados en ocupaciones honrosas, solo en virtud de ser miembros de dicha Órden, serian bien recibidos en la corte.

En la introduccion á los Estatutos de la Órden de Caballería mencionada, hace el Rey la exposicion de motivos que le indujeron á establecerla.

"Nosotros Carlos XIII., &. al corresponder á los deberes que nos hemos impuesto, aceptando la corona de Suecia, ninguno nos ha parecido mas importante que el atender y recompensar al mérito, el cual es siempre bien acogido por el sentimiento público. Si la fidelidad, el valor, el saber y la inteligencia, han sido atendidos por nosotros, debemos del mismo modo no olvidar á aquellos ciudadanos que en una esfera limitada y modesta, secretamente ejercen la mas asidua asistencia sobre el huérfano y desgraciado y quienes al morir no dejan en su pobre albergue las huellas del vicio, sino ejemplos de virtudes recomendables. Deseando honrar las grandes acciones, sobre cuya recompensa no existe provision alguna en nuestras leyes, las cuales muchas veces pasan desapercibidas, no hemos titubeado en ofrecer nuestro apoyo á una sociedad distinguida, de cuyo gobierno nos hemos encargado, sobre la cual presidimos y cuyos dogmas y principios hemos practicado y tratamos de extender."

En 1753, el asilo para huérfanos de Stockolmo, recibió un presente de consideracion de la Franc-Masonería Sueca, con motivo del nacimiento de la Princesa Sofía Albertina. En 1767, recibió tambien, de un solo hermano, la cantidad de 130,000 francos; y en 1778, una renta anual asignada por la Reina, de 26,000 francos. Otros muchos establecimientos de Caridad, han sido establecidos y sostenidos en dicho pais por nuestra Órden y algunos de sus miembros.

EL PAPA CLEMENTE XIV. (GANGANELLI.)

Este papa, sucesor de Clemente XII., llegó á confirmar la bula de su predecesor por la cual todos los Franc-Masones quedaban excomulgados. Despues Benedicto no pensó del mismo modo y no solo reconoció, sino que dió pruebas inequívocas de estar penetrado de la bondad y excelencia de la Masonería. Uno de sus favoritos, un celoso Franc-Mason, creyó que podia hacer variar de opinion á su Santidad y le indujo á que se iniciara privadamente; en cuya ocasion un hermano de Roma, llamado Trípulo, hizo de orador y pronunció un discurso. Benedicto cesó desde entónces de perseguir nuestra Órden en el territorio romano.

Referimos este incidente, descansando en la autoridad del Lexicon de los Franc-Masones Alemanes. De lo que no hay duda, es de que la Franc-Masonería, que al principio del pontificado de Benedicto fué tan perseguida, no solo dejó de serlo despues, sino que ademas, participó dicha institucion del sistema de tolerancia que sostuvo pontífice tan ilustrado mientras vivió. Murió como buen discípulo de Jesus.

LA REINA ISABEL DE INGLATERRA.

El testimonio que esta Reina nos ha dejado de la bondad de nuestra institucion, es de tanta importancia, como el ya mencionado de Benedicto XIV. Tambien Isabel, como Benedicto, desconocia los fines y principios de nuestra Órden, persiguiéndola desde el principio de su reinado, no obstante, cambiar mas adelante de opinion al ser mejor informada, convirtiéndose despues de enemiga declarada, en protectora de la misma.

Este cambio notable en un personaje tan elevado, lo refiere Anderson como sigue.

"Instruida (la Reina) de que la Masonería estaba en posesion de ciertos secretos, que no podian serle revelados, no pudiendo ser *Gran Maestra*, y recelosa de las reuniones privadas de los miembros de aquella, intentó por medio de la fuerza disolver la Gran Logia, el dia de su reunion anual en York, el 27 de Diciembre de 1561. Sir Thomas Sackville, Gran Maestro, logró iniciar en aquel mismo instante á algunos de los gefes que mandaban la escolta, quienes penetrados del objeto de la Fraternidad Masónica, se presentaron á la Reina y le expusieron lo sublime y benéfica que era la institucion á la cual pertenecian ya, cesando desde entónces toda persecucion contra ella, y apreciando en su justo valor á una sociedad de hombres consagrados al solo culto de la paz, del amor fraternal, de las ciencias y de las artes y que evitaban toda intervencion en los negocios de la iglesia y del estado.

Si la Masonería pudiera ser conocida de aquellos que, ignorando su mision verdaderamente civilizadora, no se penetran jamas de su importancia, porque tampoco serian capaces de estudiarla, no dudamos, que á semejanza de ejemplos dignos, tales como los que dejamos mencionados en los Magistrados de Amsterdam, del Papa Clemente XIV. y de la Reina Isabel, tambien ellos se convertirian no en defensores de la Masonería, que no los necesita, sino en entusiastas expositores de sus principios y de su resultado.

GOTTFRIED EPHRAIM LESSING.

Lessing, el gran escritor aleman y autor de la excelente obra titulada: Ernesto ó Conversaciones dedicadas á los Franc-Masones, siendo Secretario del General Tanenzein, llegó de tal modo á entregarse á la intemperancia y al juego, que hasta sus mejores amigos le abandonaron al no poder reformar su conducta.

Solo á la Masonería estaba reservado este nuevo triunfo de la virtud contra el vicio. Lo que habia sido estéril é ineficaz para hombres grandes y célebres, que habian tratado de contenerlo, no lo fué para la influencia benéfica de nuestra Órden. Fué preciso iniciarlo en Hamburgo; y desde entónces, segun el lenguaje del hermano á quien debemos la anécdota, por medio de reconvenciones fraternales, amonestaciones amistosas y contacto con los miembros de su Logia, se abstuvo al fin de una vez y para siempre del juego y de la bebida. En posesion nuevamente de sus grandes facultades, volvió á dar á sus producciones el sello especial que imprime el génio á sus obras, las que no solo en su tierra natal, sino en todas partes han obtenido la mas favorable acogida; mucho mas habiendo reformado su vida pasada con nuevos y dignos rasgos de filantropía y con el talento que le adornaba, por la perfeccion moral á que aspiraba y por los sentimientos no desmentidos de la mas exquisita, ilustrada y universal tolerancia y benevolencia.

DUELO EN EL ITSMO DE PANAMA.

El hecho que vamos á referir es de fecha algo reciente y lo debemos á uno de los cuatro que asistieron á él, ofreciéndolo al lector, como una prueba mas del poder saludable de nuestra Institucion, que parece hacerse tambien superior al sentimiento mas poderoso en el hombre cual es el del honor.

"Se encontraba surto en el puerto de Panamá, un buque inglés de guerra y uno de sus oficiales habia bajado á tierra. Hallándose este en un lugar público, ocurrió cierto lance desagradable entre él y un caballero neogranadino. Habia motivo para un duelo que debia tener efecto al dia siguiente. Hallábanse los desafiados con sus segundos, en el lugar designado y todo listo para dar principio al duelo, cuando uno de los combatientes hizo casualmente un ademan por el cual su contrario se apercibió que era mason. El tambien lo era: pasa á cerciorarse de lo que solo podia ser una casualidad, y no quedándole duda de que era un hermano del lazo místico, arroja al suelo el arma que tenia en la mano, lo abraza y regresan á la ciudad en medio de la satisfaccion y del contento de los padrinos, que habian logrado evitar, aunque de un modo providencial, una desgracia. Uno de los padrinos, no mason, admirado del poder del lazo místico, cobró tal respeto por él, que aprovechó la primer oportunidad que se le presentó y hoy pertenece á la Fraternidad."

INCIDENTE EN CARTAGENA. (*Nueva Granada*).

Un hermano que ha permanecido algun tiempo en aquella ciudad, puede responder de la certeza de la importante anécdota que pasamos á referir. No estándonos permitido dar los nombres de los hh∴ que figuraron en ella, nos limitaremos á hacer una relacion muy breve de las circunstancias principales sobre lo ocurrido en dicha ciudad. Como esta ciudad (Cartagena) fué testigo del hecho que nos ocupa, fácil seria tomar en ella los informes oportunos para comprobacion de nuestro aserto.

"Habia en dicha ciudad dos comerciantes, que eran miembros tambien de nuestra Órden. Uno de ellos hubo de comprar al otro oro en polvo, por valor de una cantidad respetable, el cual expidió inmediatamente á su corresponsal de Lóndres. Habia pasado el tiempo necesario para llegar dicho efecto á Inglaterra y tener contestacion, cuando el comerciante de Cartagena, no solo recibió aviso de que el oro en polvo era cobre, sino tambien este artículo en las mismas cajas en que lo habia remitido; con excepcion de una que habia sido abierta para reconocer el metal.

Es de suponerse cual seria su indignacion al creerse vilmente engañado por el vendedor. Procedió inmediatamente por la vía de los tribunales para tratar de recobrar la suma que habia entregado por el supuesto oro; é intentó una causa criminal contra el vendedor, por suponerle capaz de dolo en dicho asunto. Imposible era todo arreglo, pues las partes contratantes desconfiaban mutuamente una de otra, estando de buena fé el vendedor, abandonando á la justicia un asunto en que solo ella podia poner término y aclarar la verdad. Inútil seria dar una idea de los esfuerzos que se hicieron por los amigos de uno y otro para sanjar las dificultades y conciliar los interes de dichos hh∴ porque fueron tantos, cuantos las circunstancias exigian.

Todo esperanza se habia perdido ya. Iban los tribunales á dar su fallo y quizá la justicia humana á equivocarse una vez mas; porque si bien el uno aparecia como una víctima, el otro en realidad no era culpable. Se habia dado principio á las actuaciones que requiere un caso semejante, cuando el comprador y vendedor, ambos masones, fueron citados ante una logia de aquella ciudad.

Lo que pasó en ella nadie lo sabe; pero juzgando por las apariencias de que fueron testigos los vecinos de aquella ciudad, podemos asegurar, que los dos enemigos irreconciliables salieron de dicha logia transformados en los mejores amigos y que, el mas encarnizado de ellos, que era el comprador, no solo mandó disponer en seguida una cena esplendida en prueba de la satisfaccion de que estaba poseido, sino que en ella y en medio de la efusion de todos, manifestó: "que aquel era el momento mas hermoso de su vida, porque en él se le presentaba la ocasion de repetir que era el amigo verdadero del que horas ántes miraba como á su mayor enemigo." Se sabe que el pleito no siguió mas adelante y que nadie volvió allí á oir hablar de este asunto. Pudo traslucirse que hubo arreglo entre ellos, que el vendedor habia sido tambien engañado y que habia obrado de la mejor buena fé con el comprador. La Masonería una vez mas inspiró á sus miembros, callaron ante ella todas las pasiones, la verdad pudo hacerse oir y la amistad que tanto recomienda aquella institucion, logró reemplazar al odio y malas pasiones que nacen del amor propio ofendido en casos semejantes.

SOCORRO PRESTADO POR UNA DE LAS PRIMERAS AUTORIDADES DE CUBA.

Tambien es algo reciente el hecho que vamos á referir, habiendo sido tal su notoriedad para muchos de nosotros, que se nos dispensará ofrecer por tal razon comprabante alguno para demostrar su certeza; siéndonos permitido callar los nombres de los hh∴, á quienes hace relacion este incidente, por exigirlo así circunstancias particulares que debemos respetar.

"No hace mucho tiempo que se encontraba preso en una de las cárceles de la Isla de Cuba un hermano mason, americano de orígen. Se habian intentado cuantos medios eran posibles emplear en el caso en que se encontraba, para obtener su libertad y todo habia sido inútil. En tal extremo, no quedaba mas que un medio de salvacion para él. Habia llegado todo esto á noticia del Maestro de una Logia de la ciudad de New York. Creyó este de su deber tratar de hacer, en obsequio del hermano que se encontraba preso allí, cuanto estuviese de su parte y pasó, como mason, una comunicacion á una de las primeras autoridades del pais, que tambien pertenecia al lazo místico, recomendándole al hermano desgraciado, para que le prestase el amparo y proteccion que de él esperaba. La contestacion no se hizo aguardar muchos dias. El herm∴ preso fué puesto inmediatamente en libertad y embarcado para un puerto de la Union, á donde llegó algun tiempo despues felizmente."

INCIDENTE OCURRIDO EN CUBA.

Respondemos del mismo modo del hecho siguiente ocurrido en el lugar indicado. Es tambien de fecha reciente y tal su importancia, que no necesita comentarios.

"Se hallaba comprometido en las últimas ocurrencias políticas de la Isla, un jóven de una familia rica de dicha ciudad é iba á ser preso, por hallarse comprendido en una conspiracion que el gobierno habia descubierto allí y sabia los nombres de algunos de los comprometidos en ella. El jóven era mason y los hermanos que allí habia, que fueron los primeros en tener noticia del peligro que le amenazaba, trataban de salvarle; si bien era expuesto darle un aviso oportuno, por razones que no nos es permitido revelar. No obstante, forzoso era salvarlo, no ménos que escoger para mision tan delicada á un hermano que pudiese desempeñarla sin comprometerse. El hermano amenazado pudo escapar, salvar tambien á otros que no eran masones y marchar á otro pais, en que desde luego se vieron libres del peligro que les amenazaba."

CASO DEL PIRATA LAFITTE EN LAS COSTAS DE CUBA.

Nos consta ser cierto el hecho que pasamos á referir, habiéndolo ademas oido á uno de aquellos á quienes ocurrió tan desagradable aventura.

Se habian embarcado en el puerto de Santiago de Cuba, con direccion á la Habana y en una goleta costera, varios jóvenes de aquella ciudad. Detenidos en su viaje por vientos contrarios, se veian aun al fin de muchos dias de una penosa travesia muy distantes del puerto á que se dirigian. En tales circunstancias, el pirata Lafitte, que merodeaba entónces en las costas de Cuba, asesinando y robando á cuantos por desgracia caian en sus manos, apresó la goleta y á los individuos que iban en ella, apoderándose de los bagajes y atando á aquellos á los mástiles de su buque con intencion de quitarles la vida. No les quedaba ya ningun medio de salvacion. Los ruegos y súplicas habian sido inútiles con un hombre semejante y con la tripulacion que lo acompañaba.

Uno de los pasageros de la goleta, oficial subaltern⸱ al servicio de España, era mason y no obstante lo difícil que le era, por hallarse fuertemente ligado, el darse á conocer como tal, pudo hacer la señal de socorro que acostumbran los masones en tales casos, logrando que el Capitan Pirata se apercibiese de ella. Este tambien habia pertenecido á la Fraternidad y acercándose á él y reconociéndole, le prometió que luego que fuese de noche y su gente estuviese recogida, trataria de salvarlo, como tambien á sus compañeros de viaje. Llegado el momento oportuno y protegidos por la obscuridad de la noche y por un hombre de la tripulacion del buque, hombre que merecia toda la confianza del capitan pirata, desató á los jóvenes cubanos, se trasladó con ellos á tierra en un bote y los dejó en las costas de Nuevitas, entregándoles una bolsa con dinero para que continuaran su viaje, de donde estos pudieron en seguida dirigirse á Puerto-Principe y desde allí á la Habana.

FORTUNA DE UN COMERCIANTE EN CUBA.

Hace poco tiempo que en aquella Isla acaba de tener lugar el caso que pasamos á referir. Este, como todos los que preceden, son de tal importancia que tampoco necesita comentarios.

Un comerciante de una de las ciudades de aquella Isla, se encontraba en uno de esos momentos de angustia en que solemos perder toda esperanza de remedio y creémos nuestra ruina y desgracia inevitables. Habia experimentado algunos contratiempos en sus negocios, sus deudas eran muchas y muy escasos los recursos con que contaba para atender á las exigencias del momento. Su quiebra era segura y á esta se seguiria su desgracia y la de toda su familia.

Habian empezado las diligencias judiciales requeridas en esta clase de juicios; mas como el comerciante en desgracia era mason y el escribano de la quiebra tambien lo era, enterado éste último de todo lo que ocurria, sabia que su deber era el tratar de salvar á un h.·., lo cual consignió satisfactoriamente.

MASONERÍA EN LA AMERICA DEL SUR.

Seriamos injustos con esta parte importante del Nuevo Mundo, si no consignaramos al concluir este trabajo, algunas líneas y recordáramos de paso los muchos é importantes rasgos de proteccion masónica que en ella han tenido lugar, mayormente en el sangriento y dilatado período de la guerra de la independencia que aquellos paises sostuvieron con España; período en que unos y otros dieron pruebas de verdadero amor por nuestra Institucion.

Extenso seria el catálogo que pudiéramos en este concepto presentar. Baste decir, que mas de una vez el lazo místico detuvo el encono y saña del enemigo y que á él tambien se debe, el que, uno de los caudillos de las huestes contendientes, abandonase aquellos paises en donde su presencia hubiera podido no solo aumentar los estragos, sino prolongar por mas tiempo lucha tan desatrosa.

Felices aquellos hh.·. que por pruebas de un grande amor por la institucion masónica ó por haber cumplido con un juramento sagrado, merecen ocupar un lugar honroso en esta serie ó que, por lo ménos, se juzgan dignos de pertenecer á ella por efecto de su entusiasmo y decision por una Órden, cuyo lema es Humanidad y Beneficencia!

TESTIMONIO DE JORGE WASHINGTON.

Lætu sum
laudari me abs te, pater, laudato viro.
Cneus Nævius.

Permitid, oh! Señor, que yo te enzalse;
yo, á quien los hombres tributan alabanzas.

SIN duda debe ser causa de un verdadero placer para todos los Masones, el que Jorge Washington, el padre de la gran nacion Americana, hubiere sido no solo un Mason entusiasta, sino testimonio elocuente de lo recomendable que es nuestra Órden: testimonio por otra parte, bastante por sí solo para hacer ineficaces las acusaciones de nuestros enemigos. Así los Masones, como los extraños á nuestra institucion, no deben olvidar que el héroe americano ha sido el amigo de una asociacion cuyo objeto verdadero es la moral y genuinos principios religiosos y cuya sola mision es el bien de la humanidad.

Fácil nos fuera dar á conocer gran número de testimonios, en los cuales Washington reproducia siempre de la misma manera el alto concepto que tenia de la Masonería; bastando pocos de aquellos datos para demostrar, que hasta cierto punto nos es innecesario ciertos elogios que á aquella se prodigan, cuando creémos suficiente el aprecic que por convencimiento y expontáneamente aquel General le dispensaba. Contestando á un discurso en que los oficiales y miembros de la Logia "Rey David," de Rhode Island, le felicitaban por su eleccion á la presidencia de los Estados Unidos, dijo: "estando convencido de que nada puede promover tan poderosamente las virtudes privadas y el bien público, como la práctica verdadera y no interrumpida de los principios en que descansa la Fraternidad Masonería, prometo estar dispuesto á darle mi apoyo, y á que por tal razon me consideren siempre sus miembros como á un hermano digno de pertenecer á ella."

En 1792, la Gran Logia de Massachusetts, le dedicó el Libro de sus Constituciones y al contestar la comunicacion, que con tal motivo se le habia dirigido dijo: "Si grato y honroso puede ser al corazon humano recibir pruebas inequivocas de aprobacion de parte de nuestros conciudadanos, al consagrarnos al bien público ¿cuán envidiables no son esos mismos testimonios si ellos provienen de hombres virtuosos y moderados, cuyos severos principios están fundados en la verdad y en la justicia?"

"Extender el area de la felicidad pública, es el grandioso objeto de la institucion masónica, siendo nuestros mas fervientes deseos que así los miembros de la fraternidad, como las publicaciones que sirven de exposicion á sus principios, tengan por objeto convencer en general á los hombres de que el gran designio de la Masonería, es trabajar en obsequio de su misma felicidad." Ademas, como una prueba de la buena opinion que tuvo de ella hasta el fin de sus dias, pasamos á transcribir la breve, pero expresiva contestacion que dió dos años y meses ántes de su muerte, á la Gran Logia de Massachusetts, en Abril de 1798.

"Mi adhesion" dijo, "á la sociedad á la cual perteneceis, será una prueba de que siempre me hallaréis dispuesto á defender el honor y á promover los verdaderos intereses de nuestra patria."

Por el extracto de una carta del mismo, que damos á continuacion escrita á la Gran Logia de Maryland, en 8 de Noviembre de 1798, trece meses ántes de su muerte, de cuyo dato somos deudores á Cárlos Gilman, Esq., Gran Maes∴ de la Gr∴ Log∴ de Maryland, podremos convencernos de cual era la opinion de Washington respecto de nuestra institucion. La carta original existe en el archivo de aquel cuerpo masónico, habiendo aparecido una copia de la misma, por la primera vez, en el Almacen Mensual Franc-Masónico de Moore. La carta empieza como sigue:

"Caballeros y Hermanos: he recibido vuestra grata y expresiva carta y una copia de las Constituciones de la Órden, por todo lo cual os estoy muy agradecido. Segun las nociones y principios que profesais en ella, la benevolencia es el norte que os guía en obsequio del género humano y en este concepto podeis vivir persuadidos de que estoy de acuerdo con todos vosotros."

Practicaba Washington la Masonería con la mas escrupulosa atencion. Cuando era General-en-jefe del egército libertador de la Union, trató siempre de fomentar el espíritu masónico entre todos sus subalternos y alentó los trabajos de las Logias ambulantes en dichos cuerpos, convencido como estaba de ser aquellas escuelas de urbanidad, muy propias para difundir las virtudes apacibles que tan necesarias son en medio de las miserias de la guerra. Extendiase á mas su entusiasmo por la institucion masónica. No obstante las atenciones del alto puesto que ocupaba, aprovechaba á menudo las ocasiones de visitar las Logias y de tomar parte en los trabajos de las mismas.

El Ilustre Timoteo Bigelow, en un elogio que hizo de Washington, delante de la Gran Logia de Massachusetts, el 11 de Febrero de 1800, poco tiempo despues de su muerte, descanzando en informes auténticos y en los cuales no cabe duda porque son ademas por su naturaleza de fácil adquisicion y versan sobre un asunto demasiado importante, apoyado en tales datos asegura Bigelow, que Washington al morir era Venerable Maestro de una Logia.

"Los informes recibidos" dice, "de hermanos que tuvieron la felicidad de ser miembros de la Logia que presidió por muchos años y de la que era Venerable Maestro al morir, nos ofrecen la prueba que pudiéramos desear sobre su celo y constante anhelo en promover la prosperidad de la institucion Masónica. Asiduo y exacto en el cumplimiento de sus deberes, escrupuloso en la observancia de las regulaciones de su Logia é incansable en todos tiempos en propagar la luz y la instruccion, atendió á los deberes que le imponia el mallete con una dignidad é inteligencia poco comunes en los misterios de nuestro arte.

Washington habia sido iniciado en los misterios de la Franc-Masonería, en Fredericksburg, Virginia, el 4 de Noviembre de 1752; recibió el seg∴ gr∴ en 3 de Marzo; y el 3°∴, el 4 de Agosto del mismo año. Así consta del "Ledger," ó libro de registro de la Logia, del cual el H∴ Moore tomó el extracto que sigue á continuacion, en una visita que hizo á Washington en 1848, con objeto de asistir á la ceremonia de la primera piedra que iban á colocar en el monumento dedicado á aquel General.

"Noviembre 4, 5752. Recibido de Jorge Washington por su recepcion £23."
Marzo 3, 5752. Jorge Washington recibe el grado de Compañero.
Agosto 4, 5752. Jorge Washington es recibido Maestro Mason.

En Alejandría, Virginia, existe la carta original ó Constitucion de la Logia N°. 22, de la cual tenemos motivos para creer que Washington fué el primer Venerable Maestro por ser su nombre el que encabeza la lista de los hermanos á quienes se otorgó dicha carta constitucional. Moore, nos da el siguiente extracto de aquel interesante documento, que copió algunos años hace del original.

"Yo, Eduardo Randolph, Gobernador del Estado y Gran Maestro de la Gran Logia de Virginia, nombro y constituyo á nuestro Muy Ilustre y Querido Herm∴ Jorge Washington, último General y Comandante-en-Jefe de las fuerzas de los Estados Unidos de América, y á nuestros dignos hh∴ McCrae, William Hunter, Tr., y Juan Allison y á todos los demas que se asocien á ellos con dicho objeto, para formar una Logia verdadera, justa y regular de Franc-Masones, bajo el nombre, título y designacion de Lógia de "Alejandría, N°. 22.

El nombre de esta Logia se cambió en 1805, por el de "Alejandría de Washington." Continuó aun este taller trabajando con vigor y regularidad, habiendo asistido como una corporacion importante á la ceremonia de la piedra que habia de colocarse en el monumento dedicado á aquel General, en Washington, el 4 de Julio de 1848.

Estos datos referentes á las opiniones de Washington sobre la institucion masónica y las pruebas no interrumpidas de su adhesion á los principios de sociedad tan respetable, son de un valor inestimable en defensa de esa misma institucion. Ellos atestan de un modo indudable, usando del lenguaje del H∴ Moore, el celo que por ella manifestó durante su vida y el alto aprecio que siempre hizo de sus principios, como los mas adecuados para promover las virtudes domésticas y la felicidad pública: no desmintiendo en ningun caso el deseo que le animaba en obsequio del buen nombre é intereses de la fraternidad, deseo que le acompañó hasta el sepulcro.

TESTIMONIO DE JOHN ADAMS.

John Adams, sucesor de Jorge Washington en la presidencia de los Estados-Unidos, y uno de los patriotras mas decididos del período revolucionario de la historia americana, período que ha sido con razon calificado de "tiempos de prueba para las almas de los hombres," no era miembro de nuestra Órden y no obstante, no por eso dejó de manifestar publicamente la opinion favorable que tenia de nuestra institucion.

En el año de 1798, la Gran Logia de Massachusetts, dirigió una felicitacion al Presidente John Quincy Adams, reconociendo la sabiduría, firmeza é integridad que habia caracterizado su conducta pública. A dicha felicitacion contestó Adams con grandes elogios, por que ciertamente recompensaba aquella el abuso inaudito, que, posteriormente y en un período de agitacion política, se habia hecho al acusar á su hijo, John Quincy Adams, de haber violado la constitucion. La censura del hijo, basada sobre falsos pretextos y cargos injustos, pronto se disipó; pero los elogios del padre, fundados en hechos positivos y en el testimonio de sus amigos, los mejores y mas grandes hombres de su pais, vivirán como un recuerdo elocuente del carácter benéfico y grandioso de nuestra Órden.

Fué la siguiente la contestacion del Presidente Adams, á la Gran Logia de Massachusetts.

"No teniendo el honor de pertenecer á vuestra antigua Órden, es mayor aun mi reconocimiento por vuestra afectuosa y atenta felicitacion. Muchos de mis mejores amigos eran Masones; y dos de ellos, mi director, el sabio Gridley y mi íntimo amigo, vuestro inmortal Warren, cuya vida, no ménos que su muerte son lecciones y ejemplos de patriotismo y filantropía, fueron Grandes Maestros, sientiendo cada vez mas no haber sido iniciado en vuestros misterios. Los ejemplos que acabo de citar y el mas elocuente aun de mi venerable predecesor, serian bastante para constituirme en defensor del honor y buen nombre de la sociedad; aun cuando no estuviese penetrado de su amor por las bellas artes, su entusiasmo en el ejercicio de la benevolencia y su abnegacion por la humanidad."

"Vuestra generosa calificacion respecto á mi conducta, y buenos deseos por el término feliz de mi período presidencial, son acreedores á toda mi agradecimiento."

"Las pruebas que habeis dado de amor á vuestra patria y la oferta de vuestros servicios para proteger la herencia de vuestros antecesores, no dejan duda de cuan elevados son los sentimientos que os animan y de cuan injusta es la opinion que muchos entretienen sobre los designios de vuestra sociedad."

TESTIMONIO DEL GENERAL JACKSON.

Pocas noticias nos han sido posible recoger sobre los primeros años que se siguieron á la iniciacion del General Andrew Jackson. En un elogio á su memoria por el Pbro. Mr. Neeley, Gran Capellan de la Gran Logia de Tennessee, nos dice éste: que en su juventud fué miembro de una Logia de Clover Bottom, la cual estaba bajo la jurisdiccion de la Gran Logia de Kentucky. Despues en el año de 1822, fué electo é instalado Gran Maestro de Tennessee habiendo presidido en ella durante un año, con la firmeza y dignidad que le distinguió siempre en las épocas de mando. Fué reelecto al año siguiente para el mismo puesto, desempeñando sus deberes con igual eficacia y decision y continuando hasta su muerte adicto constantemente á la Órden, habiendo obtenido al mismo tiempo los altos grados, pues le vemos aparecer pocos años ántes de morir, asistiendo á la ceremonia de instalacion de los oficiales del Capítulo Real Arco de Cumberland. El testimonio de un hombre, cuya vida pública se encuentra tan intimamente ligada á los acontecimientos de su pais y cuya conducta privada es tambien un ilustre ejemplo de benevolencia, es demasiado importante para no consignarlo en una obra destinada á defender la institucion masónica de los ataques injustos de sus enemigos.

Estando en Boston, en 1833 fué invitado á una sesion de aquella Gran Logia, con objeto de hacérsele en ella una comunicacion especial. Jackson se disponia á corresponder á tal llamamiento; pero al llegar la noche no pudo concurrir á la reunion por encontrarse muy fatigado, dirigiendo una excusa por escrito á dicho cuerpo, en la cual expresaba al mismo tiempo los deseos mas favorables por la prosperidad de nuestra institucion, cuyo lema era "el bien de la Humanidad." El digno Joel R. Poinsett, uno de los presidentes de la comision y el encargado de contestar á nombre de Jackson, pronunció en seguida, el discurso que copiamos en el cual se nos da á conocer la opinion que aquel General tenia de nuestra institucion. El discurso es el siguiente.

"Muy Resp∴ Maes∴: He recibido del Presidente de los Estados-Unidos el encargo de expresar á sus hh∴ de la Gran Logia de Massachusetts, el verdadero pesar que le causa el no poder concurrir á vuestra reunion por encontrarse indispuesto y verse privado de venir personalmente á vuestro Templo á daros las gracias por la invitacion especial que vosotros le habeis hecho; recomendándome igualmente, reitere en su nombre el gran interes que siempre le ha inspirado la estabilidad de una institucion tan antigua como benéfica en sus fines, no ménos que el aprecio y amor fraternal que le anima respecto de cada uno de vosotros."

TESTIMONIO DE LA FAYETTE.

La Fayette, uno de los primeros y mas ardientes defensores y partidarios de la causa de la libertad americana y el amigo querido de Washington, era miembro de nuestra Órden, bajando con él al sepulcro el interes y aprecio que á aquella dispensó durante su vida, y cuyas virtudes públicas y privadas hacen honor á la institucion que siempre le habia considerado como á uno de sus mejores hijos. "La Fayette, el ilustre La Fayette, el patriota de ambos hemisferios," dice De Witt Clinton, "habia sido siempre amigo entusiasta de la Franc-Masonería." Parece que habia llegado á comprender de que esta Órden era el centro y la escuela de las mas hermosas virtudes y aprovechaba toda ocasion y momento de poder tributarle el respeto y veneracion que le inspiraba.

Haremos mencion de algunos de los testimonios públicos dados por él á nuestra Órden.

En el año de 1825, al volver á los Estados-Unidos con el carácter de "Huesped Nacional" recibió una invitacion de la Logia La Fayette No. 81, de Cincinati, cuyo objeto era el que hiciese una visita á aquel taller masónico.

Habiendo aceptado la invitacion, fué acogido por el Ven∴ en el vestíbulo del Templo con las mayores nuestras de simpatia y la mas viva expresion de respeto y amor fraternal á que contestó aquel antiguo y distinguido hermano, con un discurso análogo y de tal extension, que solo nos será permitido tomar de él una parte, la cual bastará para dar una idea del gran concepto en que siempre habia tenido á nuestra institucion.

"Encontrar en vuestras playas, al volver á ellas, no la cabaña del salvaje, ni la guarida de las fieras, sino una ciudad creciente y populosa, [hablaba de Cincinati] es un hecho no ménos asambroso que grato y conmovedor á uno de los defensores de vuestra independencia; siendo mayor mi satisfaccion al verme rodeado en este lugar de tantos y tan respetables miembros de una *Institucion, cuya estrella polar es la Filantropía y cuyos principios no cesan de recomendar la práctica y veneracion de todas las grandes virtudes y la mas estricta moral.*"

La Fayette era, á no dudarlo, un verdadero mason, que no solo dispensó á la Órden cuantos beneficios le fué posible, sino que dió pruebas de un grande entusiasmo y amor por ella. Era miembro, segun algunos, de la Logia Igualdad de Paris, quienes le vieron asistir á los trabajos de aquel taller, aun en el apogeo de su gloria, cuando atraia las miradas de toda Europa y se hallaba constantemente ocupado de los negocios públicos.

Conservó siempre el mismo entusiasmo por nuestra Órden. Recordaba con placer los beneficios que de ella habia recibido y repetia: "que esta idea no podia ménos que alegrar y embellecer los últimos dias momentos de su vida."

TESTIMONIO DEL DUQUE DE SUSSEX.

Augusto Federico, Duque de Sussex, era el sesto hijo de Jorge 6°. Rey de Inglaterra. Como su padre y otros hermanos, era tambien miembro miembro de nuestra Órden. Habia sido iniciado en Berlin, en 1789, en la Logia York Real, de aquella ciudad á la edad de veinte y seis años. Desempeñó diferentes oficios en aquel taller y fué una vez, en su calidad de Vigilante, representante de ella en la Gran Logia de Inglaterra. Recibió despues el encargo honorífico de Gran Past Vigilante; y en 1812, fué nombrado Diputado Gran Maestro de Inglaterra por su hermano el Príncipe Regente, que era entónces allí Gran Maestro de la Órden. Habiendo rehusado el Príncipe de Wales, en las siguientes elecciones el encargo que habia desempeñado, recayó este en el Duque de Sussex, quien continuó en él por mas de treinta años, con un zelo y acierto dignos de ejemplo y que seria difícil superar. Durante tan largo período, jamas dejó pasar las ocasiones que se le presentaban para manifestar públicamente su admiracion y respeto por los principios de una institucion, de la cual era gefe en aquel pais y uno de sus mas dignos miembros.

En un discurso que pronunció este distinguido hermano, en Sunderland, en 1839, pagó un justo tributo á la benéfica influencia que la Masonería habia egercido sobre su larga y agitada carrera.

"Cuando pensé," dijo en aquel discurso, formar parte de la Fraternidad Masónica, creí que debia meditar seriamente sobre una resolucion semejante, pudiendo asegurar que desde entónces comprendí ya toda la importancia de los compromisos que iba á contraer, pues alguna experiencia tenia al haber pasado los primeros dias de mi jeventud y contar ya veinte y cinco años. No era para mi este asunto de un interes pasagero. Era sí de gran magnitud y trascendencia pues que habia de ocupar todo el resto de mi vida. He desempeñado con el celo que me ha sido posible, diferentes destinos en la Órden. He ocupado en Logia los puestos de primero y Segundo Vigilante, de Maestro; despues el de Disputado Gran Maestro; y ultimamente el muy honorífico que aun ejerzo hace ya algun tiempo, siendo esta la razon porque, despues de haber estudiado y meditado mucho y reconocido la excelencia de nuestra Órden, diré, que he puesto siempre el mayor cuidado en cumplir con mis deberes como mason y que si he podido serle útil, solo ella hubiera sido capaz de inspirarme el interes que no he cesado de consagrarle."

Encontramos otro pasage de este ilustre hermano en que se expresó de una manera igual y en que ha manifestado igual respeto y veneracion.

"La Masonería," dijo, "es una institucion de las mas perfectas y útiles que han existido y se han podido establecer en obsequio del progreso y bienestar social, no ménos que de la felicidad del género humano, al ser su principal objeto despertar en sus miembros el sentimiento de la benevolencia universal y de mutuo amor entre los hombres. Es tal su poder, que hace consistir en hechos verdaderamente gloriosos, las acciones que en sus hijos sabe inspirar el amor fraternal, acciones que pasan de un extremo al otro de la tierra y son acogidas por todos los hombres virtuosos; circunstancia que es un motivo mas de estímulo para imitar los altos hechos que no cesan de recomendar las virtudes que practica. Nos enseña, ademas, doctrinas sabias ó instructivas, todas conducentes á nuestra felicidad, al mismo tiempo que nos promete recompenzas siempre honrosas y solo dispensadas al mérito y á la honradez. Nos aconseja á obrar con nuestros semejantes, como quisieramos obrasen con nosotros. A no divulgar nuestros misterios, y para que la conducta que ha de ser nuestra guía sea conforme á los principios mas estrictos de la moral que enseña, nos recomienda á la vez el evitar toda bajeza y engaño y á obrar con una conciencia pura y desinteresada." Tambien existe otro testimonio del Duque de Sussex referente al objeto de nuestra Órden y que prueba su adhesion por ella. Sus sentimientos altamente humanitarios y la constancia en sus estudios sobre las antigüedades y símbolos de la Masonería, son pruebas del alto concepto que de ella tenia.

"Como Franc-Mason," dice la Revista Semestral Masónica, "era el mas distinguido de todos sus hermanos modernos. Su grandes conocimientos sobre los Misterios hacia su conversacion instructiva; siendo en ellos bastante extensa su erudicion y no ménos ardiente su deseo de entrar en comunicacion con cualquier individuo de la Fraternidad, de cuyo saber y experiencia pudiera recibir informes referentes á la Órden: tal era el entusiasmo con que á ella se habia consagrado. Recordando aqui con placer, que era tal su afabilidad desde el primer momento en que se le trataba, que hasta cierto punto causaba admiracion el ver que, una persona de su rango, lo fuera en tan alto grado."

"Era estricto observador del siguiente precepto, el cual en cierta ocasion recomendó mucho á la Fraternidad.

"Como los profanos no conocen nuestros misterios se dejan á veces arrastrar de mezquinas preocupaciones y niegan á nuestra Órden la importancia que le es debida. Ninguna ocasion mejor puede presentarse al perfecto Mason que dar una prueba de que es un hombre adornado de las grandes cualidades morales que deben distinguirle y de mostrar que sabe comprender el deber sagrado que la obligacion que ha prestado, exige de él."

TESTIMONIO DEL MARQUEZ DE HASTINGS.

El último Marquez de Hastings, Gobernador General de la India y anteriormente Diputado Gran Maestro de Inglaterra, en un discurso á la Fraternidad sobre los benéficios de la Órden y carácter peculiar de ella, dijo:

"El alto puesto que ocupo reconcentra en mi persona todos los rayos de la Fraternidad, siendo tales los esfuerzos de tantos ilustres hermanos por su gloria, y esplendor que pudieramos asegurar: que reputan este brillante luminar cual si fuese el mismo sol. Respecto á lo que os debo nada podria mejor expresarlo que un apólogo que he oido en Asia y es el siguiente. Es costumbre allí usar en el baño, arcilla perfumada en vez de jabon, y como un poeta no pudiese ménos que manifestar la mas agradable sorpreza al percibir el olor de un pedazo de aquella, suponen que la arcilla contestó: 'solo soy un poco de barro que al ponerme en contacto con la rosa se apoderó de parte de su fragancia.' *Del mismo modo que yo debo á la Masonería, las virtudes que poseo*, prometiéndoos conservar integramente lo que de ella he recibido y es causa de una dicha y satisfaccion incomparables."

Homenage es este, en el cual aparecen unidas la expresion de un profundo convencimiento al estilo elocuente y propio del personage y autor de estas lineas.

TESTIMONIO DE BULWER.

En un banquete que tuvo lugar en la fiesta celebrada en Licoln, con objeto de colocar la primera piedra de un templo Masónico, el célebre novelista, que no era mason, pronunció el siguiente discurso al brindarse por los visitadores que no pertenecian al Órden y se hallaban presentes. Dijo: "Cuando recuerdo cuan antigua es la institucion masónica y el ilustrado empeño del Dr. Oliver por su engradecimiento. Cuando mi escaso mérito literario reconoce en él á un hombre de un saber indisputable, mérito que nadie podrá negarle en aquellos pueblos favorecidos por una ilustracion verdadera, no puedo ménos que participar del mismo celo y entusiasmo. La Masonería que ha atravesado muchos siglos, ha existido siempre; bien en medio de las modernas revoluciones políticas ó cuando las causas que las han ocasionado no eran aun conocidas y unidos siempre sus hijos por los vinculos fraternales del amor mutuo y de la benevolencia, siendo su influencia tan poderosa que domina al furor y zaña del soldado aun en medio del combate. En la última guerra entre Frantia é Inglaterra, se habló del capitan de un corsario ingles apresado por un buque de guerra frances, cuyo comandante reconociendo en su prisionero á un franc-mason le permitió regresar á su pais con toda seguridad. El célebre viajero Mr. Buckinghan sorprendido en la India por una partida de ladrones, fué conducido á la habitacion de unos de ellos, en donde, reconocido como franc-mason fué puesto en libertad, escapando de un peligro cierto. Si actualmente me veis abogando en Lóndres en favor de la temperancia, lo debo á la Masonería que tanto se interesa por esta reforma. Sensible me ha sido no haber asistido á las ceremonias de las primeras horas del dia. No ignoro que los grandes principios que sirven de base á vuestra institucion son la caridad, la benevolencia y el amor fraternal; prometiéndoos desde este momento que ahora asistiré á las ceremonias de apertura de vuestra logia, no bajo el nombre de simple visitador, sino con el carácter envidiable de hermano vuestro."

TESTIMONIO DEL PRESBITERO DR. WOLFF.

El Pbro. Dr. Wolff, misionero célebre, habia sido iniciado en nuestro misterios en Noviembre de 1846, en una Logia cuyo título era "El Amor Fraternal" de Jedville, Inglaterra. Despues de la recepcion y en el momento en que los miembros del taller participaban del refresco preparado de antemano, el Dr. Wolff se dirigió á los hermanos presentes en estos términos: "hacia mucho tiempo que deseaba pertenecer á vuestra respetable Órden y muy fácil me será el prestar en obsequio de ella servicios importantes y el dar á conocer, á medida de vuestro deseo, ciertos particulares que hacen referencia á una antigüedad demasiado remota, manifestando en seguida, que no le quedaba duda alguna de cuan util era formar parte de una asociacion semejante, estantando convencido de que si en sus viajes por Oriente hubiese sido miembro de ella, hubiera sufrido ménos y encontrado un gran alivio en medio de todos sus contratiempos, pues á cada instante le preguntaban si pertenecia á nuestra sociedad: seguro cada vez mas decia, de que si hubiere llevado ese carácter, otras acogidas mas afectuosa le hubieran dispensado en distintos lugares y recibido proteccion; en vez de experimentar agravios y de ver expuesta su vida á los mayores peligros."

Al leer lo que acabamos de exponer y á lo cual no nos seria posible despojar del carácter de verdad con que aparece, estamos de acuerdo con el hermano Moore en la indicacion que hace respecto á que "seria conveniente que los misionarios que recorren distintos paises, sean miembros de nuestra Órden, recibiendo la iniciacion ántes de embarcarse y dirigirse á su destino."

TESTIMONIO DEL REY DE DINAMARCA CRISTIANO VIII.

La Masonería no solo ha sido siempre muy popular en Dinamarca, sino que ha merecido la proteccion mas asidua y constante por parte de los soberanos de aquel pais, quienes á la vez son allí los Grandes Maestros de la Órden. En 1839, ascendió al trono Cristiano VIII. y segun es costumbre recibió los placémes de todos los talleres masónicos del reino. Una logia de Altona, le habia tambien dirigido la mas cumplida felicitacion con tan fausto motivo. El Rey Cristiano contestó, transcribiendo nosotros á continuacion sus mismas palabras, para que pueda formarse una idea de la opinion favorable que aquel soberano tenia de nuestra institucion.

"He recibido con verdadera satisfaccion la plancha que me habeis dirigido en 20 de Diciembre último, en la cual vuestra Logia, bajo el distintivo de "*Carlos* en medio de la Roca" se ha servido felicitarme por mi ascension al trono, en nombre de todas las lógias del reino. El progreso y estabilidad de la Masonéría, como apoyo y sosten de nuestra religion y vehículo el mas á propósito para propagar el amor fraternal, es uno de los mas ardientes deseos de mi corazon, el cual espero me haga merecer la asistencia del Grande Arquitecto del Universo en el gobierno de la lógias de estos dominios, como Gran Maestro de la Órden que soy en la actualidad y encargado en este Oriente de su prosperidad y de la fiel observacion de las leyes y regulaciones que lo gobiernan. La Logia "Carlos en medio de la Roca," por el zelo masónico de sus miembros, no ménos que por sus relaciones fraternales con los talleres simbólicos de la ciudad inmediata, ha sido siempre para mí un objeto de tierna solicitud. Mis desvelos por la Órden son bien conocidos de vosotros. Si quereis una prueba, podeis encontrarla en el favor que me dispensan los hermanos de Hamburgo, al hacer mencion de mi nombre en sus oraciones, suplicando al oficial que preside la Logia "Carlos en medio de la Roca" que exprese la mayor gratitud y reconocimiento á dichos hermanos de Hamburgo, á quienes tambien elevaré en mis súplicas al Grande Arquitecto del Universo, para que sean prósperos y perfectos sus trabajos. Saludo á todos los miembros de vuestra Logia con el mas sincero y fraternal efecto."

CRISTIANO REY.

TESTIMONIO DE LA LANDE.

Fué este célebre astrónomo frances, el que escribió el artículo Fran-Masonería de Enciclopedia Francesa. Un documento literario semejante no podia ménos que haber sido escrito con todo el saber de tan distinguido escritor, documento en que con alguna extension nos hace la historia de la Órden. Hemos tomado de dicho documento los pasajes siguientes, por los cuales verá el lector el concepto que aquel génio, y profundo astrónomo tenia formado de nuestra institucion.

"La sociedad ú Órden Franc-masónica, dice, se compone de individuos unidos por obligaciones que son mutuas entre ellos: tales como las de amarse todos como hermanos, la de socorrerse en casos de necesidad y la de guardar, de un modo inviolable, el secreto de todo cuanto hace relacion á la sociedad."

"Toda institucion cuyo objeto sea ligar á los hombres en obsequio de su bienestar, no puede ménos que ser útil á la humanidad: siendo este un motivo mas de aprecio á que es acreedora la Masonería. El secreto que en ella se observa, no es mas que el medio de unir de un modo mas cordial é íntimo á sus miembros. Mientras mas distante nos encontramos de la multitud, mayor es el afecto que profesamos á aquellos que viven con nosotros. La union entre los individuos de un mismo pais, de la misma provincia, de la misma ciudad y aun de la misma familia, suele solo desarrollarse muy lentamente: en tanto que, la union que practicamos, segun los preceptos de nuestra Órden, ha sido siempre útil á aquellos que han invocado su ayuda; debiendo muchos masones á ese mismo espíritu de union, su fortuna y su existencia.

"Las obligaciones que contraen los masones tienen todas por objeto la virtud, su pais y la Órden. Los informes que preceden á la admision de candidatos, asegura en general el acierto necesario en este caso y las pruebas que se practican en el curso de la recepcion, son medios que se emplean para probar la constancia y valor que exige la inviolabilidad del secreto y la práctica no interrumpida que la Órden prescribe á sus adeptos: consiguiéndose de este modo formar una sociedad ciudadosamente preparada, firmemente establecida y cuyos miembros son todos escogidos."

TESTIMONIO DE MADAME STAEL.

La Baronesa de Staël Holstein, en su obra sobre la Alemania, se expresa de la manera siguiente sobre lo que ella considera como "la mas antigua y secreta de las Sociedades, la Franc-Masonería." Estas son sus palabras:

"Esta institucion se presenta con un carácter mas grave é imponente en Escocia y Alemania, que en Francia; y parece haber sido en el segundo de los paises mencionados, en donde especialmente tuvo orígen, pasando de allí á Inglaterra llevada por los Anglo-sajones y cobrando nueva vida á la muerte de Carlos 1º. por los esfuerzos de los partidarios de la restauracion, quienes, al efecto de restablecer á Carlos Segundo en el trono, acostumbraban celebrar sus reúniones en la iglesia de San Pablo de Lóndres. Hay motivo tambien para creer, que los Franc-Masones, en particular los de Escocia, están ligados en cierto modo á la Órden de los Templarios.

"La obra de Lessing, en un diálogo sobre la Masonería, es notable en mas de un concepto. Cree aquel escritor que dicha sociedad tiene por objeto el estrechar mas los vínculos de union entre los hombres á despecho de todos los obstáculos que la sociedad opone á una idea semejante; porque si es verdad que el estado social tiene sujetos á los hombres por la autoridad de la ley, en él están separados, no obstante, por el rango y gobierno en algunos paises.

"El espíritu de union y concordia, que se aprende en la sociedad de los Franc-Masones, es imágen verdadera de la edad de oro, á lo cual podemos añadir otras muchas doctrinas útiles y morales que aquella encierra. Hay ademas otra razon en favor de tal institucion. No podemos negar que expresan algun objeto importante todas las sociedades secretas de igual naturaleza, pues que en todas ellas aparece revestirse la inteligencia de cierta independencia que la rehabilita en la conciencia misma de cada asociado, contribuyendo sus trabajos al progreso de las ciencias; porque en ellas el hombre es mas libre para pensar, las ideas mas espontáneas y en donde el entendimiento se habitúa á forman juicios sólidos. Es tambien posible que los principios de igualdad democrática, hayan sido propagados en esta clase de sociedades, en las cuales aparece el hombre tal cual es y no segun el rango que suele ocupar en muchos pueblos."

"Tambien nos enseñan sociedades como esta, el poder que da el número y la union; y la debilidad de los simples particulares que son en medio de la sociedad la expresion de seres abstractos en sus relaciones mútuas. En este concepto, la sociedad masónica no puede ménos que ejercer un poderoso influjo en el Estado; al mismo tiempo que necesario es hacerle justicia y reconocer, que la Franc-Masonería solo se ocupa de objetos puramente religiosos y filosóficos."

"Sus miembros están divididos en dos clases á saber: en Masones Filosofos y en Masones Herméticos."

"El objeto de los primeros es la construccion de un templo inmaterial ó lo que es lo mismo, la perfeccion del alma humana; y los segundos, el estudio y práctica de conocimientos que descansan en ciertos secretos referentes á fenómenos de la naturaleza. La hermandad de los Rosi-Crucians, entraba á formar parte de los grados de la Sociedad de los Franc-Masones y fueron todos alquimistas en su orígen. Han existido en todos tiempos y en todos los paises sociedades secretas, cuyos miembros han tenido particular empeño en sostener la doctrina de la inmortalidad del alma, animándose mutuamente para no decaer en ella y conservarla en toda su pureza. Los misterios de Eleúsis, entre los Paganos, y la secta de los Esenios entre los Hebreos, estaban fundados en esta doctrina, la cual ocultaban lo mas que podían para no profanarla, evitando el revelar sus misterios á individuos extraños á su sociedad. Treinta años hace que tuvo lugar en Vilhelmsbad una asamblea de Franc-Masones, presidida por el Duque de Brunswick. Tenia por objeto la reforma de la Franc-Masonería en Alemania. Segun algunos, las opiniones místicas en general y en particular las de los miembros de la sociedad de San Martin, ejercieron un gran influjo en ella. Las instituciones políticas y relaciones sociales, aun aquellas de familia, solo nos dan idea de la exterioridad de la vida. Asi es que, ha sido cosa muy natural, que, todos aquellos hombres que han sentido en si mismos la posibilidad de reconocerse de un modo mas intimo y que poseian un carácter elevado, se hubiesen desde luego reputado como miembros de una misma familia y establecido ciertos signos y emblemas que sirviesen entre ellos como de medios de reconocerse y que los distinguiesen del resto de sus semejantes. Estas asociaciones secretas degeneraron con el tiempo; aunque sus principios conservaron el mismo vigor y poder de entusiasmo que la sociedad masónica ha sabido conservar en todos tiempos."

TESTIMONIO DE KOSSUTH.

El célebre patriota húngaro Luis Kossuth y varios individuos de su comitiva, asistian el 28 de Febrero de 1852, á una tenida que celebraba la Logia Central No. 23 de Indianápolis, Indiana; y como en aquella ocasion, patriota tan distinguido, pronunció un breve discurso referente á nuestra institucion, creemos conveniente extractar una parte de él, para dar á conocer su opinion sobre el objeto que nos ocupa.

"La fraternidad masónica," decia, "ha tenido en todos tiempos por objeto mejorar la condicion del género humano, debiendo sernos muy satisfactorio el vernos aquí reunidos como hermanos, animados de igual deseo y concurriendo á un mismo fin. No será necesario recordaros cuan grato nos debe ser la idea de la remota antigüedad que cuenta nuestra Órden; pero sí repetiros, que la excelencia de sus preceptos y moral sublime, harán apreciar á sus adeptos por sus tendencias filantrópicas ó importantes trabajos. Si quereis un ejemplo, en mi tendreis el de un proscripto que sin patria y sin hogar é implorando la hospitalidad extrangera, los recursos con que subsistir y la proteccion de las leyes, se encuentra en este momento en medio de amigos verdaderos y hermanos respetables de nuestra Orden."

En otra ocasion análoga, en San Luis, Mo., dijo: "Si todos los hombres fueran Masones, ah! que república por gloriosa y extensa que fuera, podria compararse con la humanidad!

TESTIMONIO DE UN PADRE Á SU HIJO.

El 5 de Noviembre de 1853, la Gran Logia de Alemania fué convocada para una comision especial al Palacio Real de Berlin y á nombre de su protector el Príncipe heredero Carlos de Prusia, el cual queria iniciar en los misterios de la Masonería á su hijo el príncipe Federico Guillermo. Presidia los trabajos el Hermano Busch, Gran Maestro y se encontraban presentes casi todos los oficiales de las tres grandes Logias de aquella capital.

Manifestó su Alteza Real á la Gran Logia, que su hijo el Príncipe Federico hácia mucho tiempo que deseaba ser miembro de la Fraternidad; pero que como no tenia cumplida la edad que se exigia para ser iniciado, pues solo contaba veinte y dos años, ántes de complacerle y no pareciéndole conveniente acceder por sí solo á una dispensa semejante, convocaba la Gran Logia con el propósito de que admitieran á su hijo en la Órden, haciendo presente las cualidades que le adornaban para poder ser admitido y asegurando que seria un miembro útil. Dijo ademas, que habia preferido este taller masónico por haber sido iniciado en él, suplicando al Gran Maestro que procediese en seguida á la recepcion.

El Príncipe Federico Guillermo obtuvo la dispensa, pasó por las pruebas de los tres grados simbólicos y recibió el sublime grado de Maestro.

Concluida la Ceremonia, el príncipe heredero padre del agraciado, dirigió á su hijo las palabras que siguen, las que creemos dignas de conservarse como un testimonio elocuente en favor de la Masonería.

"Fué siempre vuestro deseo el iniciaros en los Misterios de la Franc-Masonería y debeis estar satisfecho. Se han practicado con vos las ceremonias que se acostumbran en estos casos ó iguales á las observadas al recibirme yo Mason. La iniciacion, sin embargo, no ha sido como otras veces dilatada y severa, segun se requiese; aunque bastará lo que en ella habeis visto para tener una idea de lo grande, santo y sublime, de la institucion masónica. Solo seria posible al hombre encontrar por medio de ella el camino verdadero que conduce á todo lo que es noble y grandioso; y perteneciendo ya á la Órden de los Franc-Masones debeis dejaros guiar por las ideas elevadas que ella inspira y poner en práctica todas las virtudes que recomienda. Personas estrañas á nuestra Órden, han tratado de hacer recaer sobre ella sospechas injustas ó inconsistentes; porque mal podrian juzgar una institucion que no conocen. Respecto á mí, declaro que son en mi concepto tanto mas injustificables, cuanto que conozco bien las doctrinas y principios saludables, de nuestra Órden. Pueda el tiempo convenceros que os habeis tambien penetrado de los fines altamente benéficos que se propone y que sabreis dispensarle la proteccion que de vos espera. El comun de los hombres suele desdeñar institucion tan santa al verla rodeada del secreto y de otras precauciones, sin tomarse la pena de convencerse por sí mismos de si son necesarias en ella. Obstinados y sordos á todo razonamiento, no se detienen y examinan los principios que la gobiernan, tal vez por el temor de verse desengañados. Espero que sereis el mejor apoyo y el protector mas decidido de nuestra Órden, para que no solo podais contar con seguridad sobre el porvenir que os aguarda; sino para que tengais la satisfaccion de que encuentren en vos el mas firme y constante apoyo de la Virtud y de la Verdad."

TESTIMONIO DEL REVERENDO JETHRÓ INWOOD.

En un sermon predicado en Gravesend, Inglaterra, el dia de San Juan Bautista, en 1793, aquel Provincial y Gran Capellan del condado de Kent, se expresó en estos términos.

"La institucion masónica, léjos de ser contraria, ni oponerse de modo alguno á nuestra augusta religion, bien sea respecto á nuestros deberes hácia á Dios ó á los que debemos al hombre, recomienda muy eficazmente la práctica de sus santos preceptos," añadiendo en seguida, "que debia ser creido, supuesto que por el carácter que revestia, no debia suponerse que faltase á la verdad y mas al hallarse en presencia de la Divinidad."

TESTIMONIO DEL REVERENDO MR. DODD.

Este ministro distinguido de la Iglesia anglicana, tan conocido por sus talentos, como por sus desgracias, nos ha dejado el elogio siguiente sobre la Masonería que trasladamos á continuacion.

"La Franc-Masonería es una institucion benéfica por excelencia, en donde se confunden todos los rangos, se concilian tambien todas las opiniones y que induce á todos aquellos que han sido formados por nuestro Padre celestial, á reconcentrarse en un solo deseo y un mismo fin, cual hermanos ligados estrechamente por este lazo indisoluble: el amor á Dios y á sus semejantes.

TESTIMONIO DEL REVERENEO DR. GRIWOLD.

Este piadoso y sabio obispo protestante de Massachusetts, era no solo mason en el nombre, sino tambien muy celoso en el cumplimiento de sus deberes. En una interesante obra titulada "Hojas sueltas del libro de Memorias de un Franc-Mason" encontramos un hecho referente á dicho prelado que nos prueba toda su veneracion por nuestra Órden, sucedió que: durante la efervecencia antimasónica que tuvo lugar en los Estados-Unidos de la América del Norte, un ciudadano bastante rico se acercó al Dr. Griwold con objeto de enterarle de voces que corrian respecto á uno de los clérigos de su diócesis; de quien se aseguraba que era mason, lo que si era cierto, provocaria toda su indignacion.

"¿Pues que," contestó el prelado, "la sola falta de que se le acusa es la de ser Franc-Mason? En tal caso, tambien lo soy yo; siendo mi mayor deseo el que todos los demas perteneciesen á la Fraternidad masónica á condicion de que cumpliesen religiosamente con sus obligaciones al hacerse miembros de Órden tan respetable."

TESTIMONIO DEL DR. HORSELEY, OBISPO DE ROCHESTER.

Este distinguido prelado de la Iglesia Anglicana, era miembro del parlamento cuando en 1799, á consecuencia de ciertos temores que preocupaban al gobierno inglés á consecuencia de la existencia de varios clubs de jacobinos se iba á adoptar en las cámaras la ley que prohibia las sociedades secretas. Aprovecharon esta ocasion muchos nobles para hacer él elogio de la institucion masónica, dando una idea del benéfico objeto que se proponia. Entre ellos estaba el obispo de Rochester, que no titubeó en manifestar que era mason entusiasta por la Órden y dijo: "que no solo se hallaba muy versado en los misterios y prácticas de la fraternidad y que estaba de acuerdo en todo cuanto se habia dicho respecto á la pureza con que en Inglaterra era practicada, sino que tambien reconocia los efectos saludables y positivos que nacian de ella. Que nada existia en sus principios y usos que de modo alguno fuese contrario á la religion, al gobierno y á la patria, y que mas bien era un apoyo con el cual podian contar las sociedades en que existian; en fin, que no creia que nadie pudiese dudar de la bondad de ellas siendo tan recomendables sus principios."

Despues de reclamaciones como las indicadas, hechas por miembros influyentes del Parlamento, este cuerpo no solo respetó nuestra Órden entónces, sino que al sancionar la ley contra las sociedades secretas, añadió varias clausulas protectoras en favor de la misma.

TESTIMONIO DEL REVERENDO TADEO MASON HARRIS.

Este eminente y piadoso sacerdote de Massachusetts, fué uno de los mas infatigables obreros de nuestra Órden. Poseia el vigor intelectual, una reputacion inmaculada y el grave carácter que son dignos de ofrecerse como ejemplos en el altar de la Masonería. Como prueba de su celo y de la excelencia de esta institucion, conservamos el fragmento de un discurso que pronunció al consagrarse la Logia "Rama de Oliva" de Oxford Massachusetts en 1798. Atravezó con paso firme el período de efervecencia anti-masónica de que hemos hablado y continuó adicto siempre á los principios de la Órden, muriendo en 1842, á la edad algo avanzada de setenta y cuatro años, en cuyo período se encontraba encargado de los fondos de caridad de la Gran Logia de Massachusetts. Su discurso fué el siguiente:

"La Franc-Masonería sabe inspirar á sus miembros ideas verdaderas respecto de la Divinidad y del ejercicio de la caridad mas disinteresada, reconociendo y reverenciando á la primera como al Grande Arquitecto de la Naturaleza, fuente de toda vida, órigen increado de todo lo que existe y gérmen y principio de todas las virtudes."

"Es á ella á quien debemos el interes con que nos apresuramos á llenar nuestros deberes; á crear aquel encanto que solo puede hacernos grata la vida; á despertar en nosotros los mas nobles sentimientos de abnegacion y á alejar al mismo tiempo toda idea mesquina y preocupacion injusta dotándonos de la mas ilimitada benevolencia."

"Inútil fuera decir, que son pacíficos los designios que la guian y que se une á la religion para calmar nuestras pasiones, conservar la armonía entre los hombres y conciliar sus mas opuestos intereses. El solo sentimiento que la anima es el amor de la humanidad y la filantropía hácia sus semejantes, resorte propio y peculiar de la caridad evangélica que liga mas intimamente á los hombre entre sí, y trata de encarnar en ellos las virtudes que recomienda en medio de las afecciones recíprocas y de los negocios mas comunes de la vida. Es esencialmente dulce y humana. No encontrariamos en ella sino amor y sabiduría. Su divisa es concordia y benevolencia. Y si en una mano vemos que ostenta una rama de Oliva, en prueba de que su mision es de paz; en la otra nos ofrece el emblema de la Caridad, su orígen celeste."

Terminamos esta breve exposicion de testimonios de varios partidarios de nuestra Órden con "estos acentos que parecen salir del sepulcro" por la edad avanzada que contaba su autor. Haremos tambien mencion de los comprobantes que ofrecen nuestros enemigos y que hemos podido conservar.

TESTIMONIOS DE ENEMIGOS DE NUESTRA ÓRDEN.

No siempre el juicio emitido por los enemigos de nuestra Órden, ha sido desfavorable á esta institucion como ellos hubieran deseado. Muchas veces han tratado aquellos de condenarla como á un objeto de animadversion pública, cuando solo hacian su mas cumplido y entusiasta elogio. La razon de semejante anomalía, es la siguiente: que la Masonería bien puede ser calumniada por sus detractores, quienes por mas esfuerzos que hagan no podrán negarle que en todos tiempos ha sido el solo resorte que entre los hombres ha calmado las pasiones y extinguido los odios inveterados y espíritu de venganza. La apologia que de ella nos han dejado, es de tanto mas importancia, cuanto no son miembros entusiastas de la Órden sus panegíristas, sino enemigos de ella, no obstante si se quiere las preocupaciones que pudieran impedirles el elevar un culto á la verdad.

Uno de los mas encarnizados enemigos de nuestra institucion, fué el Abate Barruel, quien, á fines del último siglo, publicó sus "Memorias sobre el Jacobinismo," en las cuales trataba de probar que el objeto principal de la Institucion Masónica era el de conspirar en contra del trono y del altar ó intentar destruir el órden social, bastando cerciorarse de la impudencia con que escribió y los hechos falsos y calumniosos que inventa para probarnos lo que dice, para condenar á un desprecio merecido dicha obra; siendo por otra parte muy conocido el carácter de aquel escritor, para que pudieramos libertarle de la nota de impostor en que ha incurrido en el ensayo anteriormente citado. No obstante, como la verdad es superior á todo, el abate Barruell, arrastrado por la poderosa influencia de nuestra Institucion, no ha podido ménos que hacer justicia á su bondad á la par de los ataques que le dirigia.

"Inglaterra en particular" estas son sus palabras, "encierra muchos de aquellos hombres honrados que á la vez que son excelentes ciudadanos que pertenecen á diversos rangos de aquella sociedad, tienen tambien un verdadero orgullo en ser franc-masones y en distinguirse por los lazos que intimamente los unen en el ejercicio de la caridad y del amor fraternal. No digo esto, por el temor de que callando ofenda á una nacion que me sirvió de asilo y protege la institucion masónica; porque en tal caso parece que la gratitud debia ser un estímulo mas que me hiciese olvidar toda otra consideracion y me obligara á exclamar en las calles de Lóndres, que Inglaterra corría un peligro inminente y estaba expuesta á los efectos de la Revolucion Francesa, si sus logias masónicas eran idénticas á aquellas que acabo de condenar. Diré mas: que la religion y el gobierno de Inglaterra hubieran desaparecido si los masones ingleses participasen del mismo espiritu de secta de dichas logias, pues grande es el número de las que allí existen para que guiados sus miembros por un propósito igual al de las logias secretas de Francia, no hubieran realizado su intento si lo hubieran deseado."

"Esto basta para poner á cubierto en general á los masones ingleses de lo que llevo expuesto respecto al influjo perjudicial del espíritu de secta. La historia de la Masonería contiene otros pasages que merecen tambien ser exceptuados y tal es el siguiente. En los momentos en que los Iluminados en Alemania, la mas detestable fraccion del Jacobinismo, trataban de aumentar su fuerza y número con la ayuda de los Masones, miraban con el mayor desprecio á las Logias Inglesas."

La verdad es que el Abate Barruel era opuesto á la forma repúblicana y confundía las sociedades políticas secretas de Francia ó Inglaterra, con las Logias Masónicas, imputando á estas últimas todas las acusaciones que un escritor mejor informado, hubiera hecho recaer sobre las primeras.

El profesor Robinson, de Edinburgo, á semejanza del Abate Barruel, era uno de los enemigos de nuestra Órden, llegando hasta asegurar que la Masonería era una sociedad política establecida con el objeto de destruir la Iglesia y el Estado y como ántes llevamos dicho, publicó un volúmen en octavo, con el título de "Pruebas de la conspiracion fomentada en las reuniones secretas de los Franc-Masones, Iluminados, &., contra los Gobiernos y Religiones de Europa," con la mira de propagar una idea semejante entre lectores interesados en creerlo. Confundió, como Barruel, el Iluminismo y Jacobinismo con la Franc-Masonería, y despues de agotar razonamientos inútiles y querer asimilar nuestra Órden con otras sociedades que esta nunca ha reconocido como masónicas, no pudo ménos que convenir en la pureza é integridad de los verdaderas logias masónicas que conocia.

"En tanto," decia, "que los Franc-Masones del continente cometian abusos escandalosos á pesar de sus estrellas y cordones ó bien se entregaban en las logias á todo género de excesos, convirtiendo las mismas en seminarios de libertinage é impiedad, la Franc-Masonería conservó en Iglaterra su forma sencilla y original, continuando sus talleres siendo la morada de recreaciones inocentes ó bien de reuniones que no tenian por objeto mas que la Caridad y Beneficencia."

Es en verdad sorprendente que hombres como Barruel y Robinson, que se reputaban el valer algo é hiciesen alarde de ser buenos dialécticos, hubiesen incurrido en errores propios solamente de inteligencias vulgares, osando imputar á la Masonería calumnias tan odiosas como inadmisibles. Si las logias de Inglaterra, como ellos dicen, conservaron la forma original y el designio verdadero de la Masoneria primitiva; si segun nos dice el primero, eran dichas logias asociaciones de miembros que estaban intimamente ligados por el doble vinculo de la caridad y del amor fraternal, y segun el último no tenian sus reuniones otro objeto que practicar esa misma Caridad ó beneficencia universal; si segun uno y otro, las sociedades secretas del continente [que ellas, como hemos dicho, equivocadamente confundian con la Masonería], eran solo un mero simulacro de esta institucion, la consecuencia que pudieramos deducir de todos sus argumentos es la siguiente: que la Franc-Masonería cuando se presenta sin alteracion alguna en sus formas y esencia ó lo que es lo mismo, con toda la pureza que debe caracterizarla, es solo una institucion de caridad de carácter inofensivo y que no se la debe confundir con sociedades que por sus fines son diametralmente opuestas á la índole conciliadora y humanitaria de sus principios.

Conclusion semejante no deja lugar á duda. Si se pretende que alguna vez la Masonería ha degenerado de sus principios ¿ de qué institucion no han abusado los hombres durante el largo período de su existencia? Hicieron un uso impropio de la libertad y abortaró la anarquía: la fé entre ellos ha dado orígen al fanatismo; y la religion tan santa en sí misma, como necesaria á nuestra felicidad presente y futura, la hemos visto desnaturalizada por el falso colorido de la superticion. Fué el espíritu inmoderado de libertad el que en Francia originó la época del Terror y otros horrores de la revolucion. La vehemencia de las ideas filantrópicas nos han traido las leyes agrarias; y el socialismo y el génio santo y puro del Cristianismo, monstruos semejantes al Milerismo y Mormonismo. Siendo un hecho, que lo mas que hubiera podido Barruel y Robinson conseguir era inscribir nuestra Órden en la comun categoría de las otras instituciones humanas. No obstante, una verdad se desprende del juicio que acabamos de exponer y es que las obras de ambos autores las cuales contienen injustas acusaciones en contra, son una exposicion inexacta de la Institucion, blanco de sus aseveraciones; y que al identificar las sociedades políticas de Francia y Alemania, con las logias masónicas, han tratado de hacer cómplices á estas últimas de faltas cometidas por las primeras, desdeñando la veracidad que debe adornar á todo escritor público en asunto tan importante y que tanto interesa á millones de hombres.

Guillermo Wizt, Procurador General de los Estados-Unidos, solo tenia el grado de Aprendiz. Habian pasado treinta años y ningun celo habia manifestado por la institucion de que era miembro renunciando á tal carácter, cuando en 1831, fué nombrado presidente de la convencion antí-masónica de Baltimore. En la carta que escribió aceptando el cargo que se le hacia, se expresó de manera que demostró una ignorancia completa respecto del espíritu y tendencias de nuestra Órden. Si no nos olvidamos de la época de efervencia política en que escribia, de los motivos poderosos que pudieron despertar en él preocupaciones que entónces ejercian un grande imperio en muchos de sus conciudadanos y del aliciente del destino que se le ofrecia, nada extraño debe parecernos una conducta semejante. Sin embargo, la confesion que á pesar de todo hace en favor de la Masonería, nos han inducido á dar cabida en un trabajo, que consagramos á la defensa de aquella, á la carta que ántes mencionamos y es como sigue:

"Muchos masones me han dicho repetidas veces, que mis ojos no habian visto todavia la verdadera luz; por no poseer aun el grado de Maestro, siendo la causa de no haberlo solicitado el no inducirme á ello la curiosidad. Treinta años hace que no he vuelto á ningun taller masónico. Esta falta de asistencia, sin embargo no ha nacido en mí de motivo alguno que haga desmerecer á las Logias, ni ménos de que exista en ellas algo que se oponga, ni sea contrario á la fidelidad que deoemos al pais, ni á sus leyes. Habia recibido los mejores informes de la institucion por conducto de un caballero digno de toda confianza, el cual me aseguró: que nada debia temer respecto al cumplimiento de mis deberes como ciudadano y hombre religioso, y esta consideracion y la de contar aquella un número considerable de miembros ilustres naturales de Virginia, entre ellos al General Jorje Washington, me hicieron deponer toda duda y entrar en la asociacion. Desde entónces he creido siempre que la Masonería es una sociedad de carácter pacífico y benéfico, cuyos miembros se distinguen por la bondad de sus sentimientos y la asiduidad en socorrer á sus hermanos en desgracia. Es en tal concepto, que me es muy extraño la animosidad que existe contra dicha institucion en los Estados del Norte y del Sur, cual si fuera una sociedad política ó un enemigo á quien pudiéramos temer. He oido decir que Morgan habia desaparecido, tal vez asesinado por Masones, al haber revelado los secretos de la institucion; pero si tal ha sucedido es de creer que los autores de un hecho semejante, serian pocos hombres de pasiones exaltadas y que cometieron el crímen expontáneamente y sin la aprobacion de ninguna Logia."

Continuó diciendo: que luego ya no pensó del mismo modo por haber *un miembro* de la Convencion anti-masónica de Baltimore asegurádole, que la muerte de Morgan no era el hecho de un ignorante, sino de las Logias que habian al efecto contribuido con dinero, las cuales encerraban en su seno hombres de todas profesiones y tambien criminales.

Veamos como termina la carta que hemos empezado y si no es su conclusion un documento de gran importancia para nosotros.

"No obstante, dice, si fuera posible un atentado semejante, necesario seria suponer que tales fueron los principios masónicos profesados por Jorge Washington. El hecho no seria posible. Tal sospecha seria homicida. Nunca creeria que en aquellos lugares de la Union que me son mas conocidos, existan hombres inteligentes y honrados que hayan sido capaces de contraer una responsabilidad como esta, ni ménos que hubieran podido tener la conviccion de que al dar cabida á tan negra acusacion, cumplian con los preceptos de la ley divina, ni con los deberes de ciudadano."

El Gobernador Lincoln, de Massachusetts, enemigo declarado de la Franc-Masonería, y *sincera y ardientemente interesado en la disolucion de la Sociedad Masónica*, nos ha dejado en una carta, escrita en 1831, á la Convencion anti-masónica de Massachusetts, lo que sigue:

"No seria posible negar que entre los masones se cuentan ciudadanos leales y verdaderos patriotas, quienes si bien existen aun ligados á la Fraternidad, no han perdido el amor á su pais, ni á quienes el lazo místico ha inducido á faltar á la moral pública, los cuales tampoco aceptarian, ningun compromiso que fuese contrario á los sagrados deberes de ciudadanos."

Durante la última efervecencia anti-masónica ocurrida en New York, el senado de esta ciudad nombró un comité de investigacion compuesto de miembros enemigos de nuestra Órden, de cuyo informe tomamos lo siguiente·

"Los hombres, dice aquel documento, que pertenecen á la institucion son todos honrados y virtuosos, asegurándolo asi no solo por las noticias que tenemos de muchos de ellos, sino por que no nos deja lugar á duda el excelente concepto que nos merecen los parientes, y amigos de aquellos."

Fácil es concebir el conflicto en que estaria el comité al ver sentado el precedente de ser inmoral aquella institucion y serles necesario informar lo contrario; no pudiendo negar que los miembros que la constituian eran todas personas dignas y recomendables.

A mas se han atrevido los enemigos de la Masonería, sucediendo muchas veces que aquellos mismos que mas la han combatido, luego se han retractado y solicitado ser admitidos en la Fraternidad. La historia de la Órden nos ofrece ejemplos frecuentes de esta verdad, en que se ha repetido la parábola del hijo pródigo.

En 1796, un tal Cadet de Gassicourt, publicó en Paris una obra titulada "El Sepulcro de Santiago Molay" en la cual, aceptando todos los errores de Barruel y Robinson, emitia la acusacion de ateismo y conspiracion contra la Órden, al mismo tiempo que denigraba al caballero Ramsay, inventor de ciertos grados masónicos, suponiéndole libertino y traidor. Despues Gassicourt reconoció su error y en 1805, solicitó ser admitido é iniciado en la Logia "Abeja," de Paris, en donde despues desempeñó el oficio de Orador y Maestro, no cesando de recomendar una institucion que habia atacado cruelmente cuando no la conocia, pronunciando en una ocasion solemne en discurso en el cual hacia el elogio de Ramsay á quien ántes habia anatematizado.

Otra retractacion parecida tuvo lugar en este pais, (Estados-Unidos) y como las circunstancias que concurrieron no pueden ménos que ser de algun interes al lector, pasaremos á referirlas.

En la época de la excitacion anti-masónica, ocurrida en este pais, Mr. N—— miembro de una logia masónica de —— una de las ciudades de los Estados de Nueva Inglaterra, olvidando sus deberes masónicos firmó una de las circulares que corrian escritas en contra de la Masonería por tránsfugos como él, los cuales entónces abundaron en extremo. Poco años despues, viajaba el mismo individuo por las regiones del Oeste y cayó enfermo en una aldea lejana y en donde á nadie conocia. Hizo llamar á un médico, y mientras este preparaba la medicina que habia recetado al paciente, hizo éste último tales indicaciones que el médico que era Mason, se apercibió al momento, reconociéndole como hermano inmediatamente. Fué lo cierto, que los Masones del lugar sabiendo por el médico indicado que allí habia un hermano enfermo [é ignorantes de su apostasia], se dirigieron á donde este se hallaba en cama y desamparado, le prodigaron muchas atenciones y le colmaron de las mayores bondades.

Restablecida la salud de Mr. N—— regresó á su residencia profundamente reconocido de la afectuosa hospitalidad que habia encontrado entre aquellos miembros de la Fraternidad, escribiendo una carta á la logia en que habia sido recibido Mason á la cual expuso todo lo ocurrido, expresando al mismo tiempo el mas sincero arrepentimiento por su conducta pasada, impetrando el perdon y su admision nuevamente en la Fraternidad. La carta fué remitida á la Gran Logia del Estado la que impuesta de ser Mr. N—— una persona recomendable, fué admitido por dispensa de aquel cuerpo masónico, mediante lo arrepentido que estaba de su apostasía.

22

BIOGRAFÍA

DE

FRANC-MASONES CÉLEBRES.

OBSERVACIONES PRELIMINARES.

TAL habia sido la voluntad del primero entre todos los sabios, tal la palabra inspirada por el creador de tantos mundos, del Grande y Sublime Arquitecto que formó y pobló de seres sensibles ó inteligentes al mundo que hoy habitamos. Fué ese creador y maestro del Universo el que les hizo el presente de un destello de la luz divina que sostiene y vivifica á la naturaleza; de ese fuego que anima á la materia y y despierta á la inteligencia; de ese agente podereso, de ese gusto y génio que hicieron brotar las primeras artes ó indicaron á los hombres las ciencias abstractas. Las ciencias, las artes y el génio, son obra tuya ó Grande Arquitecto del Universo! ¿Es acaso el firmamento el solo testigo ó intérprete de tu poder? ¿No eres tú quien inspiras al poeta? Si el entusiasmo y númen se apoderan de él ¿no es á tí á quien debe su inspiracion celeste, al espectáculo de esos luminares flotando en el espacio ó á la vista de esos tesoros de la tierra que le alimentan? *Fiat lux*, dijiste y salió del cáos la inteligencia. *Fiat lux*, y viste al hombre convertido en historiador, poeta y músico. *Fiat lux*, y hele tambien Mason. El recuerdo del justo no perecerá, no, Arquitecto supremo; ¿pero en donde podremos encontrarlo? Sin duda que son los reyes, los legisladores y los héroes que han gobernado y juzgado á los humanos con equidad y justicia; el padre que ha amado y educado bien á sus hijos; el labrador y el pastor que ofrecen al cielo el fruto de sus labores, sus penas ó inocentes placeres; el hombre honrado, el buen ciudadano y el Mason humanitario, que no se han apartado de este principio sublime de moral: *no hagas á otro lo que tú no quisieres para tí;* el poeta que ha cantado á los Dioses y alabado la virtud y el artista, en fin, que hubiese consagrado á ésta sus himnos ó inspiraciones, modulados sobre su lira, arpa ó instrumento de su eleccion. Nadie podrá negar, que las virtudes y el génio inmortalizan; y que el recuerdo del justo que las posee no morirá jamas.

BIOGRAFÍA

DE

EMPERADORES, REYES Y PRINCIPES

QUE EN EUROPA HAN DISPENSADO

ESPECIAL PROTECCION A LA FRANC-MASONERIA.

Askeri-Khan, príncipe de la familia imperial de Persia, tio del emperador reinante y su embajador en Francia en tiempo del Emperador Napoleon 1º. fué iniciado en los misterios de la Masonería en la Logia real escocesa, bajo el nombre de Contrato Social y de San Alejandro de Escocia, en tenida celebrada el 24 de Noviembre de 1809. Este ilustre personaje, de edad de treinta y cinco años, contestó como sigue á las preguntas de costumbre que le hizo el hermano Thory, venerable de la Logia. "Señor, si el cielo ha podido concederme la gloria de un orígen ilustre, nunca podria, sin embargo, deslumbrarme el brillo de una grandeza efimera que algun dia ha de desaparecer conmigo en el sepulcro, siendo mi solo deseo llegar á poseer el bien mucho mas codiciado, preferente y verdadero de vivir entre vosotros, de gozar de vuestro aprecio y de compartir con vosotros el agradecimiento de los desgraciados á quienes socorreis. He oido siempre tributar grandes elogios á los Franc-Masones y no puedo ménos que desear, con un verdadero placer, el pertenecer á una asociacion de hombres que solo se reunen para poner en práctica todas las virtudes y ejercer en particular la caridad." El príncipe, despues de la recepcion, dió las gracias á los hermanos que se hallaban presentes en estos términos. "Os prometo fidelidad, amistad y aprecio. Permitidme que os ofresca un presente digno de verdaderos franceses, aceptando este sable que me ha acompañado en veinte y siete batallas; y pueda este homenaje convenceros de los grandes y elevados sentimientos que me habeis inspirado, no ménos que de la grata satisfaccion de pertenecer desde ahora á vuestra Órden." Nada se omitió en la recepcion de este príncipe, para hacerla lo mas imponente posible, siendo causa de la admiracion del Neófito aun lo que en tales casos miramos como accesorio; porque hasta la pieza destinada como lugar de descanzo se hallaba adornada con tal lujo asiático, que el príncipe no pudo ménos que exclamar: "creeria encontrarme en Persia. Bien veo que me hallo en medio de mis amigos."

BERNARDOTE (Juan Bautista Julio), Rey de Suecia y de Noruega, bajo el nombre de Carlos Juan, habia nacido en Po, el 25 de Enero de 1764. Ilustre general del ejército frances, fué electo rey por el pueblo que supo apreciar su aptitud y conocimientos militares; no ménos que por la voluntad del que fué árbitro de los reinos é imperios. Franc-Mason desde ántes de ser elevado al trono, fué siempre amigo y protector de nuestra institucion, como lo habia sido su real predecesor. Su hijo el príncipe Oscar, es Gran Maestro de las Logias de Suecia.

BONAPARTE, conocido por Napoleon el Grande. Salia apenas nuestra Órden del estado de inaccion en que la habia sepultado la époaa del terror y anarquía de la Revolucion, cuando el general Bonaparte, primer consul, ceñia la diadema imperial, bajo el nombre de Napoleon 1º. Se sabe de una manera positiva que Napoleon al tomar el mando del ejercito de Egipto fué iniciado en Malta, en la residencia que de paso hizo en aquella is la. Electo emperador, se declaró protector de nuestra antigua institucion, confiriendo el título de Gran Maestro á su hermano mayor José, Rey de España; el de segundo Gran Maestro adjunto, á su cuñado Jaoquin Murat, Rey de Nápoles; y el de primer Gran Maestro adjunto, al príncipe de Cambacieres, primer Canciller del Imperio. La emperatriz Josefina, que en 1815 se encontraba en Strasbourg, presidió la tenida de la fiesta de adopcion de la Logia *Franc-Chevaliers* de Paris, unida á las Lógias de Strasbourg. Fué el período del gobierno imperial bello y floreciente para la Masonería, muchos y bien decorados los talleres y numerosos los miembros que contaba, casi todos personajes ilustres, á saber: príncipes, ministros, funcionarios públicos, generales, magistrados, jurisconsultos, literatos, artistas y en fin, las notabilidades todas en quienes parecia ser un deber pertenecer á la Órden, que á la caida del Imperio ofreció á muchos de ellos la amistad y acogida que les era rehusada en todas partes.

BORBON (S. A. S. Louis de), conde de Clermont, príncipe de sangre real, cuarto Gran Maestro de Franc-Masonería en Francia, recibió esta dignidad el 11 de Diciembre de 1743. Fué bajo el protectorado de este príncipe que la Gran Logia, que hasta entónces habia llevado el nombre de Gran Logia inglesa de Francia, tomó simplemente en 1756, el de Logia de Francia. El primer período de la administracion del conde de Clermont fué brillante, gozando la Masonería en el de una grande y merecida importancia.

CAMBACIERES (Juan Santiago Régis), príncipe y primer gran canciller del Imperio, duque de Parma, &., nació en Montpellier, el 15 de Octubre de 1753. Ministro de Justicia en 1798, segundo consul en 1799, primer canciller en fin del Imperio, desde la fundacion de la dinastía imperial en 1804.

hasta la restauracion en 1814, murió en 1824. Jurisconsulto eminente, contribuyó en gran parte con su saber á la formacion de nuestros códigos. Nombrado este ilustre hermano en 1805, segundo Gran Maestro adjunto de la Órden masónica en Francia, dió pruebas de un verdadero zelo en obsequio de esta; pero bien sea que su encumbrada pocision social hubiese dado á su carácter cierto aire reservado; ó que aquel distinguido hermano se hubiese visto obligado á ceder á la influencia de profanos ó de masones de un rango mas elevado, lo cierto que es al parecer no habia hecho todo lo que la institucion se habia prometido de él. Presidia en las sesiones solemnes, exigía cuenta de la administracion de los trabajos, y garantizó á las reuniones masónicas el libre ejercicio de los misterios.

CARLOS XIII., REY DE SUECIA, era ya Gran Maestro siendo aun duque de Sudermania. A su advenimiento al trono, en 1810, deseando este príncipe dar un testimonio de gran respeto y aprecio por la Institucion masónica, de cuan satisfactorio le era pertenecer á ella y de premiar en particular á los masones que eran acreedores á su munificencia real, creó en obsequio de estos, en 27 de Mayo de 1811, el órden civil masónico que lleva su nombre, cuyo patronato y dignidad reservó para sí y sus sucesores. Nada mas halagador, ni afectuoso que los precedentes sentados por el príncipe en esta ocasion. Las insignias de esta Órden, son una cruz encarnada de rubies, bordada en oro, con una corona del mismo metal inmediata y suspendida á la parte superior de dicha cruz. Pende esta de una cinta ancha color tambien encarnado, en uno de cuyos lados, sobre un fondo blanco, se leen las iniciales del fundador; y en el otro, en medio de un triángulo, la letra B. Parece inútil hacer presente que esta Órden se confiere solamente á masones ilustres.

CHARTRES (S. A. R. el duque de), luego duque de Orleans, quinto Gran Maestro de la Órden en Francia, le fué acordada esta dignidad el 24 de Junio dd 1771, é instalado el 28 de Octubre de 1773 en la casa pequeña del príncipe llamada la Folie-Titon, Calle Montreuil, arrabal de San Antonio. Se gastaron en la instalacion 3,348 libras esterlinas, ademas de 30 libras que á escote pagó cada uno de los hh.·. que asistieron á la ceremonia.

Reunia tambien el duque de Chartres al título de Gran Maestro de la Órden Masónica en Francia, el de Soberano Gran Maestro de todas las Logias, Capítulos y Consejos del Rito Escoces que en aquella existian. Gozaba entónces el Gran Oriente frances de mucho influjo en todo el orbe masónico. En tales circunstancias estalló la gran revolucion de 93, en dicho pais y se insertó en el journal de Paris, (Diario) del domingo 24 de Febrero de 1703, año undécimo de la República, una carta autógrafa del Duque de Orleans. De ella tomamos la parte en que aquel se refiere á nuestra Órden. Dijo:

"El vínculo que me liga á los Franc-Masones trae orígen de una época en que nadie podia preveer la revolucion."

"En el mes de Diciembre último, la persona que desempeñaba la secretaria del Grande Oriente, se dirigió á la que ocupaba el destino de secretario cerca de mi persona como Gran Maestro con objeto de hacer llegar á mis manos una peticion concerniente á trabajos de la sociedad, contestándole á esto con fecha 5, de Enero."

"Ignorando los asuntos especiales del Grande Oriente, y siendo de opinion que al fundarse una república no deben existir en ella misterios, ni sociedades secretas en particular; no quiero mezclarme en nada de lo que pueda interesar al Grande Oriente, ni á las reuniones de los Franc-Masones."

Una desercion semejante parece haber sido un sacrificio injustificable arrancado por las circunstancias del momento.

EUGENIO NAPOLEON (el príncipe), hijo del General Beauharnais y de Josefina Tascher de la Pagerie, hijo adoptivo de Napoleon Bonaparte, primer Gran Canciller de Estado del Imperio y Virey de Italia, era miembro entusiasta de nuestra Órden. En 1805, fué nombrado Venerable honorario de la logia San Eugenio, al Or∴ de Paris. El Or∴ de Milan dió el nombre de Eugenio á uno de sus talleres, y, habiendo en 1805, los Masones de Italia establecido un Gran Oriente en aquella ciudad, fué nombrado Gran Maestro y al mismo tiempo Soberano Comendador del Supremo Consejo de 33. Fué el príncipe Eugenio uno de los mejores príncipes modernos y muchas sus virtudes.

FEDÉRICO II, EL GRANDE REY DE PRUSIA. Siendo príncipe habia manifestado este gran rey, á ejemplo de Fedérico Guillermo 1°., muy pocas simpatias y mas bien animosidad por nuestra Órden. El conde de Lapipe, mason zeloso, queria destruir en Fedérico semejante preocupacion y logró al fin el que fuese iniciado. Tuvo lugar la recepcion del príncipe la noche del 14 de Agosto, de 1738, en Brunswick, en el palacio del Conde de Korn, sin que el rey Fedérico Guillermo se apercibiese de ello. El secreto de esta iniciacion fué guardado religiosamente. Al ascender Fedérico al trono ya no hizo un misterio de su carácter masónico, y, para demostrar la proteccion que le dispensaba, regenteó en seguida los trabajos de una lógia. Esta tenida que tuvo lugar en Charlottembourg, fué brillante en extremo, dando el mismo la luz á su hermano el príncipe Guillermo y á varios señores de su corte.

FEDÉRICO GUILLERMO III, REY DE PRUSIA, protector de nuestra Órden, escribía á la Logia Real York de la Amistad de Berlin, en 29 de Diciembre de 1797: "Aunque no he sido iniciado como nadie ignora, estoy sin embargo muy lejos de concebir la menor desconfianza de los miembros de la Logia; estando por el contrario, casi seguro de que su objeto es noble y fundado en el culto de la virtud, legítimos los medios que emplea y que toda tendencia política está desterrada de su seno. Es por esta razon, que tendré un verdadero placer en manifestar, en cuants ocasiones puedan ofrecerseme, la benevolencia y simpatias que me animan respecto de la Logia "York de la Amistad" como de todas las demas de mis Estados.

En primero de Enero de 1798, dió segunda vez pruebas de su buena disposicion hácia la Órden masónica en la contestacion que dió á dicho taller 'York de la Amistad' en que confirmaba á éste y demas logias del reino, todos los privilegios, prerogativas y derechos de que hasta entónces habian disfrutado, con otras pruebas mas de aprecio y proteccion que sería extenso enumerar.

Jorge IV, Rey de Inglaterra, fué iniciado en los Misterios de nuestra Órden en 1787, siendo príncipe de Gales, por el duque de Cumberland y en 1790, electo Gran Maestro de la Gran Logia Nacional de Inglaterra. Una medalla conmemoró este suceso. Continuó en el gobierno de la Órden hasta 1813, en que fué nombrado regente del reino. Uno de sus hermanos el Duque de Sussex, nombrado Diputado Gran Maestro en 1790, le sucedió como Gran Maestro inmediatamente despues de su dimision, dirigiendo personalmente los trabajos á imitacion del príncipe de Gales. Es sin duda nuestra Órden, una de las instituciones que mas respecto inspiran á los ingleses.

EMPERATRICES Y PRINCESAS

que han dispensado en Europa una proteccion especial á la Franc-Masonería.

Borbon (S. A. S. la duquesa de), Gran Maestra de la Órden Masónica de Adopcion en Francia, presidió en 1777, al frente de toda la nobleza de la corte, hermanos y hermanas, la logia de adopcion, "El Candor," en donde fué iniciada la Condesa de Rochechouart. Habiendo en 1779, querido darse á una hermana, que lo merecía, el grado de Masona Perfecta y no poseyendo dicho grado aquella Ilustre y Serenisima Gran Maestra, se acordó que se le dispensara á esta última sin la ceremonia de estilo, pues no de otro modo podia presidir el acto, favor que no aceptó; porque, estas fueron sus palabras, creia un deber dar ejemplo á los hh∴ de ambos sexos de la regularidad con que es necesario llevar los trabajos y que no recibiria el grado de Perfecta Masona si antes no pasaba por las pruebas del mismo, como simple maestra." En efecto, acompañada S. A. S. de la condesa de Polignac pasó por todas las pruebas del grado. Le fueron revelados los misterios de este grado, prestó su obligacion en manos del Venerable y recibió de éste el anillo que estrechaba mas los lazos que con la Órden Masónica habia contraido ya aquella augusta hermana. Un incidente semejante no podia ménos que ser un título mas de orgullo para la logia " El Candor." En esta misma tenida, la duquesa de Borbon prestó una nueva obligacion como Gran Maestra de aquella logia, é hizo á la misma el presente de su retrato.

Catalina II, Emperatriz de Rusia, á ejemplo de Isabel reina de Inglaterra, prohibió en 1762 el ejercicio de la Masonería en sus estados. Tambien como Isabel pudo desengañarse y convencerse de la bondad de nuestra institucion, revocó el edicto de proscripcion que habia dado y envió en solicitud de masones escoceses para restablecer las logias y fundar otras nuevas en Rusia. A este favor quiso añadir otro mas, dándose el dictado de protectora de la logia *Clío*, al Or∴ de Moscow. En 1786, se encontraba la Masonería en Rusia en un estado floreciente. En San Petersburgo y Moscow, los señores de la corte, entre otros el conde de Strogonof, el príncipe Repuin, el conde Schouvalof, &, fundaron logias en sus palacios. Catalina murió el 6 de Noviembre de 1796, á la edad de setenta y dos años.

JOSEFINA (Rosa Tascher de la Pagerie), viuda del General, Visconde de Beauharnais, primer muger del Emperador Napoleon, Emperatriz de los Franceses y Reina de Italia, nació en la Martinica, el 24 de Junio de 1763, y murió en la Malmaison, cerca de Paris, el 29 de Mayo de 1814, á los cincuenta años de edad. Difícil seria trazar con sus vivos colores los sentimientos nobles y generosos de esta muger ilustre, bien en el apogeo de la gloria ó combatida por el infortunio, bastándonos decir, que no solo fué entusiasta por nuestra institucion, sino que protegía á los masones y los socorria en sus necesidades, siendo la primera soberana que penetró en nuestros talleres. En el viaje que hizo á Strasburgo, asistió á las tenidas de Adopcion que crearon en aquella los miembros de la logia *Franc-Chevaliers* del Oriente de Paris, reunidos á las logias de dicha ciudad. Estaba esta presidida por la baronesa de Detrich, esposa del corregidor, gran maestra titular. Josefina presenció la iniciacion á que fué admitida su aya, la Señora de Canisy, que ella habia propuesto. Quizá nunca habia tenido la logia de adopcion una sesion igual; habiendo tomado parte en ella todos los vecinos de aquella ciudad, excepto en las ceremonias secretas de la misma. La Logia *Santa Josefina* al Oriente de Paris, y la Logia *Josefina* al Oriente de Milan, eran deudoras á aquella augusta hermana del título que las ha distinguido.

BIOGRAFÍA

DE

FRANC-MASONES QUE SE HAN DISTINGUIDO POR SUS TALENTOS Y VIRTUDES.

ACHET (Louis Francisco), antiguo sustituto del Procurador General en Francia, y uno de los fundadores de la Logia madre del régimen filosófico; gran dignatario del Or∴ de Francia en 7 de Junio, de 1797.

AHLEFELD, uno de los administradores de la logia de Schleswig, en Holstein, cuyo nombre se vé grabado en la plancha colocada en la primera piedra del edificio erigido por aquel taller á los pobres, en 1802.

AIGREFUILLE, caballero de la Órden de Malta, antiguo Procurador General del tribunal de la tesoreria, socorros y hacienda de Montpellier, gran dignatario del regímen filosófico y del Rito de la ciudad santa, gran oficial de honor del Gran Oriente de Francia, en 1813.

ALAVA (el general), ayuda de Campo de *Wellington*, preso en Madrid en 1814 por sospechas de ser franc-mason.

ALEJANDRO, gran duque de Wurtemburg, tio de S. M. el emperador de Rusia. Este príncipe fué iniciado en Paris, en 1808, en la Logia Fénix.

ANDERSON, ministro inglés, historiador, literato y autor de la obra titulada: Constitution of the ancient and hon.˙. fraternity, impresa en 1723.

AGUSTIN (San). Algunos pretenden que este santo llegó á Inglaterra con cuarenta monjes en 557, que dió á conocer allí algunas artes y fué jefe de la fraternidad masónica.

ARCAMBAL (el marquez de), mariscal de campo, &., electo repetidas veces presidente de la cámara de administracion del Grande Oriente de Francia y gran conservador de la Órden, fué uno de los autores del tratado de union entre aquel Grande Oriente y los tres directorios escoceses, establecidos segun el rito de la Masonería reformado en Alemania, en Lyon, Bordeaux y Strasbourg. Sustituto del venerable de la logia "El Candor," presidió con este carácter los trabajos de adopcion en 25 de Febrero de 1779, en que fué iniciada en nuestros misterios la condesa de Ambrugeac y otras muchas señoras de la corte.

ATTAIGNANT (presbítero Carlos Gabriel de), Canónigo de Reims, hombre distinguido por su talento. Nació en Paris, en 1697.

BACON DE LA CHEVALERIE, Caballero de la Órden de San Luis, antiguo mariscal de campo de los ejércitos del rey; literato, fundador y gran oficial del Gran Oriente de Francia, &., redactor de la obra titulada: "Estado del Grande Oriente de Francia."

BAHRDT (Carlos Federico), célebre teólogo protestante, nació en Sajonia el 15 de Agosto de 1741, y murió en 1792. Sus obras de una filosofia muy elevada, le acarrearon muchos pesares y persecuciones y una detencion de dos años en el castillo ó fortaleza de Magdebourg, limitada á poco tiempo por el Rey de Prusia. Escribió en su prision la historia de su vida y la de sus obras. Recibido franc-mason en Inglaterra, fué despues de opinion que una sociedad secreta, como la Masonería, fué la que Jesu-Cristo intentó establecer.

BAILLEUL (Antonio), antiguo impresor del *Diario del Comercio* y del *Constitucional*, nació en Bourdeaux, en Caux, lo mas probable. Miembro honorario del Gran Oriente de Francia, nos ha dejado varios discursos impresos que pronunció como venerable de Logia, Presidente de Capítulo y como orador de este último. Tradujo del Aleman é imprimió la interesante obra titulada: *Crata repoa, ó Iniciacion de los padres egipcios en los Misterios Antiguos*. Paris, en 8°., de 114 pag. 1821.

BALZAC (Louis Carlos), arquitecto, miembro del Instituto de Egipto y fundador de la logia "La Gran Esfinge" al Or.˙. de Paris; autor de algunas canciones masónicas, entre otras del himno: Silencio &., cuya música es de Riguel.

BARON (presbítero Olivier Julio), prior de la Cruz de Corneilli⁵, Gran Escoces y segundo vigilante. Fundador, en union del baron de Walterstorff, de la lógia "Reunion de Extrangeros," al Or.˙. de Paris, fué uno de los mas instruidos y zelosos miembros de aquel taller. En la plancha de los trabajos de instalacion de aquella logia, la cual fué impresa, encontramos lo siguiente, tomado del discurso que pronunció el hermano Baron que desempeñaba en aquel acto las funciones de segundo vigilante. "El fin sublime que guió á los fundadores de nuestra Órden, no ha sido otro que el de inclinar á los habitantes de ambos hemisferio á ser todos miembros de una sola familia, ligados mas íntimamente por los lazos naturales de la fraternidad. Si principios semejantes hubiesen estado grabados en todos los corazones, no hubieramos visto desaparecer en el descubrimiento de América á mas de quince millones de seres humanos; ni la Francia se hubiera visto desgarrada, durante cuarenta años, de guerras civiles por sus mismos hijos."

BAURE, Banquero de Paris, sustituto del Gran Maestro el Conde de Clermont, en 1774.

BEAUCHAINE (el caballero). Era el mas fanático de los Maestros inamovibles de la antigua Gran Logia de Francia. Tenia el taller que presidia en una taberna, el Sol de Oro, en la calle de San Victor; dormia allí y conferia ó daba por seis francos todos los grados de la Franc-Masonería.

BERNEZ (el marquer de). Llevó de Paris á Berlin en 1758, los altos grados franceses. Era tambien miembro de la Estricta Observancia, bajo el distintivo de *Eques á turrea aurea*.

BEURNONVILLE (el General y Conde de), ministro de Estado, par de Francia, electo en 1814, gran administrador de nuestra Órden en Francia, miembro del Supremo Consejo de 33 en dicho reino, antiguo Gran Maestro nacional de todas las logias de la India, &.

BEVILACQUA, comerciante de Roma, fué perseguido como franc-mason por aquella inquisicion en Setiembre de 1814, viéndose obligado á refugiarse en Nápoles.

BIELEFELD, enviado de la corte de Prusia al Haya, historiador, literato, aleman de orígen, autor de las Cartas Familiares en las cuales se encuentra la relacion de la iniciacion del Rey de Prusia Federico 2º. y de otros detalles curiosos sobre Franc-Masonería.

BODE (Juan Joaquin Cristobal), consejero aúlico. Se hizo notable como francmason y fué conocido en la Estricta Observancia por el nombre de *Eques á lilio convallium*. Adoptó las opiniones de Weishaupt. Entre los iluminados llevaba el nombre de Amelio. Fué nombrado para la Asamblea de Masones de Wilhelmshad en 1782, y al de Paris de 1785. Era de opinion que la Franc-Masonería habia sido fundada por los jesuitas en el siglo 17, con objeto de restablecer la iglesia romana en Inglaterra, disfrazando aquella institucion bajo el nombre de Templarios, &. Murió en Weimar el 13 de Diciembre, de 1793.

BOILEAU, médico de Paris. Fundador de la madre logia del Rito Escoces Filosófico. Creó en Paris en 1783, con el carácter de Gran Superior Nacional, el tribunal de grandes inspectores comendadores ó jefes de la Órden.

BOUBÉE, literato, autor de un escrito que obtuvo el premio de la literatura masónica discernido por la logia de San Luis de los Amigos reunidos, de Calais, trabajo que llevaba este título: Del Orígen y Fundacion de la Masonería en Francia &.

BOUILLY (Juan Nicolas), nació en Tours, en 1763, de una familia de magistrados. De grandes conocimientos se recibió de abogado, en el Parlamento de París. Vivió en la época revolucionaria como hombre discreto é ilustrado y desempeñó funciones importantes, entre otras, la que tuvo por objeto reorganizar la instruccion pública despues del Terror. No podia ménos nuestra Órden que contar al fin entre sus miembros á tan distinguido literato. Habia sido ya Venerable de la Logia "Los Hermanos Artistas," cuando en 1839, fué Gran Oficial del Grande Oriente de Francia. Algunas producciones en verso y en prosa no dejan alguna duda de las bellas dispocisiones literarias de este ilustre hermano.

BRAD (Juan Luis), primer cirujano de Alejandria, orador de la logia escocesa de esta ciudad, fué autor de muchas obras poéticas, principalmente de las tituladas Gracias Masónicas, Amor Masónico, Masones de Citerea, la Venus Masona y de algunas composiciones muy estimadas.

BROENER, senador, gran maestro provincial y director del Rito Ecléctico en Francfort sobre el Maine. Las logias de este rito le acordaron una medalla en 1789; murió en 1812.

BRUNSWICK (el duque Fernando de), uno de los mas zelosos protectores de la Franc-Masonería y gran superior de la 7ª. provincia del Rito de la Estricta Observancia, bajo el nombre de *Eques á Victoria*. Convocó la asamblea de Masones de Wilhelmsbad de 1782, y ántes la de Lion de 1777. Nombrado para la celebrada en Paris en 1785, rehusó asistir á ella y murió el 3 de Julio de 1792.

BRUNSWICK (el duque Leopoldo Maximiliano Julio de). Murió al querer salvar á muchas personas que se veian amenazadas de una inundacion del Oder. Las logias de Brunswick hicieron acuñar una medalla para eternizar un rasgo de valor y humanidad semejante.

BRUSLÉ. Nombre de un frac-mason frances, que en 1742 fué puesto preso por la Inquisicion de Lisboa y condenado por tal á un destierro de cinco años.

BURARD (Guillermo), médico de Paris y uno de los fundadores del Rito Filosófico. Logró salvar una parte de sus archivos en la época de la revolucion francesa en 1793; oficial del Gran Oriente de Francia, en 1804.

BURMANN, historiador, literato, aleman de orígen, director de la gran academia de comercio del gran ducado de Baden y redactor de la obra titulada: Archivos de Frac-Masones, &.

CAGLIOSTO (Alejandro, conde de), autor del Rito egipcio y convocado á la asamblea de Paris de 1789, consintió en ir á condicion de que la lógia "Los Amigos" reunidos quemaran sus libros y manuscritos. Fué condenado á muerte como frac-mason por la Inquisicion de Roma en 1791, &.

CASANOVA (Juan Santiago), nació en Venecia en 1729, y fué sucesivamente sacerdote, militar y funcionario público. Vivo por temperamento, visitó casi todas las cortes de Europa y era amigo de los hombres célebres del siglo 18º. Crébillon le enseñó el frances; el Cardenal de Bernis era su protector, y fué admitido al trato familiar de Federico el Grande, del Emperador José y de la emperatriz Catalina de Rusia. Este hombre estraordinario, se hizo mason en su viaje á Lion en 1757. Murió de edad de setenta y tres años en casa del príncipe de Ligue, en cuya casa vivía.

CHALAN (el caballero de), literato y autor de muchos discursos y escritos didácticos. Presidió en Bruselas, con el carácter de Gran Maestro, una logia de Adopcion, á la cual asistió la emperatriz Josefina. Fué miembro del Supremo Consejo de 33 y gran dignatario del Gran Oriente de Francia, &.

CHAMPEAUX (presbítero Guy de), vicario general de Nímes, canónigo de Saint Honoré, Gran Escoces, miembro en 1783, de la logia real "Reunion de Estrangeros." Fué uno de los Masones mas distinguidos del siglo 18º.

CHAMPFORT (Sebastian Roque Nicolas), erudito, Mason distinguido y miembro de la logia "Nueve Hermanas" poco despues de su instalacion. Nació en Auvergne en 1741. Aspiró varias veces á los premios que discernia la Academia Francesa y obtuvo muchos de ellos. Desempeño varios cargos importantes. Fué bibliotecario de lo biblioteca nacional, por la proteccion que le dispensó el ministro Roland; logró escapar de la segur revolucionaria y murió el 15 de Abril, de 1794. Sus *Obras completas* fueron impresas en 1795, en 4 vol. en 8vo.

CHAPELLE (Vicente de la). Se le tiene por el fundador de la Masonería en Holanda.

CARLOS II, REY DE INGLATERRA. Este príncipe iniciado en su destierro, hizo florecer despues la Institucion Masónica en sus estados.

CHASTANIER (Benedicto), cirujano frances, que habiéndose retirado á Lóndres, fundo allí una sociedad Swedemborgiennc. Era en 1766, Venerable de la lógia "Sócrates ó Perfecta Union," Or∴ de Paris; y miembro á la vez de la Gran Logia de Francia.

CHAZET (de), literato, autor de muchas compocisiones ligeras sobre la Franc-Masonería. Se distinguen entre las producciones de aquel género, su oda titulada: Las Virtudes ó leyes de la Masonería, coronada por la logia "Nueve Hermanas," como tambien otra del mismo autor titulada: El Trabajo.

COURT DE GEBELIN, literato, uno de los fundadores del Rito de los Philaletes, en 1773. Abrió los trabajos de la asamblea celebrada en 1777, en la Madre Logia del Rito Escoces filosófico y leyó una disertacion en siete sesiones diferentes, sobre las alegorías de la Franc-Masonería.

CROUZET. Murió de profesor del Pritaneo ó colegio de Saint-Cyr. Fué autor de algunas poesias masónicas, insertas en los ánales masónicos. Merecen mencion especial una oda de dicho autor sobre las Virtudes, y otra sobre la Beneficencia Masónica.

CRUDELI. Nombre de un mason detenido en Florencia, en 1739, por sospechas de ocultar en su propia casa una logia, con ménos precio de la bula del papa. La Inquisicion le hizo sufrir el tormento y luego lo tuvo encarcelado por mucho tiempo.

CUSTOS. Lapídario inglés, fué condenado como frac-mason á cuatro años de galeras por la inquisicion de Lisboa, y vuelto á la libertad por el rey de Portugal á instancias del de Inglaterra.

DANGOUNEAU, miembro de la logia "los Amigos Filántropos de Bruselas," autor de un proyecto para establecer un hospicio de refugio destinado á los hermanos indigentes, proyecto que fijó la atencion de los masones de aquella ciudad y del Oriente de Francia.

DAY, abogado general en Bengala, miembro de la Gran Logia de Inglaterra, en 1779. Recibió la comision de presentar al hijo del nabab de Madras, un ejemplar de las constituciones de la Gran Logia de Inglaterra y un rico delantal.

DE LALANDE (Jerónimo José), frances, astrónomo célebre, uno de los fundadores del Gran Oriente de Francia, autor de una memoria sobre la historia de la Franc-Masonería y de muchas producciones didácticas.

DE LALANDE (Carlos Florencio Santiago), literato, autor de muchas producciones didácticas y obras políticas insertas en el Espejo de la Verdad, de los ánalas masónicos y otros repertorios. Fué el fundador de la logia del Rito filosófico de Douai.

DE LA TOUR D'AUVERGNE (el príncipe) gran oficial de honor del Grande Oriente de Francia, electo en 1814; antiguo venerable de la logia madre del Rito escoces filosófico y miembro honorario del Supremo Consejo de 33, en Francia.

DELEUTRE, uno de los fundadores de la logia madre del Rito Escoces filosófico, en el cual desempeñó las funciones de secretario. Perseguido en 1793, en Francia, como miembro de la lógia "El Contrato Social," se vió obligado á expatriarse. Murió en Hamburgo.

DELILLE (Santiago) poeta célebre, fué miembro distinguido de la logia "Nueve Hermanas." Como Milton perdió la vista. Las obras completas de este virgilio frances han sido publicadas por los tres Michaud en 16 vol. en 8°.

DEMACHY, archivero del Gran Oriente de Francia y su historiógrafo. No llegó á dar á luz la historia del Oriente de Francia que habia prometido.

DENIS (el presbitero Pedro), prior de Talezieux, Maestro y primer orador de la logia "REUNION DE EXTRANGEROS," fundada en 1784.

DERMOTT (Laurencio), literato ingles, autor de la obra titulada: Ahiman Rezon, publicada en 1764. Dermott sostuvo con firmeza la causa de los antiguos masones de Inglaterra en contra de aquellos que en la misma se denominaban Masones modernos.

DIETRICK, (la Señora baronesa de). Presidió con el carácter de Gran Maestra la Logia de Adopcion administrada por los Francs-Chevaliers, en Strasburgo, en 1805, á la cual asistió la emperatriz Josefina.

DUBIN DE SAINT LEORNAD (Carlos Agustin), miembro del Ateneo de artes, uno de los fundadores del Capítulo de H. D. M. y su presidente en 1807; oficial del Grande Oriente; electo la primera vez en 6 de Octubre de 1786; reelecto en 1813, para la dignidad de gran guarda sellos.

DUCLERC, comerciante de Bordeaux. En 1777, obtuvo el premio de 300 francos ofrecido por la logia "el Candor," de Paris, al autor de la mejor memoria sobre el tema siguiente: "¿Cuál será el modo mas económico y útil para nuestra Órden, al encargarse de la educacion de los niños expositos hasta la edad de siete años?

Dupin Joven (Felipe Simon), abogado y doctor en derecho, miembro de nuestra Órden y revestido de sus mas altos grados. Sus brillantes improvisaciones atraian á muchos hermanos instruido á la logia de *Trinósofos* en Paris. Los repertorios masónicos contienen muchos discursos de él. Como improvisador y escritor masónico, era de un mérito incontestable.

Expilly (Juan José), frances, nació en 1719, y murió en 1793. Fué uno de los escritores de mas instruccion, laboriosidad y exactitud en geografía que se han conocido. Sus obras no obstante, no inspiran hoy el mismo interes que en su época. Era miembro del Gran Oriente de Francia ántes de la revolucion que estalló en este pais.

Facuhet (el baron Juan Antonio José), antiguo prefecto, comandante de la Legion de Honor, nacido en San Quintin en 1763, y muerto en 1834. Sus muchos é importantes servicios como prefecto y plenipotenciario, fueron recompensados por Napoleon con el título de baron y de comandante de aquella Órden militar. En las planchas de los trabajos del Gran Oriente de Francia, que han sido impresas, se ven bajo el modesto título de *discursos*, trozos escogidos de erudicion y elocuencia del que habia sido uno de los primeros oradores de aquel alto cuerpo masónico.

Fessler, historiador y literato aleman, autor de muchas producciones notables sobre la Franc-Masonería y particularmente de una obra manuscrita en 4 vol. en 4°., de la cual regaló algunos ejemplares.

Flind, uno de los administradores de la logia de Schleswig, cuyo nombre se encuentra inscrito sobre la plancha colocada en la primera piedra del edificio destinado á los pobres por los miembros de aquel taller, en 1802.

Folkes (Martin), presidente de la sociedad real de ciencias de Lóndres y diputado del Gran Maestro de las logias de Inglaterra, en 1724. Los Masones de Londres hicieron acuñar una medalla en honor de este hermano, en 1742.

Franklin (Benjamin), natural de Boston, Nueva Inglaterra, fué uno de esos hombres que por su saber, virtudes y servicios que han prestado á la humanidad, es mas bien, cosmopolita y cuyo nombre parece corresponder á la historia de ámbos mundos. Bastaria para hacer su biografía citar su mas bello elogio, por un ministro filósofo, el ilustre Turgot, el cual damos á continuacion:

Eripuit cœlo fulmen, sceptrumque tyrannis. "Arrebató el rayo al cielo y el cetro á los tiranos."

Amigo y constante admirador de Voltaire, contribuyó en gran parte á la iniciacion de este gran escritor en nuestros misterios. El y Court de Gebelin, acompañaban al ilustre recipiendario; deponiendo á los pies del Apolo frances la corona que su logia habia ofrecido al legislador del Nuevo Mundo, dando con esto una prueba mas de su modestia. Al morir Franklin en su patria, el 17 de Abril de 1770, el duelo fué general en esta, decretándolo igualmente la Asamblea Nacional francesa, en prueba de la admiracion, reconocimiento y respeto, que la Francia creia deber tributar á hombre tan eminente.

Harnouester (lord y conde de), sucedió en 1736 al lord Dorvent-Woters, en la dignidad de Gran Maestre de la Órden Franc-Masónica en Francia. Fué electo por solo las cuatro lógias que entónces existian en Paris. El Doctor Ramsay hacia las veces de Orador. A fines de 1737, lord Harnouester en momentos de volver á su patria, convocó las lógias en asamblea general con objeto de elegir un sucesor. Informado Luis XV. manifestó que si la eleccion recaia en un frances, lo mandaría á la Bastilla. Electo el duque D'Antin, el rey no realizó la amenaza que habia hecho.

HEGUETTY (el caballero de) gentilhombre inglés. Fué uno de los que introdujo la Masonería en Paris, en 1725.

HURE, dueño de una posada en Paris, en 1725, calle de Boucheries. Fué en casa de este en donde se tuvieron allí las primeras asambleas de francmasones.

IWANOWA, emperatriz de Rusia. La Masonería fue conocida en dicho pais en 1731, durante el reinado de dicha princesa que se hizo iniciar en sus misterios.

JOSÉ 2º. Emperador de Alemania. Redujo á dos ó tres el número de logia de cada ciudad de sus estados, y publicó en 1785 un reglamento de disciplina para los Franc-Masones alemanes.

KELLERMAN, mariscal y par de Francia, duque de Valmy, miembro del Supremo Consejo del grado 33, gran oficial de honor del Gran Oriente de Francia, electo en 1814, muerto en 1835.

KORN (el conde de), en cuya casa fué iniciado Federico 2º. Rey de Prusia, en 1738.

KRAUSE (Carlos Cristiano F.), historiador, literato, aleman de orígen, autor de algunos escritos de la mas alta importancia sobre la Franc-Masonería. Exponia en su obra titulada: Los tres mas antiguos monumentos, &, la necesidad de reformar la Órden por una union en la cual se admitiesen á mugeres, niños, &, lo que le atrajo algunas persecuciones.

KUENEN (Juan), diputado gran maestro en Holanda, en 1735. Tradujo del ingles las constituciones, historia, leyes y reglamentos de la Franc-Masonería, &.

LACÉPEDE (Bernardo-Germano-Esteban de La Ville de), nació en Agen, el 16 de Diciembre de 1756. Al establecerse el gobierno consular fué electo miembro del Senado Conservador, y, en 1801, presidente de este cuerpo. En 1803, gran canciller de la Legion de Honor; en 1804, titular de la Senatoria de Paris; y en 1805, gran águila de la legion. Miembro del Gran Consejo y presidente del Senado, llevaba la palabra en todas las ocasiones solemnes. La vida de Lacépede fué de las mas laboriosas. De todo se ocupaba y nada desatendia respecto á ciencias y literatura.

Fué de los hombres mas desinteresados y generosos de su época. Legionarios, viudas, huérfanos á todos socorría. Un empleado de sus oficinas, afectado de una profunda melancolía, recibió de él 10,000 francos. El empleado agradecido le preguntó. "Cuando debo pagaros." Lacépede, tomándole la mano afectuosamente, le contestó. "Yo no presto jamas." Este sabio de tanta celebridad, era frac-mason.

LAVALLÉE (José de), jefe de division de la Gran Cancillería de la Legion de Honor, literato, fué autor de diferentes informes, escritos didácticos, coplas y cánticos masónicos.

LECHI (el general), Gran Maestro de los Masones de la division militar del Reino de Italia, en 1805.

LECLAIR (presbitero), bachiller de la Sorbona, gran escoces y uno de los fundadores de la logia "La Reunion de los Estrangeros" al Oriente de Paris.

LENOIR (el caballero Alejandro). En las reuniones filosóficas tenidas en Paris en 1812 y 1813, leyó sus trabajos referentes á las relaciones que existen entre la Franc-Masonería y las Iniciaciones egipcias y griegas. Es autor de la obra titulada: La Masonería vuelta á su verdadero orígen, &.

LE ROY. Dueño de un hotel, fué en 1745 condenado á una multa de 3,000 francos, por haber permitido reuniones de franc-masones en aquel establecimiento público.

LLOY, abogado, perseguido en Nápoles como franc-mason encontró un asilo en Paris, en donde las logias que allí habia se apresuraron á darle la mejor acogida.

LUTTMAN, mazon aleman, al cual la Gran Logia de Londres expidió, en 1740, una patente con objeto de que fundara la Gran Logia Provincial de Hamburgo.

LUXEMBOURG (Duque de Montmorency), sustituto Gran Maestro, bajo el Duque de Chartres, en 1772, Gran Maestro del Rito Egipcio en 1784. Nombrado para asistir á la asamblea masónica de Paris, en 1785, rehusó tomar parte en ella.

MAGON DE MÉDINE, contra-almirante frances, oficial de honor del Grande Oriente de Francia, muerto en 1805 en el combate de Trafalgar.

MANGOURIT (de), literato y autor de muchos escritos, memorias, informes, disertaciones y en particular del elogio fúnebre de Cambry; fundador de la Logia de San Juan de Escocia, de los Comendadores del Monte Tabor en Paris, gran oficial del Rito Escoces filosófico, &.

MASKELINE (el Caballero de), gentilhombre inglés, fué uno de los que introdujeron la Franc-Masonería en Paris.

MASSÉNA (el mariscal), duque de Rívoli, par de Francia, gran oficial de honor de aquel Gran Oriente, electo en este 1814 miembro del Supremo Consejo del grado 33.

MAUDIT, dueño de hotel, boulevart Poissonniére en Paris, murió víctima de la Revolucion de 1793. Las logias escocesas, al querer sustraerse á la persecucion del Grande Oriente de Francia, se refugiaron en un subterráneo de la casa en que aquel vivia; dando lugar este incidente allí á la creacion en 1804, de la Gran Logia del Rito antiguo y aceptado.

MÉSMER, autor de la doctrina del magnetismo animal, fundó la sociedad la Harmonía Universal, miembro de la Logia Filadelfos de Narbonne. Convocado para la asamblea de Paris de 1785, rehusó tomar parte en ella.

MOIRA (el conde), comandante en jefe de las fuerzas inglesas en Escocia, des empeñó en nombre del Príncipe de Gales, las funciones de Gran Maestro cerca de la Gran Logia de Inglaterra.

MORIN (Esteban), judio de nacion, diputado en 1762 por el Consejo de los Emperadores de Oriente y Occidente con objeto de establecer la Masonería de perfeccion en América.

MURAT (Joaquin), primer gran Vigilante de honor del Grande Oriente ae Francia en 1807. Rey de Nápoles en 1808, protegió la Franc-Masonería en sus estados.

MURATORI, sabio italiano que vivia en 1740. Los padres lo acusaban de haber inventado la Franc-Masonería, á la cual pretendian que habia dado su nombre (Libri Muratori).

OIRES D'ORNELLES PARACAO, gentilhombre portugues. Fué detenido en Lisboa en 1776 catorce meses por ser Franc-Mason.

PAINE Tomas, nació en Telford, condado de Norfolk el 29 de Enero de 1737. Mason. Público una obra titulada: *Ensayo sobre la Franc-Masonería*, en que pretende que esta sociedad trae orígen de los druidas.

PARNY (Evaristo Deseado Desforges, caballero y despues Visconde de), mason y el mas célebre de nuestros poetas eróticos. Nació en la isla de Bourbon, en 1753.

PINGRÉ (el presbitero Alejandro-Gui), canónigo bibliotecario de Santa Genoveva, Canciller de la Universidad de Paris, astrónomo y geógrafo de la marina, miembro de la Antigua academia real de ciencias y del Instituto nacional, &, nació en Paris el 14 de Setiembre, de 1711, y murió en Mayo de 1796. Fué un franc-mason zeloso; presidió la logia "*Estrella Polar.*" al Or∴ de Paris: fué diputado de muchas lógias, oficial del Grande Oriente y 2°. Vigilante de la Cámara de Provincias.

PIRLET, sastre de profesion, miembro de la Gran Logia de Francia y fundador del capítulo de emperadores de Oriente y Occidente de Paris.

POSTELL, editor de un grabado sobre la Franc-Masonería, que dedicó á las dos Grandes Logias de Inglaterra con motivo de la fusion de estas en 1813.

RAGOTZKY, literato, aleman de orígen y autor de la obra titulada: "Sobre la Libertad Masónica."

RAMSAY (el doctor), caballero y baron escoces, fué un mason distinguido. Habiendo, en 1728 pretendido reformar la Franc-Masonería, intentó del mismo modo crear tres nuevos grados á saber: el *Escoces*, el *Novicio* y el *Caballero del Templo*. Segun él, la Franc-Masonería habia sido fundada por Godofredo de Bouillon en tiempo de las Cruzadas; la logia de *San Andres*, en Edinburgo, debia ser considerada como la fuente ú orígen de la Órden masónica y á los Templarios como los solos antecesores de los Masones.

Aunque los grados mencionados, creados por este hermano, fueron rechazados solemnemente por las Grandes Logias de Francia ó Inglaterra, no dejaron sin embargo de tener muchos prosélitos en ambos paises. El orígen que daba á la Franc-Masonería cuenta aun partidarios. El sistema que sirve de fundamento á dichos grados parece haber cotraido despues algun valor ó consistencia; pues ha servido de fundamento al grado *templario de Kadosch*, el cual, al ser practicado en Francia, ha recibido la denominacion de *Kadosch filosófico*.

RAOUL (Juan Maria), abogado, miembro de la academia de legislacion, autor de muchos escritos didácticos y en particular de un discurso pronunciado el 10 de Abril de 1804, en el capítulo "la Constancia á toda prueba" de Paris, en el cual refutó victoriosamente las calumnias del presbítero Proyard en contra de los Franc-Masones; fué recibido oficial del Grande Oriente de Francia en 1805.

REGGIO (el mariscal duque de), par de Francia y gran oficial de honor del Grande Oriente de la misma, electo en 1814.

RENARD (Honorato), literato. Es autor de una obra titulada: Los tres primeros grados uniformes de la Franc-Masonería.

REPNIN, príncipe ruso. Tenia una logia en su mismo palacio en San Petersburgo.

RIGGS, diputado gran maestro provincial para las logias del Cabo, en Africa, en 1735.

ROBINS (presbítero), cura de San Pedro de Angers, historiador, literato y autor de una obra titulada: Investigaciones sobre las Iniciaciones antiguas y modernas.

ROETTIERS DE MONTALEAU (Alejandro Luis), sesto Gran Maestro de la Órden Masónica en Francia bajo el título de Gran Venerable. Como magistrado gozó de la mas alta reputacion. Larga y honrosa fué la vida masónica de este ilustre hermano, bastando añadir que el Gran Oriente de Francia á su fallecimiento, en 30 de Enero de 1807, dispuso que se le hiciesen magníficos obsequios fúnebres á los cuales asistieron aquel alto cuerpo y los Venerables y diputados de los diferentes talleres de Paris.

SMITH, literato, ingles de orígen, autor de un escrito cuyo título es: Del uso y abuso de la Franc-Masonería.

SOULT (el mariscal), duque de Dalmacia, gran oficial de honor del Grande Oriente de Francia, electo en 1814.

STANHOPE (Felipe), conde de Chersterfield, embajador de Inglaterra en Holanda, en 1731. Presidia la logia del Haya, en la cual fué iniciado Francisco, duque de Lorena, gran duque de Toscana, despues emperador de Alemania.

STONE, Vigilante bajo Iñigo Jones y Gran Maestro de las logias de Inglaterra. Es digna de sentirse la pérdida de uno de sus manuscritos, el cual estaba entre otros, que se dice, hablaban de la Órden y fueron quemados en Lóndres en 1720.

SUSSEX (el príncipe Federico, duque de), gran maestro de todas las lógias de Inglaterra, Escocia é Irlanda, en 1815. La feliz y expontánea fusion entre los masones antiguos y modernos y el concordato firmado por los mismos en Lóndres, en 1813, se deben en gran parte al espíritu conciliador, no ménos que al verdadero celo masónico de este ilustre hermano.

TOMASSIN, literato, autor de diversos escritos didácticos y en particular de una disertacion sobre el verdadero Órden Real y sus útiles efectos en el órden social.

Thoux de Salverte, coronel al servicio de Polonia. Fundó en Varsovia, en 1763, una socieda con el nombre de Academia de los Secretos, á imitacion de la de Porta.

Tolosa (el marquez de), preso en Madrid, como franc-mason, en 1814, por órden del gobierno español.

Toussaint (el baron de), uno de los fundadores del Gran Oriente de Francia, y gran secretario de este alto cuerpo en el periodo de la revolucion masónica de 1772.

Uzés (el duque de), par de Francia, gran oficial de honor del Gran Oriente de Francia, electo en 1814.

Vernet (Claudio José), pintor célebre de marina, nació en Avignon, Francia, en 1714, murió en Paris en 1789. Prestó muchos servicios á la Órden.

Washington (Jorge), general y uno de los fundadores de la independencia americana, nació en el condado de Fairfax, Virginia, en 1732. Primer presidente de la Union, despues de la guerra de la revolucion, tambien gran maestro de todas las logias de la misma, para cuyo destino fué electo en 1791. En 1797, dos años ántes de su muerte, las logias de Pensilvania hicieron acuñar una medalla con objeto de perpetuar el recuerdo de su eleccion á dicha dignidad masónica.

Wassenaer (el conde de), uno de los fundadores de la Franc-Masoneria en Holanda.

Wurtz (el doctor), literato, autor de muchos escritos didácticos y en particular de uno titulado: Medio de hacer la Franc-Masoneria útil á la humanidad.

Nota.—Imposible nos seria, en los estrechos límites de esta obra, encerrar la biografia de todos los hermanos masones que como tales se han hecho dignos de elegios merecidos y han prestado servicios importantes á nuestra Orden; dando solo al presente la nomenclatura de algunos, con sucintas noticias bibliográficas referentes á los mismos, para nada dejar que desear en un Manual como el que ofrecemos.

CRONOLOGÍA MASÓNICA

ó

RELACION DE LOS SUCESOS MAS NOTABLES DE NUESTRA ÓRDEN DESDE ANTES DE J. C. HASTA EL PRESENTE.

Años ántes de J. C.

3875. Cain y sus descendientes reciben de Adam, primer mason, algunos conocimientos sobre geometría y arquitectura y fundan una ciudad que llaman Enoch, nombre del hijo primogénito del primero. La posteridad de éste, la de Tubal, Tabel y Tubalcain, hacen nuevos progresos en la Masonería y descubren muchas ártes útiles.—*Genesis*, v. 17, 20, 21 y 22.

2348. Es construida en este año el arca en que se salvan del Diluvio Noé y sus tres hijos, Sem, Cam y Jafet, todos Masones.

2217. Nemrod, nieto de Cain, crea la monarquía de Babilonia y hace construir diferentes ciudades en Senaar.

2188. Misraim, segundo hijo de Cam, instruye á los Egipcios en el Arte Real, quienes guiados por los conocimientos que habian recibido de aquel edifican á Menfis, Heliópolis, Tebas, construyen las Pirámides y fabrican otras muchas obras que van apareciendo con el transcurso del tiempo.

1920. Lleva Abraham la Masonería de Asiria á Caldea, como tambien otras artes que enseña á los Egipcios y que florecen entre ellos.

1874. Los Israelitas fabrican á los Egipcios, dos ciudades fuertes llamadas Ritor y Raamasis.

1490. Durante la peregrinacion de los Hebreos en el desierto por espacio de cuarenta años, inspira el Grande Arquitecto á algunos de sus fieles servidores quienes en cumplimiento de tal precepto construyen el glorioso Tabernáculo de Schechinah.

1451. Celebrada la paz con los Cananeos, ordena Josué que el Tabernáculo fuese trasladado á Silvés, en Efraim, que los Isrealitas continuasen rindiendo á su Dios el mismo culto, que cultivasen la tierra y en fin que no abandonasen el gran designio que la Masonería tenia por objeto: precepto que fué transmitido á éstos en un lenguage parecido al que usaba Moises, llamado *estilo Mosáico*.

1262. Nacimiento de Hércules en Tebas. La leyenda sobre la vida y hechos de éste comprende otras muchas de personajes verdaderos ó imaginarios.

Las alegorías astronómicas, que vemos mezcladas á la narracion de sus hazañas, los hacen aun mas inverosímiles. La Grecia fué el principal teatro de casi todos sus grandes trabajos; si bien no ha habido una sola region conocida de los antiguos, segun los mitólogos, en que no hubiese aparecido dicho personaje: como Italia, Gaula, España, Africa, Egipto, Asia Menor y aun la India, en que se pretendia demarcar á Alejandro la huella de su paso por aquel pais.

1252. Tiro es edificada en Gabala por Masones de Sidonia, bajo la direccion de su Gran Maestro y de Inspectores nombrados de entre ellos con tal motivo.

1117. Construyen los Fenicios el famoso Templo de Dagon, en Gaza, el cual es despues destruido por Samson, que perece al derribarle con trecientos de los jefes filisteos que se encontraban con él en dicho edificio.

1056. Hiram, Rey de Tiro y Gran Maestro de los Masones, entra en el desempeño de su dignidad, erige muchas ciudades y suntuosos edificios en su reino y extiende los limites de la ciudad de Tiro hasta muy cerca del Templo de Júpiter Olímpico, situado en una isla.

1047. Habiéndose David apoderado de Tebas y fortaleza de Sion, destina muchos obreros á reparar las murallas y edificios públicos de aquella ciudad.

1016. Muere David. Ascension de Salomon al trono. El Rey de Tiro Hiram, envia al nuevo monarca una embajada que es acogida favorablemente, celebrando ambos Soberanos y Grandes Maestros un tratado de amistad.

1012. Da principio Salomon á la construccion del Templo de Jerusalem, en cuya obra emplea ciento trece mil Masones y setenta mil operarios mas. Instalacion de muchas Logias en dicha ciudad por aquel Soberano como Gran Maestro. Dura siete años y meses la construccion del Templo.

1005. Termina la obra del Templo de Salomon. Hiram Abí, primer arquitecto de este edeficio y tambien primer Gran Inspector de los todos los obreros empleados en su construccion, es asesinado, segun el Paralipómenon 2, ii, 13.

970. Ninus ò Nino, asiste á la construccion del Templo de Salomon en Jerusalem y difunde el Arte Real en las Galias y en Germania.

976. Muerte de Salomon Primer Gran Maestro de la Órden.

841. Desifron y Arquifron, que aprenden el Arte Real con los obreros del Templo de Salomon, construyen el célebre de Diana en Efeso.

776. Los reyes de Tiro, Abibal é Hiram, son contemporáneos de Salomon.

747. Nabonazar, conocido tambien por Baladano, célebre arquitecto, continúa estimulando los progresos del Arte Real, anima á los obreros al estudio y práctica del mismo y los emplea con tal objeto en la edificacion de la magnífica ciudad de Babilonia.

740. Los habitantes de Siria, ayudados de Masones enviados por Salomon, embellecen la ciudad de Damasco y erigen en ella un hermoso templo, un palacio real y un altar de la mas bella arquitectura.

707. Dejoces, Rey de Media, emplea la fraternidad durante los cincuenta años de su reinado en diferentes obras, edificando dichos Masones, por órden de aquel monarca, las ciudades de Ecbatana, Susana y Persépolis.

570. Construccion de las murallas de Babilonia, del templo de Belus y de una estatuta de oro en los llamaras de Doria, de seis pies de longitud, sesenta codos de altura, de catorce millones de pesos de nuestra moneda: y otros muchos edificios suntuosos, por órden y bajo la inspeccion y direccion de Nabucodonosor, Gran Maestro.

536. Ciro, fundador del imperio persa, acoge la inspiracion del profeta Daniel, restituye á los Judios la libertad despues de setenta años de servidumbre y confiere á Zorobabel la dignidad de Gran Maestro para que edifique el segundo templo de Jerusalem, dando á éste el nuevo nombre de Tirsata. Sale Zorobabel de Babilonia acompañado de cuarenta y dos mil trecientos y sesenta de sus compatriotas.

535. Da principio la construccion del segundo templo de Jerusalem la cual dura diez y nueve años. Desavenencias entre los Judios. Rivalidad de los habitantes de Samaria.

520. Zoroastro, Gran Maestro de los Magos de Persia y fundador de los Misterios de Mithras en este pais, ayudado de sus discípulos adelanta los conocimientos geométricos, el de las artes liberales y erige en union de aquellos muchos palacios y templos en su pais natal.

576. Pitágoras, célebre filósofo griego, viaja por Egipto y otros pueblos, es iniciado por los sacerdotes de aquel primer pais, aprende la geometría y otras ciencias y funda una logia al regresar á su patria. Solemne consagracion del segundo templo de Jerusalem.

510. Asuero, por sobre nombre Artajérjes Longa-manu, designa á Esdras como sucesor de Zorobabel en la direccion de la fraternidad, fundándose en esta época muchas Logias en Jerusalem y Judea. Elévanse á la mayor perfeccion las órdenes de arquitectura Dórico, Jónico y Corintio.

445. Los Judios, guiados por su compatriota Nehemias, copero de Artajérjes, que divide á los obreros en Logias y se reserva la superintendencia de todas, construyen las murallas y puertas de Jerusalem. Renueva Esdras la lectura de los libros santos; si bien el pueblo y tambien los mas ricos y poderosos de entre ellos adoptan las costumbres y religiones de otros pueblos.

353. Muere Mausoleo, Rey de Caria, en el Asia Menor. Su esposa levanta con tal motivo un monumento célebre de 140 pies de altura, rodeado de ciento trienta y seis columnas y de la mas bella arquitectura, obra de Masones arquitectos.

332. El eminente arquitecto Demócrates, con el deseo de estimular el progreso de la Fraternidad, logra obtener de Alejandro el Grande que hiciese edificar una nueva ciudad en Egipto, á la cual se da el nombre de Alejandria. En este año entra Alejandro en Jerusalem.

304. Se propaga la Masonería por todo el Egipto bajo Tolomeo Soter, siendo á la sason Euclides, célebre geómetria de Tiro, uno de los miembros mas distinguidos de la Fraternidad.

300. Los Rodios emplean al famoso arquitecto Chares y á sus compañeros, en la construccion del gran coloso de Rodas que dura doce años.

283. Tolomeo Filadelfeo, Rey de Egipto, termina los trabajos de la famosa

torre de la Isla de Faros, bajo la direccion de sus grandes celadores Dejefanes y Sostrato, á los cuales encarga despues la construccion de varios edificios notables.

207. La Masonería florece en Sicilia. Arquímides, célebre geómetra, arquitecto é ingeniero que contribuye á su esplendor, muere en la toma de Siracusa por Marcelo, general Romano, despues de emplear nuevos medios de defensa y de hacer grandes esfuezos por salvar á su patria.

200. Termina la famosa muralla entre China y Tartaria de quinientas leguas de extension.

190. Los Toscanos, que habian aprendido de los Griegos las ártes y varias ciencias, instruyen á su vez á los Romanos en el Arte Real ó Masonería: siendo en esta época en la cual hizo Marcelo edificar su famoso teatro y dos templos, uno dedicado á la virtud y otro al honor.

109. Los Esenios viven en comunidad y son ejemplos en su vida pública de virtudes prácticas, de temperancia y de amor al trabajo.

55. Julio César, Gran Maestro en Roma, protege á la Masonería en toda la república y tambien en la Gran Bretaña cuando la invade.

37. Heródes, Rey de Judea y Gran Maestro, hizo llevar de Grecia Masones expertos quienes le ayudan á construir un magnífico templo greigo en Jerusalem, á reedificar la ciudad de Samaria, dóndole el nombre de Sebasta ó Augusta, á fundar las ciudades de Antipátrida, Taselis y Cipron, y á levantar la admirable Torre de Tasel en dicha ciudad.

29. El Emperador Augusto excede á sus predecesores en la proteccion y estimulo que dispensa á las Fraternidad. Constrúyense bajo su direccion y la de su principal celador Vitrubio, el Panteon, el puente de Arminio, el Foro y magníficos edificios.

ERA CRISTIANA.

Años despues de J. C.

1. Nace Jesus en Belen, Divino Gran Maestro Arquitecto de la Iglesia Cristiana, el primer año de esta era y cuatro mil de la existencia de la Masonería.

33. Muerte de Jesus profetizada por Daniel. Tres años ántes habia sido bautizado por San Juan Bautista. Da principio en seguida á su predicacion.

34. Elevado Tiberio á la dignidad imperial, se declara Gran Protector de los Masones y destierra á Poncio Pilatos por la sentencia que había dado contra Jesu-Cristo, Mason, miembro de la secta de los Esenios.

70. Neron, tirano execrable, es Gran Protector de la Fraternidad.

84. Al regresar Tito de la conquista de Judea emplea la fraternidad en construir un arco triunfal, embellecido con magníficas pinturas y obras de escultura y un hermoso palacio en que se veia la famosa estatua de Lacoon, de una sola piedra.

114. Manda construir el Emperador Trajano, por medio de su celador el

célebre arquitecto Apolodoro, un hermoso puente sobre el Danubio, hace levantar un extenso Circo y erigir varios edificios de gran manificencia en Roma.

130. Adriano, emperador romano y Mason teórico y práctico, hace construir las murrallas romanas entre Escocia é Inglaterra, un cómodo puente en Roma, su famoso Mausoleo, &c., &c.

237. S. Alban, protomártir del Cristianismo en Inglaterra, primer Gran Maestro en aquel pais y á quien debemos la primer Gran Log∴ de la Gran Bretaña.

306. Construye Constantino el Grande, en Roma, el último carro triunfal por el estilo del de Augusto, empleando al trasladar el trono de aquella ciudad á Bisancio, llamada despues Constantinopla, la fraternidad y artistas eminentes en hermosear su nueva capital.

378. Protege de tal modo la fraternidad Masónica Teodosio el Grande, Emperador de Oriente, que hace publicar una ley eximiéndola del pago de impuestos ó contribuciones.

384. Arcadio, hijo de Teodosio, enriquece la ciudad de Constantinopla con muchas obra magníficas y una columna gigantesca de 147 pies de altura.

526. Muestra Justiniano 1°. el mas vivo interes por la existencia de las Logias y devuelve ademas al imperio Romano su primer esplendor.

560. Bajo el mismo emperador, termina la construccion de la iglesia de Santa Sofía: intentando aunque en vano desplegar en ella la magnificencia y preciosa arquitectura del Templo de Salomon, gastando 120 millones de pesos.

600. San Augustin, Gran Maestro, funda la antigua Catedral de Canterbury, y en 604 la de San Pablo de Lóndres.

710. A instancias de Kenred, Rey de Mercia en Inglaterra, Cárlos Martel Gran Maestro en Francia en union de otros Masones expertos pasan á enseñar á los Sajones los usos de la Fraternidad.

771. Carlomagno, Emperador de Francia y Alemania, manifiesta gran interes en la conservacion de varias Logias y estimula á la fraternidad á continuar en sus trabajos.

900. Alfredo el Grande, príncipe excelente, emplea la Fraternidad en varias obras que honran su memoria. Como Gran Maestro, echa los cimientos de la universidad de Oxford.

926. Atelstano, Rey de Inglaterra, expide una cédula en favor de la Fraternidad. El Príncipe Eduino, hermano del antecesor, funda en York una Gran Logia.

950. Malcolmo 1°., Rey de Escocia, protege altamente el Arte Real y bajo su direccion se coloca la piedra angular del Castillo de Edinburgo.

996. Hugo Capeto, Rey de Francia, cuyo reinado comienza dos años mas tarde es Gran Protector de la Masonería. Su hijo, el Príncipe Roberto imita su ejemplo al subir al trono.

1060. Durante el reinado de Canuto, Rey de Inglaterra y Dinamarca, se ocupa la Fraternidad en la construccion de varias casas religiosas y particularmente de las abadías de Coventry, Westminster, &c., &c.

1090. Bajo la direccion del obispo de Rochester, mas tarde Gran Maestro de de la Órden, se construye el palacio de Westminster.
1099. Fúndase este año la Órden de Caballeros Templarios, conocidos entónces por el nombre de Caballeros Hospitalarios de San Juan de Jerusalem. Empiezan á distinguirse por su traje los Caballeros de Malta, quienes á los votos especiales de su Órden añaden el de proteger á los peregrinos contra los infieles.
1146. La Fraternidad, bajo la direccion de su Gran Maestro el Marques de Pembroke, edifica la Capilla de San Estéban; en donde los reinos unidos de Inglaterra é Irlanda celebraban sus asambleas.
1216. Se hace cargo el arzobispo de Conterbury, de la superintendencia de la Órden durante la minoria del Rey Enrique III.
1219. Fundase la Órden de los Caballeros del Santo Sepulcro.
1307. Construye la Fraternidad bajo la direccion del obispo de Exter, que habia sido nombrado Gran Maestro en Inglaterra, varios colegios en Oxford y Cambridge.
1348. Durante el reinado de Enrique III de Inglaterra, existian muchas lógias en este pais protegidas por los grandes del reino que eran generalmente Masones. Revisa su Gran Logia la constitucion y añade muchos preceptos útiles al antiguo código de la Fraternidad.
1413. Al subir al trono Enrique V. de Inglaterra, florecia ya la Órden bajo la proteccion del Dr. Chickely Arzobispo de Canterbury y despues Gran Maestro.
1425. Prohibe el Parlamento Inglés las asambleas masónicas. Eduardo III. examina y reforma las Constituciones de la Órden.
1433. Jaime I. de Escocia, celoso Protector de la Masonería, es iniciado en nuestra Órden durante su reinado.
1450. Juan de Médicis, Gran Maestro de los Masones de Toscana, protege no solo el Arte Real sino tambien otras ártes y ciencias. Iniciacion de Enrique VI.
1500. Los Franc-Masones permanecen bajo la direccion de los Caballeros de Malta en Inglaterra desde el año de 1485 hasta que Enrique VII. se declara protector de la Órden.
1502. Preside Enrique VII. en 24 de Junio de este año, como Gran Maestro, una Logia en su mismo palacio; de donde pasó acompañado de un gran concurso de hermanos á colocar, en debida forma, la piedra angular de la capilla que llevaba su nombre.
1509. El Cardenal Woolsey, es electo Gran Maestro al subir Enrique VIII. al trono de Inglaterra. No obstante los defectos que se le suponen, atendío con esmero los intereses de la sociedad que prosperó grandemente bajo su administracion.
1530. A la caida de este cardenal, le sucede en las funciones de Gran Maestro Cromwell conde de Essex. Este emplea la Fraternidad en construir el palacio de San Jaime, y otros hermosos edificios.
1561. La Reina Isabel recelosa de la Órden envió el 27 de Diciembre de este año una fuerza armada con el intento de impedir sus reuniones en York;

pero como algunos de los principales oficiales empleados con ese objeto fueron iniciados en el acto mismo de cumplir con su cometido, hicieron tan favorable relacion de los principios y prácticas de la Sociedad á aquella Señora que esta inmediatamente retiró el decreto que contra la Fraternidad habia dado, no molestando mas en adelante á sus miembros.

1566. El 7 de Junio, de este año, Tomas Presham, Gran Maestro en ejercicio coloca la piedra angular de la Lonja Real de Lóndres, obra que concluye despues á su costa.

1637. El conde San Alban ordena el arreglo de las Logias.

1651. El conocido y docto Iñigo Jones, nombrado Gran Maestro en 1607 continúa desempeñando esta dignidad hasta 1618 que le sucedió el conde de Pembroke. Volvió á ser reelegido en 1636, y permaneció en ella hasta su muerte.

1673. Jaime II., Rey de Inglaterra, acompañado de gran número de Masones coloca la primera piedra angular de la Catedral de San Pablo de Lóndres.

1674. Bajo la direccion del Baron Guillermo Bruce, Gran Maestro do la Fraternidad en Escocia, es reedificado el palacio de Holyrood en Edinburgo segun el gusto ó estilo de Augusto.

1690. Iniciacion de Guillermo III, príncipe de Orange. Cinco años despues de su iniciacion aprueba el nombamiento de Cristobal Wren como Gran Maestro, y presta su real sancion con objeto de favorecer las logias del reino.

1717. Deja de reunirse por algun tiempo á principios del siglo XVII, la asamblea anual de Masones Ingleses á causa de los achaques ó mal estado de salud del Dr. Cristobal Wren; si bien á su muerte le sucede el laborioso Mr. Sager y la Órden recobra su pasado vigor.

1719. En este año, se aumenta considerablemente en Inglaterra el número de Masones con el nombramiento para Gran Maestro de Juan Teófilo Desaguliars, sabio de merecida reputacion.

1720. Algunos Masones, por exceso de celo, destruyen gran número de manuscritos importantes propiedad de algunas Logias. Entre estos se cuenta uno de Nicolas Stone celador en tiempo de Iñigo Jones. Conclusion de la Iglesia de San Pablo por Masones. Establece se el oficio de Diputado Gran Maestro.

1723. Publica Jaime Anderson, bajo la sancion de la Gran Logia de Lóndres, la obra titulada Instituciones Masónicas la cual contiene la historia, preceptos y reglamentos de nuestra antigua y respetable Fraternidad.

1724. Nombramiento de un primer Gran Tesorero.

1725. Establécese un Comité de Caridad.

1726. Nombramiento de los primeros Grandes Maestros Provinciales.

1728. Recibe el Caballero Jorge Panfret una diputacion la cual le entrega los poderes ú autorizacion competente par fundar una Logia en Bengala. En este mismo año hace Lord Kingston varios presentes á la Gran Logia de Inglaterra.

1731. El Duque de Norfolk imita el ejemplo de Lord Kingston y hace tambien presentes considerables á la Gran Logia de Inglaterra. Francisco, Duque de Lorena y despues Emperador de Alemania, recibe en el Haya los grados da Aprendiz y Compañero, y el de Maestro Mason en Londres.

1735. Los Estados Generales de Holanda prohiben, por medio de un edicto, las asambleas masónicas en su territorio.

1737. El gobierno Frances bajo Luis XV. prohibe las reuniones masónicas.

1738. Federico II., Rey de Prusia, llamado el Grande, es iniciado en una Lógia de Brunswick.

1739. Bajo el pontificado de Clemente XII. se prohiben en los Estado Romanos bajo excomunion las reuniones masónicas.

1740. Federico el Grande Rey de Prusia funda en Berlin una logia al subir al trono.

1741. S. A. S. el Margrave de Branderburgo funda una logia en la metrópoli de sus dominios, cuya instalacion es celebrada con gran pompa.

1744. Establécese una correspondencia regular entre las Grandes Logias de Berlin é Inglaterra.

1752. Los Grandes Maestros de Escocia conceden letras patentes á la lógia de San Andres de Boston.

1754. Son expulsados de la Órden algunos hermanos que sin autoridad alguna se reunian bajo la denominacion de Masones antiguos.

1755. El Gran Maestro, Marques de Carnavon, concede en 7 de Octubre de este año mas patentes provinciales que las acordadas por sus predecesores.

1760. Es nombrado John Johnson Gran Maestro Provincial de Nueva York.

1762. Expídense patentes provinciales á Jamáica, Armenia, Westfalia, Bombay, Brunswick y á varias Antillas.

1766. Iniciacion de S. S. A. A. R. R. los Duques de Glocester y Cumberland.

1769. Habiendo sido considerable el aumento de lógias extranjeras durante la administracion del Duque de Beaufort, Gran Maestro, se hizo necesario nombrar un Gran Maestro Provincial General que atendiese á los nuevos talleres.

1770. Propone el Baron de Boetzelaer, Gran Maestro de las Provincias Unidas de Holanda, celebrar una alianza fraternal y no interrumpida entre las Grandes Logias de Holanda é Inglaterra que se lleva á efecto por acuerdo de la primera Gran Logia de 25 de Abril de este año, del mismo modo que una correspondencia regular entre ambas que tambien es acordado.

1772. Estréchanse de un modo mas íntimo y fraternal, los lazos que existian desde mucho tiempo ántes entre las logias de Inglaterra, Escocia é Irlanda.

1773. Nombramiento de José Warren de Gran Maestro de la América del Norte.

1774. El Rey de Prusia Federico el Grande da su sancion para el establecimiento de una Gran Logia en Berlin.

1775. Es colocada con toda solemnidad el 1°. de Mayo de este año, la piedra fundamental de la nueva logia de Lóndres, asistiendo al acto un número considerable de hermanos, siendo el oficio de Capellan el primero á que se procede en éste nuevo taller.

1776. Conságrase aquella primer logia de Lóndres, fundada el año anterior, y se dedica á la Masonería, á la Virtud, á la Caridad y Benevolencia Universal.

1766. Son iniciados SS. AA. RR. los Duques de Glocester y Cumberland.

1768. La Gran Logia de Inglaterra, recibe dos comunicaciones de la de Francia, en las cuales ésta manifestaba el deseo de que se estableciese entre ámbas una correspondencia regular. Esta solicitud es aceptada prontamente por la Gran Logia de Inglaterra, la cual como prueba de los sentimientos fraternales que profesaba á su hermana de Francia, le hace el presente del libro de sus Constituciones, le envia una lista del número de talleres bajo su jurisdiccion, &c., &c., todo elegantemente empastado.

1786. Es iniciado el 9 de Mayo de este año en la Logia No. 80 de Plymouth, S. A. R. el Príncipe Guillermo Enrique Duque de Clarence. Ratifica en Berlin el 1°. de Mayo Federico II. de Prusia, las Grandes Constituciones del Rito Escoces y muere el diez y siete de Agosto del mismo año.

1787. Es iniciado el 6 de Febrero, S. A. R. el Príncipe de Gales. El 21 de Noviembre de este mismo año, lo es tambien el Duque de York su hermano.

1788. Institúyese en Londres la escuela Real de Franc-Masones de Cumberland.

1790. S. A. R. el Príncipe Eduardo, Duque de Kent, es iniciado en la Lógia "La Union de Génova" y su hermano el Príncipe Augusto Federico lo es en Berlin. A consecuencia de la muerte del Duque de Cumberland, le sucede como Gran Maestro el Príncipe de Gales.

1793. La Gran Logia de Inglaterra presenta al Rey, el 6 de Febrero de este año por conducto de su Gran Maestro un memorial en que expresa su adhesion al órden y gobierno de la nacion.

El 24 de Setiembre es iniciado en la Gran Logia de Stocolmo Gustavo, último Rey de Suecia, bajo los auspicios de su tio el rey actual que presidía como Gran Maestro.

El 25 de Noviembre coloca el Príncipe de Gales como Gran Maestro la piedra fundamental de la nueva Capilla de Brigthelmstone.

1798. El Parlamento Inglés en 12 de Julio de este año expide un acta prohibiendo toda clase de reuniones secretas, exceptuando las celebradas por los Franc-Masones.

1799. Muere Jorge Washington y es enterrado con todos los honores masónicos.

1801. El 31 de Mayo de este año, se establece en Charleston (Capital de la Carolina del Sur) el primer Supremo Consejo de 33, el cual extendia entónces su jurisdiccion sobre toda la Union.

1802. El 21 de Febrero de este año, el Supremo Consejo de Charleston otorga amplios poderes al Conde de Grasse-Tilly para fundar Supremos Consejos en Europa.

1804. El 22 de Setiembre de este año, el Conde de Grasse-Tilly crea en Paris un Supremo Consejo del grado 33, para toda la Francia.

1808. El Príncipe de Gales en union de la Gran Logia coloca la primera piedra del teatro de *Covent Garden.*
1813. Es electo Gran Maestro el Duque de Sussex, por dimision del Príncipe de Gales. E l5 de Agosto de este año, el Ilustre H∴ Manuel de la Motta estableció en la ciudad de Nueva York, como diputado del Supremo Concejo de Charleston, un Supremo Consejo de 33 para la jurisdiccion norte de los Estados, reservándose el de Charleston la del Sur. Segun informes fidedignos se convino en que este segundo cuerpo no empezase á ejercer autoridad alguna, hasta no estar bien demarcada su jurisdiccion.
1817. Fusion en Inglaterra de los Masones denominados antiguos y modernos.
1819. El H∴ Guillermo Preston, miembro de la logia "La Antigüedad" lega en su testamento en bonos de la deuda consolidada, quinientas libras esterlinas para el fondo masónico de Beneficencia y quinientas mas de igual clase destinadas á las lecturas Prestonianas.
1820. S. A. R. el Duque de Sussex Gran Maestro.
1822. El Duque de York, como P. D. G. M. coloca la primera piedra del puente de Eton y Windson.
1826. Excitacion anti-masónica en Nueva York.
1827. El Duque de Sussex, M∴ P∴ G∴ M∴ coloca la primera piedra del edificio destinado á la Universidad de Londres. El mismo año S. A. R. el Duque de Sussex acompañado del Duque de Leinster coloca igualmente la primera piedra del puente elevadizo de Hammeresmith, y de la Casa de Beneficencia de Caledonia.
1828. Fusion de las logias del Rito de York, Escoces y Frances en Lusiana, Estados-Unidos.
1830. Al ascender al trono J. M. el Rey Guillermo IV. de Inglaterra, se declara protector de la Órden.
1834. Muerte de Lafayette.
1838. Presente de una vagilla de plata hecho al Duque de Sussex, mediante una suscripcion voluntaria de varias logias y hermanos de Londres que ascendió á 1800 libras esterlinas, el dia que cumplió 21 años de ser Gran Maestro.
1839. La Gran Logia de Inglaterra acuerda un donativo de ciento cincuenta libras esterlinas todos los años á un colegio de niñas y otro de niños, habiendo anteriormente hecho donaciones á otro establecimiento para niñas de mil quinientas ochenta libras esterlinas; y de tres mil quinientas treinta y tres mas para otro plantel de niños.
1842. Donativo hecho por la Gran Logia de Inglaterra con objeto de crear un fondo permanente y atender al Instituto Masónico destinado al Bello Sexo.
1843. Muerte del Duque de Sussex, acaecida el 21 de Abril.
Se crea un Supremo Consejo de 33 para Inglaterra y el pais de Gales, por el Supremo Consejo de la jurisdiccion norte de los Estados-Unidos. El Conde de Zetland, Gran Maestro, coloca la primera piedra del monumento dedicado á la memoria del difunto Duque de Dunham P. Pro. Gran Maestro en Penshen, condado de Dunham.

1845. La Duquesa de Invernes, envia á la Gran Logia como presente, el 3 de Setiembre de este año, la vagilla de plata que la Fraternidad habia regalado al Duque de Sussex en 1838.

1846. Se coloca una estatua de marmol del Duque de Sussex por el voto unánime de la Gran Logia de Inglaterra, en el Free Mason's Hall, abierto en 29 de Abril.

1847. El Gran Capítulo de Inglaterra destina cien libras esterlinas anuales para los fondos de Beneficencia.

1849. La Gran Logia de Inglaterra funda un Monte-Pio, con una dotacion de cien libras esterlinas anuales. El Conde de Zetland coloca la primera piedra de Son George's Hall, en Bradford, Yorkshire, Inglaterra. Se traslada á Boston la residencia del Supremo Consejo de 33 para el Norte de los Estatos-Unidos, despues de haber permanecido treinta y ocho años en la ciudad de Nueva York.

1852. El 4 de Noviembre de este año, celebran todas las lógias de la Union el centésimo aniversario de la iniciacion del General Washington.

1858. Instálase en este año la Gran Logia Nacional de Santo Domingo.

1859. En 19 de Mayo, el Supremo Consejo de 33, de la jurisdiccion Sur de los Estados-Unicos, residente en Charleston, nombró al Il∴ H∴ Andres Cassard, su Diputado especial y Plenipotenciario para la Isla de Cuba Méjico, Centro-América é Indias Occidentales, con plenos poderes en todo lo que concierne al Rito Escoces Antiguo y Aceptado al efecto de poder visitar é inspeccionar en dichos lugares todas las logias y talleres de dicho Rito; y para establecer sublimes Grandes Logias de Perfeccion, Consejos de Príncipes de Jerusalem, Capítulos de Rosa-Cruz y Areópagos en cada pais ó nacion en donde no existan dichos cuerpos: un Gran Consistorio en cada Estado ó República; y ademas, para fundar un Supremo Consejo en Méjico, para Méjico y la América-Central y otro en Cuba para toda la Isla y las Indias Occidentales.*

Dic. 27. Instalacion de un Supremo Consejo al Oriente de Colon, para la Isla de Cuba y las Indias Occidentales.

* Véase al fin de esta obra una copia certificada de las facultades concedidas al h∴ Cassard &.

VOCABULARIO MASÓNICO RAZONADO.

Abi Palabra hebrea que significa "padre" y tambien expresaba una calificacion honrosa como la de Maestro, Inventor, &. Crónica ii. 4, v. 16. (*Véase Hiram.*)

Ad Universi Terrarum Orbis Summi Architecti Gloriam. Encabezamiento de todos los Palustres y comunicaciones que expiden los Sob∴ Grandes Insp∴ Generales ó Supremos Consejos de 33, del Rito Antiguo Escoces Aceptado.

Abreviatura. Las usa la Masonería, tales como M∴ Q∴ H∴ "Muy Querido Hermano." M∴ R∴ L∴ ó M∴ R∴ ▭∴ "Muy Respetable Logia," &.

Acacia. Arbol, cuyo atributo misterioso el solo conocido de los Maestros Masones. Es el mirto de los antiguos iniciados y el ramo de oro de la fábula. En todas las iniciaciones un arbol ó planta ha representado un papel importante.

Aceptado. Equivalente de "iniciado" ó admitido en la Sociedad Masónica y tambien adepto.

Aclamacion. Consentimiento general que dispensa de la formalidad del escrutinio.

Acolada. Beso de acogida, de paz y de recepcion, de los diferentes grados.

Adjunto. Oficial de Logia que reemplaza á los titulares en ciertos casos, y goza de los derechos de tales durante el ejercicio de sus funciones.

Admision. Adopcion de una proposicion ó de un candidato.

Adoniram. Principal intendente del Rey Salomon, encargado por éste de la percepcion de tributos. Era tambien el inspector de los 30,000 obreros destinados á cortar las maderas del Monte Líbano. No hay razon para confundirlo con Hiram, primer jefe Arquitecto del Templo y del cual se hace mencion en el grado de Maestro. (Véase Hiram y siguientes.)

Adopcion. Una logia puede adoptar un Luston ó un hermano anciano. En el primer caso, debe atender á los gastos de su educacion hasta tanto el Luston pueda proveer á sus necesidades. En el segundo, es un deber el cuidar de la subsistencia del hermano desvalido y sin amparo. (Véase Logia de Adopcion y objeto de esta.)

Adornos. Son las esculturas ó grabados de los pedestales, cordones y alhajas de la logia.

Aguila de dos cabezas. Insignia ó escudo del reino de Prusia y emblema del grado 33 y último del Rito Antiguo Escoces Aceptado, fundado por

Federico II. Dicho emblema fué una gracia especial que este Monarca Prusiano hizo á sus sucesores en el grado mencionado.

Agua lustral. Emblema de la purificacion de un templo; pero no de un neófito, que siéndolo por el agua, debe serlo tambien por el fuego.

Alfabeto de los Angeles. Los Judíos hacen mencion de un alfabeto místico que dicen fué transmitido por los ángeles á los patriarcas. Kircher da una copia de él en su Edipo Egipciaco, tom. 2º. p. 105. A este alfabeto se hace muchas veces alusion en el Rito Escoces.

Alhajas de la Orden. Estas son la escuadra pendiente del cordon del Venerable; el nivel al cordon del pri∴ Vigilante; y la perpendicular al del seg∴ Vigilante.

Alhajas de los grados. Caracterizan los diversos grados de la Franc-Masonería. Los Maestros llevan una escuadra y un compas. Los grados superiores tienen las suyas por las cuales se distinguen.

Alhaja de Logia. La adoptada por la logia se lleva al lado izquierdo.

Alinear. En tenida de mesa, es colocar en una misma linea los cañones y las barricas.

Altar. Mesa en forma religiosa, colocada delante del Venerable.

Amor fraternal. Divisa de nuestra Órden, del cual deben estar animados todos los Masones.

Ancla. Emblema de la esperanza.

Anagrama. Cada logia adopta el de su nombre, el cual le sirve para comunicarse con los Grandes Orientes ó con las demas logias.

Angulo recto. Simboliza la conducta de un Mason y es emblema de la Virtud.

Aniversario. Los dos que celebran las logias simbólicas tienen lugar en las fiestas de San Juan Bautista el 24 de Junio; y en la de San Juan Evangelista, el 27 de Deciembre. Las logias Cristianas están dedicadas á estos dos Santos. Las antiguas lo estaban á Salomon. (Vease Líneas Paralelas.)

Annc lucis. Fecha usada en la Masonería Simbólica como era al principio de la creacion y que hace referencia al testo del Genesis: "Fiat lux," haya luz, habiendo los masones adoptado esta era, no porque crean que la Masonería segun hoy se conoce date de la creacion sino porque lo grande y sublime de su sistema moral y relijioso, que ha pasado inalterable por los siglos de barbarie, parece hacerla contemporánea de la formacion de la luz y de la vida.

Antigüedad de la Masonería. La Masonería parece remontar por sus principios á la creacion misma. Como institucion trae su orígen de los misterios antiguos; si bien la forma con la cual la conecemos hoy es de la época de la construccion del Templo de Salomon.

Apelacion. El Venerable es el jefe supremo de una logia en todo lo que concierne á ésta y el solo responsable del gobierno de la misma á la autoridad Masónica superior de que dependa, y no á ninguno de los miembros de su logia. Si se propone en ella alguna apelacion, será tambien deber del venerable, en obsequio de la disciplina, no permitir discusion, ni examen alguno que haga relacion al punto apelado. Los miembros de una lógía que se sientan agraviados por alguna resolucion del Venerable, podrán interponer simplemente apelacion ante la autoridad masónica competente. El Venerable no debe en ningun caso apelar á su misma logia, lo que es por otra parte desconocido en Masonería. Igual doctrina podemos sentar respecto de los talleres superiores.

Apertura de la logia. La ceremonia usada para abrir la logia es solemne y expresiva. Se recuerdan á los hermanos sus deberes y obligaciones; se emplean las precauciones necesarias para evitar la presencia de los profanos en ella; ocupa cada uno de sus miembros el lugar que le corresponde y está pronto á llenar sus funciones, siendo la Masonería un todo del cual forma parte.

Aptitud ó aprovechamiento. Uno de los requisitos para poder ascender á grados superiores es el de tener el conocimiento perfecto de los grados anteriores. Esta precaucion seria muy oportuna; debiendo atender mas un taller á la aptitud que al número de sus miembros. Algunas Grandes Logias, penetradas de esta necesidad, han insistido en la rigurosa aplicacion de regulacion tan antigua.

Aprendiz. Primer grado de la Masonería simbólica, en el cual se inculcan al aspirante principios sublimes de moral que constituyen la belleza del grado, y que preparan al que lo recibe á hacer nuevos progresos en la Masonería y á comprender los fines que esta se propone.

Aspirante. El que ha pasado por las pruebas del primer grado.

Arca. Símbolo de aquella *arca divina*, que nos hace flotar con seguridad en este mar tempestuoso de penas.

Archivo. Lugar en que se depositan los títulos y documentos que pertenecen á un taller masónico.

Archivero. Oficial de un taller masónico.

Areópago. Seccion del Grande Oriente, en el rito antiguo escoces aceptado, compuesta de los doce grados filosóficos.

Armas. En tenida de mesa, copas ó vasos.

Armonía. Base de toda sociedad bien constituida. La masónica la exige en todos tiempos de sus miembro y la recomienda particularmente durante los trabajos.

Arquitectura. El Franc-mason ó mason téorico, levanta templos inmateriales á la virtud, asi como el mason practico ó albañil construye edificios materaiales, destinados á usos profanos. Esto explica la alegoría de ser necesario al franc-mason el estudio de la arquitectura y de la geometría, que es la base de la primera, para darle á entender que sus obras deben ser perfectas para que sean agradables al G∴ A∴ D∴ U∴.

Arquitecto Contralor. Oficial de logia.

Arte Real. Nombre con el cual era conocida en tiempos pasados la Franc-Masonería.

Arena. En tenida de mesa, sal ó pimienta. La arena blanca es la sal y la arena roja, pimienta.

Artes liberales. Las siete artes liberales forman parte de las alegorías del grado de Compañero. Aquellas son la Gramática, que nos enseña á expresar nuestras ideas con los términos propios del lenguage: la Retórica los adornos del estilo, para expresar nuestros pensamientos con gracia y elegancia: la Lógica, á formar juicios exactos: la Aritmetica, el verdadero valor de los números para no errar en nuestros cálculos: la Geometría nos enseña el conocimiento de la latitud, longitud y profundidad de los cuerpos y nos da la idea de la extension; la Astronomía, el órden y equilibrio maravilloso del firmamento; y la Música, la dulzura y armonía de los sonidos, emblema de las gratas impresiones del corazon.

Asamblea. Tenida en el grado de Compañero, en el Rito Antiguo Escoces Aceptado. Reunion general de masones.

Asentimiento. Consentimiento que se expresa levantando en logia la mano, para admitir ó negar una proposicion.

Aumento de paga, salario ó grado. Promocion de un hermano á un grado superior en la Masonería simbólica.

Ausencia. Un hermano que quiere ausentarse de su logia, debe advertirlo al Venerable y pedir el permiso correspondiente.

Avenida. Palabra genérica con que designamos todos los lugares que conducen al templo.

Babel. Palabra hebrea que significa "confusion." Nombre de la célebre torre levantada en los llanos de Senaar, hácia los años ciento cuarenta ántes del diluvio, la que, segun las Escrituras, fué destruida por órden de Dios. Los Masones Noaquitas datan el principio de su Órden de la destruccion de dicha torre, conservándose muchas tradiciones de este acontecimiento en el grado veinte y uno Escoces ó Patriarca Noaquita, á donde remitimos al lector.

Balotar. El modo de expresar los masones su voluntad por medio del escrutinio.

Balaustra. Todos los documentos emenados de los Soberanos Grandes Inspectores Generales del grado 33, del rito antiguo escoces aceptado.

Beausant, (pro. Bozan). Estandarte ó bandera formada de listas horizontales blancas y negras, la cual era peculiar á los antiguos Templarios.

Banda. Venda que se pone al recipiendario durante la recepcion del primer grado.

Bandera (gran). En tenida de mesa, mantel. Bandera pequeña, servilleta.

Banquete. Convite masónico.

Barricas. En tenida de mesa, botellas ó garrafas.

Batería. Son diferentes segun los grados. La batería de alegría se hace con las manos y va acompañada de viva! ó bien de Houze! La de duelo ó tristeza se hace sobre el brazo y va acompañada de señales de dolor.

Belleza. Una de las principales columnas de la Masonería, siendo las otras dos la Fuerza y la Sabiduría. Está representada por la columna de órden corintio y el segundo Vigilante situado al Medio dia, de donde á esta hora puede mejor observar la gloria y esplendor del dia.

Beso de paz. Véase Acolada Fraternal.

Biblia. Está considerada como la verdadera luz de la Masonería, y aceptada por los miembros de esta asociacion como el símbolo de la voluntad de Dios. Forma parte de los ornamentos de una Logia.

Bolas. Sirven en el escrutinio para expresar los votos. Los blancas son favorables, las negras contrarias.

Bóveda de acero. Ceremonial usado cuando se hacen honores á un hermano condecorado con los altos grados, y á los demas designados en el artículo Honores.

Bóveda Estrellada del Templo. Imágen del cielo y de la inmensidad.

Breve. Título en que consta haberse conferido por un Capítulo el grado 18 ó de Rosa Cruz, D. H. R. M.

Bríndis. Son siete los bríndis de órden. 1°. Por el gobierno y la nacion. 2°. Por el G∴ M∴ y GG∴ Ofi∴ de la Gran Logia. 3°. Por el Venerable de la Logia. 4°. Por los dos Vigilantes. 5°. Por los Visitadores y Logias de la correspondencia, &. 6°. Por los oficiales de la Loga. 7°. Por todos los masones esparcidos sobre la superficie de la tierra. Entre el 6°. y 7°. se pueden intercalar los bríndis que se juzguen oportunos, teniendo en cuenta que el 7°. es el último. Los tres primeros bríndis y el último se hacen de pié.

Cadena de flores. En la celebracion de una cincuentena masónica, de la fiesta de un fundador ó de la recepcion de un Luston, se adorna el templo con guirnaldas de flores, llamadas masónicamente cadena de flores.

Cadena de Union ó cadena mística. Fórmase al tiempo de comunicarse la palabra semestral y despues de los banquetes de órden. Es unirse en círculo, dándose las manos.

Cagliostro. José Bálsamo, Marques de Pelligrini, comunmente conocido con el título del conde Cagliostro, autor del pseudo ó falso sistema masónico llamado Masonería Egipciaca y uno de los mas grandes impostores que se han conocido.

Calendario Masónico. Se imprime todos los años por mandato del Grande Oriente. Contiene el nombre masónico de cada mes; indica la situacion de aquel cuerpo, su compocision y atribuciones; y presenta por órden alfabético el estado de las logias, capítulos y demas cuerpos masónicos del mismo y el de los talleres extrangeros y corresponsales.

Cáliz de amargura. Vaso que contiene la bebida que se da al recipiendario.

Cámara del medio. Asiento de los Maestros en logia. Indica el lugar á que deben dirigirse todas nuestras miradas y es símbolo de nuestra alma, la cual debemos purificar para hacerla digna del G∴ A∴ D∴ U∴, siendo en su estado perfecto el centro de toda luz, fuerza y belleza.

Cámara de refleccion. Lugar inmediato al Templo, en que se coloca al candidato ántes de la recepcion.

Cámara Simbólica (Gran). Una de los seis secciones en que está dividido el Grande Oriente del Rito Antiguo, Escoces, Aceptado.

Canapé celestial ó Boveda celeste. El punto vertical del Zénit á donde se supone situado un Supremo Consejo de 33∴, ó de donde éste expide sus balaustres y patentes.

Candidato. Profano propuesto para ser iniciado.

Cánticos. Canciones masónicas.

Cañones. Véase Armas.

Capítulo. Nombre que lleva la cámara del grado 18, en el Rito Antiguo Escoces Aceptado, en que se confiere el grado de Rosa-Cruz y una de las seis secciones que componen dicho Rito.

Carbon. Los Maestros trabajan con lápiz, barreno y carbon.

Caridad. Una de las columnas de nuestros templos y la virtud mas recomendada á los masones, porque sin ella de nada servirian todas las perfecciones humanas.

Cargar. En tenida de mesa, es echar vino en el vaso.

Carta. Es un instrumento escrito sobre un pergamino y firmado por el Gr∴ Maestro ó su Diputado, atestado por el Gr∴ Secretario y sellado con el sello de la Gr∴ Logia. Sin esta autorizacion los Mas∴ no pueden constituirse en logia, ni sus trabajos son legales.

Cena mística. La celebran el Juéves Santo los Rosa-C∴ del Rito Escoces Antiguo y Aceptado, en conmemoracion de la que tuvo Jesus con sus discípulos en Emaus, ántes de su pasion y muerte.

Certificato. Plancha por la cual una logia hace constar, que un individuo es Aprendiz, ó Compañero Mason.

Cinco. Número cabalístico. Entre los Franc-Masones este número simboliza particularmente los cinco órdenes de arquitectura, emblema de la perfeccion de nuestras obras, de los cinco sentidos de que el hombre está dotado en particular el mason, de los cuales debe hacer un uso prudente y de los cinco puntos perfectos de la Masonería que le recuerdan los sagrados deberes á que está ligado hácia Dios, sus hh∴ y á todos los hombres en general.

Cinco puntos perfectos de la Masonería. No pueden ser conocidos sino de los Maestros y no deben explicarse sino de viva voz.

Ciro. Rey de Persia, fué un gran conquistador, que, habiendo sometido á casi toda el Asia, pasó el Eufrates y puso sitio á Babilonia de la cual se apoderó desviando el curso del rio que habia en medio de ella. Los judios que habian sido conducidos á dicha ciudad, despues de la destruccion del Templo, permanecian aun cautivos y fueron libertados por él, permitiéndoles volviesen á Jerusalen á reedificar la casa del Señor bajo la direccion de Josué, Zorobabel y Hagaé.

Cisma Masónico. Damos este nombre al acto de separarse uno ó mas talleres de un Oriente de las regulaciones y leyes establecidas en el mismo para su gobierno, quedando irregulares sus trabajos mientras no reconozcan y obedezcan nuevamente dichas leyes. Se funda este principio, en el derecho que tiene cada Oriente de trabajar en uno de los ritos que reconoce la Masonería como verdaderos, sin permitirse que el ya establecido pueda ser sustituido por otro, si esa no es la voluntad de la mayoría de los masones residentes en el Oriente.

Clandestino, a, Templo ó Logia clandestina, llaman los masones regulares á las asambleas masónicas que no están reconocidas por el Grande Oriente.

Colmena. Emblema de la industria.

Columna. Trazado de las tenidas de un capitulo.

Columnas. Son dos las del interior del Templo y se extienden de Occidente á

Oriente. Sobre la columna del Norte está incrustrada la letra B, y sobre la del Mediodía la letra J. La columna del Norte es el lugar en donde trabajan los aprendices y tienen asiento en ella. Los compañeros trabajan y tienen asiento en la columna del Mediodia; y los Maestros en la Cámara del Medio.

Comision. Diputacion de la logia encargada de algun asunto particular de la misma.

Comision administrativa. Se compone de los siete primeros oficiales y se ocupa de todo lo que puede interesar al taller.

Compañero. Segundo grado de la Masonería Simbólica.

Compas. Emblema de la Justicia.

Constituir una Logia. Siete ó mas Maestros Masones que deseen formar una logia, pueden dirigir con tal objeto una peticion á la autoridad masónica á quien corresponda en cada Oriente, es decir, segun el rito que este haya adoptado, suplicándole les otorgen una constitucion ó carta para empezar legalmente sus trabajos. En el caso de ser favorablemente acogida la peticion, se expide inmediatamente la carta ó constitucion y el Gran Maestro señala dia para la consagracion del nuevo taller y la instalacion de sus oficiales, yendo él en persona ó diputando hermanos de su confianza que den testimonio del acto. De la consagracion ó instalacion de la logia depende su existencia como cuerpo Masónico; asi es que instalada de la manera indicada se puede decir que está constituida legalmente. Solo en el caso de que en el pais no exista un Oriente, podrá dirigirse el número de maestros indicado á un Oriente estrangero con objeto de pedir la patente y proceder á la formacion regular de una logia, siendo doctrina recibida y practicada hoy en Masonería: que las lógias y talleres masónicos de un pais estén sujetos á las regulaciones é inspeccion del Oriente residente en el mismo, habiendo derecho para reclamar y hacer efectiva la costumbre indicada, si se abusa de esta práctica por equivocacion ú olvido. Puede tambien expedirse una constitucion ó patente para regularizar los trabajos de una logia que no estaba legalmente constituida, ó cuando un Grande Oriente admite á alguna logia á su correspondencia, como sucede con el de Francia. Estas constituciones ó cartas se extienden en pergamino.

Constitucion de la Gran Logia. Regulaciones que en el Rito de York, expide aquel cuerpo masonico superior para el gobierno de las logias ó talleres simbólicos comprendidos en el área de su jurisdiccion, ó sea del Oriente en que reside.

Consejo de Kadosh. Taller de dicho grado, en que se confieren los doce filosóficos del Rito Antiguo Escoces Aceptado.

Credo del Mason. El credo del mason es breve, claro, y expresivo. Ha merecido la aprobacion de todos los hombres honrados, no deja lugar á dudas y desafía al cisma. Sus palabras son las siguientes. "Creo en un solo Dios, supremo arquitecto del cielo y de la tierra, dispensador de todo bien y juez infalible de todo mal."

Cruzadas. Algunos escritores masónicos han tratado de probar que la Masonería se introdujo en Europa en esta época. Los que tal sostienen suponen que aquella Órden era desconocida de los pueblos cristianos, hasta que de regreso los cruzados que habian sido iniciados por los judios de Palestina la introdujeron alli, teoría que es de todo punto insostenible; porque tenemos la evidencia de que la primera cruzada tuvo lugar en 1065, del mismo modo que una asamblea de masones se reunió en York, en 926, ó sean 139 años ántes que un solo caballero ó cruzado hubiese penetrado en Asia.

Contribuciones. Tienen lugar cuando los gastos de una logia exceden á las entradas.

Convocacion. Advertencia oficial de las tenidas ordinarias ó extraordinarias de una logia á los miembros de ella.

Cordones. Indican el grado Masónico ó las funciones en logia de los hermanos.

Cotisacion. Suma que se paga anualmente para contribuir á los gastos de la logia.

Cuadernos ó actas del Grande Oriente. Instrucciones manuscritas que el Grande Oriente envia á las logias para dirigir sus trabajos y arreglar las recepciones de los grados simbólicos.

Cuadro. Gran Cuadrilongo colocado en medio de la logia, en donde están designadas las partes interiores y exteriores del Templo de Salomon—Lista de los miembros de un Taller.

Cubridor. Oficial de logia. Véase Cubridor, Estatutos Generales.

Cubrir el Templo. Es cerrar el Templo. Hacer cubrir el Templo á un hermano es hacerle salir de la logia.

Cuesta. Colecta en favor de los Masones desgraciados.

Cuestion. Pregunta por escrito que se dirige al profano que se halla en la cámara de reflecciones.

Dádiva. Recompensa concedida á los miembros activos de una Logia por su derecho de asistencia.

Diácono. Oficial de Logia. En escoces significa mensajero.

Dedicacion. Al constituir una Logia, es costumbre dedicarla bien á San Juan, como las logias del rito escoces antiguo y aceptado y otros ritos; ó bien á Salomon como sucedia antigüamente. Esta tiene sus ceremonias particulares.

Delantal. Emblema del trabajo. Primer adorno del Mason, sin el cual no puede entrar en logia.

Dimision. Un Mason puede dejar de ser miembro activo de un taller, pero no por eso queda esento de sus obligaciones como tal.

Delta. Triángulo luminoso, imágen del supremo poder y alegoria que encierra su nombre inefable.

Descalzo. La ceremonia de presentarse el recipiendario en el Templo, durante la recepcion, con el pié descalzo, es una muestra de respeto por el lugar en que está. Esta ceremonia hace referencia al pasaje del Exodo; cap. 3.º v. 5, cuando el ángel del Señor en medio de la hoguera luminosa, dice á Moises: "No te acerques aqui sin que ántes separes el calzado de tus pies; porque el lugar en que estás es tierra santa."

Deus Meumque Jus. Lema que usan los soberanos Grandes Inspectores Generales del grado 33∴ en sus patentes, palaustres ó comunicaciones.

Dignitarios. Los dignitarios de una Logia, son sus cinco primeros oficiales, á saber: el Venerable, los dos Vigilantes, el Orador y el Secretario.

Diploma de Logia. Certificado en que consta, que es Maestro Mason la persona á cuyo favor se ha expedido.

Diploma de la Gran Logia. Es semejante al de Logia; pero las firmas de que está revestido son mas conocidas y auténticas. Los diplomas del Gran Oriente de Francia, tienen la ventaja de procurar á los hermanos visitadores la entrada en los talleres simbólicos de todos los Orientes.

Diputacion. Hermanos de una Logia nombrados por ella, para representarla en otro cuerpo Masónico.

Diputado al Grande Oriente. Oficial de Logia.

Diputado á la Gran Logia. Los Vigilantes y el Venerables de una Logia, son de derecho diputados á la Gran Logia.

Diputado de Logia á Logia ó Garante de Amistad. Dos Logias afiliadas nombran recíprocamente un diputado ó representante que asista á los trabajos de la Logia amiga. Este diputado se coloca siempre al Oriente y no tiene sino voz consultiva.

Dispensacion. Permiso que se concede para hacer lo que sin ella está prohibido por las constituciones y usos de la Órden. El poder de conceder dispensaciones está conferido solamente al Gran Maestro, Seren∴ Gr∴ M∴ ó á su Dip∴; aunque solo puede ejercerse en circunstancias extraordinarias ó por motivos poderosos. Cuatro son los casos en que el Gran Maestro ó su representante pueden expedir dispensaciones. *Primero.* Una Logia no puede abrirse de una manera regular si ántes no se le ha concedido la carta emanada de la autoridad Masónica competente. No obstante en algunos lugares el Gran Maestro, Ser∴ Gr∴ M∴, &., pueden expedir la Dispensacion autorizando un número de Masones regulares con dicho objeto; hasta tanto se participe á quien corresponda la apertura del nuevo taller, segun el rito en que se trabaja. El cuerpo masónico que tiene derecho para abrir é instalar la Logia, aprobará ó no la dispensacion que el Gran Maestro, Ser∴ Gr∴ M∴, &., haya concedido. *Segundo.* No es permitido iniciar mas de cinco candidatos en una tenida; pero el Gran Maestro, Ser∴ Gr∴ M∴, &., por justas causas puede hacer extensivo á una Logia el privilegio de iniciar á cuantos considere necesarios. *Tercero.* Ningun hermano puede pertenecer como miembro activo á dos Logias que se hallen distantes tres millas una de otra. *Cuarto.* Cada Logia puede elegir é instalar á sus oficiales en la tenida ordinaria que precede al aniversario de San Juan Evangelista.* En el caso de no llenarse esta formalidad por una Logia ó que un oficial de los nuevamente nombrados, muriese, se ausentase por largo tiempo ó fuese expelido del Taller, no podrá repetirse la eleccion é instalacion á no ser que el Gran Maestro conceda al efecto la debida dispensacion.

* Nota.—Muchas Logias del Rito Antiguo Escoces Aceptado, proceden á la eleccion de sus oficiales en la tenida anterior ó que precede al aniversario de San Juan Bautista.

Divisa. Al instalarse una Logia, adopta una divisa que la distingue de las demas.

Don Gratuito. Suma anual que pagan las Logias, Capítulos, &. al Grande Oriente para sus gastos.

Edad Masónica. La edad masónica se cuenta segun el grado que se posee. El Aprediz tiene ménos años que el Compañero; éste que el Maestro y así sucesivamente.

Eleccion de oficiales. Las Lógias nombran cada año sus oficiales en la tenida ordinaria que precede al aniversario de San Juan Evanjelista, 27 de Diciembre; si bien es costumbre en algunas Logias del Rito Antiguo Escoces Aceptado, hacer dichas elecciones en la tenida ordinaria que precede á la fiesta ó aniversario de San Juan Bautista, el 24 de Junio. En la nota puesta al pié del artículo "Dispensacion," hemos hecho una indicacion igual.

Emblemas Masónicos. (Véase Símbolos.)

Entrada al Templo. Dar entrada al Templo, es permitir que un hermano asista á los trabajos.

Era Masónica. Empieza con la creacion del mundo, siguiendo la cronología hebrea que los masones han adoptado. El año masónico es el año legal ó religioso de los Hebreos: principia en el mes de Nisan, que corresponde al de Marzo de la era cristiana, época en que segun el Exodo (Cap. 12, v. 40), salieron de Egipto los Hebreos. El año de los Judios principiaba en Tisri, que corresponde á nuestro Setiembre; los meses eran lunares y el año se componia de trece, intercalando entre el 6.° y 7.° á Ve-adar. Los Franc-Masones del Rito Frances, no admiten mas de doce y el órden de sus nombres el siguiente: primer mes, Nisan (Marzo); segundo Jiar (Abril); tercero, Sivan (Mayo); cuarto, Tammuz (Junio); quinto, Ab (Julio); Sesto, Elul (Agosto); Séptimo, Tisri (Septiembre); Octavo, Marshevan (Octubre); noveno, Chisleu (Noviembre); décimo, Thebet (Diciembre); undécimo, Sabeth (Enero); y duodécimo, Adar (Febrero). No teniendo los dias denominacion particular, dicen: el primer dia del primer mes masónico, Nisan, por ejemplo, es el primero de Marzo, &. Tambien suelen decir, escribiendo masónicamente, el primer dia del primer mes masónico, sin mencionar el nombre particular del mes que corresponde. Pero los del Rito Escoces usan extrictamente el calendario Hebreo.

Escoces. Véanse los artículos: Rito Escoces Antiguo y Aceptado, y Mason Escoces.

Escuadra. Emblema de la rectitud y joya distintiva del Venerable.

Escrutinio. Caja pequeña que recibe el voto de los hermanos. (Véase Balotar.)

Essenios. Una de las tres sectas que los Judios fundaron en la Judea, en 1550, ántes de la era vulgar. Esta secta se hizo muy notable por la humildad de sus miembros, por sus virtudes y por los actos de caridad que continuamente ejercian. Los iniciados en los Misterios Essenios vivian como hermanos. Segun Philon, Plinio y otros la inic.·. á estos Mist.·., no se concedia fácilmente. Antes de admitir á un candidato se le experimentaba 3 años, y al iniciarlo le hacian prestar un juramento de *amor á Dios, protejer á los hombres de bien y finalmente, guardar secreto sobre todos los misterios de la Órden.* Los INICIADOS, *esparcidos por todas partes y sin haberse visto jamas, se reconocian por ciertas señales y se trataban como verdaderos hermanos y como si siempre se hubiesen conocido.* Los Misterios Essenios fueron, sin duda alguna, la fuente del Cristianismo; bastando para probar este aserto el ver los principios que profesaban, reducidos á estas tres palabras: DIOS, BENEFICENCIA, FRATERNIDAD! JESUS CRISTO fué uno de sus iniciados: la doctrina que enseñaba y ha llegado hasta nosotros *es la misma que profesaba la secta á que perteneció;* y sin embargo de que el clero ha alterado los principios y cambiado el ceremonial, al mason inteligente é ilustrado, no le quedará duda sobre este particular si se detiene á observar la relacion que existe entre las Ceremonias Masónicas y las formas que se usan en las Iglesias Católicas, las cuales han sido tomadas de la Masonería ó sea de los Misterios Essenios.

Esfera. Emblema de la regularidad y sabiduría. En los Misterios Egipcios, las esferas ó globos eran símbolos de un Dios eterno y supremo. Entre los Mejicanos, representaban el poder universal; y entre los Franc-Masones son emblemas de la extension universal de la sociedad: recordándoles lo grande y universal que debe ser la caridad que están llamados á practicar.

Exotérica, ixotérica. Palabras griegas. La primera significa interior y la segunda exterior. Los antiguos filosófos en la constitucion de sus sectas respectivas, dividian la enseñanza que en ellas daban en dos clases: la una *exotérica,* interior ó privada; y la otra ixotérica, exterior ó pública. Por medio de la segunda enseñaban al pueblo, en los lugares públicos, los elementos de las ciencias naturales y de la moral, reservando la primera á aquellos capaces de apreciar ciertas doctrinas demasiado elevadas y dificiles para hombres ignorantes á quienes era preciso preparar ántes de acordarles favor tan señalado.

Tal es el carácter particular de la Masonería, exotérica ó privada en su esencia; pues la enseñanza de sus dogmas, principios y doctrinas se comunica á los adeptos en el interior de los talleres, y á ella no puedan concurrir los estraños á la institucion. No obstante lo misterioso y secreto de las reuniones masónicas, podemos asegurar: que la Masonería hoy no lo es tanto; porque el apenas iniciado tiene ya á la vista los emblemas y alegorias que adornan nuestro Templo Inmaterial, cuyo estudio puede conducirlo al conocimiento profundo de verdades sublimes; sin atender á la forma exterior del *edificio,* la cual nada podria enseñarle.

Espada. En tenida de mesa, cuchillo. La espada *apuntando al corazon desnudo,* nos previene de que la justicia divina nos alcanzará tarde ó temprano.

Esperanza. Una de las columnas de nuestros templos y virtud que nos ofrece la inmortalidad despues de esta vida. Sin ella perderiamos la confianza en Dios; el vicio abandonaria su terror saludable; la vida su encanto; y la muerte seria una escena de desolacion.

Expulsion. Es la pena mas grave que puede imponer un taller masónico. Sus efectos son los siguientes. El expulsado queda privado no solo de sus derechos y privilegios como miembro de un taller particular, sino de todos los inherentes á la fraternidad en general; se le despoja del caracter masónico y del goce de sus derechos y privilegios, queda no obstante sujeto al cumplimiento del juramento y obligaciones que ha contraido sin que ningun poder humano pueda dispensarle su observancia, y es considerado como extraño á la sociedad con prohibicion á los masones de tratar con él sobre asuntos concernientes á la Órden.

Respecto al tribunal masónico que impone la pena de expulsion, es atribucion en cada rito del cuerpo masónico superior que representa el poder Supremo de la Órden en el Oriente; siendo deber de este dar conocimiento de lo ocurrido no solo á los talleres que se hallan bajo su jurisdiccion, sino tambien á los Orientes extrangeros con quienes esté en correspondencia, para de este modo hacer efectiva la pena en toda la extension del mundo Masónico.

Los masones en general, sean ó no miembros de un taller, pueden incurrir en la pena de expulsion si hay mérito para ello. "Todo miembro de la Fraternidad es responsable de su conducta á los talleres regulares de cualquier pais; y si es miembro de alguno de ellos, lo será responsable mas inmediatamente á este." Hay una razon muy poderosa para sentar este principio, y es la siguiente. "Que si los masones gozan de ciertos privilegios al formar parte de la Sociedad, no es sin condiciones que se les ha dispensado este favor, pues están obligados desde el momento que son miembros de ella: á observar las regulaciones y máximas saludables de moral que contribuyen á la estabilidad y buena opinion que deben los extraños tener de nuestra Institucion.

Se debe no obstante proceder con gran moderacion y detenimiento en la aplicacion de dicha pena, haciendo uso de ella solo en los casos en que se haya faltado á los preceptos puramente masónicos y sea un hecho escandaloso é inmoral que pueda desdorar la Sociedad, permitiendo al acusado la defensa mas lata posible, pues debemos ser los primeros en observar los deberes estrictos de la Justicia y no consentir que nadie sea juzgado sin ser oido; siendo ademas la nuestra una mision de caridad, de la cual solo debemos separarnos cuando así lo exijan circunstancias extraordinarias que no nos sea posible desatender, y muy oportuno en esta ocasion, recomendar particularmente la admision de profanos á nuestros misterios, pues parece que está muy de acuerdo con la prudencia el prevenir casos semejantes y evitar la necesidad de imponer un castigo.

Expulso. El mason que ha perdido los derechos de tal y ha sido borrado de la Sociedad.

Extension de una Logia. Es inconmensurable. Imágen del Universo, la Logia tiene por dosel al firmamento; por base al planeta que habitamos; por longitud al Norte y Medio-dia; y por latitud al Oriente y Occidente. Esto debe demostrar al mason que su patria es el universo y que los hombres todos son sus hermanos, pues aunque este dictado solo le lleva una parte de la gran familia humana, la caridad, de que debe estar animado, comprende por extension á todos en general.

Experto. Oficial de Logia. (Véase Experto, Estatutos Generales.)

Estrellas. Luces ó bugías.

Evangelio. Está colocado en todas las Logias sobre un altar inmediato al Oriente. Los Masones del Rito Antiguo Escoces Aceptado juran sobre él; los del Rito Frances lo hacen sobre la espada, símbolo del honor. En algunos lugares prestan el juramento sobre la Biblia: América es de este número. Los masones no cristianos, juran sobre los libros sagrados del culto que profesan, siempre que reconozcan la existencia de un ser supremo. (Véase Credo del Mason.)

Falso Hermano. Mason que ha quebrantado sus juramentos. Profano que ha sorprendido los secretos masónicos ó que ha sido recibido en una Logia irregular.

Fé. Una de las columnas de nuestros Templos y Virtud que es necesaria poseer al ser iniciado en nuestros misterios, pues sin ella el candidato no podria ser admitido en nuestra sociedad. La fé nos hace comprender mas de lo que alcanza nuestra vista; la esperanza dilata nuestro gozo; y la caridad se extiende mas allá del sepulcro, al traves de una eternidad sin límites.

Fiestas de circunstancias. Un regocijo público puede ocasionarlas; pero jamas las exige.

Fiestas de Orden. Hay dos cada año. Celébranse los dias de San Juan, el 24 de Junio y el 27 de Diciembre, y son de obligacion. (Véase Aniversario.)

Figuras. Representan en el interior de la Logia las Virtudes Masónicas, bajo las alegorias de la Fuerza, Union, Sabiduria, Candor, Beneficencia, &.

Filiacion. La filiacion ó agregacion á una Logia, se concede á todo mason regular.

Filiacion á muchas Logias. Como un mason apreciable es siempre bien acogido en las Logias de que no es miembro, no hay razon para que un mason no pertenezca á muchas Logias de un mismo Oriente. En algunas partes es necesario que las Logias esten distantes tres millas una de otra, para que pueda tener lugar la filiacion.

Filiacion entre Logias. Dos Logias pueden acordarse la filiacion estando en el mismo lugar, es decir adoptarse de manera que sin perder los títulos particulares ni los derechos respectivos que cada una posea, no formen mas que un solo cuerpo que subsiste hasta que una de las dos pide el rompimiento del pacto que las une.

Filiacion Libre. Exime de pagar las cotizaciones; pero no permite que el hermano sea elevado á las dignidades y funciones de la Logia.

Forma de una Logia. Debe ser una escuadra oblonga ó paralelógramo, siendo su mayor longitud de Norte á Sud, y su mayor latitud de Oriente á Occidente. Segun Oliver, la Logia debia representar un doble cubo, como un emblema expresivo del doble poder de las tinieblas y de la luz, y tambien porque el arca de la alianza y el altar del incienso, tenian esta figura. Siendo difícil determinar cual sea á punto fijo la figura de la parte de la tierra habitada, parece mas racional que la Logia tenga la forma de una escuadra oblonga, que hasta hoy ha conservado, en donde con facilidad se pueden fijar los, cuatro puntos cardinales del globo; lo mas importante del caso.

Franc-Masonería. Hermoso sistema de moral, velado con alegorias é ilustrado con máximas. (Véase Masonería.)

Franc-Mason. Sectario de la ley natural, amigo del género humano y hombres sabio y virtuoso que se exfuerza cuanto puede por serlo mas y mas. La primera parte de que está compuesta esta palabra *franc*, franco ó libre, originariamente significaba que la persona asi llamada no pertenecia al gremio de los masones operarios, pues los que lo eran no podian trabajar en la Sociedad de los Franc-Masones. Una regulacion semejante existe todabia en muchas partes de Europa, aunque no ha llegado hasta nosotros. Esta calificacion ó distincion, parece haberse usado por primera vez en el siglo décimo de nuestra era, cuando los masones arquitectos que viajaban constantemente de un punto á otro, y á quien se debe el estilo gótico de los templos modernos, fueron incorporados en un solo gremio por la santa sede.

Franja orlada. Cordon entrelazado con nudos de diferentes tamaños, que decora la parte superior del Templo. Es emblema del lazo fraternal que une á los masones.

Fuerza. Una de las columnas de la sociedad masónica. Está representada por la columna dórica y el primer vigilante; porque el órden dórico es el mas sólido de los órdenes de arquitectura, y tambien porque es obligacion del primer vigilante atender cuidadosamente á los hermanos para ayudar al venerable, y exigirles que cumplan con sus deberes, tratando siempre de robustecer y hacer respetar su autoridad. Hiram, Rey de Tiro, es tambien considerado como representando la columna indicada y uno de los pilares del Templo.

Fuego. Última parte del ejercicio de mesa en las salvas ó bríndis que expresa la abnegacion de que debe estar poseido el mason.

Fundadores. Hermanos que han establecido un taller masónico.

Funerales. Es necesario ser maestro mason para ser enterrado con los honores masónicos, estando sujetas las ceremonias del servicio fúnebre á una práctica invariable que en ningun caso puede alterarse. Ademas, para que aquel pueda ser enterrado con dichas formalidades, es preciso que en vida lo haya solicitado del venerable de la Logia de que sea miembro, exceptuándose á los extrangeros y oficiales de altos grados de la Órden. Está prohibido del mismo modo toda procesion ó demostracion pública en tales casos, ni el reunirse dos ó mas Logias con tal objeto, si ántes no se ha obtenido para ello dispensacion del Gran-Maestro. Véase funerales, en la parte correspondiente de esta obra.

Gabaon. Nombre que se da á los masones en recuerdo de haber sido el lugar en que se depositó el Arca Santa y en el que Dios comunicó la sabiduría á Salomon, segun el mismo testo de la escritura.

Gabaona. La viuda de un mason.

Garante de Amistad. Véase diputado de Logia á Logia.

Geometría. Ciencia cuyo objeto es enseñar la naturaleza y relaciones de todo lo que es capaz de extension ó medida. Es una de las ciencias mas antiguas y necesarias y sobre la cual están basadas la matemáticas, tan intimamente ligada á la Masonería práctica, que los masones prácticos eran antigüamente conocidos con el nombre de masones ó geómetras. Platon la tenia en tanta estimacion que colocó á la entrada de la academia, en donde daba sus lecciones, esta inscripcion: "El que ignore la Geometría, no puede entrar."

Los primeros habitantes de la tierra han debido práctica y conocer las primeras nociones de esta ciencia en la construccion de sus cabañas ó habitaciones; ciencia que despues obtuvo mayor progreso cuando ya fué necesario medir las tierras y separar las propiedades particulares.

La Masonería téorica ó especulativa, está del mismo modo ligada intimamente á la Geometría. Á diferencia de los masones prácticos ú operarios la Franc-Masonería ha tomado de dicha ciencia la mayor parte de sus emblemas. La perpendicular, el nivel y la escuadra que son necesarios para la simetría y belleza de los edificios materiales, los empleamos tambien en la construccion de los Templos consagrados á la virtud.

Ademas, la explicacion dada por Pitágoras de las principales figuras geométricas, no dejan de ser interesantes al mason estudioso. Segun aquel filósofo griego, el punto está representado por la unidad; la linea por el duad ó dos; la superficie por el ternon ó tres; y los sólidos por el cuaternario ó cuatro. El círculo, decia, es la mas perfecta de las figuras curvilineas, la cual contiene el triángulo en sí misma. El triángulo representa la generacion y formacion de los cuerpos, porque todas las figuras pueden reducirse á ésta y sus elementos son triangulares. La escuadra es el símbolo de la esencia divina. (Véase Artes Liberales).

Globos. Véase Esfera.

Gradas del Templo. El aprendiz sube tres, el compañero cinco y el maestro nueve.

Grados. El Rito Antiguo Escoces Aceptado, cuenta treinta y tres. El frances solo admite siete. Por grados simbólicos, ó segun los masones del Rito Frances, Masonería Azul, son conocidos los tres primeros grados de toda la Masonería; por grados Capitulares, se comprenden los cuatro órdenes del Rito frances; ó en el Rito Escoces, Antiguo y Aceptado, los que empiezan en el cuarto inclusive hasta el 18; y por grados filosóficos, los de este último rito que empiezan en el 19, hasta el treinta y tres. La reunion de grados forma el todo de la Franc-Masonería. Véase Artes Liberales.

Granadas. Es un emblema masónico muy estimado desde la mas remota antigüedad. En la descripcion que encontramos de las columnas del pórtico del Templo, (libro 1°. de los Reyes, cap. 7°. v. 15.) se dice, que el artífice "hizo dos capiteles de bronce que colocó en cima de las columnas," significando la palabra hebrea en su genuino sentido *caphtorim*, globo ó granada grande artificial, y no capitel como se ha supuesto. Fué costumbre poner adornos semejantes en las cabezas de las columnas y en otros lugares. La orla del vestido de Aaron, estaba adornada con campanillas de oro y granadas del mismo metal, segun se habia mandado y tambien las llevaban los adornos de los candelabros. Todo lo cual prueba la veneracion en que se tenia esta fruta, la cual nos ofrece la bella alegoria de nuestro globo; y á los masones el conjunto de la gran familia estrechamente unida por los lazos de la fraternidad.

Gran Arquitecto del Universo. Dios.

Gran Logia. Cuerpo masónico superior que en algunas partes reune el supremo poder de la Órden. En los paises en que existen Grandes Orientes del Rito Escoces antiguo y aceptado, forma una de las secciones de que aquellos se componen.

Gran Maestro. Primer representante y gefe de la órden masónica en cada Oriente. Sus atribuciones y facultades están consignadas en los constituciones que estos aceptan para su gobierno y Estatutos Generales de la Órden.

Grande Oriente. En cada pais es la reunion de los cuerpos que forman su gobierno masónico. En aquellos en que se trabaja en el Rito Antiguo Escoces Aceptado, lo componen las secciones ó partes siguientes: 1°. Diputados representantes de los Talleres Simbólicos. 2°. Talleres de la Perfeccion. 3°. Talleres de la Filosofía. 4°. Tribunal del grado 31. 5°. Gran Consistorio del grado 32. 6°. Supremo Consejo de Grandes Inspectores Generales de 33.

Guadaña. Es el emblema del tiempo que corta el hilo de la vida.

Guantes. Son blancos los que usan los masones en Logia. Son emblema de pureza.

Guarda-Sellos. Oficial de Logia.

Guarda Templo. Hermano que cuida de la seguridad interior del Templo. Es oficial de la logia.

Gutural. Signo, cuya significacion se da en el grado de Aprendiz.

Hagaé. El primero de los tres profetas que florecieron despues de la cautividad. Probablemente nació en Babilonia, desde donde acompañó á Zorobabel á la construccion del segundo Templo.

Hermano. Nombre que los masones se dan en Logia y cuando se escriben. Los masones no solo son hermanos por participar de la misma naturaleza humana; sino porque profesan la misma fé y están consagrados á los mismos trabajos, estando unidos por un lazo mutuo que ha sido causa de que se les llame "Hermanos del Lazo Místico."

Hermano aislado. Nombre que se da á un mason que no pertenece á ninguna Logia.

Hermano terrible. Sus funciones en el grado de Aprendiz.

Hermanos sirvientes. Sus funciones en Logia.

Harodim. Palabra hebrea que significa príncipe ó gobernador. Mucho se ha disputado sobre la significacion de estos letras H. R. D. M. no obstante que ningun poseedor del grado 18, del Rito Escoces Antiguo y

Aceptado, duda que la palabra Harodim ó Heredom, como se conoce entre nosotros, se refiera al hecho de que la Masonería cristiana traiga su orígen de la Masonería antigua ó hebrea. Cada Príncipe Rosa-Cruz es del número de Harodim, ó gefe entre los maestros del Primer Templo. La idea de que dicha palabra hace relacion á una montaña de Escocia, llamada asi, es tanto mas absurda cuanto que no existe tal montaña.

Hermético. Rito espurio, establecido en Aviñon, en Francia, en mil setecientos setenta. Su objeto era enseñar la alquímia, por medio de símbolos transmutacion de metales y compocision de la panacea universal ó elizir de vida. Dicho Rito ha casi desaparecido y solo existe muy modificado en el Rito Escoces; el cual, en vez de ocuparse del delirio de la trasmutacion de metales, pone en práctica los medios de mejorar la parte moral del hombre.

Hiram. De este nombre se conocen dos personages de que se hace mencion en los misterios de la Masonería. Hiram, Rey de Tiro, fué contemporaneo de Salomon y auxilió á éste en la construccion del Templo: le proporcionó maderas, piedras y arquitectos y un empréstito de ciento y veinte talentos de oro, que equivalen á dos millones y medio de pesos nuestros. Entre los arquitectos enviados por Hiram á Salomon, con objeto de la construccion del Templo, habia uno de grande inteligencia. A este sabio arquitecto fué á quien Salomon confió la fabricacion de los adornos y construccion del Templo. Hiram, Rey de Tiro, llamaba á Hiram el arquitecto, Hiram Abi, "Hiram mi padre;" lo que es una evidencia de la gran estimacion que hacia de él; siendo el título de *Ab* ó padre, entre los hebreos una muestra de aprecio altamente honorífica que solo se conferia á los primeros ministros y amigos íntimos del rey. De Hiram el arquitecto, dice el libro segundo de las Crónicas, cap. 4°. v. 16, lo siguiente: gnasah Huram Ab l'melech shlomo "Hizo Hiram el padre ordenar al Rey Salomon," &. El nombre dado á dicho arquitecto en las Lógias, ha sido tomado de este testo hebreo en que Hiram Abi, significa "su padre" y con el cual es conocido en el grado de Maestro.

Este Hiram por su profesion, como tambien por su nacimiento, estaba probablemente en relacion con los Diomisianos, sociedad de arquitectos fundada en el Asia Menor, mil años ántes de la era cristiana, la cual era conocida en Tiro. En este caso, la circunstancia de ser Hiram al mismo tiempo tirio é israelita, debió presentarle una oportunidad bastante favorable para haber sido iniciado en los misterios de la fraternidad de los judios constructores del Templo. Hay una tradicion masónica de haber casado Hiram con una hermana de Adoniram, y haberle sobrevivido su esposa muchos años. Los arquitectos dionisianos, eran llamados por los griegos sacerdotes de Baco.

Hiram. Nombre que se da á la escuadra que usa el Venerable, porque asi como Salomon ordenaba y dirigia los trabajos del Templo con la ayuda de Hiram el arquitecto, del mismo modo aquel preserva el órden en la lógia acompañado de la escuadra.

Hiramitas y Adonhiramitas. Con el primer nombre se conocen los Franc-Masones que descienden de Hiram, primer Arquitecto del Templo. Con el segundo los que son asi llamados; porque prefieren derivar su orígen de Adoniram, quien se hizo cargo de los trabajos despues de la muerte del primer arquitecto: refiriéndose á la época del gobierno de este último las leyendas de los grados mas importantes del Rito Escoces.

La calificacion de Hiramita es usada principalmente en el grado de Patriarca Noaquita, ó veinte y uno del Rito Escoces, para distinguir á los Maestros Masones de los hermanos de dicho grado que pretenden descender directamente de los hijos de Noé, sin que tenga coneccion alguna con la Masonería que hace relacion al Templo. Sin embargo, algunos escritores entendidos comprenden á todos los Masones en la palabra Noaquitas. Véase esta en su lugar correspondiente en este vocabulario.

Hoguera luminosa. Símbolo del verdadero centro de toda luz Masónica. De aqui es que el Sup∴ Cons∴ de 33, figura trazar todos sus palaustres cerca de ella, como para indicar que sus miembros solamente están en posesion exclusiva de la verdadera luz Masónica ó tesoros mas preciosos de la sociedad, haciendo alusion al lugar del Monte Horeb en que apareció el ángel á Moises en medio de la hoguera luminosa, y desde cuyo lugar presentó al pueblo judio las tablas de la Ley ó los Diez Mandamientos.

Honores Masónicos. Se conceden á los hermanos segun sus grados respectivos. Si hay hermanos visitadores de diferentes grados, entrarán primero los que sean de grados inferiores, empezando por el de Aprendiz y asi sucesivamente; siendo los últimos los de grados superiores que se encuentren en el pórtico del Templo, por ser tambien mayores los honores que se dispensan á estos.

Hospitalario. Oficial de Logia.

Horas de trabajo. Estas son las que cada taller emplea para tratar de sus asuntos particulares. Los antiguos iniciados escogian las horas de la noche para la práctica de sus misterios; costumbre que tambien se observa hoy en nuestros templos en las iniciaciones y dispensaciones de grados.

Huzza. Grito de regocijo entre los Masones del Rito Escoces.

Iluminados. Secta ó Sociedad creada en Baviera en 1776, por Adam Weishaupt, profesor de Derecho canónico en la universidad de Ingoldstat. El objeto del autor al formar esta sociedad fué el de su propio engrandecimiento y la destruccion del cristianismo y de las instituciones sociales. Algunos Franc-Masones engañados por la interpretacion de los prímeros grados entraron en ella; pero las revelaciones de los grados superiores, contrarios enteramente á los buenos principios de moral que enseña la Masonería, pronto les hizo comprender el error en que habian incurrido y se separaron de ella inmediatamente. Proscrito de sus estados por el Elector de Baviera, acabó por desaparecer cuando pasada la época revolucianaria en Francia, á donde se habia extendido su sistema dos años ántes de la muerte de Luis XVI., cesaron las convulsiones políticas de Europa y se estableció un nuevo órden de cosas.

Esta sociedad estaba sistematicamente divida en tres clases ó partes por su fundador, las cuales eran la de Educacion preparatórica, Masonería y Misterios.

Inauguracion. Ceremonia por medio de la cual se consagran los lugares masónicos.

Incienso. Es emblema de un cozaron puro.

Inefables. Palabra cuya significacion latina expresa la idea de una cosa que es inexplicable por ser de un órden superior á nuestra inteligencia. Se llaman asi los grados que en el Rito Frances y Escoces empiezan en el cuarto, por alusion á la santidad y sublimidad de los secretos ó instruccion que contienen. No obstante que, en esta acepcion, la palabra inefable puede aplicarse á toda la Masonería; aunque tecnicamente solo se emplee para calificar los altos grados.

Inmortalidad del alma. La creencia en esta doctrina se inculca en Masonería por medio de varios emblemas muy expresivos, especialmente por la escala de Jacob y el ramo de acacia, alegoría muy significativa del grado de Maestro.

Esta créencia era la mas importante en los misterios antiguos. Simbolizaba la resurreccion ó nueva vida del espíritu, y el triunfo de éste sobre la materia.

Iniciacion. Véase Recepcion.

Innovaciones. Nada es mas contrario á la verdadera Masoneria que las innovaciones que puedan intentarse en sus usos y costumbres. Es en consecuencia de este principio conservador que la Masonería, á pesar de las muchas tentativas que se han ideado para alterarla, permace hoy la misma que ha sido siempre. Proceden sus misterios de un principio cierto y anterior á todo lo creado; y dejará de existir, cuando hayan desaparecido de la tierra los sentimientos generosos, y las verdades sublimes que hacen la felicidad del género humano, para volver al seno del creador de que ha emanado.

I. N. R. I. Iniciales de la sentencia escrita en latin y puesta sobre la Cruz, la cual en todas sus letras dice: *Jesus Nazarenus Rex Judeorum.* La secta ó escuela de los Rosicrucians, hacian uso de estas iniciales para expresar uno de los secretos de la alquímia y las escribian de esta manera: Igna Natura Renovatur Integra. "El fuego renueva completamente á la naturaleza." Tambien adoptaron dichas iniciales, para expresar sus tres elementos principales, que eran la sal, el azufre y el mercurio: Igne Nitrum Roris Invenitur. Estas y otras especulaciones pueden ofrecer algun interes al mason Rosa-Cruz D. H. R. M., y al Caballero Templario.

Inspeccion. Toda Logia que empieza á formarse y quiere ver regularizados sus trabajos, pide su patente ó constitucion á la autoridad masónica competente del Oriente en que se halle. Antes de concerderse dicha constitucion ó patente, la autoridad masónica indicada envia tres de sus miembros para inspeccionar los trabajos, y asegurarse si está en estado de trabajar con la regularidad que se exige en tales casos.

Instalacion. Véase constitucion de una Logia.

Instancia. Estado en que se encuentra una Logia que ha pedido una constitucion ó patente para trabajar con regularidad.

Intersticio. El tiempo que media entre la colacion de grados.

Investigaciones. En las faltas graves cometidas por las Logias ó por hermanos, los cuerpos masónicos en quien está delegado el poder supremo del Oriente, nombran comisarios para tomar informes.

Jaime de Malay. Celebre Gran Maestro de los Templarios. Su historia es muy conocida de los Caballeros Kadosh.

Jehovah. Nombre que daban los Hebreos A∴ G∴ A∴ D∴ U∴. Está compuesto de cuatro letras y por esta razon se llama nomen tragrammaton ó "nombre cuadrilatero." Se deriva del verbo sustantivo Havah, "Ser;" y como encierra en sí mismo el presente, pasado y futuro del verbo, parece indicarnos la naturaleza inmutable y eterna de Dios, y el solo ser que puede decir, "Yo soy el que soy; el que ha sido; y ha de ser." Este nombre fué por la primera vez anunciado por Dios á Moises en medio de la hoguera luminosa, en cuya ocasion le dijo, "este será mi nombre para siempre, al cual servirá de recuerdo á todas las generaciones." (Exodo cap. 3° v. 15.) Estaba prohibido entre los hebreos pronunciarlo excepto al Gran Sacerdote el dia solemne de los sacrificios, que en el Santo de los Santos lo dejaba oir en medio del extruendo de las trompetas y cimbales para que no llegase á oidos del pueblo; no por temor de que éste le oyese, sino para evitar que fuese conocido de los lugares limítrofes que podian blasfemarle y aplicarle á sus ídolos. Obedeciendo á este precepto que aun observan los hebreos ó israelitas, cada vez que leyendo encuentran dicha palabra, la suplen con la de Adonai ó sea el Señor.

Mucho se ha disputado sobre el modo de escribir la palabra Jehovah ó Jehova, como nosotros la escribimos; pero en este caso nos debe bastar la autoridad del profeta David que la usa del mismo modo, Jehovah. Para mayor illustraccion de este punto, consúltese la leyenda del grado Catorce del Rito Antiguo Escoces Aceptado ó sea el de Gran Electo, Perfecto, y Sublime Mason, en donde se puede ver la diferente manera de pronunciarlo por los patriarcas que vivieron en distintas épocas. Representa al Dios de los Judíos, al Mithra de los Persas, al Osíris de los Egipcios, al Theos de los Griegos, al God de los Ingleses, y al G∴ A∴ D∴ U∴ entre los Franc-Masones.

Jericó, Heroina de. Es un grado creado en este pais (Estados-Unidos de la América del Norte) y que como el rito frances de adopcion, puede conferirse á hombres y mugeres. Solo los masones del Real Arco, sus esposas y viudas pueden recibirlo. No está aun bien extendido, no obstante habersele conferido á algunas Señoras de los Estados del Norte y del Oeste de este pais.

Johaben. Era el nombre del principal favorito de Salomon, quien, segun las tradiciones Masónicas, incurrió en el desagrado de Hiram, rey de Tiro, por haber querido al parecer sorprender los secretos de una conferencia privada entre ambos reyes. Convencido Hiram rey de Tiro por el mismo Salomon de haber sido mas bien una prueba de afeccion hácia su persona, fué perdonado y nombrado por este último *Secretario Intimo* de uno y otro soberano y mas adelante nombrado tambien Preboste y Juez, con Tito, y Adoniram. Dió luego pruebas de la mayor fidelidad, haciendo castigar á varios traidores y aunque incurrió despues, por su poca prudencia, en la indignacion de Salomon fué de nuevo perdonado, y al fin recibió de este rey el alto favor y recompensa mas grande que pudiera haberle dispensado, nombrándole Electo, Perfecto, y Sublime Mason.

Joya de un antiguo Gran Maestro. Una tradicion masónica nos asegura, que la joya de un antiguo Gran Maestre del Templo, se componia de la escuadra, el compas y de la letra G en medio, la cual llevaba siempre consigo Hiram Abi, y se encontró despues de su muerte.

Juan, Hermanos de. En un curioso documento masónico titulado Escritura auténtica de Colonia, se dice que ántes del año de 1440, la sociedad de los Franc-Masones no era conocida por otro nombre que el de "Hermanos de Juan" y que en la época indicada empezaron en Valenciennes, Francia, á llamarse Franc-Masones; siendo en este mismo tiempo cuando en algunas partes de Flandes, con los socorros y dinero de la Fraternidad, se crearon algunos hospitales con objeto de recoger y asistir á los enfermos del mal de San Antonio.

Juanista, Masonería. Sistema de Masonería que pretende que todos los talleres simbólicos deben ser dedicados á San Juan Evangelista y á San Juan Bautista, llamándosela con tal motivo Masonería Juanista. Este sistema se practica hoy en los Estados Unidos de América y anteriormente se observaba en Inglaterra. Desde la union de 1813, se ha efectuado un cambio en esta última en donde las líneas paralelas se dice no representar ya á San Juan Evangelista y San Juan Bautista, sino á Moises y á Salomon; admitiéndose como una innovacion sobre la cual el Dr. Oliver, que es el primer escritor Masónico de Inglaterra, ha dejado varias cartas en favor de la Masonería llamada Juanista, en las cuales expone argumentos poderosos en favor del restablecimiento del antiguo paralelismo.

Jurisdiccion. La jurisdiccion de una Gran Logia ó Grande Oriente, se extiende á todas las Logias ó talleres que trabajen dentro del área de su territorio, es decir, dentro de los límites que determine el mapa politico del pais en que residan. Asi es que cuando una Gran Logia ó un Grande Oriente se han establecido de un modo regular en un pais, las Logias y talleres que esten bajo la jurisdiccion de una Gran Logia ó un Oriente extrangero, deben enviarles las cartos ó patentes que estos les hubiesen otorgado y aceptar las que aquellos nuevos talleres les confieran, para la regularizaciou de sus trabajos en lo adelante.

Justicia. Una de las cuatro virtudes cardinales, cuya necesidad é importancia se explican en el primero grado.

Kábala. Palabra hebrea, con la cual se conoce la ciencia peculiar ó filosofía de los Judios, cuyo objeto es la interpretacion mística de las Escrituras y las teorías metafisicas concernientes á Dios y á la otra vida. Grande aplicacion se ha hecho de las especulaciones kabalísticas á los grados filosóficos de la Masonería. Es de dos maneras ó se divide en dos clases: teorica y práctica. La segunda se ocupa en la fabricacion de talismanes y amuletos y de la cual no debemos ocuparnos. La primera ó teórica, es literal ó dogmática ya nos dé á conocer los dogmas y doctrinas metafisícas de los doctores judios, que no es otra cosa que su sistema filosófico, ó bien nos enseñe la manera mística de explicar las cosas sagradas por el conocimiento de las letras de que están compuestas las palabras, que forman parte de los grados inefables y filosóficos de la Masonería.

La literal se divide en tres ramos diferentes, que son Gematría, Notáricon y Temura.

La *Gematría*, es el modo de considerar las palabras con relacion al valor de las letras de que están compuestas. Los Hebreos, que como otras naciones antiguas no conocian el sistema de la numeracion, hacian uso de las letras del alfabeto en vez de números, cada una de las cuales tenia su valor respectivo. *Notáricon* es el modo de descifrar el sentido de las palabras, no por la significacion que resulte del conjunto de sus letras, sino por el valor que cada una de estas encierra en sí, pudiendo considerar las palabras como formadas solo de iniciales. *Temuda*, en fin, es la kábala por la permutacion ó transposicion de letras, que forman otras palabras ó lo que familiarmente conocemos con el nombre de anagrama.

Se puede consultar la tabla ó alfabeto numérico hebreo, para mayor inteligencia de esta materia.

Kadosch, Consejo de. Una de las seis secciones en que está dividido el Grande Oriente en los paises en que se trabaja en el Rito Escoces, Antiguo y Aceptado, el cual se compone de los grados filosóficos. Lleva tambien el nombre de Kadosch, uno de los grados mas importantes de la Masonería. La palabra kadosch es hebrea, la cual se escribe tambien kodesh, y significa *santo, consagrado, purificado*, calificacion que se le ha dado para denotar el carácter elevado de dicho grado y lo sublime de las verdades que encierra; circunstancia que lo distingue de los demas grados y que es un grande honor para aquellos que lo poseen. Era antiguamente preferido en el Oriente de Europa llevar un cetro y algunas veces una insignia de oro en la frente llamada *kadosch*, á todos los demas honores conocidos entónces, pues ésta última indicaba á todos que aquel á quien se habia conferido gozaba del privilegio y estaba autorizado para penetrar en el campo del enemigo sin perder su libertad personal. El grado de Kakosch, aunque lo encontramos en algunos ritos y en algunos paises, parece en todos ellos en relacion con los Templarios. En algunos de dichos ritos se leia esta inscripcion, "ne plus ultra" en la banda de los caballeros kadosch para denotar que era tambien el último grado de la Masonería. Era otras veces considerado como un rito ú órden separada y estaba dividido en tres grados llamados: Ilustre Caballero del Templo, Caballero del Aguila Negra y Grande Electo. Oliver hace mencion de seis grados de kadosch: caballero kadosch; Caballero del Capítulo de Clermont; kadosh Filosófico; kadosh Príncipe de Muerte; y el de kadosch del Rito Antiguo, Escoces Aceptado. Ragon hace mencion tambien de otro grado ó Rito de kadosch creado en Jerusalen, en mil ciento diez y ocho; pero es fácil suponer que este no sea otro que la Órden de los Caballeros Templarios.

De todos estos grados el mas importante es el del Rito Antiguo Escoces Aceptado, no mereciendo los otros que les consideremos con mucha atencion, sino someramente y como una cosa que ya pertenece á la historia.

El grado de kadosch del Rito Antiguo, Escoces, Aceptado, ó sea el de Gran Elegido, Caballero kadosch, está intimamente ligado á la antigua órden de caballeros Templarios ó sea á la historia de su destruccion, debida á los exfuerzos combinados de Felipe el Hermoso, Rey de Francia y del Papa Clemente V.; historia que forma parte de la instruccion que se da al candidato. El vestido de los caballeros es blanco y negro, en señal de duelo por la desgracia de los primeros caballeros y de su último Gran Maestre, Jaime de Molay.

Inamovibles. Cada Logia cuenta entre sus adornos seis alhajas, de las cuales tres pueden ser llevadas de un punto á otro de la Logia, y por esta razon se llaman movibles y son la piedra bruta, la piedra cúbica, y la de trazar; y otros tres inamovibles, que son la escuadra, el nivel, y la perpendicular, llamándose estas asi, porque tienen un lugar fijo en la Logia, en donde siempre se les debe encontrar á saber: la escuadra el Oriente, el nivel al Occidente y la perpendicular al Sur, ó Mediodia.

Lápiz. Tener ó ejercer el lapiz, es llenar ó ejercer el oficio de secretario durante los trabajos de una Logia.

Latomus. Palabra latina derivada del Griego, que significa lapidario, arquitecto y franc-mason. Como prueba de ello diremos que existe una Crónica ó Historia de la Masonería en general, titulada: Acta Latomorum; cuyo título está en latin.

Lazo Místico. Vínculo sagrado ó inviolable que une á hombres de opiniones y creencias distintas, en una sola cadena fraternal; que posee un lenguage comun á todas las naciones; y un altar á todas las religiones que reconocen un ser supremo. Tal es el vínculo de la Franc-Masonería y tan poderoso el motivo porque son llamados los masones "Hermanos del Lazo Místico."

Lenguage Masónico. Es conocido de todos los adeptos, cualquiera que sea el idioma de su pais ó nacion por cuya razon se puede considerar el lenguage masónico como universal.

Leyes de la Masonería ó Franc-Masonería. Estas son, ó locales ó universales. Las leyes locales son las emanadas de los talleres masónicos de cada Oriente y en uso de sus atribuciones, para el gobierno y direccion de sus miembros, y pueden alterarse ó anularse, segun convenga á los mismos cuerpos que las dictaron. Las universales son aquellas por las cuales se gobierna la fraternidad en general. Están apoyadas en el consentimiento unánime de todos los masones desde tiempo inmemorial, y son irrevocables porque forman parte de las antiguas regulaciones y dogmas que han llegado hasta nosotros inalterables y son lo base fundamental de nuestra Órden. En el Rito Escoces se llaman estas leyes, Estatutos Generales. De modo que podria alterarse la disposicion de una logia ó taller respecto de los derechos de admision de un Candidato; pero no la que declara y prohibe que la muger no puede ser admitida en nuestros misterios.

Letras Capitulares. Títulos constitutivos de un Capítulo de Rosa C∴ D. H. R. M.

Libro de Arquitectura. Registro en donde se asientan los acuerdos de un taller ó Logia. Llámase tambien Libro de oro.

Licencia indefinida. Permiso de ausentarse de una lógia por negocios importantes ó enfermedad grave. Mientras dure el permiso el hermano ausente no pagará cotizacion alguna.

Licencia limitada. Concédense en casos ménos importantes que los que se expresan en la licencia indefinida. No dispensa de pagar las cotizaciones.

Líneas Paralelas. En toda Logia bien regularizada debe estar trazado un círculo, conteniendo un punto en su centro y dos líneas paralelas colocadas perpendicularmente. Estas líneas representan á San Juan Bautista y á San Juan Evangelista: los dos grandes y santos patronos de la Masonería á quien dedicamos nuestras Logias y de quienes decimos que forman "Dos paralelos perfectos tanto en el mundo Cristiano como en Masonería. En las logias inglesas que han adoptado el "Sistema de Union" establecido por la Gran Logia de Inglaterra en 1815 y estaban dedicadas á Dios, las lineas paralelas representan á Moises y á Salomon como hemos dicho en otra parte de este Vocabulario.

Logia. Lugar en que los Franc-Masones celebran sus tenidas y otros actos puramente masónicos, prescritos por las leyes particulares y generales de la Órden. Esta palabra está tomada del Sanscrit, *Loga;* y significa mundo ó universo. Para que aquellos puedan reunirse legalmente es necesario que esten autorizados al efecto. El privilegio de reunirse los franc-masones era antiguamente *ilimitado:* siete masones podian formar una Logia en cualquier lugar en donde no la hubiera, con el consentimiento del Alguacil Mayor ó Magistrado del distrito en que se formaba, (Dr. Oliver); pero hoy es necesaria la *carta* emanada de la Gran Logia ó Gran Maestro del Oriente y á peticion de siete Maestros Masones para que una Logia se considere legal y constitucionalmente establecida.

Logia de Adopcion. Segun las regulaciones inmutables de nuestra Órden, las mujeres no pueden ser admitidas en nuestras logias. Sin embargo, teniendo en cuenta que el bello sexo es una parte muy importante de la humanidad y que está dotado en general de cualidades y virtudes que deben ser premiadas, si no queremos ser injustos, algunos de nuestros hermanos franceses, con la galantería que les distingue, fueron los primeros en fundar la Masonería de Adopcion, en donde aquel sexo uniéndose por lazos fraternarles y de una manera idéntica á al nuestro, pudiera encontrar una ocasion mas de ser útil á sus miembros y á la fraternidad. Está recomendado á los masones atenciones y deberes sagrados hácia ellas, y ésta es una prueba de la justicia que preside á todos nuestros actos, y de la moralidad de que deben estar revestidos si queremos cumplir con la alta mision que nos está confiada.

Una vez establecida la Logia, ó mejor dicho la Masonería de Adopcion, se procedió desde luego á poner los talleres de este nuevo Rito bajo la direccion de los logias ó lo que es igual, á que fuesen adoptados por estas últimas, correspondiendo de este modo al nombre que llevaban. Cada lógia de adopcion, está por lo tanto bajo la proteccion de un taller simbólico regular, que vela por ella y atiende á sus trabajos.

A principios del siglo pasado se establecieron en Francia varias Sociedades Secretas, las cuales trataron de imitar á la masónica en su forma exterior, caracteres y ritos, diferenciándose no obstante, de esta, en la admision en ellas de mugeres, quienes, aprovechándose de la galantería que con ellas se habia usado combatieron fuertemente el exclusivismo de la Masonería.

Al fin, el Grande Oriente de Francia, viendo que dichas sociedades contaban ya numerosos prosélitos, y que podian perjudicar de algun modo al fin altamente moral que se propone la Masonería, creó un nuevo rito en 1774, llamado "Rito de Adopcion" el cual sometió á su jurisdiccion; estableció reglas y regulaciones para su gobierno, prescribió que solo los Franc-Masones pudiesen concurrir á sus reuniones, y que cada Logia de Adopcion estuviese á cargo y bajo la sancion y guarente de una logia masónica regularmente constituida, como ántes hemos dicho; y que el Venerable ó Maestro de esta última ó su diputado á falta de él, fuese el oficial que presidiera acompañado de la presidente de la Logia de Adopcion. Conforme á estas regulaciones se estableció en Paris en 1775, una Logia de Adopcion bajo el patronato de la símbolica de San Antonio, que presidia la Duquesa de Borbon y fué tambien instalada como Gran Maestra del nuevo rito.

La Masonería ó Rito de Adopcion, está compuesto de cuatro grados que son: 1º. Aprendiz. 2º. Compañera. 3º. Maestra. 4º. Maestra Perfecta. Para mas instruccion, véase en la parte que corresponde en esta obra, RITO Ó MASONERÍA DE ADOPCION.

Logias de la Correspondencia. Logias regulares reconocidas por tales, por los Orientes con quienes están en correspondencia.

Logia bajo Dispensacion. Véase Dispensacion.

Lógica. Véase Artes Liberales.

Logia de Instruccion. Reunion de Franc-Masones no autorizadas por una patente ó Constitucion, bajo la direccion de un hermano inteligente, con el objeto de hacer nuevos progresos en la Masonería por frecuentes ensayos en los trabajos y lectura de la instruccion de cada grado. Dichas reuniones deben estar compuestas exclusivamente de Maestros Masones; y aunque no están provistos de autorizacion alguna, no dejan de ser muy útiles, como escuelas preparatorias en que los masones se llegan á penetrar bien de los deberes que mas adelante están llamados á practicar en lógias regulares.

Logia Irregular. Reunion de Masones que no están autorizados para trabajar masónicamente, y con quienes los masones regulares no deben comunicarse sobre asuntos de la Órden.

Logia Madre ó Fundadora. Nombre del primer taller simbólico establecido en un pais; llamándose tambien Logia Madre aquella en que un profano ha visto la luz.

Luces. En Logia las luces se llaman estrellas. Tambien se llaman luces los tres primeras oficiales de una Logia.

Lugares Masónicos. Casas en que están los templos de los Franc-Masones. En algunos Orientes ocupan un edificio ó casa que es propiedad del taller, que suelen ser suntuosos y de bella arquitectura: como el Templo Masónico de Filadelfia, en los Estados-Unidos de América, y el que va á ser construido en la ciudad de New York, en dichos Estados.

Luna. Este astro aparece en Logia, emblema del Universo, esparciendo su luz benéfica sobre nuestros hermanos, y enseñando al Maestro de ella á imitar la manera de conducir los trabajos, en la precision y regularidad con que preside la noche y se mueve al traves del espacio. (Véase Sol.)

Luston, Luveton, ó Luveto. El hijo de un mason.

Luz. Era esta el objeto de todos los Misterios Antiguos, la cual no obtenia el candidato sino al fin de las pruebas. En la iniciacion griega, el Hierofanta declaraba que todo el género humano, excepto los iniciados, estaba en tinieblas. En el Rito Persa, la Luz Divina se mostraba al candidato en el momento de iluminar el lugar en que se hallaban. Los Persas consagraban el fuego, como principio de la luz; y los Druidas adoraban al Sol como á su fuente inogotable.

Tambien los Franc-Masones, trabajamos en solicitud de la luz divina que solo puede venirnos de Oriente, desde donde llega hasta nosotros llamándonos "hijos de la luz." Esta luz masónica es pura, como emanada de un foco de toda pureza y perfeccion; y los masones deben no olvidar: que á ellos toca hacerla resplandecer entre los hombres para que no sea perdida para nosotros, y glorificado el orígen de que dimana.

Luz y Tinieblas. Lux é Tenebris. Lema masónico que expresa el objeto de la Masonería, y que el verdadero mason está seguro de haber alcanzado.

Llamas. Pasar por las llamas es purificar por ellas ó por el fuego. El agua lustral completa lo purificacion del Neófito.

Llana ó Truya. Cuchara de albañil. Es emblema de indulgencia y enseña al Frac-Mason que debe ser tolerante, y disimular las faltas de los demas hombres.

Llana. En tenida de mesa, cuchara.

Llover, Llueve. Se emplea esta expresion para indicar que se encuentran profanos entre los Masones.

Maestro de Banquetes. Oficial de Logia.

Maestro de Ceremonias. Oficial de Logia.

Maestro (grado de). Tercero y último de la Masonería Simbólica de los diferentes ritos, reconocidos en nuestra Órden.

Maestro de una Logia. Véase Venerable.

Mallete. Una de las herramientas usadas en logia y es de madera. Expresa el poder de los tres primeros jefes de una Logia ó sean el Venerable y los dos Vigilantes. Los malletes por lo tanto, no pueden ser mas de tres.

sonería. Este hermoso Sistema de Moral, está formado de los Ritos que reconoce nuestra Órden como legítimos y no espúrios, y de los grados ó secciones en que se dividen. Como dijimos en el artículo "Antigüedad de la Masonería," los principios en que ésta descanza son contemporáneos de la creacion; aunque la organizacion con la cual la conocemos hoy no remonta á mas allá de la época de la construccion del Templo de Salomon. Está su orígen, sin embargo, en relacion directa con los misterios antiguos; y una curiosa investigacion sobre este particular no podrá ménos que agradar al mason estudioso.

Al ser formado el hombre, fué dotado de un perfecto conocimiento del nombre y naturaleza de su creador. Feliz estado que perdió despues, cuando habiendo pecado, le abandonó su primer inocencia y aquella sabiduría que era la dote mas noble y valiosa de su ser.

Con el transcurso del tiempo, fué grande el número de iniquidades entre los hombres, al extremo de inclinarse al mal en todas sus obras y pensamientos, y Dios permitió el Diluvio para purgar á la tierra del exeso del pecado. Noé, no obstante, obtuvo gracia delante de Dios, y á este patriarca y á su posteridad les instruyó sobre el conocimiento de su verdadero nombre. Volvió la especie humana en el llano de Senáar á rebelarse contra Dios, y nuevamente á ser castigada con la confusion de las lenguas que impidió siguiesen construyendo la torre de Babel y perdiesen segunda vez la sabiduría; pérdida que bien podemos asegurar recayó entónces sobre la Masonería: que en todos tiempos ha profesado las dos grandes verdades de la existencia de un solo Dios y de la inmortalidad del alma.

Habiéndose salvado los patriarcas de la desolacion general, pudieron conservar la verdadera Masonería ó sea el conocimiento de aquellos dogmas que profesaban. Las naciones paganas ó gentiles, se separaron completamente del culto del verdadero Dios, sustituyendo en su lugar el de héroes y personajes distinguidos á quienes levantaron apoteosis, deificaron y cuyos nombres colocaron en sus calendarios religiosos.

Mas adelante, algunos sabios y filósofos descubrieron, por medio de los esfuerzos de su razon, algunas huellas de las doctrinas de la Masonería y proclamaron la unidad de Dios y la inmortalidad del alma: no atreviéndose desde luego á enseñarlas en público, porque la historia les recordaba cual seria el premio de su temeridad, si como Sócrates se exponian á revelarlas al pueblo.

Resolvieron, que mas conveniente sería enseñarlas en privado á un corto número de adeptos y fundaron los Misterios, instituciones verdaderamente masónicas en que por una série de ceremonias solemnes é imponentes, preparaban al iniciado para la recepcion de aquellos dogmas impopulares, en tanto que el celo excesivo en la eleccion de candidatos y el juramento de guardar secreto, que se les exigía, les ponia á cubierto de las preocupaciones vulgares y del fanatismo.

Los iniciados eran dueños del conocimiento de las doctrinas exotéricas ó privadas de la institucion, y del modo de reconocerse ellos entre sí, añadiendo á la instruccion que daban relativa á la existencia del Ser

Supremo, una leyenda en la cual por la representacion dramática de la muerte violenta y regreso á la vida de algun personaje ilustre, representaban de una manera emblemática la resurreccion y la inmortalidad del alma.

Entre estas instituciones religiosas se contaban los Misterios Dionisianos que se celebraban en Grecia y en el Asia Menor, en cuya leyenda se refería la muerte de Baco ó Dionisio, (segun le llamaban los Griegos,) por los Titanes y su inmediata resurreccion. Los Padres Dionisianos cultivaron con esmero la arquitectura, y fundaron hácia el año 1,000, ántes de la era cristiana, una sociedad de arquitectos, conocidos por los escritores antiguos con el nombre de "Fraternidad de los Arquitectos Dionisianos" á quienes se concedió el privilegio exclusivo de construir templos y edificios públicos y que estubieron despues ligados estrechamente por los vínculos sagrados de la iniciacion que habian recibido en los Misterios Dionisianos, á los padres de estos misterios, con quienes no formaron ya sino un solo cuerpo.

Constituida de esta manera la Fraternidad de los Padres Dionisianos, ofrece una semejanza bastante notable con la Sociedad Masónica. Les estaba prescrito el ejercicio de la caridad, como á los Masones, y los hermanos ricos obligados á sostener á los hermanos pobres y necesitados. Para el mejor gobierno de la Fraternidad, estaban divididos en Logias, cada una de las cuales era gobernada por un Venerable y dos Vigilantes. Empleaban en sus ceremonias muchas de la herramientas que se ven aun entre los Franc-Masones, y usaban como estos de un lenguaje universal, por medio del cual un hermano podia de dia ó de noche reconocer á otro; lenguaje que servia para unir en una sola familia á los miembros de la Fraternidad esparcidos en la India, Persia y Siria. Está admitida como cierta la existencia de los Arquitectos Dionisianos en Tiro, en la época de la construccion del Templo de Salomon; y el Gran Maestro Hiram Abí, á quien Salomon confió la inspeccion y direccion de los trabajadores, por ser de Tiro y hábil arquitecto, era sin duda uno de los Arquitectos Dionisianos.

De aqui es que no tenemos necesidad de hacer exfuerzo alguno para demostrar las bases sólidas en que descansa la Órden masónica de nuestros dias, cuando es de suponerse que encontrándose los Dionisianos en Tiro y siendo tan hábiles arquitectos, han debido ser enviados por Hiram el rey, á Salomon que le habia suplicado le auxiliase en la construccion del Templo, enviándole 183,000 personas con tal objeto, de las cuales 113,600 eran masones ó arquitectos, entre quienes se encontraban 3,300 superintendentes, y 300 gobernadores ó príncipes, siendo los demas restos de los antiguos cananeos, que ninguna relacion tenian con los masones y gente puramente de trabajo, y casi es de creerse que los masones ó arquitectos Dionisianos, mandados á Salomon por Hiram, rey de Tiro, han debido iniciar á los judios, que les ayudaban en los trabajos del Templo, en sus misterios y privilegios. Despues de esto, parece que se ha sustituido á la leyenda antigua de la muerte de Baco ó Dionisio, otra mas verosímil atendidas las circunstancias y de la cual se hace mencion en el grado de Maestro, siendo una y otra emblemáticas y expresivas de la misma idea.

Terminados los trabajos del Templo, muchos de los operarios se dispersaron, y allí donde se fijaron se propusieron enseñar lo que sabian y emprender nuevas obras. Sigamos, pues, el camino que nuestra Órden ha recorrido.

Encontramos á los Essenios en Judea, formando una asociacion fraternal. Fué mas bien una sociedad de filosófos, que arquitectos; y en este concepto, se asemejan mucho á la Masonería téorica ó moderna. Segun el sabio Scaliger, parece que traen su orígen de los kasideos, fraternidad de judios devotos, que Lawrie, llama "Caballeros del Templo de Jerusalen" y dice que se habian asociado para cuidar de los pórticos de aquel magnifico edificio y preservarlos de toda ruina ó destruccion.

Los Essenios eran muy escrupulos y estrictos en la admision de miembros en su fraternidad. El candidato, al terminar su noviciado y las pruebas por las cuales pasaba durante este tiempo, era presentado por el mas anciano y llevaba puesto un vestido blanco, como emblema de la vida á que aspiraba, el cual como el mandil ó delantal sin mancha, primer presente que hacemos al Aprendiz Mason, era para ellos mas estimado que todos los honores del mundo profano. Se hacia prestar al nuevo iniciado juramento de no revelar los secretos de la fraternidad y de no innovar ninguno de sus usos ó costumbres, y se le enseñaban los medios secretos que tenian para reconocerse y las tradiciones escritas de la Órden. Las mugeres estaban excluidas de su sociedad; observaban el celibato; habian abolido entre ellos todo rango y distinciones sociales; y se consagraban al estudio y ejercicio de la caridad. Jesu Cristo, que era uno de los Essenios, al hacer públicos los misterios de la fraternidad á que pertenecia y enseñar á los hombres la moral sublime que en ella practicaban, nos dió una prueba de la sabiduría de sus doctrinas y de la santidad de sus costumbres, siendo el mas humilde y generoso de los hombres y el primero entre sus hermanos: considerada la humanidad como una sola y gran familia. (Véase Esenios.)

De los Essenios tomó Pitágoras casi todas las ceremonias y doctrinas de su escuela exotérica y su filosofia; y mientras tal es la identidad de sistema entre ellos, sabido es y asi lo atestan muchos escritores profanos, que la propagacion de la Masonería en Europa debe atribuirse á los esfuerzos de aquel filosófo griego. Tal es la opinion que ha prevalecido ántes de los últimos cuatro siglos de nuestra era, pues en un manuscrito, poco conocido de los Masones, que encontró el célebre Locke en la Biblioteca de Bodleian, y que se asegura ser una copia de un original escrito por el mismo Rey Henrique 6º., tambien mason, se dice expresamente: que Pitágoras llevó á Grecia de Egipto y Siria la Masonería, de donde, con el transcurso del tiempo, pasó á Inglaterra.

Sin embargo, seria prudente no afirmar de un modo absoluto la asercion que acabamos de exponer, por grande y reconocida que sea la celobridad del filósofo griego, aun entre los Masones y la adopcion en nuestras lógias de su bien conocido problema, pues que es preciso no perder de vista que parece deberse la propagacion de la Masonería en Europa, en una época mas reciente, á la activa comunicacion de los Cruzados con Palestina en los siglos intermedios de nuestra era, en cuya época empezó á darse á conocer la asociacion de Arquitectos Ambulantes, de que hemos hablado en el artículo Franc-Mason, quienes vivian fraternalmente, aunque les estaba prohibido el ser Franc-Masones ó masones teóricos; añadiéndose entónces el calificativo *Franc*, para distinguirse de los primeros, segun consta de una regulacion que entónces existia y que no hay llegado á América.

Si á esto último se agrega, que la asamblea celebrada en York, Inglaterra, por órden del Príncipe Edwin, en 926, la cual se supone ser anterior á las Cruzadas, estaba compuesta de los Arquitectos Ambulantes, quienes no solo no tenian el carácter de Franc-Masones; sino que les estaba prohibido el serlo, podemos creer haber sido la época de aquellas guerras cuando la Masonería moderna se extendió por Europa, llegando hasta nosotros sin alteracion alguna en sus dogmas y principios fundamentales: sin que negemos por esto que la filosofia de Pitágoras, que pudieramos llamar mas bien Masónica en su forma exotérica, la misma de los Esenios segun dejamos dicho, sea un apoyo mas de las verdades que proclama la Masonería, al ser idénticas sus doctrinas y preceptos.

Los Franc-Masones gozaron de la proteccion del clero y de la nobleza hasta tanto, que alarmado el primero por el número crecido de sus miembros y la extension de sus privilegios, los persiguió con tal encarnizamiento que casi llegaron á desaparecer en el viejo continente. Muchas lógias se establecieron en Inglaterra, bajo el amparo de sus sabias leyes, y se trató de propagar la Órden en esta y Escocia para no dejar decaer, ni ménos perder su antigua influencia. De la ciudad real de York, en Inglaterra, y de la aldea ó abadia de Kilwining, cuna de la Masonería en Escocia, continuó aquella extendiéndose y floreciendo en los dos reinos con el mismo esplendor, mucho despues de las persecuciones sufridas en el continente. Desde esta época la Masonería disfruta de una existencia próspera y tranquila, aumenta el número de sus talleres y miembros, se afirma cada vez mas de un modo permanente, y, se ha elevado á la altura que reclamaba la belleza de sus principios y el prestigio que la rodea por estar mejor conocida. Los *Nobles* solicitan como un honor el ser admitidos en nuestros misterios, y el mallete de Gran Maestro ha sido mas de una vez empuñado por los mismos reyes.

Masonería de Adopcion. Véase Logia de Adopcion.

Masonería Simbólica. Consta de tres grados, que son Aprendiz, Compañero y Maestro.

Mason. Ademas de lo que hemos dicho en el artículo Franc-Mason, añadiremos: que el Mason ó Franc-Mason, no solo es un hombre prudente y virtuoso, sino que debe vivir en una perfecta igualdad con sus hermanos á quienes se halla unido por los poderosos lazos de una verdadera amistad, estimacion y confianza, y como hermanos estimularse en la práctica de todas las virtudes. Sus deberes mas imperiosos son: amar á Dios, obedecer á las leyes de su pais y ejercer la caridad.

Masticar. En tenida de Mesa, comer.

Materiales. En tenida de Órden, toda clase de alimentos.

Medalla. Masónicamente hablando, expresa el valor de una moneda. La de plata, vale cuatro pesetas; y la de oro, veinte.

Mediodia. Lugar del primer Vigilante, y el mas iluminado de la Logia despues del Oriente. Es tambien la columna de los Compañeros. (Véase Columnas.)

Metales. El oro, la plata y demas metales de valor conocido.

Miembro activo. Hermano mason que tiene voz deliberativa en una Logia, que es elegible á todos los empleos de ella desde que es Maestro, y que goza de los privilegios de tal por haber pagado sus cotizaciones y contribuciones.

Miembro corresponsal. El miembro activo que se ausenta de su Oriente, es de derecho miembro corresponsal. Del mismo modo lo es todo miembro afiliado á una Logia.

Miembro del Grande Oriente. El Venerable de una Logia, es miembro nato del Grande Oriente ó Gran Logia.

Miembro Honorario. Título de honor que una Logia concede á un hermano que ha prestado servicios importantes al taller, ó á la Órden en general. Se da tambien este título á los hermanos miembros activos de una Logia afiliada; si bien estos no tienen sino voz consultiva.

Misterios. Se da este nombre al conjunto de las ceremonias, secretos y símbolos de la Franc-Masonería. Antiguamente llevaban este nombre las sociedades religiosas, cuyas ceremonias se tenian en secreto y á las cuales solo asistian los iniciados; porque solo ellos poseian los signos y medios que se empleaban para reconocerse. Respecto al orígen de estos misterios, volvamos la vista hácia los Gimnosofistas de la India, de donde pasaron á Egipto, despues á Grecia y Roma, y en seguida al Norte de Europa y á Inglaterra. Los mas importantes de estos misterios eran los de Mitras, celebrados en Persia; los de Ísis y Osíris, en Egipto; los de Eleúsis, instituidos en Grecia; y los Escandinavos y Druídicos, conocidos de las tríbus célticas y godas. En todos estos misterios se descubria la misma unidad de sistema: indicio verdadero de un orígen comun y de una pureza de doctrina que ninguna semejanza tenia con la teología del mundo pagano. Las ceremonias de la iniciacion eran de un carácter fúnebre. Representabanse en ella la muerte y resurreccion de un personaje, objeto del amor popular ó bien de un héroe ó Dios de su devocion. Tenian grados inferiores, en los cuales se hacia pasar al candidato por diversas pruebas de un carácter severo, los ritos se practicaben en medio de la noche, y amenudo en bosques impenetrables ó subterráneos, y no revelaban al aspirante secreto alguno hasta que, purificado por medio de las pruebas, era digno de conocer la luz ó sabiduria.

Deben los Misterios su orígen al deseo de los sabios de la antigüedad de establecer una filosófia exotérica ó privada, en la cual pudieran enseñar las verdades importantes que conocian y que habian aprendido en las revelaciones hechas por Dios á los antiguos patriarcas, creyendo que solo de esta manera podian conservar inalterables las doctrinas secretas que practicaban, sin temor á las preocupaciones, innovaciones y corrupcion de aquella época. En ellos, dice el Dr. Oliver, en la pag. 2 de su Historia de la Iniciacion: "los iniciados, fieles á la institucion y libres del mal ejemplo, estaban en aptitud de saber apreciar los grandes beneficios que su aislamiento les proporcionaba, el cual tambien les ofrecia las ventajas de una sociedad escogida y les ponia á cubierto de las miradas del vulgo, cuya presencia, palabras descomedidas y demostraciones poco reverentes, podian interrumpir sus ejercicios piadosos y paz de su vida doméstica. A no dudarlo, prevenir la presencia de los profanos en sus misterios y poner á cubierto el depósito sagrado de verdades sublimes, y al abrigo de cualquier peligro, tal parece que fué el objeto principal de las ceremonias de la iniciacion y de la adopcion de medios por los cuales solo los iniciados pudieran reconocerse. Tambien es esta la opinion de Warbuton, al asegurarnos que: "los Misterios fueron en los tiempos primitivos el asilo del saber y de la virtud, hasta que hubieron degenerado y dieron lugar á muchos Dioses y cultos diferentes."

El abate Robin, en su interesante obra "Investigaciones sobre las Iniciaciones Antiguas y Modernas," fija el orígen de estas en el remoto período en que los crímenes empezaron á conocerse sobre la tierra. Acogianse los culpables, por temor al castigo, á la morada de los hombres virtuosos que creian podian servirles de medianeros con las divinidades de su culto. Acostumbraban estos últimos vivir retirados en la soledad, para evitar el contagio de la desmoralizacion siempre creciente, y estaban entregados á una vida contemplativa y tambien al cultivo de varias ciencias útiles. La renovacion periódica de las estaciones, las producciones de la tierra y los fenómenos de la naturaleza, que estudiaban detenidamente, hácia de ellos guias recomendables en las aplicaciones de la industria y en el cumplimiento de sus deberes sociales. Estos reclusos estudiosos, habian inventado ciertos signos para recordar al pueblo sus fiestas y ocupaciones agrícolas: y he aqui el orígen de los símbolos y hieroglíficos de que hicieron uso los padres de todas las naciones. Habiendo llegado estos sacerdotes ó sabios á ser los guias ó conductores del pueblo, y comprendiendo la necesidad que habia de que fuesen hombres virtuosos y de saber, los llamados á desempeñar mision tan delicada, establecieron medios de calificacion á que solo los muy dignos podian aspirar. Los Magos, Bracmas, Gimnosofistas, Druidas y sacerdotes de Egipto, vivian retirados en subterráneos y gozaban de gran reputacion por sus descubrimientos en astronomía, química y mecánica; por la pureza de sus costumbres y de su moral, y por los conocimientos especiales que poseian sobre la ciencia de la legislacion. Dice el Abate Robin: que fue en la escuela de estos filosófos, en donde se formaron los primeros sabios y legisladores de la antigüedad, y de donde aquellos tomaron las doctrinas de la unidad de Dios y de la inmortalidad del alma.

Los candidatos que aspiraban á la iniciacion, debian estar adornados de cualidades recomendables, y gozar de una reputacion sin mancha, por que en la nueva vida que les aguardaba se exigia de ellos la misma inocencia é integridad. Se tenia gran veneracion por los misterios y se reputaba sacrílego é impio la revelacion de sus ceremonias y prácticas secretas. Refieren los escritores de aquellos tiempos: que dos jóvenes arcanianos penetraron una vez en el Templo de Céres, en los momentos en que celebraban los misterios, y descubiertos, por no haber sabido contestar á las preguntas que les hicieron, fueron condenados á muerte, no obstante haber probado hasta la evidencia que habian concurrido alli por equivocacion.

Plutarco refiere, que Alcibiades fué acusado de sacrilegio por haber parodiado los misterios de Eleúsis. Horacio decia: "no habitaria bajo el mismo techo, ni me arriesgaria en una frágil nave, con aquel que hubiese revelado los secretos de los misterios de Eleúsis."

Respecto á la relacion que existe entre los misterios antiguos y modernos ó sea la Masonería, segun hoy la conocemos, nos bastará remitir al lector al artículo "Masonería" de este vocabulario.

Diremos en fin, que los antiguos misterios fueron una escuela de moral y religion, en la cual se revelaban al iniciado la unidad del primer principio y la vanidad y absurdo del Politeismo, ó adoracion de muchos dioses. Esta opinion del sabio Obispo de Glocester está, apoyada en el testimonio de varios escritores ilustres. Plutarco decia, "todos los misterios se refieren á una vida futura y al estado del alma despues de la muerte." Y en otro lugar añadia, "segun la instrucciòn que hemos recibido en los misterios Dionisianos, el alma es inmortal y le está reservada una nueva vida." Ciceron agregaba á esto: "que en los Misterios de Céres se enseñaba á los iniciados á ser felices y á morir con la esperanza de un porvenir mas lisongero." Por último, Platon nos dice: "que en los himnos de Museo que se cantaban en los Misterios, se recordaban las recompenzas y goces prometidas á los buenos en la otra vida y penas y castigos que aguardaban á los malos en la misma."

Con la aparicion del cristianismo ó culto público de un solo Dios y corrupcion de los Misterios, que al tratar de combatir la nueva doctrina admitieron en su seno á toda clase de personas, empezaron estos á decaer, los cuales encerraban muchos ritos ó religiones antiguas; viéndose Constatino y Graciano obligados á abolirlos y á publicar despues Teodosio, en 438 de nuestra éra, un edicto de proscripcion general ochocientos años despues de haber sido establecidos en Grecia. Solo la Masonería, fuente y orígen del Cristianismo, por la sabiduría de su doctrina y pureza de su moral, ha podido llegar inalterable hasta nosotros, siendo su mision el combatir la idolatria en todas las edades y el tratar de que resplandezca cada vez mas la verdadera luz al traves de la superchería, del fanatismo y de la superticion.

Mopse. Esposa de un Franc-Mason. Con este nombre se estableció una sociedad en 1740, "Mopses" despues de la bula en que Clemente Doce, prohibió en sus estados las reuniones de los Franc-Masones. Su objeto aparente era el consagrar sus trabajos al servicio de los intereses ultramontanos y gerarquía eclesiastica; pero en realidad era una sociedad Masónica bajo un título ménos alarmante. Llegó á contar entre sus Grandes Maestros, á muchas personas ilustres y príncipes de Imperio en Alemania, habiendo sido sus fundadores alemanes católicos.

Consintió esta sociedad, en 1776, en que las mugeres ocupasen todos los destinos de ella, excepto el de Gran Maestro, que fué conferido at vitam. Hubo sin embargo, una Gran Maestra; y mugeres y hombres, ejercian alternativamente la suprema autoridad cada seis meses.

Mosáico. Véase Pavimento.

Muger. La queja que algunas veces suele dirigirnos el bello sexo por estarle prohibida la entrada en nuestra Órden, es tanto mas infundada cuanto que los deberes que se nos imponen en los talleres masónicos son incompatibles á veces con su físico, naturalmente delicado, y con su propio decoro, que en ningun caso le es permitido olvidar. Por otra parte, una de las primeras obligaciones que contraen los Franc-Masones al entrar en nuestro Órden, es el de ser atentos y respetar aquel no solo por ser una seccion tan importante de la sociedad, á quienes por tantos títulos debemos consideraciones y miramientos especiales; sino por que en él se hallan comprendidas nuestras madres, esposas é hijas, y á ellas corresponde infundir en el hombre las primeras impresiones de moralidad, que mas tarde han de dar buenos ó malos frutos segun se hayan recibido.

Multa. Ligero castigo impuesto á un hermano por una pequeña falta, la cual se deposita en el tronco de pobres. La multa no debia imponerse como pena masónica, porque siendo de un carácter altamente moral los deberes que estan llamados á cumplir nuestros hh∴; dicha pena que tiene distinta aplicacion en el mundo profano, no estaria entre nosotros en harmonía con la falta cometida. Ademas, nuestras leyes y regulaciones conocen otros medios mas eficaces y compatibles con la dignidad de nuestra Órden: en que estan previstos todos los casos graves ó leves de infraccion en que pueden los masones incurrir.

Nabucodonosor. Rey de Babilonia, que en el año décimo del reinado de Zedecias, Rey de Judá, habiendo tomado á Jerusalem, despues de un sitio de doce meses, mandó á Nabuzadaran, uno de sus generales, que lo llevase todo á sangre y fuego, destruyese el templo, esparciese la desolacion en la ciudad y condujese cautivos á Babilonia á todos sus habitantes.

Nec varietur. Llámase asi la firma del h∴ puesta en el diploma de Mtro∴ Mas∴ que una L∴ le ha expedido.

Neófito. Nombre que se da al recipiendario durante la recepcion. En la iglesia primitiva se daba al que recientemente habia abandonado el Judaismo y Paganismo, por la ley nueva ó cristianismo. Esta palabra es griega, y significa un ser ó cosa enteramente nueva.

Nivel. Emblema de la igualdad que debe existir entre los masones.

Nvaquitas. Nombre dado á los Franc-Masones. Habiendo podido preservar Nué el nombre verdadero y culto de Dios, en medio de una raza impía é idólatra, los Franc-Masones creen que pueden llamarse sus descendientes, y como él continuar conservando pura, al traves de nuevas generaciones, la religion sublime que nos ha legado el segundo padre de la raza humana. Muchos de los nietos de aquel patriarca, se rebelaron contra Dios ó intentaron erigir una torre muy elevada, llamada de Babel, en los llanos de Senaar; por cuya traicion fueron castigados, permaneciendo algunos fieles ál culto del Altisimo, á quienes los Franc-Masones actuales consideran como á sus verdaderos antecesores: adoptando por esta razon el nombre de Noaquitas, que debe ser comun segun algunos á todos los Masones.

Noé, Preceptos de. Los de este Patriarca, conservados en las antiguas constituciones de la Órden, son los siguientes. 1°. Renunciar á los Ídolos. 2°. Adorar á un solo y verdadero Dios. 3°. No matar. 4°. No cometer incesto. 5°. No robar. 6°. Ser justo. 7°. No comer carne con sangre.

Norte. Lugar del Templo debilmente iluminado, en donde se colocan los Aprendices. La escasa luz que estos han recibido, no les permite ocupar aun otros lugares de la Logia mejor iluminados, cada Logia representando al universo. El Norte es la parte mas obscura de él, en donde, el nuevo iniciado salido de las tinieblas, debe aguardar á sentirse con las fuerzas necesarias para poder resistir los vivos resplandores de la verdadera luz, que irá por grados llenando su inteligencia.

Nueve. Si el número tres, es sagrado entre los masones; el nueve ó tres veces tres lo es mucho mas. Los Pitagóricos, que notaron en este número el poder de reproducirse hasta lo infinito por medio de la multiplicacion, lo consideraban como emblema de la materia, la cual, aunque cambia constantemente de forma, nunca perece, estando tambien destinado á los usos de la esfera; porque la circunferencia de esta es de 360 grados, y 3-6-0 son —9, y la cuarta parte de la misma, 90 grados, ó sea 9-0 —9.

Representa el 9, en Masonería, el valor de tres multiplicado por si mismo, y por consiguiente en el lenguage masónico dicho número se expresa por tres veces tres. Por la misma razon 27, que es tres veces 9; y 81, que es 9 veces 9; están considerados como números sagrados en los altos grados.

Números. El 3, 5, 7 y 9, son números cabalísticos y sagrados entre los Franc-Masones.

Obligacion. Juramento de fidelidad á la Institucion Masónica, y á sus leyes y reglamentos generales y particulares.

Oblonga, (Escuadra). El arca de Noé; el campo de los Isráelitas; el arca de la Alianza; el Tabernáculo y Templo de Salomon; formaban una escuadra oblonga. (Véase forma de una Logia).

Obrero. Nombre figurado de un Franc-Mason.

Occidente. Lugar del primer Vigilante, y uno de los cuatro puntos cardinales de una Logia.

Oficial de Logia. Hermano encargado de algun oficio en ella.

Oficial del Grande Oriente, ó de la Gran Logia. Miembro del Senado Masónico en ejercicio.

Orador. Uno de los oficiales dignatarios de la Logia.

Orden. La masónica, se compone de los diferentes Ritos que reconoce como verdaderos y no espurios.

Ordo ab Chao. (Véase Lux é tenebris).

Oriente. Lugar del Venerable. Imágen del lugar por donde el sol aparece, y de la parte del templo de Salomon en que estaba el Santo de los Santos.

Ornamentos. Los de una Logia son el Pavimiento Mosáico, la Franja Orlada, y Estrella Resplandeciente.

Palabra de pase. La tienen casi todos los grados y sirve para reconocerse los masones.

Palabra Sagrada. Cada grado tiene la suya y se da de distinto modo que la de pase. (Véase Secretos Masónicos).

Palabra Semestral. Palabra de órden, que el Grande Oriente envia cada seis meses á las Logias de su correspondencia; á fin de distinguirlas de las irregulares, y de alejar de ellas á los á falsos masones.

Parvis ó Atrio. Espacio que decoraba el rededor del Tabernáculo. Entre nosotros és la pieza que precede al Templo Masónico.

Pasos Misteriosos. Cada grado tiene los suyos.

Pasos Perdidos. Lugar ó pieza que precede al Atrio ó Parvis, y en que permanecen los hh∴ Visitadores, hasta que se les haya permitido la entrada en el Templo.

Patente. Nombre que lleva el título ó nombramiento de los 33∴, y tambien las autorizaciones que se les dan. Del mismo modo se llaman asi los títulos de los 30, 31 y 32, del mismo Rito Antiguo Escoces Aceptado.

Patentes Constitucionales. Titulos constitutivos de los Consejos de Kadosch.

Pavimento Mosáico ó del Templo. Alegoría que expresa la reunion de rangos, opiniones y sistemas religiosos, que se confunden en la Franc-Masonería.

Pedernal. Piedra de donde se saca el fuego necesario para la inauguracion de un taller.

Pelícano. Es uno de los símbolos del grado de Rosa-Cruz y alusivo al Redentor, que al morir derramó su sangre por el género humano.

Pentalpa. Figura geométrica que representa un triángulo indefinido de cinco puntas, y el que en algunas Logias se vé colocado al fondo del pórtico del Templo. Es emblema de paz, acogida y amor fraternal. Pitágoras la usaba como emblema de sabiduría ó perfeccion. El Pentalpa de Pitágoras es el pentágulo de Salomon, el cual servia á éste de sello y grabó en la piedra fundamental de la Masonería.

Perpendicular. Emblema de la rectitud.

Peticion. Para formar una Logia, el primer paso que debe darse es el de solicitar la carta ó patente de la Gr∴ Log∴ del pais en que se intenta fundar el taller. Si no hubiere una Gr∴ Log∴ en dicho país ó nacion, se puede acudir á cualquiera Gr∴ Log∴ extrangera, regularmente establecida y reconocida por tal, por todas las potencias masónicas. La peticion estará firmada por lo ménos por siete Maestros Masones. (Véase Peticion para formar una Logia).

Piedra bruta. Emblema de la piedra informe que desbastan los aprendices En tenida de mesa, pan.

Piedra cúbica. Es otro emblema que expresa la clase de trabajos á que deben consagrarse los Compañeros, y forma parte del ritual del grado de Rosa-Cruz y de otros altos grados. Conservamos una leyenda masónica referente á dicha piedra, en la cual se dice: que el nombre inefable estaba inscrito en ella en forma de un diagrama místico. Sobre esta piedra hacia Adan sus ofrecimientos á Dios. Ha sido llamada "Piedra fundamental de la Masonería," y nuestros tradiciones nos han dejado su historia. Cuando Jacob huyó de su hermano Esau, y se dirigió á casa de su tio Laban, en Mesopotamia, llevó con él esta piedra que le sirvió de almohada la noche que tuvo el sueño en que vió la Escala Misteriosa que se apoyaba sobre dicha piedra. La llevó consigo á Egipto. Al salir los Isráelitas de este país, Moises iba acompañada de ella, pues la reputaba como un verdadero talisman que debia conducirlos á la tierra prometida. Durante la batalla con los Amalecitas, estaba Moises sentado sobre ella. Despues, esta misma piedra fué depositada en una bóveda Secreta del Templo, lugar que solo conocian los Maestros Selectos, en donde permaneció oculta hasta la reconstruccion del Templo por Zorobabel, en que fué descubierta por Masones celosos que continuaron permaneciendo alli, sirviendo despues de piedra angular del Segundo Templo.

Piedra de trazar. Emblema de los planos y diseños que trazan los Maestros Masones á los Compañeros y Aprendices.

Pieza de arquitectura. Discurso en prosa ó en verso, sobre la Masonería.

Pincel. Pluma de escribir.

Pinzas. Despaviladeras.

Plancha. Todo documento emanado de una Logia. De trazar, papel blanco.

Plato, (Gran). En los banquetes de órden, es la mesa donde se come.

Platos. En los mismos ó tenidas de mesa, tejas.

Poder. Acta especial, espedida oficialmente por un taller masónico.

Pólvora. En tenida de mesa, bebidas. El vino se llama pólvora roja, el agua pólvora blanca, el café pólvora negra, y el aguardiente y los licores en general, pólvora fulminante.

Porta-Espada. Funcionario de Logia, en el Rito Escocés.

Porta-Estandarte. Funcionario de Logia, en dicho rito.

Pórtico del Templo. Pieza anterior á la sala de Pasos Perdidos.

Postulante. El individuo cuya admision ha sido decretada por la Logia.

Profano. Individuo que no es mason.

Puntos cardinales. Se da este nombre á los costados paralelógramos de la Logia, para indicar que un Templo Masónico es emblema del Universo.

Pruebas. Medios que se emplean para conocer el carácter y disposiciones del Aprendiz, Compañero, Maestro, &.

Purificar. Hacer pasar al recipiendario por las pruebas del agua y del fuego.

Ramilletes. Emblema de alegría y candor. En las banquetes de órden, cada h∴ recibe un ramillete, con el cual adorna la mesa durante la comida.

Recepcion. El acto de iniciar un profano en los misterios de la Franc-Masonería.

Recipiendario. El profano que está pasando por las pruebas.

Reconstitucion. Permiso que el poder masónico competente de un pais, concede á una Logia para volver á emprender los trabajos que por una causa justa habia suspendido.

Recreacion. Suspension momentánea de los trabajos.

Registro ó Libro de asistencia. Está destinado á recibir las firmas de los hh∴ que asisten á los trabajos de una Logia.

Reglamentos. Leyes particulares de una Logia.

Reinstaladores. Hermanos que han restablecido una Lógia que habia suspendido sus trabajos.

Religion. La Franc-Masonería es una sociedad tolerante por naturaleza y que nunca se ocupa de las opiniones religiosas de sus miembros, no exigiendo de estos sino aquella fé universal y comun á todos los pueblos que consiste en la creencia en un ser supremo, y en su providencia, la cual brilla para todos indistintamente. Podemos decir otro tanto de las opiniones politicas: porque la pólitica y la religion separan á los hombres, que la Masonería trata de reunir en un solo centro de amor mutuo y benevolencia universal.

Rendez-vous. Nombre que se da á las tenidas de los 32.

Rito. Es una modificacion de la Masonería, que si bien se conserva los tres antiguos y primeros grados, contiene alguna variedad en las ceremonias, número y nombre de aquellos. Tambien puede decirse que Rito: es el metodo, órden y reglas que se observan en la direccion y gobierno del sistema masónico adoptado en un pais; reconocido por los poderes legitimos de la Órden. Existen varios Ritos, aunque los mas importantes son: el Escoces Antiguo y Aceptado; el Frances ó Moderno; y el de York. El Grande Oriente de Francia solo admite los dos primeros.

Ritual. Libro Masónico que contiene la manera de abrir y cerrar una Logia, de conferir los grados y de dirigir las ceremonias peculiares de cada taller. Un verdadero conocimiento de ellos constituye lo que técnicamente llamamos en Masonería un perfecto mason.

Rosa Cruz. Véase Harodim ó Heredom y tambien Cena Mística.

Sabiduría. Una de los tres principales sostenes de nuestra Órden. Está representada por la columna Jónica y el Venerable. Salomon, Rey de Israel, es tambien considerado como la columna "sabiduría" de nuestro Templo.

Saco de Propocisiones. Es la bolsa que un h∴ circula entre los demas, ántes de cerrarse los trabajos de una Logia, y en donde se depositan las planchas que aquellos desean presentar al taller.

Salomon. Véanse los artículos Hiram, rey de Tiro, y Templo de Salomon, de este Vocabulario.

Sangría. Indica al recipiendario, que debe, si fuere necesario, verter su sangre por sus hermanos.

San Juan. Véase Aniversario y Dedicacion.

Saludo Masónico. Al entrar en Logia deben los hh∴ saludar en el grado en que se trabaja. El saludo se compone en cada grado de un signo y pasos conocidos de los masones.

Salvas. Véase Bríndis.

Secretos Masónicos. Los de la Franc-Masonería se encuentran en las p∴ s∴ de cada grado.

Secretario. Oficial Dignatario de Logia.

Sello Masónico. Se imprime sobre el recipiend∴, para enseñarle que la calidad de mason es indéleble, y que en todas partes debe gloriarse de serlo.

Senado Masónico. Se compone de los Sob∴ Gr∴ Insp∴ Gles. del gr∴ 33.

Tenida de Instruccion. Los talleres símbolicos señalan los dias en que aquellas deben tener lugar. Su objeto es familiarizar á los hh∴ en los diferentes trabajos del taller y recordarles sus deberes masónicos.

Siete. Número cabalístico. Los discípulos de Platon lo consideraban como número sagrado, porque siete fueron los dias empleados por Dios en la creacion del Mundo; y siete es el número que forman dos figuras perfectas, á saber: el triángulo y la escuadra. En Masonería el número siete es muy importante, porque á cada paso lo encontramos en ella. Tambien es este número en el Mundo profano la base de algunos conocimientos.

Signo. Cada grado tiene uno que le es peculiar.

Signo de Socorro. Este se hace cuando un h∴ revestido del tercer grado, se encuentra en algun peligro, para que todos aquellos que se aperciban de él le socorran. Si es de dia se colocan las manos sobre la .... del modo que conocen los Maestros Masones, y si es de noche, en que el signo no pueda verse, se exclama. A∴ M∴ L∴ H∴ D∴ L∴ V∴

Símbolos. Son figuras ó imágenes, que sirven para expresar la significacion oculta de alguna cosa. Casi toda la instruccion que se da en Masonería es simbólica. Lo mismo sucedia en los antiguos misterios. Fueron los simbolos el lenguaje de los sabios Caldeos, Fenicios, Egipcios, Judios, de Zoroastro, Sanchionaton, Pitágoras, Sócrates, Platon y de todos los antiguos que transmitian por ellos las grandes verdades que enseñaban al pueblo. Los sacerdotes antiguos adoptaron los símbolos con objeto de conservar ocultos los secretos de sus Misterios. De aquellos los tomó Pitágoras, llegando hasta nosotros que de ellos hacemos el mismo uso en nuestra Órden.

Simbólicos. Los grados simbólicos se confieren en una logia.

Simbólica. Taller Masónico en que se confieren los tres primeros grados de la Franc-Masonería.

Socorros. Concédense á los hh∴ desgraciados cuando los reclaman: se distribuyen en dinero á los transeuntes; y en provisiones á los que tienen residencia fija.

Sol. El Sol, la Luna y el Maestro de una logia, están representados por tres luces pequeñas. Aquellos dos astros recuerdan al último la precision y regularidad con que debe dirigir los trabajos del taller; y á quien de dia acompaña el Sol y de noche la Luna. Tambien esta alegoria corresponde á los Misterios Antiguos.

Sortija. Todo Soberano Príncipe de Jerusalem, podrá usar, en la primer falange del dedo anular de la mano izquierda, una sortija enteramente lisa, la cual es emblema de la Eternidad y debe contener interiormente esta inscripcion: "Virtus junxit, mors non separabit" y ademas, el nombre del Príncipe y el dia en que fué elevado á aquella dignidad. Dicha sortija la usará toda su vida, en memoria de su alianza irrevocable con la Virtud y con los Virtuosos; y jamas deberá dejar de usarla. En caso de muerte, la legará á su esposa, hijo mayor, amigo mas íntimo ó á un hermano mason. Los 33∴ usan tambien una sortija con este lema en la parte interior: "Deus Meumque Jus" y el nombre del Sob∴ Gr∴ Insp∴ Gral∴ á quien pertenezca.

Sublime Gran Logia. Algunas veces es llamada asi la Logia de Perfeccion. Tambien se la conoce con el dictado de Inefable Gran Logia. Es en el Rito Antiguo, Escoces, Aceptado, el taller que confiere los grados desde el 4°. hasta el 14 inclusive. Su carta constitucional debe emanar ó del Gran Consejo de Príncipes de Jerusalem ó del Supremo Consejo de Grandes Inspectores Generales. (Véase Grados Inefables.)

Supremo Consejo de 33∴ Una de las seis secciones que componen el Gr∴ Or∴ en el Rit∴ Esc∴ y en quien reside el poder ejecutivo Masónico del mismo, en los casos previstos por la Constitucion particular de cada Or∴ y por los Estatutos Generales de la Órden.

Sur. Véase Medio-dia.

Suspension. Castigo por el cual un h∴ se vé privado de sus derechos y privilegios. Puede imponerse por cierto tiempo, ó por un término indefinido. El mason que ha sido suspendido indefinidamente, puede volver á gozar de sus derechos por nuevo acuerdo del taller que impuso la pena. Si es por tiempo señalado pasado este queda reintegrado en dichos derechos y privilegios, sin necesidad de nueva declaratoria de los hh∴ que impusieron la pena.

Taller. Logia.

Tejador. Oficial de Logia.

Tejar. Asegurarse si un mason es regular.

Tejas. En tenida de mesa, platos.

Templo de Salomon. Fué construido por órden de este rey. Se dió principio á la obra el año del mundo 2992, y se concluyó siete años y seis meses despues, en 3000. Salomon dedicó este Templo al Señor, cumpliendo de este modo la promesa de su padre David. Véase Crónica, lib. 2°. Cap. 2°. V. 2, 17, y 18, y lib. 1°. de los Reyes, Cap. 5°. V. 13, y 14, en que se refiere el número de Trabajadores ú operarios que asistieron á la construcion del Templo; de los cuales 113,000 eran masones.

Tenida. Nombre que se da á las sesiones ordinarias y extraordinarias de una logia.

Tenida de Familia. Reunion de Franc-Masones para deliberar sobre los asuntos privados de un taller.

Tenida de Mesa. Trabajos durante los banquetes de la Órden.

Tenidas de obligacion ú ordinarias. Sesiones celebradas por una logia en los dias señalados por el reglamento de la misma, y en la cual los hh∴ se consagran á los trabajos ordinarios.

Tenidas extraordinarias. Sesiones de una logia, convocadas por el Venerable

Mtro.·. cuando ocurren fiestas de circunstancias, como Logias de Adopcion, exequias fúnebres y recepciones.

Tesorero. Oficial de logia.

Timbre. Las piezas que emanan de una logia, deben estar timbradas y selladas.

Toques. Medio usado tambien los Franc-Masones para reconocerse. Cada grado tiene los suyos.

Trabajos. Ejercicios masónicos á que se dedican los hh.·. en Logia ó tenidas de mesa.

Traje. Adornos y decoraciones que se usan en lógia.

Trazado. Resúmen ó contenido de los últimos trabajos, de los cuales se da cuenta ántes de cerrarse la Logia, para suplir cualquier omision ó falta que pueda contener. El trazado de una logia debe trasladarse íntegro al libro de arquitectura de la misma.

Tres. Número cabalístico y sagrado entre los Franc-Masones. Era el tres considerado entre los antiguos como la base de los números místicos; haciendo notar Aristóteles, que dicho número contiene en sí mismo el principio, el medio, y fin de todas las cosas. Forma la esencia del triángulo.

Triángulo. Emblema de la Divinidad. En su sentido literal significa sombrero.

Triángulo Doble. Algunos escritores lo confunden con el Pentalpa de Pitágoras ó el Pentágulo de Salomon; aunque es otra figura diferente. El Pentalpa tiene cinco líneas y cinco ángulos; y el Doble Triángulo seis líneas y seis ángulos. Los Pitagóricos usaban el primero como emblema de perfeccion ó sabiduría: habiendo formado los masones con el mismo el emblema de la estrella de cinco puntas, y el de los cinco puntos perfectos de la Masonería; mientras el segundo, es un símbolo que representa á la Divinidad. En los templos cristianos, el triángulo doble es símbolo de la doble naturaleza de Cristo.

Tridente. En tenida de Mesa se dice indistintamente azadon ó tridente, por tenedor.

Tronco de pobres. Caja destinada en los talleres masónicos á recibir las limosnas y dádivas en favor de los hh.·. desgraciados.

Trono. Asiento del Venerable al Or.·., colocado sobre siete escalones ó gradas y ocupado por él, ó por el oficial que le reempla en su ausencia.

Trulla ó cuchara de albañil. En la Masonería Simbólica ó téorica, esta herramienta es emblema de la indulgencia de que debe animar á todo mason, el cual debe estar dispuesto á perdonar las faltas, defectos y errores de sus semejantes.

Valle. En el gr.·. de Rosa Cruz se da el nombre de Valle, al lugar de donde se expide cualquier comunicacion; pero en los grados Superios, así como en los simbólicos, se usa el de *Oriente.*

Vara de 24 pulgadas. Una de las herramientas de los Aprendices Masones. Las líneas que se ven en este instrumento indican el empleo que podemos dar á las veinte cuatro horas del dia, las cuales debemos emplear de la manera siguiente: ocho horas al trabajo; ocho al servicio de Dios y de los pobres; y ocho al descanso.

Venerable. Primer oficial dignatario de una logia, y título comun á todos los Maestros en la C∴ del M∴

Verdadera Luz. La luz Masónica.

Vestirse. Llevar los cordones y decoraciones propias de cada grado.

Viajes. Nombre que se da á una de las pruebas por las cuales se hace pasar á los Aprendices, Compañeros y Maest∴ del Rito Escoces Aceptado, en las ceremonias de algunos grados.

Vigilantes. Oficiales dignatarios de una lógia. El 1º. Vigilante se coloca al Occidente, en frente del Venerable. El 2º. Vigilante al Medio dia. Véase Columnas.

Virtus junxit, mors non separabit. Lema de los Príncipes de Jerusalem.

Visitador. Hermano que no siendo miembro de una logia, quiere asistir á sus trabajos. Todo hermano visitador deberá ser examinado ántes de permitírsele la entrada al Templo; á no garantizarlo alguno de los hh∴ presentes.

Zorobabel. Véase Ciro.

Zenit. Lugar del cielo, perpendicular á nuestras cabezas ó meridiano del Sol en su movimiento aparente al rededor de la tierra. El Sup∴ Cona∴ de 33∴ del Rito Antiguo Escoces Aceptado, acostumbra expedir todos sus actos desde el lugar del Zenit en que se haya colocado.

MEMORIA HISTÓRICA

SOBRE LA

FRANC-MASONERÍA,

SU ORÍGEN, PROGRESOS Y OBJETO, POR EL H∴ BOILEAU:

Conforme á lo que de ella existe en los historiadores antiguos y modernos.

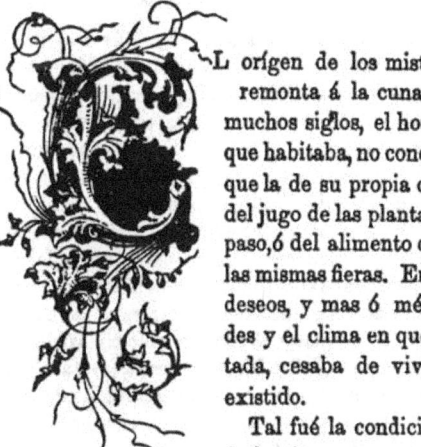

EL orígen de los misterios de la Franc-Masonería, remonta á la cuna de la civilizacion. Durante muchos siglos, el hombre agreste como las selvas que habitaba, no conoció necesidad mas apremiante que la de su propia conservacion; y bien se nutria del jugo de las plantas que encontraba debajo de su paso, ó del alimento que muchas veces disputaba á las mismas fieras. Errando sin cesar, sin ideas y sin deseos, y mas ó ménos cruel segun sus necesidades y el clima en que arrastraba una infancia dilatada, cesaba de vivir ántes de saber que habia existido.

Tal fué la condicion de los primeros habitantes de la tierra.

Permitió el Eterno que, en medio de esas hordas salvajes, apareciese uno de esos hombres extraordinarios que adelantándose á su siglo, conciben grandes designios y fácil les es ejecutarlos por el solo ascendiente que en ellos reconoce el vulgo y al cual ciegamente obedece. Este hombre, á quien todas las naciones antiguas se atribuyen el honor de haber visto nacer, y que á su vez han llamado Bracma, Ammon, Odin ó Prometeo, pudo, á fuerza de génio y perseverancia, reunir á las familias dispersas en los bosques y esparcir entre ellas la sabiduría que habia recibido del Gran Arquitecto. Segundo creador del mundo, les hizo conocer á un Dios supremo, inmutable y eterno, y les habló en su nombre.

A su voz, las artes primitivas aparecieron, y la tierra cultivada apénas correspondió á los esfuerzos del agricultor: quedando ya desde este instante asegurada la suerte del género humano; elevándose con rapidez el edificio social; no viéndose el hombre al nacer amenazado por el hambre, y retrogradando las fieras al aspecto del hombre civilizado dispuesto á rechazarlas.

Todo nos parece anunciar de que fueron las riberas del Gánges las que presenciaron tan feliz revolucion.

Bien sea que admitamos el sistema del movimiento progresivo del mar, de Oriente á Occidente; ó que no nos olvidemos de la posicion y temperatura de la India, forzoso nos será convenir en que ha debido ser ella el pais de la tierra primeramente civilizado.*

---

* Los historiadores que pretenden dar al Egipto mayor antigüedad que á las otras naciones, nos hablan constantemente de grandes viages, de templos y pirámides cuya

MASA INDESTRUCTIBLE EL TIEMPO HA RESPETADO.

Es necesario confesar sin embargo, que tal vez son muy inferiores á los monumentos que hoy nos ofrece la India, como prueba de su antiguo esplendor y prodigiosa antigüedad. Los templos de Salceta, de Illuva, de Elefanta, de Teridschnapali y de Douganes, nos hacen suponer mas conocimiento del arte y una civilizacion mas adelantada al pueblo que las ha edificado, que á los autores de las obras de los antiguos Egipcios. Iguales reflexiones hacen Niebuhr y Sonnerat. "Ha sido necesario," dice el primero, (a) "mas trabajo y habilidad para formar en las rocas tan vastos edificios y para adornarlos de tan bellas esculturas, que no lo fué para amontonar masas enormes de piedras calcáreas y blandas que á mano encontraba el arquitecto. Las pirámides parecen llevar el sello de un trabajo realizado por esclavos ignorantes; á la vez que los templos de la India, el de la magnificencia y el de un pueblo civilizado....."

"Las pirámides tan celebradas de Egipto," dice M. de Sonnerat, (b) "son trabajos muy inferiores comparados á las pagodas de Salceta é Illura: las figuras, bajo-relieves y la multitud de columnas que las adornan, cavadas en la roca con el escoplo, revelan, por lo ménos, tres mil años de trabajos consecutivos; como tres mil tambien de existencia los estragos causados en ellas por la incuria y el tiempo. No hay por esta razon que admirarse si la ignorancia atribuye la primera de dichos trabajos á los Dioses, y la segunda á los Génios....."

Los Templos de la India, de merecida celebridad en los anales de la ciencia y tan poco conocidos de los europeos, están todos cavados en roca viva. Las columnas que los sostienen, los cuales generalmente se ven cubiertas de adornos en bajos-relieves, son partes de la misma roca que el arquitecto ha sabido aprovechar. Las paredes ó muros exteriores y los que sirven para indicar las

(a) Viages de Niebuhr, tom. 2, pág. 426.
(b) Viages á las Indias y á la China, pág. 218.

En caso de que pudieran faltarnos pruebas materiales ó físicas, por medio de las cuales demostrar que los *Bracmas*, estos hijos primitivos de la tierra, fueron los que dieron principio ó empezaron los anales de los pueblos, fácil nos seria recorrer la cosmogonía de cada uno y ver si todos ellos no atribuyen al orígen de sus Dioses y á la patria de sus progenitores lugares distantes de aquellos que habitaron; en tanto que el solo indígena de la India podria demarcarnos la patria de su antecesor seria que el antiguo Egipcio tratara de ocultar su orígen en la noche de lo pasado: Osíris, su dios, era Etiope; verdad que sus padres no hubieran podido negar. Prueba de ello es el viage dilatado y penoso que los egipcios antiguos emprendian en direccion de la patria de *Osiris*, en donde, en union de los gimnosofistas de Meroë, * ofrecian un sacrificio solemne; pasando á su vez el Etiope á la India, con objeto de instruirse en el trato de sus hermanos.

No cesaremos de repetir, que todo nos hace creer que el legislador del mundo ha debido nacer en las riberas deliciosas del Gánges ó del Indus, el que ántes de morir vió ya ir adelante la obra que habia comenzado y ha debido exclamar: "Tambien yo he creado al hombre."

diferentes divisiones del templo, se hallan adornados igualmente de bajos relieves y de figuras de diez á quince pies de altura, trabajadas de modo que parecen estar debilmente sujetas al muro de que forman parte. "Estos bajosrelieves," añaden Niebuhr (a) y Anquetil du Perron, "no podrian ser comparados por el diseño ni la ejecucion, á las obras de los escultores griegos; aunque exceden en elegancia á todo lo que nos queda de los antiguos egipcios; y tambien mas bellos que los bajos-relieves de Persépolis."

Si reflexionamos sobre el tiempo que ha sido necesario emplear para construir aquellos monumentos, no nos sorprenderá lo que nos dice M. de Sonnerat. A todo el que desee detalles mas circunstanciados sobre los pagodas de la India, le aconsejamos que consulten lo que sobre ella nos dicen Gemelli-Careri, Thevenot, Freyer, Ovington, Niebuhr y Anquetil du Perron.

* Era costumbre llevar solemnemente todos los años la estatua de Ammon á los confines del Egipto y de la Etiopia, siendo entónces que los padres ó sacerdotes de ambos pueblos ofrecian unidos un sacrificio, al mismo tiempo que preparaban el festin sagrado que los griegos llamaban Héliotrapéze ó *Mesa del Sol.* (b) Heródoto fija el lugar, término de aquella peregrinacion, en que tenia lugar el festin, asegurando que era la isla de Meroë en donde con tal motivo concurrian todos los dioses, y en donde residian los gimnosofistas. Esta singular festividad hizo suponer á Homero (c) que Júpiter, dejaba el Olimpo en union de los otros dioses, descendia á la *piadosa* Etiopia y se comunicaba con los mortales, confundiéndose con ellos en el festin mencionado.

(a) Viages, tom. 2°., pág. 420.
(b) Investigaciones Filósoficas sobre los Egipcios y Chinos, tom. 2., pág. 141.
(c) Iliad, lib. 1, v. 422.

Ademas, todos aquellos que le conocieron, le miraron como á un ser superior entre los humanos. Los habia sacado del desierto; les habia comunicado algunas ideas, causa de muy diferentes impresiones y fué para ellos como un enviado del cielo ó emanacion del Grande Arquitecto del Universo. No obstante, comprendió luego ser tan extraordinario, que la débil inteligencia del hombre no podria aun soportar todo el resplandor de la verdad; y trató de conservar la ilusion que esta pudiera haberle inspirado, á la vez que oportunamente se proporcionaba un medio poderoso con que hacer el bien. Recibieron sus hijos el depósito todo entero de su saber y el encargo solemne de comunicarlo á ias razas futuras. Tal fué la mision transmitida de edad en edad, á los iniciados de todos tiempos y de todos los paises; y tal el orígen que pudiéramos dar á los misterios de la Masonería.

Los descendientes del hombre extraordinario del cual nos ocupamos, siguieron la misma via que aquel les habia trazado. Habiendo inventado las artes y creado las ciencias, invitaron á participar de su saber á todos aquellos hombres privilegiados que por sus virtudes y grandes cualidades lo merecian. Fué en esta reunion de virtuosos y sabios, en donde tuvieron orígen los conocimientos que despues han ilustrado al hombre, filósofos que respetó la antigüedad y tambien reconocio con los nombres de bracmanes y gimnosofistas.*

* Dos clases de gimnosofistas se conocian en la India: los bracmanes y los germanes (a), sarmanes (b), y los Samaneos (c), ó hilobíanos (d): recibieron de los griegos su nombre gerárquico. Acostumbraban errar por los bosques, emplear los dias en meditar, observar la naturaleza y responder á las cuestiones que les presentaban de todas partes (e). Descansaban llegada la noche al pié de un árbol, cuyo fruto le servia de alimento (f), y alli conciliaban un sueño apacible ó bien observaban el movimiento de los astros. Parece cierto el que hubiesen adelantado bastante los conocimientos astronómicos, ciencia cultivada entre los Indus desde tiempo inmemorial (g). Los sabios del Gánges cuidaban con el mayor interés de la instruccion de los discípulos que debian perpetuar su escuela. Si damos crédito á Mégasthenes, se les veia ocuparse de sus hijos aun ántes de nacer (h); y luego que la madre no les era necesario, los gimnosofistas, se hacian cargo de ellos y daban principio á una instruccion que duraba treinta y siete años (i).

Los Bracmanes no hacian caso alguno de cosas animadas, y como los Indus

(a) Megasth., Ap. Strab., lib. 15.   (b) Clem. Alej., Strom., lib. 1.
(c) Orígenes, contr. Cels., lib. 1.   (d) Strab., lib. 15.
(e) Strab., lib. 4.   (f) Plin., lib. 12, cap. 6.
(g) Suidas. Diod., lib. 2. Strab., lib. 15. Bailly, Historia de la Astr. Antigua. Historia de la Astr. Orient. El Gentil, Viage en los mares de la India. Sonnerat, Viages á los Indias y á la China. Holwel, Intr. á los acontecimientos pasados en las Indias   (h) Megasth., apud Strab., lib. 15.   (i) Ubi supra.

Ocupados sin descanso de la felicidad de los hombres y contemplando sin cesar las maravillas de la naturaleza, en cuyo seno encontraban cada dia una nueva fuente de instruccion, gozaban los Bracmanes de una paz profunda que nada habia podido alterar, hasta no verse amezados de una gran desgracia que venia del Norte. Poco tiempo despues las llanuras de la India estaban cubiertas de armas y guerreros. Los feroces hijos de Vichnu, * iban por medio de la fuerza á fundar un imperio y á predicar una nueva religion. Fieles á sus principios, los apacibles Bracmanes preferian la muerte al horror de manchar sus manos puras con la sangre de sus verdugos, y casi todos perecieron. Casi todos cayeron bajo los golpes de los sectariarios de *Vichnu*, quienes sustituyeron á los dogmas sencillos y sublimes de *Budda*, un culto lleno de fábulas ridículas y de prácticas supersticiosas; y que aun al presente se conservan en la India. Los principios de los bracmas, solo existen en los Vedas y en una tribu poco numerosa y dispersa, cuyos individuos son conocidos por Schammaners.

Mucho ántes de esta época desgraciada, no satisfechos los Bracmanes modernos se hubieran horrorizado á la idea de matar un animal para nutrirse con él (*a*); desdeñaban igualmente el dolor y la muerte: nada los detenia al ejecutar el intento que se habian propuesto. "Hombre ambicioso, decian á Alejandro (*b*) nuestros cuerpos están en tu poder; pero tú no puedes cambiar nuestra voluntad; ¿pudieras ejercer dominio alguno sobre hombres virtuosos que no temen ni la muerte, ni los suplicios?

Su culto era simple y libre de toda supersticion (*c*): adoraban á un Dios eterno, creador del mundo, conservador de su obra, destruyendo sin cesar algunas partes de el para volverlas á reproducir: y creian en la inmortalidad del alma, admitian con la metempricocis, el dogma de penas y recompensas futuras, y consideraban la vida como á un lugar de destierro y de castigo por faltas pasadas. No debiendo acusarles de fanáticos y feroces al verlos lanzarse en una hoguera ardiendo (*d*) por ser en concepto de ellos grata á Dios una ceremonia semejante por la cual abreviaban el término de una existencia que miraban como un obstáculo á su felicidad eterna.(*e*)

* Los anales sagrados de los Indios nos hablan repetidas veces de una revolucion que habia establecido la religion existente sobre el culto primitivo; cambio que costó torrentes de sangre.

(*a*) Suidas., Pallad. de Bracm., Porf. de abstin, lib. 4. Eusebio, prop. Ev. lib. 6, cap. 10.

(*b*) Clem. Alej. Strom., lib. 4°. Anonim. in collect. Byos.

(*c*) Clem. recogn. ad Jacob., lib. 9.

(*d*) Strab., lib. 15. Clem. Alej. Strom. lib. 4., Lucian de mort. Peregr. Plin. lib. 6, cap. 19.

(*e*) Lib. 15, pag. 1040, edit. Kiland. Casaul. et alior. Relat. mision. Dar to. gontin. 24. Historia de la Astron. ant. pag. 334.

con haber hecho la felicidad de la India, aspiraban tambien á la gloria de civilizar el resto del mundo. Es probable que la Persia, hubiese recibido de ellos los primeros conocimientos ó civilizacion, aunque nada pudieramos asegurar porque espesas tinieblas nos ocultan esta parte de su historia. Solo sabemos apénas que 3,209 años ántes de la era vulgar, *Diemschas ó Djemschid*, echó los cimientos de Persépolis. Mas allá de esta época, imposible nos seria encontrar en donde apoyar la mas vaga suposicion. Si esplendor entónces brilló la civilizacion para la Persia, debemos suponer que duró muy poco tiempo, para aparecer con mas en los manos de Zoroastro.

Dos legisladores que llevan igual nombre, * enseñaron la misma doctrina á los Persas, en dos diferentes épocas. †

El primer contemporáneo de *Virenghamar*, padre de Djemschid, segun el *Zend-avesta*, inició las bases de la religion que su sucesor debia establecer de una manera sólida. Educado por los Bracmanes é indio tal vez de orígen, llevó á Persia los conocimientos que habia adquirido en las riberas del Gánges. Sus discípulos adoptaron el nombre de *Magos*. Perseguidos diferentes veces, llegaron á creer sus perseguidores que habian sido exterminados; no obstante haber sobrevivido sus principios, conservados religiosamente por algunos adeptos se conservaron hasta que aparecer Zoroastro.

En los terribles momentos en que el insensato Cambisis parecia haber concebido el proyecto de extinguir todo saber, y en los cuales la doctrina egipcia parecia tambien quedar borrada con la sangre de sus ministros,

---

* Anquetil du Perron cuenta solo veinte y dos siglos desde Djemschid hasta Jesu-Cristo.

† Zoroastro se llama discípulo del primer legislador, nacido bajo el reinado de Vivenghanm, padre de Djemschid (a). Los Zends llamado Hesmo ó Hom. La doctrina de Hom, dice el traductor de Zend-avesta hacia mencion de un ser supremo y eterno, autor de dos principios opuestos. Las ceremonias de esta doctrina, llamada *Pæriokesch* (primer doctrina), eran simples, en corto número y se referian al orígen y órden del universo. Se llaman Peschdadiens (hombres de la primera doctrina á los sectarios de Pæriokesch.) Un passage del Ybn-Shahna, citado por Hyde (b), da á los peschdadiens el nombre de Keiomarsiens.

Hom tuvo el sobrenombre de Zaeré (de oro, color de oro), que algunos han tomado por el de Zoroastro, el cual en *Zend* es el de Zéréthoschtro (c).

(a) Zend-avesta, tom. 1, part 2, pág. 107. Anq. du P., Acad. inscrip., tom. 37, pág. 337 y 749.

(b) Ybn-Shahna, in libro de Primis et posteris apud Hyde, de Rel. vet. Pers. cap. 9, pág. 163.

(c) Anquet du P., Acad. inscrip., tomo 37, pág. 749.

Zoroastro abandonó el Egipto. Vengador de sus maestros, logró someter á los bárbaros opresores á sus principios sagrados. De restos esparcidos de la antigua doctrina, ayudado de los conocimientos que habia adquirido en Ménfis y en las Indias, creó un sistema religioso que pronto llegó á ser el código sagrado de los Persas, Caldeos, Partos, Bactrianos, Saïcos, Corasmios y Medos. Los ritos *mitriacos*, famosos entre los Romanos, pertenecen esencialmente á las creencias de los magos. Nacidos en Oriente, pasaron á Italia hácia el segundo siglo de nuestra era. Se sabe que para ser admitido en la iniciacion era necesario pasar por pruebas largas y rigorosas: un ayuno de cincuenta dias; siete de estos encerrados en una obscuridad completa; y una multitud de otras prácticas misteriosas excitaban el alma del Neófito, y le preparaban para recibir *la luz*. Despues de muchas abluciones, penetraba en el santuario de *Mitra*. Allí hacia con sus hermanos una ofrenda de pan y agua; y como última prueba le presentaban una corona y una espada, emblemas del poder soberano lo cual debia preferir la sabiduría, recibiendo en el cuerpo una señal indelible, segun algunos.

De los llanos de la Persia, los Bracmas pasaron á Etiopia. Los usos que se conservan aun en Abisinia; la semejanza que parece haber existido entre los gimnosofistas de la India y los de Etiopia, y la opinion de los antiguos respecto de estos dos paises, son otras tantas pruebas de haber existido en ellos unos y otros.

El resto de la tierra languidecia aun entre las cadenas de la barbarie; no obstante que el tiempo se acercaba en que el Egipto, al fin civilizado, se preparaba á transmitir á los otros pueblos el depósito de las ciencias. Osíris, seguido de gran número de sus compatriotas, bajó de las montañas de Etiopía. Sin guerreros, ni combates, sometió el Egipto é hizo adoptar á los salvages que lo habitaban las leyes masónicas y las artes de su pais natal. Rodeado de hombres eminentes, á quienes el agradecimiento deificó, unia Osíris á los encantos de la elocuencia, el poder de una música encantadora. Los cantos de las nueve vírgenes, que el génio mitológico de los Griegos ha colocado en los cielos bajo el nombre de Musas, enseñaban en las riberas del Nilo las leyes de aquel dios y su sublime moral.

Luego viéronse llenas de ciudades las llanuras de Egipto; de templos magníficos; de soberbios obeliscos y de pirámides colosales, que son aun el asombro de toda la tierra.

Consecuentes los legisladores de Tébas con los principios que habian recibido de sus padres, ocultaron al vulgo sus doctrinas y conocimientos. La India habia dado orígen á los misterios; y el Egipto aumentó su esplendor y su gloria. El depósito de las ciencias y las inscripciones místicas, que Thot habia grabado sobre columnas de granito, ocupaban profundos subterráneos en donde solo los iniciados podian penetrar. Despues se añadió á esta precaucion un misterio augusto, rodeose á la iniciacion de pruebas imponentes y de una barrera impenetrable entre la luz y los no iniciados.*

Era en el interior de los templos subterráneos de Tébas, de Saïs, de Heliópolis y de Ménfis, en donde los *hierofantas*, educaban y preparaban á esos hombres eminentes que salian de Egipto para ilustrar á las otras naciones. Fundaba *Orfeo*, los misterios de Samotracia, cuando *Moises*, creaba un nuevo pueblo; y *Tritolomeo* y *Eumolpe* daban leyes á Grecia y proyectaban las bases del templo de Eleúsis. *Abaris*, ménos conocido que aquellos, pero cuyo gran saber fué causa de que se le hubiese dotado del don de salvar el espacio asido á la flecha de Apolo, tambien ilustró las regiones hiperboreas ó del norte.

Estaban los misterios de Samotracia consagrados á los dioses Cabirii, nombre que nos indica su orígen egipcio. Mucho se asemejan á los misterios fenicios. Entre estos, los dioses Cabirii, eran nueve deidades todas sucesores de Syndic el *justo:* y el hijo de Thabon, su primer hierofanta, segun el fragmento de Sanchoniaton.

Solo reconocian los de Samotracia cuatro Cabires ó grandes dioses, de los cuales Mnoseas nos ha conservado sus nombres misteriosos: estos son el de *Oxieres, Axiokerso, Axiokersos* y *Casmilus* ó *Cadolus*. Se añade á esto, que los misterios célebres llevados á Frigia por *Dardano*, pasaron en seguida á Italia, y fueron confiados á las vestales, las solas que con el gran sacerdote poseian el secreto que encerraban.

Civilizada la Grecia, destinose el templo de Eleúsis á la práctica de la doctrina que habia recibido de los Egipcios y treinta mil iniciados de Europa y Asia se agruparon mas de una vez al rededor del *Ciste* místico, en las hermosas llanuras del Atica.

Precedian á la iniciacion pruebas terribles y á esta seguianse prodigios no ménos sorprendentes. Del piélago inflamado del Tártaro, el Neófito pasaba al Éliseo. Era en este lugar encantado en donde se dejaba oir la vez del hierofanta, y en que instruido el iniciado en el secreto de los misterios, recibia el premio de sus virtudes y constancia.

Difícil es resistir al deseo de dar algunos pormenores referentes á estas solemnidades célebres, que la Grecia embellecia con el lujo de su imaginacion creadora. No omitiremos, sin embargo, la opinion del padre de la elocuencia latina al dar una idea de los misterios eleusianos. Ciceron decia: nadie podrá negar que en todos aquellos paises en que los misterios de Eleusis han llegado á ser conocidos, han contribuido á

---

* No será fuera de propósito hacer observar que los antiguos confundian á los Indus y Etiopes, cual si fuera un solo pueblo ó nacion.

perfeccioner la moral del hombre y á estrechar mas los lazos que le unen á sus semejantes.*

Antes de pasar adelante, ocupemosnos por un momento de una institucion filosófica en la cual los verdaderos hijos de la luz habrán encontrado mas de un punto de contacto con la Franc-Masonería. Debe suponerse desde luego que vamos á hacer mencion de la escuela de Pitágoras.

Habia nacido este célebre filósofo en la Isla de Sámos, durante la cuadragésima cuarta olimpiada. Ávido de saber, visitó con tal motivo algunos pueblos de la antigüedad. Poseia ya una instruccion muy vasta, cuando se hizo iniciar en los misterios de la India, de Egipto y en los de Eleúsis y Samotracia. Habia conocido á Solon, Pitaco, Zoroastro y Epiménides, y vuelto á su patria, de donde no pudiendo el discípulo de los filósofos de Tebas soportar las leyes de un tirano como Polícrates, que acababa de usurpar el poder soberano en Samos, se vió obligado á separarse de sus amigos y de su pais y á renunciar á sus bienes, pasando de Grecia á Crotona, en donde fundó la famosa escuela, madre de tantos hombres ilustres. Debemos suponer, que creyó conveniente ocultar bajo el velo del misterio la antorcha demasiado viva de la filosofía. Á esto añadia la mayor solicitud en la eleccion de sus discípulos, á quienes sometia á pruebas de toda especie para asegurarse de su aptitud.

Estas estaban divididas *en tres clases;* permaneciendo tres años en la primera. Al ser admitido, pasaban á manos de los tesoreros todos los bienes que el poseia candidato.† Si en los tres primeros años de pruebas, el aspirante satisfacia el deseo del Maestro, éste le permitia pasar á la segunda clase. Durante *cinco* años se veia aquel condenado al mas profundo silencio, y la voz de Pitágoras llegaba á sus oidos al traves del denso velo que cubria la entrada del santuario. Recibia en fin, la ins-

* Las principales ceremonias de la iniciacion eleusiana consistian en las establecidas por los bracmas y en vigor entre los egipcios. Los preceptos que imponian eran los de honrar á sus padres, adorar á los Dioses y respetar la vida de los animales útiles al hombre y compañeros de sus trabajos.

† Se sabe que el candidato en Masonería, ántes de empezar su recepcion, debe despojarse de toda clase de metales. Los autores que hacen mencion de esta costumbre de los pitagóricos son Diógenes Laercio, lib. 8; Aulo Gellus, lib. 1, cap. 9; y Tamblique, Vid. de Pitag., cap. 17. Digamos mas, que cuando el progreso del aspirante no correspondia al empeño y deseos de Pitágoras, se le devolvia lo que habia depositado al entrar (a), y se le hacia abandonar el instituto, en cuyo interior se le elevaba un sepulcro (b).

(a) Tambl. Vida de Pitag., cap. 17.
(b) Clemente de Alej. Strom., lib. 5.

trucción mas completa sobre la doctrina sagrada, y acompañaba al *maestro* en la direccion de nuevos iniciados.

Los individuos de esta gran familia, añade Tamblique (citado por Barthelemy), aunque dispersos en distintos climas y sin haberse visto jamas, se reconocian por ciertos signos, y se trataban con la mayor familiaridad.

La celebridad de estos filósofos sirvió de estímulo á los ataques de la ignorancia y de la malignidad. Tuvo cuidado la calumnia de dar á sus reuniones el carácter de fócos de conspiracion; fueron perseguidos por los gobiernos, y la multitud desatentada los persiguió con furor. Pitágoras, perseguido y errante, habia huido de Crotona y visto caer bajo el filo de la espada á muchos de sus discípulos, apurando tan cruel desgracia ántes de abandonar una existencia que habia consagrado toda entera en obsequio de sus semejantes.

Los restos deplorables de su escuela pudieron volver á reunirse; tolerados algunas veces, y otras rodeando sus asambleas del mayor secreto: por estarles absolutamente prohibido el consagrarse á sus primeras tareas.

Desde lo alto de las pirámides habia el génio egipcio difundido la civilizacion por todos los pueblos. En tanto que, algunos de sus favoritos preparaban los siglos brillantes de la Grecia; otros se dirigian á los llanos helados de la Scicia. En vano la naturaleza se oponia á sus esfuerzos; y si las rocas, el cielo nebuloso y el carácter inhospitalario de los habitantes del Norte, parecian querer dilatar por lo ménos el éxito del intento de los filósofos egipcios, tantos obstáculos eran en su concepto un mérito mas y mejor corona. Su elocuencia demasiado persuasiva, les atrajo multitud de prosélitos viendo desde luego en medio de ellos formaban famosas escuelas, que fueron las que propagaron los misterios de los druidas desde el pié de los Apeninos, hasta los límites de la Escandinavia.

Retirados en el interior de extensas florestas, árbitros soberanos de los pueblos, los druidas tenian especial cuidado en no ser vistos, á no ser en aquellas festividades públicas en que era necesario su ministerio. Habitaban lugares sombrios, en donde ningun mortal se hubiera atrevido á penetrar y se entregaban en ellos al estudio con el mayor silencio, cuidando al mismo tiempo de la educacion de sus discípulos. Veinte años no eran á veces suficientes en los estudios que á aquellos exigian: no conservavando ni libros, ni tradicion escrita, con que poder ayudar á la memoria; porque temian que algun profano llegase á penetrar el secreto de sus misterios. Despues de un dilatado aprendizage y de exámenes y pruebas demasiado rigorosas, conseguia el neófito ser admitido en la iniciacion ó igual á sus maestros podia ya participar de sus conocimientos y de la veneracion pública.

El mismo deseo, culto y ceremonias, subsistieron mucho tiempo en aquellas extensas regiones. Vencidos al fin por los Romanos, estos conquistadores introdujeron en las Galias sus leyes, costumbres y una nueva religion. La multitud debió entónces preferir á los dogmas misteriosos, una divinidad invisible, y á las ceremonias sombrias é imponentes de los druidas, una religion brillante y ligera, que hablaba á los sentidos y fascinaba la imaginacion con la pompa deslumbrante de su culto.

Las doctrinas de los druidas, sobrevivieron en la Gran Bretaña á la conquista Romana de las Galias; sirviendo por mucho tiempo de baluarte de sus misterios las rocas blancas de Mona.*

Esta Isla célebre, colegio principal y residencia del gefe de los druidas de Albion, era para Inglaterra, lo que Chartres para las Gaulas y Thorla, Heresbourg y Arcon para la Germania y la Escandinavia. Por una centuria, Mona conservó en sus bosques impenetrables el altar triángular, el cofre místico y la espada de Belinus. Al fin, sus encinas venerables, solas y antiguas columnas del templo de los druidas, cayeron tambien bajo el hacha de los conquistadores del mundo y los profanos se atrevieron á hollar aquellos asilos sagrados!.. "No oireis ya mas, O riberas de Mona, el árpa del bardo; ni vosotras rocas de Snowdon, repetireis sus cantos misteriosos!.... ¿ Qué poder sobrehumano ha podido presidir á la creacion de los Misterios? Iguales en todas partes, descansando en la misma base, en pos de un fin comun, en todas han debido amoldarse al génio y costumbres de los pueblos en que han existido!" Entre los egipcios, pueblo tétrico y meditabundo, la iniciacion revestia un carácter imponente y severo. Un aparato brillante le prestaba entre los griegos el encanto, á que todo lo sacrificaba un pueblo dominado por la belleza del espectáculo. Todo lo contrario sucedia entre los druidas de las Galias, cuyos sombrios misterios eran celebrados de noche. Una llama vacilante y pálida apénas los alumbraba, la cual difundia en el alma de los asistentes un saludable terror.

Dueños ya de las Galias, los Romanos persiguieron á los druidas, destruyendo sus escuelas y moradas.† Debemos suponer que los que pudieron escapar se refugiaron entre sus hermanos del Norte; y prepararon en los bosques de la Escandinavia, las formidables irrupciones que debian derrocar el poder de Roma y arrastrar á su ambicion atada á ese mismo carro de triunfo á que habia encadenado el universo.

* Bajo el título de *Mona anticua restaurata*, en 2 vols., ha escrito Rowland una obra de gran mérito, la cual se ocupa de las antigüedades de esta Isla célebre y de los misterios de los druidas que la habitaban.

† La Órden de los Druidas despues de haber reinado en las Galias por mucho tiempo, fué al fin destruida por los Romanos en los reinados de Claudio y de Tiberio.

Estas comarcas vastísimas, conocidas de los antiguos con el nombre de Célticas ó Scytas, vieron tambien estallar en su seno una revolucion. Arrojado Odin de sus estados por las legiones Romanas, obligado á convertirse en conquistador para procurarse un asilo, forzoso le fué someter á la Escandinavia.*

Lejos de imitar el ejemplo de sus opresores, respetó la religion del pueblo que habia subyugado y se contento con solo añadir á aquella los mitos de Sæmund, Segfusson y Snorr, hijo de Turla, nombres que se han conservado en los dos Edda.

La conducta prudente de Odin; y sobre todo su valor no desmentido, virtud muy necesaria entre los pueblos belicosos, le hicieron merecer los honores del apoteosis : siendo costumbre despues de su muerte el que sus guerreros le invocasen como al primero de sus dioses, ó, por mejor decir de sus héroes divinizados al combatir. †

Hemos solo recorrido la série de iniciaciones antiguas. ¿ En qué época y porqué medio han llegado hasta nosotros y se han podido enlazar con los misterios modernos ? ¿ Qué causa ha podido hacer decaer á aquellas de su primer esplendor ó del rango elevado que ántes ocupaban ? Vamos á contestar á estas preguntas.

Abordamos una cuestion que justamente es en sí muy importante; aunque no obstante faltarnos documentos auténticos con que responder de una manera satisfactoria. ¿ En qué período de la historia los misterios, que en adelante llamaremos masónicos, han llegado hasta Europa ? Se pretende que podemos encontrar algunas de sus débiles huellas en el siglo octavo. Nada nos asegura que hubieran podido ser conocidos ántes en esta parte del mundo.

Parece que todo corrobora la hipótesis ingeniosa de Laurens, respecto á que somos deudores á los hebreos de los actuales misterios. Ha podido suceder que entre los individuos de aquella familia, dispersa y desgraciada y en una época reciente, se encontrasen algunos iniciados que admitieron al secreto de sus misterios á personas de cuya discrecion no dudaban. Siendo tambien probable, el que fuesen los que ocultaran el

---

* El mas célebre de los templos dedicados á Odin, fué el de Upsal, del cual un Scalde ó bardo de Escandinavia hace una magnífica descripcion. Recomendamos al lector la vea, del mismo modo que todo cuanto hace relacion á la mitología de Odin, en la Introduccion de la Historia de Dinamarca por Mallet, y en el Edda de Resenius. Las obras de Wormius, Rusbeck, Bartholin, Yhre, Leclerc y Keralio, son tambien raudales preciosos en que se encuentran interesantes pormenores sobre las religiones y antigüedades del Norte.

† Los Escandinavos, como todos los pueblos del Norte, creian en la existencia de un Dios supremo y eterno, al cual daban el nombre *Alfader*, *padre de todo*.

objeto verdadero de sus misterios, bajo un emblema venerado entre ellos, como era la reconstruccion del templo de Jerusalem.

La crónica del monje Siffrid, habla de una secta misteriosa que existia en Francia, en el reinado de Pipino. Segun lo que dice de ella la crónica mencionada, creeriamos que algo se asemejaba á la Franc-Masonería; aunque podriamos formar un juicio aventurado guiándonos solo por tales antecedentes.

Tambien se supone, (tradicion que aunque no se apoya en pruebas históricas parece habérsele dado grande importancia,) se supone, repito, que en 924, el rei Athelstan, nieto del Gran Alfredo, convocó en Inglaterra á los masones dispersos en Europa y los reunió bajo la direccion de su hermano Edwin.

Si es verdad que en una época tan distante han podido existir sociedades masónicas en Europa, han debido haber permanecido envueltas en el mas profundo misterio. Hubiera bastado el mas simple indicio, la mas ligera indiscrecion, para que los suplicios ó proscripcios contra sus miembros hubiera sido el resultado. La impostura y superticion en guerra contra las luces; y la ignorancia, enemiga implacable de todo aquello que no puede comprender, reinaban sin opocision en época semejante de barbarie. Hubieran temblado á la solo idea de una sociedad masónica, cuyo constante objeto es propagar sin cesar principios sagrados consagrados á la razon y la humanidad. Si en un siglo ilustrado, la calumnia ha destilado terrible veneno sobre Órden tan célebre y respetable; si los mayores absurdos y extravagantes imputaciones contra la misma han encontrado en el siglo 19, lectores y apologistas, ¿con que zaña el fanatismo religioso, no hubiera perseguido á los masones en una época en que revestidos de los atributos del triple poder y colocados sobre el trono y el altar, bastado les hubiera pronunciar una sola palabra para ver caer á sus víctimas?* En fin, podemos encontrar huellas positivas de la Masonería en Inglaterra á principios del siglo XIV.†

Despues de este período, hasta los dias en que ha sido consentida por algunos gobiernos de Europa, ¿á cuántos contratiempos y persecuciones no se ha visto expuesta? Una multitud de sectas diferentes han penetrado en el templo, adoptando cada una un rito particular. En tanto

* Desde el mismo instante en que la autoridad eclesiástica tuvo noticia de la existencia de la Masonería, se apresuró á perseguir á los masones.

† La Gran Logia de Lóndres encierra en sus archivos reglamentos generales, adoptados en 1340 (a), que M. de la Lande parece confirmar, refiriéndose á la tradicion admitida en Inglaterra de haber establecido Eduardo III. en sus estados, nuevas constituciones el año de 1335 (b).

(a) Ubi supra. pag. 20.
(b) Dicion. Encicl. supl. á la palabra Franc-Mason.

que continúe encerrada en sus límites naturales, participará de la suerte de las sociedades secretas. Ha sido algunas veces inquietada en el recinto mismo de sus reuniones misteriosas; los gobiernos mejor informados le han tolerado una existencia consagrada á la patria y á la humanidad. Solo quedan en pié algunas acusaciones injustas ó frívolas, que cual medio de venganza puedieran emplear hoy los profanos contra una Sociedad que si se deja conocer exteriormente, es por sus beneficios.

Si la Masonería ha llegado hasta nosotros inmutable en sus columnas del mismo modo su antorcha simbólica servirá tambien de faro á la posteridad.

DATOS CRONOLÓGICOS

SOBRE LA FUNDACION DE CASI TODAS LAS GRANDES LOGIAS, GRANDES ORIENTES Y SUPREMOS CONSEJOS DEL UNIVERSO

ESTADOS UNIDOS DE AMÉRICA.

Gr∴ Log∴ de Massachusetts, fundada en 30 de Abril de 1733.*
Gr∴ Log∴ de Pensilvania, en 20 de Junio de 1764.
Gr∴ Log∴ de la Carolina del Norte, en 14 de Enero de 1771.
Gr∴ Log∴ de Virginia, en 6 de Mayo de 1777.
Gr∴ Log∴ de Nueva York, en 5 de Setiembre de 1781.
Gr∴ Log∴ de Georgia, en 16 de Diciembre de 1786.
Gr∴ Log∴ de la Carolina del Sur, en 24 de Marzo de 1787.
Gr∴ Log∴ de Maryland, en 17 de Abril de 1788.
Gr∴ Log∴ de Connecticut, en 8 de Julio de 1789.
Gr∴ Log∴ de New Hampshire, en 8 de Julio de 1789.
Gr∴ Log∴ de Rhode Island, en 25 de Junio de 1791.
Gr∴ Log∴ de Vermont, en 14 de Octubre de 1794.
Gr∴ Log∴ de Kentucky, en 13 de Octubre de 1800.
Gr∴ Log∴ de Delaware, en 6 de Junio de 1806.
Gr∴ Log∴ de Ohio, en 7 de Enero de 1808.
Gr∴ Log∴ del Distrito de Columbia, en 11 de Diciembre de 1811.
Gr∴ Log∴ de Louisiana, en 11 de Julio de 1812.
Gr∴ Log∴ de Indiana, Enero 12 de 1818.
Gr∴ Log∴ de Mississipi, en 27 de Julio de 1818.
Gr∴ Log∴ de Maine, en 1º. de Junio de 1820.
Gr∴ Log∴ de Missouri, en 21 de Abril de 1821.
Gr∴ Log∴ de Alabama, en 14 de Junio de 1821.
Gr∴ Log∴ de Michigan, en 28 de Junio de 1826.
Gr∴ Log∴ de Florida, en 5 de Julio de 1830.
Gr∴ Log∴ de Arkansas, en 22 de Febrero de 1832.
Gr∴ Log∴ de Tejas, en 20 de Diciembre de 1837.
Gr∴ Log∴ de Illinois, en 6 de Abril de 1840.

* Esta fué la primer Gr∴ Logia que se fundó en los Estados-Unidos.

Gr∴ Log∴ de Wiscounsin, en 18 de Diciembre de 1843.
Gr∴ Log∴ de Iowa, en 8 de Enero de 1844.
Gr∴ Log∴ de California, en 17 de Abril de 1850.
Gr∴ Log∴ de Oregon, en 16 de Agosto de 1851.
Gr∴ Log∴ de Minesota, en 23 de Febrero de 1853.
Gr∴ Log∴ de Kansas, en 17 de Marzo de 1856.
Gr∴ Log∴ de Nebraska, en 23 de Setiembre de 1857.
Gr∴ Log∴ de Olimpia en el territorio de Washington, en 1859.

CANADA.

Gr∴ Log∴ del Canadá, en 2 de Noviembre de 1855.

CUBA.

Supremo Consejo de 33∴ y Gr∴ Oriente, fundados en 27 de Diciembre be 1859.

REPÚBLICA DOMINICANA.

Gr∴ Log∴ de Santo Domingo, fundada en 11 de Diciembre de 1858.

AMÉRICA DEL SUR.

Supremo Consejo y Gr∴ Oriente de Nueva Granada, fundados en 19 de Junio de 1833.
Supremo Consejo y Gr∴ Oriente de Venezuela, fundados en 1825.
Supremo Consejo del Perú, fundado en 2 de Noviembre de 1830, y el Gr∴ Oriente en 13 de Julio de 1852.
Supremo Consejo y Gr∴ Oriente del Uruguay, fundado en 1855

BRASIL.

Supremo Consejo y Gr∴ Oriente del Brasil, fundado en 1822.

INGLATERRA.

Antigua Gran Logia para toda Inglaterra, fundada en la ciudad de York en 926.
Gran Logia de Masones Libres y Aceptados, formada en Londres en 1717.
Gran Logia Unida de Inglaterra, fundada en 1813.

IRLANDA.

Gran Logia de Irlanda, fundada en 1729. El Supremo Consejo en Dublin, en 1825.

ESCOCIA.

Gran Logia de Escocia, fundada en 1736.

ALEMANIA.

Gran Logia Los Tres Globos, fundada en Berlin en 1740.
Gran Logia Real York á la Amistad, en 1762.
Gran Logia Nacional de Alemania, 1773, en Berlin.
Gran Logia de Sajonia, el 25 de Setiembre de 1841, en Dresde.

HOLANDA.

Gran Logia Capitular de la Union Real de Holanda, fundada en 1735.

SUECIA.

Gran Logia de Suecia, en Estokolmo, en 1754.

BÉLGICA.

Supremo Consejo de 33.·., en 1817.
Gran Oriente, en 1832.

SUIZA.

Gran Oriente Helvético Romano en 1810, en Lauzan.
Gran Logia Nacional Suiza, en Berna en 1822.
Gran Logia Alpina, en Zurich, en 1844.

PORTUGAL.

Gran Oriente Lusitano, en Lisboa, en 1805.

ESPAÑA.

Gran Logia Nacional para toda España, fundada en 1809.*
Supremo Consejo de 33, fundado en Madrid, en 4 de Julio de 1811.*
Gran Oriente Hespérico Reformado, fundado hace pocos años ..., siendo esta uno de las muchas tentativas que se han hecho para llevar á cabo en España una completa organizacion masónica.

ITALIA.

Supremo Consejo de 33.·., fundado en Milan, en 1805.*
Supremo Consejo de Nápoles, fundado en esta ciudad, en 1809.*

FRANCIA.

Gran Logia de Francia, fundada en 1735.
Supremo Consejo de 33.·. de Francia, fundado en Paris por el Conde de Grasse, en 1804.
Gran Oriente de Francia, fundado en 1799.
Supremo Consejo para Francia y posesiones francesas, fundado en Paris, en 1823.

* Difunto.

AUSTRALIA.

Gran Logia Provincial, fundada en Victoria, en 1859, bajo los auspicios de la Gran Logia de Irlanda.

LUXEMBURGO.

Supremo Consejo, fundado en Luxemburgo, el 10 de Diciembre de 1849.

EGIPTO.

Gran Logia "El Ramo de Oro de Eleúses," fundada en el Cairo, Egipto, en 1507.

CALENDARIO HEBREO

QUE EMPIEZA DESDE EL PRIMERO DE TISRI, A∴ M∴ 5620, CORRESPONDIENTE AL 29 DE SEPTIEMBRE DE 1859 (E∴ V∴), HASTA EL 29 DE ELUL, AÑO MASÓNICO, 5638, QUE CORRESPONDE AL 27 DE SEPTIEMBRE DE 1778, INDICANDO EL PRIMERO Y ÚLTIMO DIA DE CADA MES HEBREO, CON LA FECHA CORRESPONDIENTE A LA E∴ V∴

A∴ M∴ 5620. TIENE 354 DIAS.

1°. Tisri,	el 29 de	Septiembre	1859.
30. "	" 28 "	Octubre	"
1°. Hesvan,	" 29 "	"	"
29. "	" 26 "	Noviembre	"
1°. Kislev,	" 27 "	"	"
30. "	" 26 "	Diciembre	"
1°. Tebet,	" 27 "	"	"
29. "	" 24 "	Enero	1860.
1°. Sebat,	" 25 "	"	"
30. "	" 23 "	Febrero	"
1°. Adar,	" 24 "	"	"
29. "	" 23 "	Marzo	"
1°. Nisan,	" 24 "	"	"
30. "	" 22 "	Abril	"
1°. Yiar,	" 23 "	"	"
29. "	" 21 "	Mayo	"
1°. Sivan,	" 22 "	"	"
30. "	" 20 "	Junio	"
1°. Tamuz,	" 21 "	"	"
29. "	" 19 "	Julio	"
1°. Ab,	" 20 "	"	"
30. "	" 18 "	Agosto	"
1°. Elul,	" 19 "	"	"
29. "	" 16 "	Septiembre	"

1860.

Juéves Santo, el 5 de Abril.
Viérnes Santo, el 6 de Abril.
Domingo de Pascua, el 8 de Abril.
Ascencion, el 17 de Mayo.
El dia de San Andres cae el 30 de Noviembre de cada año.

CALENDARIO HEBREO.

A∴ M∴   5623.   TIENE 354 DIAS.

1°. Tisri,	el 25	de	Septiembre	1862.
30. "	" 24	"	Octubre	"
1°. Hesvan,	" 25	"	"	"
29. "	" 22	"	Noviembre	"
1°. Kislev,	" 23	"	"	"
30. "	" 22	"	Diciembre	"
1°. Tebet,	" 23	"	"	"
29. "	" 20	"	Enero	1863.
1°. Sebat,	" 21	"	"	"
30. "	" 19	"	Febrero	"
1°. Adar,	" 20	"	"	"
29. "	" 20	"	Marzo	"
1°. Nisan,	" 21	"	"	"
30. "	" 19	"	Abril	"
1°. Yiar,	" 20	"	"	"
29. "	" 18	"	Mayo	"
1°. Sivan,	" 19	"	"	"
30. "	" 17	"	Junio	"
1°. Tamuz,	" 18	"	"	"
29. "	" 16	"	Julio	"
1°. Ab,	" 17	"	"	"
30. "	" 15	"	Agosto	"
1°. Elul,	" 16	"	"	"
29. "	" 13	"	Septiembre	"

1863.

Juéves Santo,   el 2 de Abril.
Viérnes Santo,   el 3 de Abril.
Domingo de Pascua, el 5 de Abril.
Ascencion,   el 14 de Mayo.

CALENDARIO HEBREO.

A∴ M∴ 5634. TIENE 355 DIAS.

1°. Tisri,	el 22	de	Septiembre	1873.
30. "	" 21	"	Octubre	"
1°. Hesvan,	" 22	"	"	"
30. "	" 20	"	Noviembre	"
1°. Kislev,	" 21	"	"	"
30. "	" 20	"	"	"
1°. Tebet,	" 21	"	Diciembre	"
29. "	" 18	"	Enero	1874.
1°. Sebat,	" 19	"	"	"
30. "	" 17	"	Febrero	"
1°. Adar,	" 18	"	"	"
29. "	" 18	"	Marzo	"
1°. Nisan,	" 19	"	"	"
30. "	" 17	"	Abril	"
1°. Yiar,	" 18	"	"	"
29. "	" 16	"	Mayo	"
1°. Sivan,	" 17	"	"	"
30. "	" 15	"	Junio	"
1°. Tamuz,	" 16	"	"	"
29. "	" 14	"	Julio	"
1°. Ab,	" 15	"	"	"
30. "	" 10	"	Agosto	"
1°. Elul,	" 11	"	"	"
29. "	" 11	"	Septiembre	"

1874.

Juéves Santo, el 2 de Abril.
Viérnes Santo, el 3 de Abril.
Domingo de Pascua, el 5 de Abril.
Ascencion, el 14 de Mayo.

AD UNIVERSI TERRARUM ORBIS SUMMI ARCHITECTI GLORIAM.

En nombre y por peticion especial del Gran Supremo Consejo de los Muy Poderosos Soberanos Grandes Inspectores Generales del grado 33, legal y debidamente constituidos, bajo el C∴ C∴ del Zenit, que corresponde á los 32°. 45″.

A nuestros Muy Ilustres, Valientes y Sublimes Príncipes del Real Secreto; Caballeros Kad∴; Ilustres Príncipes, y Caballeros, Grandes, Inefables, y Sublimes, Libres y Aceptados Masones, de todos los grados antiguos y modernos, en la superficie de los dos Hemisferios; y á todos aquellos que la presente vieren.

UNION, CONTENTO, SABIDURÍA,

Sabed: que como una persona del nombre de José Cerneau, frances de nacimiento, nacido en Villeblerin, de edad de 50 años, y dedicado al comercio de prendas, que vive en el número 118, en la calle de William, ciudad de Nueva York, dió á luz en la primavera pasada ciertas publicaciones impresas, por medio de otro frances llamado Tableaux, las cuales aparecen firmadas y selladas, titulándose en ellas "Muy Poderoso Soberano Gran Comendador de los treinta y tres grados, en los Estados-Unidos de América, sus territorios, dependencias, &. Y como el solo cuerpo legal de esta clase en los Estados-Unidos de América, fué esta-

EDICTO.

blecido de una manera regular y propia, en la ciudad de Charleston, Carolina del Sur, en 31 de Mayo de 5801, el cual ha sido reconocido por todo el Orbe Masónico: los abajo firmados, Grandes Inspectores Generales gr∴ 33, Grandes Oficiales Dignatarios del Supremo Consejo de Charleston ya mencionado, en nuestro nombre, y á peticion especial de los miembros de dicho Supremo Consejo de Charleston, declaramos, y certificamos: que habiendo dado cuantos pasos son necesarios para el descubrimiento de la verdad, nos hemos convencido, que el tal *José Cerneau*, carece completamente de aquellos conocimientos que son peculiares á los 33 grados del Rito Antiguo Escoces Aceptado, y que no le ha sido posible probarnos el derecho que puede haber tenido, para apropiarse, como ha hecho, Grados, Títulos y Atribuciones que de ningun modo le corresponden; y es nuestro deber denunciar á nuestros hermanos, individuos de un carácter semejante, pues de este modo ponemos término á los males que en Nuestro Orden pueda ocasionar tan estraño como reprensible proceder; en aquellos, sobre todo, que no han recibido los grados superiores de nuestro rito.

Por lo tanto, tened entendido, desde hoy en adelante, que en virtud de los altos poderes, derechos, y prerogativas, de que me hallo revestido, como legítimo Gran Inspector General del grado 33, en los Estados-Unidos de América; publico y declaro al mundo masónico, no solo en mi nombre, sino tambien á peticion de mi Supremo Consejo, residente en Charleston, Carolina del Sur, que el ántes mencionado *José Cerneau*, frances de nacimiento, y comerciante en prendas, &. &. &. es un grande impostor, por cuyo motivo le hemos expulsado de todos los talleres masónicos de nuestra jurisdiccion; declarando ademas ilegales todos los procedimientos y trabajos masónicos que haya puesto por obra, y ejecutado, desde su llegada á este pais de las Indias Occidentales, como emanados de un impostor semejante, cuya conducta no ha podido ser mas anti-masónica.

Todos los hermanos simbólicos, y los demas, á quienes dicho *Cerneau*, y sus compañeros, hayan conferido grados, y por tal razon, él ó ellos, hubiesen estado acostumbrados á llamarlos, su Soberano Capítulo de Rosa C., Gran Consistorio, y Gran Consejo de 33, quedan por el mismo hecho declarados, individual y colectivamente, irregulares ó ilegales, á ménos que no desaprueben, de una manera que no deje lugar á dudas, que tal conducta ha sido criminal, y se sometan al genuino tenor de las leyes que nos gobiernan, pues de lo contrario, serán dados á conocer en ambos Hemisferios, colectiva ó individualmente, como impostores y cómplices en un proceder tan ilegal.

Tened entendido ademas, que habiendo determinado poner término, y evitar desde hoy en adelante, las imposturas y manejos reprensibles que

EDICTO.

se han practicado por muchos años, y aun practican por el mencionado *José Cerneau*, y otros, en los Indias Occidentales; declaro en virtud de los poderes oficiales de que estoy revestido, á todos aquellos á quienes pueda interesar, que el Soberano Gran Consistorio de los grados 30, 31 y 32, fundado primeramente en esta ciudad, en 6 de Agosto de 5806, por los Tres Veces Ilustres Hermanos, Juan Gabriel Tardy, Juan Bautista Desdoity, Moses Levy Maduro Peixoto, y Juan Jaime José Gourgas, todos los cuales son Cab∴ R. C.; y S. y V. P. del R. S.; Diputados Grandes Inspectores Generales y Grandes Maestros bajo el antiguo sistema &. &. &. y otros, ha sido rigurosamente inspeccionado, y sus trabajos aprobados por mí; en consecuencia de lo cual, los declaro y reconozco en mi nombre, como en el del Supremo Consejo de Charleston, Carolina del Sur, que ántes he mencionado, como el solo cuerpo legal de esta clase en Nueva York, y que puede existir para la jurisdiccion Norte de los Estados-Unidos de América, &. &. &.

En testimonio de lo cual, yo el abajo firmado Manuel de la Motta, Cab∴ R∴; Sob∴ Gr∴ Insp∴ Grab∴ gr∴ 33, é Ilustre Tesorero General del S∴ I∴ en los Estados-Unidos de América &. &. &., expido la presente bajo mi firma y Gran Sello de los P∴ del R∴ S∴ y sello tambien de los 33, en este Grande Oriente de Nueva York, á los 40°. 23′. Latitud Norte, el 26 del 6 mes Llamado Elul, Anno Lucis 5813, era Cristiana 21 de Septiembre de 1813.

DEUS MEUMQUE JUS.

El original está firmado y sellado. { E. De La Motta, *S∴ P∴ R∴ S∴, Soberano Gran Inspector General del grado 33, é Ilustre Tesorero General del Santo Imperio en los Estados-Unidos de América.*

AD UNIVERSI TERRARUM ORBIS SUMMI ARCHITECTI GLORIAM.

. Desde el lugar en que tiene su asiento el Gran Supremo Consejo de los M∴ P∴ Sob∴ Gr∴ Insp∴ Gles∴ del 33, último grado del Rito Antiguo Escoces Aceptado, bajo el C∴ C∴ del Zenit, cerca de la H∴ L∴ que corresponde á los 40°. 42' 40" L. N., y 2°. 51' 0" L. E., meridiano de la ciudad de Washington.

A todos nuestros Ilustres, Muy Valientes y Sublimes Príncipes del Real Secreto; Caballeros K——H; Ilustres Caballeros y Príncipes; Grandes, Inefables y Sublimes, libres y aceptados masones de todos grados, antiguos y modernos, esparcidos en ambos Hemisferios.

A todos quienes la presente vieren, salud:

FUERZA, ESTABILIDAD, PODER.

Tened entendido: que en una de las sesiones ordinarias del Supremo Consejo de los M∴ P∴ Sob∴ Gr∴ Insp∴ Gles∴ del 33, último grado del Rito Antiguo Escoces Aceptado, legalmente establecido, constituido y organizado para el Districto Masónico de la jurisdiccion del Norte de los Estados-Unidos de América, celebrada el 30°. d∴ del tercer m∴ m∴ Sivan, Año Hebreo 5611, que corresponde al 30 de Junio de 1851. (E. V.), en la Ciudad de Nueva York.

PALUSTRE DEL SUP∴ CONSEJO.

Se acordó unanimemente, que el siguiente manifiesto oficial fuese publicado y enviado á todos los Grandes Cuerpos Masónicos, de los dos Hemisferios: á saber.

Por cuanto, cierto papel impreso, con apariencia de documento masónico, y que se supone emanado de un ilusorio "Sublime Consistorio de Soberanos Príncipes del Real Secreto, y Supremo Consejo de los 33, grados, del, y para el Estado de New York," ha, desde la última sesion de este Supremo Consejo, sido artificiosamente preparado y diseminado entre nuestros hermanos, con la fecha de 7 de Abril, de 1851, con dos sellos falsificados, y los siguientes nombres añadidos al mismo, á saber: HENRY C. ATWOOD, John W. Simson, Edmund B. Hayés, George E. Marshall, Thomas Hyatt, y otros, todo lo cual ha aparecido tambien impreso en el "American Keystone" del 23 de Abril último.

Por cuanto dicho papel contiene ataques encubiertos sobre nuestro Supremo Consejo, y nuestros muy venerados gefes, y merece toda nuestra censura por sus calumniosas insinuaciones, como poca lógicas deducciones, que le hacen indigno de todo comentario. Y como sus falsas aseveraciones sobre hechos que supone bien conocidos y establecidos, son nacidas de una perversa intencion ó una ignorancia crasa de los verdaderos principios del Rito Antiguo Escoces Aceptado.

Despues de haber considerado el papel mencionado con el detenimiento necesario, hemos acordado unanimemente declararlo y denunciarlo desde hoy para siempre como el atentado ó impostura mas inaudita que contra nuestro órden, y este Supremo Consejo en particular ha podido haberse inventado.

Y como dichos atentado ó impostura han sido despues nuevamente publicadas por el Heraldo de New York 20 del corriente, y en el New York Express del dia siguiente con la intencion de dar como establecido un "Supremo Consejo para el Hemisferio Norte de los Estados-Unidos de América," acompañado la nómina de sus oficiales, á cuyo frente aparece como nuevo gefe un nuevo campeon, ó sea JEREMY L. CROSS, con el bien conocido HENRY C. ATWOOD, como su Gran Maestro de Ceremonias, William H. Ellis, William H. Jones de Nueva Haven, John S. Darcy de Newark, y Roberto B. Folger de Nueva York. Y como dicho pretendido *cuerpo* ha declarado haberse creado "bajo una organizacion ó forma americana;" no siendo mas que una amalgama de los grados del rito antiguo escoces aceptado, con los del Capítulo y Campamento americanos, mezcla bastarda que acabaria por destruir los justos límites de los antiguos ritos masónicos, y se pondria en abierta oposicion con las leyes masónica constitucionales y el sentido comun.

En tal concepto os prevenimos: que todos, y cada una de las personas mencionadas anteriormente han usurpado el derecho de los grados de que se dicen en posesion y en los cuales nunca han sido legalmente iniciados: que han abusado, y están abusando de la credulidad de la fraternidad en los Estados-Unidos, con una superchería semejante, arrogándose descaradamente el poder de conferir grados, y el ejercicio de atribuciones para los cuales no están competentemente autorizados; y que como peligrosos agitadores y perturbadores de la paz, armonía, y buen gobierno del órden masónica, merecen la reprobacion de todos los buenos y verderos masones:

Acordado: que todos nuestros hermanos, bien en los Estados-Unidos, y los demas existentes en el resto de la tierra, deben precaverse de los individuos mencionados, como verdaderos impostores en Masonería, cuyo solo objeto parece ser, como ántes hemos dicho, *abusar de la credulidad* de nuestros hermanos, y obtener cuantos beneficios pecuniarios les sea posible.

Y ordenamos, que cualquier comunicacion, que sobre asuntos masónicos se tenga con ellos, por los hermanos que reconoscen la autoridad de este espureo Supremo Consejo de 33, del Rito Antiguo Escoces Aceptado, dará lugar al *entredicho*, y á la imposicion de las penas masónicas mas severas.

DEUS MEUMQUE JUS.

J. J. J. Gourgas.
 M.·. P.·. S.·. G.·. C.·. 33, ad vitam.
Giles F. Yates,
 M.·. Il.·. Lieut.·. G.·. C.·. 33.
Edward A. Raymond,
 Il.·. Gr.·. Tes.·. Gral.·. del S. I.
Chales W. Moore,
 H.·. Sec.·. Gral.·. del S. I.

Killian H. Van Rensselaer,
 Il.·. Gr.·. Mtro.·. de Cerem.·.
Archibald Bull,
 S.·. G.·. Ins.·. Gral.·. gr.·. 33.
John Christie,
 Il.·. Cap.·. de Guard.·.
François Turner,
 S.·. G.·. Ins.·. Gral.·. gr.·. 33.

GRAN ORIENTE DE FRANCIA.

GRAN COLEGIO DE RITOS,

Supr∴ Consejo de GG∴ II∴ GG∴ de 33°. y último Grado del Antiguo Rito Escoces Aceptado.

EXTRACTO DEL BAL∴ DE LOS TRAB∴ DEL 4 DE FEBRERO 1858, E∴ V∴

El primer dia del mes lunario, llamado Adar, del año de la V∴ L∴ 5858, el Gran Colegio de Ritos, Supr∴ Consejo de GG∴ II∴ GG∴, regularmente convoçado y fraternalmente reunido en el Or∴ de Paris, bajo el Canapé Celeste del Zenit, cerca de la H∴ L∴ al punto vertical correspondiente al 48 grado, 50 minutos, 14 segundos, Latitud Norte, cero de Longitud, meridiano de Paris, en un lugar muy regular, muy fuerte y muy illuminado, donde reinan el silencio, la paz y la equidad.

* * * * * * * * * * *
* * * * * * * * * * *

Visto el Decreto del GRAN MAESTRO del Órden, con fecha de 1°. de Junio de 1858, estableciendo relaciones de correspondencia y de amistad entre el Sup∴ Cons∴ de GG∴ II∴ GG∴, 33 grado, para la Jurisdiccion Sud de los Estados Unidos de América, al Or∴ de Charleston, y el Gran Oriente de Francia así como la pl∴ de notificacion del dicho Decreto:

Visto el Bal∴ del Gran Oficial de honor del Or∴, encargado de la correspondencia, &c., con fecha del 4 de Agosto de 1858 y dirigido al H∴ James Foulhouze, de la Nueva Orleans;

DECRETO DE EXPULSION DE FOULHOUZE.

Visto los Artículos 5, 9 y 17 de las Constituciones, Estatutos y Reglamentos de los muy P∴ G∴ I∴ G∴ en su Gr∴ y S∴ Cons∴ del 33°. y último grado dei Rito Escoces Antiguo y Aceptado;

Atendido que el H∴ arriba mencionado, lejos de obedecer las observaciones y conformarse con las prevenciones que este Bal∴ le hacia en nombre del Gran Oriente de Francia, ha respondido á esta comunicacion con un LIBELO, accion siempre despreciable á los ojos de las personas honradas y mas especialmente odiosa de parte de un Mason;

Considerando que este nuevo hecho coloca al H∴ James Foulhouze fuera de las condiciones de *alta moralidad* que debe distinguir y recomendar á todo Mason y sobre todo á un H∴ revestido de la calidad de Gran Inspector General:

Que, por otra parte, los hechos que se le reprochan en su conducta anterior, en que persiste, constituyen una *violacion fragante* de sus deberes hácia el Gran Oriente y UNA VIOLACION DE HONOR:

Por unanimidad,

DECRETA,

1°. Que el nombre del H∴ James Foulhouze está desde ahora y para siempre borrado ó rayado de su LIBRO DE ORO;

2°. Que EL DIPLOMA de G∴ L∴ G∴, grado 33, que le fué librado por el Gran Oriente de Francia, en 27 de Setiembre de 1845 es NULO Y DE NINGUN VALOR;

3°. Que la notificacion de esta decision se haga por via del Boletin Oficial á todos los Cuerpos Masónicos de la Jurisdiccion, LOS CUALES DEBERAN REHUSAR LA ENTRADA EN SU TEMPLO Á TODOS LOS MASONES PORTADORES DE TÍTULOS EMANADOS DEL PRETENDIDO PODER DE QUIEN EL FOULHOUZE SE DICE JEFE;

4°. Que la comunicacion de dicha decision será dirigida por conducto del Gran oficial de Honor del Or∴, encargado de la correspondencia, &c., á todas las Potencias Masónicas del Globo, á fin que estas mismas Potencias tengan conocimiento de este Decreto para los efectos que de derecho le corresponden.

ES COPIA: *El Gran Oficial de Honor del Orden encargado de la Correspondencia, &c.*
REXES, 33°.

(Véase el Boletin del Gran Oriente de Francia del mes de Febrero 1859, páginas 412, 413 y 414.)

AD UNIVERSI TERRARUM ORBIS SUMMI ARCHITECTI GLORIAM.

DEL ORIENTE *del Supremo Gran Consejo de los Muy Poderosos Soberanos Grandes Inspectores Generales* del Treinta y Tres y último grado del "Rito Antiguo y Aceptado," bajo el C. C. del Zenit, correspondiendo á la Lat. 12° 2' 45" Sur, y Lon. 77° 7' 15" Occidente, meridiano de Greenwich.

A todos nuestros Ilustres, Muy Valientes y Sublimes Príncipes del Real Secreto, Grandes Inquisidores Comendadores, Ilustres Caballeros Elegidos Kadosch, Soberanos Príncipes y Caballeros, Grandes Inefables y Sublimes Francos y Aceptados Masones de todos los grados Antiguos y Modernos, esparcidos sobre la superficie de los dos Hemisferios.

SALUD—ESTABILIDAD—PODER.

SABED.—En una Sesion del Supremo Gran Consejo de los Muy Poderosos Soberanos Grandes Inspectores Generales del Treinta y Tres y último grado del "Rito Antiguo y Aceptado," debida y legalmente establecido, organizado y constituido, para la Jurisdiccion Masónica de la República del Perú y sus dependencias, congregado en la Ciudad de Lima, el dia 11 del mes Masónico,—Hesvan,—Año de la verdadera Luz 5857; Era Cristiana el 1 de Noviembre de 1857 en su Gran Cámara de Consejo, Asilo Sagrado, donde reina:

EDICTO DE EXPULSION DE FOULHOUZE.

ARMONIA—UNION—SABIDURÍA.

Que habiendo visto y examinado la Proclama dada por el Sup∴ Gr∴ Consejo de los SS∴ GG∴ II∴ GG∴, Grado 33, para la Jurisdiccion Masónica del Sur de los Estados Unidos, en su Gran Oriente el dia 15 de Junio último en que se declara por espúrio, ilegal y clandestino un Supremo Gran Consejo de SS∴ GG∴ II∴ GG∴, Gr∴ 33°. del Rito Antiguo Escoces y Aceptado para el Estado de Luisiana, del que son Oficiales y Miembros, *J. Foulhouze*, T. W. Collens, L. Dufau, J. Lisbony, J. B. Faget y J. J. E. Massicot; como tambien otra del Gran Consistorio del Estado de Luisiana establecido bajo la jurisdiccion del Supremo Gran Consejo de la Jurisdiccion del Sur de los Estados Unidos, en que se declara espúrio, irregular y clandestino un Capítulo de Rose-Cruz establecido por el antedicho Consejo espúrio, del que es Secretario S. G. Fabio, recientamente EXPELIDO de aquel Consistorio,—

DECLARAMOS,—

"Que desconocemos á los ante dichos Cuerpos irregulares con los que no se tendrá comunicacion alguna; encargando á todos los altares bajo nuestro jurisdiccion de no conocerlos y repeler de sus sesiones á todos los Miembros de dichos Cuerpos, y á los que de ellos derivan sus títulos Masónicos."

      Firmado y sellado en el original,

L. S.   HARTLEY,
            Gran Secretario General del S∴ L∴

AD UNIVERSI TERRARUM ORBIS SUMMI ARCHITECTI GLORIAM.

Del or del Sup∴ Cons∴ de Sob∴ Gr∴ Insp∴ Genl∴ del gr∴ 33. del Rito Antiguo Escoces aceptado para la Jurisdiccion del Sur de los Estados Unidos de América, bajo el canapé celestial del Zenit, que corresponde á los 32 gr. 45′ Lat. N.

Á nuestros Il∴ Muy∴ Val∴ y Sob∴ Prínc∴ del Real Sec∴, Caballeros Kadosch, Il∴ Prínc∴, Caballeros Rosa-Cruz y Gr∴ Elec∴, Perf∴, Subl∴, libres y aceptados Masones de todos los grados antiguos y modernos de la Franc-Masonería, y á todos los que esta Patente vieren

SALUD, CONTENTO, SABIDURÍA.

Sabed que nos, el Sup∴ Cons∴ de Sob∴ Gr∴ Insp∴ Genl∴ del gr∴ 33∴ del Rito Escoces antiguo y aceptado para la jurisdiccion del Sur de los Estados Unidos de América, situado en Charleston, en la Carolina del Sur, habiendo llegado á nuestra noticia que no existen Consistorios de Sob∴ Prínc∴ del Real Sec∴ en la Isla de Cuba, y deseando propagar allí y en las demas islas de las Indias Occidentales dicho Rito Escoces antiguo y aceptado de la Franc-Masonería; y penetrados de los conocimientos, lealtad y celo Masónicos que distinguen al Il∴ H∴ Andres Cassard, 33∴, de la Jurisdiccion del Norte de los Estados Unidos, y deseando aprovechar los servicios que con este motivo nos ha ofrecido y propagar el Rito ántes mencionado, creando cuerpos Mas∴ en la Isla de Cuba y en los lugares ya referidos.

PATENTE DEL H∴ CASSARD.

Por la presente: concedemos á nuestro M∴ Q∴ é Il∴ H∴ Andres Cassard, Sob∴ Gr∴ Insp∴ Genl∴, gr∴ 33∴ del Rito Escoces antiguo y aceptado, residiendo actualmente en Nueva York, esta Carta Patente y lo creamos, nombramos y comisionamos nuestro Diputado GRAL. Y AGENT ESPECIAL para las Islas de las Indias Occidentales, República de Méjico y Estados de la América Central, y nuestro representante en todo lo concerniente al Rito Escoces antiguo y aceptado en dichos lugares, autorizándole y dándole plenos poderes para conferir los diferentes grados de dicho Rito, desde el 4∴ ó Mtro∴ Sec∴, hasta el 32∴ ó sea el de Subl∴ Prínc∴ del Real Sec∴ inclusive, á aquellas personas que considere dignas de recebirlos en la Isla de Cuba ó en cualquiera de los otros lugares mencionados donde no haya Consistorias de Subl∴ Prínc. del Real Rec∴ regularmente constituidos ó en actividad, y establecer, instalar y congregar en los mismos, y por su Patente autorizar la formacion de Log∴ de Perfec∴, Consejos de Prínc∴ de Jerusalem, Capítulos de Rosa-Cruz, Consejos de Caballeros Kadosch, Tribunales de Gr∴ Insp∴ Com∴ y Consistorios de Subl∴ Prínc∴ del Real Sec∴ gr∴ 32, estableciendo solo un Consistorio en cada Isla, República ó Estado, y exigiendo de las personas á quienes confiera dichos gr∴, que presten el juramento de fidelidad y alianza á nuestro Sup∴ Cons∴ y el de obediencia á las regulaciones del año de 1762, y á las Gr∴ Const∴ de 1786.

Tambien lo autorizamos para visitar, inspeccionar y dirigir todos y cado uno de dichos cuerpos del mismo Rito en las Islas, Repúblicas ó Estados ya mencionados con todos los demas poderes que corresponden á un Diputado Gr∴ Insp∴ Gral∴ legalmente constituido. Igualmente lo autorizamos para crear Gr∴ Insp∴ Grals∴ del gr. 33∴ en dicha Isla de Cuba y en la República de Méjico, y para establecer y constituir un Sup∴ Cons∴ de aquel grado en * * * * Cuba para toda la Isla é Indias Occidentales, y tambien uno en Vera Cruz ó Méjico, para Méjico y Centro América, en conformidad con lo que disponen las Grandes Constituciones del año de 1786; cuyos Supremos Consejos así creados, reconoceremos como legítimos y legalmente establecidos: á cuya Carta Patente suscribimos nuestros nombres y sellamos con el Gran Sello de nuestro Sup∴ Cons∴, en la cámara de nuestro Consejo, en Charleston en la Carolina del Sur, cerca de la H∴ L∴ y bajo el C∴ C∴, el 19 dia del año hebreo llamado דארי, A∴ M∴ 5619, que corresponde al 26 de Marzo, A∴ D∴ 1859.

ALBERT PIKE, 33,
Sob∴ Gr∴ Insp∴ Gen∴ y M∴ Sob∴ Gr∴ Com∴ del Sup∴ Consejo.

(SELLO.) ALBERT G. MACKEY,
Sob. Gr. Insp. Gen. 33∴, Secretario General del S∴ L∴

FORMA DE DISPENSACION.

Gran Logia de ———.

Por la Gran Logia (ó Gran Maestro de la Gran Logia de):

Como quiera que los Hermanos. * * * * Maestros Masones, me han manifestado que desean formar una Logia; y habiéndome sido recomendada su instancia al efecto por la Logia (ó por el Venerable ó ex-Venerable de)

Por tanto, sépase que nos, teniendo entera confianza en los hermanos mencionados y deseando difundir la luz y las ventajas de una logia bien organizada á dichos hermanos, como tambien á aquellos que tengan á bien unírseles para sostener la *Institucion Masónica*, por la presente los autorizamos y facultamos para que se reunan y formen una *Logia de Maestros Masones, admitan miembros, hagan reglamentos* y ejecuten todos aquellos actos que es lícito hacer á las logias bajo Dispensacion y con este objeto nombramos á nuestro digno y muy querido Hermano, ———, Respetable Maestro; á ———, Pri∴ Vigilante y á ———, Seg∴ Vigilante de dicha Logia, que residirá en ——— bajo el nombre de ——— hasta el dia ——— de ——— si no fuere ántes anulada por nos ó por órden de la Gran Logia por cualquier irregularidad en el gobierno de la misma; encargando por la presente al nuevo taller la estricta observancia de los Reglamentos y Constituciones de la Gran Logia (ó Gran Oriente si lo hubiere) y ordenar que ántes ó el dia ——— de ——— sea devuelta esta dispensacion al Gran Secretario, con un Cuadro de los miembros con sus nombres, &., para su archivo y la suma de cotizaciones vencidas, de acuerdo en esto con las Constituciones impresas, una copia de sus reglamentos y otra de sus actas, para inteligencia de la Gran Logia, cesando en sus trabajos desde la entrega de esta Dispensacion hasta que reciban su patente y sean legalmente instalados sus oficiales.

[SELLO.]   Dado en la ciudad de ——— y sellado con nuestro sello privado, el dia ——— de —·— 18 A. D. ——— 58 ——— A∴ L∴

El Gran Maestro.

El Gran Secretario.

FORMA DE UNA CARTA CONSTITUTIVA PATENTE.

Sit Lux et Lux Fuit..

Nos la Gran Logia de la Honorable y Antiquísima Fraternidad de Masones libres y aceptados de ——— *reunida en* AMPLIA FORMA, *segun las Antiguas Constituciones, y establecida regular y solemnemente bajo los auspicios de la Gran Logia de* ——— *en la ciudad de* ——— *en* ——— *en el año masónico:*

Por la presente, nombramos, autorizamos y damos poder á nuestro digno Hermano ——— para que ejerza las funciones de Maestro; á nuestro digno Hermano ——— para las de Pri∴ Vigilante, á nuestro digno H∴ Seg∴ Vig∴ en una Lógia de Masones libres y aceptados que en virtud de la presente se constituirá, formará y establecerá en la ciudad de ———.

Cuya Logia será conocida bajo el nombre ó título de ——— No. — y el mencionado Maestro y Vigilantes, y sus sucesores en sus empleos quedan por la presente autorizados (por y con consentimiento y á presencia de la mayoría de los miembros de dicha Logia, citados al efecto y presentes en tales actos) para elegir ó instalar á los oficiales de la referida logia, al quedar vacantes sus funciones en la manera y forma prescrita ó que prescriba la Constitucion de esta Gran Logia.

Y ademas, queda por la presente revista dicha Logia con plenos *poderes y autoridad* para reunirse en las ocasiones en que legalmente deba hacerlo con objeto de conferir los tres grados simbólicos, admitir en su seno nuevos miembros y ejecutar cada uno de sus actos regulares, los que deben redundar en su honor y provecho, conformándose en todos sus procedimientos á la Constitucion de esta Gran Logia, ó de lo contrario dar por anulada esta patente y sin efecto los poderes que en ella conferimos.

[SELLO.] Firmado por nuestra mano y sellado con el sello de nuestra Gran Logia, en la ciudad de ——— el dia ——— de ——— año de ——— nuestro Señor y en el masónico———.

El Gran Maestro.

El Gran Secretario.

FORMA DE DIPLOMA.

A LA GLORIA DEL GRANDE ARQUITECTO DEL UNIVERSO.

A todos los que la presente vieren,

SALUD. FUERZA. UNION.

Nos Ven∴ y oficiales Dig∴ de la R∴ L∴ Escocesa de San Juan, con el título distintivo de ———, y bajo la jurisdiccion de la Gran L∴ de ———, *Certificamos*: que nuestro amado h∴ ——— natural de ——— de ——— años de edad, ———, posee el gr∴ de ——— Mason. Y suplicamos á las Logias Nacionales y Extrangeras, que le admitan á los trab∴ de su edad, y le concedan ayuda y proteccion, ofreciendo las mismas reciprocidades á nuestros hh∴ que se presenten con igual recomendaciones. En virtud de lo cual, le hemos dado el presente certificado, habiéndole ántes hecho firmar el *Ne varietur* al márgen.

Or∴ de ——— el ——— dia del ——— mes masónico del año de la V∴ L∴ 58.

Pri∴ Vig∴   *El Ven∴ M∴*   *Seg∴ Vig∴*
[SELLO.]

El Secret∴   *Orador.*

FORMA DE CREDENCIAL.

POR EL (SERENÍSIMO) GRAN MAESTRO

DE LA

ANTIQUÍSIMA Y MUY HONORABLE FRATERNIDAD

DE

Los Libres y Aceptados Masones del Or∴ de ———.

Como quiera que, la Gr∴ L∴ (ó Gr∴ Or∴) de masones libres y aceptados de ——— y el Gr∴ Oriente de ——— han acordado cultivar entre en sí una correspondencia mas íntima que la que entre ellos ha existido hasta quí, y juzgando que puedan estrecharse los lazos del amor fraternal, aumentarse la prosperidad de la familia masónica, y protegerse la Unidad, la Integridad y Pureza de la Órden, confirmando su utilidad y honor con el nombramiento y cambio mutuo de Representantes de parte de cada uno de los cuerpos ántes mencionados.

Por tanto Sabed: que teniendo plena confianza en nuestro muy querido hermano ——— hemos creido oportuno constituir y nombrar y por la presente constituimos y nombramos al referido H. ———, *Representante* del Gran Or∴ de ——— cerca de ——— para los fines ya indicados.

[SELLO.] En testimonio de lo cual, hemos hecho estampar el sello del Gr∴ Oriente, y hemos firmado la misma en la Ciudad de ——— á ——— de ——— 18 ——
E∴ C∴ y 58 ——— A∴ L∴

Gr∴ Secret∴. *Gr∴ M∴.*

FORMA DE CERTIFICADO DE DIMISION.

Á TODOS LOS MASONES LIBRES Y ACEPTADOS SALUD.

Logia ———.   No. ———.

Bajo la *jurisdiccion masónica de* ———.

Certificamos: que el H∴ ——— es Maestro Mason, y miembro de esta Resp∴ L∴, y que al separarse de ella se halla en el goce de todos sus derechos masónicos; por lo cual le recomendamos cordialmente á las atenciones fraternales de todos los verdaderos, Masones Libres y Aceptados, esparcidos sobre la superficie de la tierra.

Firmado por el M∴ R∴ M∴ y sellado con el sello privado de esta Resp∴ ——— el d∴ ——— A∴ L∴ 58 ——— que corresponde al ——— A. D. 18———.

[SELLO.]

El Srio,
———

El M∴ R∴ M∴

Nᵉ Varietur.

FORMA DE BREVE PARA LOS ROSA CRUCES.

Lux í Tenebres.

Resurgens Tenebras Vera Lux Dimovet.

Desde el Sagrado Asilo del Gran Capítulo de Soberanos Príncipes Rosa Cruces, gr∴ 18, del Rito Antiguo Escoces Aceptado, en y para ———, bajo la jurisdiccion del Sup∴ Cons∴ de ———, residente en ———.

A todos los Ilustres Príncipes y Caballeros, Grandes Inefables, Sublimes y Libres Masones de todos los Grados, Antiguos y Modernos, sobre la superficie de los dos hemisferios y á todos los que la presente vieren

SALUD:

Sabed que nos, los abajo firmados, Muy Sabio, Oficiales y miembros del Gran Cap∴ de Sob∴ Príncipes Rosa Cruces de ——— en ———, hemos escrupulosa y debidamente examinado, y por súplica especial del mismo, á nuestro muy querido Hermano, el Mas Poderoso y Perfecto Maestro ——— en todos los grados que legalmente ha recibido en nuestro Rito, certificando reconociendo y proclamando á dicho nuestro M∴ P∴ y P∴ M∴ el Herm∴——— natural de ——— y residiendo en ———, como Maestro Secreto, Maestro Perfecto, Secretario Intimo, Preboste y Juez, Intendente de los Edificios, Maestro Elegido de los Nueve, Ilustres Elegidos de los Quince, Gran Caballero Elegido, Gran Maestro Arquitecto, Real Arco, Gran Elegido de la Bóveda Secreta, Caballero de Oriente ó de la Espada, Principe de Jerusalem y Caballero de Oriente y Occidente.

Certificamos del mismo modo, que el mencionado Herm∴ ——— es un Soberano Príncipe Rosa C∴ de H. R. D. M. y muy celoso en el cumplimiento de todos sus deberes como miembro regular del Cap∴ de Rosa C∴ No. ——— bajo nuestra jurisdiccion.

Por lo tanto, rogamos y mandamos á todos y cada uno de nuestros Príncipes, Caballeros y Sublimes Franc-Masones, que reciban y reconozcan á nuestro M∴ P∴ y P∴ M∴ Herm∴ investido con todos los grados del Rito Antiguo Escoces Aceptado, hasta el 18°. inclusive; en cumplimiento de lo cual prometemos iguales honores y fraternal acogida á todos los Hermanos que se nos presenten provistos de breves expedidos en debida forma.

[SELLO.] Todo lo cual los abajos firmados, ———, ———, rubricamos con nuestra mano y sellamos con el sello de nuestro Gran Capítulo el ——— d∴ del ——— m∴ m∴, A. D. 58, que corresponde al ——— de ——— de 18 A. D.

Muy Sabio.

Pri∴ Gran Vig∴

Seg∴ Gran Vig∴

Secretario.

FORMA DE LA PATENTE DE CONSTITUCION

Que expiden los Sup∴ Cons∴ del gr∴ 33, del Rito Antiguo Escoces Aceptado en favor de los Herm∴ que impetran de ella gracia para formar y constituir un Gran Consistorio de Sublimes Príncipes del Real Secreto.

DEUS MEUMQUE JUS.

AD UNIVERSI TERRARUM ORBIS SUMMI ARCHITECTI GLORIAM.

Ordo ab Chao.

Ne plus ultra. *In hoc solummodo Honor.*

A la gloria y por autoridad del Sup∴ Cons∴ de S∴ G∴ I∴ G∴ del gr∴ 33, y último del rito antiguo escoces aceptado para la jurisdiccion de ———, residente en ———.

Nos, los mas poderosos Soberanos Gran Comendador y Grandes Oficiales del dicho Sup∴ Cons∴ de S∴ G∴ I∴ G∴ del gr∴ 33, &.

A TODOS AQUELLOS A QUIENES CORRESPONDA.

SALUD, ESTABILIDAD, PODER.

Por cuanto á este Supremo Consejo se ha dirigido una solicitud, en ——— firmada por los Ilustres Príncipes y Caballeros ——— impetrando de nos una PATENTE de Constitucion para formar y establecer en el Or∴ de ——— y con objeto de ejercer jurisdiccion dentro de los límites de ——— un Gran Consistorio de Sublimes Príncipes del Real Secreto del gr∴ 32, del rito antiguo escoces aceptado.

Y por cuanto este Supremo Consejo en sesion de ——— ha accedido á la solicitud ántes dicha ———.

Por la presente sabed, que nosotros los Poderosos Soberanos Grandes Comendadores y Grandes Oficiales de este Supremo Consejo, en virtud de los poderes y autoridad de que estamos revestidos, otorgamos desde luego esta Patente de Constitucion á los H∴ ——— que de nos la han impetrado como á muy dignos, muy queridos y Sublimes Príncipes y Caballeros ——— autorizándolos para que formen y constituyan en el Or∴ de ——— un Gran Consistorio de Sublimes Príncipes del Real Secreto, gr∴ 32, del Rito Antiguo Escoces Aceptado, bajo la denominacion de ——— invistiéndolos con todos los títulos, derechos y prerogativas que legalmente corresponden á los Consistorios de Sublimes Príncipes del Real Secreto · para entender y deter-

FORMA DE LA PATENTE DE CONSTITUCION.

minar todos y cada uno de los asuntos que corresponden á los grados que so hallan dentro de la jurisdiccion de un Gran Consistorio; para instalar á sus sucesores en sus oficios, despues de haber sido debidamente electos; para traspasar á éstos los poderes, prerogativas y autoridad que en virtud de dichos oficios habian recibido y se hallan anexos á los mismos; para que hagan uso de esta Patente de Constitucion de la manera indicada; y puedan hacer y adoptar los reglamentos y regulaciones para su gobierno y el de todos aquellos Cuerpos bajo su jurisdiccion. Concediendo del mismo modo á ellos, á sus asociados y sucesores en los oficios de dicho cuerpo, plena autoridad y poder para admitir ó iniciar, segun las antiguas formas y regulaciones de este Supremo Consejo, Maestros Masones regulares en todos los grados del rito antiguo escoces aceptado, desde el cuarto hasta el grado treinta y dos inclusive (y tambien para constituir y administrar, conceder y expedir Cartas Patentes, Cartas Capitulares y Constituciones dentro de los límites de la jurisdiccion de ———— para fundar Logias de Perfeccion, Consejos de Príncipes de Jerusalem, Capítulos de Rosa-Cruz, y Consejos de Grandes Electos Caballeros Kadosch, y para delegar y conferir á dichos cuerpos el derecho,*) y poder de trabajar y conferir todos y cada uno de los grados bajo su respectiva autoridad y á miembros que tambien lo esten. Bien entendido que los ya mencionados Sublimes Príncipes y Caballeros, sus asociados y sucesores en los oficios de dicho cuerpo han de tributar, y hacer que todos los cuerpos bajo su jurisdiccion, como tambien á los miembros que á esta correspondan, tributen el respeto y obediencia debido á las Grandes Constituciones y Estatutos Generales del Rito Antiguo Escoces Aceptado, á los Estatutos Generales y Regulaciones de este Supremo Consejo y á sus mandatos y decretos, pues no de otro modo podria tener efecto, ni valor alguno esta Patente de Constitucion que ahora expedimos.

En fé de lo cual ordenamos y mandamos á nuestro Gran Canciller, Gran Secretario del S. I. asiente en el registro de nuestro Supremo Consejo, segun es costumbre, esta Patente de Constitucion y que llenada esta formalidad la entregue á quien corresponda.

[SELLO.]   Dada y firmada por nos y sellada con el sello de este Supremo Consejo en el Or∴ de ———— el ———— d∴ del m∴ m∴ ———— de 58 ———— A. L., que corresponde al ———— de 18 A. D. ————.

———— ————,
M∴ P∴ S∴ G∴ M∴

Registrado y entregado (la fecha).
Firmado por el Secret∴

* La cláusula que se halla entre paréntesis se puede añadir cuando se desee dar facultades á un Consistorio con la calidad de soberano en el estado ó lugar en donde se vaya á situar.

FORMA DE PATENTE PARA LOS PRÍNCIPES DEL REAL SECRETO.

NON NOBIS, NON NOBIS DOMINE, SED NOMINI TUA DA GLORIAM.

IN HOC SOLUMMODO HONOR. —— SPES MEA IN DEO EST.

Pro Deo et Patria—Ferro, non auro se muniunt.

A nuestros M∴ V∴ Il∴, y Sublimes Príncipes y Comendadores del R∴ S∴ Caballeros Kadosch, Sob∴ Príncipes y Caballeros, Grandes, Inefables y Sublimes, Libres y Aceptados Masones de todos los Grados y Órdenes antiguas y modernas, filosóficas, religiosos y militares, que pertenecen al Rito Antiguo y Aceptado, esparcidos sobre la superficie de los dos hemisferios, sabed:

Que nosotros los oficiales en ejercicio del Soberano Consistorio de M∴ V∴ y *Sublimes* Príncipes y Comendadores del R∴ S∴, de ———, bajo los auspicios del Supremo Consejo de S∴ G∴ I∴ G∴ gr∴ 33, y último de dicho rito, situado en ———.

Por la presente certificamos y atestamos: *que nuestro digno, sublime valiente é ilustre hermano* ——— *natural de* ——— *cuya firma aparece al márgen, es* Gr∴ Electo, Perfecto y Sublime Mason, Caballero de Oriente y Príncipe de Jerusalem, miembro de la Sociedad de los Caballeros de Oriente y Occidente, y S∴ P∴ R∴ C∴ de H. R. D. M∴ ó Caballero del Aguila y del Pelícano, bajo el título de Rosa-Cruz, el mismo que ha sido elevado á los grados ú órdenes superiores de dicho rito por nuestro mencionado Consistorio; y nombrado Gran Pontífice, Maestro ad vitam; Patriarca Noaquita; Príncipe del Líbano; Gefe del Tabernáculo; Caballero de la Serpiente de Bronce; Príncipe de Merced; Comendador del Templo; Caballero del Sol y Patriarca de las Cruzadas. El que tambien *ad majorem Dei gloriam* ha sido recibido "Frater Militie Templi Salomonis," y admitido en las Órdenes Reales y Militares ántes dichas, las cuales han sido conferidas en nuestro Areópago de Grandes Electos Caballeros Kadosch, en nuestro Tribunal de Soberanos Inquisidores Comendadores en nuestro Consistorio de S∴ P∴ del R∴ S∴ y debidamente alistado en nuestro Grande Ejército, para toda guerra santa, proclamado y reconocido como Caballero del Aguila Blanca y Negra y Sublime Príncipe y Comendador del Real Secreto.

[SELLO] *In testimonio veritatis* expedimos la presente, firmada por nuestra mano y sellada con el Gran sello de nuestro S∴ Consistorio cerca de la H∴ L∴, bajo del C. C. del Z., el ——— de ———

Ilustre Gran Com∴

Il∴ Pri∴ Teniente Com∴

Il∴ Seg∴ Teniente Com∴

Gran Secretario.

MODELO DE UNA PATENTE

EXPEDIDA POR UN SUPREMO CONSEJO PARA LA FUNDACION DE UN CONSEJO DE PRÍNCIPES DE JERUSALEM.

AD UNIVERSI TERRARUM ORBIS SUMMI ARCHITECTI GLORIAM.

DEUS MEUMQUE JUS.

Ordo ab Chao.

Desde el Oriente en que reside el Sup∴ Gr∴ Cons∴ de los Mas Poderosos Soberanos y Grandes Inspectores Generales del gr∴ 33, y último del Rito Antiguo Escoces Aceptado, para la jurisdiccion masónica de ———, bajo el C. C. del Zenit, cerca de la H∴ L∴, que corresponde á los 4°. 4' 4'', L. N., y 2°. 5' 0'' L. E. segun el Meridiano de ———.

A todos los Ilustres, Mas Valientes y Sublimes Príncipes del Real Secreto, Caballeros Kadosch, Ilustres Príncipes y Caballeros, Grandes, Inefables, Sublimes, Libres y Aceptados Masones, de todos los grados antiguos y modernos en los dos Hemisferios.

A TODOS AQUELLOS A QUIENES LAS PRESENTES VIEREN.

SALUD. ESTABILIDAD. PODER.

Sabed que nos, los abajo firmados, M∴ P∴ S∴ G∴ I∴ G∴ ———, legal y constitucionalmente establecidos en nuestro Gr∴ Oriente en Supremo y Gran Consejo de los treinta y tres y último grado del "Rito antiguo y aceptado" para ———, congregados en nuestra Gran Cámara del Consejo ó Sagrado Asilo, el 6°. dia del m∴ m∴ Adar, A. H. 5620, A. Lib. 2396, A. Órd. 742, y A. Mart. 546, que corresponde al 1°. de Marzo de 1860.

UNION. CONTENTO. SABIDURÍA.

Convencidos del celo, entusiasmo y firmeza de nuestros Muy Queridos y Valerosos Hermanos, &., &., ——— todos los cuales son Grandes Electos, Perfectos y Sublimes Masones, Caballeros de Oriente ó de la Espada, Príncipes de Jerusalem, &., y han dado pruebas de un perfecto conocimiento de los grados que poseen, como de una moral recomendable, del exámen que en tales casos es necesario, no dejándonos duda de su aptitud para la debida inteligencia de nuestra Ilustre y Antigua Órden de Libres, Sublimes y Aceptados Masones, de la obligacion legal y regular que para el desempeño de su nuevo encargo han contraido; y mereciendo toda nuestra confianza por sus conocimientos en el Arte Real, circunspeccion, prudencia v fidelidad.

MODEL DE UNA PATENTE.

Los constituimos y establecemos como Consejo ——, el cual residirá en —— siendo los Hermanos á quienes conferimos este honor los siguientes :——

Confiriéndoles pleno poder y autoridad para reunirse legalmente con objeto de *elegir* ó instalar sus Óficiales, iniciar, hacer perfectos en estos grados, y proclamar como miembros activos de su Logia Inefable de Grandes Electos, Perfectos y Sublimes Masones á aquellos que puedan serlo legal y constitucionalmente, no olvidando tomarles al conferir dichos grados y á todos los Hermanos admitidos en el Consejo ántes expresado y en la Logia Inefable bajo su dependencia, la obligacion de lealtad y alianza al Gran Supremo Consejo y sumision á estos mismos grados; y á condicion tambien que dicho Consejo de Príncipes de Jerusalem remita anualmente, inmediatamente despues de sus elecciones, la lista de los oficiales nuevamente electos y de los miembros de su Logia Inefable y de su Consejo, con especificacion de los nombres, lugar de nacimiento, edad, residencia, creencias religiosas y el último grado que posean, con expresion de la fecha de la recepcion de cada nuevo Hermano; enviando igualmente los derechos de registro y recepciones, establecidos por nuestros decretos.

[SELLO DEL SUP∴ CONS∴ DE 33.]

In testimony Veritatis, y para que se dé entera fé y crédito á todos sus actos legales por todos los demas cuerpos legítimamente constituidos y por todos los Hermanos Masones regulares de ambos Hemisferios, expedimos la presente á nuestros Muy Queridos y Valerosos Príncipes, la cual rubricamos con nuestra mano y sellamos con el Gran Sello de nuestra Ilustre Órden el dia y año ántes mencionados.

DEUS MEUMQUE JUS.

Il∴ G∴ S∴ del S∴ L∴

M∴ P∴ S∴ G∴ C∴

MODELO DE UNA PATENTE DE UN 33∴

AD UNIVERSI TERRARUM ORBIS SUMMI ARCHITECTI GLORIAM

Ordo ab Chao.

Desde el Oriente del Supremo Consejo de los Mas Poderosos Soberanos Grandes Inspectores Generales del 33 y último grado del Rito Antiguo Escoces aceptado bajo el O. C. del Z. que corresponde á los ———— L. N. y ———— L. E. de la ciudad de ————.

A todos los Supremos Consejos del grado 33∴ legalmente establecidos.

A todos los M∴ P∴ Sob∴ Gr∴ Ins∴ Gen∴ del grado 33 y último del Rito Antiguo Escoces Aceptado.

A todos nuestros Mas Valientes, Mas Ilustres y Sublimes Príncipes del Real Secreto, Caballeros Kadosch, Ilustres Príncipes y Caballeros, Grandes, Inefables y Sublimes ———— del mencionado Rito Antiguo Escoces Aceptado.

A todos los libres y aceptados masones de todos los grados, Antiguos y Modernos, sobre la superficie de los dos hemisferios.

A todos aquellos que la presente vieren,

SALUD, ESTABILIDAD, PODER.

Sabed, que nos los abajo firmados, Soberanos Grandes Inspectores Generales del gr∴ 33, del Rito Antiguo Escoces Aceptado, en pleno Consejo, oportuna y legalmente constituido y convocado, habiendo examinado escrupulosamente á nuestro Ilustre Herm∴ ———— en los diferentes grados que ha recibido, Certificamos: que es Aprendiz, Compañero, Maestro Mason, Maestro Secreto, Maestro Perfecto, Secretario Intimo, Preboste y Juez, Intendente de los Edificios, Maestro Elegido de Nueve, Maestro Elegido de los Quince, Gran Caballero Elegido, Gran Maestro Arquitecto, Real Arco, Gran Elegido de la Bóveda Secreta, Caballero de Oriente ó de la Espada, Príncipe de Jerusalem, Caballero de Oriente y Occidente, Soberano Príncipe Rosa-Cruz, Gran Pontífice, Maestro Ad Vitam, Patriarca Noaquita ó Caballero Prusiano, Príncipe del Líbano ó Real Hacha, Jefe del Tabernáculo, Príncipe del Tabernáculo, Caballero de la Serpiente de Bronce, Príncipe de Merced, Soberano Comendador del Templo, Caballero del Sol ó Príncipe Adepto, Gran Escoces de San Andres, Caballero Kadosch ó del Aguila blanca y negra, Gran Inquisidor Comendador, y Sublime y Valiente Príncipe del Real Secreto.

Y nos por la presente Creamos, Constituimos y proclamamos á nuestro Ilustre Herm∴ ———— natural de ———— residente en ———— Soberano Gran Inspector General del grado 33∴ y último del Rito Antiguo Escoces Aceptado.

MODEL DE UNA PATENTE DE UN 33.·.

Mandando á los ya mencionados Príncipes, Caballeros, Maestros Sublimes y Simbólicos, que reconozcan desde hoy en adelante á nuestro Ilustre Herm.·. ——— como Soberano Gran Inspector General de 33.·., prometiendo igual honor á todos aquellos que se presenten ante nos revestidos con el mismo carácter masónico y provisto de las credenciales que en tales casos son necesarias.

En testimonio de lo cual, Nos, los abajo firmados, Soberanos Grandes Inspectores Generales del gr.·. 33, y último del Rito Antiguo Escoces Aceptado en pleno Consejo en el Or.·. de ——— rubricamos con nuestras manos y sellamos la presente con el Gran Sello de nuestro Gran Supremo Consejo, en la Cámara del mismo, cerca de la H.·. L.·. y bajo el C.·. C.·. del Z.·. el ——— del ——— m.·. m.·. ——— A.·. H.·.* ——— A.·. Lib.·.† ——— A.·. Ord.·.‡ ——— A.·. M.·.§ ——— A.·. L.·. ——— que corresponde al ——— de la Era Cristiana.

[SELLO DEL SRIO.]   [FIRMA DEL SOB.·. GR.·. COM.·.]   [SELLO DEL SOB.·. GR.·. COM.·.]

[SELLO DEL SUPREMO CONSEJO.]   [FIRMA DEL TENIENTE GRAN COMENDADOR.]   [FIRMA DEL GR.·. GUARDA SELLOS.]

[FIRMA DEL GR.·. SEC.·.]

[SELLO DEL CONSISTORIO.]   [SELLO DEL CAPÍTULO DE ROSA-CRUZ.]

[SELLO DE LA GRAN LOGIA DE PERFECCION.]   [SELLO DEL GRAN CONSEJO DE PRÍNCIPES DE JERUSALEM.]

* Año Hebreo, se supone haber empezado con la creacion.
† Año de la libertad, refiriéndose á la que se dió á los cautivos de Babilonia.
‡ Año en que fué fundada la Orden de los Templarios.
§ Año ó período de los Mártires, el cual alude á la muerte de Jaime de Molay Gran Maestre de los Templarios y á la de sus compañeros tambien sacrificados injustamente.

BIBLIOGRAFÍA.

LISTA DE ALGUNAS OBRAS MASÓNICAS PUBLICADAS DESDE 1726 HASTA EL AÑO PASADO DE 1859.

5726. Historia de los Caballeros Hospitalarios de San Juan de Jerusalem, llamados despues Caballeros de Rodas, y hoy Caballeros de Malta, por el Abate Verlot. Paris, 4 vol., 1726.

5730. La Masonería disecada, &c., Samuel Prichard, Lóndres, en 8°. De esta obra se han hecho varias ediciones, siendo la primera de este año de 1730.

5736. Anécdotas y Cartas Secretas sobre diversos asuntos de literatura y política. Esta obra contiene algunos pormenores relativos á la historia de la Franc-Masonería en Holanda. Utrecht, en 12°., 1736.

5737. Acuerdo (sentence) de la policía del Chatelet de Paris, prohibiendo las reuniones de Franc-Masones. Noviembre 14. Paris, en 4°, 1731. En este mismo acuerdo se condenaba á un mason del nombre de Chapelos, mercader de vinos en la Rapée, á mil francos de multa en provecho del rey, mandándose que su establecimiento fuese tapiado durante seis meses por haber consentido en él reuniones de Franc-Masones.

5738. Informe auténtico referente á los Franc-Masones, al cual se añade una apología de los mismos, por Andre, 1738. Tuvo esta obra una segunda edicion en 1743.

5738. Informe apologético é histórico de la Sociedad de los Franc-Masones. Dublin, en 8°., 1738.

5739. Sentencia de la Inquisicion de Roma condenando la obra titulada: "Informe apologético é histórico de la Sociedad de los Franc-Masones (N°. 8,) á ser quemada por la mano del verdugo. Roma, en 4°., 1739.

5739. Edicto del Cardenal Firrao, publicada en nombre del Papa Clemente XII, prohibiendo las reuniones de Franc-Mason, sin distincion de personas, bajo pena de muerte. Roma, 1739.

5741. Constituciones, historia, leyes, preceptos, reglamentos y usos de los Franc-Masones. La Haya, en 8°., 1741.

5741. Reflexiones sobre la admirable obra de la Torre de Babel y su doble aspecto, con una instruccion para la Sociedad de los Franc-Masones. Leipsick, Born, en 8°., 1741.

5742. El Secreto de los Franc-Masones descubierto en un Drama. Francfort, en 8vo., 1742.

5742. Diálogos los mas recientes ó modernos en el reino de los vivientes entre el Moravo, Conde de Zinzendorf y un Franc-Mason, en los cuales sus

BIBLIOGRAFÍA.

vidas, doctrinas y Santos Secretos se ven revelados y examinados, tomada de las fuentes mas puras y auténticas, todo lo cual se encuentra en ellos reunido con cuidado, franqueza y gusto particular, respecto á lo que se ha dicho y puede decirse de estos y de sus discípulos. Francfort y Leipsick, en 8°., 1742.

5742. Historia, Obligaciones y Estatutos de los Franc-Masones. Francfort, en 8°., 1742.

5742. Historia de los Franc-Masones, la cual contiene los preceptos y estatutos de la muy respetable Confraternidad de la Masonería, segun las tradiciones mas antiguas, &c. Francfort sobre el Maine, en 12°., 1742.

5742. Noticia histórica sobre el orígen de la Franc-Masonería. Francfort sobre el Maine, en 8°., 1742.

5742. Secreto de los Franc-Masones. Génova, en 12°., 1742.

5743. Escrito apologético de la Órden de la Franc-Masonería. Halberstadt, en 8°., 1743.

5743. Catecismo (nuevo) para Franc-Masones, que contiene todos los Misterios de la Franc-Masonería esparcidos unos y omitidos otros en el antiguo catecismo, &c., en 12°., 1743.

5744. La Franc-Masonería defendida por sí misma, ó coleccion de diversas obras bien redactadas y publicadas por algunos miembros de la Órden en defensa de ésta. Francfort y Leipsick, en 8°., 1744.

5744. Retrato (verdadero) de un Franc-Mason, en 8°., 1744.

5744. Secreto (el) de los Franc-Masones, con un repertorio de sus canciones, precedidas de algunas composiciones poéticas. Paris, en 16°., 1744.

5744. Acuerdo de la policía del Chatelet de Paris, de 5 de Junio, prohibiendo á todas clase de personas, sin distincion de estado, cualidad y condicion, el formar associaciones; y á los dueños de hoteles ó posadas, tabernas y otros establecimientos semejantes al consentirles reunirse en ellos con objeto de celebrar sus festines, bajo pena de multa y cerrarles dichos establecimientos, &c. Paris, en 4°., 1744.

5744. Reglamentos, leyes, obligaciones y ordenanzas de los Franc-Masones, tomados de sus comunicaciones verbales; traducido del inglés por Juan Kuenen. Leipsick, en 8°., 1744.

5745. Apología de la Órden de los Franc-Masones. La Haya y Dresde, en 12°., 1745.

5745. Órden (la) de los Franc-Masones vendida, y el secreto de las Mopses revelado. Amsterdan, en 12°., 1745.

5745. Cartas crítica de un Franc-Mason sobre la obra titulada: "La Órden de los Franc-Masones vendida." Francfort, en 8°., 1745.

5745. El Franc-Mason descubierto y descubierto de todos sus secretos. Strasburgo, en 18°., 1745.

5745. El sello roto, ó la Logia abierta á los profanos por un Franc-Mason. Paris, en 8°., 1745.

5745. Acuerdo de la policia del Chatelet de Paris, de 18 de Junio, renovando la prohibicion á toda clase de personas de reunirse y de formar associacion alguna, condenando al llamado Leroy, fondista ó dueño de hotel en

BIBLIOGRAFÍA.

3,000 luises de multa, por no haber obedecido las anteriores prohibiciones Paris, en 4°., 1745.

5746. De la Órden de la Franc-Masonería. Leipsick, en 12°., 1746.

5746. Antorcha luminosa de la Órden Masónica. Leipsick, en 12°., 1746.

5746. Antorcha nuevamente alumbrada de la Órden de la Franc-Masoneria, ó Historia particular de esta singular Hermandad con sus Constituciones, &c. Leipsick, en 8°., 1746.

5746. Quinta esencia de la verdadera Franc-Masonería. Leipsick, en 8°., 1746.

5747. Espedientes curiosos de la Inquisicion de Portugal contra los Franc-Masones, con objeto de descubrir sus secretos. Paris, en 12°., 1747.

5748. El Anti-Mason. Paris, en 12°., 1748.

5748. La Escuela de los Franc-Masones. Jerusalem y Paris, en 12°., 1748.

5748. Carta y Conferencia sobre la Sociedad de los Franc-Masones. Paris, en 12°., 1748.

5749. Carta de un Mason libre, lo cual sirve de contestacion á la carta y conferencia, anónimas, sobre la Sociedad de los Franc-Masones, &c. Paris, en 12°., 1749.

5751. Bula de Benito ó Benedicto XIV. contra los Franc-Masones. Roma, en 4°., 1751.

5752. Aguinaldo hecho al papa, ó los Franc-Masones vengados. La Haya, en 8°., 1752.

5752. Coleccion de discursos y otras producciones literarias, en prosa y verso, sobre el Arte Real, por el h∴ L. Amsterdan, en 8°., 1752.

5752. Consideraciones (les vrais jugemens) sobre la sociedad de los Franc-Masones. Bruselas, en 12°., 1752.

5754. Antiguas constituciones y deberes de los Franc-Masones, con una exposicion fiel de su noble arte, &. Lóndres, en 4°., 1754.

5755. Cartas masónicas interceptadas, en las cuales se demuestra el orígen, la constitucion con todos los permenores que hacen relacion á esta Órden Leipsick, en 8°., 1755.

5756. De la decadencia de la Franc-Masonería. Berlin, en 8°., 1756.

5756. Nobleza de los Franc-Masones ó fundacion de su sociedad desde ántes del diluvio universal y su renovacion despues de este acontecimiento, &. Francfort sobre el Maine, en 8°., 1756.

5758. Discurso pronunciado en la Logia Madre y Real de Berlin, "Los Tres Globos," con motivo de la recepcion de un oficial frances prisionero de Guerra. Berlin, en 8°., 1758.

5761. Guia portátil del Franc-Mason, que contiene el orígen, progreso y estado actual de esta antigua hermandad, &. Edimburgo, en 8°., 1761.

5762. Jackin y Boaz, ó coleccion auténtica de todo lo que hace relacion á la Franc-Masonería antigua y moderna, &. Lóndres, en 8°., 1762. Este escrito ha tenido un gran número de ediciones, siendo la última de 1811.

5763. Conversaciones alegóricas y Masónicas dictadas por la sabiduría, &. Lóndres, en 8°., 1763.

5764. Datos ó pruebas que demuestran que la sentencia judicial del consejo de Dantzick contra los Franc-Masones de esta ciudad, fué pronunciada

BIBLIOGRAFÍA.

sin acusacion formal y exámen previo; y que en consecuencia es nulo, &. Dantzick, en 8°, 1764.

5764. Principios de Ahiman, obra compuesta para la instruccion de los que ya son ó desean ser Franc-Masones, la cual contiene la quinta esencia de todo lo que se ha publicado sobre Franc-Masonería, &. Lóndres, en 8°., por Laurencio Dermott, 1764. Se han hecho ocho ediciones de esta obra y se le han añadido algunas cosas, segun los tiempos, y tambien algunas alteraciones en los títulos. La última edicion es de 1813.

5764. Deberes (los) estatutos ó reglamentos generales de los Franc-Masones Francfort y Leipsick, en 8°., 1764.

5765. Defensa de la Franc-Masonoría, segun se practica en las Lógias regulares de la constitucion de la Gran Logia de Inglaterra y en otros lugares. Lóndres, en 8°., 1765.

5766. Estrella (la) resplandeciente, ó la sociedad de los Franc-Masones considerada bajo todos sus aspectos. Francfort, en 8°., 1766.

5766. Los secretos mas modernos (ó nuevos) de los Franc-Masones, sus costumbres y usos en los reuniones en que reciben á los hermanos sirvientes, Aprendices, Compañeros, Maestros y Maestros Superiores, &. Leipsick, 2 vol. en 8°., fig. 1766; *idem*, 1770.

5776. Hiram, ó la llave del Gran Maestro de la puerta de la Masonería antigua y moderna. Lóndres, en 8°., 1766.

5776. Misterios (los mas secretos) de la Masonería de los altos grados descubiertos, ó el verdadero Rosa-Cruz. Jerusalem, en 8°., 1766.

5776. Orador (el) Franc-Mason. Berlin, en 12°., 1766.

5767. Defensa apologética de los Franc-Masones, contra los cinco discursos de los R. R. P. P. Misionarios á * * *. Amsterdam, en 12°., 1767.

5770. Arte Real del Caballero Rosa-Cruz, &. Lóndres, en 8°., 1770.

5772. La Franc-Masonería ilustrada, por G. Preston, antiguo Maestro de la lógia "La Antigüedad." Lóndres, en 8°., 1772. Esta obra ha sido reimpresa muchas veces: la última edicion salió á luz, aumentada en 1812.

5772. Sociedad (la) de Franc-Masones, sostenida contra las falsas preocupaciones, por el solo aspecto de la verdad, &. Amsterdam, en 8°., 1773.

5773. Circular del Grande Oriente de Francia, del 26 de Junio, que contiene el pormenor de las operaciones relativas á su fundacion. Paris, en 4°., 1773.

5773. Franc-Mason (el verdadero), que da el orígen y el objeto de la Franc-Masonería, &. Liege, en 12°., 1773.

5773. Cartas críticas sobre la Franc-Masonería de Inglaterra, en 8°., 1773.

5773. Plancha trazada de la instalacion del muy serenísimo, Felipe de Orleans, duque de Chartres, príncipe Gran Maestro de la Órden Real de la Franc-Masonería en Francia. Paris, en 4°., 1773.

5773. Estatutos de la Órden Real de Franc-Masonería en Francia. Paris, en 4°., 1773.

5774. Discurso pronunciado por el V∴ Il∴ Jerónimo de Lalande, de la academia real de ciencias, &. Paris, en 4°., 1774.

5774. Discurso pronunciado por el H∴ Levoy, orador de la Cámara Paris, en

BIBLIOGRAFÍA.

la asamblea general de San Juan de invierno de este año, &. Paris, en 4º., 1774.

5774. Cartas masónicas, que sirven de suplemento al verdadero Franc-Mason del H∴ Enoch. Paris, en 8º., 1774.

5775. Circular del Gran Oriente de Francia, del 18 de Marzo, que contiene los pormenores de sus trabajos, reglamentos é instrucciones, diversos decisiones referentes á los diputados, ocupacion de las Logias, establecimiento de las Grandes Logias Provinciales, los nombres de los fundadores del Grande Oriente, su situacion financiera, &., en 4º.

5775. Motivos del tratado de union entre el Grande Oriente de Francia y los tres Directorios Escoces, en 4º., 1775.

5775. Relacion de las instituciones destinadas á los pobres y debidas á los Franc-Masones, en la Sojonia Electoral, desde el 17 de Enero de 1772 hasta la fecha ó sea 1775.

5776. Almanaque para los Franc-Masones de las Logias alemanas reunidas, 2 vol. en 16º., 1776 y 1777.

5776. Ensayo sobre los misterios y objeto verdadero de la hermandad de los Franc-Masones. Amsterdam, en 12º., 1776.

5776. Cuadro alfabético de las logias constituidas ó reconstituidas por el Grande Oriente de Francia desde su fundacion hasta el presente. Paris, en 4º., 1776.

5777. Compendio histórico concerniente á la Madre y primitiva Logia de Franc-Masones, establecida en Berlin, bajo el nombre de los "Tres Globos." Berlin, en 4º., 1777.

5777. Entretenimiento ó recreo de los Franc-Masones. Paris, en 4º., 1777.

5777. Sociedad (la) de los Franc-Masones considerada como útil á humanidad, á los costumbres y á los gobiernos. Paris, en 8º., 1777.

5778. Bosquejo de los trabajos de Adopcion dirigidos por los oficiales de la Logia "El Candor," desde su fundacion al Oriente de Paris. Paris, en 4º., 1778.

5778. Franc-Masones (los) aniquilados á consecuencia de la obra titulada: La Órden de los Franc-Masones vendida, &. Amsterdam, en 12º., 1778.

5778. Grados (los tres primeros) uniformes de la Franc-Masonería, divididos en cuadernos de preguntas y respuestas, por H. Bernard. Paris, en 12º., 1778.

5779. Historia de los contratiempos que ha experimentado los Franc-Masones en Nápoles, &. Francfort y Leipsick en 8º., 1779.

5780. Fragmentos en favor y en contra de la Franc-Masonería. Berlin, en 8º., 1782.

5782. Sobre la Franc-Masonería en general, tomado de las cartas de Fürstenstein y Stratenberg. Leipsick, en 8º., 1782.

5782. Pensamientos sobre la Franc-Masonería. Germania, en 12º., 1782.

5782. El Rosa-Cruz en toda en simplicidad ó desnudez para servir á la instruccion de diferentes Estados, con la explicacion de las dudas sobre la verdadera sabiduría de los Franc-Masones, &. Amsterdam, en 12º., 1782.

BIBLIOGRAFÍA.

5782. Cuatro documentos tomados de los papeles ó archivo de un Franc-Mason, referentes á la Órden de Franc-Masones y Franc-Masonas, por José Freyburger. Viena, en 8°., 1782.

5782. Cuadro alfabético de todas las lógias masónicas conocidas, tomados de documentos auténticos de esta venerable sociedad. Leipsick, en 8°., 1782.

5783. Principios de Ahiman abreviados y comentados, &. Filadelfia, en 8°., 1783. Esta obra fué publicada por órden de la Gran Lógia de Pensilvania.

5783. Archivos para los Franc-Masones y los Rosa-Cruces. Berlin, 2 vol. en 8°., 1783 y 1784.

5783. Del uso y abuso de la Franc-Masonería. Lóndres, en 8°., 1783.

5784. Acta declaratoria y Estatutos del Grande Oriente del Reino de Polonia y del Gran Ducado Lithuania, en 8°., 1784.

5784. Tratado sobre la asamblea general de los Franc-Masones, en Wilhelmsbad, por el baron de Knigge. Francfort, en 8°., 1784.

5784. Ensayo sobre la Franc-Masonería ó sobre el objeto esencial y fundamental de la Franc-Masonería, &. Latópolis, en 8°., 1784.

5784. Diario de los Franc-Masones, tomado de un manuscrito, para los hermanos y Maestros de la Órden, por los hermanos de la Lógia "Union" al Oriente de Viena. Viena, Wappler, en 8°., 1784.

5785. El Código de las Logias Masónicas, &. Nápoles, en 8°., 1785.

5785. Instituciones, ritos y ceremonias de los Franc-Masones, &. Paris, 1785.

5785. Crónica de la Franc-Masonería por Jos, conde de Palatino. Filadelfia, en 8°., 1785.

5785. San Nicasio, ó cartas interesantes sobre la Franc-Masonería (en aleman), por Starcke. Leipsick, en 8°., 1785. Existe una segunda edicion de esta obra.

5786. Materiales para servir á la historia de la Órden de los Franc-Masones. Berlin, en 8°., 1786.

5786. Piedra de toque de los Franc-Masones. Copenhague, en 8°., 1786.

5787. Fragmentos para una historia de la Franc-Masonería alemana. Bale, en 8°., 1787.

5787. Observaciones sobre la constitucion política de la Órden Masónica, por Cristiano Rose. Leipsick, en 8°., 1787.

5787. Ilustraciones sobre los puntos mas esenciales de la Franc-Masonería, en 8°., 1787.

5787. Masonería (la verdadera) de adopcion, &. Paris, en 18, 1787.

5787. Orígen de la Masonería Adonhiramita, &. Paris, en 18, 1787.

5788. De la Monarquía prusiana bajo Féderico el Grande por el conde de Mirabeau. Lóndres, en 8°., 1788.

5790. El Franc-Mason ó Biblioteca de todo lo mas notable sobre sociedades secretas. Gottingue y Halle, en 8°., 1790 y 1796.

5790. Medios de hacer la Franc-Masonería útil á la humanidad. Paris y Strasburgo, en 8°., 1790.

5791. Disertaciones del abate Luis Luccagni, &., en que trata de probar que

BIBLIOGRAFÍA.

la fraternidad de los Franc-Masones trae su orígen de los Maniqueos. Roma, en 8°., 1791.

5791. El Velo descorrido á los curiosos ó el secreto de la Revolucion revelado por medio de la Franc-Masonería. 1 vol., 1791.

5792. Historia de las persecuciones de los Franc-Masones en Nápoles. Leipsick, en 8°., 1792.

5796. Espíritu de la Masonería en discursos morales ó instructivos, por Guillermo Hutchinson, 2d edicion. Carlisle, 1796, 1 vol.

5798. Constituciones de la antigua y honrosa Fraternidad de Masones libres y aceptados. Massachusetts, por Tadeo M. Harris, A. M., 1798, 1 vol.

5801. Qué es la Franc-Masoneria, &. Génova, en 8°., 1801.

5802. Coleccion que contiene canciones mansónicas, el origen de la Franc-Masonería en América, &. Boston, Dunham, en 8°., 1802.

5802. Estrella luminosa (la) y los grados de la Masonería descubiertos. Berlin, 8 vol., en 8°., de 1802 á 1811.

5803. Arte del Tejador, dedicado á los Masones de los dos hemisferios, por el herm∴ Abraham, caballero de todas las Órdenes Masónicas. Paris, en 8°., 1803.

5804. Sobre el orígen y los principales acontecimientos de las dos Órdenes de Rosa-Cruces y de los Franc-Masones. Gottingue, en 8°., 1804.

5805. Diario de la Franc-Masonería. Altemburg, 5 vol., en 80°., de 1805 á 1812.

5805. Catálogo de libros, manuscritos y objetos de arte relativos á la Franc-Masonería, los cuales se encuentran en los archivos de la Madre Logia del Rito Escoces filosófico en Francia, en folio, 1805.

5805. Almacen para los Franc-Masones, ó noticias sobre el origen, estado ó progreso de la Franc-Masonería en el estrangero y principalmente en la Gran Bretaña. Leipsick, 4 vol., en 8°., de 1805 á 1806.

5805. Obras completas de Fessler sobre la Franc-Masonería. Freyberg, 3 vol., en 8°., de 1805 á 1807.

5806. Explicacion de la Cruz filosófica de los Caballeros Sob∴ Príncipes Rosa-Cruces. Chereau, en 8°., 1806.

5806. Estatutos Generales de la Franc-Masonería en Italia. Milan, en 8°., 1806.

5806. Fiestas solsticiales del Or∴ de Paris desde 1806 á 1826. Paris, 1806.

5807. Oracion del Doctor Dalcho pronunciada en la sublime Gran Logia de Charleston, Carolina del Sur, en 21 de Marzo de 1807, sobre el orígen y diferencia entre masones antiguos y modernos. Charleston, 1 vol., 1807.

5807. Anales masónicos, dedicados á su Alteza Serenisima el Principe Cambaceres, primer Gran Canciller del Imperio y Gr∴ Maes∴ de la Órden en Francia, por Caillot, R∴ C∴ Paris, 8 vol., en 8°., 1807.

5807. Ensayo sobre la Franc-Masonería, poema en 3 cantos, dedicado al príncipe Cambaceres, por el H∴ Pillon-Duchemin. Paris, 1807, 1 vol.

5808. Discurso sobre el Jubileo de cincuenta años contando desde la fundacion de la Franc-Masoneria en Holanda, el cual fué pronunciado en la

BIBLIOGRAFÍA.

Gran Logia de la Haya, el 5 de Junio de 1808, por Guillermo Holtrop, en 8°., 1808.

5808. Orígen (del) ó de la fundacion de la Masonería en Francia, por Bonbée Paris, en 4°., 1808.

5808. Cuadro del Grande Oriente de Italia. Milan, en 4°., 1808.

5808. Rosa (la) del Valle, ó la Masonería elevada á su objeto primitivo y encerrada en sus solos verdaderos grados. Paris, Maugeret, en 16°., 1808.

5808. Símbolos fundamentales y auténticos de la Franc-Masonería, por K. C. F. Krause. Dresde, en 8°., 1808.

5809. Archivos de los Franc-Masones, por Burmann, director de la gran academia de comercio del gran ducado de Baden. Manhein, en 8°., 1809.

5809. Verbal de la recepcion en la Órden de Franc-Masones, del hermano Askerikan, embajador de Persia, y discurso pronunciado en esta ocasion por M. Robelot. Paris, en 16°., 1809. Solo se imprimieron cien ejemplares.

5810. Acta declaratoria y Estatutos del Grande Oriente helvético Romano. Lausanne, en 8°.. 1810.

5810. Aguinaldos para los sectarios del Arte Real, seguidos de las Cronologias de las eras masónicas y judias. Paris, en 16°., 1810.

5810. Los tres antiguos documentos de la hermandad de los Franc-Masones, comunicadas y redactadas como una exposicion de la esencia y objeto de la Franc-Masonería y de la hermandad masónica por K. C. F. Krause. Dresde, en 8°., fig., 1810.

5810. Libro (el) azul, escrito sin título, fecha, ni nombre de autor y que empieza por estas palabras: "á fin de hacer esta obra inteligible á aquellos que no tienen derecho de conocer los secretos masónicos," &. En 8°., 1810.

5811. Aguinaldos para los sectarios del Arte Real, seguidos de la Cronología de las eras masónicas y judias, &. Paris, Everat, en 16°., 1811.

5811. De la utilidad de la Franc-Masonería considerada bajo sus relaciones filantrópicas y morales, por Salfi, Milan, en 8°, 1811.

5812. Estracto sumario del curso tenido en Paris, en 1812, sobre las relaciones que existen entre la Franc-Masonería y los misterios antiguos egipcios, griegos y de los pueblos modernos. Paris, en 4°, 1812.

5812. Nuevo Diario de los Franc-Masones, en 8°., fig., 1812. Esta obra forma el primer cuaderno del ter.·. vol. del Diario de los Franc-Masones.

5812. Necesario (el) masónico, &. Amsterdam, en 12°, 1812.

5812. Orígen de la Franc-Masonería, obra póstuma de Tomas Payne. Paris, en 8°., 1812.

5812. Tejador (el único y perfecto) para los grados de la Masonería escocesa, sin excepcion. Paris, en 8°., 1812.

5812. Conspiracion anticristiana y antisocial, tomada del frances del abate Barruel. Lancaster, 1812, 1 vol.

5812. Historia de la Fundacion del Gran Oriente de Francia, por C. A. Thory, 1 vol. Paris, 1812.

BIBLIOGRAFÍA.

5813. Recapitulacion de toda la Masonería, ó descripcion y explicacion del geroglífico universal del Maestro de los Maestros. Oriente de Menfis, 1813, en 8º.

5814. Compendio histórico de la organizacion en Francia, de los 33 grados del Rito Antiguo Escoces Aceptado hasta la época del 1º. de Marzo de 1814, de los obstáculos que le ha sido preciso vencer y de los progresos que ha hecho. Paris, 1814.

5814. Defensa y Apologia de la Franc-Masonería, ó refutacion de las acusaciones dirigidas contra ella en diferentes épocas y por diversos autores. Paris, 1814, en 8º.

5814. Secretos de la Masonería revelados ó descubiertos por un Franc-Mason al muy santo padre el Papa Pio VII., ú observaciones sobre la bula de este pontifice excomulgando á los Franc-Masones. Paris, 1814, 8º.

5814. La Franc-Masonería elevada á su orígen verdadero, ó antigüedad de la Franc-Masonería probada con la explicacion de los Misterios antiguos y modernos, por Alejandro Lenoir. Paris, 1 vol., 1814.

5815. Acta Latomorum ó Cronología de la Historia de la Franc-Masonería francesa y extrangera, &. Paris, 1815, 2 vol.

5818. Hermes ó archivos masónicos por una sociedad de Franc-Masones. Paris, 1818, 2 vol.

5819. Trabajos masónicos y filoséficos por el H.˙. Chémin Dupontes. Paris, 1819, 4 vol.

5821. Exposicion general é histórica de los principales sectas masónicas que han se han conocido en diversos paises, por el H.˙. Joaquin José Levesque. Paris, 1821, 1 vol.

5821. Tejador de los 33 grados del Escoceismo del Rito Antiguo y Aceptado con 24 planchas. Nueva edicion, Paris, 1 vol., 1821.

5822. Librería (la) masónica y general Ahiman Reson, que contiene una delineacion de los verdaderos principios de la Franc-Masonería especulativa y operativa, religion y moral, &., por Samuel Cole, P. M. Traducida del ingles al español por Eduardo Barry. Filadelfia, 2 tomos, 1822.

5823. El Orador Franc-Mason ó discurso escogidos y pronunciados en solemnidades masónicas relativos al dogma, á la historia de la Órden y á la Moral enseñada en los talleres. Paris, 1823, 1 vol. de 512 pag.

5833. La Masonería considerada como resultado de la religion egipcia, judia y cristiana, por el H.˙. M. R. de S. Paris, 1833, 3 vol.

5835. Exposicion de los Misterios ó dogmas religiosos ó costumbres de los antiguos egipcios, pitagóricos y druidas; y tambien sobre el orígen, historia y objeto de la Masonería, por John Fellows, A. M. Nueva York, 1835, 1 vol.

5835. El Franc-Mason, revista mensal, publicada por Dechevaux-Dumesnil, &., Paris, 1835, 3 tomos.

5837. El Universo masónico por una sociedad de Franc-Masones de diversos paises, bajo la direccion de Cesar Moreau, Sob.˙. P.˙. del R.˙. L.˙. gr.˙. 32. Paris, 1837, 1 vol.

5841. Curso filósofico é interpretativo de las iniciaciones antiguas y modernas, por J. M. Ragon, 1841, 1 vol.

BIBLIOGRAFÍA.

1843. Historia pintoresca de la Franc-Masonería y sociedades secretas, &., por F. F. Clavel. Paris 2 edicion, 1843, 1 vol.

5844. La Misa y sus misterios comparados con los misterios antiguos ó complemento de la ciencia iniciática, por Jean Marie de V. . . Paris, 1 vol. 1844.

5845. De la influencias de la Franc-Masonería en el espíritu de las naciones, por el H∴ J. M. M. Redares. Lyon, 1845, 1 vol.

5850. Historia filosófica de la Franc-Masonería, sus principios, actos y tendencias, Kauffmann y Cherpin. Lyon, 1850, 1 vol.

5855. Compendio de la Franc-Masonería, su orígen, historia, doctrinas, &.; y opiniones diversas sobre esta antigua y célebre institucion, por Cesar Moreau. Paris, 1855, 1 vol.

5857. Registro masónico universal ó anillos de la cadena de oro masónica, que contiene los nombres, profesion, ocupaciones y residencia de los hh∴ suscritos; el nombre de la logia ó cuerpo masónico á que pertenezcan y el rango ó grado que posea en la Órden: obra que contiene solo los nombres de masones regulares, con una lista de las logias á que correspondan los hh∴ de Europa y de América, por Leon Hyneman, Filadelfia, Chenust street, No. 106. 1 vol., 1857.

5857. Lexicon ó diccionario masónico por el Il∴ H∴ Albert Mackey, 33, Gran Secretario y Orador de la Gran Logia de la Carolina del Sur, y Gran Secretario del Sup∴ Consejo de Charleston (Estados-Unidos). Impreso en Filadelfia. 1 vol., 1857.

5857. Librería masónica universal, por Robert Morris, 30 vol., 1857. Lodgeton, Kentuky.

5858. Revista sobre Franc-Masonería y las ciencias que abraza, por el h∴ Albert Mackey, 1858, 2 vol., Nueva York.

5858. Estudios históricos y filosóficos sobre los tres grados de la Masonería simbólica, seguido de la influencia moral de la Masonería en el espíritu de las naciones, por el H∴ Redarés, 1858, 1 vol.

5859. Libro de testo de Jurisprudencia masónica, ilustrado con las leyes no escritas y escritas que rigen en Franc-Masoneria, por Albert G. Mackey, M. D. Nueva York, 1858, 1 vol.

5860. El Manual de la Masonería, por Andres Cassard, 2 vols., Nueva York.

5865. El Espejo Masónico, por Andres Cassard, Nueva York.

5867. Manual de la Estrella del Oriente, por Andres Cassard, 1 vol., Nueva York.

BIOGRAFIA.

TRADUCIMOS DEL "CORREO DE NUEVA YORK," DEL 29 DE ABRIL DE ESTE AÑO DE 1860, LO SIGUIENTE.

MASONERÍA.

PORMENORES SOBRE ALGUNOS MASONES EXISTENTES.

NUM. 30.

ANDRES CASSARD.

ESTE Soberano Gran Inspector General, gr∴ 33, *ultimique gradus ritus acepti*, y Gran Diácono de la Gran Logia de Nueva York, nació en Santiago de Cuba, Isla del mismo nombre, en 1823, siendo á la edad de diez y nueve años empleado de la Aduana de dicha ciudad. En 1845 se trasladó á la Habana, en donde desempeño el destino de primer oficial del ayuntamiento de esta última, el cual dejó al obtener el diploma de profesor con objeto de establecer extra muros de aquella ciudad un colegio de enseñanza. En el Liceo artístico y literario de la misma, creó la clase de teneduría de libros, gratis, la cual llegó á contar gran número de discípulos; siendo despues nombrado miembro honorario de dicha científica asociacion. En 1852, con motivo de ser conocido en su pais por sus opiniones liberales en política, y de la excitacion originada por la publicacion de una hoja suelta en contra del gobierno, titulada: "LA VOZ DEL PUEBLO," de la cual era uno de los contribuyentes, se vió obligado á embarcarse en direccion á esta ciudad de Nueva York, en donde ha permanecido hasta el presente.

Pocos meses despues de su llegada á esta ciudad, fué admitido y recibió en la Logia "La Sinceridad," los tres grados simbólicos. Fué su primer deseo una vez iniciado, el fundar en esta ciudad una Logia en español, consiguiéndolo al fin, en 16 de Junio de 1855, y la cual inauguró bajo el título distintivo de "La Fraternidad" n°. 387, desde cuyo período la ha presidido al Oriente hasta Diciembre último. En 1°. de Marzo de 1856, fué nombrado representante del Gran Oriente de Venezuela cerca de la Gran Logia de este Estado de Nueva York, y recibido como tal por dicho cuerpo en 16 de Junio del mismo año. En 10 de Julio de 1856, fué nombrado Plenipotenciario Extraordinario y Gran Representante del Gran Oriente y Supremo Consejo de Venezuela, cerca de todos los cuerpos masónicos de los Estados Unidos. En 16 de Marzo de 1857, fué electo el Herm∴ Cassard, miembro honorario de la Logia "Concordia Universal" del Callao, Perú, con cuyo nombramiento recibió una joya masónica de plata. En 26 de Febrero de 1859, fué nombrado representante del Gran Oriente de la Nueva Granada cerca de esta Gran Logia del Estado de Nueva York, y recibido como tal en 10 de Junio siguiente; siendo el 11 de dicho mes y año nombrado Gran Diácono de dicha Gran Logia de Nueva York, por el Gran Maestro de ésta, el Muy Respetable *John L. Lewis*, Jr. En 31 de Julio de 1859, fué electo miembro honorario de la Logia "Cuna de América N°. 2," del Oriente de Santo Domingo; y el siguiente dia, nombrado Representante General y Plenipotenciario de la Gran Logia Nacional de esta misma República, con plenos poderes cerca de todas las Logias de los Estados Unidos y del Canadá; debiéndose á sus buenos oficios en obsequio de dicha Gran Logia Nacional Dominicana, el que las Grandes Logias de la Carolina del Sur, Arkansas y Minesota recibiesen como representantes de aquella á los Ilustres Hermanos Henrique Buist, 33; Albert Pike, 33; y A. T. Pierson, 33; cada uno en su cuerpo respectivo. Sin embargo, lo mas satisfactorio para el Hermano Cassard ha sido la atencion que le ha sido dispensada por el Gran Oriente recientemente establecido en su mismo pais. En 27 de Diciembre de 1859, el Gran Oriente de Cuba le nombró su representante, cerca de la Gran Logia de Nueva York; y el mismo dia, dicho Gran Oriente en union de su Supremo Consejo, le elegió su Representante General, con plenos poderes para establecer en nombre de uno y otro relaciones fraternales con todos los altos cuerpos masónicos de ámbos hemisferios, especialmente con el Supremo Consejo de la Jurisdiccion Norte de la Union, situado en Boston.

En la Masonería inefable, el Hermano Cassard tuvo el grado de Rosa-Cruz el 16 de Abril de 1854. El 26 de Mayo de 1856, fué electo Muy Sabio del Capítulo de Rosa-Cruz de esta ciudad, bajo el título de "La Sinceridad y Fraternidad," cuya dignidad desempeña aun. En 10 de Setiembre de 1856, fué electo miembro honorario, *ad vitam* del Gran Consistorio de S. P. R. S. grado 32, del Estado de Luisiana, y el 20 del mismo mes, electo S. G. I. G. grado 33, *ultimaque gradus*, por el Supremo Consejo de 33, para la Jurisdiccion Norte, ya citado, y por cuyo cuerpo fué tambien recibido como representante del Supremo Consejo de Venezuela. En 30 de Octubre de 1856, fué electo Primer Teniente Comendador del Sob∴ G. Consistorio de Nueva York, y el 10 de Enero siguiente, nombrado representante del Gran Consistorio de Luisiana cerca del cuerpo á que estaba afiliado. El 27 de Febrero de 1857, el Sob. Gran Consistorio de Venezuela, deseando corresponder á los servicios prestados por el Hermano Cassard á dicho cuerpo, le nombró miembro honorario del mismo. En 7 de Febrero de 1858, el Gran Consistorio de Lima, Perú, le envió la patente por la cual le nombraba su representante cerca del Gran Consistorio de Nueva York. De tal importancia han sido los servicios prestados por el Hermano Cassard á todos los cuerpos masónicos que trabajan en el idioma español, que el Supremo Consejo de 33, del Sur de estos Estados, residente en Charleston, en 26 de Mayo de 1859, le nombró su Diputado especial, con plenos poderes para fundar Logias de Perfeccion, Consejos de Príncipes de Jerusalem y Capítulos de Rosa-Cruz, en la Isla de Cuba, Indias Occidentales, Méjico y Centro-América, como tambien para establecer un Supremo Consejo en Cuba, el cual ha sido organizado bajo su autoridad, en 27 de Diciembre de 1859, para la Isla de Cuba é Indias Occidentales y otro para Méjico y Centro-América, el cual no está aun constituido. Le habian sido conferidos todos estos poderes en la forma mas amplia y leal, y en su consecuencia todos sus actos fueron confirmados por el Supremo Consejo de Charleston, en 30 de Mayo último; habiendo merecido el honor de ser tambien dos dias ántes, al presentar sus credenciales como Representante del Supremo Consejo de la Nueva Granada, cerca de dicho alto cuerpo masónico, elegido por este Sup∴ Consejo su miembro honorario. En 7 de Setiembre de 1859, fué nombrado Ilustre Comendador-en-Jefe del Soberano Gran Consistorio de S. P. D. R. S. grado 32, para esta Ciudad y Estado.

Como Presidente de varios cuerpos masónicos el Hermano Cassard se ha conformado siempre á las leyes fundamentales y antiquísimas de la Fraternidad. No solo es un miembro activo y celosísimo sino tambien lleno de entusiasmo por la institucion. Una prueba de ello es la multitud de trabajos que en Masonería ha presentado desde su entrada en la órden; y los testimonios mas relevantes que por ello ha recibido de los mas altos cuerpos masónicos de este pais, no dejan duda alguna de su verdadero mérito y título como Mason, y del distinguido aprecio que se ha hecho á los importantes servicios que ha prestado á la Institucion, segun los apuntes que damos del referido Hermano Cassard. Amigo íntimo del malogrado Her∴ Yates, no dejó pasar ocasion alguna sin aprovecharse de todas las ventajas que podian ofrecerle la vasta libreria de

DECRETO.

tan distinguido Mason, no ménos que del saber y brillante inteligencia del mismo; favorecido al mismo tiempo de su escogida y numerosa coleccion de obras masónicas, la cual tambien ha utilizado al publicar en español el Manual ó Tejador de los Ritos Escoces, Frances y de Adopcion; publicacion de un mérito tal cual jamas hemos visto. Tendrá unas mil páginas, y está destinado mas directamente á los Masones que profesan el idioma castellano. El Hermano Cassard promete ocupar la misma posicion ó relacion íntima y fraternal con los Masones Españoles, que el Hermano Mackey con los del idioma inglés.

A∴ L∴ G∴ D∴ G∴ A∴ D∴ U∴

EL GR∴ COLEGIO DE RITOS DEL GR∴ OR∴ NEO-GRANAD∴

Vista la resolucion del Gr∴ Colegio de Ritos del Gr∴ Or∴ de Francia expedida el primer dia del mes Linodico llamado Adar, del año de la V∴ L∴ 5858, y la dada por el Gr∴ Consejo de Sob∴ GG∴ II∴ GG∴ gr∴ 33 del Gr∴ Or∴ de Paris, relativas ámbas á un Sup∴ Consejo del gr∴ 33 del Rit∴ Esc∴ Antig∴ y Acept∴ que ha establecido en Nueva Orleans con jurisdiccion en la parte Sur de los Estados Unidos el H∴ James Foulhouse, y de que hacen parte como oficiales y miembros T∴ W∴ Collens, Le Dufan, J∴ Lisborry, J∴ B∴ Faget y J∴ J∴ E∴ Massicot y á un Cap∴ R∴ † establecido por dicho Consejo, de que era Secret∴ en Noviembre de 1857 (E∴ V∴) S∴ G∴ Fabio, recientemente expelido del Gr∴ Consist∴ legal del Estado de Luisiana, establecido bajo los auspicios del Sup∴ Consejo de la Jurisdiccion del Sur de los EE∴ UU∴

Vista la exposicion de los motivos que han determinado al Gr∴ Or∴ de Francia á obrar en el sentido que lo ha hecho.

Vista tambien la exitacion que nos ha dirigido nuestro I∴ I∴ Q∴ H∴ Gr∴ Representante de este Gr∴ Or∴ cerca del de la Jurisdiccion Sur de los EE∴ UU∴ en pl∴ recientemente recibida, y

CONSIDERANDO:

1°. Que es un principio incontrovertible que los Masones de cada Nacion tienen el indisputable derecho de regirse y gobernarse por sí, sin sujeccion ni dependencia de ninguna otra potencia masónica; en lo cual consiste su soberanía é independencia.

DECRETO.

2°. Que en consecuencia de este principio, una vez establecido un Gobierno masónico propio en una Nacion como el que existe de tiempo atras en la parte Sur de los EE∴ UU∴, ninguna otra potencia masónica puede ejercer allí acto alguno de jurisdiccion.

3°. Que reconociendo este principio y acatándolo el Gr∴ Or∴ de Francia, de quien ha querido hacer derivar sus poderes y autoridad el H∴ Foulhouse, y bajo cuya autoridad y proteccion quiso ponerse y poner su obra, no solo se ha negado á ello, sino que considerándolo en virtud de su criminal conducta fuera de las condiciones de *alta moralidad* tan necesarias á un Gr∴ I∴ G∴ é infractor de sus deberes y de su honor, le ha declarado nulo y de ningun valor el diploma de Gr∴ I∴ G∴, que le libró el 27 de Setiembre de 1845 y borrado su nombre *para siempre* del libro de oro.

4°. Que en virtud de tal declaratoria hecha por quien ha tenido un evidente derecho para hacerla; dicho Sr. Foulhouse ha perdido los derechos masónicos que le daba su calidad de Gr∴ I∴ G∴, y el no someterse á la resolucion indicada envuelve un desconocimiento de la autoridad del Gr∴ Or∴ de Francia cuando le priva de la calidad y derechos de Gr∴ I∴ G∴ al propio tiempo que se reconoce esa misma autoridad para el efecto de apoyarse en ese título de 33 expedido por ella, y seguir no solo usando sino abusando de él, cuya conducta lo constituye no solo en flagrante y vergonzosa contradiccion, sino en la degradante categoría de R∴ E∴ B∴ E∴ L∴ D∴ E∴, que tan mal se acomoda con las obligaciones contraidas por todo Mason desde su iniciacion y ratificadas en todos los demas grados, "de obedecer, acatar y cumplir las disposiciones legales de la Órden, y los preceptos y resoluciones de las legítimas autoridades masónicas." Y

5°. Que tanto en virtud del reconocimiento y de las buenas relaciones de amistad y fraternal correspondencia que existen entre los GG∴ OO∴ de Francia y la parte Sur de los EE∴ UU∴ con el Neo-Granadino, como por el propio decoro de éste, debe prohibirse toda comunicacion no solo con el Sr. Foulhouse, y los otros que quedan mencionados, sino con todos los que sean portadores de diplomas expedidos por dicho Foulhouse, ó por los cuerpos que ilegal y atentatoriamente ha establecido, ó establezca en lo sucesivo, pues siendo uno de los principales objetos de la Masonería el estudio y práctica de la Moral, y de todas las virtudes, cualquiera que como el Sr. Foulhouse, y los que por un lamentable error le siguen, se aparte de este objeto ó incide en hechos contrarios á la Moral, es indigno de pertenecer á la Gr∴ Familia Masónica, y de pisar cualquiera de los Templos que ésta tiene en toda la superficie del globo, solo para los ministros de la Virtud y de la Moral.

DECRETO.

DECRETA:

Art. 1º. Desconócese el cuerpo que bajo el título de Sup∴ Consejo del gr∴ 33, del R∴ E∴ A∴ y A∴, ha establecido en el O∴ de Luisiana el Sr. James Foulhouse ex-Inspector General de que se titula Jefe.

Art. 2º. Desconócese tambien cualquiera otro cuerpo, administrativo, filosófico, de la perfeccion, ó simbólico que bajo cualquiera denominacion haya establecido, ó establezca el Sr. Foulhouse con tal carácter; y á todos los individuos que haya iniciado ó inicie, ó á quienes haya concedido ó conceda gr∴ alguno, lo mismo que á todos aquellos Masones que se hayan unido al Sr. Foulhouse, ó á cualquiera de dichos cuerpos irregulares.

Art. 3º. Ninguna Cám∴ ni Tall∴ del Gr∴ Or∴ podrá entrar en correspondencia, ni continuar esta, si á la publicacion de este decreto la tuviere, con ninguno de los cuerpos ni Masones de que tratan los artículos que preceden; ni admitir de modo alguno en sus Templos y trab∴ á ningun individuo portador de diplomas expedidos por dicho Sr. Foulhouse, ó por alguno de los cuerpos indicados; debiendo reputarlos para todos los efectos masónicos como irragulares.

Art. 4º. La Cám∴ ó Tall∴, y los Masones que en éstas se hallen que de cualquiera modo contravengan á lo dispuesto en el artículo que precede serán castigados conforme al Artículo 13 del Estatuto General que determina las atribuciones de la Cám∴ y Tall∴, y las reglas que deben observar.

§ Todo Mason tiene el deber de denunciar las infracciones de que tenga noticia, bajo la pena que le impone el final del Artículo 13 citado.

Art. 5º. Imprímase y circúlase á todas las Cám∴, Tall∴ y Masones del Gr∴ Or∴ y á los OOr∴ estranjeros.

Dado en Cartajena, Cap∴ del Gr∴ Or∴ al 8º∴ d∴ d∴ l∴ L∴ Jiar, A∴ de la V∴ L∴ 5859∴ E∴ V∴ 9 de Abril de 1860.

El Ser∴ Gr∴ Maes∴, Francisco de Zubiría, gr∴ 33∴—El Ten∴ G∴ Comend∴, Juan José Nieto.—El Pod∴ h∴, gr∴ 33∴, Diego Martínez.—El I∴ h∴, José Vicente López, gr∴ 32∴—El Gr∴ Secret∴ Gr∴ de Est∴, Santiago Carrasquilla, gr∴ 33.

(es auténtico.)

El Gr∴ Secret∴ Gen∴ de Est∴

SANTIAGO CARRASQUILLA, 33.

MANIFIESTO.

AD UNIVERSI TERRARUM ORBIS SUMMI ARCHITECTI GLORIAM.

Desde el asilo mas sagrado en donde reina la *Paz*, la Concordia y la Armonia; á todos los que la presente vieren:

SALUD, CONTENTO, SABIDURIA.

Sabed que nos, los abajos firmados, Sob∴ Gr∴ Insp∴ Gen∴ del Grado 33; Diputado Especial para la Isla de Cuba y demas Antillas por el Supremo Consejo de Sob∴ Grandes Inspectores Generales del gr∴ 33 de la Jurisdiccion del Sur de los Estados Unidos de América, residente en la Ciudad de Charleston; y Gran Representante General, para Ambos Hemisferios, del Gran Oriente y Supremo Consejo de Cuba: en virtud de los altos poderes que nos fueron conferidos por el dicho Supremo Consejo del Sur de los Estados Unidos,* establecimos en una de las ciudades de la parte Oriental de Cuba, en 27 de Diciembre de 1859, todos los altos cuerpos Masónicos del Rito Antiguo Escoces Aceptado, desde el 4° gr∴ hasta el 32 inclusive, creando en dicha ciudad, y en el mismo dia, un Supremo Consejo, de 33∴ para toda la Isla y demas Antillas. Y que en virtud de haber entónces en dicha ciudad tres logias legalmente constituidas, se reunieron y formaron

---

* Véase la copia de dichos poderes en la pág∴ 452.

MANIFIESTO.

una Gr∴ Logia regular, estableciendo luego Un Gran Oriente para toda la Isla.

Y como quiera que haya llegado á nuestra noticia que han sido ilegalmente constituidos en la parte Occidental de dicha Isla, cuerpos é individuos *que por su notoria irregularidad no forman parte* de la Institucion Masónica; es de nuestro deber, como dicho Gran Representante General del referido Gran Oriente y Supremo Consejo de Cuba, declarar: *que no hay mas cuerpos Masónicos legales en dicha Isla, que su Gran Oriente y Supremo Consejo, residente en una de las Ciudades de la parte Oriental de aquella Isla, cuyos cuerpos regulares han sido reconocidos por las altas y legítimas corporaciones Masónicas de los Estados Unidos y por las de la América del Sur,* como los Solos cuerpos Masónicos legales que existen hoy en el territorio de aquella Isla.

Lo que hacemos presente á aquellos á quienes pueda interesar, con el objeto de que desconozcan todo otro cuerpo Masónico, de cualquiera naturaleza ó denominacion, que se haya formado ó que se establezca en lo adelante en Cuba, cuyos poderes no deriven de la sola autoridad competente, que reside en los altos cuerpos Masónicos del pais, legalmente constituidos y situados como hemos dichos, en una de las ciudades de la parte Oriental de dicha Isla; del mismo modo que se consideren como *Masones irregulares* á todos los indivíduos que hayan sido iniciados ó que se inicien en semejantes cuerpos espúreos; ó por personas que no esten competemente autorizadas al efecto, y tambien á todos aquellos Masones regulares que se unan á dichos cuerpos clandestinos.

[sello.]   Dado en la Ciudad de Nueva York, el dia **11** del Mes Mas∴ Sivan del Año Hebreo 56**30**, que corresponde al 1°. de Junio de 1860.

ANDRES CASSARD, 33.

LOS MASONES SON LOS CRISTIANOS POR EXCELENCIA.

> *Mi vida está consagrada á la grande obra de la redencion del género humano; y si no lograre mi objeto, á lo ménos me lisongearé de haber contribuido, con cuanto ha estado á mi alcance, en favor del bienestar de la humanidad.*
> ANDRES CASSARD.

LOS MASONES SON LOS CRISTIANOS POR EXCELENCIA.

CON la historia en la mano y con la calma que inspira un sano raciocinio, he expuesto, en uno de mis artículos anteriores, que considero la MASONERÍA COMO LA ÚNICA Y VERDADERA RELIGION. La misma opinion sostienen escritores tan eruditos como Pike, Mackey, Salem Town y otros, y recientemente el Il∴ H∴ Dr. Felipe Larrazábal, en un artículo con que se ha engalanado EL ESPEJO MASÓNICO, valiéndose de razones tan poderosas como convincentes, ha demostrado que LOS MASONES SON LOS MEJORES CRISTIANOS.

Tambien he probado que la antigüedad de la Masonería, "se pierde en la noche de los tiempos;" y que Masones que se gloriaban de serlo, han sido ministros virtuosos de los cultos cristianos, sacerdotes católicos romanos y protestantes, que unanimemente han visto en la Masonería, "no solo una Institucion útil á la humanidad, á las costumbres y á los gobiernos", por ser la escuela en que se enseña al hombre á conocer sus deberes y á hallar la luz que guie sus pasos por la senda de la virtud y de la probidad, sino tambien EL RESULTADO DE LA VERDADERA RELIGION.

La Masonería, como el Evangelio, ha enseñado y enseña la moral mas pura y la práctica de la mas sana filosofía.* Su espíritu

---

* Algunos enemigos de la Masonería, para desdorarla ante los ojos del mundo, han pretendido que los Carbonarios, Jacobinos é Iluminados tomaron su orígen de la Masonería, y que esta era tan hostil al buen órden y á los gobiernos, como aquellos clubs revolucionarios. El Profesor Robinson, en

LOS MASONES SON LOS CRISTIANOS POR EXCELENCIA.

de tolerancia y sus grandiosas tendencias le han atraido las persecuciones de los opresores de la humanidad y el odio implacable de los enemigos del progreso y de la civilizacion, hasta el grado que, en nuestros dias, el Papa Pio IX, en su última Encíclica, la ha declarado "asociacion que tiende á la ruina comun de la religion y de la sociedad humana," y ha fulminado contra ella sus anatemas, considerándola "criminal y compuesta de hombres inmorales y perversos."†

su obra titulada: "Pruebas de una conspiracion contra la religion y los gobiernos de Europa, llevada á cabo en las reuniones secretas de los Masones y los Iluminados, &c.," ha cometido el mismo grave error. Para impugnarlos con suceso, no tendré mas que echar mano de lo que dice el abate Barruel, uno de los enemigos acérrimos de la Masonería, en la tercera parte de sus "Memorias de los Jacobinos." "No pretenderé decir que los Iluminados tomaron su orígen de la Masonería; porque *es un hecho claramente demostrado, que* EL FUNDADOR DE LOS ILUMINADOS, *solo llegó á ser Mason en 1777, y que,* DOS *años despues, ignoraba completamente los misterios de la Masonería!!"*

† Ademas de los grandes beneficios que la Masonería presta, y de las limosnas ordinarias que se distribuyen entre los Hermanos que se encuentran en necesidad, y á las viudas y huérfanos de Masones, donde quiera que se hallen, se han organizado diferentes establecimientos de caridad y beneficencia, fundados y sostenidos por los Masones, en casi todos los países en donde existe la Masonería, ó, mejor dicho, en todo el mundo civilizado; pues, segun verán los lectores de "EL ESPEJO" por la *Revista* que he ido publicando, hay cuerpos Masónicos establecidos hoy aun en los mas distantes lugares de la tierra.

En Filadelfia, Troy, Nueva Orleans, Boston, California y en diferentes ciudades de los Estados Unidos hay sociedades DE SOCORROS, para los Masones, sus viudas, &c.

En Cuba se prodiga la caridad Masónica con profusion.

En Cartagena se formó un "Liceo Masónico" para enseñar é instruir á los hijos de Masones.

En Lóndres existe una noble y grandiosa institucion titulada: REAL INSTITUCION DE BENEFICENCIA MASÓNICA, establecida en 1842, con el objeto de dar pensiones y procurar asilo á los Masones ancianos y decaidos.

Existe tambien allí otra Institucion simil á esta, establecida últimamente, que tiene por objeto dar pensiones á las viudas de Masones pobres.

En Paris existe la CASA CENTRAL DE SOCORROS (Maison Centrale de Secours,) que fué establecida por el Grande Oriente de Francia en 1840, con el objeto de recibir á Masones indigentes, por un tiempo determinado; de contribuir á sus necesidades inmediatas, y procurarles acomodo.

La "Sociedad para el cuidado de niños pobres," de Lyon, merece particular mencion. Su objeto primordial es educar á los niños pobres á fin de disminuir las causas de la vagancia y del crímen. En Suiza, en Berlin, en Holanda, en Dresde, en Dinamarca, en Suecia, en Stocolmo, en Australia, &c.,

LOS MASONES SON LOS CRISTIANOS POR EXCELENCIA.

Nada es mas falso, nada mas injusto que los calumniosos cargos que nos hace quien debería tener por norma la verdad y por guia la justicia. Se necesita supina ignorancia ó excesiva mala fé para sostener que una Institucion, cuyas bases son: " la fé viva y la benevolencia en accion," pueda ser contraria á la religion del Salvador, y que siendo sus adeptos fieles defensores de las leyes del país en que viven, puedan, en manera alguna, tender á la destruccion de los gobiernos.

La Masonería es una Institucion benéfica á la vez que civilizadora: prepara el corazon del hombre á la práctica de las buenas obras; y con la luz esplendorosa de la verdad, disipa las tinieblas de la ignorancia y de la supersticion. Para lograr este doble objeto, es decir, para ilustrar el entendimiento y engendrar el amor al bien, ha inculcado siempre el gran principio de la fraternidad humana, sujetando á este lema de verdad "las obras y las palabras" de sus discípulos, instándoles "á amarse los unos á los otros;" á enseñar quien sabe mas al que sabe ménos; á dominar las pasiones, á someter la voluntad, á detestar el vicio y á compadecer al delincuente como se compadece al que es víctima de una terrible enfermedad.

Por tanto, la Masonería es incuestionablemente una Institucion benéfica y debe considerarse como RELIGION UNIVERSAL, ETERNA É INMUTABLE, inculcada por el mismo Dios en el fondo del corazon, y revelada, en todas sus reglas, por la voz siempre severa de la conciencia.

LOS MINISTROS DE ESTA RELIGION SON LOS MASONES, que la comprenden y cumplen sus preceptos estrictamente. Así, pues, sus prácticas, diga lo que quiera la lengua de la calumnia y del fanatismo, consisten en buenas obras y en el ejercicio de todas las virtudes; sus sacrificios, en saber vencer las malas y desordenadas pasiones, y su culto, en fin, en "no" omitir esfuerzo alguno para llegar á la perfeccion moral de que es capaz el hom-

---

existen establecimientos y Sociedades de beneficencia, sostenidas por los Masones, como he dicho, con el objeto de socorrer á los desvalidos y de contribuir á mejorar la suerte de la humanidad.

En Inglaterra, EL REAL INSTITUTO MASÓNICO PARA NIÑOS, tiene por objeto recibir á los hijos de Masones indigentes, é instruirlos, vestirlos, &c. Segun el estado que se presentó de dicha Institucion, en 1853, SETECIENTOS CUARENTA Y OCHO NIÑOS fueron educados, vestidos, &c., por la caridad Masónica.

¿Es esto *tender* á la ruina comun de la sociedad?

bre, para alcanzar "la vida eterna, perseverando en las buenas obras, y aspirando á la gloria, al honor y á la inmortalidad.*"

Con el objeto de desvanecer completamente los calumniosos asertos de Pio IX, que es Papa por *casualidad*,† bastará decir que los Papas Clemente XIII y Clemente XIV (Ganganelli;) que el inmortal Washington, el ilustre Franklin; los abates Jardin y Bertolio, Lafayette, el Cardenal Wolsey, Dezesé, el Marques de La Place; Leopoldo I, rey de los belgas, y millares de hombres eminentes han sido Masones, contando hoy en su seno la Masonería á los genios mas esclarecidos de ambos hemisferios.

Entrando de lleno en la cuestion suscitada por Pio IX, y recurriendo á las páginas del LIBRO SUBLIME, me propongo probar de una manera concluyente, y espero poder hacerlo á completa satisfaccion de mis lectores, que, léjos de ser "la Masonería una asociacion que tiende á la ruina de la religion", y léjos de ser los Masones "hombres criminales, inmorales y perversos," como gratuitamente supone Su Santidad, LA MASONERÍA ES LA ÚNICA Y VERDADERA RELIGION Y LOS MASONES SON LOS CRISTIANOS POR EXCELENCIA, por ser fieles observantes de los mandamientos del Señor promulgados en el Sinaí.

Del "Exodo," Cap. XX y del "Deuteronomio, Cap. V, tomaré el primer punto de mi argumento.

---

* Romanos, Cap. II, 7.

† Cuando á fines de 1845, ocurrió la muerte del predecesor de Pio IX, este, que solo era cardenal *sin designacion*, conocido con el nombre de Cardenal Mastai, entró á formar parte del cónclave, sin la mas leve idea de que pudiera llegar á ocupar el trono pontificio. Los Camarlengos, los de Santa María y otros, contaban con mas apoyo y con mayores probabilidades. El cónclave, que se dividió en un partido austriaco y en otro frances, no podia dar en el primer escrutinio el resultado apetecido. Sin embargo, nadie pensaba en Mastai Ferretti, que, ausente de Italia y de una familia sin lustre, no habia sabido captarse simpatias. Y este fué casualmente el medio de su elevacion. No habiendo quien reuniera mayoría, temiendo cada cual favorecer con su voto á sus contrarios, y deseando conocer la opinion de los demas, se propusieron votar, por la primera vez, en un individuo que *no* pudiera reunir los sufragios. ¿En quien votar? Cada cual pensó en el cardenal *ménos* apto, en el mas distante, en el que los otros no pensáran.... Así fué en efecto, y la *casualidad* hizo que *todos* se fijasen en Mastai Ferretti, quien, en el primer escrutinio, quedó electo pontífice con asombro general y de sí mismo! El Austria quiso protestar contra esta eleccion, pero Pio IX prometió someterse á todas las exigencias del Austria, como efectivamente lo ha hecho, tiranizando al pueblo romano, al cual oprime del modo mas inicuo, valiéndose de bayonetas extrangeras.

LOS MASONES SON LOS CRISTIANOS POR EXCELENCIA.

"Y habló el Señor todas estas palabras.

I. "Yo soy el Señor tu Dios que te saqué de la tierra de Egipto de la casa de servidumbre. No tendrás Dioses ajenos delante de mí.

II. "No harás para tí obra de escultura, ni figura alguna de las cosas que hay arriba en el cielo ni de lo que hay abajo en la tierra, ni de las que están en las aguas debajo de la tierra. No te prosternarás delante de ellas ni las servirás. Porque yo soy el Señor tu Dios fuerte, celoso, que castiga la iniquidad de los padres en los hijos hasta la tercera y cuarta generacion de los que me aborrecen, y que hago misericordia en millares á los que me aman y guardan mis preceptos."

III. "No tomarás el nombre del Señor tu Dios en vano, porque el Señor no tendrá por inocente al que tomare su nombre santo en vano.

IV. "Acuérdate del dia del Sábado para santificarlo como te lo mandó el Señor tu Dios. Seis dias trabajarás y harás todas tus obras. Mas el séptimo dia, SÁBADO, es del Señor tu Dios. No harás obra alguna en él, ni tú, ni tu hijo, ni tu hija, ni tu siervo, ni tu sierva, ni tu bestia, ni el extrangero que esté dentro de tus puertas. Porque en seis dias hizo el Señor el cielo y la tierra, y el mar y todo lo que hay en ellos, y descansó el séptimo; y por esto bendijo el Señor el dia del Sábado y lo santificó.

V. "Honra á tu padre y á tu madre para que sean largos los dias de vida sobre la tierra que te dará el Señor tu Dios.

VI. "No matarás.

VII. "No cometerás adulterio.

VIII. "No hurtarás.

IX. "No darás falso testimonio contra tu prójimo.

X. "No codiciarás la casa de tu prójimo; no desearás la muger de tu prójimo, ni su siervo, ni su sierva, ni su buey, ni su asno, ni cosa alguna de las que son de él."

Ahora bien, desde el *primer* paso que da el candidato en el umbral del templo masónico, se le pregunta SI CREE EN EL SER SUPREMO, EL ÚNICO, VERDADERO DIOS, OMNISCIO, OMNIPOTENTE, PADRE Y SEÑOR DE TODAS LAS COSAS, pues sin *el requisito de una respuesta afirmativa, nadie puede ser recibido como Mason*. Esta ley perentoria está de acuerdo con el primer mandamiento, que dice: "Yo soy el Señor tu Dios; no tendrás dioses ajenos delante de mí.'

LOS MASONES SON LOS CRISTIANOS POR EXCELENCIA.

Luego que el candidato penetra en el recinto sagrado, se le enseña "á amar á Dios en espíritu y en verdad;"* y haciéndolo arrodillar, se le advierte que ántes de emprender cualquiera obra, debemos invocar el auxilio divino en nuestra ayuda: DEBEMOS ORAR; y todos oran. Se le previene que "no debe hacer obra de escultura ni figura alguna de las cosas que hay arriba en el cielo, ni de las que hay abajo en la tierra, etc.: á no prosternarse delante de ellas, ni servirlas, porque el Señor nuestro Dios fuerte, celoso, castiga la iniquidad de los padres en los hijos, etc., de los que lo aborrecen, y hace misericordia en millares á los que lo aman y guardan sus preceptos."

En el curso del primer grado se enseña al candidato á "no tomar el nombre de Dios en vano," y "á santificar el Sábado,"† y se le hace prestar el solemne juramento no solo de "no cometer adulterio," sino ademas de "no violar jamas la castidad de la hija ó la hermana de un Mason." Se le recuerda que "no debe hurtar," ni "levantar falso testimonio," ni "codiciar la casa de su prójimo," ni "su muger," ni "sierva," etc. Se le manifiesta la obligacion en que está de defender al inocente oprimido, de proteger á la débil muger, de asistir al anciano achacoso, de socorrer y amparar al menesteroso, al indigente, al desvalido, y de ser humano, generoso y caritativo "con todos los hombres," y especialmente con los Hermanos Masones. Se le exhorta á "respetar y obedecer las leyes y á defender y sostener el gobierno del país en que viva." Por fin, se le recomienda que jamas debe olvidar este sublime precepto, pues en él se encierra toda la ley del Señor: "Amarás á tu Dios sobre todas las cosas y á tu prójimo como á tí mismo."

En el segundo grado se hace comprender al neófito que "Dios hizo al hombre á su imágen;"‡ y que el hombre debe amar á sus semejantes como á "una emanacion del espíritu divino." Se le enseña que NACE LIBRE, y que, por lo mismo, puede inclinarse al bien ó al mal si no encuentra una mano amiga que lo guie en los primeros pasos de su peregrinacion en esta vida; que la mision de la Masonería es encaminarlo hácia el bien para honor de la Órden y honra y provecho de la humanidad; á cuyo fin se le advierte que siempre debe mantenerse firme en las gradas del

* San Juan, Cap. IV. 24.
† Despues de la resurreccion del Salvador del mundo, se santifica el Domingo en vez del Sábado.
‡ Génesis, Cap. I · 26.

LOS MASONES SON LOS CRISTIANOS POR EXCELENCIA.

Templo en que se asientan la inteligencia, la rectitud, la prudencia, la fortaleza y la belleza que esencialmente tienden al desarrollo de las cualidades necesarias á la perfeccion del hombre.

Se le inculca el amor al trabajo, porque "el trabajo" es la grande idea de la Institucion Masónica y el pensamiento dominante en todas las partes del Ritual, que constantemente recomienda el cumplimiento de este supremo deber, "porque representa al Artífice divino EN OBRA INCESANTE, para difundir mas belleza y mas órden, mas bondad y mas justicia en todos los mundos que ha formado."

En el tercer grado se presenta el cuadro de las miserias humanas, mostrando claramente su causa. Su remedio no es ya un misterio: la Masonería no consiste solamente en comunicarse ciertas palabras y signos,* sino en instruir al hombre, en hacerlo bueno, magnánimo y esforzado; pues la ciencia sin la virtud, solo produce autómatas mas ó ménos hábiles y peligrosos; miéntras que la virtud ennoblece á los hombres y los hace útiles á sus semejantes. En el mismo grado se enseñan alegóricamente los grandes fenómenos de la naturaleza: LA VIDA Y LA MUERTE: LA REPRODUCCION Y LA DESTRUCCION: LA LUZ Y LAS TINIEBLAS. Se hace comprender, que grandes y pequeños, ricos y pobres, reyes y vasallos, tiranos y esclavos, sabios é ignorantes, "todos" hemos de desaparecer, un dia, porque aqui no somos mas que "extrangeros y peregrinos," *que no sabemos quienes somos, de donde venimos, ni á donde vamos.*

Pero al mismo tiempo se inculca al neófito, de la manera mas positiva, que "el alma del hombre es inmortal:" que no proviene de la organizacion ni del modo de ser de la materia, sino QUE ES UNA EXISTENCIA ÚNICA É IDÉNTICA, UN ESPÍRITU VIVIENTE, UNA CHISPA DE LA GRAN LUZ CENTRAL QUE HA ENTRADO EN EL CUERPO Y MORA EN ÉL, QUE NO SE DISPERSA NI SE EVAPORA CON LA MUERTE, COMO EL ALIENTO Ó COMO EL HUMO, NI PUEDE ANIQUILARSE, SINO QUE POSEE ACTIVIDAD É INTELIGENCIA, Y EXISTE COMO EXISTIA EN EL SENO DE DIOS ÁNTES DE HABER SIDO REVESTIDA DEL CUERPO. Se enseña tambien, que Dios "da la vida eterna á los que, por medio de la perseverancia en las

---

* Signos de *burla* y palabra *de paz*, como tan peregrina é ignorantemente ha dicho el cura D. TOMAS UBIERNA, en unos mal zurcidos renglones que contra la Masonería ha publicado en Santiago de Cuba, en un insulso papelucho titulado "El Boletin Eclesiástico."

buenas obras, aspiran á la gloria, al honor y á la inmortalidad,"* en premio de sus virtudes.

En el cuarto grado se inculcan los mas sanos principios de religion y de moral, como se vé en los siguientes pasages de los Salmos que se recitan en las ceremonias de dicho grado:

"El Señor de los Ejércitos será ensalzado en el juicio, y Dios, que es santo, será santificado en rectitud."

"Ay de aquellos que arrastran la iniquidad con los lazos de la vanidad y del pecado, como si fuera una soga!"

"Oye, Señor, mi voz con la cual he clamado á tí; ten misericordia de mí, pues tu bondad es perdurable."

"Bendice, alma mia, al Señor, y todas las cosas que hay dentro de mí bendigan su santo nombre."

"Quien se acerque á la contemplacion de los misterios, quítese el calzado de sus conversaciones mundanas y de sus afecciones corrompidas, porque el lugar que pisa es tierra santa."

"Laváos y limpiáos; desprendéos del mal de vuestras acciones; reconoced vuestras iniquidades y volved al Señor, porque ÉL os tendrá misericordia."

"Incitémonos los unos á los otros á practicar la virtud y á huir del vicio."

Se explica al neófito el significado del TRIÁNGULO, que es una gran luz para los Masones Inefables, por ser símbolo del G∴A∴D∴U∴, que nos recuerda continuamente al ÚNICO DIOS VERDADERO, á quien estamos obligados á tributar la mas profunda adoracion, y á cuya suprema voluntad, de buen grado se someten los Masones. Se explica que los lados del TRIÁNGULO nos recuerdan tambien á Dios, como nuestro CRIADOR, nuestro CONSERVADOR y nuestro BIENHECHOR, y sus tres atributos, la SABIDURÍA, la FUERZA y la BELLEZA, como los tres elementos primitivos empleados por ÉL para sacar "órden del cáos." Representan igualmente la FÉ, la ESPERANZA y la CARIDAD. Todas estas cosas se mencionan de paso en los grados simbólicos, pero en los Inefables se enseñan detalladamente con el objeto de mejorar nuestra moral y de dar á conocer las sublimes verdades que constituyeron su esencia en las primeras edades del mundo.

Cada grado en la Masonería Inefable tiene por objeto inculcar una leccion de moral y recomendar la práctica de alguna virtud particular.

* San Pablo á los Romanos, Cap. II: 7.

LOS MASONES SON LOS CRISTIANOS POR EXCELENCIA.

En el grado catorce se hace jurar solemnemente al recipiendario la FIEL OBSERVANCIA DE LOS DIEZ MANDAMIENTOS DEL SEÑOR, como se hallan en el Exodo y he presentado ya á mis lectores, y cuyos preceptos sublimes conoce todo Mason Inefable, esforzándose en cumplirlos.

En el grado diez y ocho, ó de Soberano Príncipe Rosa-Cruz, se explican de este modo las tres virtudes teologales:

"Por la FÉ esperamos confiados en cosas que no han visto ni palpado nuestros sentidos. Ella nos enseña "que el mundo fué formado por la palabra de Dios."*

"Por la ESPERANZA aguardamos la futura inmortalidad de nuestras almas despues de esta vida." "Nadie vió jamas á Dios."† "Empero sabemos que vino el verbo de Dios y nos dió inteligencia para conocer la verdad, y en la verdad estamos, esto es, en Jesu-Cristo, el verdadero Dios y la vida eterna."‡

"Por la CARIDAD nos hacemos mas perfectos; porque la caridad es sufrida y bienhechora: la caridad no tiene envidia, no obra precipitadamente, no se ensoberbece. No es desdeñosa, no busca su propio interes, no se irrita ni piensa mal. No se huelga de las injusticias, sino que se complace en la verdad. Todo lo sobrelleva, todo lo espera y todo lo sufre. La caridad nunca fenece." La Fé, la Esperanza y la Caridad son tres virtudes muy sublimes, pero la Caridad es la mas excelente de todas,§ "porque Dios es caridad."‖

Se recitan tambien los pasages siguientes de los Salmos:

"Bienaventurado el hombre que no anduvo *en consejos de impios;* y en camino de pecadores no se detuvo."¶

"Apartáos de mí todos los que obrais con iniquidad, porque el Señor ha oido la voz de mi llanto."**

"Señor, Señor, cuán maravilloso es tu santo nombre en toda la tierra! Tu magnificencia se ha levantado sobre los cielos."††

"Oye, Señor, mi justicia, atiende á mi ruego. Perciban tus oidos la oracion que te dirijo no con labios engañosos. Encamina mis pasos por tus senderos para que mis pisadas no se extravien."‡‡

"Los cielos proclaman las obras de Dios, y el firmamento anuncia las obras de sus manos."§§

* Hebreos, Cap. XI: 3. † I Juan, Cap. IV: 12. ‡ I Juan, Cap. V: 20. § 1 Corintios, Cap. XIII: 4-5-6-7-8-13. ‖ I Juan, Cap. IV: 8. ¶ Salmo I ** Salmo VI. †† Salmo VIII. ‡‡ Salmo XVII. §§ Salmo XIX

LOS MASONES SON LOS CRISTIANOS POR EXCELENCIA.

"Bienaventurados aquellos cuyas iniquidades han sido perdonadas, y cuyos pecados han sido encubiertos."*

"Y dije: Señor, ten misericordia de mí: purifica mi alma, porque he pecado contra tí."†

"Bienaventurados los que observen tus mandamientos para tener derecho al árbol de la vida y á entrar por las puertas de la ciudad."‡

Ahora bien, séame permitido preguntar: ¿Podrá algun hombre sensato creer de buena fé que los que profesan estos principios, *tienden á la ruina comun de la religion y de la sociedad humana,* y sean, en manera alguna, *hombres inmorales y perversos?*

El grado diez y ocho es una alegoría de la muerte y resurreccion del Salvador del mundo, y todo tiende á demostrar el amor puro y verdadero que los Masones, como excelentes cristianos, profesan á su Dios y Señor, (cuyo nombre santo no mencionan jamas sino con aquel respeto y profunda veneracion que todas las criaturas deben á su criador,) y el interes vivo y positivo que toman por el bienestar de la humanidad. En este mismo grado se celebra la última cena de Jesus con los apóstoles;§ y el grado concluye inspirando é inculcando los sentimientos de AMOR FRATERNAL, DE PAZ Y DE CARIDAD que deben caracterizar el buen Mason, é implorando humildemente el auxilio divino, y la santa bendicion del Señor, NUESTRO REY ETERNO, INMORTAL É INVISIBLE, NUESTRO ÚNICO, SABIO Y VERDADERO DIOS, nuestro honor y nuestra gloria por todos los siglos de los siglos.‖

¿Son estos los hombres *inmorales, perversos y criminales?*

"TODO AQUEL QUE INVOCARE EL NOMBRE DEL SEÑOR, dice el apóstol, SERÁ SALVO.¶ Y LA JUSTICIA DE DIOS . . . . . ES PARA TODOS Y SOBRE TODOS LOS QUE CREEN EN ÉL; PUES NO HAY DISTINCION ALGUNA.**

Desde el grado diez y nueve hasta el 33 del rito Escoces Antiguo y Aceptado, QUE ES LA ÚNICA Y VERDADERA MASONERÍA, continúan exponiéndose detalladamente, en toda su pureza, las

---

* Salmo XXXII. † Salmo XLI. ‡ Apocalípsis, Cap. XXII: 14.

§ Véase en la página 281 de EL ESPEJO MASÓNICO, N.° 9, un interesante y lacónico discurso, pronunciado en la ceremonia de la cena, el juéves santo.

‖ El Señor NICOLAS PONTON, editor del *Conservador*, de Bogotá, encontrará en esta explicacion y en el presente artículo, cuantos datos necesite respecto de la Masonería y de los Masones, por toda contestacion á los sofismas y necedades que contra tan veneranda Institucion ha publicado en el citado periódico, en el mes de Marzo del corriente año.

¶ San Juan á los Romanos, Cap. X: 13. ** Romanos, Cap. III: 22.

doctrinas masónicas, que son, en esencia, las contenidas en la ley natural y las predicadas y ordenadas por Jesucristo.

Los Masones son humanos, generosos y caritativos y excelentes cristianos. "No aman de palabra y con la lengua, sino con OBRAS Y DE VERAS," como ámpliamente lo tienen demostrado; y cuando dispensan la caridad, lo verifican sin jactancia y conforme al Evangelio, "haciendo que la mano izquierda no perciba lo que hace la derecha,"* y sin esperar la mas leve recompensa, pues tienen suficiente galardon en el cumplimiento del sagrado deber que expontáneamente se han impuesto y en la grata satisfaccion de hacer bien; prescindiendo de que, "nuestro padre, que vé en lo oculto, recompensará ámpliamente."†

Los Masones no hacen ostentacion de fausto ni de grandeza: no atesoran,‡ sino que distribuyen. No han impuesto ni imponen onerosos gravámenes á sus Hermanos, pues simplemente colectan una contribucion módica para subvenir á los gastos indispensables de sus asambleas. Huyen del lujo y aparato pomposo, como contrarios á los principios del que fué modelo de sencillez y de modestia. Los cargos ó dignidades masónicas se desempeñan *gratuitamente*, y para ellos se escojen los individuos "mas hábiles y los que sirvan con mayor gloria y honor" á la Institucion, teniéndose solo en cuenta, al elegirlos, el mérito intrínseco de cada uno.

Cubiertos los "pequeños" gastos "indispensables," el resto se distribuye religiosamente en limosnas y obras de beneficencia, tales como "asilos para viudas y huérfanos," etc. En los Estados Unidos de América, mas de CUATROCIENTAS familias subsisten hoy de la caridad masónica. La Gran Logia de Nueva York distribuye anualmente una enorme suma de dinero en limosnas, y los "Fondos de Socorros Masónicos," de Nueva York, Brooklyn, etc., para los cuales contribuyen casi todas las Logias, asisten diariamente á los Hermanos necesitados y á los transeuntes que se hallan en desgracia. Puedo asegurar, sin temor de equivocarme, que los DIEZ Y SEIS MILLONES de Masones que hay esparcidos hoy en la superficie de ambos hemisferios, emplean la suma de cerca de CIEN MILLONES anuales en limosnas y obras de beneficencia.

* Mateo, Evang. Cap. VI: 3. † Mateo, Evangelio, Cap. VI: 4.
‡ Sixto V extorsionó á los pueblos de tal manera, para atesorar fabulosas sumas de dinero, que á su muerte se hallaron CINCO MILLONES de escudos en el Castillo Sant Angelo, los cuales iban á servir á sus miras de ambicion.

¿Pueden decir otro tanto los injustos detractores de la Masonería?

Los Masones son ciudadanos que juran sostener y defender la paz pública, como fielmente lo ejecutan, conforme á las leyes y Estatutos Masónicos.*

No han asesinado á reyes† ni á papas :‡ no han establecido ni ayudado el establecimiento del tribunal que fundó el VICARIO DE DIOS, llamándolo SANTO OFICIO,‖ pero que, propriamente, debería llamarse INFERNAL OFICIO, pues los anales de la historia registran, con horror de todas las generaciones, los mas espantosos crímenes cometidos en nombre del Dios de paz y de dulzura y de la sublime religion cristiana, profanándola de un manera que clama justicia al cielo.

Los Masones jamas han contribuido á la persecucion, al martirio ni á la muerte de millares de individuos de diferentes Órdenes y de distintas sectas.* Tampoco han envenenado á persona

---

* Antes de instalar á un Venerable, *tiene* que hacer la declaratoria siguiente, en plena Logia, á cuyo efecto el oficial instalador se dirige á él y le interroga en esta forma:

Hermano: previa vuestra investidura, es necesario que manifestéis si obedeceis y acatais los antiguos Estatutos y Reglamentos que prescriben los deberes del Maestro de una Logia:

1.° ¿Convenís en ser hombre de bien y en obedecer estrictamente la ley moral?

2.° *¿Convenís en ser súbdito pacífico y conformaros escrupulosamente con las leyes del pais en que habitais?*

3.° ¿PROMETEIS NO MEZCLAROS EN TUMULTOS, NI CONSPIRACIONES CONTRA EL GOBIERNO, Y QUE OS SOMETEREIS CON PACIENCIA A LOS FALLOS DE LA SUPREMA LEGISLATURA?

4.° ¿Convenís en prestar el debido respeto al magistrado civil, en trabajar con actividad, en vivir con crédito y en proceder honradamente con todos los hombres? (*Manual de la Masonería*, por Cassard, pág. 145.)

† Enrique IV fué asesinado por el fraile Ravaillac, en 1610, por haber permitido á sus súbditos protestantes el libre egercicio de su culto; y Luis XV fué igualmente asesinado, en 1713, por Damiens, que fué pagado por los jesuitas.

‡ El Papa Clemente XIV (Ganganelli,) fué envenenado por los jesuitas en 1774 por haber suprimido dicha compañía que cometió tantos crímenes y causó tanto mal á la humanidad.

‖ El Papa Inocencio III, autorizó en el siglo XII, el establecimiento de la Inquisicion en España, Portugal é Italia.

* JAIME DE MOLAY, Gran Maestro de los Caballeros Templarios, órden Masónica, creada en el pontificado del Papa Gelasio, hácia el año de 1118, fué *quemado vivo*, en Paris, el 18 de Marzo de 1314, por *Felipe* IV, el *Hermoso*,

alguna.* No se mezclan en controversias religiosas ni políticas, y por el contrario, conforme á los Estatutos masónicos, se recomienda que se eviten esas odiosas discusiones que tan funestos resultados han producido á la humanidad.

Los Masones *no* han arrancado osadamente TODO UN MANDAMIENTO del código divino del Señor, ni mutilado sus preceptos sublimes para arrogarse facultades y privilegios que JAMAS se han concedido á los hombres.

Los Masones no son IDÓLATRAS: no tienen Dioses ajenos delante de sí, ni han hecho jamas "obras de escultura, ni figura alguna de lo que hay arriba en el cielo, ni de lo que hay abajo en la tierra, ni se han prosternado delante de ellas para adorarlas y servirlas." Los Masones NO TIENEN MAS DIOS "que el Señor fuerte, celoso, que hace misericordia en millares á los que le aman y guardan sus preceptos, etc." SU DIOS Y SEÑOR ESTÁ EN LAS ALTURAS.

Los Masones no han inventado *Bulas* para hacer creer que salvan á los hombres por medios mercenarios; recuerdan que el Señor dijo: "yo soy el que ha de dar á cada uno su merecido."† Tampoco han inventado *privilegios, indulgencias, misas, responsos,* y otras tantas patrañas y elementos de extorcion y vergonzosa especulacion á que han recurrido los mismos que pretenden imputar faltas á los Masones y llamarlos inmorales. Los Masones no han prohibido ni prohiben *que se coma carne ó pescado en tal ó cual dia*, ni han hecho de esta abstinencia una virtud,‡ pues re-

---

y el Papa Clemente V, que se coludieron para destruir la Orden y apoderarse de sus inmensas propiedades. Casi todos aquellos dignos y valientes caballeros perecieron, unos quemados vivos, otros asesinados, y la Orden fué destruida.

* El Papa Alejandro VI, español, fué el héroe de las lubricidades y de los crímenes de su época. Murió del veneno que entre él y el duque Cesar, SU HIJO, prepararon para matar al Cardenal Adriano. El Papa, por un error, tomó del vino envenenado y murió en el acto; el hijo tambien lo tomó y pudo resistir, aunque trayendo una vida arrastrada, y el Cardenal Adriano, vivió, por milagro, ó mas cristianamente hablando, por los cuidados de la Providencia que salva al inocente con la misma mano que castiga al malvado.

† Hebreos, Cap. x: 30.

‡ El Papa Sergio I *recomendó*, á principio del siglo VIII, la abstinencia de carne en la cuaresma por un commonitorio dirigido á los Obispos del mundo; despues de lo cual, y prevalido ya de la preparacion que las ideas de Sergio habian efectuado, el Papa Pio II, senense, dió, en el siglo XV, una Constitu-

cuerdan que San Pablo dice: "Todo lo que se vende en la plaza, comedlo, sin andar en preguntas *por motivo de conciencia.* Porque del Señor es la tierra y *todo* lo que hay en ella."*

Los Masones no han quemado vivas á ancianas ciegas,† ni á virtuosas é inocentes doncellas, cuyo crímen consistia en haber defendido su honor, no dejándose seducir y corromper por los que se titulan Obispos y ministros de la iglesia de Cristo,‡ quienes deberían ser los primeros en dar buenos ejemplos y en practicar las virtudes austeras de la religion cristiana, pero que desgraciadamente, desde Inocencio III, han sido los enemigos mas encarnizados de la humanidad, cometiendo todo género de crímenes y repugnantes atrocidades, promoviendo guerras injustas y sangrientas, y corrompiendo la moral de los pueblos.

En justa defensa de los Masones, debo, pues, afirmar, sin temor de ser desmentido, que ni la Masonería ni los Masones "han" contribuido en manera alguna, á los males de la humanidad; que no se han manchado con sangre inocente; que no han levantado cadalsos ni encendido hogueras para inmolar millones de víctimas; que no han sacrificado mártires ilustres á la ignorancia, al fanatismo y á la supersticion; que nunca han empleado el veneno ni el puñal del asesino asalariado contra nadie, *pues no tienen enemigos á quienes temer ni castigar,* y, en fin, no han sido los promotores ni instigadores de esas guerras sangrientas

---

cion, *Quemadmodum,* por la cual *prohibió* la carne en los dias no feriados de la cuaresma. Este pontífice habia heredado de su familia, que se llamaba "Piccolomini," UNA PESQUERÍA EN BOLONIA, y con su *Bula* de *abstinencia* se hizo poderosísimo. Un escritor satírico, italiano, que usó el seudónimo de *Guidio,* escribió, contra Pio II, unas endechas, en que lo llamaba *pescador, pescado,* y TIBURON. He aquí, pues, el orígen y motivo de la abstinencia de carne que se observa aun en nuestros dias, la cual fué inventada por un Papa *para vender su mercancía.*

* 1 Corintios, Cap. x: 25.

† La última víctima de la Inquisicion que pereció en las llamas en la plaza de Sevilla, fué una pobre anciana, ciega, acusada de "heregía," y habiendo sido condenada por el "Tribunal Satánico," fué colocada sobre barriles de brea y alquitran y reducida á cenizas.

‡ CORNELIA BORORQUIA, jóven de extraordinaria belleza, hija del Marques de Bororquia, Gobernador de Valencia, fué quemada "viva" en la plaza de Sevilla, por no haber querido condescender á los impuros deseos del Arzobispo de Sevilla, que la extrajo furtivamente de la casa de su padre y la llevó por fuerza á su palacio. Pero habiéndose aun negado Cornelia á las solicitudes del Arzobispo, este la entregó á la Inquisicion.

que han inundado la tierra en sangre y cubiértola de luto y desolacion !!!

Todas esas vergonzosas escenas, esas crueldades inauditas, esos horrores y crímenes estupendos; todo ese extrago y esa ruina, ha sido, precisamente, obra de los impostores y fanáticos que pretenden aun engañar al mundo, calumniando á la Masonería é imputando á los Masones *todos* los excesos y crímenes que ellos han cometido.

Citese un solo crímen, un sacrilegio, un asesinato, un acto inmoral perpetrado por los Masones; una víctima inocente sacrificada por la Masonería; un solo acto de crueldad inspirado por su enseñanza; ó pruébese UNO de tantos hechos que se atribuyen á los Masones y á la Masonería, y ENTÓNCES, y SOLO ENTÓNCES NOS CONFESARÉMOS CULPABLES, y convendrémos en que merecemos los epítetos con que se nos denigra.*

Pero, entre tanto, sin odio, sin resentimiento y con completa calma de espíritu, en nombre de la Masonería PROTESTO: que TODOS los ataques que se le dirigen son falsos, calumniosos y producidos por bastardos intereses y por el afan de engañar, de embrutecer y de explotar á los hombres.

Aunque pudiéramos volver golpe por golpe, y decir á nuestros enemigos como los Obispos de Francia á Gregorio IV: "habeis venido á excomulgarnos, os iréis excomulgado," debo asegurar

---

* Los enemigos de la Masonería, dispuestos siempre á calumniarla, le atribuyeron la "persecucion y muerte de MORGAN," porque dió á luz una obra en que, se dice, que "revelaba, en parte, los secretos de la Masonería." La persecucion de Morgan fué una farsa, obra de dos partidos políticos que se disputaban la presidencia. Morgan no murió, sino que dejó el país por convenir así á sus miras particulares: "la venta de su obra." El erudito Albert G. Mackey, en su CADENA MÍSTICA, pág. 79, dice: "El Capellan de la fragata *Brandywine*, que condujo en 1825 á Lafayette á Francia, y fué luego destinado á la estacion del Mediterráneo, en una de las relaciones de sus viages que publicó posteriormente, dice: *que vió á Morgan en Smyrna, Turquía, y conversó con él.*" Ademas, el Señor Ezra Sturges Anderson, en la publicacion titulada "Hallowell Advocate," "asegura que vió á Morgan," á quien él conocia desde muchos años ántes, y que habia adoptado el nombre de "Harrington," en "Mount Desert Island," en la costa de Maine, ántes de dejar este país, en Abril de 1829. Morgan "estaba sano y muy robusto, y se jactaba de haber realizado la suma de $20,000 de su obra;" á la cual dió mayor interes ausentándose del país y haciendo creer que "habia sido asesinado por los Masones. ¡Miserable interes! ¡Bastardo medio de especular, comprometiendo la pureza y dignidad de la mas sublime de las Instituciones humanas!

que los Masones no harán represalias, no declararán guerra á muerte aun contra aquellos que los persiguen con tanta obstinacion y tenacidad, pues no odian á ningun hombre porque saben que esto sería contrario á los preceptos del código divino: "Quien quiera que tenga odio á su hermano, ES UN HOMICIDA; y sabeis que NINGUN HOMICIDA mora en la vida eterna,"* pues está escrito: "maldito el que *no observare constantemente todo lo que contiene* el libro de la ley."†

Los Masones no se conforman con decir que LA ESCRITURA ES SU LEY, sino que se afanan en PROBAR AL MUNDO, CON SUS OBRAS, que efectivamente cumplen con los preceptos de Dios, y por lo mismo, pueden condenar á los que, titulándose *ministros* del Señor, son prevaricadores de su ley.

He dicho que la Masonería está conforme con los preceptos de la verdadera religion: que los Masones SON LOS CRISTIANOS POR EXCELENCIA, que profesan las doctrinas del Evangelio, y son, por tanto, fieles observantes de los preceptos del Señor. He dicho tambien que los Masones no han arrancado UN MANDAMIENTO de la ley de Dios, ni adulterado sacrílegamente los preceptos divinos para engañar y explotar á los hombres. Ahora, pues, pasaré al segundo punto de mi argumento, y declararé QUIENES han cometido esta horrible y criminal profanacion. Á este fin comenzaré por insertar los DIEZ mandamientos promulgados por Dios, tomándolos del Exodo, Cap. XX, y pondré al lado, para que sea fácil la comparacion, los DIEZ mandamientos, como los *arregló* el Papa Pio V, quien expidió una *bula* por la cual ORDENABA su observancia, y cuyos *mandamientos* son los que se enseñan á la juventud en las escuelas católicas romanas.‡

---

* 1 Juan, Cap. III: 15.
† San Pablo á los Galatas, Cap. III: 10.
‡ Durante los siglos VIII, IX y X los Iconoclastas combatieron con tal constancia y con tanta razon "el culto de los Santos y la adoracion de las imágenes," como contrario á los preceptos de Dios, que uno de los Concilios de Constantinopla se vió obligado á transigir, declarando: "que se tributara á los santos y á los ángeles el culto de *Dulía*, es decir, una reverencia; á la vírgen María, el de *hiperdulía*, es decir, doblar una rodilla; y que el de *latria*, ó sea adoracion doblando ambas rodillas, SOLO SE TRIBUTARA á Dios." Pero *San Pio*, ó sea el Papa Pio V, mas osado que santo, á principio del siglo XVI, prescindiendo de la disputa de los Iconoclastas, dió su *famoso catecismo*, conteniendo, mutilados, los mandamientos del Señor, y expidió una *bula* autorizándolos; osadía sin ejemplo en los anales de la religion.

LOS MASONES SON LOS CRISTIANOS POR EXCELENCIA.

MANDAMIENTOS DEL SEÑOR.	MANDAMIENTOS DE PIO V.
I. Yo soy el Señor tu Dios, que te saqué de la tierra de Egipto de la casa de la servidumbre. Tú no tendrás Dioses ajénos delante de mí.	I. Amar á Dios sobre todas las cosas.
II. "No harás para tí obra de escultura, ni figura alguna de las cosas que hay arriba en el cielo, ni de lo que hay debajo de la tierra, ni de las cosas que están en las aguas debajo de la tierra. No te prosternarás delante de ellas ni las servirás. Porque yo soy el Señor tu Dios fuerte, celoso, que visito la iniquidad de los padres sobre los hijos, hasta la tercera y cuarta generacion de aquellos que me aborrecen; y hago misericordia en millares á los que me aman y guardan mis preceptos."	II. No jurar su santo nombre en vano.
III. No tomarás el nombre del Señor tu Dios en vano; porque el Señor no tendrá por inocente al que tomare su nombre en vano.	III. Santificar las fiestas.
IV. Acuérdate del dia del Sábado para santificarlo como te lo mandó el Señor tu Dios. Seis dias trabajarás y harás todas sus obras. Mas el séptimo dia, Sábado, es del Señor tu Dios. No harás obra alguna en él, ni tú, ni tu hijo, ni tu hija, ni tu siervo, ni tu sierva, ni tu bestia, ni el extrangero que está dentro de tus puertas. Porque en seis dias hizo el Señor el cielo y la tierra, y el mar y todo lo que hay en ellos, y descanzó el séptimo; y por esto bendijo el Señor el dia del Sábado y lo santificó.	IV. Honrar á padre y madre.
V. Honra á tu padre y tu madre para que sean largos los dias de vida sobre la tierra que te dará el Señor tu Dios.	V. No matar.
VI. No matarás.	VI. No FORNICAR.
VII. No cometerás adulterio.	VII. No hurtar.
VIII. No hurtarás.	VIII. No levantar falso testimonio, ni mentir.
IX. No darás falso testimonio contra tu prójimo.	XI. NO CODICIAR LA MUGER DEL PRÓJIMO.
X. No codiciarás la casa de tu prójimo; no desearás la muger de tu prójimo, ni su siervo, ni su sierva, ni su buey, ni su asno, ni cosa alguna de las que son de él.	X. No CODICIAR LOS BIENES AJENOS.

Comparando ambos textos se nota, desde luego, que se ha *suprimido enteramente* el II mandamiento del Señor, y que los autores del crimen, para cubrir tan grave falta, convirtieron el III mandamiento en II, el IV en III y así sucesivamente hasta el

VIII. Pero como con la dicha supresion del II mandamiento, los DIEZ quedaron reducidos á NUEVE, hubo que recurrirse á hacer la auptosia del X mandamiento, dividiéndolo en DOS para completar así el número y llenar, de cualquier modo, el vacío que se notaba.

De una comparacion detenida resulta:

1.° Que el I mandamiento arreglado por la Iglesia romana, es muy distinto del promulgado por el Señor.

2.° Que *se ha suprimido* COMPLETAMENTE el II precepto en que el Señor *prohibe la idolatría*.

3.° Que el IV, no solo se ha convertido en III, sino que se ha adulterado su sentido, pues en lugar de guardarse el "Sábado," se mandan santificar fiestas *inventadas* por los hombres, con fines de idolatría, prohibidas por el Señor.

4.° Que en vez del VII mandamiento del Decálogo, que prohibe el *adulterio*, se ha inventado otro (VI) de diverso sentido.

5.° Que del X mandamiento, que prohibe CODICIAR TODO LO AJENO, se han hecho DOS que tienen una misma significacion, pues la muger es tan propiedad del hombre, como lo es su casa, su siervo, su buey, etc.; y por consiguiente el IX mandamiento inventado, es superfluo y absolutamente innecesario, porque el X contiene "toda" la fuerza y la prohibicion que es general y absoluta.

La supresion del II mandamiento tuvo claramente por objeto abolir el culto puro, sencillo y espiritual del verdadero Dios, y sustituirlo con la idolatría, esto es, con el culto absurdo de las imágenes, que es del todo contrario á los preceptos del Señor y del Evangelio. Se amenazó con la condenacion eterna á los que no creyeran en la idolatría inventada, decretada é impuesta por la Iglesia romana. Pronto se enseñó que cada imágen necesitaba un culto especial, santuarios y sacerdotes: se pretendió hacer creer que cada imágen hacia milagros, curaba enfermos ó confería, á sus devotos, "favores especiales:" que para obtener esas gracias era preciso adorar efigies y celebrar fiestas en su honor, y PRESENTARLES riquísimas ofrendas. De aquí vino la *necesidad* de la canonizacion de los santos,[*] de la consagracion de "cada dia" del año á una imágen especial; de la invencion de ritos y

---

[*] La idea de beatificacion y canonizacion es reprobable por muchos motivos. Prescindiré de la tramitacion ó farsa ridícula, ordenada por Benedicto XIV, en ia cual "un clérigo" hace el papel de "diablo," oponiéndose á la de-

ceremonias copiadas del paganismo; y todo esto hizo que en la "religion romana, idolatra y pagana," se olvidara el culto del verdadero Dios y la práctica de la verdad.

Tan extraño error no tendría explicacion si no hubiera servido para exigir de los fieles, contribuciones, sisas, mandas, derechos parroquiales, y el precio de dispensas, indulgencias y absoluciones, y si de todo esto no hubieran resultado inmensos tesoros arrancados tan sacrilegamente de las víctimas, á quienes han tenido en la ignorancia, para emplearse en el aparato ostentoso de un Papa que se tituló *rey* de Obispos que se soñaron principes, y de un enjambre de ministros, monges, etc., que vivieron en la holganza y en la molicie, alimentándose de la sustancia de las masas extraviadas. Todos estos hombres se hicieron adorar, se titularon Santos, pretendian abrir y cerrar, á su antojo, las puertas del cielo; inventaron pecados para vender su absolucion, y se presentaron á la multitud como dioses, cuya ira era preciso aplacar, cuyos favores era preciso procurar á fuerza de oro y de humillacion. Asi olvidaron lo que San Juan dijo: "Guardáos de los ídolos;"* y olvidaron tambien que cuando los paganos llamaron Júpiter á Bernabé, y Mercurio á Pablo, y quisieron ofrecerles sacrificios, estos apóstoles rasgaron sus vestiduras, y lanzándose en medio del pueblo, exclamaron: "Varònes ilustres, ¿porqué haceis esto? somos hombres mortales semejantes á vosotros, y os anunciamos que *de estas vanidades os convirtais al Dios vivo que hizo el cielo y la tierra y todo cuanto hay en ellos.*"†

claratoria de "Santo" del que es motivo del proceso: del exámen de los testigos, que responden puestos de "rodillas," jurar decir lo que "creen" y no lo que "saben," y de las "pruebas de milagros," curacion de enfermedades con bendiciones, resurreccion de los muertos "por virtud de reliquias, etc., y me contraeré solamente:

1.° Al DINERO que pasa á Roma con el objeto de las beatificaciones y al que reciben los Cardenales por sus informes, y los jueces por sus aútos, y los fiscales por sus pedimentos, y los asesores por sus consultas. . . . . negocio muy pingüe, por cierto pero sumamente indigno; y

2.° Al sentimiento de vanidad y orgullo necio que se inspira en las familias de los canonizados, sentimiento de aristocracia y de superioridad, enemigo del Evangelio y de todos los principios cristianos, pero sostenido, sin embargo, por los ministros romanos por la utilidad que de él reportan, sacrificando la doctrina al sórdido interes, y estimando en poco ó en nada la virtud, primordial mira del hombre miéntras que peregrina en este triste camino de la vida.

* I. Juan, Cap. v: 21.
† Hechos de los apóstoles, Cap. XIV: 12-15.

Veámos cómo condena la Escritura la idolatría.

En el Apocalipsis, Cap. XXII, versículos 8 y 9, se lee: "Y yo, Juan, he sido el que he oido y visto estas cosas. Y despues que las oí, me postré á los pié del ángel que me las mostraba, para adorarle. Y me dijo: "Guárdate, no lo hagas, porque yo siervo soy contigo y con aquellos que guardan las palabras de la profecía de este libro. ADORA Á DIOS."

San Pablo en su Epístola á los Gálatas, Cap. V, versículos 20 y 21, dice: "CULTOS DE ÍDOLOS, hechicherías, enemistades.... heregías, envidias, homicidios. . . . y cosas semejantes; sobre las cuales OS PREVENGO, como ya os tengo dicho, que los que hacen tales cosas, NO HEREDARÁN EL REINO DE DIOS."

El mismo apóstol dijo á los Corintios: "EL QUE AMA Á DIOS, ES CONOCIDO DE DIOS. Así que de las viandas ofrecidas á los ídolos, SABEMOS QUE EL ÍDOLO ES NADA EN EL MUNDO, Y QUE NO HAY MAS QUE UN SOLO DIOS.* En razon á esto, carísimos mios, HUID DEL CULTO DE LOS ÍDOLOS."†

En el Salmo CXV, versículo 3 y 8, se lee: "EL DIOS NUESTRO PADRE ESTÁ EN EL CIELO. Todo cuanto quiso, tanto hizo. Los simulacros de las naciones, plata y oro, *obra son de manos de los hombres*. Boca tienen y no hablarán; ojos tienen, y no verán, oidos tienen y no oirán; narices tienen y no olerán; manos tienen y no palparán; piés tienen y no andarán; no gritarán con su garganta. Son semejantes á ellos los que los hacen y todos los que fian en ellos."

"No son dioses los que se hacen con las manos"‡

Podría multiplicar los textos sagrados que existen contra la idolatría, pero refiero á mis lectores al LIBRO SUBLIME; debiendo hacer notar aquí, que los Masones se conforman con sus preceptos y SOLO AMAN AL ÚNICO Y VERDADERO DIOS; MIÉNTRAS QUE DE ESOS MISMOS PRECEPTOS DIVINOS SE APARTA LA IGLESIA ROMANA QUE ARRANCÓ DEL DECÁLOGO EL II MANDAMIENTO PARA ESTABLECER LA PRODUCTIVA IDOLATRÍA DE LAS IMÁGENES.

Con el III mandamiento arreglado por Pio V, mandando santificar las fiestas, se logró atraer á la multitud á los templos, como á un espectáculo mundano; hubo fiestas diarias; se apartó á la gente sencilla del trabajo y del hogar doméstico; los padres de familia iban perdiendo la habilidad para gobernar sus casas, pues los que les enseñaban la idolatría, se apoderaban gradual-

* I. Corintios, Cap. VIII: 3-4. † I. Corintios, Cap. X: 14. ‡ Los Hechos Cap. XIX: 26.

mente de los secretos y sagrado de las familias para manejarlas á su antojo. La misa se dijo todos los dias, pero no gratuitamente: la hubo para rendir culto á los santos, y para *sacar almas del purgatorio*,* ingeniosa invencion que explotó la caridad y los lazos de familia y profanó la memoria de los muertos en beneficio de los llamados *Ministros de Dios*. Lo mas pernicioso de estas farsas, lo mas inmoral de esta venta de gracias espirituales, consistió en enseñar que ciertas prácticas externas valen tanto como la virtud, y en reemplazar las buenas obras con ridiculas genuflexiones y extravagantes penitencias. La venta de las indulgencias llegó á ser un hecho tan escandaloso que abrió por fin los ojos de los pueblos cristianos, apartándolos para siempre de la Iglesia romana. Las *bulas de composicion* fueron otro escándalo inmoralísimo, pues procuran la remision, ante Dios, de los pecados por dinero, como se adquiere en la tierra la absolucion de jueces venales y corrompidos, y no por el arrepentimiento y la reparacion del mal causado, ni tampoco por la práctica de la virtud. Hubo tarifa para los vicios, los delitos y los crímenes; y el interes del clero estaba en que se multiplicara la corrupcion de los costumbres, pues miéntras mas criminal era un hombre, mas caramente tenia que pagar la *bula de composicion*.

En la Sagrada Escritura no se encuentra una sola palabra que autorice esas invenciones y supercherías. Tampoco puede encontrarse en el LIBRO SAGRADO, el fundamento de la "Confesion auricular," artificio del clero, que tiene por objeto oprimir las conciencias y ejercer, por medio del terror y de la supersticion en unos, y de la debilidad en otros, el dominio y autoridad mas absolutos sobre las conciencias.

He aquí lo que dice la Escritura sobre el particular: "Y oré á Jehová, mi Dios y confesé y dije: te ruego, Señor, Dios Grande, digno de ser temido, que mantengas tu alianza y tu misericordia con los que te aman y guardan tus mandamientos: hemos pecado; hemos cometido iniquidad; hemos vivido impiamente; hemos apostatado y nos hemos desviado de tus mandamientos y de tus juicios. Postrados presentamos nuestros ruegos DELANTE DE tí . . . ."†

---

* El Obispo de Aix confiesa cándidamente, *que la doctrina del purgatorio no estaba* mencionada en las Escrituras. Apareció en la Iglesia Romana en el VII siglo; se afirmó en el XII; y fué sancionada en el Concilio de Trento, lanzándose espantosos anatemas contra los que la negasen.

† Daniel, Cap. IX: 4-5-18.

David dijo: "Te manifesté mi pecado y no encubrí mi iniquidad. Dije: yo confesaré mis injusticias contra mí á Jehová; y tú perdonarás la maldad de mis pecados."*

"Y te dije: Señor ten misericordia de mí: purifica mi alma, porque he pecado contra tí."†

"Dentro de mí oraré al Dios de mi vida."‡

San Pablo dice: Os rogamos, pues, en nombre de Cristo, que os reconciliéis con Dios."§

"Allegáos á Dios, dice Santiago, EL se llegará á vosotros. Limpiad ¡oh pecadores! vuestras manos,... purificad vuestros corazones; humillaos en la presencia del Señor, y El os ensalzará."∥

El mismo apóstol dice: "¿Hay alguno entre vosotros que esté triste? Haga oracion.... y la oracion de la fé salvará al enfermo, y el Señor le aliviará, y si se halla con pecados, le perdonará."¶

"Pues si confesares CON TU BOCA AL SEÑOR, SERÁS salvo."**

San Pablo dice: "Y así todo sacerdote se presenta CADA DIA á ejercer su ministerio, y Á OFRECER MUCHAS VECES LAS MISMAS victimas, las cuales NO PUEDAN JAMAS quitar los pecados. Pues somos santificados por la oblacion del cuerpo de Jesucristo, hecha UNA SOLA VEZ. Y el espíritu Santo nos lo testifica, porque ha dicho ántes: He aquí la alianza que yo asentaré con ellos, dice el Señor: Despues de aquellos dias, imprimiré mis leyes en sus corazones, y las escribiré sobre sus almas: y YA NUNCA, JAMAS ME ACORDARÉ DE SUS PECADOS, NI DE SUS MALDADES. CUANDO QUEDAN, PUES, PERDONADOS LOS PECADOS, YA NO ES MENESTER OBLACION POR EL PECADO.††

De todo este resulta que SOLO contra Dios, nuestro padre y Señor pecamos; y que por consecuencia EL SOLO perdona los pecados, cuando á ÉL se dirige con contricion verdadera el pecador arrepentido: que á NADIE ha conferido ó delegado la facultad de perdonar, y que, por lo mismo, la confesion auricular no es mas que un abuso de los hombres, establecido con fines perniciosos. Agregarémos todavía las siguientes palabras de San Pablo: "Pero lo que hace brillar mas la caridad de Dios hácia nosotros es, que cuando eramos pecadores, Cristo murió por noso-

---

* Salmo XXXII: 5. † Salmo XLI: 4. ‡ Salmo XLII: 8. § II. Corintios Cap. V: 20. ∥ Cap. IV: 8-10. ¶ Santiago, Cap. V: 13-15. ** Romanos Cap. X: 9. †† Hebreos, X: 10-18.

tros. Y SI CUANDO ÉRAMOS ENEMIGOS DE DIOS, fuímos reconciliados con EL por la muerte de su hijo, MUCHO MAS YA RECONCILIADOS, NOS SALVARÁ ESTANDO VIVO."*

¿Á qué, pues, nuevas reconciliaciones, "si ya lo estamos por Cristo que murió por redimirnos de nuestros pecados?"

En conclusion, el Evangelio nos enseña que habiendo Jesus resuscitado, los "once discípulos partieron para Galilea al monte que EL les habia indicado. Al verle allí, le adoraron.... Entónces Jesus, acercándose á ellos les habló en estos términos: Á MÍ SE ME HA DADO TODA LA POTESTAD EN EI CIELO Y EN LA TIERRA. ID, PUES, É INSTRUID Á TODAS LAS NACIONES, BAUTIZÁNDOLAS EN EL NOMBRE DEL PADRE, Y DEL HIJO Y DEL ESPÍRITU SANTO: ENSEÑÁNDOLAS Á OBSERVAR TODAS LAS COSAS QUE YO HE MANDADO; Y ESTAD SEGUROS QUE YO ESTARÉ CONTINUAMENTE CON VOSOTROS, HASTA LA CONSUMACION DE LOS SIGLOS."†

Queda probado de un modo incontestable, que NADIE si no Dios TIENE la facultad de PERDONAR LOS PECADOS, pues EL y ÚNICAMENTE EL tiene la potested EN EL CIELO Y EN LA TIERRA. Lo demas es una BLASFEMIA.

Los Masones que han leido y escudriñado bien las Sagradas Escrituras, han llegado á la mas íntima conviccion de que "solo aquellos que observan los verdaderos preceptos de Dios, heredarán el reino de los Cielos." Saben que una gran porcion de la humanidad yace en la mas completa ignorancia y supersticion, porque se ha prohibido en los dominios de la Iglesia romana, que teme que se esparza la luz de la verdad, la lectura de las Santas Escrituras, y á los pueblos no les es lícito leerlas ni ilustrarse, pues si lo hicieran, abandonarían completamente tantos errores como cometen, y hoy "no se dejarían descaminar por doctrinas diversas y extrañas."‡ Esta es la *sencilla* razon, y *no* otra, por la cual se ha prohibido á los católicos romanos, la lectura de las Sagradas Escrituras, bajo la pena de *no recibir la absolucion de sus pecados;* §

---

* Romanos, Cap. v 8-10.

† San Mateo, Evangelio, Cap. xxviii: 16-20.

‡ Hebreos, xiii: 9.

§ Lo que sigue es regla del "INDICE," en cuanto á las Sagradas Escrituras, y es la *ley* de la Iglesia Romana, respecto de su circulacion:

"Siendo así que la experiencia demuestra que si se permite la circulacion lo cual es una infraccion de las mismas Sagradas Escrituras que dicen:

"Y escribió Moises esta ley y dióla á los sacerdotes, hijos de Leví, que llevaban el Arca de Alianza de Jehová, y á todos los ancianos de Israel, y mandóles, diciendo: al cabo del séptimo año, en el tiempo de la remision, en la solemnidad de los tabernáculos, cuando viniere todo Israel á presentarse delante de Jehová, tu Dios, en el lugar que él escogiere, leerás las palabras de esta ley en presencia de todo Israel, oyéndolas ellos y congregando al pueblo, varones y mugeres, y niños, y á los extrangeros que estuvieren dentro de tus puertas, para que, oyéndolas, aprendan y teman á Jehová, tu Dios, y GUARDEN Y CUMPLAN TODAS LAS PALABRAS DE ESTA LEY."*

Así habló el Señor: "Y tú estate aquí conmigo para que YO te diga TODOS los mandamientos, estatutos y derechos que TÚ LES ENSEÑARÁS QUE HAGAN en la tierra que yo les doy para que la hereden."†

"Y estas palabras que YO te mando hoy, estarán en tu cora-

---

de Biblias Sagradas en lengua vulgar, sin ningun discernimiento, resultará mas mal que bien, por razon del atrevimiento de los hombres, obsérvese la DECISION del Obispo ó Inquisidor sobre el particular, de modo que, *segun el dictámen del párroco*, la lectura de las ediciones católicas de la Biblia, en lengua vulgar, se conceda á los que, en su opinion, no sacaren de esta lectura ningun perjuicio, sino mas bien un aumento de fé y de piedad; cuyo permiso recibirán en forma escrita.

"Si alguno se atreve á leerla ó á tenerla, sin este permiso, no puede recibir la absolucion de sus pecados á ménos que primero no entregue la Biblia al ordinario."

"Los libreros, tambien, que vendan Biblias, en lengua vulgar, á personas que no tengan aquel permiso, ó que, de cualquier manera, las suministren, deben perder el precio de los libros, el cual será destinado por el Obispo á usos caritativos; y ademas estarán sujetos á otras penas á juicio del Obispo, segun la naturaleza de la ofensa.

"El clero regular no puede leerlas ó comprarlas sino con permiso de sus prelados."

Tal es la ley de la Iglesia Romana, tocante á las Sagradas Escrituras, formulada por una comision del Concilio de Trento. Esta ley está siempre vigente; y aunque se habla de las Ediciones Católicas, no hay mas que UNA de estas que puede hallarse en Italia: la de Martini, en VEINTE Y TRES TOMOS!!! El precio en que esta se vende, $21 fuertes, equivale á una PROHIBICION ABSOLUTA. La edicion permitida en España es todavía mas costosa. (Tomado de las *Noches con los Romanistas*.)

* Deuteronomio, Cap. XXXI: 9-12. † Deut., Cap V: 31

zon, y LAS REPETIRÁS Á TUS HIJOS, y HABLARÁS DE ELLAS *estando en tu casa, y andando por el camino, y al irte á dormir y al levantarte.* Y LAS ATARÁS, *como por señal, en tus manos, y estarán y se moverán ante tus ojos; y las escribirás en el umbral y sobre las puertas de tu casa."**

Por todo esto se deduce evidentemente, que no solo tienen los hombres el derecho incontrovertible de leer las Escrituras, sino que " deben escudriñarlas"† y ver si las cosas que se les predican están de acuerdo con ellas, como lo hacian los bereanos, que, mas nobles y celosos que los de Tesalónica, no creian ni aun las palabras del mismo apóstol, San Pablo, sin embargo de que les predicaba inspirado del Espíritu Santo, sin ántes escudriñar las Escrituras, y despues de un debido exámen cerciorarse *si era cierto lo que se les decia."*‡

¿Cómo, pues, se comprende, que los que se titulan *Ministros de Cristo*, sean los que precisamente han suprimido UN mandamiento ENTERO del Decálogo, adulterado y mutilado el resto de los demas *y sido los prevaricadores de sus preceptos divinos?* ¿Cómo han tenido la audacia de sustituir una completa idolatría al culto puro y sencillo de Dios? ¿Cómo han osado PROHIBIR, con pena de excomunion, la lectura de la Sagradas Escrituras, que el Señor ORDENÓ que se LEYERAN y ENSEÑÁRAN á TODOS, niños, mugeres, y extrangeros, y que " se meditáran, estando en la casa, andando por el camino, al irse á dormir y al levantarse?" ¿Cómo es que el que se titula VICARIO DE DIOS, y que, cual Jesus, debería decir á sus fieles: " sed perfectos, asi como vuestro padre celestial lo es: amaos los unos á los otros, porque todos sois hijos de un padre comun; cumplid los mandamientos del Señor," etc., por el contrario, ese *representante* de Dios, niega radicalmente los principios de nuestra sublime religion; autoriza que " se coloque la mentira en lugar de la verdad de Dios,"§ lanza anatemas y condena á una gran porcion de le especie humana por que esta, iluminada con la luz divina del Evangelio, trata de estirpar las tinieblas de la ignorancia y de la superstición, arraigada en el mundo por tantos siglos de oscurantismo? ¿Cómo es que el *Pater Patruum*, el cabeza de la Iglesia Cristiana, la personificacion de aquel " cordero de Dios," de aquel que era "todo amor y toda dulzura:" de aquel que implorando por los peca-

---

* Deuteronomio, Cap. VI: 6–9. † San Juan, Evang. Cap. V: 39. ‡ Los Hechos, Cap. XVII: 11. § Romanos, Cap I: 25.

dores, dijo: "Perdónalos, Señor, pues no saben lo que hacen," y en fin, de Jesus, que, en su sermon del monte, dijo: "Amad á vuestros enemigos: haced bien á los que os aborrezcan, y orad por los que os persiguen y calumnian;"* como es, repito, que no perdona las faltas de sus hermanos, sino que, contra todo sentimiento humano y principio divino, se ha convertido en el déspota mas rencoroso, en el tirano mas encarnizado de la humanidad, y es, por decirlo así, el APÓSTATA y TRANSFORMADOR de la verdadera religion?

Y puesto que San Pablo dice: "Tú que te jactas de ser guia de ciegos; luz de los que están á obscuras: preceptor de gente ruda, maestro de niños, como quien tiene en la ley la pauta de la ciencia y de la verdad: y, no obstante, tú que instruyes á otros *¿ no te instruyes á tí mismo?* Tú que predicas que no es lícito hurtar ¿ hurtas? Tú que dices que no se ha de cometer adulterio ¿ lo cometes? "Tú que abominas los ídolos" ¿ eres sacrílego? Tú que te glorías en la ley ¿ con la violacion de la misma ley deshonras á Dios? "Vosotros sois la causa, como lo dice la Escritura, de que sea blasfemado el nombre de Dios. . . ."†

"Quien dice que conoce á Dios y NO guarda sus preceptos, ES UN MENTIROSO, Y LA VERDAD NO ESTÁ EN ÉL."‡

"Tú, pues, ¡oh hombre! que condenas á los que tales cosas hacen, y, no obstante las haces, ¿ piensas que podrás huir del juicio de Dios?"§ "¿ Porqué condenas á tus hermanos?"∥ "¿ Donde está el motivo de gloriarse?"¶

Y, POR CUANTO, San Pablo tambien dice: "Deudor soy igualmente á los Griegos y á los Bárbaros, á sabios é ignorantes: que no me avergüenzo yo del Evangelio de Cristo; siendo EL como es la virtud de Dios para salvar á todos los que creen; á los judios primeramente y despues á los griegos:"**

POR CUANTO, "en el Evangelio es donde se nos ha revelado la justicia de Dios;†† y Dios no hace acepcion de personas, sino que, en cualquiera NACION, el que le teme y obra con justicia, es de su agrado."‡‡

Y COMO QUIERA que los Masones creen firmemente en el Señor, su Dios, Padre Omnipotente, Autor y creador del Universo: en ese Ser infinito, Grande y Misericordioso que ha iluminado nuestras almas con un destello de su luz divina é inmortal á fin de que poda-

---

* Mateo, Evangelio, Cap. V: 44. † Romanos, Cap. II: 19-24. ‡ I. Juan, Cap. II: 4. § Romanos, Cap. II: 3. ∥ Romanos, Cap. XIV: 10. ¶ Romanos, Cap. III: 27. ** Romanos, Cap. I: 14-16. †† Romanos, Cap. I: 17. ‡‡ Los Hechos, Cap. X: 34-35.

mos " conocerle, amarle y observar estrictamente sus mandamientos :" que creen que TODOS los hombres " son hijos de nuestro padre comun," y, por consiguiente " Hermanos :" que teniendo " entera fé" en Dios, amor á la humanidad y caridad para con "todos" los hombres, " creen," llenos de esperanza, en la indefectible " inmortalidad del alma," como el galardon del mérito y de la virtud.

Y COMO QUIERA que he "probado de un modo concluyente" que VOSOTROS, los que pretendeis calificar á los Masones con los epitetos de *impios, criminales, perversos,* etc., " sois los verdaderos criminales, prevaricadores de la ley de Dios, los apóstatas de la religion y los enemigos encarnizados de la humanidad;

POR TANTO, LA RELIGION PURA Y VERDADERA ESTÁ CON NOSOTROS Y NO CON VOSOTROS; Y LOS MASONES SON LOS CRISTIANOS POR EXCELENCIA.

"La Masonería es el adelanto hácia la luz en TODAS las líneas del progreso, moral, intelectual y espiritual." Es el verbo encarnado en la humanidad; es una emanacion divina; es el *Dios hombre* en accion, llevando á cabo la grande obra de la regeneracion social, transmitiendo al traves de los tiempos y del espacio, al seno de las generaciones, esa luz radiante que debe conducir al género humano de la ignorancia, á los esplendores del saber, y de las miserias y sufrimientos de la vida á la felicidad y eterna bienandanza.

Fanáticos é ignorantes que pretendeis aun en esta época de saber é ilustracion, ejercer vuestra perniciosa influencia sobre la ultrajada humanidad, conservándola todavía en el error, en el fanatismo y en la crasa ignorancia y fatal obcecacion de los tiempos primitivos de la barbarie y de la inquisicion, DETENEOS.... ! Vuestras amenazas y anatemas, cual el estampido del rayo que cae á lo léjos en una tierra inculta y salvage, ó cual el postrimer aliento del infeliz moribundo, ya NO NOS AFLIJEN NI AMEDRENTAN. El fantasma ilusorio de vuestro pretendido poder, desaparece precipitadamente cual vagas exalaciones que se cruzan por el espacio, ó cual se disipan las tinieblas de la noche ante los rayos percursores del astro majestuoso del dia. VUESTRAS HORAS DE PODER ESTÁN YA CONTADAS. La luz de la razon y de la verdad ha penetrado nuestras inteligencias é iluminado nuestras almas, rasgando para siempre el denso velo del oscurantismo, de la ignorancia y de la supersticion, que por tantos siglos ha cubierto el mundo de luto y de calamidades !!!

LOS MASONES SON LOS CRISTIANOS POR EXCELENCIA.

Sí; la Masonería marcha á la vanguardia de la civilizacion. Los Masones son sus apóstoles. Dejadlos cumplir su mision santa. ABRIDLES PASO.

ANDRES CASSARD.

ÍNDICE

DE LAS

MATERIAS QUE CONTIENE EL SEGUNDO TOMO.

INTRODUCCION	7
Primer grado.	
Aprendiz	9
Segundo grado.	
Compañero	17
Tercer grado.	
Maestro.	24
Cuarto grado.	
Elegido.	31
Discurso de este grado.	35
Quinto grado.	
Escoces.	38
Historia de este grado	42
Banquete de los Grandes Elegidos Escoceses . . .	45
Grado sexto.	
Caballero de Oriente ó de la Espada. . .	46
Discurso de este grado	52
Grado séptimo.	
Caballero Rosa Cruz	58
Discurso de este grado	62
Verdadera MASONERÍA DE ADOPCION etc. . . .	67
Reflexiones preliminares	69
Observaciones generales sobre las Logias de Adopcion etc. etc.	73
Aprendizage.	
Primer grado.	73
Discurso de este grado	77
Compañera.	
Segundo grado.	80
Discurso de este grado	83

INDICE.

	PÁGINA
Maestra.—Tercer Grado,	87
Discurso de este grado,	90
Maestra Perfecta.—Cuarto Grado,	93
Logia de Banquete,	102
Discurso pronunciado en una Fiesta de Adopcion,	107
Estatutos para las Lógias de Adopcion,	112

ESTATUTOS GENERALES.

Advertencia,	116
Prólogo,	117
Estatutos Generales de la Masonería Escocesa,	122
Cualidades y deberes de los Masones,	123
Forma de una Logia,	124
Personal de una Logia Simbòlica,	125
Del Venerable,	126
ex Venerable,	128
De los Vigilantes,	129
Del Orador,	129
Secretario,	131
Tesorero,	134
Arquitecto,	134
Guarda Sellos,	135
De los Expertos,	135
Del Tejador,	135
Preparador,	136
Terrible,	136
Sacrificador,	136
Censor,	137
Guarda Templo,	137
De los Maestros de Ceremonias,	138
Diáconos,	138
Del Porta Estandarte,	138
Heraldo,	139
Primer Arquitecto,	139
Arquitecto Revisor,	139
Decorador,	139
Ecónomo,	140
Director de Banquetes,	140
Limosnero,	140
Hospitario,	141
Bibliotecario,	142
De los Miembros Honorarios y Libres,	143
Hermanos Artistas,	143
Hermanos Sirvientes,	143
Representantes al Gran Oriente,	144
Fundadores,	144

INDICE.

	PÁGINA.
Del modo de erigir una nueva Logia,	144
inaugurar el Templo,	146
De la duracion de las dignidades y oficios,	146
Eleccion de dignitarios y oficiales,	147
De la instalacion y de los obligaciones de los mismos,	149
De los escrutinios secretos,	155
De la iniciacion de los profanos,	156
afiliacion,	158
De las regularizaciones,	159
Licencias y exenciones,	159
Aumento de Salario,	160
De los Banquetes,	161
Administracion económica de las Logias,	163
De la ejecucion de los pagos,	163
Del órden administrativo,	164
De la no asistencia á los trabajos,	165
administracion política,	165
De los delitos,	166
De las acusaciones,	166
De los Juicios,	167
De las penas,	168
Libro encarnado y registro de disciplina,	169
Grados y clases de la Masonería,	170
Vestidos y joyas,	170
De los visitadores en general,	171
Honores á los visitadores,	172
Prerogativas de los Grados 31, 32 y 33,	173
Visitas de los Grandes Inspectores Inquisidores,	174
Atribuciones especiales del Supremo Tribunal del Grado 31,	174
Legislacion y gobierno de la Órden,	175
Estatutos generales: Rituales,	175
Constituciones de los Grandes Orientes,	175
Madres Logias provinciales,	177
Reglamentos de los Tallares en general,	178
Ritos diversos,	179
Instruccion general,	180
Sancion del Gran Oriente de Nápoles,	181
Orígen de la Iniciacion, Símbolos, Misterios, y su definicion,	182
Misterios Antiguos y Modernos,	185
de los Bracmanes,	188
Egipcios,	189
de la Grecia,	191
de los Hebreos,	194
de los Francos,	197
de la Gran Bretaña,	203
Antiguos,	203

INDICE.

	PAGINA
Cabalisticos ó explicacion de los términos y doctrinas de la Cábala adoptadas en Masonería,	229
Creacion del Mundo por el Gran Arquitecto del Universo,	260
Exposicion del Sistema de Generacion Universal de todos los seres, segun la doctrina simbólica de los antiguos, en donde se explican muchos emblemas del grado de Maestro,	267
Introduccion,	268
Masonería Práctica ó casos memorables de socorros prestados por unos Masones á otros en momentos de afliccion y peligro,	279
Testimonios de Masones eminentes y otras personas notables en favor de la Masonería,	313
Biografia de Franc-Masones célebres: preliminares,	334
de Emperadores, Reyes y Príncipes que en Europa han dispensado proteccion á la Masonería,	335
Emperatices y Princesas, id. id.	339
de Masones que se han distinguido por sus talentos y virtudes,	340
Cronología Masónica,	352
Vocabulario Masónico Razonado,	363
Memoria Histórica sobre la Mas∴, &c.	405
Datos Cronológicos sobre la fundacion de casi todas las Grandes Logias, &c. del Universo,	419

www.ingramcontent.com/pod-product-compliance
Lightning Source LLC
Chambersburg PA
CBHW062124160426
43191CB00013B/2187